시대정신과 비평

윤병로 평론 선집 1

새미

시대정신과 비평

윤병로 평론 선집 1

머리말

1957년 『현대문학』에 「빙허 현진건론」과 「리얼리즘의 현대적 방향」이 추천되면서 평단에 발을 들여놓은지 엊그제 같은데, 벌써 40여년이란 세월이 훌쩍 지나가고 말았다. 그 동안 현대사의 굴곡과 함께 우리의 문학 또한 험난한 과정을 밟아왔다. 돌이켜보면, 나의 비평 역시 이러한 현대사와 문학사의 동태와 동떨어져 있지 않았다. 말하자면 문학평론가와 문학연구자로서 우리의 문학사를 탐구하고 동시대의 작품에 대한 비평에 지속적인 관심을 가져온 셈이다.

이제 대학 강단을 떠나면서 그동안 시간의 흐름 속에 축적되어온 나의 비평문 중에서 선택하여 두 권의 비평선집으로 묶어보았다.

1권은 비평에 대한 이론적 탐색을 한 것으로, 비평가로서 비평의 정체성을 모색한 평문들로 이루어져 있다. 모두 6장으로 구성되어 있다. 여기서는 우리 비평사의 쟁점을 검토해보는 과정에서 부각된 비평의 과제에 대한 내 나름대로의 비평적 견해를 펼쳐보였다. 비평 장르에 대한 일반적 성격을 고찰하고, 비평사의 매 시기마다 첨예한 비평의 쟁점으로 부각된 쟁점에 주목한 평문들이 대부분이다.

1장 '비평과 성찰'에서는 비평의 정체성을 탐구한 것이고, 2장 '이론과 전망'에서는 비평의 전망에 관한 다양한 성찰을 시도한 것이며, 3장 '전통과 현대'에서는 전통의 단절을 둘러싸고 전개된 비평의 쟁점을 검토해보았다. 4장 '형식과 장르'에서는 역사소설, 농촌소설, 사실주의 소설, 그리고 전후소설 등에 대한 특질을 밝혀보고자 한 평문들이다. 5장 '사적 시각과 시대정신'에서는 식민지 시대 이후 전개된 우리의 비평사의 흐름을 통시적으로 살펴보았으며, 6장 '민족문학의 논리'에서는 지금까지 논의한 것을 기반으로 한 민족문학의 자생적 논리를 고찰해본 비평들이다.

한편, 2권은 작가와 작품론에 대한 것인데, 크게 3장으로 구성해보았다. 1장 '한국 근현대 작가의 풍모'는 식민지 시대의 주요한 작가를 대상으로 쓰여진 작가론인바, 대학 강단에서 문학사를 강의하며 탐구한 작가들로 구성되었다. 이러한 작가론을 토대로 2장 '한국 근현대 소설의 흐름1'에서는 개별 작가의 대표작에 대한 작품론을 선별해보았다. 그런데 1장과 2장이 식민지 시대에 치중하였다면, 3장 '한국 근현대 소설의 흐름2'에서는 8.15 광복 이후를 맞이한 작가의 작품을 대상으로 한 평설들로 구성되었다.

그동안 나름대로 다양한 작가와 작품에 대한 비평 작업을 해온 터이지만, 이렇게 원고를 정리해보니 여러 가지 회한(悔恨)이 겹쳐온다. 그것은 다름 아니라 여러 작가의 작품에 대한 비평과 함께 어느덧 그만큼의 시간이 흘렀으며, 그 지나간 시간의 과정 속에서 나의 문학적 행적 역시 시간과 함께 퇴적되고 있기 때문이다.

그런데 이렇게 묶인 두 권의 비평선집은 지금까지의 내 비평을 정리하는 것이기도 하지만, 앞으로 계속하여 문학에 대한 집요한 열정을 간직하기 위한 것이기도 하다. 새삼스러운 바도 아니지만, 문학의 끝은 존재하지 않는다. 아무리 세상사가 번잡스럽고 괴롭더라도 문학은 인간을 향한 사랑, 즉 휴머니즘에 기반한 삶의 청량제이기 때문이다.

비평선집을 묶으면서 나의 뇌리에 떠오르는 분들이 많다. 무엇보다 문학의 길로 인도해주신 월탄 박종화 선생님을 비롯한 여러 문학의 스승과 선배, 그리고 문단과 대학에서 문학을 매개로 우정을 돈독히 쌓은 동료와 후학들에게 이 자리를 빌어 감사의 마음을 표한다.

2001년 8월

윤 병 로

차 례

머리말 4

Ⅰ. 비평과 성찰 ▶ 9

비평의 사명 11
비평의 딜레마 18
비평가의 내일을 위한 각서 25
비평문학의 쟁점 31
비평문학 서설 100

Ⅱ. 이론과 전망 ▶ 123

인간의식의 변혁 125
저항정신과 행동성 132
엽전(葉錢)의 비애 136
작가의 정치적 관심 140
표현의 해방 145
리얼리즘의 현대적 방향 153
산문정신의 제문제 172

Ⅲ. 전통과 현대 ▶ 183

전통의 문제점 185
전통문학의 현대화시론(現代化試論) 193
고전의 현대적 발전 206
민족문화로서의 계승문제 213

Ⅳ. 형식과 장르 ▶ 225

역사소설의 가능성　227
객관적 사실주의 소설　234
역사소설　255
농촌소설　272
전쟁·전후 소설의 재평가　292

Ⅴ. 사적 시각과 시대정신 ▶ 311

한국문학의 순수기능과 사회적 기능에 관한 사적 이해　313
카프(KAPF)와 프로문학의 전개과정　339
1930년대 전형기(轉形期)의 비평 개관　382
광복의 시대상황과 이념논쟁　403
새세대의 충격과 60년대 소설　410
한국근대소설의 전개과정　423
한국 근·현대비평사의 흐름　445

Ⅵ. 민족문학의 논리 ▶ 459

민족문학의 쟁점　461
참다운 민족문학의 정립　470
분단시대의 민족문학론　475
민족적 상혼의 소설화　486
민족문학, 무엇을 할 것인가　497

Ⅰ. 비평과 성찰

비평의 사명

1

　6·25의 피어린 동족상잔의 수난기를 경과한 우리 문단이 오늘에 이르러 여러 가지로 변모했다는 것은 조금도 신기한 말이 아닐 게다. 그러면서도 근년에 들어선 우리 문단에 특기할 사실중에 신인 비평가들의 대거 진출을 간과할 수 없는 것으로 안다. 물론 전도가 요원한 대양 횡단에 '콤파스'도 없는 격인 우리 문단인지라 그 무엇보다도 절실히 건전한 비평문학의 발전을 갈망한 것은 너무도 당연한 것이기도 했다.
　허나 절실한 객관적 욕구보다도 그를 감당할 수 있는 주체적 능력이 문제되듯이 우리의 새로운 평단이 그의 현대적 사명을 통해서 우리 문학을 어느 정도까지 '리드'할 수 있었으며 또 앞으로의 그 가능성을 추구할 때 선뜻 힘있는 대답보다도 일종의 기우가 앞서는 것은 웬일일까.
　오늘날 우리 평단을 형성하는 군소비평가들은 그들에게 전통적으로 부여된 특권을 이용해서 그들의 선천적인 사명과는 이질적인 작업을 공공연히 수행하고 있지나 않는가 말이다.
　현대문학사조에 대한 비판이나 지도로서 문학수준을 전반적으로 향진시키는 위대한 작업, 즉 적극적이고 건설적인 문명비평은 계속 불모의 영역에서 개척될 줄을 모른다. 다만 불순한 '저널리즘'의 요청에 순응한 창작월평과 신간소개가 산발적으로 진행되거나 그렇지 않으면 동인변호와 대립파의 공격에 신성한 평필을 남용하고 있는 형편이 아닐까.
　설사 그것이 건전히 발동되었다 해도 작품에 종속된 것이며 일반독자의 안내자가 되는 이외의 소득을 얻지 못할 게다. 이렇게 비평이 창작에 종속되어 하나의 독립적인 '장르'를 상실할 때 비평가가 독설가로 오해받는 것쯤은 얼마든지 수긍될 줄 안다. 그래서 오늘날 우리 작가들이 비평가들을 대할 때 가장 친근한 동반자로 생각하기보다 막다른 골목에서 귀찮은 술주정꾼 친구를 만난 것과 같은 찌푸린 인상으로서 꺼려하는지도 모른다.

실상 어느 외국 비평가의 말대로 작가와 독자와 비평가의 관계는 문학을 둘러싸고 정삼각형의 각 정점에 위치해 있다고 볼 수도 있다. 서로 삼각형의 내측을 대면해 앉아서 작가는 말하고 독자는 듣고 비평가는 불심(不審)을 바로잡는 것이다. 허나 F·L·르카스의 말대로 "타인의 비평을 읽고 나는 무엇 하나 이익된 것은 없고 작가를 불쾌하게 하든가 독자를 바보로 만들든가 다만 그것뿐이다"(비평론)라고 단정하고 비평가를 정삼각형의 정점에서 끌어 내려서 작가와 독자와의 직선을 연결케 할 수도 있을 게다.

원래 비평의 어원 'Krites'는 물체의 구별이나 식별을 말해서 '판단한다'란 의미를 담은 것을 생각한다면 사람은 누구나 비평가이기도 하다. 또한 인간이 인간다운 이유도 그러한 비평능력을 보유하는 점에 있다고 말해도 결코 부당하지 않을게다.

우리들 일상생활에서 의식주에 대한 호오(好惡), 우월감, 질투심 등의 원시적인 감정이 중축으로 되어 있고 다시 말하면 우리들이 구사하는 모든 형용사의 배후에 있는 것은 비평정신의 발로라고도 할 수 있지 않을까. 확실히 비평은 인간의 특성이기도 하다. 더욱이 인간이 극히 즐기는 특성인지도 모른다.

비평정신이란 우리들 본능 속에 있는 어떤 의욕에 형식을 부여한 것이라고 규정해도 무방할 게다. 이를테면 소아적인 '좋다', '싫다' 등의 소박한 감정과 자기중심적인 주관의 노출을 우리들은 가능한 한 객관화해 보려고 노력하고 있음을 알 수 있다. 또한 사상의 표현에 있어서도 전자와 마찬가지로 주관적으로 감수한 것을 될 수 있으면 객관화하려고 애쓰는 것은 물론이다. 이것은 어디까지나 보편타당성을 지향하고 있다 하겠다. 이 객관화의 과정은 확실히 우리들 지성의 당위인 것이다. 한편 비평이란 관념은 찰스·게레이와 흐레드·스콧트가 그들의 『문학비평의 방법과 소재』에서 해명한

대로 '흠잡기' '예외지적' '칭찬' '비판' '비교' '분류' '감상' 등 제개념이 다 함께 포함되어 있다고 본다.

허나 우리의 비평가들이 얼마만큼이나 그러한 올바른 비판개념을 파악하고 있으며 또한 그러한 건전한 비평방법을 실천하고 있는가가 문제된다. 우리의 현 평단에는 과거로부터 활약한 비평가들은 수적으로도 극소수일뿐만 아니라 벌써 그들은 현대사조에 순감(純感)해졌거나 상아탑 속으로 투신하기를 즐겨하는 것 같다. 그리고 한편 근년에 이르러 새로 속출되는 신인비평가군상(물론 필자도 포함되겠지만)들에게 '신세대'라는 '타이틀'을 부치기에는 그들의 시대감각이 너무도 낡고 병적인 감이 있다.

실상 일부 신인비평가들의 맹목적인 도전과 매언(罵言)으로 자행하는 무모한 비평태도를 가끔 보게 될 때 불쾌한 것은 필자뿐이 아니리라. 백화(白晝)의 주정꾼식인 궤변과 생트집으로 무조건 기성적인 것을 까내리고 일조일석(一朝一夕)에 깃발을 날리려는 조급한 영웅적 태도나 몇 푼의 독선적인 관념력을 차용해서 선배들을 골려 보려고 무척 애쓰는 불손한 태도나 편협한 소시민적 이해의식으로서 소위 '자기파'에 대한 무조건 상찬과 '반대파'에 대한 무조건 비난으로서 시종하는 감정적 태도 등. 이 얼마나 부질없는 불장난꾼의 소행인지도 모른다. 하기야 이 과정이 누구나 겪어야 할 철없는 어린애의 발육기라고 생각해두면 차라리 속 편하기도 하겠지만. 과연 그들이 과도기에 처한 현실에서 '낡은 것'의 파괴작업도 중요하지만 그 몇 배 이상으로 '새 것'의 창조작업이 더욱 중요한 것을 아는지? 모르는지? 자기가 서있는 터까지 무너뜨리려는 위험은 결국 자멸을 의미할 뿐이다. 이 어리석음이란 무지의 소산이거나 비틀어진 인간성의 발산이기도 한 것이다 비평가의 무지는 그에게 부여된 사명을 몰각하는 것이요 또한 비평가의 비틀어진 인간성의 발산은 비'도덕'적이고 파괴적인 비평태도를 취하는 길일게다. 이러한 큰 약점들도 가치평가가 무규준한 현대에서는 얼마든지 '캄푸라지'되고 더욱이 미화될 수까지도 있는 것이다. 확실히 가치평가가 무규준한 것이 현대적 특징인 것은 사실이지만 그것은 병적이어서 어디까지나 지양되어야 할 특징임을 또한 잊어서는 안된다.

이제까지의 논조가 본론에서 좀 탈선된 감이 있지만 여하튼 후진적인 우리 평단이 재인식해야 할 현대적 사명과 그것의 건전하고 건설적인 방법을 수립하는 문제 등이 무엇보다도 시급히 해결되지 않으면 안될 줄 안다.

2

문학에 있어서 비평정신의 활동이 활발해지고 드디어는 비평문학이라고 지칭되는 독립된 문학적 장르를 형성한 것은 일반적으로 '르네상스'기로부터 계정(計定)되고 있다. 이를테면 영국에 있어서 비평문학이 자리잡게 된 것은 16세기 '엘리자베스'시대였다. 즉 '르네상스'의 정신으로 '유럽' 문학과 비교가 행해지고 또한 희랍으로의 복귀인 과학적 정신에 의해서 문학의 새로운 가치평가가 요망되는 시대였다.

이제 현대의 비평문학의 활동상황을 생각해 보자. 비평이란 본래 상반되는 두 정신의 대립으로부터 생기는 것으로 해석되고 '위기'(Crisis)란 '결정되는 바의 시기'인 것이며 'Critical'이란 '위기적'이고 '비판적'인 상태를 말한다. 한편 'Criticism'이란 '결정'을 의미한다. 그런고로 비평문학이란 문학에 있어서의 가치평가의 표현이며 가치의 변동전환기에 있어서 새로운 가치에의 욕망의 표현이라고 볼 수 있다.

모든 사회가 가치의 변동을 경험하고 있는 현대에는 문학이 그것에 결코 무관할 수는 없을 게다. 문학은 진공상태에서의 산물은 아니다. 뿐만 아니라 극히 예민한 사회의 촉각으로서의 역할을 다하지 않을 수 없을 게다.

그래서 문학의 비평정신은 모든 문학분야에, 또한 역사적 전통에, 그리고 사회적 기구 속에, 문학의 의의와 그 자신의 기능 그 자신에, 종당에는 '인간'에 대해서 재검토를 개탁(開拓)하지 않고서는 안 되지 않을까. 즉 현대비평정신은 '인간의 탐구'와 '세계질서에의 의지에 대한 반성'이기도 한다.

"이 세계에 질서를 다시 찾는 것이 서양문명의 최대의 시급한 의무인 것이다. 단 그것은 자신의 세계에 특유한 힘, 즉 사상력과 사상을 조직화하는 것에 의해서만 이루어지는 것이다. 그러나 그것도 플라톤으로 현재에 이르기까지의 이상주의자의 꿈과 같은 철학적 내지 과학적 독재의 여하한 방법에 의한 것도 불가능한 것이다. 사상계는 오늘날 종교계와 같이 분열되어 있고 철학도 고래의 신망과 다른 제과학에 대한 패권을 잃고 있기 때문이다." "그리고 필요한 것은 정치적이고 경제적인 것도 아니고 더욱이 자신을 인간생활의 봉사에 인간문화의 조직화에 헌신하는 어떠한 체제인 것이다." 라고 크리스트파·다우손은 말하고 있다.

현재의 우리들에게 부과된 최대의 과제는 이 인간문화의 조직화와 한정된 이 세계에 있어서 어떻게 하면 인간이 참으로 인간답게 살 수 있는가의 문제가 아닐까. 그것은 두말할 것 없이 '세계질서'의 문제와 연결되고 한편 '인간성'의 반성도 의미할 것이라고 생각된다.

그런데 오늘날 현대인은 예측을 불허하는 앞으로의 세계의 신사태에 대처하기 위해서 인간의 재검토와 재교육이 절실히 요청되고 있는 형편이다. 이미 가능성 없는 한계로서의 이 세계에 서식키 위해서는 '인간 자신이 무엇이 아니면 안되냐?'가 절실한 문제로 제기되고 있다. 더욱이 이 문제가 철학과 과학의 본질적 성격인 합리성뿐으로 해결되지 않는다는 것은 벌써 근대의 역사가 똑바로 실증하고 있지 않는가 말이다.

확실히 현대의 위기극복을 위해서는 어떤 종교적 계시에 유사한 하나의 직관이 필요한 것으로 생각된다. 그리고 이 직관이란 극도로 긴박된 지성의 최정점에 이른 것임에 틀림없을 게다. 다시 말하면 이 직관의 종합형성의 영위는 지성의 분석추상(分析抽象)과의 연휴(連携)에 있어서 행해지지 않으면 안된다. 미술의 현대적 의의가 바로 여기에 있고 미술 형성 중에 가장 지성적 요소를 갖는 문학의 현대에 있어서의 사명도 이 점에 있을 게다.

한편 그렇기 때문에 이러한 현대문학의 사명을 정확히 부여하고 인도해야 할 비평정신이 문제되며 그 방법이 진지하게 검토될 수 있는 가능성이 있지 않을까 생각된다. 실상 현대의 세계적 비평가인 리차드나 벨지온의 소론을 좇는다면 오늘날 비평의 규준이라는 것이 비평가의 관심사로 되어지는 것은 현재 비평이 큰 위기에 직면하고 있는 사실을 의미하는 것에 틀림

없다. 그것은 현대의 위기를 솔직히 반영하는 것으로 보지 않으면 안될 게다. 현대비평이 비평의 기능에 주의를 돌리기 시작하고 있는 것은 말하자면 근대 '휴머니즘'의 소산인 인상주의적 비평태도의 비판을 개시해서 비평을 방자한 개성의 주관의 상태로부터 단절할 필요를 자각케 된 데 있다고 하겠다.

3

20세기 문학은 의식적이라는 특징을 갖는다. 그래서 당연 비판력이 강한 것은 물론이다. 문학 그 자신에 대해서도 그리고 심리나 도덕에 대해서도 언제나 비판의 눈을 돌려 그 비평의 기초로서 새로운 구성에 고심하고 있는 것이다.

여하튼 20세기는 모든 분야에 걸쳐 새로이 비판되고 더욱이 문학에 있어서는 비평의 시대라고 명명될 수 있으리만큼 비평의 의의가 강조되고 있는 셈이다.

플라톤이 말하는 '본질', 즉 관념으로서만이 순수한 문학비평이란 것이 존재할 수 있으나 존재하는 것만으로는 순수 문학비평은 문학작품의 구조 — 상언(詳言)하면 의미나 감정이 그것에 잘 상상되고 창작되어 있는 형식 속에 발견되는 양식에 관심을 갖게 된다.

헨리 젬스나 죠엘 스피간 등 비평가들은 어떻든 순수비평에 밀착할 수가 있어서 적어도 다른 비평가들에 대해서 그것만이 그들의 본질적 업무인 것을 역설하고 있다. 또한 '뉴·크리티씨즘'(신비평)이라고 불리우는 운동에 관계있는 약간의 분석적 비평가들은 그것을 그들의 제일의 임무로 하려고 노력한 것이다. 허나 불행히도 순수비평가가 넘어서는 안될 한계는 용이하게 지어지지 않을 것이다.

문학은 형식뿐만 아니라 관념에 관심을 갖는 그것들이 문학적 대상으로부터 철학이나 정치나 윤리학이라던가 사회문제라든가의 방향으로 잡아끄는 수가 있는 것이다. 이 때에 문학작품이 하나의 주의주장의 필요에 따라서 때때로 상찬되거나 비난되어서 문학적 대상으로서는 소멸되는 경향이 있다. 그럴지라도 그러한 비평은 문학작품 그것에 밀착될 수 있는 경우에 그 가치는 환경속의 요인이나 윤리적 체계의 원칙이 어떻게 해서 문학작품을 자극하고 있는가를 나타내는 데 있다.

한편 문학이 철학 사회학 심리학 경제학의 제분야에까지 침입해 들어가 새로운 가치에의 욕망을 표현하지 않고서는 있을 수 없는 이유를 알 수 있을 게다. 또한 문학은 결코 제과학분야와 바뀌어지지 않으려 하고 도리어 그들의 상위에서 종합적인 독자의 영역을 갖는 것을 자각할 것이라고 확신할 수 있다. 실로 현대비평문학의 사명도 이 자각에 있지 않으면 안될 게다.

(『엽전의 비애』, 청조각, 1964)

비평의 딜레마

1

좀처럼 걷잡을 수 없는 딜레마 속에 허덕이고 있는 것이 오늘의 비평이다.

우리 비평에 대한 이같은 고발은 이렇게도 용납될 수 있으리라. 그것이 고작 엊그제 사이에 형성된 것이니까 별로 놀랄만한 것도 아니라고, 더욱이 아직도 과도기적인 시련기를 모면할 수 없었다는 이유도 얼마든지 내걸 수 있다.

여기서 그 내역을 낱낱이 따질 것 없이 우선 평단의 현황을 담담히 바라보자.

최근의 평단은 한마디로 월평전성기라고 할만큼 많은 평론가들이 '저널리즘'의 시평작업에 거의 정열적으로 동원되고 있다. 이것이 바로 유례없는 큰 특징이 아니던가.

백철씨가 『동아일보』에, 유종호씨는 『한국일보』에, 그리고 정태용씨는 『현대문학』에, 이어령씨는 『사상계』 등에 단골로 월평을 쓰고 있다. 그래서 매달 창작되는 시와 소설이 빠짐없이 다각도로 시비되고 비평되고 있는 셈이다. 어쨌든 지난날의 몹시도 한적했던 시절에 비한다면 백보 전진이고 반가운 일이다. 그 덕분으로 독자들에게 좀더 작품들이 '센세이셔널'하게 전달되고 감상될 수 있다는 이점도 수긍할 수 있기 때문이다.

한편 월평청부를 맡지 않은 평론가들 — 홍효민, 조연현씨를 비롯해서 김우종, 이철범, 김상일, 김운학, 원형갑씨 등이 각기 작가론과 아카데믹한 비평을 하든가 교양적인 잡문을 가끔 발표하고 있다. 그밖에 곽종원, 유동준,

최일수, 천상병, 김양수, 정창범씨 등은 지난해에 비해 거의 침묵을 지키고 있다.

기껏 20명 내외로 구성된 우리 평단의 현황을 이렇게 개관해도 무방치 않을까. 이러한 분포도를 그리면서 양적으로 축적되고 전진까지 하고 있다는 것도 부인 못한다.

그러나 냉정히 반성한다면 우리에게 주어진 현재비평의 직능과 방법이 어느 정도로 실천되고 있는가 하는 데는 숱한 약점과 맹점이 지적될 수 있다. 말하자면 전세기의 독단적인 비평과 사이비적인 평론이 얼마든지 뒤섞여 우리 평단을 온통 딜레마 속에 휘몰아 넣고 있지 않는가 하는 것이다.

2

돌이켜 생각한다면 우리 문단이 전후의 무질서한 허탈상황에서 벗어나려는 하나의 태동이 꿈틀거렸던 일이다. 무엇보다도 젊은 세대의 비평활동이 주목을 끌었다.

본래 지난날의 비평이란 주로 창작월평이든가 '가십'이 위주였고 기껏해서 신간평이든가 동인변호와 대립파의 공격에 여념이 없었다. 설사 이런 비평작업들이 얼마쯤 건전했다 할지라도 언제나 작품에 종속되고 작가의 파벌행위로 타락되었던 것은 두말할 나위도 없다. 때문에 비평이 문학의 한 독립된 '장르'로 존재치 못하고 몹시 안절부절했던 일이다.

이러한 시비는 벌써 많이 그리고 널리 전개된 탓으로 여기서 별로 새로운 얘기는 못된다. 그럼에도 불구하고 그것이 우리 평단이 마땅히 극복해야 될 현실적·결과란 점은 어쩔 수 없는 일이다. 그만큼 절실한 문제 중의 하나란 뜻이다.

과연 평단의 현황이 어떻게 움직이며 뻗어가고 있는가? 여기서 그 구김 없는 시츄에이션을 바라보자. 비평의 본질이나 대상이나 방법이 어떻게 논란되고 설정되고 있는가 하는 것이다. 앞서도 조금 열거한 바 최근 평단의 동향에서 엿볼 수 있는 몇 가지 문제점을 끄집어 얘기해 보는 것이 좋을 것이다.

애당초 월평의 비평적 의미를 심각히 따지지 않더라도 오늘날 유행되는 월평들이 흔히 비평성을 상실하고 있다는 사실이다. 즉 지나친 자기류의 독단과 편견으로서 이렇다 할 척도 없는 평가를 대담하게 자행하고 있음을 흔히 본다.

평론가란 면허 아닌 면허를 이용해서 이른바 '베스트'의 순위를 거침없이 채점하는 심판자로서 자처하고 있지 않던가? 그렇다면 비평가는 그것보다도 딴 의미에 있어서의 직능이 있고 또 있어야 하지 않을까.

좀 원론적인 얘기지만 비평이란 애당초 '이해하는 것'에서부터 출발하여야 하지 않던가? 말하자면 T·S·에리옷이 주장한 이해와 분석과 종합의 과정이 현대비평의 합리적 방법이 될 것이다. 즉 비평이란 한 작품 속에 '문학적'으로 비평가 자신을 뚜렷이 투영하는 인격재구성의 노력과 그 속에 포함되는 '철학'의 재구성이란 작업을 수행해야 한다는 얘기다. 결국은 '창조적 이해'만이 정당한 비평으로서 시인될 수 있을 것이다.

한편 '기준'이란 것도 오늘의 비평문제에 있어서 좀 생각해야 될 과제다. 그것은 앙드레·르쏘처럼 작가의 표현수단을 통해서 측정된 '내면적 진리'를 탐구하는 데 있다고 믿을 수 있다. 물론 기준이란 것이 언제나 의식된 것이기보다는 평가의 입장에 밀착된 것도 사실이다. 때문에 '진실성'의 '기준'만이 현대비평의 정도로서 환영될 수 있을 것이다. 그렇다고는 하지만 모든 비평가들이 '진실성'을 완전하게 탐구할 수 있다는 것은 거의 기대할 수 없는 난문제가 된다.

그래서 엄밀한 비평의 근본사명을 말한다면 「산 탐사적인 이해」에 있다고 할 수밖에 없다.

3

오늘의 비평에서 또한 크게 지적해야 될 점은 지나치게 난해한 비문학적 문장에 있을 것이다. 한때 현대시가 난해하니 불투명하니 하고 몹시 떠들었지만 오늘의 비평 역시 그러한 비난을 쉽사리 모면할 수는 없을 것이다. 더욱이 그 경향과 농도가 신인이면 신인일수록 짙게 반영되고 있음을 흔히 본다.

"……여기에 장주와 호접이 물아양망(物我兩忘)의 경계가 우리 이지(理智)를 감무(感撫)해 주는 것도 사실이다. 과연 장주의 꿈에 호접이었을가. 이것은 나아가 감정 즉시 이지이기 때문에 이 시비 없는 차별은 우리 현실의 변가(變價)를 인정해 주는 묘리를 갖고 있는 것이다."(김운학씨의 「난해시의 열등성」에서).

"……자기생에 대한 부단의 애정의 회복으로서 그것의 저편에 있는 '존재의 빛'에 지향된다는 것인데 그것은 논리적 심리적 앙티노이기 때문이다. 그러나 숙명애(宿命愛)란 숙명과 애의 모순변증법적(矛盾辨證法的) 통일이며 숙명(宿命)이라는 필연성은 애(愛)라는 자유에 의탁(依托)하고 밀어대는 것이라고 말할 수 있다. 이러한 비연속적연속(非連續的連續)의 역설적인 파토스에서만 가능한 강렬한 내적 힘으로서의 숙명애를 말하는 것에 다름 아니다."(원형갑씨의 「실존과 문학의 형이상학」에서).

위의 두 예문은 지난 10월호의 『현대문학』에서 아무렇게나 뽑아진 평문이다. 때문에 필후(筆後)가 서로 고립된 문장을 두고 굳이 논리의 체계와 내용을 따지려 들지 않는다. 다만 그 평체의 표현에 대해서만 유의해 보자.
우선 읽기에만도 신경이 쓰이고 진땀이 날 정도로 한자 투성이다.
또 그 한자가 갖는 무진(無盡)한 뜻을 음미키 위해서 대부분의 독자는 사전을 바삐 찾아야 할 것이다. 거기에다 거친 비문법적 문장은 외국어의 직해처럼 몹시 부자연스럽고 좀처럼 실감이 나지 않는다. 이를테면 "부단의 애정의 회복으로서 그것의 저편에 있는……"과 "가능한 강렬한 내적 힘으로서의 숙명애를……" 따위는 그러한 '샘플'이 아니던가?

비록 예문뿐만 아니라 자신까지도 포함하는 많은 비평가들이 실상 그러한 졸문을 숱하게 쓰고 있지 않던가? 이렇듯 한 구절의 평론을 이해하는 데 지독한 부담을 독자에게 강요한다면 독자적인 비평문학을 위해서 얼마나 큰 불행일까.

하기야 비평이란 것이 하나의 체계적인 사상의 논리를 펴야하기 때문에 숙명적으로 그렇게 난삽할 수 있다고 항변할 사람도 있을 것이다. 그러나 그런 얘기는 단순한 자기변명에 불과하다. 무엇보다 비평이 문학의 뚜렷한 한 '장르'로서 독립될 수 있다는 사실을 상기한다면 그런 오해는 물거품처럼 쉽사리 사라질 것이다.

아무리 난해한 고차원의 논리와 관념일지라도 가능한 범위에서 용이한 언어전달을 택해야 한다는 것은 한갓 상식이 아니던가? 아직도 우리 입과 귀에 익숙치 못한 딱딱한 한자숙어나 보편화되지 않은 외래어로 뒤섞인 비문법적 평문을 쓴다면 얼마나 유치한 문장의 발성인지 모른다. 그것이 독자의 눈을 몹시 피로케 하고 귀에 무척 거슬릴뿐더러 그저 무내용한 비평을 가식하는 데 도움이 될 뿐이다.

4

그래서 나는 우리 평단이 오늘과 같은 '매너리즘'의 침체 속에서 좀처럼 벗어날 수 없는 이유를 바로 그러한 면에서 따져야 될 줄 안다. 말하자면 어떻게 써야 좀더 문학적인 평론을 할 수 있을까? 보다 더 독자에게 지나친 부담을 주지 않는 비평을 쓸 수 있을까?

이러한 비평 이전의 평범한 문제가 실로 우리 비평가들 앞에 커다랗게

가로 놓여진 것이다. 때문에 고답적인 전문이론으로서 자문자답하는 식의 비평은 하루바삐 우리 평단에서 깨끗이 가셔져야겠다. 그런 글은 상아탑의 교수나 박사님들에게 맡기고 말이다. 그래서 평론도 시나 소설이나 수필처럼 떳떳한 자주성과 독립성으로서 독자와 좀더 친근해져야겠다는 것이다.

물론 여기에는 애당초 비평으로서 이 선천적인 기능과 사명에서 오는 불상용(不常用)적인 난점도 얼마든지 있음을 모르는 바는 아니다. 요컨대 최소한 비평이 독자를 위한 문학성을 저버리고는 자기 상실을 뜻한다는 얘기다.

우선 많은 사람이 한꺼번에 먹을 수 있는 시설을 준비하고 나서 맛있는 음식을 요리해서 될수록 많은 손님을 끌어보자. 이것은 비단 약빠른 대중식당 주인님만의 사고방식은 아닐 것이다.

어쨌든 비평작업이란 것이 어디껏 창작이란 원칙을 벗어날 수는 없다. 다만 비평가의 체험한 것이 창작과 딴 매개로서 표현될 뿐이다. 즉 사상과 논리로서 인생에 대한 사랑을 고백한다. 그리고 자기정신까지도 표백해야 한다.

이렇게 생각한다면 비평정신은 오직 질서정연한 사상의 언어로서 전달하는 것이 된다. 그런즉 비평은 문학사를 깊이 파고들어서 오늘과 내일의 문학을 생각하든가 현실로부터 새로운 문학세계를 전망해야 하는 것이다. 또한 작가와 작품들의 친절한 중개자로서의 직능을 성실히 치르는 일이다.

여기에 I·A·리차드의 소론을 잠시 환기시키면서 이 글을 끝맺겠다. "문예비평의 이론이 입각할 두 개의 지주는 가치론과 전달론이다"라고 일찍이 리차드는 말했다. 그처럼 문예비평의 원론이란 이 가치론과 전달론을 중축으로 해서 전개되는 것이다. 그에 의한다면 예술이란 전달활동의 최고형식인 것이다.

비평의 기능이란 '언어'의 문제로 환원하는 리차드의 태도는 에즈라·파운드와 합일된 의사이다.

"위대한 문학이란 가능한 최대한으로 포화(飽和)시킨 언어에 불과하다."
(에즈라 · 파운드의 「독서법」)

이렇듯 리차드를 비롯한 현대비평문학이 언어에 대한 치열한 관심을 들어내는 경향은 전세기말의 페타, 보드레그 등에서 볼 수 있는 언어형식 — 조탁의 형식이라 보는 것은 잘못이다. 후자의 경우는 낭만주의 말기의 데카당의 현상으로서 오직 그 관심이 원심적이었다. 여기에 반해서 현대의 그것은 구심적인 내면으로 향해서 확실히 새로운 가치탐구의 진통이라 할 수 있다.

(『엽전의 비애』, 청조각, 1964)

비평가의 내일을 위한 각서
- 양심의 발언 -

20세기를 비평의 시대라고 한다. 그런데 이 땅의 평단은 어떠한 상황에 휩싸여 있으며 어떠한 수준에 위치해 있는가? 대답은 언제나 자명한 노릇이다. 후진적인 황무지 — 바로 그것이다. 이 막막한 황무지나마 기꺼이 개척해 보려는 투기자들이 오늘에는 제법 앞을 다투어 나서고 있다. 좀처럼 눈앞에 승부가 가려지지 않는 청부를 즐거이 택한 주인공들 — 그들이 바로 다름 아닌 한국의 젊은 비평가들이었을 것이다. 비록 서부 개척의 포장마차 속에 도사린 신세는 아니지만 그들처럼 긴장되고 초조하면서도 희망에 부풀어 있는 것이다. 내일의 종착지를 위해서 끈기 있게 전진만을 계속할 따름이다. 또 이밖에 무슨 방도가 있으랴.

그런데 이 장엄한 대열의 앞길에는 무수한 장해물들이 앞을 가로막고 있다. 그것이 가령 '고·스톱'의 신호들이 없는 '로터리'라고 해도 좋다. 어쨌든 일단 정지하고 망설일 수밖에 없을 것이다. 오늘의 한국의 비평이 처한 '시츄에이션'을 솔직히 이렇게 바라보고 싶다. 허나 우리가 이 막다른 지점에서 무작정 망설일 수는 없다. 그렇다고 멋대로 방향을 잡아들 수도 없는 노릇이다. 오로지 정확한 판단으로서 자기 방향을 결정할 엄숙한 순간일 따름이다.

지금 기로에서 헤매는 대열 속에 낀 나더러 입을 열라고 하면 그것은 비장한 절규가 될 것이다. 이 외침이 다행히 선배와 동료들의 귀를 움직여 조그마한 지침이 된다면 더 없는 일이다.

요즘 우리 문단에는 때아닌 회오리바람이 스쳐간 느낌이다. 비교적 잔잔

하기만 하던 호수도 하나의 투석으로 뜻하지 않은 파문을 아로새기면서 번져가게 마련이다. 이른바 신세대를 자부하는 몇몇의 비평가들이 돌팔매질을 한 격이다.

참말이지 지난날의 우리 평단이란 것이 너무 지나칠 정도로 고요했다. 아니 평단이란 말조차 크게 떠벌릴 수 없는 희미한 존재였다고 해도 좋았다. 그만큼 우리 평단 형성의 역사는 짧고 비평가의 수효는 미미했었다. 그것이 불과 십년도 못되는 세월에 어느덧 대 집단의 평단이 이 땅에 형성되었다.

그동안 우리 평단이 걸어온 성과란 것도 별로 괄목할 만한 것이 못된다. 고작 월평이나 시평이 지배적이었고 좀더 본격적이란 비평도 피상적인 수박 겉핥기의 영역을 벗어나지 못했었다. 이를테면 '민족문학'이니, '전통'이니, '현대'니, '한국적'이니 하는 추상론을 되씹으면서 왈가왈부한 것이 지난날의 평단 실적이다. 이밖에 또 무슨 공헌이 있었는지 나는 얼른 생각이 떠오르지 않는다.

물론 '신세대'를 자부하는 신진들이 대거 등장해서 좀더 색다른 비평작업을 보여 준 것도 사실이지만 지금 이 마당에 어떠한 결산도 내 놓을 것이 없을 것이다. 자못 나이가 젊었다는 정열과 패기로서 기성 비평가들을 공격하고 시비하는 데 그쳤다. 그 결과 좀더 진취적이고 창조적인 비평작업을 전개시키지 못한 채 '매스·콤'을 타고 하루아침에 유명해진 젊은이들의 이름을 기억하고 있다. 마침내는 문단의 한낱 '테러리스트'로서 전락된 이들의 갈 길과 앞날은 지금에 와서 훤히 드러나게 되었다. '테러리스트'의 말로 — 그것은 자살이 있을 뿐이다. 너무나 쉽게 획득한 명성은 그보다도 더 쉽사리 생명이 무너져 간다는 실례를 얼마든지 보지 않는가.

때는 늦지 않다. 적어도 문학의 진실을 사랑할 줄 아는 문학도라면 누구나 뼈저린 반성의 기회를 가져야 할 것이다. 결코 문필의 곡예사로서 추락할 수는 없다. 좀더 넓은 안목으로 우리의 문학적 현실을 돌이켜 보자. 오늘의 우리 문단은 너무도 무풍지대다. 아니 지나치게 부진하다는 얘기다. 두 해 동안에 4·19와 5·16의 2대혁명을 치른 이 땅은 엄연히 딴 현실이 되지 않았는가. 그런데 문학계는 어떻게 변모했단 말인가? 그것은 언제나 구태의연하다는 서글픈 얘기다. 공허한 관념을 제멋대로 나열한 시들. 순수를 위장한 '섹스'의 소설들. 너무도 어려운 상아탑의 비평들. 어느 하나도 옛 모습 그대로 답답할 뿐이다.

이제 그 원인과 책임을 물어보자. 우선 우리의 문학적 전통이 서지 않았다고 한다. 또 다른 측에서는 역사적 사변이 진행되는 동안은 위대한 문학이 생산될 수 없다고 한다. 적어도 상당한 시간이 경과된 뒤에야 훌륭한 문학이 꽃 핀다는 얘기다.

이런 견해들이 얼마쯤 수긍이 가는 것도 사실이다. 허나 그 말도 냉정히 따져보면 작가의 일방적인 자위는 될지 모르지만 타당한 이론은 못된다.

마땅히 문학적 후진성은 작가측에서도 통절히 느껴야 한다. 더욱이 그 영도적 위치에 있는 평단이 져야 한다는 것이다. 그런데도 좀처럼 말이 없는 것이 우리 평단이다. 입을 꽉 다문채 침묵만을 지키며 방관하는 것이 기성과 신세대의 비평가들이다. 발언을 생명으로 하는 비평가들이 멀쩡한 벙어리가 되었단 말인가. 지금이라도 재빨리 동면에서 깨어나 무질서한 허탈 상태에서 허덕이는 우리 문단을 향해서 엄숙하고 대담한 고발을 하자.

지난날 이 땅의 비평가들이 내세웠던 비평의 본질이나 대상이나 방법 등이 어떻게 논란되고 설정되었던가 라는 문제다. 나는 우리 평단이 오늘과 같은 '매너리즘'의 침체 속에서 좀처럼 벗어날 수 없는 이유를 바로 그러한 데서 따져야 될 줄 안다.

전달이 없는 문학이란 한낱 공수표다. 비평도 문학의 한 독립된 '장르'로서 그 기능을 다하고자 할 때 반드시 표현에 있어서 독자의 친절한 벗이 되었어야 할 것이다. 허나 이러한 ABC원칙도 쉽사리 잊어버린 것이 우리 비평이 아니었던가.

지난날의 비평의 거개거개가 한낱 진공상태에서 자문자답하는 격이었다. 실로 독자없는 비평이 여태껏 우리 평단을 지배해 왔다는 것이 솔직한 고백이다. 지금이라도 어떻게 써야 좀 더 문학적인 비평을 할 수 있을까? 보다 더 독자에게 지나친 부담을 주지 않는 비평을 쓸 수 있을까?

이러한 비평 이전의 평범한 문제가 실로 우리 비평가들 앞에 커다랗게

가로 놓여진 것이다. 때문에 고답적인 전문이론으로서 자문자답하는 식의 비평은 하루바삐 우리 평단에서 깨끗이 가셔져야겠다.

그런 까다롭고 어려운 글을 상아탑의 교수나 박사님들에게 맡기고 말이다. 그래서 평론도 시나 소설이나 수필처럼 떳떳한 자주성과 독립성으로서 독자와 좀 더 가까워져야겠다는 것이다. 물론 여기에는 애당초 비평으로서의 선천적인 기능과 사명에서 오는 불상용(不相容)적인 난점도 얼마든지 있다. 요컨대 비평이 독자를 위한 문학성을 저버리고는 자기 상실을 뜻한다는 얘기다.

어쨌든 비평작업이란 것이 어디까지나 창작이란 원칙을 벗어날 수는 없다. 다만 비평가가 체험한 것이 창작과 다른 매개로서 표현될 뿐이다. 즉 사상과 논리로서 인생에 대한 사랑을 고백한다. 그리고 자기정신까지도 시원히 털어놔야 한다.

비평가란 본래 인간이 그 누구나 지닌바 비평정신의 능력을 범인들보다 강하게 연장해서 그것을 질서 있는 사상의 언어로서 표백하는 데 불과하다. 좀 더 비평의 입장에서 말한다면 문학사를 발굴하는 길에서 앞날의 문학적 성격을 예상한다. 또 한편 사회의 동태를 연구해서 문학세계에 새로운 방향을 제시해야 한다. 혹은 작가와 독자의 중간에서 친절한 중개자가 되어 애정과 직관으로서 작품과 작가를 파헤치는 작업을 담당해야 한다.

그럼으로써 비평가의 발언은 어디까지나 엄격한 심판이 될 수 있다. 요컨대 작가나 독자나 비평가나 다함께 인간과 사회의 사랑 속에 뜨겁게 불붙고 있을 때만 정당한 것이 된다.

그렇다면 말을 뒤집어서 과연 비평가는 심판의 자격을 지닐 수 있을까 하는 문제다. 요는 비평가도 불완전한 인간으로 해서 정확한 판단만을 내린다고 할 수 없기 때문이다. 그래서 흔히 종래의 비평방법을 인상비평이니, 재단비평이니, 분석비평이니 하는 '렛테르' 밑에 분류하고 있는 것이다. 이러한 온갖 유형의 비평도 결국은 방법론의 차질을 뜻할 뿐 궁극에는 비평가의 문학적 양심에 의해서 비평의 정당과 부당을 점치게 마련이다.

이를테면 이 땅의 비평가도 비교적 짧은 역사를 통해서 서구의 비평가들이 실천해 온 잡다한 방법으로 비평을 시도해 왔다. 그러나 그것이 한낱 계절적인 모방에 그쳤을 뿐 작가들이나 독자들에게 신통한 영향력을 주지도 못한 채 흐지부지 사라져 갔다. 결국은 비평가의 생명이란 어디까지나 그의 양식과 교양에서 이룩되는 건전한 가치판단에 의해서만 결정된다는 것을 말해줄 뿐이다.

다음은 비평가의 인생관이나 문학관이 얼마나 건전하고 참신한가에 따라서 그의 비평능력이 좌우된다는 얘기다. 제 아무리 박식하고 세계문학에 통달되어 있어도 그의 사고방식이 고루하고 비뚤어졌을 때 그 비평은 몹시 유해한 악평이 되고 만다. 설혹 그것이 미문과 '네임밸류'로 해서 인기를 모을 수 있는 것이라 하더라도 시간과 함께 소멸되는 잡문이 될 것이다.

그렇다면 우리가 지향해야 할 태도는 얼마만큼 성실하게 문학세계를 이해하고 판단할 수 있을까 하는 소박한 독자의 심금으로 환원하는 일이 아닐까. 물론 이러한 단순한 독자의 태도가 곧 비평가의 그것으로 될 수 있다는 것이 아니라 적어도 그의 출발점은 그러해야 한다는 얘기다.

여기에다가 비평가가 되기 위해선 어느 정도의 재질이 문제되는 것이며 그의 독특한 창조적 이해력이 수반되어야 할 것이다. 이 창조적 이해가 곧 비평의 우열을 판가름하지 않을까.

또한 비평가가 하나의 작품을 다룰 때 거기서 적으나 크나 규준이란 것이 고려되고 척도 되게 마련이다. 그렇다면 비평에 앞서 작용되고 있는 이 규준이란 것을 어떻게 해석해야 할까? 마치 그것은 비평가의 개개인에 따른 초점과 같아서 쉽사리 측정할 수 없는 무형의 것이다.

그러면서도 비평가의 규준을 반드시 내세워야 한다면 그것은 '진실성'이란 말밖에 없을 것이다. 물론 이것도 개념마저 추상적인 것이지만 오로지 우물을 파듯 한 곳으로 파고든다면 귀착점이 일치된 것이 아닐까. 다시 말하면 비평의 규준이란 사실에 의한 판단에 불과한 것이다. 이같은 문학 행동이 곧 비평작업이 되고 그것은 어디까지나 양심이 바탕이 되어서 실천되어야 한다.

이제 우리 비평가들에게 다짐할 각서는 얼마만큼 문학적 양심을 지니고 문학행동을 수행하고 있는가 하는 것이다.

  양심의 발언—그것은 곧 성스러운 문학행동이 된다. 한 줄의 비평도 창조적 의식으로서 문제를 제시하는 것이 되어야 하지 않을까.

(『엽전의 비애』, 청조각, 1964)

비평문학의 쟁점

1. 비평무용론 대 비평옹호론

　이 땅의 문학사가 일천하고 기형적인 특징으로 성장해 왔다는 것은 주지의 사실이다. 따라서 비평문학의 정립과 전개도 질서있고 왕성한 양상을 찾기 어렵다.
　그리고 평단은 시단이나 작단보다도 훨씬 늦게 형성되었다는 것을 유의하게 된다. 그러니까 본격적인 비평활동은 20년대 후반기의 프로문학시대부터 시작하게 된다. 그나마도 비평은 작가나 시인들의 여기로 쓰여졌고 그 내용도 퍽 빈곤한 것이었다.
　경우에 따라서는 비평이 시나 소설보다도 한 걸음 앞섰다고 하지만 문학 전반의 후진성이나 이념표현의 부자유 등으로 활발히 이루어지지 못했다. 실상 본 궤도에 오른 비평은 6·25 후인 50년대에 형성된 셈이다. 그런데도 조국분단의 사회적·역사적 배경은 평단의 참된 육성발전에 온갖 문제점을 안겨주고 있다.
　그러니까 여기서 구명하고자 하는 '비평문학의 쟁점'은 불과 반세기 안팎의 비평사를 접철하는 작업과도 관련된다.
　애초의 비평양상은 계몽기의 평론으로 해석된다. 즉, 그 당시의 비평은 극히 원론적인 것을 벗어나지 못했다. 이를테면 춘원 이광수의 「문학의 가치」(1910)를 들 수 있다. 이것은 "문학이라는 자(字)의 유래는……" 등 극히 문학론의 초보적인 수준의 것이었다. 또 그것은 문학의 가치를 과대평가하거나 문학의 기능을 지나치게 과장한 것이다. 때문에 이 평문은 최초의 계몽적인 또는 비평사적인 가치는 있지만 극히 유치한 내용을 간직했을 뿐이었다.

다음에 발표된 이광수의 「문학이란 하(何)오」(1916)는 앞의 비평보다는 일보진전된 것이었으나 문학계몽적인 것에 불과했다. 또 이것은 근대소설의 효시인 『무정』(1917)보다 한 해 앞섰지만 아직도 계몽이 절실한 시대를 배경한 것이었다. 「문학이란 하(何)오」는 11항목으로 문학을 분석 설명하는 글이다. 맨 끝 항의 '조선문학'에서 '조선인이 조선문으로 작(作)한 문학'이라는 해석을 부치고 있다.

 그것이 민족문학에 대한 설명을 전개함으로써 일보전진한 것이라고 하더라도 문학에 대한 정의가 극히 모호하고 '감정'의 오역(誤譯)과 문학소재론의 진부성 그리고 시에 대한 정의의 미숙성 등을 들 수 있다.

 한편 이광수의 비평활동의 하나로 「현상소설선고여언(懸賞小說選考餘言)」(1918)을 뺄 수 없다.

 이것은 『매일신보』의 신춘현상모집에 대한 선후평(選後評)이다. 말하자면 일종의 시평의 출발이라고 볼 수 있다. 그것은 작법의 계몽과 문학상식의 계몽 그리고 과장과 선동 등이 그 특징이라 할 수 있다. 또 시문체(時文體)와 문학의 존엄성 그리고 문학의 독자성·현실성과 그 근대적 성격을 강조한 것이다.

 그 후 이광수는 「소설선후언(小說選後言)」(1925)을 『조선문단』지에다 3차에 걸쳐 쓰고 있다.

 어쨌든 춘원 이광수의 여러 평문들은 계몽기의 비평작업으로 이렇다 할 저항도 없이 유아독존으로 발표된 셈이다. 이 같은 이광수의 독무대의 문단은 20년대 들어서면서 크게 흔들리었다.

 1920년이면 한국에선 20세 미만의 준청년들이 『창조』, 『폐허』, 『백조』 등의 문학동인을 구성하고 또는 그 준비를 서두르며 기함을 토하고 있을 무렵이었다. 일찍이 개화한 이들 중 김동인과 염상섭과의 비평문제를 둘러싸고 시비가 오고 갔다.

 그 중에서 『창조』파의 김동인이 한 말은 한국비평문학사상 잊을 수 없는 일화가 되고 있다.

비평가는 작가에 대하여 아무 권리도 의무도 없다. 따라서 재판관과 같이 작가를 탐고(探討)치는 못한다. 다만 활동사진변사와 같이 진심이 경건한 마음으로 관객과 같은 민중에게 해작품(該作品)의 조화 정도를 설명할 뿐이다.

이렇게 말하자 염상섭이 가로대 "신성한 문학비평을 활동 사진 변사에 비한다는 것은 문학 비평에 대한 용서할 수 없는 중대한 모독"이라고 엄중 항의했다.

이와 같이 김동인의 이른바 '비평무용론'(혹은 비평격하론)에 대한 염상섭의 반박으로 '비평옹호론'이 나온 것이다. 다시 김동인은 『창조』(3호)에 「비평에 대하여」라는 글을 써서 응수했다.

거기서 김동인은 첫째 모든 비평은 결국 현실의 기초 위에 서 있다는 것, 둘째 모든 비평은 일정한 선입견에 의해서 심판되고 있다는 것, 셋째 비평은 작가를 지도하지 못하며 민중을 계몽할 수 있을 뿐이라고 결론지었다. 이것이 도화선이 되어 염상섭을 필두로 여러 논객들이 찬반론을 펴갔다. 그 중에서도 김유방의 「작품에 대한 평자적 가치」(『창조』9호)는 주목할 만한 것이었다. 그는 이른바 '비평무용론'과 '비평옹호론'을 다함께 소개하면서 자신의 비평에 대한 소견을 피력했다.

그의 비평의 요점은, 첫째, 비평가는 창작가의 소질을 가져야 한다는 것, 둘째, 비평은 결코 소개나 해석에만 그치는 것이 아니라 비평가 자신의 감정의 고백이다라는 것, 셋째, 비평은 반드시 예술적 가치가 있는 수단이어야 한다는 것이었다.

이 같은 김유방의 주장은 김동인과 염상섭의 극단적인 대립을 무난하게 절충하고 조화시키는 데 도움이 되었다.

회고해 보면 모두 우스운 이야기들이다. 김동인은 비평이 무엇인지 알지도 못하는 청년이었으려니와 비평에 대하여 마치 하느님의 사당처럼 신성하다는 수식어까지 붙인 것도 과장이 심하다.

그리고 더욱 우스운 것은 훗날 김동인 자신이 적어 놓은 「염상섭론」이다.

그는 염씨를 가리켜 그처럼 비평만세론을 부르짖던 자신이 소설을 쓰게 될 줄은 알지 못하고 있었노라고 사람 팔자 알 수 없다는 식의 논평을 한 일이 있다.

그러면 도대체 김동인 자신은 어떻게 되었을까? 염상섭에 대하여 그런 논평을 하고 있는 자신의 글은 무엇인가? 그뿐만 아니라 그가 발표한 「춘원문학연구」란 어떤 장르에 속하는 글인가? 그야말로 작가만세론을 부르짖던 김동인 자신은 어느 틈에 비평가의 활동을 하고 있으면서 자신은 그것이 비평인 줄은 몰랐던 것이다.

그뿐 아니라 그는 사실을 왜곡시켜 가면서까지 춘원의 가치를 내리 깎고 자신을 추켜세웠다. 근대적인 문체를 맨 먼저 확립해 나간 것은 자기라고 하며, 이미 춘원의 작품에서 찾아볼 수 있었던 문체형식을 모두 자기창안이라고 주장했다. 그리하여 자신이 '조선문학 만년의 기초'를 닦아 놓았다고 역설했다. 이렇게까지 해나가면서 마구 휘두르던 김동인의 작가론은 그 당시 비평치고는 가장 폭력성이 심한 것이었다.

2. 신문학초기의 비평시비

20년대 초반에 있어서 최초의 논쟁으로 부각된 것은 김동인과 염상섭 사이에 벌어졌던 '비평시비'였다. 이와 같은 비평에 대한 불신과 그 논쟁은 김억 대 월탄이 『개벽』지(신년호)에다 「문단의 1년을 추억하여」(현상과 작품을 개평하노라)란 연간평을 발표함으로써 발단된 것이다.

바로 그 비평 속에서 거론된 김억의 시평에 대해서 그 작가인 김억의 항의가 있고 또 다시 월탄이 응수해서 열전(熱戰)으로 번져갔다. 여기에 양주동이 개입해서 종합비평을 하는 것으로 일단락 된 셈이지만 비평의 주관 대 객관의 설전은 상당한 문제성을 남겼다. 쟁점의 도화선이 된 월탄의 비평은 한해 동안의 문단을 회고하면서 시와 소설을 결산하는 것이었다. 거기서 안서 김억을 크게 자극시킨 대목은 이런 것이었다.

안서씨의 「대동강」(개벽 25호)이라는 여섯 편의 시는 서정의 노래이었으나 사람으로 하여금 아찔한 법열(法悅) 속에 취케 할만한 무드가 없으며, 또한 그의 즐겨하는 베로렌의 마음썩는 오뇌(懊惱)하는 심볼도 없다. 예의 그 '여라' '서라' '러라'가 공연히 독자를 고(苦)롭게 할 뿐이다.

동(同)씨의 작(作)인 「꿈의 노래」(개벽 11월호)는 근래에 그의 시에서 보지 못하던 귀여운 작품이다. 제조된 '멜로디', 새일수 없는 향토정조의 표현, 그리고 또 가슴 메어지는 느껴 떠는 듯한 리듬 가장 마음에 드는 시이었다. 그 밑에 「가을」이란 시도 「대동강」이란 시에 비하여 얼마나 좋은 작품인지 모른다.

그러하나 그 다음에 「상실」이란 시는 또한 조작(粗作)이라 함을 면치 못할 것이다. 대개 그의 시는 전체를 통하여 앨서 너무 기교를 취하려 하는데 큰 결점이 있다.

이 같은 월탄의 부정적인 평가에 대해서 즉각 불평을 터트린 김억은 동지(同誌) 2월호에 「무책임한 비평」(「문단의 1년을 추억하며」의 평자에게 항의)란 제하의 글로 반박했다. 그는 자기의 시작을 가혹하게 평한 것은 아무런 객관적 근거도 없는 것이며, '평자는 비평의 대상으로는 주관적 자기는 없애고 비평의 대상을 통하여 객관적 자기를 내어놓지 아니해서는 안될 것이다'라고 맞섰다. 그의 이른바 비평에 대한 객관적 태도는 다음과 같은 해석으로 귀결되고 있다.

'좋다' '좋지 못하다'하는 주관적 감정으로는 비평이 성립되지 못합니다. 어디까지든지 날카로운 객관적 이지(理智)로 하여야 합니다. 보통의 말로 보아도 이러저러하니 좋고, 이러저러하니 좋지 못하다고 하지 않습니까. 이러하거든 적어도 평문을 쓰는 평자로 어찌 '좋다' '좋지 못하다'하는 값없는 말로서 自足할 수가 있겠습니까.

비평에 대한 주관적 태도와 객관적 태도의 시비는 이것으로 끝장이 나지 않았다. 앞의 항의서에서 도전을 받은 월탄은 다시 김억을 상대로 「항의같지 않은 항의서」란 글을 『개벽』지(1923년 5월호)에 발표했다.

거기에 해명된 것은 먼저 김억의 항의서는 '서푼짜리'도 못된다고 전제하면서 '무책임'한 비평이란 전혀 수긍이 가지 않고 비평을 함에 있어서 자신은 전혀 무책임하게 한 일이 없고 끝까지 비평가의 책임을 지겠노라고 다짐했다.

> 어찌하여 내가 무책임하랴. 나는 작품을 대상으로 하여 평할 때에 김억씨의 말과 같이 객관적 태도를 취하지 않고 주관적 태도를 취하였다. 다시 말하면 곧 전자아로서 비평한 것이었다. 객관적 구애(拘碍)와 형식을 떠나 나의 주관으로서 그 작품을 맛보아 그 결점과 미점(美點)을 비평한 것이다. 내 눈으로서 그 작품을 읽고 내 관념으로서 그 작품을 평하였다. 어찌 무책임하랴. 말동말동한 정신으로 작품을 비평하고 피가 펄펄 뛰는 내 손으로 그 글을 썼으니 어찌 내가 무책임하랴. 언제까지든지 나는 책임을 갖는다.

이같이 월탄은 자신이 취한 비평태도는 주관적인 것임을 시인하면서도 결코 무책임한 것이 아니라고 반박하고 있다.

또 그는 대개 비평에는 다섯가지가 있는데, 그 첫째는 의고(擬古)적 비평, 둘째는 과학적 비평, 셋째는 인상비평이 있고 그 다음에 감상비평과 설리비평(說理批評)이 있다는 것을 일깨워 주었다.

그러면서 그 낱낱의 실례를 열거하고 나서 자신이 평자로서 취한 태도는 '감상비평과 설리비평에 의한 것이라'고 해명했다.

또 김억이 지적한 여러 시비점에 대해서 상세한 대답이 부쳐진 이른바 월탄의 「김억씨에게 보내는 답항의서」는 꽤 신랄한 평문이기도 했다.

이와 같은 김억과 월탄의 '주관 대 객관의 시비'가 오고가고 있을 때 난데없이 제3자가 뛰어들었다. 즉 양주동이 「김억 대 월탄 논쟁을 보고」란 글을 『개벽』지(1923년 6월호)에 쓴 것이다.

그는 치열한 양자간의 논쟁을 조사하거나 중재하기보다도 야유하는 입장이었다. 그의 논지는 「김억 대 월탄 시비논쟁」을 방관한 한 사람으로서 그 전말을 말하고 그 논쟁이 하등 가치가 없는 것이라고 비방했다.

또 "우리에게는 아직 문단이 형성되지 못하였다고"하면서 "우리의 소위 문단을 소박하게 '작문계'라고 명명하는 방이다"라고 꼬집었다. 이같은 고집을 앞세우면서 그 나름대로의 관전평을 해간 것이다.

> 제일(第一) 이런 논쟁은 당자간에도 피차 유해무익하다는 것이다. 그 이유를 말하자면 우선 김억과 월탄은 그 예술적 태도가 전연 상이하다는 것이다 — 즉 자세히 말하면 김억이 자기 시를 완상하는 태도가 다르고 또 월탄이 자기 평문을 진단하는 태도와 김억이 월탄의 평문을 반박하는 태도가 다르단 말이다.

이같이 평가해간 양주동은 두 번째로 감정적·편견적 오해로부터 세 번째로 문(文)에 대한 무이해 등의 이유로 양인의 끝없는 활계(滑稽)스러운 일이요, 피차 더구나 제3자에게 유해무익한 것이라고 빈정거렸다.

어쨌든 신문학 초창기에 비평에 대한 불신으로 야기된 김억과 월탄의 '주관 대 객관의 시비'는 우리 비평사에 뚜렷한 기록을 남긴 것이다.

3. 최초의 프로문학논쟁

20년대 후반기에서부터 30년대 전반기에 걸친 근 한 세대는 프로문학의 전성기에 해당된다. 따라서 이 시기에는 프로문학에 관련된 논쟁이 가장 활발히 전개된 때이기도 한다.

실상 문학의 사회적 기능을 누구보다도 열렬히 들고 나온 것은 프롤레타리아문학이었다. 이것은 예술지상파 이후에 그들에 대한 비판과 아울러서 하나의 사회적 운동으로 등장한 것이다. 그리고 이것이 문학의 사회적 기능을 강조했다는 점에서 이광수의 문학과 방법론상 거의 동일한 것이라고 해석된다.

그렇지만 문학이 전개된 양상과 그 문법론이 지닌 목적 의식이 주는 것은 이광수의 문학과는 전혀 이질적인 것이었다.

> 문학청년(조선에 있어서 문사), 그들의(전부라고는 말하지 않는다) 말솜씨가 어떠냐 하면 그네들은 "우리는 문학가다, 예술가다, 그러므로 우리는 사회 사상이니 무슨 주의니 무슨 운동이니 하는 떠드는 소리에는 귀를 안 기울인다. 우리는 극히 자유를 사랑하며 우리의 할 바 '일' 즉, 미를 창조함에만 노력할 뿐이다"하고는 멀끔한 얼굴을 뭇 사람의 눈앞에 드러내어 놓는 것이다. 그러면 그네들은 사랑한다는 자유를 어떠한 것이며 미라는 것은 무엇을 말하는 것이냐?
> 조선에 있어 더구나 그날 그날의 끼니에 쫓기어 헤매이는 사람들의 생활에 무슨 자유가 있으며 미의 창조에 심적 여유와 여지가 있겠느냐?

이것은 김기진이 1923년 9월부터 11월까지 『개벽』지에 발표된 「클라르테 운동의 세계화」란 논문이다.

그리고 이것이 한국의 프로문학의 회오리바람을 몰고 온 최초의 본격적 이론이다. 그러므로 이 비평은 한국 프로문학 최초의 본격적인 깃발이었으며 그 이론의 가장 기본적인 소개였다고 볼 수 있을 것이다.

물론 이 비평 이전에 김기진은 일본에서 국내에 있는 박종화나 박영희에게 서신으로 프로문학을 소개했지만 여기서처럼 본격적으로 나타나지는 않았다.

여기서 김기진의 논지를 보면 문학은 미를 창조하는 것도 중요하겠지만 그보다 먼저 "그날 그날 끼니에 쫓기어 헤매이는" 이 사회의 긴박한 문제를 해결해야 되지 않겠느냐는 것이었다.

그러니까 만일의 경우에 미를 부정한다 하더라도 그것은 미보다 선행되어야 할 문제를 해결하기 위해서 부득이한 경우에만 허용한다는 셈이겠다.

그리고 그 당시로서는 사실로 아름다움을 추구할 여유가 없기 때문에 부득이하지만 그것을 버리고 우서 사회문제 해결에 나서야겠다는 것이었다.
 이렇게 보면 김기진이 소개한 프로문학의 이론은 역시 이광수의 경우처럼 사회적 기능에 그 문학의 액센트를 가한 것이 아닐까? 프로문학 이전의 예술지상파 문학이 주로 예술의 순수기능만을 주장했다고 한다면 그 뒤의 프로문학은 순수기능을 전적으로 거부한 것은 아니나 사회적 실정으로 보아서 그것은 일단 다음으로 미루고 사회적 기능을 강조하자고 주장한 셈이다.
 그러니까 프로문학이 주로 정치와 경제의 사회현실에 참여했던 문학이라고 한다면 이광수의 문학은 정치와 문화에 참여한 문학이라고 할 수 있을 것이다. 그리고 양자의 정치적 참여가 물론 전연 다른 이데올로기에 입각한 참여임은 두말할 나위도 없을 것이다.
 한편 프로문학과 그에 반대한 문학사이에서 신랄한 비판이 오고 갔다.

> 오늘날 조선 사람의 생활이 10에 8, 9가 프로이니 그들에게 보여줄 문예가 아니고는 아무 영향도 아무 가치도 절대로 없을 것이다. 그러므로 일본이나 영·불에 있는 문학이 우리에게도 꼭 있어야 할 것이 아니라 상아탑 속에서 은적(銀笛)을 불며 난숙한 문명을 예찬하는 기성문학이 우리같이 기아와 철쇄의 자유밖에 못가진 우리의 구하는 바는 아닐 것이다.
> [……]
> 그런데 조선의 재래예술(在來藝術) — 문학은 민중을 떠나서 일부 귀족적 예술·매소매가예술(賣笑賣歌藝術)·수음(手淫)적 예술·노예예술이었다. 조선 기존 창작가는 상아탑 속에서 예술의 지상을 콧노래 부르고 선술집에서 독주를 마시며 사랑 사랑 내사랑을 부르는 청년을 유혹하는 저변을 연애소설 등을 창작하는 데카당 문학가들이었다는말이다(김상회, 「민중과 멀어진 문단」, 『동아일보』, 1927년 2월).

 프로문학은 재래의 예술을 수음적 예술 또는 노예 예술이라고까지 비판했다. 그리고 이것을 상아탑 속의 콧노래라고 지적했다. 이같은 주장 속에서 김상회가 한 말은 종합해 본다면 소위 예술지상파의 문학이란 현실도피의 문학이란 말이 될 것이다. 현실도피라면 사회현실에의 참여를 거부한 문학이 아닌가?

김상회가 주장한 것은 문학이란 어디까지나 사회현실에 참여하여 공로를 끼쳐야 된다는 것이다. 이 점에 있어서 이같은 비평함과 동시에 한국문단에 새로운 회오리바람을 일으켜 나간 비평의 하나라고 볼 수 있을 것이다.

그러나 문학이 과연 그같은 사회적 기능으로 전부가 될 수 있으며, 그것으로써 문학이 존립해 간다는 것이 과연 가능한 일이었을까?

문학이 사회적 기능만으로 전부가 될 수 있었다는 것은 프로문학의 작품 생산이 너무도 적었다는 사실과 그 수준이 이론에 비해서 너무도 미약했다는 사실과 또 그 뒤에 그 문학이 외부적 탄압을 받기 전부터 독자를 잃고 있었다는 사실에서 발견할 수 있을 것이다.

김기진이 마침내 프로문학이 지닌 그같은 허점을 지적했다가 박영희에게서 반박을 받고 그 후 다시 "박영희가 얻은 것은 이데올로기요, 잃은 것은 예술이다"라고 말한 데에서 사실을 모두 드러내고 말았다.

문학이 만일 그 본질로서의 미의 창조를 상실한다면 우선 독자를 잃고 그만큼 감동력을 상실하고 그 사회적 기증의 기초마저 잃게 되는 것이 아닌가?

예술지상파의 문학이 가혹한 비판을 받아야 마땅했을 만큼 큰 약점을 지니고 있었으며, 특히 문학인으로서의 윤리적 자세에 있어서도 비판을 아니 받을 수 없었지만 프로문학 역시 커다란 약점을 지니고 있었다.

4. 프로문학에 대한 도전

프로문학을 제창하고 전개시킨 대표적인 비평가는 김팔봉과 박영희였다 (그들은 뒤에 프로문학에서 전향했다). 이들의 사상적 체계나 이론적 근거는 다함께 유물사관에서 비롯되는 계급주의와 사회주의를 지향하는 데에서 일치되고 있었다.

그럼에도 불구하고 그들은 형식주의와 내용주의란 문제에서 한때 입장을 달리 했지만 애초에는 프로문학의 이론에서 보조를 같이했다. 1928~9년대에 뜻밖에 저항이 염상섭·양주동의 이른바 절충주의로 벌어진다. 그 당시 프로문학에 대한 공박은 계급주의와 내용주의에 제각기 도전한 민족주의 계열과 예술지상파가 있을 뿐이었다.

그런데 그들은 스스로 민족문학파도 예술지상파도 아니라고 부인했지만 실은 프로문학에 대한 맹렬한 공격을 가한 셈이 된다. 프로문학이나 반프로문학파도 아닌 절충주의자라고 자처했던 양주동의 논지는 이런 것이었다.

> 민족을 떠난 계급이 없고, 계급을 떠난 민족도 없다. 형식을 떠난 문학도 없고 내용이 없는 문학도 존재하지 않는다. 그러니까 민족제일주의와 계급제일주의는 서로 절충 조화되어야 하며, 내용과 형식의 문제도 역시 마찬가지다.

이 같은 양주동의 절충주의에 대해서 다시금 김팔봉과 박영희의 반박이 나온 것은 물론이다. 이를테면 김팔봉의 「양주동에 대한 시평적 공언(攻言)」(『조선지광』, 1928년 6월호)과 박영희의 「최근의 문예시감(文藝時感)」(『조선일보』, 1928년 10월)에서 각각 반박의 글을 썼다.

박영희의 주장은, 프로파는 본래 형식을 무시한 것도 아니며 그 초기의 팔봉과의 논쟁도 기본적 태도에서는 대립이 아니었다는 것이었다. 이와 같이 내용과 형식에 관한 절충파와의 논쟁이 한동안 주조를 이루어 갔다.

절충파의 주역이었던 양주동은 김팔봉과 박영희를 상대로 다시 붓을 들었다. 그는 「정묘평론총관(丁卯評論總觀)」(『동아일보』, 1929년)과 「문예상의 내용과 형식문제」(『문예공론』 2호, 1929년)에서 그의 형식주의의 태도를 재천명해 갔다. 그는 말하기를 "내용과 형식이 서로 분리될 수 없다. 그것이 분리된다고 생각하는 것은 큰 착오"라고 했다.

이와 같은 전제에서 형식 제일주의자에겐 '내용에의 복귀'를 역설하면서 자신이 절충주의자임을 선언했다.

그의 절충주의 이론은 다음의 대목에서 결론을 맺고 있다.

> 예술상 엄밀한 의미로 보아 인도주의·사회주의 등은 주의가 아니다. 예술지상주의는 오직 형식상·표현상 의미에 한한다.

이같이 양주동은 어디껏 절충주의를 표방했지만 실상은 철저한 형식주의자였던 것도 묵과할 수 없다. 그의 다음과 같은 발언은 더욱 그것을 확증해 주는 것이 된다.

> 특히 예술상의 형식은 존재의 양식을 결정하는 동시에 가치를부여하는 곳에 특징이 있는 것이다. 왜냐하면 예술은 곧 가치세계에 속하는 자이므로!

결국 양주동의 절충주의는 당시 프로문학이 주장한 바와 같이 내용이 형식을 규정하는 것이 아니라, 내용과 형식의 불가분의 통일이라는 데 역점을 둔 것이었다. 이와 같은 양주동의 절충론에 동조하고 나선 논객으로 염상섭을 뺄 수 없다. 그는 「토구비판삼제(討究批判三題)」(『동아일보』, 1929년) 「조선문학의 현재와 장래」(『신민(新民)』, 1929년) 등의 비평에서 양주동과 같은 견해를 보였다. 그럼으로써 민족제일주의와 계급제일주의의 문제, 그리고 내용제일주의와 형식제일주의의 문제로 김팔봉·박영희 대 양주동·염상섭의 사파전으로 줄기차게 뻗어간 것이었다.

따지고 보면 절충론은 프로문학의 등장으로 계급주의와 민족주의의 대립이 팽배함으로서 대두된 소산이었다. 그들 절충파가 주장한 것은 결국 민족문학으로 귀결되었다는 것, 즉 당시 현실로 봐선 민족문학은 곧 무산문학이란 등식이 절충론의 근거가 되었던 셈이다.

특히 염상섭은 민족주의 문학과 프로문학의 통합론을 제창함으로써 주목을 끌었다.

정신문화상으로 보면 민족주의는 자민족의 개성에 중심을 둔 문화—
국민문학의 수립을 기도하는 반면에 사회운동측에서는 보편적으로 프롤
레타리아문화—계급문학의 고조로서 전통적 관념의 파기 및 개조에 분
망하게된 것도 필연한 현세(現勢)일 것이다. 그러한 이 두 경향이 피압박민
족의 실제행동에서 양자가 합동 일치함이 각자의 운동을 일층권위있게 함
이라 생각한다.

이와 같이 염상섭이 「반동전통문학의 관계」(『조선일보』, 1927. 1. 15)에서
주장한 데 동조해서 양주동은 프롤레타리아운동과 민족주의운동은 그 제휴
가 가능하다는 것을 말했다.

현단계의 우리는 조선민족인 동시에 무산계급이요, 무산계급인 동시에
조선민족이 아니냐……현단계운동은 곧 광의로 보아 일종의 민족주의운
동이다.

그 당시 프로문학파가 "현단계의 문예운동은 무산계급적인 문예운동이
그 전부이다"고 한데 맞서서 민족문학파는 "현단계의 문학운동은 민족문학
의 건설과 무산문예의 진출, 두 가지의 병행 또는 제휴로서 성립된다"고 해
서 또 하나의 논쟁을 펴갔다.
그 대표적인 것으로는 양주동이 김팔봉을 상대로 제기한 민족문학론이었
다.

팔봉은 '조선심'의 정체를 얄궂게도 추구한다. 설마 팔봉이기로 조선이
란 땅과 환경과 기후·생활·풍습이 모든 가운데에서 필연적으로 생긴
전통과 정서 및 동족애 같은 것을 망각하지는 않으리라고 생각한다.
'조선심'이란 결코 관념적으로 공중에 매달린 유령적 현상이 아니오 보
수적 협소한 의미의 애국심을 말하는 것도 아니오 조선이라는 땅과 민족
의 생활관계중에서 그야말로 제(諸)씨가 흔히 말하는 유물론적·사회적

관계로 필연적으로 산출된 의식이다.

이 같은 양주동의 「문제의 소재와 이동」(1929. 8. 15)에서 내세운 민족문학론은 일종의 환경전통문학론에서 유래된 것으로 해석된다.

어쨌든 이 같은 민족문학론은 20년대 말에 양주동이 주재했던 『문예공론』과 『조선일보』 등을 통해서 꽤 활발히 전개되었던 것을 잊을 수 없다.

5. 프로문학의 자가비판

일찍이 신경향파의 이론가로 등장했던 김팔봉과 박영희는 프로문학의 전성기에서 다함께 평단의 선봉이 되어 왔다.

그들은 이른바 국민문학파와 절충파와의 논쟁에 있어서 언제나 러닝 메이트가 되어 계급제일주의를 옹호한 것이다.

그러나 예술의 형식과 내용의 문제에 있어서 둘은 서로 엇갈린 견해를 표명하기에 이르렀다. 즉, 1926년 김팔봉이 『조선지광』(12월호)의 「문예시평」에서 '소설은 건축이다'란 말을 함으로써 비롯된다. 그는 박영희의 소설 「철야(徹夜)」를 가혹하게 비평했다.

> 이 일편은 소설이 아니오 계급의식·계급투쟁의 개념에 대한 추상적 설명에 시종하고 말았다. 일언일구가 이것을 설명하기 위하여서만 사용되었다. 소설이란 한 개의 건축이다. 기둥도 없이 석가래도 없이 붉은 지붕만 입히어 놓은 건축이 있는가.

이 같은 비평에 대해서 박영희는 「투쟁기에 있는 문예비평가의 태도」(『조선지광』, 1927년 1월호)에서 즉각 반박하고 나섰다.

> 그러나 나는 이 곳에서 단언한다. 프롤레타리아작품 은 군(君)의 말과 같

이 독립된 건축물을 만들려는 것이 아니다. 상론한 ×××말과 같이 큰 기계의 한 치륜(齒輪)인 것을 또다시 말한다.

　프롤레타리아의 전문화가 한 건축물이냐 하면 프롤레타리아의 예술은 그 구성물 중의 하나이니 석가래도 될 수 있으며 개와장도 될 수 있다는 것이다. 군의 말과 같이 소설을 소설로써 완전한 건축물을 만들 시기는 아직 프로문학에서는 시기가 상조한 공론이다. 따라서 프로문예가 예술적 소설의 건축물을 만들기만 노력한다면 그 작가는 프로문화를 망각한 사람이며 프로작가는 아니다.

　다시 김기진은 「무산문예작품(無産文藝作品)」과 「무산문예비평(無産文藝批評)」(『조선문단』, 1927년 2월호)에서 "개념의 대상적 설명만으로 시종한 것은 소설이 아니다. ……선전문학은 결코 단순히 어떤 개념의 추상적 설명에 시종하는 것으로 되지 못하는 것임을 어찌하랴!"고 응수했다. 이와 같은 김팔봉과 박영희의 논쟁은 당시 문단의 큰 관심사가 되었을 뿐 아니라 카프파 내부에 더 큰 충격을 안겨 주었다.

　한때 카프파의 박팔양이 이 논쟁에 개입해서 팔봉의 주장에 동조하는 글을 썼다. 또다시 박영희는 「문예비평의 형식과 맑스주의」(『조선지광』, 1927년 3월호)에서 팔봉의 '내재적 비판'을 통렬히 비판했다.

　거기다가 카프의 중앙 위원들이 박영희가 옳다는 최종적 결정을 내리게 됨으로써 김팔봉은 이에 굴복하게 된 것이다. 마침내 김팔봉은 자기가 주장한 바 '예술적 형상화'의 과오를 시인하면서 『조선일보』를 통해서 공개사과를 하기에 이르렀다.

　　박군 일개인 뿐만 아니라 우리들의 동지의 대부분이 나의 비평적 태도에서 소위 프로문예비평가가 되기 전에 계급의식의 불선명한 점이 있는 것이 공인하는 사실이라면 마땅히 나는 동지들의 앞에서 고개를 숙이고 사죄하고 앞날을 맹서하겠다.

이렇게 되어 김팔봉과 박영희의 '예술적 형상화'를 에워싼 제일차의 논쟁은 박영희의 승리로 귀착되었다. 말하자면 김팔봉보다는 박영희가 더 철저한 프로이론가로 공인받게 된 셈이었다.

그러나 이 논쟁의 결말은 결코 단순히 해석될 성질의 것이 아니었다. 이것이 계기가 되어 이 땅의 프로문학은 기계주의와 공식주의의 방향을 택하게 됨으로써 새로운 발전 동기가 되지는 못했다.

표면상 제1차의 프로문학 논쟁에서 박영희가 유리한 고지를 차지했지만 얼마 뒤에는 그 위치가 전도되게 된 것이다. 그 직접적 동기는 1933년에 와서 박영희가 프로문학에 전향을 선언한 때문이었다.

이 때는 프로문학의 자가비판과 붕괴의 시기이며 퇴조기에 해당된다. 1931년에 만주사변의 발발과 함께 일제의 이른바 문화정치는 무단정치로 급속한 탈바꿈을 해갔다. 따라서 카프파에 대한 탄압은 자연적인 추세이기도 했지만 1931년에 일본관헌의 손에 의해서도 카프의 주요 멤버들을 포함한 약 70명이 검거되고 다시 1934년 80여명이 검거 선풍이 불어 1935년 5월에는 카프의 해산계를 당국에 제출하고 말았다.

이 같은 객관적인 현실 속에서 박영희는 1934년 『동아일보』의 신년호에 「최근문예이론의 신전개와 그 경향」이란 글을 발표했다. 여기서 그는 카프로부터의 사퇴이유를 밝히는 것이 주요 목적이었지만 거기서 주목되는 것은 "얻은 것은 이데올로기요, 잃은 것은 예술이다"란 말이었다.

또 그는 카프의 문학운동이론을 비판하면서 카프는 검열관이지 문학적 조직이 아니라고 비난했다.

여기에 대해서 김팔봉은 『동아일보』(1934. 1. 27)의 문예시평 속에서 "박군은 무엇을 말했나"라고 하면서 박영희의 이론적 모순과 사상적 전향에 대해서 냉엄한 비판이 가해졌다. 다시금 박영희는 「문제 상이점의 재음미(김팔봉에게 답함)」(『동아일보』, 1934. 2. 9)란 글을 써서 자신의 카프 탈퇴의 이유를 재천명하였다.

김군은 카프에서 발을 옮겨 놓은 날이면 사회를 시찰하는 힘이 두절되는 줄로 결정하나 그러나 사실인즉 무위무사(無爲無事)의 카프문 밖에는 보다 더한 현실이 있는 것이다.

실상 이 같은 카프파 내부의 심각한 논쟁과 상관없이 이미 프로문학은 객관적 여건으로 몰락의 과정을 밟게 되었다. 말하자면 만주사변에 따른 무력통치의 경화는 프로문학운동의 강력한 제동이 될 수밖에 없었다. 이 같은 상황 속에서 박영희의 전향과 그 극적인 선언은 프로문학에 대한 결정적인 도전이기도 했다. 또 그것은 프로문학을 철저히 비판한 최초의 문헌으로 남게 되었다.

어쨌든 이 시기를 기점으로 해서 1924~5년부터 비롯되어 근 10년 동안 제패해온 프로문학운동은 일단 막을 내린 셈이 된다.

6. 국민문학파의 논의

신경향파와 프로문학이 한참 고조되었던 20년대 후반에 있어서의 민족주의적인 문학은 거의 침묵을 지켜왔다. 그것이 프로문학의 퇴조와 함께 다시 거론되면서 민족문학 내지 국민문학의 새로운 모습을 보게 한다.

이 같은 시점에서 "민족주의문학은 이제 중대한 위기에 직면하였다"고 고발한 것은 양주동이었다.

그는 1931년 1월에 「문단측관(文壇側觀)」(『조선일보』)을 통해서 당시의 문학계가 전반적으로 부진하다는 것과 특히 민족주의문학을 표방하는 작가의 문학이 빈약하다는 것을 지적했다.

> 재래 민족문학파제씨에게 질문한다. 소위 그 민족이상의 구체적 · 실질적 형태가 무엇인가 그 실제의 방향은 현단계에서 또는 궁극적으로 어느 곳에 연결되는 것인가 그 소위 '애국심'이란 무엇인가 그 과학적 근거는 무엇인가 특히 제국주의에 있는 조선의 1930년대의 사회정세에 있어서의

그 의의는 나변에 있는 것인가 도대체 그 '민족적 단결'이란 현단계에 있어서 여하히 가능할 것인가.

급격히 돌변한 30년대의 문단현실은 자연히 민족문학에 대한 각별한 관심을 잡아 일으키게 된 것이다. 그 결과 국민문학은 일종의 복고운동으로 임시부흥론을 일으켜 그 전통을 되찾으려는 운동을 벌였다. 또 한편으로는 이른바 민족주의작가들이 주축이 되어 역사소설 붐을 조성해 갔다. 즉 1932~3년경부터 이광수・김동인・윤백남 등이 거의 보조를 같이 해서 역사물을 통해서 민족문학의 탈출구를 모색하게 된 것이다.

그리고 민족주의문학이 현대물로 새 통로를 개척한 것은 브나로드 운동이었다. 농촌의 계몽을 앞세운 이 브나로드 운동은 민족주의운동에 주효한 것이다. 그리하여 이광수의 『흙』(1932년 『동아일보』연재)과 심훈의 『상록수』」(1934년 『동아일보』연재)와 같은 브나로드 운동을 주제로한 수작이 나오게 된 것이다.

이와 같은 민족주의문학의 시동은 무엇보다도 시조부흥론과 밀착되어 있다. 1926년(병인년)은 바로 훈민정음이 반포된 병인년(세종 29년)과 일치된 해이었다. 이 같은 인연으로 '가갸날'(한글날)을 정하게 되고 시조부흥론이 활발하게 전개된 계기가 되었다.

그 첫 발언은 양주동의 「병인년과 시조」(『조선문단』, 1927년 2월호)에서 1926년의 문단을 회고하면서 "국민문학의 건설은 실로 우리 현문단의 총목표라야 할 것이다"란 말로 비롯된다. 이것은 이른바 '조선적인 운동'과 직결된 것이고 그것은 하나의 복고운동으로 나타날 수밖에 없었다.

이 같은 상황에 대하여 백철은 그의 『신문학사조사』에서 다음과 같이 평가하고 있다

> 정음반포를 기념하는 것은 조선적인 것으로 돌아가고 조선적인 것을 탐구하는 구체적인 자극이 되었다. 또한 그것은 직접 국민문학운동 자체와 관련이 되는 문제였다. 그들은 정음의 창정을 국민문학의 기본조건으로

고찰하는 동시에 근대사상에 있어 한글의 발달과 수난의 과정을 곧 근대의 국민문학의 성쇠의 과정으로 고찰하였다. 나가서 현대에 있어서 국민문학의 운동은 먼저 이 한글 운동과 동반되는 문제이다.

시조문학의 부흥과 관련되어 발표된 글만도 상당한 숫자를 기록하고 있다.

최남선이 「조선국민문학으로의 시조」와 손진태의 「시조와 시조에 표현된 조선 사람」과 염상섭의 「시조에 관하여」 등이 대표적인 것이었다. 특히 염상섭이 국민문학파에 가담해서 시조부흥론을 펴간 것은 자연적인 추세이기도 했다. 그의 「시조에 관하여」(『조선일보』, 1926년 10월 6일) 강조된 것은 다음과 같은 대목이었다.

시조나마 내쫓으면 조선문단에 무어 남을꼬, 몇 개의 소설? 몇 편의 시가? 민중의 생활의식과는 거리가 먼 구라파의 방계적 혹은 병적 문예사상이 날대 나는 계급문학의 '꽹과리' 소리가 이 모든 것이 조선문단을 형성하는 중요한 '악터'가 될지라도 그것은 조선적도 아니오 세계적도 아니다…….

나는 다만 행이든 불행이든 조선 사람으로 태어났기 때문에 좋아도 조선 사람이요 싫어도 조선 사람일 수밖에 없으며, 따라서 조선의 시대상 조선인의 생활인의 감각을 떠나서 조작되는 조선인의 예술의 존재를 부정하고 그 모든 것을 끌고가는 세력이 아닌 일절의 노력의 가치를 거절할 따름이다.

자기 민족이 처한 시대환경, 자기민족이 가지고 있는 사상·감정·호흡·희망을 떠나서 세계적일 수도 없고 인생을 위한 것일 수도 없으며, 심하여는 예술적인 가능성도 없을 것이다. 이것은 반드시 애국이라는 편협한 의미가 아니라 널리 인생을 위한 예술이라는 견지에서 주장하는 것이다.

이것을 계기로 프로문학파와 국민문학파의 논쟁이 재연되었다. 국민문학파엔 염상섭·양주동·김영진 등이 가담했고, 프로문학쪽에선 김팔봉이 앞장섰다. 김팔봉은 「문단상의 조선주의」(『조선지광』, 1927년 3월호)란 것으로 반박했다.

> 조선민족정신의 발현, 문학고전의 부활, 민족적 예술형식의 창조, 외래 사조추종의 배척 등이 그 중심골자인 듯 하고…… 일언으로 거더치우며 그것은 일개의 국수주의의 변형이요 보수주의정신이오 반대주의요 그 이상의 아무 것도 아니다.

이 같은 공박을 받은 국민문학파에선 염상섭을 비롯한 정병순과 김영진 등이 다함께 즉각 반론을 폈다. 그럼에도 불구하고 민족주의적인 국민문학은 별로 신통한 결실을 보지 못한 채 잠적해버렸다.

그 뒤에 이들 논객들은 절충주의적인 입장에서 민족문학을 펴나간 것이다. 그것은 바로 양주동이 김팔봉을 상대로 제기했던 여러 차례의 민족문학론이 실증해 준다.

7. 해외문학파에 대한 시비

프로문학의 퇴조기에 해당되는 1931년에 이르러 세칭 해외문학파와 카프파 사이에 한 차례의 논쟁이 벌어진다.

해외문학파의 탄생은 1926년에 본격적인 번역운동을 펴기 위해서 외국문학을 전공한 사람들이 그룹이 되어 해외문학연구회를 만든 데에서 비롯된다.

애초에 멤버는 김보섭·정인섭·손우성·이선근·김명엽·이하윤·김복 등이었지만 다음해에 『해외문학』지를 창간하면서 장기제·김한용·이병호·정규창·함일돈·이헌구·함대훈·이홍종·김광섭·김삼규·

이동석 등이 참가하게 되었다. 해외문학연구회의 일원이었던 이헌구는 그 출범의 동기를 다음처럼 말하고 있다.

> 종래로 조선문학의 발달된 과정은 항상 근대적인 그 모든 문학사상을 직접으로 수입하지 못하고 간접적으로 밖에는 받아들이지 못하게 되어 여기서 조선문학 자체가 시대적으로나 또는 실질적으로나 항상 외국문예수준에 뒤떨어진 형태밖에는 못가지게 되었다. 그 때문에 조선의 신문학은 그것이 프로문학이고 그 전기의 고전문학임을 막론하고 외국문예사상을 실로 빈약한 아류적인 섭취밖에 해오지 못하였다(『해외문학』 창간전후 『조선일보』, 1933년 10월).

이와 같은 이헌구의 지적대로 해외문학연구회는 당시 문단현실을 절감한 나머지 발족하게 된 것이다. 많은 외국문학도들이 망라된 해외문학연구회는 그 기관지로서 『해외문학』을 2호까지 내었지만 중단되고 말았다. 그 창간호의 권두언에서 해외문학연구회의 성격을 다음과 같이 천명하고 있다.

> 우리가 외국문학을 연구하는 것은 결코 외국문학연구 그것만이 목적이 아니오, 첫째로 우리 문학의 건설, 둘째로 세계문학의 상호범위를 넓히는 데에 있다.

이같이 거창한 사명을 내걸었던 해외문학연구회 회원들은 점차 국내로 돌아와 활동하게 되었다.

이 무렵은 아직껏 프로문학이 완전히 거세되지 않은 때이므로 카프파들이 해외문학파들을 그대로 묵과하지 않았다. 우선 프로문학파 쪽에서 볼 때 해외문학파는 소부르조아적 그룹이요 개량주의자라고 단정한 것이다.

실상 해외문학파란 이름도 카프파에서 부르기 시작한 것이고 그것이 계기가 되어 뒤에도 세칭 해외문학파로 통하게 되었다. 이른바 해외문학파에 대한 프로문학파의 비판과 공박은 1931년 신정(新正)에 발표된 정인섭의 「

조선현문단에 소(訴)함」이란 글에서 유발된다.
그것이 도화선이 되어 임화는 「1931년간의 카프예술운동의 정황」(『중앙일보』, 1931년 11월)이라는 연간평에서 해외문학파를 '소부르조아적 그룹'이라고 비난했다.

뒤이어 카프파의 송영은 「1938년도의 조선문단개관」(『조선일보』, 1931년 12월)에서 '해외문학파는 조선의 좌우익을 함께 비난하였으나 실은 우익적인 데에 입각하여 있다'고 비판했다.

다시 해외문학파와 카프파의 논쟁은 치열한 양상을 띠게 되었다. 즉, 이헌구가 「조선에 있어서 해외문학인의 임무와 장래」(『조선일보』, 1932년 신년호)를 통해서 카프파의 비난을 반박하면서 해외문학인의 임무가 극히 중대함을 역설한 것이다. 여기에 대해서 김남천은 '철우(鐵友)'란 이름으로 「소위 해외문학파의 정체와 의미」(『조선지광』, 1932년 1월호)란 글로 맞섰다.

결국 해외문학파에 대한 카프파의 시비는 다음의 두 가지 방향에서 정해진 셈이다. 첫째, 해외문학파가 자유스런 입장을 주장하는 한 그들은 종당에 소부르조아적인 중간적인 개량주의적인 단체밖에 될 수 없다는 것이요, 둘째는 그들이 새로운 문학을 위해서 공헌한다는 것은 대중을 속이는 감언이설로서 반동적인 작용이 크다는 것이었다.

여기에 비해서 1931~2년 사이에 해외문학파와 카프파의 논쟁이 당시 문단의 큰 이슈로 대두된 것은 자못 의미있는 일이다. 바로 그것은 30년대에 접어들면서 프로문학의 후퇴와 함께 해외문학파의 활동이 현저해진 사실이다. 말하자면 정치적인 참여문학을 대신해 문학 자체에 대한 본격적인 연구로 해외문학운동이 전개된 것이다.

실로 해외문학파의 문단적인 공적은 『해외문학』지의 출간에 국한되지 않았다. 그 동인 중에서 서항석·함대훈·이하윤 등이 저널리스트로서 괄목할 활동을 했고, 홍해성을 중심한 신극운동도 간과할 수 없다.

특히 해외문학파의 문학활동은 프로문학과 이질적인 순수문학의 길잡이가 되었다는 사실이다. 이를테면 1930년에 창간된 『시문학』지와 1931년에 창간된 『문예월간』지가 실증해주고 있다.

이 두 문예지는 시인 박용철과 이하윤이 주재한 것으로 해외시의 소개보다도 국내시인들의 창작무대가 된 셈이다. 여기에 주로 활동한 정지용·이하윤·이헌구·장기제 등은 의식적으로 서정시 운동을 기도한 것이다. 이 같은 시문학지를 중심한 서정시 운동은 뒤에 『시원』 동인들의 활동과 연결되어 예술지상적인 서정시인들의 온상이 된 것은 주목할 일이다.

실제로 격렬한 프로시가 유행하던 시대에 김영랑과 같은 서정시가 한 자리를 차지하게 되었다는 것은 큰 이변이 아닐 수 없었다.

어쨌든 『시문학』과 『문예월간』에 참여한 작가는 거의가 해외문학파의 멤버들이었고, 그들은 외국문학 작품의 번역과 소개가 그 주요한 임무였다. 그러면서 한편 서정시 운동을 본격적으로 펴가면서 앞으로 대두될 순수문학의 문호를 여는 데에 기여한 것이다.

8. 휴머니즘 논쟁

프로문학이 퇴조한 뒤 민족주의문학이 한때 활발한 모습을 보였지만 신통한 결실을 보지는 못했다. 한편 1935년 경 행동주의가 제창되고 그로부터 휴머니즘 논쟁의 초점이 된 것은 주목할만한 일이다.

이 시기는 제2차 세계대전이 발발하는 전야에 해당되므로 유럽의 정치정세는 극히 위태롭게 치닫고 있었다. 이 같은 상황 속에서 지드·아랑·페르낭데스 등이 중심이 되어 급진적인 지식계급인 연맹이 결성되었다. 특히 앙드레·말로의 작품들은 행동주의의 소산이었고 그는 직접 스페인의 인민정부군파에 의무군으로서 참여하기까지 했다.

이 같은 사실은 세계의 모든 지성들에게 큰 충격을 주었고 행동주의는 인테리 자체의 근대적 위기를 모면하려는 새로운 인간의 탐구가 모색되었다. 그것은 일본을 거쳐서 이 땅에 소개되었는데 많은 논객들이 동원되어 평필을 들었다.

이를테면 이헌구의 「행동정신의 탐조」(『조선일보』, 1935년 4월), 함대훈의 「지성계급의 불안과 조선문학의 장래」(『조선일보』, 1935년 3월), 홍효민의 「행동주의문학의 검토」(『조선문단』, 1935년 8월), 임화의 「문학과 행동의 관계」(『조선일보』, 1936년 1월), 김문집의 「일본문학과 행동주의」(1936년 1월) 등이 대표적이다.

특히 이헌구의 「행동정신의 탐조」에서 밝힌 '나는 인간이다!'라는 말은 행동주의의 귀착점이기도 했다. 따라서 유럽의 행동정신은 휴머니즘운동의 한 표현에 불과한 것이었다. 실상 이 땅에서의 행동주의도 1935년에 잠깐 제기되기는 했지만 뚜렷한 성과를 거두지 못하고 휴머니즘론으로 그 방향을 바꾸어 갔다. 그것은 무엇보다도 문화옹호와 지적옹호의 운동으로 해석되었다.

이 휴머니즘의 논쟁이 발단된 것은 백철의 「웰컴 휴머니즘」(『조광』, 1938년 1월호)과 「문학에 있어서의 개성과 보편성의 문제」란 비평에서 비롯된다.

여기에 대해서 즉각 반박한 논객은 임화이었다. 이것이 도화선이 되어 김오성·윤규섭·박승극·한효·이갑기·김환태·김문집 등 당시의 거의 모든 비평가들이 논쟁에 참여한 셈이다. 이렇게 되어 휴머니즘론은 4, 5년 동안 평단의 줄기찬 이슈가 되었다.

먼저 백철이 제기했던 신휴머니즘의 골자는 스스로 회상하고 있는 글 속에서도 그 개요를 짐작할 수 있다.

> 이 휴머니즘을 받아들인 데에선 저자(백철)가 주도한 입장이었는데, 1936년말에 휴머니즘에 관한 최초의 논문에서 휴머니즘은 종래에 받아들인 모든 사조와 달라서 우리 지식인이 곧 친근할 수 있는 사조라는 것, 그 이유는 우리 지식인의 주위의 현실이 불란서 등의 지식인이 근린한 그 현실과 상사한 점이 있는 때문이라고 역설하였다. 그리고 휴머니즘은 현실에 대한 지성문화의 옹호 이외에 인간성 그 자체를 옹호하는 원소적인 의미가 있다는 것, 말하자면 평칭기(平稱期)에는 잠재해 있던 것이 이 시대와

같은 현실과 봉착해서 발병된 현상인 것을 말하였다(백철의 『신문학사조사』).

실상 백철은 그의 휴머니즘론의 여러 대목에서 "현대의 위기를 극복하기 위해서 새로운 휴머니즘운동을 전개해야 한다"는 주장과 함께 "문학에 있어서의 개성의 중요성과 가치를 새로이 인식"해야 된다는 것을 역설했던 것이다.

이에 앞서 백철은 「인간묘사의 시대」(1933년 9월)를 통해서 "인간이 상실된 현대에서 인간을 찾는 새로운 휴머니즘이 있어야 한다"는 것을 강조한 일도 있었다. 또 그 위에는 「문단주류론」(1940년)을 발표함으로써 그의 이른바 「인간탐구론」과 「신휴머니즘론」은 줄기차게 제창된 셈이었다.

여기에 대해 한때 김오성과 이갑기 같은 비평가의 동조를 받기도 했지만 한쪽에서는 강력한 공박이 벌어졌다.

그 대표적인 논객으로 임화·김환태·김문집 등이 등장한 것이었다. 카프파의 맹장이었던 임화는 「르네상스와 신휴머니즘론」, 「문예이론으로서의 신휴머니즘에 대하여」, 「휴머니즘논쟁의 총결산」 등으로 백철의 휴머니즘론에 도전한 것이다.

그 시비의 초점은 백철이 제기한 신휴머니즘은 르네상스의 휴머니즘과 결코 상이한 것이 없다고 전제하고 "인간중심문학론이란 제아무리 광범한 한도로 발전시켜도 문학의 역사적 발전법칙이나 창조과정의 구체성을 해명할 자격을 못가진 일반론에······불과하다"고 비난했다. 또 임화는 철저한 프로문학이론의 기초 위에서 "문학이 인간의 것이란 말은 문학이 법률이나 철학으로부터 구별되는 특질을 설명하지 못할 뿐아니라 그곳에서 특정의 문예이론을 추출할 수 없다"고 단정했다. 또 그는 "개성이나 개인이 단순한 개별적 존재가 아니라 특정된 계급적·사회적 전형으로서의 구체적 양상이라는 것을 망각한 감상적 개념"이라고 공박한 것이다.

이렇게 임화는 백철의 휴머니즘에 대하여 형식적인 논리의 허점을 비판하기보다는 계급주의적인 프로문학의 이론으로 시종했다. 이같은 입장에서 임화와 동조한 비평가로 윤규섭·박승극·한효 등이 한 팀이 되어 논쟁에 끼어든 것이다.

한편 예술파의 김환태와 김문집은 그들과는 입장과 태도를 달리하면서 백철의 휴머니즘에 대하여 비판한 것은 주목할 일이다. 특히 김환태의 발언은 그 핵심이 된다.

> 인간으로 돌아가라는 말이 루소의 자연으로 돌아가라는 말과 같은 의미로 사용되는가 하면 또 새로운 인간 타입을 탐구하자는 지드적 의미로도 사용되고 또 그 다음에는 개성으로돌아가자는 말도 되고……. 이를 헤일 수 없이 변의(變意)된다. 이리하여 우리는 씨의 인간탐구의 설명을 들으면 들을수록 더욱 그 진의를 포착할 수 없게 된다.

이 같은 김환태의 논지를 따라 김문집은 "낭만주의의 근저는 인간성의 해방에 있다. 문학의 성립인간(聖林人間)으로 귀환하라고 외치는 군이 낭만을 부인하는 모순은 웬일인가"고 반문하기도 했다.

이 휴머니즘논쟁에 비교적 중간적 입장에 있던 이헌구는 「평단일년간수확점묘」(『조광』, 1940년 송년호)에서 임화 등의 좌익론객들을 비판하면서 김환태·김문집 등의 예술파론객들을 옹호하는 글을 남겼다.

9. 순수문학의 시비

프로문학의 정치적 참여가 일제의 군벌정치의 강화로 말미암아 더는 계속 못할 궁지에 몰리게 된 것은 어쩔 수 없는 객관적인 현실이기도 했다. 그보다도 프로문학의 치명적인 허점은 문학이 지녀야할 사회적 기능과 함께 또 하나의 중요한 측면, 즉 순수기능을 거부한 사실이었다.

이에 대한 반발로서 1930년대의 순수문학시대가 온 것은 필연적인 결과였다. 그리고 이때부터 비로소 독자의 감정에 깊이 호응해 나갈 수 있는 예술로서의 문학작품이 많이 쏟아지게 된 것도 자연적인 결과였을 것이다. 순수문학의 대표라고 할 수 있는 이태준이 이런 말을 했다.

자기는 르나촬스키의 예술론을 도저히 이해할 수 없었고 이해하려면 할수록 반감만 커갔고(르나촬스키는 소련의 문예이론가이며 극작가이다.) 그리고 당시의 대부분의 문학청년이 르나촬스키의 신도들이었기 때문에 자기의 원고는 각 신문·잡지에 항상 묵살되었기 때문에 이방인과 같은 고독을 느꼈다고 말했다(『문장』, 1948년 2월에서).

이 같은 작가나 시인들이 이때부터 문학이 지니는 순수기능의 깃발을 높이 들고 새로운 문학사를 기록해 나가고 있었음을 물론이다.

더구나 정치적·경제적 측면에 참여하자는 문학도 아닌데, 일제가 이 같은 문학을 강압할 이유는 추호도 없었다. 또 그것이 정치와 경제에 대한 사회참여가 아닌 이상 이들의 문학을 막으면서까지 민족의 분노를 자초할 그들은 아니었다.

그러므로 순수문학이야말로 어디에서도 바람이 불어오지 않는 아늑한 온실이 된 셈이었다. 더욱이 이 당시의 순수문학은 문화적 측면에 참여하려는 의도도 없었다. 왜냐하면 순수문학이란 그같은 의도를 완전히 배제한 문학이었기 때문이다.

문학의 목적은 그같은 사회적 공리성을 초월해서 예술의 순수 본질인 미를 창조함에 있는 것이라고 주장한 것이었다.

그러므로 이 당시의 문학이 문화적 측면에 작용한 공로는 물론이었지만 그것은 부수적으로 나타난 결과일 뿐이지 그 당시 순수문학이 주장하고 있던 의도가 실현된 것은 결코 아니었다.

어쨌든 이 같은 상황 속에서 문학에 대한 순수논의가 활발하게 전개된 것은 기억할만한 일이다.

이 논쟁의 발단은 유진오의「순수에의 의지」(『문장』, 1939년 6월)란 글에서 비롯된다. 그것은 '특히 신인작가에 관련하여'란 서브타이틀이 붙은 것으로 30대의 기성작가글을 옹호한 비평이었다. 그는 이보다 앞서「현대조선문학의 진로」(『동아일보』, 1938년 12월)를 통해서 순수론을 제기했던 것이다.

그의 순수론의 골자는 30대의 작가들이 급격한 현실 변화 속에서 고민하고 자기분열을 일으켰지만 그들은 그만한 고민과 자기분열을 체험하지 않고 문학을 할 수 있다는 것이 그들 세대의 불행에 비해서 얼마나 행복한가 하는 것이었다. 또 그는 순수론의 의의를 다음처럼 지적했다.

> 순수란 별다른 것이 아니라 모든 비문학적인 야심과 정치와 책모를 떠나 오로지 빛나는 문학정신만을 옹호하려는 의연한 태도를 두고 말함이다.

이 같은 대목은 별로 논의의 말썽이 되지 않지만 "문학정신은 본질적으로 인간성옹호의 정신이다"란 말로부터 신인작가들의 현실도피적인 안일한 태도를 공박한 것이 논쟁의 도화선이 되었다.

여기에 대해서 즉각 응수한 논객은 신인을 대표한 김동리이었다. 그는 「순수이의(純粹異義)」(『문장』, 1939년 8월)를 통해서 "비문학적인 야심과 정치논의에 입각한 것은 30대의 작가들"이라고 강조하면서 순수한 문학정신이란 "신인작가들이 획득한 자기들의 세계"라고 맞섰다. 때문에 신인에게 순수문학을 권하기보다는 30대의 작가들 자신에게 반성을 촉구하는 것이 마땅하다는 반론이었다.

여기에 다시 김동리를 변호해서 김환태는 시평으로 「순수시비(純粹是非)」(『문장』, 1939년 11월)를 발표한 것이다. 그는 김동리의 소론에 동조해서 신인작가들을 옹호하는 편에 섰다. 말하자면 "비문학적 야심과 정치와 책모"에 있어서나 "문학정신을 옹호하려는 의연한 태도"에 있어서도 기성작가들이 신인작가들의 그것을 따르지 못한다고 했다.

> 오늘날 우리가 신인작가들에게서 보는 바와 같이 왕성한 문학정신을 우리는 우리 문단에서 일찍이 보지 못하였다. 문학정신이란 결국 인간성의 탐구요, 그에 표현의 옷을 입히려는 창조적 노력이다. 그러므로 문학정신

이란 문학상의 주의와는 완연히 다른 것으로, 주의란 문학정신의 방향 혹은 자세에 지나지 않는 것이다. 따라 한 작가에게 먼저 필요한 것은 문학상의 주의가 아니라, 이 문학정신의 확립이다.

김환태는 「순수시비」 속에서 "소위 30대 작가들의 고뇌는 어디 있는가"고 반문하면서 유진오의 "순수의 개념은 범어(汎漁)하고 혼란하다"는 점을 구체적으로 예증하면서 공박해갔다. 그는 결론으로 다음과 같은 말을 남겼다.

> 유씨의 순수의 개념에 대한 혼란은 실로 이것을 말하는 것이요, 소위 30대 작가의 고뇌의 일면으로 이 곳에 그들의 불행이라면 불행이 있다. 그러나 이는 아직도 실제작품 활동과는 직접적 관련이 없는 것으로 진정한 작가적 고뇌는 아닌 것이다. 그런데 신진작가들은 벌써 그 진정한 작가적 고뇌를 체험하며 있다. 그러므로 불행한건 신진작가요, 아직도 행복한 건 30대 작가라고 하여야 할 것이다. 진정한 작가란 언제나 가장 불행한 종족인 것이다.

문학에 대한 순수시비는 전기시비(前記是非)는 전기(前記)한 유진오·김동리·김환태 등에 그치지 않고 여기에 또 다른 몇 명의 논객이 가담하므로 쟁점의 범위는 확대되어간 것이다.

이를테면 임화의 「소설과 신세대의 성격」과 김진한의 「시문학의 정도」(『문장』, 1939년 10월), 그리고 이원조의 「문학주의시대」(『조선일보』, 1939년 1월) 등은 그것을 에워싼 주요 비평들이었다.

당시 순수논의는 이것으로 일단락 된 셈이지만 뒷날 다시 재연될 수 있는 충분한 여지를 남겼다 할 것이다.

10. 해방문단의 좌우익론

8·15 해방 직후에 프로문학이 다시 등장했다. 해방전 프로문학의 마지막 보루를 담당했던 임화가 재빨리 단체를 조직한 것이다. 그는 순수문단의 대표급들까지도 그가 조직한 단체에 끌어넣었다. 물론 처음부터 프로문학을 하자고 목표를 표면에 내세운 것은 아니다. 일단 문학의 어떠한 유파를 막론하고 범문단적 형태로 조직한 뒤에 자연스럽게 프로문학으로 방향을 전환시키자는 것이었다. 일제말기 순수문학의 대표자였던 이태준이 여기에 동조한 것도 그 때문이다.

그리고 이 같은 프로문학의 조직적 운동이 활발해지자 이에 반대하는 입장에서 순수문학의 조직이 탄생했다. 그러니까 프로문학을 표방한 것은 '문학가동맹'(처음에는 '조선 프롤레타리아문학동맹'이라 했다)이고 여기에 맞서 순수문학에 동조한 것은 '청년문학가협회'였다. 이 두 단체 사이에 주로 치열한 논쟁을 벌인 사람은 김동석과 김동리였다. 이 두 사람의 논쟁이 바로 좌익과 우익의 논쟁이요, 문단의 사회적 기능을 강조하는 주장과 순수기능만을 강조하는 주장이었음은 두말할 나위도 없다.

이 좌우익의 논쟁은 1947년부터 1948년에 거쳐 김병달·김동석이 한패가 되어 프로문학의 기수가 되고 김동리는 순수문학의 방패가 되어 서로 공박을 벌인 것이다. 그 발단은 김병달이 『신천지』와 『신문예』 등 여러 잡지를 통해서 순수문학을 비판한 것과 김동석이 「순수의 정체」(『신천지』, 1957년 11·12월 합병호)를 발표함으로써 비롯된다.

즉, 김병달의 요지는 "현대의 휴머니즘은 유물사관이다. 이것을 거부한 제3 휴머니즘이란 하나의 환상일 뿐"이라는 것이다. 여기에 비해 김동석은 "좌도 아니요, 우도 아닌 제3 노선? 희랍정신의 아킬레스가 영원히 거북의 느린 걸음을 따라가지 못하는 그 노선을 김동리는 걸어가려 하고 있다"고 했다.

여기에 응수한 김동리는 「본격문학과 제3세계의 전망」(특히 김병달씨의 항의에 관하여)란 것과 「독과(毒瓜)문학의 본질」(김동석의 생활의 정체를 구명함)이란 비평을 발표했다. 그의 반박은 그전에 내놓은 「순수문학의 진의」(민족문학의 당면과제로서)를 재확인하고 구체화시킨 것에 머물지 않고 두 도전자에 대한 이론적 모순을 상세히 비판하는 것이었다.

먼저 김병달에게 반박한 요체는 다음과 같은 대목이다.

> 유물사관은 주지하는 바와 같이 사회성을 몰각하고 제도와 환경을 중시함으로써 인간성을 억압하는 데에서 구성되어 있으므로 휴머니즘의 본질과는 근본적으로 배치되어 있는 것이다.
> 씨가 유물사관을 가르쳐 현대휴머니즘이거니 한 것은 분명히 유물사관이나 휴머니즘 그 어느 것에 대한 인식착오가 아니면 안될 것이다.

또 한편으로 김동리의 김동석에 대한 공박으로는 '생활'과 '문학'이란 용어를 놓고 다음과 같은 엄숙한 논고를 제기한 것이다.

> 첫째, '빵'을 구하기 위하여 싸우는 것은 생활이 아니다. 둘째, 문학은 생활을 위하여 하는 것이 아니다. 세째, 김군이 문학이라고 믿는 군의 독과는 문학이 아니다. 이상의 세가지 중, 첫째 조항을 인정하는 것은 군이 지금까지 신주단지 같이 위해 온 유물론을 배반하는 결과가 된다. 둘째 조항을 인정한다면 그가 엮어놓은 생활과 문학에 대한 일절의 논리를 포기해야 한다. 세째 조항을 인정하려면 그의 독과가 남의 낯을 할퀴기보다 자기자신을 할퀴는 데에서만 군의 인생과 문학에 기여할 수 있다는, 군에게는 너무 인연이 먼, 새로운 진리를 배워야 한다. 그리고 이것은 군에게 있어 가장 어렵고 또 가장 중대한 일이기도 한 것이다.

김동리는 이상과 같은 논리를 앞세우면서 "군의 생활의 핵심이 '빵'에 있고, 군의 그 독있는 손톱이 '빵'을 구하기 위해서 — 극복하기 위해서가 아니고 — 만 있는 군은 '문학'과 '생활'이란 어휘의 참된 뜻을 체득할 수 없을 것이다"란 신랄한 반론을 폈던 것이다.

그러나 이 같은 논쟁이 아무리 치열하게 전개되었다고 하더라도 그것은 문학사적인 면에서 보면 별로 크게 새로운 이론의 등장은 아니었다. 왜냐하면 이미 1925년 카프가 등장하면서부터 문학의 사회적 기능과 순수기능에 관한 논쟁은 전개되었기 때문이다.

그리고 카프시대의 문학이 바로 사회주의사상에 입각한 계급투쟁으로서의 문학을 주장했던 것처럼 해방 직후의 김동석의 주장도 같은 것에 지나지 않는다. 그러므로 1925년경의 프로문학과 그에 반대한 염상섭 외 몇몇의 문학이론은 바로 해방 후의 김동석과 김동리의 문학이론에 해당된다. 그러므로 이것은 꼭 같은 쟁점을 들고 나와서 되풀이 한 것에 지나지 않을 것이다.

더욱이 이 같은 좌우익의 논쟁은 정치적 배경을 지니고 있었다는 불순성 탓이었는지는 모르지만 진지한 논쟁으로 끝나지는 않았다. 비평의 입장에서 보자면 비록 날카로운 힘은 있었지만 너무도 유치한 인신공격이 앞서서 비평의 격을 떨어뜨리고 있었다.

그같은 인신공격이 지나치게 앞섰기 때문에 그들은 문학이론의 본질적인 면을 캐내지 못하고 끝을 내고 말았다.

그뿐만 아니라 그 후 좌익 세력은 정치적 배경을 잃고 지하로 숨어들거나 월북하지 않으면 안되었다.

이렇게 됨에 따라서 프로문학의 이론을 들고 나왔던 김동석은 그 이상 논쟁을 계속하지 못하고 월북해 버렸다. 그러므로 논쟁은 핵심을 찾아보지 못한채 끝나버리고 만 것이다.

그리고 이 양파의 이론이 다같이 과오를 범하고 있었던 것은 서로가 다 같이 문학의 반조각 기능만을 주장했다는데 있다. 김동석이 문학의 사회적 기능만을 강조하고 나선 데 반해서 김동리는 문학의 순수기능만을 그 문학의 전부라고 주장했던 것이다. 이같은 순수문학이 그 후 한국문학의 주류를 이루어 한국문학이 지녀야 할 또 하나의 중요한 기능인 사회적 기능을 상실하게 만들고 말았다.

이처럼 논쟁의 핵심을 찾지 못하고 다만 순수문학이 그냥 물려받은 승리로 말미암아 한국문학이 주류를 이루게 됐다면 이것은 언젠가는 또다시 비판받아야 할 문제점을 남긴 셈이다.

11. 작품평을 에워싼 시비

비평의 쟁점은 흔히 하나의 주제를 놓고 발생되는 것이 통례로 되어 왔지만 왕왕 작품평을 에워싸고 격렬한 논쟁이 돌발하기도 한 것이었다.

말하자면 작가와 평론가 사이에 혹은 평론가 상호간에 작품평가에 대한 감정적 시비가 부단히 이어진 셈이다. 전술한 바 20년대에 있었던 김동인 대 염상섭의 '비평에 대한 무용론과 그 시비', 그리고 김안서 대 박종화의 '주관 대 객관의 시비' 등이 그 구체적 선례가 될 것이다.

그 후에도 주요한 대 황석우의 논쟁과 최재서 대 김문집의 논쟁 등이 기억할 만한 것이었다. 그와 같은 성격의 논쟁이 60년대에 와서 몇 차례 반복된 것은 특기할 만한 일이다.

그 대표적인 경우는 1960년대에 백철의 작품에 대해서 평론가 신동한과 작가 황순원의 반박에 따른 논쟁이 문단의 화제가 되었다.

먼저 쟁점화 된 시비는 『서울신문』(1960. 11. 27)에 발표된 백철의 「하나의 돌은 던져지다」란 타이틀 밑에 ― 최인훈작 「광장」의 파문 ― 이란 부제가 붙은 것이었다.

말하자면 젊은 작가 최인훈의 문제작 「광장」(『새벽』, 1960년 12월)에 대해서 백철은 크게 찬양하면서 "이번 최군의 「광장」은 특별히 남북통일론을 의식하고 쓴 것은 아니지만 그 중요한 문제에 대하여 커다란 암시와 실증의 사실을 제시해 주었다. 침체한 문학계에 하나의 돌을 던진 작품이라고 본다"고 했다.

이 같은 비평에 대해서 몇 가지 이의를 제기하면서 반박하고 나선 신동한은 그의 「확대해석에의 이의」(『서울신문』, 1960. 12. 14)에서 백철의 「광장」평을 신랄히 비판한 것이다.

I. 비평과 성찰 63

그는 작품비평에서 가장 경계해야 할 것은 지나친 확대해석이나 편견적인 과소평가라고 전제하면서 백철의 창작평은 "자기파의 확대해석을 가하고 있는 데 대해서는 약간의 이의를 갖지 않을 수 없다"는 것이었다.

그의 반론의 요지는 백철의 「광장」평에 있어서 '문제성'이라는 말을 되풀이하면서 그 논의점을 남북통일이라는 데 연결시키고 있는데 이 작품의 어느 구석에서 통일에 대한 '문제성'을 엿볼 수 있는가 하는 것이었다.

오히려 그는 「광장」의 주인공 '명준'의 행동은 하나의 성격파산자의 몸부림에 지나지 않는다고 반증해 갔다.

> 「광장」의 주인공 '명준'이 갈매기를 바라보며 은근히 거기에서 낭만의 상징을 꿈꾸는 것도 이제는 낡아빠진 것이다. 현대의 낭만은 그렇게 유장한 전세기(前世紀)식의 것은 아니다. 기계의 소음과 매스컴의 교우 속에서 자기위치를 찾기에도 힘이 드는 오늘의 낭만은 훨씬 템포가 빠르고 더 복잡하고 심각한 데 있다.

이와 같은 논리로부터 「광장」은 리얼리티를 상실한 것이라고 했다. 그러면서 리얼리티의 문제를 남북한의 현실성을 묘사하는 데에까지 확대해서 언급한 것이다.

그의 반박에 대해서 백철은 같은 지면에 「작품의미의 콤플렉스」(1960. 12. 18)란 제하로 — 신동한군이 제기한 이의에 답함 — 을 썼다. 여기서 그는 문제의 「광장」평은 신문사에서 동문제성(同門題性)을 내주면서 거기에 대한 찬비적인 판단 의견 같은 것을 쓰라는 주문으로 쓰여졌다는 동기를 밝히면서 문제성만을 제시하는 것이 위험스러운 것이라고 하지 않았는가라고 강조했다.

그러면서 신동한이 공박했던 몇 가지 요지를 추려 응수하고 있다.

첫째, 주인공을 성격파산자로 규정할 것인데 어떤 기준과 대질에서 이 인물형을 그렇게 본 것인가라고 따졌다.

"피로·나태성·무위도식 등의 일절의 생활의식을 상실한 지식인적인 인물들이 근래 우리 작품상에 많이 나타났다. 가령 그 인물들을 성격파산자라 할 수 있다면 그런 생활상태에서 벗어나서 자기의 힘을 다하여 여기 저기 온갖 현실기회를 포착하는 장면들에서 생의 의미를 파악하려고 한 것, 신군의 말대로 그 현실에 대하여 '몸부림'을 친 것이라면 이것이 먼저 케이스와 동질의 성격파산자일까."

둘째로, 갈매기 이야기를 가지고 낡은 로맨티시즘 운운한 것은 작품접근을 위한 너무 단순한 착각이라고 나무랬다.

세째로, 객관적인 묘사 운운하면서 「광장」이 19세기적인 생활이라고 한 것은 어처구니 없는 착각이라고 반론했다.

그는 자신의 비평활동에 대해서 "말초적인 역할 운운의 일면중상(一面中傷)말"을 두고 몹시 분개한 답변을 한 셈이다.

다시 신동한은 같은 지면에다 「문학의 지도성」(1960년 12월)이란 제하의 "백철옹에게 드리는 글"을 썼다.

여기에서는 '문학의 공로'와 '문학인의 비굴형' 그리고 '문학의 선후배관계' 등을 차례로 들어 추궁해간 것이었다. 말하자면 백철의 「작품의미의 콤플렉스」에서 지적된 여러 대목이 거론되었다.

이와 같은 시비가 오고가는 동안 이 논쟁의 본류는 애초의 「광장」의 작품평과는 거리가 먼 엉뚱한 감정적 격돌로 변질되어 갔다.

한편 이 무렵 황순원의 장편 「나무들 비탈에 서다」(1960)에 대한 백철의 작품평이 또 하나의 시비의 씨앗이 되었다. 이 작품의 작가인 황순원은 「비평에 앞선 이해」란 글로 항변하고 나섰다.

그 반박의 요지는 우선 작품의 주인공인 이름이 틀렸다는 것이고, 또 '신우 2등상사'란 인물이 죽었다고 했는데 그것은 어디서 어떻게 죽었다는 것이며, 그리고 4·19와 결부시키지 않았느냐고 했는데 이 작품은 4·19와는 전혀 상관없는 작품이라고 했다.

여기에 대해서 백철은 「작품은 실험적인 소산」이란 글로 답변한 것이다. 거기서 그는 주인공의 이름의 오기는 자신의 잘못이 아니라 신문사 식자공의 잘못인지 모르겠다면서 그 작품의 현실취재로 봐서 4·19의 위기에까지 발전시켜도 좋았을 것이라는 단순한 희망이었다고 해명한 것이다.

다시금 황순원은 백철의 답변에 대해서 반박을 했다. 설혹 주인공의 이름을 잘못 쓴 것은 단순한 오기로 이해되더라도 등장인물의 생사 여부는 작품해석과 밀접한 관계를 갖는 것인데 살아 있는 인물을 죽었다고 오독한 비평가의 해석을 어떻게 믿을 수 있을 것인가라고 따진 것이다. 이와 같은 작품평을 에워싼 비평가와 작가와의 시비는 왕왕 벌어졌지만 그것은 하나의 문제성이 있는 논쟁이 되지 못하고 한낱 감정적인 충돌로 격화된 셈이었다.

12. 전통론에 대한 시비

50년대 후반기부터 근 10년 동안 그러니까 60년대 전반에 이르기까지의 평단의 이슈는 거의 전통론에 대한 논란에 있었다.

그 문제의 제기는 전통에 대한 정의로부터 비롯해서 전통의 계승문제를 거론하고 그 찬반을 에워싸고 끈질긴 입씨름이 이어졌다.

이같은 전통론에 관련된 비평은 상당한 양산(量産)을 기록하고 있다. 이를테면 백철의 「고전부활과 현대문학」, 조연현의 「전통의 민족적 특성과 인류적 보편성」, 홍효민의 「문학전통과 소설전통」, 이봉래의 「전통의 정체」, 문덕수의 「전통론을 위한 각서」, 김양수의 「격동기의 문학행동」, 유종호의 「전통의 확립을 위하여」, 이형기의 「전통이란 무엇인가」, 원형갑의 「표상성과 민족성」, 최일수의 「문학의 세계성과 민족성」, 정태용의 「주체성과 비판정신」, 김상감의 「고전의 전통과 현대」, 김우종의 「항거없는 성춘향」, 윤병로의 「전통의 문제점」 등을 들 수 있다.

이것들이 추구한 것은 주로 전통이란 무엇인가? 하는 원론적인 얘기로부터 민족문학의 본질탐구나 고전에 대한 새로운 해석 등 다양한 비평작업이었다. 이처럼 전통론에 대한 논의는 당시 거의 모든 비평가들이 제나름대로의 발언을 통해서 집중적으로 전개된 셈이다.

그럼에도 불구하고 근 한 세대에 걸친 전통론의 시비는 공리공론으로 시종해서 신통한 결실을 맺은 것도 아니다. 다만 '전통론자'와 '반전통론자'로 맞서 몇 차례의 논쟁이 주목을 끌었을 뿐이다.

이 논쟁의 도화선은 전기(前記)한 많은 비평과 함께 『사상계』지(1962년 5월)가 주최한 '현대시 50년의 심포지움'이었다. 거기서 크게 클로즈업된 문제는 우리 고전에서 전통을 이어받은 것이 있느냐 없느냐는 것이었다. 그리고 전통과 인습은 구별되어야 한다는 주장으로 그 실제의 작품을 거론하기에 이르렀다.

여기서 조지훈은 전통의 계승을 주장하는 '전통론자'의 입장에 섰고, 이어령과 유종호는 우리 문학의 경우 전통의 계승을 인정할 수 없다는 '반전통론자'의 편에 섰다.

조지훈의 전통계승론의 요지는 다음과 같은 점에서 강조되었다.

> 우리 고전시에는 신체시가 나오기 직전까지의 구가사라든지 그런 몹쓸 면도 있지만 역사적으로 관류하고 있는 민요에서부터 청산별곡이 지닌 좋은 면으로써 쏠릴 수 있는 혈맥이 있다.

이와 같이 그는 '전통론자'의 입장에서 취사선택의 기준으로 문학적 전통을 계승해야 한다고 했다. 그와 동조한 조연현은 전통과 유물의 차이를 해명하고 전통의 구체적 모습은 민족적 특성 위에 기초를 둔 것이며, 그것은 동시에 인류적 보편성을 드러낸 것이라 주장한다.

그리고 이 양자는 서로 이질적인 것이 아니라 동일한 것이라는 견지에서 서정주와 김동리의 작품을 본보기로 제시했다.

여기에 비해서 이어령와 유종호는 그 입장을 전혀 달리했다.

말하자면 전통을 강력히 부정하는 입장에서 다른 나라의 고전이 현대문학에 끼친 영향에 비해서 우리의 고전은 현대문학에 하등의 영향을 주지 못하고 있다는 것이었다. 유종호의 해명은 셰익스피어가 영시인들에게 주는 영향과 우리 고전시가 현대시인에게 주는 영향의 차이를 비교하면서 우리

고전시는 현대시인에게 전혀 영향을 끼치지 못하고 있다고 했다.

또 그는 '한국적인 것'이란 "토착어가 환기하는 민족의 고유 정서이며 전근대적인 인간성을 싸고도는 후광이다"란 소견을 내세웠다.

그의 견해로는 우리 사회가 후진성을 극복하고 개화해 감에 따라서 이러한 전근대적인 인간상을 자연적으로 소멸되어 갈 것이고 그때 그 고유정서도 소멸할 것이라는 데 있었다.

어쨌든 '현대시 50년의 심포지움'에서 선명해진 '전통론자'와 '반전통론자'의 대립은 뒤에 다른 지면을 통해서 더 활발한 양상으로 발전되었다.

우선 '반전통론자'에 대한 반론으로 이형기는 고전의 영향의 크고 작음을 따질 것 없이 전통자체를 부인할 수는 없다는 데에서 이의를 제기했다.

> 현재에 얼마만큼 유용한가의 공리적 기준으로써 과거를 판단한다면 어제는 오늘을 위해 그리고 오늘은 내일을 위해 차례 차례로 부정되고 만다.
> 이 영원한 부정의 연속 앞에는 역사도 전통도 있을 수가 없다.

이같이 전통론의 근원부터 애기해간 그는 현재라는 시간을 불구하고 단지 과거를 과거로서만 보자는 괴이한 전통론을 내세웠다. 이것이 바로 '반전통론자'의 저항을 받은 것은 물론이다.

이와 같은 추세로 이어령과 이형기・정태용 등이 대진(對陣)이 되어 전통론의 시비를 벌리게 되었다. 그렇지만 그것은 본격적인 논쟁이 되지 못하고 다만 지엽적인 개념풀이에 정력을 소모한 결과가 되었다.

이렇게 되어 미결의 장으로 넘어간 전통론의 시비는 그런대로 하나의 비평사적인 문제점을 남긴 셈이 된다.

즉 왕성하게 대두되었던 전통론의 근거는 한갓 우리 문학의 고전을 이해하고 정리하기 위한 열망에서뿐이 아니었다. 가장 전통적인 것이 가장 새롭다는 데에서 우리 문학의 후진성의 극복도 시간을 비약할 수 있는 전통적인 역량 위에서만 가능하다고 믿었던 때문일 것이다.

이른바 '반전통론자'들은 8・15 이전에는 우리의 전통이 전혀 없었다고 하는데 반해 이른바 '전통론자'들은 천여년 전의 '향가'나 이조의 『춘향전』 에서 혹은 신문학 이후부터 우리의 문학전통이 출발되었다고 역설했다.

말하자면 전통을 끝까지 옹호·육성하려는 '전통론자'들은 전통은 장구한 역사의 축적에 의해서 형성된 민족고유의 문화적 감정이고 동시에 그것은 지속적 가치를 포함한 과거적인 유산인 까닭이며 절대적 가치를 지닌 것이라고 주장한 것이다.

여기에 강력히 반기를 들고 전통을 부정·타파코자 한 '반전통론자'들은 전통이란 고정화된 형식적 습관과 보수적인 형식에 가득찬 과거의 문화적 소산에 불과하다고 역설했던 것이다. 어느 편이든 상당한 논리의 타당성이 인정되었지만 전통론에 대한 선명한 귀결을 얻지 못한 채 그 시비는 오리무중으로 사라진 느낌이었다.

그러나 뒷날 민족문학론의 재론에서 그 탈출구는 마련된 셈이다.

13. 순수문학의 재논의

해방 후 김동석 등의 좌익문학이 사라진 후 한국문학의 주류는 순수문학으로 나타났다. 남은 것은 순수문학이었기 때문에 그것은 어쩔 수 없는 결론이었을 것이다. 그러나 문학이 과연 순수기능 이외의 다른 아무 것도 지닐 수 없는 것일까? 프로문학이 지니고 있던 '문학의 예속성'에 화가난 것은 이해할 수 있는 일이지만 그러나 문학은 역시 순수기능만으로 좌우하기 어려운 것이며, 또 그것만 가지고는 다양한 힘을 발휘하는 위대한 문학이 될 수는 없는 것이 아닐까?

이 같은 순수문학에 대한 비판의 소리는 1960년대 초기에 들어와서 다시 한번 요란하게 벌어졌다. 그러니까 해방 후의 전통적인 순수문학에 대해서 15년이 지난 뒤에 다시 맹렬한 공박이 새로운 양상으로 재연된 것이었다.

이 논쟁은 해방직후의 좌우익의 적대적 소산에서가 아니라 순수문학 자체의 반성에서 빚어진 파쟁으로 풀이된다.

말하자면 전후의 신세대 비평가들이 새로운 측면에서 순수문학을 비판하고 나선 것이다.

그 시발은 1963년에 김우종의 「파산의 순수문학」(『동아일보』, 1960년 8월 7일)에서부터 비롯된다. 이것은 「한국문단에 보내는 백서」란 서브타이틀이 붙은 것으로서 한국문학이 지나온 전통에 대한 비판이었다. 그는 그보다 앞서 「문학기능론」(『현대문학』, 1960년 9월)에서 문학의 순수기능과 사회적 기능을 거론한 일이 있다. 그의 「파산의 순수문학」에서 제기한 중요 대목은 다음과 같은 것이었다.

> 작가는……기아와 혹사와 불면과 모멸과 그리고 6·25의 슬픔 등 고통 속에서 오열하는 민중들에게, 이 현실문제의 상담을 거부할 수 없는 것이다.

이와 같이 그는 엄연한 현실을 외면하고 있는 순수작가들에 대해서 따끔히 일침을 놓은 셈이다.

작가가 생생한 현실 속에 뛰어들지 안고 고고한 창작만을 할 수 없다는 데에서 김병걸의 「순수와의 결별」(『현대문학』, 1963년 10월)은 김우종의 「파산의 순수문학」에 동조하면서 순수문학의 허점을 찌르고 한국문학의 새로운 방향을 주장한 것이었다.

> 데모크라시의 자유는 참으로 위대한 작품처럼 동심의 세계까지도 그 위력을 떨친다. 그러나 지폐없는 자유는 비석에 불과하다. 배가 고프면 울음과 절망이 압도적인 데, 이때엔 가치의 기준이 전도한다. 즉 참외의 맛보다 참외의 크기를 택하는 것이다. 이것은 논리를 앞지른 절추(切追)이다. 하여튼 "가난은 용서할 수 없는 굴욕이다." 이것은 말르로의 말이다. 그런데 배가 일단 충족하면 빵만으론 살수가 없다고 정신이 절규하게 된다. 이것이 인간된 현실이다.
> 그러므로 '사상의 자유'와 '빵의 자유' 이 두 사항의 어느 하나의 결여는

곧 자유성의 파행·허점을 드러낸다.

이와 같은 김병걸의 순수문학에 대한 신랄한 도전과 함께 다시 김우종이 「유적지의 인간과 그 문학」(『현대문학』, 1963년 11월)도 순수문학의 맹점을 지적한 비평이었다.

    물론 오늘의 우리 문학이 이것을 전적으로 답습하고 있는 것은 아니지만 문제제시에만 그치는 문학, 양심과 지성에의 호소로 그치는 문학, 그리고 작가 자신이 현실 속에 뛰어들어 도표를 세우고 현실문제 해결의 방편으로서 그러한 목표의식하에서 하는 문학을 도피해온 것은 모두 그 인습적인 '전통'관에 매었던 탓이라고 볼 수밖에 없다. 그러므로 이제 우리는 그러한 방법론엔 아낌없이 결별을 고하고 새로운 방법론 위에 문학을 확립해 나가야 하는 것이다.

이와 같은 순수문학에 대한 신랄한 비판이 있는 뒤 이형기의 「문학의 기능에 관한 반성」(『현대문학』, 1964년 2월)이 발표되었다. 이것은 전기(前記) 양 김씨의 공박에 응수하는 것으로서 순수문학을 끝까지 옹호하고 변호하는 것이었다.

    '당(黨)의 문학'에 항거하여 외쳐진 인간성 옹호의 문학은 소용돌이치는 좌우투쟁의 물결 속에 적극적으로 뛰어드는 참여행위이기도 했던 것이다. 문학이고 예술이고 할 것 없이 모조리 정치적 목적을 위해 도구로서 동원해도 무방하다는 정치가 있는 것과 마찬가지로 그럴 수 없다는 정치도 있다. 순수는 이 두 가지 가운데에서 후자의 정치를 지지한 문학이론이다.

그의 이른바 순수옹호론은 현실을 도외시하는 것이 아니라 현실을 묘파하되 현실의 개조, 즉 정치적 목적의식을 제이의적으로 생각한다는 것이었다. 따라서 제일의적인 것은 무엇보다도 인간성을 옹호하는 데 있다는 것으로 귀결했다.

그는 순수문학에 대한 최후의 기수로서 순수문학의 정통을 고수했지만 그에 대한 동조를 쉽게 얻지 못했다. 실상 그의 주장은 고독하게 메아리쳤지만 순수문학도 순수를 옹호하기 위해서는 정치에 참여해야 한다는 새로운 이론을 남김으로써 순수문학 스스로가 간직하고 있는 현실참여의 일면을 시인한 셈이다.

결국 그의 순수문학론은 예술지상주의인 것으로 풀이됨으로써 또다시 김우종의 반박을 받았다. 그것은 「저 땅 위에 도표를 세우라」(『현대문학』, 1964년 5월)는 것이었다. 여기서 김우종은 이형기의 순수옹호론을 반박하면서 문학의 기능을 다시 천명했다.

> 문학이 불소시개감이고, 문학으로 무엇을 해보자는 생각부터가 어리석다고 장담해 나가던 그가 새삼스럽게 문학을 가리켜 인간성 옹호의 투사라고 부른 건 어찌된 일인가? 문학을 가지고 인간성 옹호라는 현실적인 가치를 지니도록 해야 한다고 재언삼론한 것은 바로 내 글이 아니었던가?
> 문학의 현실적인 효과성을 그토록 극구 부인하던 그가 문학을 불소시개감, 장난감이라고 분명히 지적한 그가 별안간 문학은 이 사회에서 인간성 옹호의 직책을 담당한다고 주장한 것은 어찌된 일인가? 도대체 어느 쪽이 사실이고 어느 쪽이 농담인가? 이 혼미한 논리, 이 모호한 안개, 과연 이형기는 이 같은 방법으로 무엇을 옹호하고 무엇을 부인하자는 것일까?

이 같은 반론을 펴면서 현실문제에 적극적으로 참여하여 '저 땅위에 도표를 세우라'고 외쳤다. 어쨌든 순수문학의 재논의는 이것으로 일단락 되었지만 60년대 초반의 큰 쟁점으로 기록될 것이다.

14. 순수 · 참여론

60년대 전반에 신예평단이 형성되고 실존문학이 상륙하면서부터 새로운 참여론이 전개되었다. 그 발단은 전술한 바 순수문학의 재논의에서부터 비롯된 것이었다. 말하자면 신진비평가들이 순수문학과의 결별을 선언하면서 작가들의 현실참여를 제기했던 것이다. 현실참여론은 홍사중의 「작가와 현실」 속에서 명백히 강조되었다

> 우리가 현대의 시점에서 누구를 위한 무엇을 위한 문학이냐 하는 가장 근본적인 문제로 되돌아갈 때에는 현실과 유리된 곳에서 문학한다는 것이 가능한 일인지 아닌지는 지극히도 명백하게 드러날 것으로 본다.

그는 또 "정치에의 예속화를 두려워하는 나머지에 '순수'라는 이름아래 정치를 완전히 배제시킨 가공적인 진공지대 속에서 인물을 선정해 놓는다는 것은 있을 수 없는 일이다"고 하면서 순수문학에 대한 공박을 했다. 또 그의 참여론에 대한 해석은 다음처럼 귀결된다.

> 문학에 있어서의 앙가쥬망이 새삼 강조되었던 것도 사실은 문학자가 직접 정치적 행동을 하여야 한다는 것이 아니라 현실의 정치의 비인간성을 배격하고, 정신의 자유를 옹호해야 할 예술가의 사명감에 대한 유다른 인식이 있었기 때문이었다. 다시 말해서 인간회복에의 굳은 의지가 그 밑바탕에 있었던 것이다.

이와 같은 홍사중의 참여론과 함께 몇몇 비평가들이 심심치 않은 시비를 벌였지만 특기할 만한 것은 못된다.
이를테면 박철희의 「환경과 탈피」(『현대문학』, 1962년 10월), 최일수의 「종착역의 기수」(『현대문학』, 1964년 2월), 김병걸의 「문학과 오리엔테이션」

(『현대문학』, 1965년 5월) 등에서 참여문학에 대한 산발적인 논란이 있었다.

한동안 침묵이 계속되던 참여론이 새롭게 거론된 것은 1967년에 김붕구가 세계문화 자유회의 세미나에서 「작가와 사회」라는 주제 밑에 발언한 것이 도화선이 되었다.

그는 사르트르의 문학적 패배를 강조하면서 "이론화된 앙가쥬망은 필연적으로 프롤레타리아 혁명의 이데올로기에 뛰어들어가 자기의 창조적 자아를 자승자박하기보다 '나'를 송두리채 작품 속에 투입시키는 성실성을 가져야 한다"고 역설했다.

여기에 반대발언을 한 임중빈은 사회를 의식하지 않는 창작은 '허상의 창조'라고 맞섰다. 그는 또 딴 지면에서 시대정신과의 함수관계를 떠난 작가의식은 필경 '오락의 밀사'가 아니면 '순간을 위한 레아리떼'로 공전할 우려가 있다고 했다.

그리고 그는 풋내기 참여의식으로써 "작품이전의 성급한 정감배설 내지는 발성연습에 탕진해온 부작용"을 비판했다.

이 심각한 논쟁 속에 재빨리 개입한 것은 이호철과 김현이었다. 이호철은 「작가의 현장과 세속의 현장」이란 글에서 김붕구・선우휘의 소론에 대한 의견을 내놓았다.

> 어떤 시대, 어떤 사회를 막론하고 그 시대 그 사회의 도덕적 위기나 사회적인 문제에 가장 민감한 반응을 보이고, 간접적으로든 직접적으로든 제때 제때에 경고를 발하는 것은 작가이다.

또 그는 작가가 사회적인 문제나 도덕적인 위기에 관여할 때 그의 발언은 미리 이론화된 것이어서는 안되고 오직 순수한 것이어야 한다고 했다. 그리고 앙가쥬망 이론이란 작가에 있어서 처음부터 공소한 것이라고 풀이했다.

그와 함께 김현도 「참여와 문화의 고고학」이란 글에서 비슷한 의견을 제출했다. 참여란 공허한 개념이라고 전제하면서 서구가 창조적 자아와 사회적 자아의 구분이 가능한 시민 사회인 데 비해서 우리 사회는 개인성의 초탈이라고 부를 수 있는 샤머니즘의 주술적 요소를 중요시했다는 것이었다.

언어의 표징이라는 이원론적 구조를 갖지 못하고 거의 주술적인 의미만
을 띤 언어 속에 직수입될 때에는 어떻게 되겠는가.

이와 같은 반문과 함께 그는 '사고의 고고학'을 주장함으로써 우리의 발상법과 서구의 그것과의 연관성의 해명으로서만이 모든 것을 해결할 수 있다고 설파했다. 하나의 색다른 기도로 시선을 끌었을 뿐이었다.

이 같은 실존문학을 중심한 참여론은 제법 열도를 가해 갔고 심화되어 가는 듯 했다. 이 상황에서 1968년 4월에 정명환의 「문학과 사회참여」(홍사단의 금요강좌)는 상당한 주목을 끌었다.

작가가 사회라는 집단을 의식하며 그 집단의 이념에 대립하는 고민을
언어로써 표현하되 그로 인한 스스로에의 위험을 각오하는 것.

이와 같은 참여론의 범주를, ① 시민으로서의 상식적인 참여(4·19 당시의 작가의 경우), ② 강제된 상황하에서의 참여(전쟁 중에 레지스탕스였던 까뮈와 같은 경우), ③ 정신적인 상황하에 자진하여 작품을 통해하는 참여 등으로 분류했다.

따라서 그는 공산 침략을 받았던 우리의 입장에서 김붕구의 사르트르의 참여론이 필연적으로 좌경한다는 논리는 타당치 않을뿐더러 "우리 나라의 작가는 사회적 모순을 찾고 고발하되 좌경할 수 없는 생리"를 가진 것이라고 했다.

이밖에도 문덕수가 「현실참여의 진의」(『현대문학』, 1968년 5월)을 써서 참여론에 대해서 그 나름대로의 해석을 내렸다.

한편 김수영(故)과 이어령과의 색다른 참여론이 벌어지기도 했다. 여기에도 몇 명의 논객이 끼어들어 훈수를 했지만 김수영의 갑작스런 사별로 험악한 논쟁은 스스로 종지부를 찍게 되었다.

과연 60년대는 '순수'와 '참여'에 대한 불 튀기는 논쟁이 끈덕지게 이어 왔지만 이른바 참여론에 대한 정당한 해석과 평가는 내려지지 못했다할 것이다.

그런데 70년대에 접어들어 김병익은 「정치와 소설」(『문학과 지성』, 1970년 가을호)에 참여파에 대한 비판을 가하고 있다.

그는 정치가 정치의 논리에서 작용하듯 문학이 문학의 질서 위에 서있음을 이해하지 않을 때 참여란 매려있는 구호는 화석화할 위험을 가졌다고 했다. 그리고 문학과 정치의 질량 양자간의 관계를 정립하지 않을 경우 정치의 나쁜 부분으로 악용될 가능성을 지니고 있다고 경고했다.

어쨌든 참여문학에 대한 끈질긴 논란은 70년대까지도 이어지고 있다. 더욱이 그것에 대한 메카니즘의 터부는 좀처럼 해소되지 못하고 있는 셈이다.

15. 리얼리즘과 논쟁

60년대의 '순수'와 '참여'의 논쟁은 70년대에 접어들어 리얼리즘논쟁으로 그 방향을 바꾸어 왔다. 민족문학과 관련되어 리얼리즘문학에 대한 본격적인 해석과 방법론이 활발히 전개된 것이다. 그것이 이른바 순수문학파와 소시민문학파의 상당한 저항에도 불구하고 그 주류는 지금껏 왕성한 추세를 보여주고 있다.

리얼리즘론이 본격적으로 대두되게 된 시발은 1970년에 「사월혁명과 한국문학」(『사상계』 4월호)이란 좌담에서 유도된 것으로 본다. 이것은 4·19 열 돌을 맞는 기획물로서 몇몇 신예비평가들이 참석해서 리얼리즘론에 관한 열띤 토론을 벌린 것이다.

여기서 구중서와 김현은 서로 상반된 견해로 입씨름을 해서 주목을 끌었는데, 먼저 구중서의 발언에서 문제된 것은 다음과 같은 대목이 있다.

30년대 작품이 사회 또는 인간의 현상을 객관적으로 묘사하는 데 그쳤고 어떤 역사 의식의 지향이라든가 또는 이상주의적 요소를 작품 속에 담아서 전진하는 또 창조해 나가는 그런 의식 작업을 하지 못했기 때문이다.

여기에 비해 김현은 현실을 진실하고 성실하게 바라보는 것이 리얼리즘의 기본 조건이라면 30년대 같은 상황에서 그들처럼 현실을 진실하고 성실하게 보기는 힘들 것이라고 맞섰다.

이와 같은 견해의 대립은 얼마 뒤에 구중서의 「한국리얼리즘문학의 형성」(『창작과 비판』, 1970년 여름호)과 김현의 「한국소설의 가능성」(『문학과 지성』, 1970년 가을호)에서 더 현저하게 노출되었다.

구중서의 「한국리얼리즘문학의 형성」에서는 발자크의 리얼리즘론으로부터 실마리를 끄집어내어 30년대의 염상섭·현진건·채만식 등의 리얼리즘에 대해서 부정적 해석을 내리고 있다.

채만식과 그 외의 자연주의 작가들에게 리얼리즘요소가 적게 또는 상당히 내포되어 있었던 것은 사실이다. 그러나 그곳이 완성된 리얼리즘은 아니었다는 말이다.

이 같은 전제에서 60년대 말에서 70년대 초에 이르러 한국적 리얼리즘문학을 담당할 수 있는 체질이 갖추어진 것이고 그 샘플로 하근찬의 「삼각의 집」을 거론한 것이다.

여기에 비해 김현의 「한국소설의 가능성」에서는 리얼리즘 생성과정과 그 변모에 대한 해설과 함께 한국에 있어서의 가능성 여부를 타진해 갔다. 그는 도식적 리얼리즘이 한국에서는 불가능하다는 견해를 밝히면서 오히려 가능한 방법은 리얼리즘의 허위성을 밝혀주는 비평 혹은 상징적인 기술방법 뿐이라고 했다. 그러면서 한국 사회의 구조적 모순을 리얼리즘적인 수법으로 드러낸다는 것은 이중의 위험성을 지닌다고 경고한다.

즉, 소시민적 영웅주의와 소시민적 패배주의에 빠질 위험성이 있다는 것이었다. 그로부터 그의 결론은 다음처럼 맺어졌다.

> 어느 시대에서건 위대한 인물이 맡았던 몫은 언제나 개방되어 있다. 도식화하지 말라, 당신의 상상력으로 시대의 핵을 붙잡으므로, 내가 할 수 있는 충고는 이것뿐이다.

이와 같은 한국문학의 당면 과제로서 리얼리즘의 가능성 여부는 구중서와 김현의 심각한 대결을 보여 주었다. 여기에 대해서 즉각 반응을 보여준 것은 김윤식·염무웅·김병걸 등이었다.

김윤식은 「70년도 비평개관」 속에서 리얼리즘론이 대두된 동기와 구중서와 김현의 비평을 소개하면서 그들이 제기한 문제의 허점을 자기 나름대로 비판한 것이었다. 그는 대체로 김현의 주장에 동조하면서 자기의 의견을 다소 첨가한 것이기도 했다.

한편 염무웅은 「리얼리즘의 심화시대」(『월간중앙』, 1970년 12월)를 통해서 김현의 비평을 간접적으로 비판했다. 그는 리얼리즘이 갖는 개념의 오해를 지적하면서 문학의 궁극적 사명이란 정녕 어떤 것인가를 추구한다. 그리고 우리가 당면한 시대적 상황을 진실되게 파헤치기 위해서 리얼리즘의 가능성을 시사한 것이기도 했다.

여기에 비해 김병걸은 「리얼리즘논쟁」에서 주로 김현의 글을 논박했다. 즉, 김현의 「한국소설의 가능성」에서 제시된 "핵심은 19세기적 '리얼리즘'의 기술방법의 모순, 리얼리즘의 도식화, 사물의 재현에만 치중하는 묘사일변도와 그 진부성, 소시얼 리얼리즘의 난파 등등"에 있다고 해명하다. 그리고 그것은 역설적이게도 도식주의의 함정에 빠져 있다고 비난한 것이다.

> 김현은 소시얼 리얼리즘의 전말에 관하여 즐비하게 이야기하고 레닌·스탈린의 사회주의 리얼리즘은 후진국인 한국에 도입될 수 없음을 밝히고, 그리고 리얼리즘과 혁명이라는 괴이한 이원론을 반박하고 있는데, 그가 무엇 때문에 이런 험악한 논술을 뿜어내는지 그 저의를 알기가 어렵다.

아마 구중서의 '진취적인 리얼리즘'을 배격하기 위해서 한 말인 것 같다. 하나 구중서의 글의 어느 구석에도 소시얼 리얼리즘의 변호나 혁명적 외침의 색소가 쥐꼬리만큼도 나타나 있지 않다.

이 같은 김병걸의 논조는 구중서의 「한국리얼리즘문학의 형성」을 적극 옹호하는 입장에서 김현을 신랄하게 공박하는 데 있었다.

한 동안 정중동(靜中動)의 양상을 띠었던 리얼리즘논쟁은 얼마뒤 임헌영의 「한국문학의 과제」(민족적 리얼리즘에의 길)가 『현대문학』(1971년 6월)에 발표됨으로써 재연된 셈이다.

그는 "리얼리즘은 휴머니즘이다"란 전제를 앞세우고 리얼리즘의 정의와 본질과 미학적 근거에 이르기까지 소상히 하고 있다. 그리고 우리의 고전에서부터 현대문학에 반영된 참된 현실성과 반현실적 요소를 지적하면서 이른바 '민족적 리얼리즘'을 제창한 것이었다.

여기에 대한 시비는 최일수와 김양수에 의해서 제기되었다. 최일수는 「민족적 리얼리즘」의 제하로 임헌영의 글을 찬양하고 '민족적 리얼리즘에의 길'을 제시하면서도 그것을 '민족적인 차원에서의 주체성의 회복'이라는 추상적인 테제로 귀착한 것을 아쉬워했다. 그와는 대조적으로 김양수는 「민족적 리얼리즘의 정체는 무엇인가」란 반론을 내놓았다.

그는 임헌영의 '민족적 리얼리즘'은 "너무나 허황한 것이지만 또한 설득력도 모자라고 논리전개의 비약뿐만 아니라 독선과 아집으로 일관된 글이라서 동키호테의 글을 대하는 느낌"이라고 비난했다.

이와는 딴 측면에서 홍사중은 '민족적 리얼리즘'이란 말이 문학적 용어로 부당하다는 얘기와 함께 리얼리즘론은 아직껏 끈질긴 쟁점으로 남아 있다.

16. 민족문학의 재검토

'7·4 남북성명'은 우리 민족의 4반세기에 걸친 비원이 속시원히 터졌다는 데서 환영되었다. 특히 사상과 이념 그리고 제도의 차이를 초월해서 민족적 대단결을 촉구했다는 데서 바람직한 일이다. 그것은 무엇보다도 민족이 국가보다 우선하고 귀중하다는 진리를 일깨워주었다. 그리고 자주적이고도 평화적인 통일에 대한 염원을 다짐하면서 남북의 접근을 대담하게 시도한 것이 된다. 지금까지의 남북의 극한적인 대결에서 '대화있는 대결'과 '민족의 대화'로 전환한 셈이다.

참으로 '7·4 남북성명'은 우리 민족사의 전진과 비약을 약속한 문헌으로 기록될 것이 아닌가. 이제 그토록 갈망하던 민족 통일에로의 시동은 걸리고 밝은 내일이 전개되리라는 부푼 꿈에 들떠 있다. 이같은 역사적 전환점에서 우리 작가들은 벅찬 충격 속에서 민족문학에 기여해야겠다는 다짐이 절박하게 대두되었다. 기왕에도 많은 양심적 작가들이 진실한 민족문학을 위해서 전신투구해 온 공적을 간과할 수 없다.

그럼에도 불구하고 지난날 우리 작가들에게는 쉽게 넘을 수 없는 사고방식의 금기로 해서 적극적인 '민족문학론'을 펴거나 그 한계를 시원히 벗어나서 창작이 가능하지 못했다.

이같은 상황에서 '7·4 남북성명'은 우리 작가들에게 시원히 그 막힌 숨통을 헤쳐주고 적극적인 민족문학의 광장을 마련해 주지 않았는가. '7·4 남북성명'이 발표되기 전에 잠시 귀국했던 재일 교포 작가 이회성은 그의 강연에서 '민족문학론'에 대한 그 나름대로의 소신을 피력한 바 있다.

그는 '우리 민족'이란 22만km^{2}에 사는 5천만명, 즉 '하나의 조국'을 절대적인 통일국가를 말한다고 전제했다.

> 나는 문학자이기 전에 민족주의자라고 자인한다. 민족주의란 내 나라를 사랑하는 정신이며 여기서의 내 나라는 5천만 전체를 가리킨다. 체제가 다른 두 국가가 현실상으로 존재하지만 민족은 하나며 국가는 인공적·일시적인 것이지만 민족은 자연적 존재로서 영원하다. 민족이 있음으로 해서 국가가 있고 민의를 반영하는 국가는 오래 살 수 있다. 오늘의 현실은 국가의 견지에서 바라보되 '같은 민족'이란 시각은 잊고 있다.

나 자신은 민족적 입장을 취하려고 노력하고 있다. 우리 나라는 남북으로 분단되어 있지만 꼭 통일될 날이 있으리라고 기대하고 있으며, 따라서 작가와 시인은 그날을 위해 기여할 과제가 있지 않는가고 자문해 본다 (『동아일보』 참조).

통일을 위해서 기여해야 한다고 다짐하고 호소하는 이회성의 '민족문학론'은 우리 문단인들에게 적지 않은 감동을 준 것을 물론이다. 그만큼 그는 지금껏 공리공론에 그쳤던 '민족문학론'의 정곡을 제대로 지적하고 호소했기 때문이다.

실상 우리 문단은 8·15 이후 오늘까지 끈덕지게 '민족문학론'을 그 주제로 해서 상당한 시비가 오고 갔지만 신통한 결실을 보지 못했다. 이른바 '민족문학론'과 관련해서 최근에 발표된 것만도 상당량이 기록되지만 그 대표적인 것은 다음과 같다.

「민족문학, 그 문자와 언어」(김현), 「민족문학이냐 좋은 문학이냐」(이형기), 「민족문학에의 길」(임헌영), 「민족문학, 이 어둠 속의 행진」(염무웅), 「민족문학의 오늘과 내일」(백철), 「민족문학의 재검토」(윤병로) 등은 기억할 만한 비평들이었다.

이것들이 서로 다른 입장에서 논조를 펴간 것이지만 새롭게 대두되고 있는 민족문학에 대해서 각별한 관심이 표현된 것이다. 70년대를 기점으로 다시 부각되고 있는 '민족문학론'은 급변하는 내외 여건과 문단 상황으로 더 고조될 가능성을 안고 있다.

이 시점에서 지금껏 종횡 무진하게 전개된 '민족문학론'의 맥락을 더듬어 그 정체를 밝혀내고 재음미하는 일은 몹시 소중하게 해석된다. 또 참다운 민족문학이란 과연 어떤 것일까 하는 시론이 가능하다면 다행한 일이다.

민족문학에 대한 실마리는 그 어원부터 골똘히 추구되고 있다. 문덕수의 「고전문학과 민족의식」에선 참으로 소박한 상식에서 '민족문학이란 무엇인가?'가 풀이되었다. 즉, "민족 의식에 입각하여 민족 의식이 반영된 문학"이라고, 그러나 그의 논지는 우리의 고전 문학 속에서 민족의식을 발굴하고 거기서 민족문학의 전통을 살리자는 것으로 귀결된다.
　여기에 비해 이형기는 민족적 문학이란 개념과 내용이 분명하게 터득되지 못했다는 사연을 고백하고 있다.

> 사실 민족 문학이란 말은 그 동안 내가 너무 자주 들었고 또 자주 써왔다. 그러는 동안에 이 말은 그 개념이나 의미 내용을 반성해 볼 겨를이 없이 나의 귀에 익어버린 것이다. 말이 귀에 익고 보면 그 개념이나 의미 내용도 어느새 다 이해한 것 같은 착각을 일으킨다. 민족 문학의 형성에 관련되는 이 원고 때문에 비로소 나는 여태까지 자신이 그런 착각에 사로잡혀 있었음을 깨닫게 된 것이다(「민족문학이냐, 좋은 문학이냐」).

　이같은 솔직한 고백은 비단 이형기에게만 국한되는 것은 아니다. 참으로 많은 논객들이 민족 문학을 얘기해 왔지만 그 내용과 본질을 제대로 파악하지 못한 채 어설픈 관념만을 되풀이 해 온 것이다. 그렇다면 여기서 민족문학의 개념과 내용을 좀 더 명쾌하게 실감하기 위해서 우리 현대 문학사를 잠시 보살펴 볼 필요가 있다. 과연 '민족문학론'이 언제부터 제기되었으며, 그 양상은 어떻게 진전되었던가를 상기하는 일이다. 이 해답에 가장 접근한 것은 김현의「민족문학, 그 문자와 언어」가 아닌가 생각된다.
　그는 20년대 후반기 이른바 프로 문학과 국민문학의 대립에서부터 단초를 끄집어내고 있다. 이 두세력의 논쟁은 마침내 28년에 들어와서 통합론을 띠기 시작했던 일. 이것이 곧 염상섭과 양주동의 이른바 '중간파'로서 그 절충론의 내용이 '민족문학론'을 내세웠던 사실을 지적하고 있다.

> 정신문화상으로 보면 민족주의는 자민족의 개성에 중심을 둔 문화—국민문학의 수립을 기도한다. 반면에 사외 운동측에서는 보편적으로 프롤레타리아문화—계급 문학의 고조로서 전통적 관념의 파기 및 개조에 분망하게 된 것도 필연한 현세일 것이다. ……그러나 이 두 경향이……피압박민족의 실제 해동에서 양자가 합동일치 함이 각자의 운동을 일층 권

위있게 함이라 생각한다.

이렇게 주장한 염상섭의 절충론은 부당하다는 것이다. 그 이유로 국민문학이나 프로문학의 투쟁의 목표가 달랐다는 점, 30년경에 프로문학은 농촌문학으로 변모하고 국민문학은 브나로드 운동으로 변색되어 갔다는 점을 들고 있다. 따라서 프로문학은 당국의 탄압으로 해산될 운명에 처하지만 국민문학은 시조부흥론과 밀접한 관련을 갖는 역사소설 붐으로 변질되어 갔다는 사정을 말해 준다.

그리고 김현은 이광수의 변절로 상징되는 민족문학의 극적인 파탄을 예시하면서 그 특성을 규명해 갔다.

> 여하튼 좌파적 보수주의·복고조·계몽주의라는 세 지주는 민족주의 문학의 근간을 이룬다. 해방 후의 순수 문학파들, 김동리·서정주·조연현·박두진·박목월·조지훈 등의 문학이 쉽게 민족문학으로 규정될 수 있었던 것도 그러한 민족문학의 세 지주가 그들의 행동반경을 지탱할 수 있는 유일한 지주였기 때문이다.

이와 같이 그는 민족문학과 국민문학을 등식에서 해석하고 해방 후의 순수문학파의 계보로 연결시키고 있다. 그리고 민족문학을 배격하는 입장에서 "한국 우위주의라는 가면 쓴 패배주의자의 문학에 지나지 않는다"고 주장했다. 그는 민족문학에 대해서 공박을 더 계속하면서 그 대신 한국문학이라는 말을 들고 나왔다.

> 그것은 사관이 결여되어 있는 문학이며 그런 의미에서 정신의 나치화에 쉽게 가담한다. 나는 그래서 민족문학이라는 용어대신에 최근 사학계에서 흔히 그러듯이 한국문학이라는 객관적 용어를 쓰기를 원한다.

김현의 부정적인 민족문학을 포함해서 이른바 '반민족문학론'에 대해서 즉각 반론을 제기한 것은 임헌영의 「민족문학에의 길」이었다.

그의 주장에 의하면 우리는 '은혜'의 역사에서 '사대주의의 역사'를 살아왔다는 것. 다시 '식민지'를 살았고 여기서 식민지 의식을 지금도 고이 간직하고 있다는 것. 여기서 벗어날 수 있는 길은 '민족문학'을 되찾는 길이라고 역설한다. 또 민족문학이 프로문학의 반발로 생겼다는 것은 어불성설이고 프로문학은 민족문학에 대전제가 있은 후에 가능하다고 했다. 그리고 일제하의 민족문학이란 침략 이데올로기에 간접적으로 동조한 것이기 때문에 그것은 민족문학이 아니라 반민족문학이 된다고까지 규명한다. 그의 반론은 계속된다.

> 누군가는 또 '민족문학'이란 낡은 말이니 '한국문학'이라고 부르자는 제의를 했다. 민족문학보다 더 새로운 문제점을 주는 말이 또 어디 있을까. '한국문학'도 낡았으니 '네오 코리아 문학'이라고 부르면 좋겠다는 역설이 나옴직하다.

이것은 의심할 것 없이 김현의 '한국문학론'에 대한 반박이며 빈정대는 소리이다.

그는 아직껏 우리 문학이 식민지적 상황에서 벗어나지 못했고 우리의 문학의식은 니힐의 의식 속에서 맴돌고 있다고 강조했다. 그래서 그의 「민족문학에의 길」은 이렇게 맺어진다. "이 깨우침은 민족문학으로서만 가능하며 리얼리즘의 추구로만 이룩할 수 있다."

민족문학에 대한 임헌영의 리얼리즘으로의 추구나 김현의 '한국문학'으로의 제창은 하나의 가설로서 제기되었을 뿐이다. 그것을 충분히 합리화시키고 정착시키기 위해서는 좀더 진지한 설득력과 방법론이 따라야 했을 것이다.

여기서 잠시 염무웅의 「민족문학, 이 어둠 속의 행진」에에 귀를 기울일 필요가 있다. 그는 민족문학의 서구적 경험을 얘기하고 우리 문학사에 반영된 민족문학을 차근히 점검해갔다. 이를테면 서포와 연암으로 대표되는 평민문학, 이광수의 민족문학, 그리고 식민지문학의 순으로 분석해 본 것이다

그는 결론에서 백철의 「민족문학의 행방」을 인용하고 동조하면서 오늘의 민족문학은 더욱 무거운 난제들이 제기된 것 같다고 했다.

> 경제적 자립과 정신적 자유는 심각한 처지에 봉착하고 있으며 도시와 농촌, 엘리트와 대중, 생산과 소비 사이의 모순은 심화되어 있다. 서구적 현대문명의 도전은 해방 후 더욱 대량적·직접적 방식을 취하고 있다. 여기에 곁들여 신장 개업한 경제대국 일본이 근년에 새로운 활기를 띠고서 우리 민족 문화를 잠식해 오고 있다. 이 모든 위협에 대하여 우리는 민족적 긍지와 용기와 지혜를 동원해야 하겠으며, 그러한 과정에서 참된 근대적 민족문학을 수립해야 할 것이다. 그리고 그것은 독선적인 민족순수주의와 자기 상실적 민족허무주의를 다같이 극복하려는 끈질긴 노력 속에서 달성될 것이다.

이 같은 염무웅의 민족문학론은 오늘의 급박한 현실에서 "민족적 긍지와 용기와 지혜를 동원"하는 데에서 참된 민족문학은 성취된다고 본다.

여기서도 민족문학의 전모가 밝혀지거나 분명한 방법이 제시된 것은 아니다. 그럼에도 불구하고 많은 논객들의 입을 통해서 민족문학론의 저변은 한층 넓어지면서도 그 구심점은 한결 접근하고 있다는 사실이다. 이제 와서 황당무계한 전근대적인 민족문학론들이 아득한 신화처럼 거세되었다는 것만으로 큰 전진이 아닐 수 없다.

'7·4 남북성명'은 그 누구에게나 큰 충격을 안겨주었다. 동면 속에 깊숙히 빠졌던 민족에게 각성제가 되었다. 우리 민족의 새 역사라 시발하는 청신호가 밝혀졌다. 우리의 내외현실은 걷잡을 수 없이 변모해가고 있다. 따라서 우리 문단풍토가 쇄신되고 문학 상황이 개선된다는 것은 너무도 당연하다. 지금에 와서 작가와 시인, 그리고 평론가들이 현명하게 통일에 기여하는 길은 무엇이겠는가. 두말할 것 없이 위대한 민족문학에 참여하는 일이

다. 그것은 여태껏 구두선에 그쳤던 사이비 민족문학이 아니며 이미 유물화된 민족문학이 아니다. 구체적으로 이 역사적 전환기에서 통일의 대문을 힘차게 열 수 있는 주체 의식이 담겨진 민족문학을 말한다.

주체의식이 결여된 민족문학이란 허수아비의 민족문학이요, 얼빠진 민족문학이다. 그것은 종당에 반민족문학으로 변질되고 타락할 수 있다는 것을 잘 알기 때문이다.

최근 어떤 평론가는 「전환기에 처한 한국문단」이란 글 속에서 50년대와 60년대에 걸친 한국문학을 비판하면서 70년대의 과제를 제기하고 있다. 그에 의하면 "60년대가 열어준 시대정신, 민주와 민족주체 의식과 통일이라는 이 역사의 막을 수 없는 흐름을 소중히 키워가며 그것을 활짝 개화시키는 보람찬 창조작업이다"라고 했다.

특히 이 대목에서 주목을 끄는 것은 '민족주체의식'이란 말이다. 참으로 누구에게도 어필할 말이다. 그러나 이 거창한 주제는 쉽게 성취될 과제가 아니다. 그보다 선행되어야 할 것이 있다. 무엇보다도 상실된 작가의 주체의식의 회복이 더 소중하고 시급한 것이 아닐까. 참으로 오랫동안 우리 작가들은 주체할 수 없는 허탈감에 파묻혀 온 것이다.

한갓 사이비 문학과 이방 문학에 연연한 나머지 사대주의와 허무주의에 깊숙히 빠지고 있는 셈이다. 심지어는 갖가지 불투명한 이름으로 작가의 주체 의식을 어처구니없이 상납한 경우를 보아 왔다.

70년대 한국문학의 과제는 어떻게 집약될 수 있을까. 더 말할 것 없이 시대정신에서 멀리 이탈되고 망각된 작가의 주체 의식의 소생으로부터 비롯되어야 한다는 귀결을 얻게 된다.

이 길이 바로 자주적인 민족의식과 결부되고 민족문학의 정도가 된다고 믿기 때문이다.

이제 비로소 참다운 민족문학의 광장은 개방되고 창작 여건이 성숙되고 있다. 모름지기 끈질긴 작가의 주체 의식에서 구현된 작품에서 알찬 민족문학은 개화될 것이 아닌가.

17. 「문학과 역사의식」의 논쟁

(1)

한국문인협회가 주최한 「문학과 역사의식」 주제의 심포지움이 81년 5월 8일부터 10일까지 설악산 파크호텔에서 열려 문단의 큰 관심사가 되었다.

백여 명의 작가·시인·평론가들이 참가한 이 문학 심포지움에서는 문덕수씨(시인)의 「문학과 역사의식」, 이선영씨(평론가)의 「소설과 역사의식」, 윤재근씨(평론가)의 「시인과 역사의식」, 최일수씨(평론가)의 「희곡의 현장성과 역사의식」 등의 주제발표와 참석자들의 활발한 질의 토의가 벌어졌다.

문학의 사회적 기능문제는 다각도로 추구되어 왔고, 특히 문학에 있어서의 역사의식 문제는 부단한 비평의 쟁점이 되어왔다.

모든 작품이 역사적 창작이란 전제에서 문학과 역사의식의 관계가 밀접한 것으로 인식되었지만 그 이해와 대응책은 극히 다양하게 논란되어 온 것이다.

물론 이 심포지움에서도 발표자에 따라 완연히 다른 주장을 피력하기도 하고 엇갈린 방법론이 제시되었지만 문학에 있어서의 역사의식 문제가 진지하게 토의됨으로써 그 성과는 상당한 것으로 평가된다.

(2)

먼저 문덕수씨는 「문학과 역사의식」의 발표를 통해 오늘의 현실은 단절의 시대이며, 분단의 시대로 정치적으로는 민주주의를 정착하는 것이며, 정치·문화의 전통으로 유·불·기독교가 바탕이 되어야 한다는 주장을 내세웠다.

그는 서두에서 역사의식이란 개념을 ① 역사에 대한 관심과 지식, ② 어떤 이데올로기나 역사관에 의한 역사의식, ③ 역사에 내포된 역사의 인식

Ⅰ. 비평과 성찰 87

이란 뜻으로 규정했다.

여기서 그는 역사에서 전통과 질서를 찾아 그것을 오늘 우리 시대의 현실이란 입장에서 인식해야 한다는 것이다. 여기서 한국민족이란 주체적 입장에서 역사의식의 구체적 면모를 밝혀야 한다고 강조한다.

첫째, 우리 문학의 전통을 탐구키 위해 역사의식은 오늘의 현실에서 출발되어야 한다는 것이며, 80년대의 오늘이라는 현실적 공간의 정립이 선행되어야 한다는 것이다.

둘째, 정립된 현실공간에 있어서 전통이 요청되는 정치적·문화적·윤리적·사회적 양상이 무엇인가를 파악해야 한다는 것이다. 이 중에서 윤리적 측면은 문화의 근원적인 것이지만, 인간관계의 기본을 뒤흔드는 모럴의 혼란과 위기가 내재되어 우리의 현실에 있어서 심각한 문제를 안고 있다고 지적했다.

이와 같이 해명한 문덕수씨는 우리의 전통으로서 유교적 휴머니즘은 오늘의 우리 문명의 혼란한 윤리적 현실을 극복하고 질서를 회복한 근원적인 '사상적 시스템'이라고 보고 있다.

그에 의하며 기독교의 밑바닥에는 사막이 있고, 불교의 밑바닥에는 험준한 산기슭이 있다는 것이며, 유교의 사회적 기반에는 살상과 전란이 천하를 휩쓸던 춘추전국시대가 있었다고 풀이한다. 이와 같은 사막·잿더미 등의 현재관은 고도로 발달한 문명사회, 또는 오늘 우리의 문명을 상징하며, 또 오늘의 현실에서는 우리로 하여금 더욱 전통탐구를 촉진하게 하고 역사의식의 중요성을 더욱 강조하게 하기 때문이란 결론을 남겼다.

그러나 문덕수씨가 각별히 강조한 유교적 휴머니즘이 어떤 것이며, 그것이 과연 오늘의 혼란과 윤리적 현실을 극복할 수 있는지 치열한 논란의 대상이 되었다.

다음에 문덕수씨와 흡사한 입장에서 역사의식을 설파한 윤재근씨는 「시인과 역사의식」 속에서 시인의 역사의식을 주관적 측면에서는 시사(詩史)의 인식을 강조했고, 객관적 측면에서는 문화의 인식을 강조했다.

시사의 인식은 시인의 지나친 개성의 남용으로 빚어질 수 있는 '술이작

(述而作)'의 '새로움'이 진정한 시인의 창조력을 파악하게 된다고 했다. 그는 여기서 우리의 현대시문학에다 역사의식은 다음과 같은 질문을 제기한다. "현시단의 작시(作詩)현상은 정직하고 진실한가"란 것이다.

문화의 인식은 우리의 현대시문학이 다른 나라의 시문학과는 특수한 실정에 있다는 것이며, 그것은 사대적 내지 모방적인 차원을 벗어나지 못하고 있다고 풀이한다. 그리하여 우리가 현재와 현장의 삶을 한 민족의 창조적 차원에서 전개되어야 한다는 필연성을 다짐해 줄 것이란 것이다.

그는 두 번째의 질문으로 "지금 우리의 시대정신은 반사대의 차원에서 삶의 제모형을 지향시키고 있는가"란 것이다.

이 두 질문에 대해 우리 시인들이 '그렇다'는 대답이 가능하다면 그 시인의 역사의식은 투철하다고 볼 것이며, 그렇지 못하다면 우리의 현대시문학은 무엇보다도 시인들에게 시사의 인식과 문학의 인식을 시정신의 바탕으로 강조해야 할 것이란 견해였다.

이와 같은 윤재근씨의 역사의식은 시사적 측면과 문화적 측면에서 순수·참여론을 극복해 보자는 주장으로 받아들여졌다 할 것이다.

(3)

문학에 있어서의 역사의식은 대체로 긍정적인 것이지만, 전기(前記)한 문덕수씨와 윤재근씨가 문학의 근원적 해명을 통해서 인식코자 한데 비해서 이선영씨와 최일수씨는 문학의 대응책을 시도해 보고자 한 것으로 대조적이었다.

이선영씨는 「소설과 역사의식」 속에서 역사의식은 삶의 총체적 인식에 연결되는 동시에 그보다 더욱 특수하고 구체적이란 것이며, 그것은 바로 역사의 진보에 대한 의지요, 우리 민족 전체의 자유화와 민주화에 대한 열망이란 전제에서 역사의식은 더욱 우리에게 구체적이고 절실한 현실임을 강조한다.

그는 소설작품에는 역사와 사회에 대한 작가의 의식이 투영되게 마련이다란 말을 앞세운다. 역사의식은 현재의 우리가 어떠한 과거로부터 귀결된 존재이냐를 의식하는 것과 관련된다는 것이며, 미래의식을 갖고 과거사를 통찰하고 과거사에 비추어 현재와 미래를 판단하고 전망하는 의식이란 것이다.

특히 그는 역사의 미래에 희망을 가지는 것은 역사의 진보를 믿기 때문이며, 미래를 위해서 노력하는 것은 미래에 대한 의지를 갖기 때문이란 소신이다. 동시에 역사의 진보를 믿는다 하더라고 그것을 믿기만 할 뿐 역사의 주체자로서 그것을 추진할 의욕이나 의지가 없다면 그 믿음은 무의미하기 때문에 역사의식이란 역사의 진보에 대한 의지임을 천명한다.

한편 그는 진보에 의한 물질적·경제적 근대화도 중요하지만 이에 못지않게 도덕적·사회적 진보, 즉 자유롭고 민주적인 제도상의 발전이 중요하다고 강조한다.

이와 같은 토대 없이는 인간다운 삶은 보장될 수 없고 가진 자와 없는 자, 높은 자와 낮은 자의 상호 반목과 갈등은 막기 어려울 것이란 것이며, 자유와 민주의지야 말로 곧 우리 민족사의 발전을 앞당길 수 있는 올바른 역사의식이라고 해명한다.

그리고 70년대의 소설에서 여러 형태의 진지한 역사의식의 소산으로 다음과 같은 작품들을 열거했다.

박경리의『토지』, 황석영의『장길산』,『객지』, 조세희의『난장이가 쏘아 올린 작은 공』, 박완서의『휘청거리는 오후』, 윤흥길의『아홉 켤레의 구두로 남은 사나이』, 이문구의『해벽』, 한승원의『폐촌』등을 작가의 역사의식이 조명된 것으로 제시한다.

이들 작품들은 소외된 일반민중이 자유롭고 민주적으로 살게 되어야 한다는 의지와 신념으로 풀이되며 70년대 작가들의 역사의식은 민중이 역사 발전의 주체가 되어야 한다는 의지로 평가한다.

이선영씨는 문학작품의 가치가 역사의식의 유무와 그 진위로 판단될 것은 아니지만 그것이 구체적 형식 속에 제대로 용해되지 못하면 문학적 작품으로서 제대로 가치를 인정키 어려울 것이란 단서를 첨가했다.

그러나 형식구조로만 볼 때 작품은 어떠한 심리적 근원도 사회적 기능도 제시할 수 없을 뿐만 아니라 독자가 공감할 수 있는 미적 토대조차 형성될 수 없을 것이라 경고한다.

따라서 문학은 인간생활에 대한 총체적 인식과 연관을 가지면서 더욱 포괄적인 표현수단이 되고 훌륭한 미적 토대를 갖게되며 삶의 총체적 인식을 작품 속에 끌어들여 문학 속에 구체화시킬 때 우리가 공감할 수 있는 미적 토대가 이루어진다는 소신을 피력했다.

끝으로 그는 역사의식은 인간으로서의 작가가 지녀야할 양심이요, 예술가로서 지녀야할 조건이라고 결론지었다.

이와 같은 이선영씨의 역사의식을 갈파한 최일수씨는 「희곡의 현장성과 역사의식」 속에서 내일로 향한 오늘이 막다른 시간이야말로 희곡문학의 현장이며 이 현장을 바탕으로 지난날의 과정을 반성하고 비판함으로써만이 새로운 역사창조의 나래(상상)을 펼 수 있다고 했다.

모든 문학예술이 창조라는 이름으로 새로운 역사에 대한 전망을 제시하고 있듯이 희곡도 앞날의 역사창조에 적극 참여한다고 전제하고 ① 근대지향적 역사의식, ② 식민의식의 역사의식, ③ 분단시대의 역사의식으로 구분하고 있다.

그 실례로 괴테의 『파우스트』에서 새로운 산업시대의 서광을 볼 수 있고, 『햄릿』에서는 봉건시대가 종말을 고하는 소리를 들을 수가 있고, 유치진씨의 『토막(土幕)』에서는 일제에 저항하는 독립지향성의 역사의식을, 차범석의 『산불』에서는 뚜렷한 방향을 지닌 역사의식이 절실함을, 이재현의 『비목』에서는 통일지향성의 역사의식을, 황석영의 『산국(山菊)』에서는 주체적·근대적인 역사의식이 강하게 태동하기 시작한 것이라 해명하다.

최일수씨는 결론에서 희곡문학에 있어서의 역사의식은 그 자체가 저항적인 힘의 갈등으로 파생된 도와 긴장을 핵심으로 하는 극적 상황인 '현장'에서 내일로 향하는 새 역사의 문을 힘차게 두들기는 창조정신에 깊이 뿌리박고 있는 것이라고 강조했다.

결국 희곡문학도 역사적 발전 속에서 전통적 자각을 성취하는 것이 바람직하다는 견해로 받아진다.

(4)

「문학과 역사의식」에 대한 전기(前記) 4인의 주제발표가 서로 불협화음을 띤 것이긴 했지만, 활발한 질의와 답변을 통해서 문학에 있어서의 역사의식의 공감대를 확대할 수 있다는 것이 이 문학 심포지움의 성과가 될 것이다.

문덕수씨는 문학의 본질로서 역사의식을 중요시한다는 것을 확인시켜 주고, 전통의식과 관련시켜 유교적 휴머니즘이나 종교적 휴머니즘으로 역사의식을 극복하려는 제기를 했지만 문제해결의 성급성으로 지적됐다.

한편 이선영씨의 발전과 진보의 의식으로 문학을 조명함으로써 사회학적 카테고리 속에 몰입하는 인상을 짙게 했다.

대체로 역사의식을 전통의 확립과 사회발전의 진보로 투시하려는 주체적 의지가 양립한 셈이지만 오늘의 한국문학, 특히 비평문학의 가장 시급한 과제를 진지하게 개진했다는데 큰 의의가 있다고 본다.

문학에 있어서의 역사의식과 관련하여 질적으로 심화되고 다양한 방법이 모색되어야 하며 역사와 현실을 성실히 반영할 작품이 요청되다 하겠다.

문제는 한국적 상황의 어려움이 있더라도 작가들은 자기 나름대로 소신을 갖고 창작에 임해야 할 것이다. 한국문학의 미래는 작가들이 얼마만큼 고뇌하고 노력하느냐 하는 문제에 집약되어 있다고 본다. 따라서 한국작가들의 성실한 의지는 밝은 한국문학의 내일을 기약해 줄 것이다.

그리고 앞으로의 문학적 쟁점은 여러 측면에서 다뤄져야 하겠다. 이를테면 본격문학과 통속문학, 또한 전통에 대한 새로운 해석 등이다. 또한 급진적으로 전개되는 시대적 상황의 변화에 따라 서구적인 것을 수용해서 어떻게 토착화시키느냐 하는 문제가 소중한 것이다. 보다 중요한 것은 우리가 처한 환경이나 제약으로부터 문학의 자유를 지키려는 의연한 작가정신이다.

18. 참여론의 한계

'순수'니 '참여'니 하는 비평문학사의 논쟁은 이미 종결되어야 할 고질적 유전이다. 논쟁의 불모지대인 한국시단은 신기하게도 '순수'와 '참여'의 논객들이 너무도 많이 입씨름을 해 왔다. 그럼에도 불구하고 대부분의 논객들이 아전인수로 집요한 고집만을 내세워 그 논쟁은 언제나 졸렬한 도그마로 유산을 모면할 수 없었다.

참으로 낡은 논제라고 밖에 볼 수 없는 '순수'와 '참여'의 문제가 유독 이 땅에서만 끈덕지게 논란되는 것은 무슨 까닭일까? 그만큼 우리 평단은 장구한 동안 무위하게도 공전만을 되풀이 해왔다는 얘기가 된다.

20년대에서부터 점화되었던 참여론과 순수론은 지금 몇 단계의 불튀기는 논쟁을 벌이면서도 미결의 장으로 남아 있다는 것은 슬픈 일이다.

일찍이 카프시대에 박영희는 "현단계의 프로문학은 그저 선전의 문학이요, 투쟁의 문학이다. 그러므로 우리는 문예상 형식적 수반이나 가치를 완비할 여유고 없고 그러한 무가치한 유한(有閑)에 시간을 소비할 필요도 없다"고 선언했다. 여기에 대해서 이른바 '국민문학론'을 폈던 염상섭과 양주동 등은 강력한 반기를 폈고 프로문학의 후퇴로 그 시비는 자멸한 셈이었다.

그것이 해방 후 다시 김동석과 김동리의 치열한 논쟁으로 재발되었던 것이다. 프로문학의 선봉으로서 김동석이 나섰고 순수문학의 기수로서 김동리가 맞섰지만 좌익세력의 월북으로 일단락된 것이었다.

더욱이 6·25와 전후의 혼란된 상황 속에선 결코 그러한 논쟁이 재발될 수 없었다. 모든 역사적 여건과 문학적 조건들은 고요한 침묵만을 미덕으로 살게 했다.

60년대 전자에 신예평단이 형성되고 실존문학이 상륙하면서부터 새로운 참여론이 전개되어 갔다. 1963년에 김병걸은 「순수의 결별」(『현대문학』, 10월호)을, 김우종은 「유적지의 인간과 그 문화」(『현대문학』, 11월호), 그리고 김진만은 「보다 실속 있는 비평을 위하여」(『사상계』, 12월호)를 써서 순수 불신을 폈다. 여기에 대한 반론으로 1964년에는 이형기의 「문학의 기능에 대한 반성」(『현대문학』, 2월호)이 순수를 옹호했다.

다시금 김우종은 「저 땅위에 도표를 세우라」(『현대문학』, 1964년 5월호)에서 순수문학에 대한 재반론을 폈던 것이다.

> '순수'라는 애매한 이름 아래 고정되어 온 그러한 문학— 우리는 이런 이 30년 전통의 문학방법론에 대하여 아낌없이 수정을 가하고 결별을 고해야 한다. 그것은 작가들이 정치가들처럼, 경제가들처럼, 혁명가들처럼 이 비극의 현실문제 속에 적극적으로 해결방법을 구체적인 도표를 제하는 것이다.

이렇게 그는 순수문학과의 결별을 선언하면서 작가들의 현실참여를 제기했던 것이다. 현실참여론은 홍사중의 「작가와 현실」 속에서 더욱 명백히 강조되었다.

> 우리가 현대의 시점 위에서 누구를 위한, 무엇을 위한 문학이냐 하는 가장 근본적인 문제로 되돌아갈 때에는 현실과 유리된 곳에서 문학한다는 것이 가능한 일인지 아닌지는 지극히도 명백하게 드러날 것으로 본다.

그는 또 "정치에의 예속화를 두려워하는 나머지에 '순수'라는 이름 아래 정치를 완전히 배제시킨 가공적인 진공지대 속에서 인물을 결정해 놓는다는 것은 있을 수 없는 일이다"고 하면서 순수문학에 대한 공박을 퍼붓고 있다.

또 그는 "문학에 있어서의 앙가쥬망이 새삼 강조되었던 것도 사실은 문학자가 직접 정치적 행동을 하여야 한다는 것이 아니라 현실의 정치의 비인간성을 배격하고, 정신의 자유를 옹호해야 할 예술가의 사명감에 대한 유다른 인식이 있었기 때문이었다. 다시 말해서 인간회복에의 굳은 의지가 그 밑바탕에 있었던 것이다"고 풀이했다.

이밖에도 몇몇 비평가들이 참여론을 에워싸고 심심치 않은 시비를 벌였지만 특기할 만한 것은 못된다.

이를테면 박철희의「환경과 탈피」(『현대문학』, 1962년 10월호), 최일수의 「종착역의 기수」(『현대문학』, 1964년 2월호), 김병걸의「문학과 오리엔테이션」(『현대문학』, 1965년 5월호) 등에서 참여문학에 대한 산발적인 논란이 전개되었던 것은 기억할만한 것이었다. 한동안 침묵이 계속되던 참여론이 새롭게 거론된 것은 1967년에 김붕구가 세계문화 자유회의 세미나에서「작가와 사회」라는 주제 밑에 발언한 것이 도화선이 되었다.

그는 사르트르의 문학적 패배를 강조하면서 "이론화된 앙가쥬망은 필연적으로 프롤레타리아 혁명의 이데올로기로 귀착한다"고 못박았다. 또 "작가는 정치적 이데올로기에 뛰어 들어가 자기의 창조적 자아를 자승자박하기 보다 '나'를 송두리채 작품 속에 투입시키는 성실성을 가져야 한다"고 역설했다.

여기에 반대 발언을 한 임중빈은 사회를 의식하지 않는 창작은 '허상의 창조'라고 맞섰다. 그는 또 다른 지면에서 시대정신과의 함수관계를 떠난 작가의식은 필경 '오락의 밀사'가 아니면 '순간을 위한 레아리떼'로 공전할 우려가 있다고 했다. 그리고 그는 풋내기 참여의식으로서 "작품이전의 성급한 정감 배설 내지는 발성연습에 탐진해온 부작용"을 비판했다.

이 심각한 논쟁 속에 재빨리 개입한 것은 이호철과 김현이었다. 이씨는 「작가의 현장과 세속의 현장」이란 글에서 김붕구·선우휘의 소론에 대한 의견을 내 놓았다.

"어떤 시대, 어떤 사회를 막론하고 그 시대 그 사회의 도덕적 위기나 사회적인 문제에 가장 민감한 반응을 보이고, 간접적으로든 직접적으로든 제때제때에 경고를 발하는 것은 작가이다"고 전제했다. 그러나 그는 작가가 사회적인 문제나 도덕적인 위기에 관여할 때, 그의 발언은 미리 이론화된 것이어서는 안되고 오직 순수한 것이어야 한다고 했다.

또 그는 앙가쥬망 이론이란 작가에 있어서 처음부터 공소한 것이라고 풀이했다. "구체적 조건을 떠난 일반론으로서의 앙가쥬망이론의 정립이란 경화된 교조요, 고식적인 발상이고, 작가란 처음부터 상관이 없다"고, 또 그는 좌파의 것이건 우파의 것이건 이데올로기라는 그 폐물의 형태가 우리의 지적 풍토에 스며드는 것을 완강히 막아야 할 것이고, 그렇지 않으면 메카니즘의 망령의 횡포로 말미암아 이 땅의 작가들은 음양으로 피해를 입을 것이라고 경고했다.

그와 함께 김현도 「참여와 문화의 고고학」이란 글에서 비슷한 의견을 제출했다. 참여란 공허한 개념이라고 전제하면서 서구가 창조적 자아와 사회적 자아의 구분이 가능한 시민사회인데 비해서 우리 사회는 개인성의 초탈이라고 부를 수 있는 샤머니즘의 주술적 요소를 중요시했다는 것이었다.

그래서 "언어의 표징과의 거리가 있는 언어가, 언어의 표징이라는 이원론적 구조를 갖지 못하고 거의 주술적인 의미만을 띤 언어 속에 직수입될 때에는 어떻게 되겠는가"고 반문한다. 그러면서 그는 '사고의 고고학'을 주장하면서 "우리 시대의 이 혼란된 양상의 근본적 구조를 밝히는 고고학적인 노력", 즉 우리의 발상법과 서구의 그것과의 연관성의 해명으로서만이 모든 것을 해결할 수 있다고 설파했다. 하나의 색다른 기도로 시선을 끌었을 뿐이었다.

이 같은 실존문학을 중심한 참여론은 제법 열도를 가해 갔고 심화되어 가는 듯 했다. 이 상황에서 1968년 4월에 불문학자 정명환의 「문학과 사회참여」(홍사단의 금요강좌)는 상당한 주목을 끌었다.

그는 참여문학이란 "작가가 사회라는 집단을 의식하며 그 집단의 이념에 대립하는 고민을 언어로써 표현하되 그로 인한 스스로에의 위험을 각오하는 것"이라고 했다. 그는 참여의 범주를, ① 시민으로서의 상식적인 참여(4·19 당시의 작가의 경우), ② 강제된 상황하에서의 참여(전쟁 중에 레지스탕스였던 까뮈와 같은 경우), ③ 정신적인 상황하에 자진하여 작품을 통해하는 참여 등으로 분류했다.

또 그는 참여의 개념은 "집단에 대한 의식과 자아의식의 결합관계"라고 하면서 공산침략을 받았던 우리의 입장에서 김붕구씨의 사르트르의 참여론이 필연적으로 좌경한다는 논리는 타당치 않을뿐더러 "우리 나라의 작가는 사회적 모순을 찾고 고발하되 좌경할 수 없는 생리"를 가진 것이라고 했다. 그는 또 결론에서 참여문학이란 문학의 다면성의 한 측면인 뿐, 그것이 문학의 전부라고 생각하는 것은 문화의 개방성을 닫아버리는 독단론이라고 나무랐다.

이밖에도 문덕수가 「현실참여의 진의」(『현대문학』, 1968년 5월)를 써서 참여론에 대해서 그 나름대로의 온건한 해석을 덧붙이고 있다.

그는 김붕구의 주장은 현실 참여론에 대한 비난인데 이것이 현실참여론의 기본적 명제라고 한다면 문제가 이상한 방향으로 확대될 것이라고 기우했다. 왜냐하면 현실 참여론의 이데올로기적 근거는 맑시즘이라는 불온한 결론이 나오게 되고 그렇게 되면 이 땅의 현실참여론의 거취는 어떻게 되겠는가고 반문했다.

'참여한다'는 의미는 반드시 '고발하고 비판하고 개혁하려는 의도'만을 갖는 것은 아니기 때문이다. 우리가 살고 있는 '오늘의 현실'이란 이보다 훨씬 넓고 깊으며, 우리가 그 현실에 '참여한다'는 것도 그보다 더 깊고 넓은 관계를 갖고 있기 때문이다. 진정한 현실 참여는 그러한 피상적이며 일상적이며 전투적인 것이 아니라. 그보다 더 본질적이며 영원적이며 평온한 것이다. 우리의 '일상의 생활 주변'에서부터 '존재의 상황'에 이르기까지, 우리가 참여해야할 '현실'은 더 깊고 더 넓은 것이다.

문씨의 참여개념은 투명한 것이 아니지만 굳이 참여와 비참여와의 구분을 지을 필요가 없다는 것이고 성실성과 예술성으로서 문학의 참여의 진의를 강조했다.

한편 김수영(故)과 이어령과의 색다른 참여론이 벌어지기도 했다. 여기에도 몇 명의 논객이 끼어들어 훈수를 했지만 김수영의 갑작스런 사별로 험악한 논쟁은 스스로 종지부를 찍게 되었다.

과연 60년대는 '순수'와 '참여'에 대한 불튀기는 논쟁이 끈덕지게 이어 왔다는 보고가 될 것이다. 그러면서도 이른바 참여론에 대한 정당한 해석과 평가는 내려지지 않은 채 베일 속에 가려져 있다.
최근에 김병익은 「정치와 소설」(『문학과 지성』, 1970년 가을호)에서 참여파에 대한 비판을 가하고 있다.

> 역설적으로 말한다면 일부는 '참여!'하고 제창하면서도 문학으로서의 참여를 전개하지 못했고 또 다른 일부는 문학으로써의 참여를 포함한 미학을 역설했다 그러나 이 역설은 당연하다. 왜냐하면 '참여'가 문학 형식을 취한 이상 문학의 카테고리와 레벨 위에서 검토해야 할 것이며 그것의 효능은 그 후의 문제이기 때문이다.

그는 또 정치가 정치의 논리에서 작용하듯 문학이 문학의 질서 위에 서있음을 이해하지 않을 때 참여란 매력있는 구호는 화석화할 위험을 가졌다고 했다. 그리고 문학과 정치의 질량 양자간의 관계를 정립하지 않을 경우 정치의 나쁜 부분으로 악용될 가능성을 지니고 있다고 경고했다.
어쨌든 참여문학에 대한 끈질긴 논란은 70년대까지도 이어지고 있다. 더욱이 그것에 대한 메카니즘의 터부는 좀처럼 해소되지 못하고 오히려 그 벽은 두텁게 싸여져 기이한 화제만을 남기고 있으니 딱한 일이다.
이상하게도 참여문학하면 실존문학을 연상하고 사르트르의 사회참여를 생각하게 마련이다. 확실히 앙가쥬망은 사르트르에 의해서 제창되었지만 참여문학이 그의 독점물은 아닌 것이다. 이 땅의 불문학자들에 의해서 수입된 참여문학이 바로 우리의 참여문학이 되겠는가 하는 것이다.
우선 여기서 때늦게나마 '참여문학'의 원천부터 골똘히 따져볼 필요가 있다. 제2차 세계대전 후 사르트르는 『레 단 모델느』지의 창간호에서 "금후 인류가 존속한다면 그것은 인간의 의지에 의해서만이 있을 수 있다"고 했다.
앙가쥬망의 문학(참여의 문학)이란 주지하는 바 사르트르가 앞의 잡지를 중심으로 전개시키고 실천한 것이었다. 물론 그의 배경에는 실존주의 철학

(존재론)이 깔려있었고 그는 정치란 사회적 현상에 자유를 지향하는 역사의 운동을 인정하고 문학을 통해서 혹은 직접 그것과 연결하려고 했다.

이를테면 릿지웨이 반대 데모, 헝가리 반란, 알제리 혁명 등을 중심으로 적극적인 발언을 하는 한편 문제의 핵심을 여러 형태로 작품화하는 것도 계속해 왔다.

그의 소설(로망)은 앙가쥬망의 문학형식의 하나로서 정밀히 구상된 것이었다. 가령 「모리악씨의 자유」에서 사르트르는 작가의 위치를 작중 인물과 독자의 상위, 즉 신의 위치에 둔 전통적인 소설 일반을 부정했다. 그에게 있어서 일정한 상황에 놓여진 실존자로서의 작중 인물의 창조는 사르트르 자신이 현실의 역사에 앙가쥬망과 평행한 행동이고 사르트르 자신과 같은 상황을 살아가는 독자도 그의 소설을 읽는 것을 통해서 그것을 '만든다'고 했다. 사르트르의 참여문학은 그의 역저 『문학이란 무엇인가』에서 잘 해명하고 있다.

요컨대 이 땅에서 벌어지고 있는 '참여문학'이란 것이 사르트르 문학에 영향되었다고는 하지만 결코 동질의 것이라고 단정할 순 없다. 다만 그 명목만 차용했을 뿐 이질적인 것이라고 봐야 할 것이다. 사르트르가 처했던 역사적 상황과 우리의 역사적 상황은 전혀 다른 것이 아니던가.

다만 이 현실에서 우리가 지향하는 참여문학은 어떤 것이어야 하는가 하는 것이 문제될 뿐 참여문학의 한계는 어디까지라고 단정 지을 수 없을 것이다. 가령 서정주는 서정주의 시문학에, 김동리는 김동리의 소설문학에 참여하듯이 모든 작가들은 자기의 작품 자체에 성실하게 앙가쥬망하지 않으면 안 된다는 것이다.

(『한국현대비평문학론』, 청록출판사, 1984)

비평문학 서설

이론적으로 따지고 드는 것이 본업으로 알려져 있는 비평활동도 역시 예술이요, 문학이라고 한다면 그것은 그 장르 중에서 가장 이질적인 '불순'한 것이 아닐까.

다시 말하자면 비예술적이요 비문학적인 속성을 가장 다분히 지니고 있는 것이 비평이다. 문제를 제기해야만 이야기되는 비평의 기능은 그만큼 항상 다양성을 띠고 있으며 그것이 관여하는 세계가 넓기 때문이다.

그런 의미에서 비평은 항상 예술로서 순수성만을 지니고 그것을 고집할 수만은 없는 특질을 숙명적으로 지니고 있다. 그리고 이것은 이제 비평에 대한 일반적인 개념으로서 굳이지고 그런 뜻에서 비평은 무슨 짓을 해도 거의 모두 허용되는 것처럼 인식되고 있는 것이다.

그러나 비평의 개념은 이렇게 넓은 의미로 해석되고 사회적인 요구에 의해서 잡다한 기능을 거리낌없이 발휘해 나갈 때 비평가들이 그런 활동을 통해서 거둬들이는 자신의 수확은 과연 무엇일까?

그것은 결과적으로 비평가가 고수해야 할 예술적인 창조행위로부터 점점 멀리 나가떨어지게 되고, 심하면 문학비평을 예술의 장르에서 제거해 버려야 할 슬픔까지 초래하게 되는 것은 아닐까?

일찍이 영국의 정치가요, 작가였던 디즈레일리(Benjamin Disraeli)는 비평가를 가리켜 이렇게 규정한 일이 있다. 비평가란 무엇이냐, 그들은 결국 문학과 예술에서 실격한 사람들이 아니냐고. 이것은 작가들이 비평가들에 대해서 전통적으로 지녀온 인식을 실토한 말이다. 그리고 여기엔 이론적인 설명보다도 감정적인 대립의식이 지배적이다.

그러나 우리는 이 말을 한국문학의 비평에 적용시켜 봤을 때 그 정도의 욕을 먹어도 그것이 전연 억울하다고 앙탈만 부릴 수 없다는 것을 발견하게 된다. 왜냐하면 한국문학비평은 문학에 대하여 어느 정도의 진실한 애정을 지니고 있는지 의심되는 작용을 적지않게 저질러 왔으며, 또 그런 것이 비평의 본업인 것처럼 일반적으로 인식되고 있기 때문이다.

가령 이런 예를 상기해 보자. 필자는 독자 또는 작가들 자신의 입을 통해서도 이런 말을 들은 일이 있다. "당신은 그 작가에 대해서 좀더 신랄하게 때리지 않았습니까?"

이같은 충고나 권유를 우리는 어떻게 해석해야 옳을까? 신랄하게 때린다는 것은 무엇을 어떻게까지 해야 된다는 뜻일까? 이것은 어처구니 없는 충고지만 이런 말들이 태연히 오고 가고 있다는 것은 한국의 문학비평이 지금까지 어느 정도의 비정상적인 궤도를 마구 달려도 그것이 당연한 것처럼 허용되어 왔다는 뜻이 아닐까? 이런 뜻에서 우리는 한국문학비평의 몇 가지 문제점을 재검토 해봐도 좋을 것이다.

1) 비평과 '폭력'

1920년대에 한국에선 20세 미만의 준청년들이 『창조』, 『폐허』, 『백조』 등의 문학동인을 구성하고 또는 그 준비를 서두르며 기함을 토하고 있을 무렵이었다. 일찍이 개화한 이들 중 김동인과 염상섭과의 비평문제를 둘러싸고 시비가 오고 갔다. 그 중에서 『창조』파의 김동인이 한 말은 한국비평문학사상 잊을 수 없는 일화가 되고 있다.

> 비평가는 작가에 대하여 아무 권이도 의무도 없다. 따라서 재판관과 같이 작가를 탐고(探詁)치는 못한다. 다만 활동사진변사와 같이 진심이 경건한 마음으로 관객과 같은 민중에게 해작품의 조화 정도를 설명할 뿐이다.

이렇게 말하자 염상섭이 가로되, "신성한 문학비평을 활동사진변사에 비한다는 것은 文學 비평에 대한 용서할 수 없는 중대한 모독"이라고 엄중 항의했다.

회고해 보면 모두 우스운 이야기들이다. 김동인은 비평이 무엇인지 알지도 못하는 청년이었으려니와 비평에 대하여 마치 하느님의 사당처럼 신성하다는 수식어까지 붙인 것도 과장이 심하다. 그리고 더욱 우스운 것은 훗날 김동인 자신이 적어 놓은 「염상섭론」이다. 그는 염씨를 가리켜 그처럼 비평만세론을 부르짖던 자신이 소설을 쓰게 될 줄은 알지 못하고 있었노라고 사람 팔자 알 수 없다는 식의 논평을 한 일이 있다.

그러면 도대체 김동인 자신은 어떻게 되었을까? 염상섭에 대하여 그런 논평을 하고 있는 자신의 글은 무엇인가? 그뿐만 아니라 그가 발표한 「춘원문학연구」란 어떤 장르에 속하는 글인가? 그야말로 작가만세론을 부르짖던 김동인 자신은 어느 틈에 비평가의 활동을 하고 있으면서 자신은 그것이 비평인 줄은 몰랐던 것이다. 그뿐 아니라 그는 사실을 왜곡시켜 가면서까지 춘원의 가치를 내리깎고 자신을 추켜세웠다.

또 근대적인 문체를 맨 먼저 확립해 나간 것은 자기라고 하며, 이미 춘원의 작품에서 찾아볼 수 있었던 문체형식을 모두 자기창안이라고 주장했다. 그리하여 자신이 '조선문학 만년의 기초'를 닦아 놓았다고 역설했다(김동인 저 「한국근대소설고」에서).

이렇게까지 해나가면서 마구 휘두르던 김동인의 작가론은 그 당시 비평치고는 가장 폭력성이 심한 것이었다.

그후 일제평단에서 가장 유명해졌던 김문집은 좌충우돌로서 우선 치고받으며 물의를 일으키는 것으로 한 몫 보았고, 해방 후 김동석과 김동리의 비평은 양극의 논쟁과 함께 서로들 인신공격에 조금도 인색하지 않았다.

어느 나라나 비슷하지만 한국의 비평문학은 이렇게 과거에도 그랬고 또 현재도 이렇게 때려눕히고 신랄하게 까는 걸 좋아하는 것이 사실이다.

그러나 비평도 예술의 한 장르에 포함되어 창조적인 행위에 이바지하는 것이라고 한다면 작가나 독자들이 지적하는 이같은 폭력성을 어떻게 해석해야 옳을 것인가?

우리는 이 점에 대하여 한번쯤 진지한 반성을 해보는 것이 보다 나은 비평문학의 풍토조성을 위해서 필요하지 않을까?

괴테는 비평가를 가리켜서 "저 개를 내쫓아라! 저놈은 비평가니까"하며 욕을 했다고 한다. 남들이 애써 만든 작품에 대하여 시비를 걸고 경멸과 조롱을 일삼으며 그 따위 유치한 글을 쓰려면 일찌감치 붓을 꺾어버리라고 혹평하는 비평가들이 있는 이상 작가나 시인들이 이런 욕쯤 하는 것은 당연한 일이다.

그러나 우리는 이러한 비난을 비평가의 지나친 횡포나 작가들의 감정으로만 해석하기 전에 문제의 핵심을 본질적으로 분석해봐야 할 것 같다. 왜냐하면 여기엔 비평으로서의 어쩔 수 없는 숙명이 있는 것이요, 그 숙명적인 기능의 본질을 밝힌다면 우리는 서로의 오해도 없고 좀더 나은 비평문학을 지향해 나갈 수도 있는 일이기 때문이다.

2) 비평의 정당성

먼저 폭력을 합리화하는 입장에서 얘기를 해보자.

비평의 제일기능은 무엇보다도 작품에 대한 가치판단이다. 그 가치판단이란 양곡검사장에서 합격품의 등급을 정해서 도장을 쾅쾅 찍어주고 불합격품을 밀어내 버리는 것과는 아주 다른 것, 다시 말하자면 그런 자체가 또 하나의 예술적 창조과정에 속한다. 그러나 거기에는 역시 다음의 두 가지를 생각할 수 있다.

즉 합격품과 불합격품을 나누듯이 작품의 가치판단이라는 것은 긍정적 가치와 부정적 가치의 발견으로 나뉘게 된다. 또한 곡물의 합격품에도 등급이 있듯이 비평가들은 작품의 분석과정에서 보다 나은 가치가 무엇인지를 말하며 등급을 매길 수도 있게 된다.

이런 경우에 비평은 어쩔 수 없이 폭력성을 띠게 된다. 좋은 말을 빌린다면 "부정적인 가치를 가려낸다"는 것이 되겠지만 작가들이 비평에 대하여 흔히 사용해오는 속어나 그 감정상태대로 말한다면 그것은 작가에 대한 '폭력'이요 '까는 것이' 된다.
　그러면 비평가들은 무엇 때문에 작가의 감정을 손상시켜가면서 이처럼 '까는 것'을 감행해나가는 것일까?
　우리는 이에 대하여 다음 몇 가지의 이유를 들 수 있다. 무엇보다도 중요한 것은 그 문학사회의 모든 수준은 향상시켜 나가야겠다는 것이다. 작가들은 우리 문단에 비평이 없이도 작가는 작가대로 얼마든지 훌륭한 작품활동을 해나간다고 보겠지만 어느 사회에서도 활발한 비평인 정신의 작용이 없이 문명이 발전한 예가 거의 없다는 걸 잘 알아야 한다.
　가령 한국인이 쓰고 있던 옛날 갓을 생각해 보자. 첫째로, 그것은 만들기가 불편했다. 상당히 번거로운 수고를 빌어야만 겨우 하나를 만들 수 있는 것이다. 둘째로, 그것은 스타일도 별로 훌륭한 것이 아니었다. 꽉 붙들어 매지 않으면 벗겨지기 쉬운 그것은 머리에 붙어있다 하더라도 보는 사람의 입장에선 안정감을 주지 않는 것이요, 또 그 검은 빛깔 자체가 그다지 심미적 가치가 없었다. 셋째로, 그것은 쓰기가 불편하다. 상투를 틀고 그 속에 망건을 쓰고, 그 다음에 쓰는 것은 현대인들이 아무렇게나 눌러쓰고 다니는 각종의 모자와는 다르다. 넷째로, 이것은 값이 비싸다. 만드는데 수공이 많이 드는 것이오 양산이 어려운 것이었으니 한번 마련하면 아주 소중하게 간직하고 몇 십년을 써야 했다. 다섯째로, 이것은 실용적인 가치가 거의 없었다. 그걸 써야만 양반행세를 할 수 있었다는 실용적 가치를 빼 놓고는 거의 없었다. 방한용도 안되고 캡이나 베레모처럼 가랑비 정도를 막기 위해 쓸 수도 없는 물건이고 거추장스러우니 작업을 하려면 방해가 되는 것이다. 그런데 이 모자가 지금은 사라져 버린 것이다. 무엇 때문일까? 양반제도와 관계가 없다고 하더라고 이 모자는 남아 있을 수도 없는 것이었다. 그처럼 개량발전이 없이 온갖 모순성을 그대로 지닌 모자가 어떻게 남아있을 수 있겠는가? 우리는 여기서 문명발전에 있어서 필요한 교훈을 발견하게 된다.
　즉, 비평정신이 작용하지 않는 문명은 발전하지 않는 문명이요, 따라서 그것은 어느 땐가 반드시 망해 버리고 만다는 것이다. 만일 우리가 갓에 대하여 비평정신을 가해 나간다면 그것은 좀더 우리에게 필요한 물건으로 변모하고 발전하여 현대한국문명 속에 한국인 고유의 어떤 모자로서 남아 있을 수 있는 것이 아니었을까?

문학에 있어서도 마찬가지다. 우리가 문학이 추구하는 정신면이나 그 예술적인 테크닉에 대해서 비평정신을 작용시켜 오지 않았다면 옛날의 그 문학이 오늘날 현대인의 정신생활에 파고드는 만큼의 큰 힘을 발휘할 수 있었을까? 다만 이런 비평작업을 작가나 시인들이 스스로의 노력만으로 충분히 해왔다고 장담한다면 굳이 비평가라는 존재가 필요치는 않을 것이다.

그러나 문학사를 훑어보면 사실은 그렇지 않았다. 특히 근대문학 이후의 문학은 어느 나라를 막론하고 비평가의 활동이 큰 작용을 해온 것이 사실이다.

비평가들의 입에 오르내려 그 작가가 단숨에 유명해지고 거기에 독자의 관심이 집중되면서 이런 분위기가 그 문단사회에 어떤 흥분제 역할을 해온 숱한 예를 굳이 들지 않고라도 그저 한 번 스쳐가는 월평 같은 것만 해도 그렇다. 비평가는 이런 시평란에서 소위 '까는 것'을 잘해 왔다. '깐다는 것'은 그 작품에 부정적인 가치를 열거하고 파괴해 버려야 될 것을 발견한다는 것이 된다.

이렇게 비평가가 어떤 작품에 대하여 그 작가의 노고를 무시하고 소위 '폭력성'을 발휘할 때 그 작가는 마치 괴테가 터트린 말처럼 '개'같은 놈이란 욕이 나올 것이다. 그러나 그러한 비평이 이유 있는 어떤 진실을 말하고 있을 때 작가들은 여기서 어떠한 영향을 받아왔을까? 작가들은 그따위 비평은 읽지도 않는다고 공언하며 태연을 유지하려 할지 모르지만 그것이 반드시 가능한 일은 아니다. 왜냐하면 작가들은 그것을 읽지 않더라도 독자들은 그것을 읽고 있기 때문이다.

그렇다면 작가들이 이러한 독자를 무시할 수 있을까? 작가들은 비평가를 '개'라고 욕하며 외면하더라도 독자를 외면할 수는 없는 것이다. 왜냐하면 독자를 잃은 작가는 작품발표의 의의를 잃는 작가요, 그것은 결과적으로 작가생명의 단축을 의미하는 것이 현실이기 때문이다. 그리고 이 독자들이 그 작품이 얼마나 보잘 것 없는 것인지 그 진실을 알고 있을 때 작가는 과연 그것을 무시할 수 있는 것이며, 또 무시한다는 것이 작가의 진실한 자세일 수 있을까?

그러므로 비평이 비록 작품가치를 헐뜯고 부정해 버리는 것이라고 하더라도 그것이 어떤 진실을 지적했을 경우 작가들은 이를 무시하지 못하게 된다. 그리고 이런 결과를 작가들은 불쾌하게 생각할지 모르지만 비평의 기본정신은 작가들이 생각하는 것처럼 그렇게 압력을 가해서 나쁜 작품을 못쓰게 하고 누구를 편달해 보겠다는 것만은 아니다. 비평가가 비평을 통해서 작가들에게 어떤 영향을 끼치려 한다면 그것은 어디까지나 선의의 작가와 독자를 아끼고 싶다는 것, 다시 말하자면 문학을 남보다도 더 적극적으로 아끼고 싶다는 애정에 지나지 않는다.

만일 비평이 없는 문학사회를 상상해보자. 독자에게 교묘한 기법으로 아부하여 인기를 모으고 대가의 정상에 오르려고 기를 쓰는 작가들이 얼마든지 있는 사회에서 진실한 작가의 피해가 얼마나 큰 것인가? 그러므로 비평은 비록 방법은 다르지만 작가와 마찬가지로 비평가 자신은 그 비평행위를 통해서 스스로의 예술창조를 해나가고 있는 것이다. 그리고 설사 모든 비평이 그러한 창조적 행위가 아니라고 하더라고 만일 그것이 작품에 있어서 참된 가치를 발견하기 위한 노력으로써 나타난 가혹한 논리요, 그것이 폭력이라는 오해를 받는다고 하더라도 그것은 우리 문학사회의 정상적인 존립과 발전을 위하여 없지 못할 존재일 것이다.

3) 비평깡패와 비평독자

그런데 비평에 있어서 '폭력'이라고 불리우고 있는 것이 이같은 합리적인 정당성을 지니고 있다면 우리는 이젠 이 용어에 대하여 재고할 필요가 있을 것이다.

본래 '깐다'는 말은 파괴적인 폭력행사에 적용되는 말이다. 이 말을 한자어로 쓴다면 '폭력행사'가 된다. '폭력을 행사한다' '깐다'는 말은 그런 의미에서 모두 달갑지 않은 용어들이다. 그렇다면 작품에 대해서 그 가치를 내리깎으며 허점을 지적할 때 이것을 가리켜 '폭력'이라든가 '깐다'는 말을 적용할 수는 없는 것이다.

전술한 바처럼 그것이 결국은 보다 나은 문학을 기대하고 선의의 작가들을 옹호하고 궁극적으로는 우리 문학을 아끼기 위한 불가피한 방법에 지나지 않는다고 할 때 어찌 여기에 '폭력'이나 '깐다'느니 하는 용어가 적용될 수 있을 것인가?

그러므로 "정말 신랄하게 까셨더군요, 통쾌합니다." 따위 말을 비평가 앞에서 거리낌 없이 지껄이고 그 비평가를 추켜세우는 일은 비평의 진의를 모르고 비평가를 모욕하는 말에 지나지 않는다. 그런데 비평의 원리원칙을 떠나서 우리 문단의 실제적 비평활동상을 본다면 우리는 여기서 정말 '까는 비평' '폭력행사의 비평'을 발견하게 된다. 즉, 그 작가가 다시는 붓을 들 용기를 갖지 못할 정도로 때려 눕히는 것이다. 또는 아무리 좋은 점이 많더라도 모두 젖혀놓고 약점만 물고 늘어서는 경우도 있다.

가령 이런 예가 있다. 어떤 비평가는 염상섭의 「표본실의 청개구리」에 나타나는 개구리 해부장면을 소위 '신랄하게 깐' 일이 있다. 방금 해부된 개구리에서 "김이 모락모락 난다"고 작가가 표현한 점을 물고 늘어졌다. 개구리는 냉혈동물이니까 체온이 없다는 것, 그러니까 "김이 모락모락 난다"는 것은 어처구니 없는 몰상식이라고 지적했다. 아무 생물교과서나 까무러칠 만한 일이라고 비꼰 것이다.

이로 말미암아 염상섭의 유명한 「표본실의 청개구리」는 아주 참혹한 꼴이 되고 말았다. 그 한 가지의 약점이 그 작품 전체의 값어치를 송두리째 뒤엎어버리는 결과가 되고 만 것이다.

이와 같은 것은 비평이 지니는 파괴적 횡포의 대표적인 예이다. 그것은 비록 한국문학의 리얼리즘 문제를 논하기 위해서 어느 일부만을 예로 들어본 것이라고 하자. 그렇다더라도 그로 말미암아 그 작품 전체의 가치가 한꺼번에 뒤엎어지는 결과를 저질렀다면 그것이 문학을 아끼는 비평의 정당한 태도일 수 있을까? 「표본실의 청개구리」는 우리 문단의 초창기에 나온 작품이다. 염상섭은 그때 처음으로 소설을 써 본 것이다. 그러므로 그것은 한국문학의 리얼리즘이 이 정도로 어설픈 것이라고 내걸기 위한 예로서는 가장 부적당한 것이었다.

우리 문단 초창기의, 더구나 그 작가 그 후 업적에 비하면 최초의 습작이라고밖에 말하기 어려운 그것을 마치 한국문학의 리얼리즘을 말하고 대표적인 예처럼 내걸다니 이 얼마나 심한 기만인가? 그리고 그 작품은 우리 문단 초창기의 작품으로서 그것은 문학사적인 가치가 다분히 남아 있는 것이다. 이것을 모두 덮어두고 우리 문학 원시시대의 그 작품이 지닌 비과학성의 하나만을 물고 늘어져야 하는가?

얼마나 헐뜯고 까기 위한 대상을 발견하기가 어려우면 그런 시대의 작품을 들었을까? 이것은 비평이 기만적인 수법까지 들고 나와 뒤통수를 불시에 습격한 테러 행위의 대표적인 예이다.

비평가가 작품가치를 판단할 때, 그리고 특히 약점을 지적하려 할 때는 더 많이 신중한 판단력과 정확한 논리가 필요한 것이다. 왜냐하면 그것은 그 작가의 명예와 직결되고 숱한 독자들에게 그릇된 인식을 심어줌으로써 우리의 소중한 작품들을 쓰레기처럼 차 버리는 결과가 되기 때문이다. 그러므로 비평가는 작가보다 더 많이 논리의 정확성을 찾아야 한다. 그렇거늘 작가의 과학상식 부족을 지적해서 그 작가를 때려 눕히는 마당에 자기 자신이 들고 나온 무기 자체가 그것 이상으로 과학적 몰상식에 속하고 비논리적인 것이라면 우리는 비평의 존재이유를 무엇으로 정당화해나갈 것인가?

독자들은 그래도 이렇게들 말한다. "참으로 신나게 깐다"고, 그래서 어느 작가 하나의 가슴에 아물지 않은 상처가 생기건 말건 독자는 그 통쾌한 폭력행사에 갈채를 보낸다. 그리고 이런 풍조는 결과적으로 그 비평가의 역량을 측정하는 척도가 되고 있다. 남을 가장 신나게 까는 비평가가 유능한 비평가라고.

그러나 이것이 만일 비평의 참된 기능이라고 한다면 우리 나라의 비평독자는 얼마나 잔인한 싸디스트들이요 무지한 깡패 숭배자일까? 비평은 어디까지나 작가를 키우고 작품을 아끼기 위한 비평이다. 그러므로 약점을 바로 잡아 더 나은 문학을 우리가 가져야겠다는 의지와 그 문학에 대한 애정이 전제되어야 하는 것이다.

그렇다면 작가나 작품에 대해서 파괴적인 횡포를 감행하고 거기서 스릴을 맛보는 비평이나 그것을 환영하는 독자란 얼마나 잔인하고 무지한 것인가? 이런 의미에서 한국의 평단은 아직도 문학의 원시사회에 머무르고 있는 셈이다.

모든 예술, 그리고 모든 장르의 문학은 그것 자체가 자기대로의 타고난 기능을 지니고 있다. 우리는 문학을 비롯한 모든 예술을 모든 사회적인 공리성으로부터 격리시켜 어느 외딴 자리에 고고히 서있는 절대적인 존재로 보고 싶어하는 경향이 있지만 그러나 그것은 예술가의 욕망일 뿐이요, 예술의 실제적인 존재양식은 그렇지 않다.

모든 작품은 괴벽한 예술가의 작품이 아닌 이상 일단 이 사회의 넓은 공간에 제공된다. 그때 그것은 작가 개인의 서재나 아뜰리에를 떠나서 많은 사람들과 대화를 갖게 된다. 커뮤니케이션이 이루어지는 것이다. 이렇게 될 때 그 작품은 작가 혼자만의 의식 속에 보존해 있는 절대적인 존재일 수는 없다. 그것은 그 작품을 대하는 모든 사람들에게 무수히 많은 말을 건네고 온갖 형식의 영향을 끼쳐 나가는 것이다. 즉, 그것은 침묵을 지키고 있는 벙어리도 아니요, 수족을 못쓰는 불구자도 아니요, 생기발랄하게 작업을 계속해 나가는 생동적인 존재양식을 띠게 되는 것이다. 따라서 모든 예술은 그것대로의 생김생김에 따라서 그의 사회적 기능을 발휘하고 있다.

이렇게 또 '사회적 기능'이란 용어가 나올 때 한국문단에서는 무조건 반대와도 비슷한 습성으로이 용어의 개념을 오해하는 일이 없을까? '사회적'이라고 하니까 무슨 정치적·경제적인 기능을 말하는 것이 아니냐고 단정하려 드는 것, 그것은 늘 논의되는 '사회참여'라는 말이 흔히 그런 면을 더 강조해 왔기 때문일 것이다.

그러나 정치나 경제적인 문제에 대해서 본능적인 공포증을 갖고 '사회적' 하면 으레 그것부터 연상하는 것은 공포성 때문에 논리적 비판력마저 흐려진 탓일 것이다. 인간이 둘 이상 모여서 공동생활을 펼 때 그것은 곧 사회가 된다. 거기엔 정치·경제만이 아닌 모든 것을 포함한다. 문학은 그런 의미에서 '사회적 기능'을 지닌다는 것이다.

이러한 사회적 기능으로서 비평은 특히 어떤 특수성을 지니고 있는 것일까? 전술한 바 김동인 대 염상섭의 설전이었다. 그런데 이것은 지극히 초보적인 상식을 가지고 주고받은 설전이었지만 그런 설전은 좀더 발전된 단계로서 계속 한국문단에 지속되어야 했을 것이다.

왜냐하면 우리는 문학이 무엇인지, 시와 소설이 무엇인지는 무수히 논해 왔었고 비평이 무엇인지는 그 후 거의 아무런 논리적 정리가 없었기 때문이다. 그리고 그것은 비평문단의 무질서를 초래해왔다. 다시 말하자면 비평이 무엇인지 개념적 정리가 안되어 있기 때문에 사이비 비평이 함부로 비평이란 이름으로 행동하는 상태를 초래할 수밖에 없었던 것이다.

그리하여 그것은 비평의 본질과 기능에 대한 부당한 오해 또는 불신론을 가져온 것이다. 그런 의미에서 우리는 비평이 지니는 기능문제를 좀더 분명히 따져 들어가 비평의 본질을 파악해 놓는 것이 한국비평사회를 위해서 필요한 일이 아닐까?

그런 작업을 위해서는 비평이란 이름으로 불려온 몇 가지 대표적인 경우에 대하여 다시 한번 검토를 해봐야 할 것이다.

4) 비평과 심사평

신인작품의 추천제도가 있는 잡지에는 심사평이 게재된다. 문학상제도가 있는 곳에서도 심사평은 있어야 된다. 그리고 정월 초하루 벽두부터 각 일간지에는 신춘문예 현상작품의 심사평이 실린다. 누가 쓰든 간에 비평이란 이름에 속하는 평임에는 틀림이 없다. 그러나 정말 비평다운 비평들을 모아 놓고 본다면 이것은 모든 형태의 비평의 서열 중에서는 아마도 가장 말미에 속하지 않을까?

비평도 하나의 문학 장르다. 다른 문학 장르와 너무도 다른 것이 많은 이질적인 물건이긴 하지만 그래도 역시 문학이라고 불려오고 있다. 그러나 그처럼 이질적인 형태이면서 그래도 비평을 역시 문학이라고 부를 수 있는 근거는 어디에 있을까? 그것은 문학에 대해서 언급하는 글이요, 문학을 대상으로 작업하며 그것만을 평생 업으로 삼고 있는 사람의 글이니까 문학이라고? 만일 그렇다면 이것은 너무도 비약적인 논리이다. 국문학자들은 우리 문학에 대해서는 열심히 언급한다. 그리고 그것을 평생 업으로 삼고 있다. 그렇지만 우리는 국문학자를 비평가의 집단 속에 끌어들이지는 않는다. 그렇다면 비평이 문학일 수 있는 조건은 다른 데 있을 것이다. 즉, 다른 장르와 다른 모든 것을 제쳐놓고서 그래도 그것이 문학일 수 있는 것은 그것 역시 어떤 새로운 가치를 추구하고 창조해 나가는 활동이기 때문이다.

가치의 종류에는 여러 가지가 있다. 보다 고매한 인간정신, 보다 진실한 애정의 모랄, 보다 아름다운 이별, 보다 멋진 자살의 방법 등 우리가 문학에서 추구하고 창조해 나가는 가치는 얼마든지 있다. 그리고 이것은 시인이나 소설가만이 하고 있는 것은 아니다.

가령 김소월의 「산유화」를 두고 얘기해 본다고 하자. 이 때 비평가는 김소월이 적어 놓고 가버린 언어의 내용을 해석하고 전달하는 데에만 그치지 않는다. 비평가는 소월보다 더 못난 이야기를 할 수도 있지만 그 이상의 이야기를 할 수도 있다. 그것은 비평가의 언론의 자유요 사상의 자유다. 이것을 우리는 저 산마루에 우뚝 솟아있는 나무 한 그루에 비겨서 얘기해 봐도 좋다. 산마루에서 있는 나무 한 그루는 우리에게 아무 이야기도 소리도 전혀 주지 않는다. 그러나 우리는 그 나무를 두고 얼마든지 많은 이야기를 끌어낼 수가 있다. 성삼문이 독야청청의 상록수 한 그루를 가지고 자기의 인생관을 피력하며 이야기를 만들어 나가듯이 비평가는 한 편의 서정시, 또는 기나긴 장편소설을 또 하나의 '우주'로 '세계'로 간주하고 거기서 자기의 언론의 자유, 사상의 자유를 펼쳐나가는 것이다. 그럼으로써 비평가는 자기대로 새로운 가치를 추구하고 창조해 나가는 것이다. 그럼으로써 비평은 예술의 차원에까지 들어서게 된다. 그러면 문학비평이 이런 뜻에서 문학이요, 또 예술이 된다고 볼 때 과연 심사평이라는 것은 어느 정도나 그런 속성과 그런 기능을 발휘해주는 비평형태일까?

심사위원들이 심사평이라는 걸 써나가는 과정을 살펴보면 얘기는 간단해 진다. 작품심사를 맡는 사람들은 반드시 비평가라는 이름을 달고 있는 사람 들은 아니다. 작가도 시인도 이런 비평가의 흉내는 싫어하면서도 '즐겨' 맡 고 있다. 그리고 평을 쓴다. 이런 작품심사평은 지금까지 비평의 한 종목으 로 아무 이의 없이 간주되어 왔으며, 또 다른 분야로 따돌려 버릴래야 버릴 수도 없이 비평 쪽에 속하고 있는 것이 사리이다. 그런데 많은 시인과 작가 들도 자기 작품에 대한 남들의 비평을 무슨 월권행위적 시비로 알고 짜증을 내기는 하지만 스스로도 이런 비평의 기회가 오면 대개 거부하지 않고 비평 을 한다.

 그런데 이런 심사평을 쓸 때마다 평자는 적지않은 작품수를 한꺼번에 떠 맡고 일정한 기일안에 그것을 다 봐치워야 할 것이다. 그렇다면 심사과정에 서 어느 정도의 예술창조적인 기능이 발휘될 수 있을까? 솔직히 말해서 작 품심사라는 것은 대개 어거지로 읽어나가는 것이다. 읽기 싫어도 읽어나간 다. 다른 여러 작품들과 비교하여 작품가치의 순서를 따져봐야 하기 때문이 다

 그렇다면 이렇게 무리한 작품감상에서 과연 평자는 어느 정도나 창조적 인 역할까지 해나갈 수 있을까? 아마 전술한 바와 같은 창조적 활동은 거의 불가능할 것이다. 그 뿐만 아니라 이런 심사평에서 평자가 자기의 세계관을 펼쳐나간다는 것부터가 무모하고 불필요한 일이다. 작품의 순위만 따지면 그만이지 그 이상의 잔소리가 필요치 않은 것이 심사평이라는 자리다. 그렇 다면 심사평 같은 것은 양곡검사소에서 곡물의 불합격품에다 등급을 매기 며 삽자루 같은 도장을 쾅쾅 가마니에 찍어가는 것과 거의 다를 바가 없다 는 것이요, 따라서 그것은 비평의 종목에 넣기조차 쑥스러운 것이다.

 그뿐만 아니라 심사평엔 또 하나의 난점이 있다. 그것은 순위를 정하는 자리다. 그 순위는 보다 더 공정하고 객관성을 띠어야 한다. 물론 예술작품 의 심사니까 순수한 객관성이란 거의 불가능한 일이지만 적어도 자기의 주 관적인 인생관 같은 것은 제쳐놓고 작품을 봐야 하는 것이 사실이다. 그렇 다면 이것이 문학이 될 수 있을까? 자기 주관적인 인생관을 빼 놓고 작품

심사에 임해야 한다고 하면 이것은 처음부터 문학이 아님을 전제해 놓는다는 얘기가 될 것이다.

5) 시평(時評)이라는 것

시평은 비평가의 대표적인 작업으로 알려져 있다. 월평이나 연간총평 같은 것은 모두 시평에 속한다. 그 중에서 가장 많은 것이 월평이다. 비평가들은 무엇보다도 월평을 가장 많이 쓴다. 왜냐하면 월평 이외엔 별로 비평활동의 지면이 허락되지도 않고 있기 때문이다. 특히 일간지들은 매달 한번씩의 월평 이외엔 거의 아무런 문학비평의 자리를 할애해주지 않고 있는 형편이다. 이렇게 비평가들이 가장 많이 출연하는 장면은 월평이기 때문에 비평가란 곧 월평을 쓰는 사람이라는 고정개념이 비평을 읽는 거의 모든 독자에게 새겨져 있음을 부인할 수 없다.

그러나 월평이 과연 얼마큼 비평가 자신에게 플러스되는 작업일까? 비평가의 세속적인 출세면에서, 또는 비평가 자신의 창조적인 예술성과 그 성장면에서 어느 정도나 도움이 되는 것일까? 비평가란 곧 월평가라고 해도 과언이 아닐 정도로 거의 대부분의 노력을 여기에 기울이고 있는 것이 우리 비평문단의 실정이지만 그러나 만일 비평가가 앞으로도 이렇게 월평가로서만 세월을 보내게 된다면 그들은 차라리 비평업을 폐하고 직업전환을 하는 편이 나을 것이다. 그 대표적인 이유를 몇 가지만 들어보자.

첫째로, 월평은 작품심사평과 아주 유사한 성격을 지닐 수밖에 없는 것이다. 월평은 그 달에 발표된 작품들에 대한 종합적인 평가이다. 어떤 문제작이나 가장 우수한 작품이나 또는 가장 좋지 못한 졸작만을 대표적으로 하나만 들어 따져 들어간다 하더라고 신춘문예심사 때와 똑같은 고역을 비평가는 겪어야 한다. 즉, 그 달에 발표된 작품들을 모두 통독해야 한단 말이다. 왜냐하면 어느 특정한 기간에 발표된 작품임을 전제하고 '그 달의 작단'이나 '그 달의 시단'을 논하는 이상 누구의 작품만을 골라서 따져 나간다 하더라도 그것은 반드시 그 달의 창작을 대표하는 것이어야 하기 때문이다. 그리고 그 달의 작단이나 시단에 대한 종합적인 평임을 전제로 하는 이상은 아무리 어느 일개 작품을 들먹거렸다 하더라도 그것은 여러 작품을 모두 읽고 거기서 선발된 것이라야 한다.

그렇지 않은 이상은 거기다 굳이 '오월의 작단' 따위의 이름을 붙일 타당한 이유가 결코 성립될 수 없기 때문이다. 그러니까 월평을 쓰는 비평가는 그 달의 작품을 아무리 괴롭더라고 모두 읽어야 한다. 계산을 해가면서 30매를 억지로 60매로 늘여 쓰기도 하고 사창가로 달려간 작가의 소설 또는 1년에 한번쯤은 써야만 그 영광된 이름을 독자가 안 잊어 주리라는 계산으로 둔한 상상력을 가혹하게 혹사시켜 탈고해 낸 천하의 '명작'까지도 초인적인 인내력으로 모두 읽어나가야 되는 것이 월평가의 임무이다. 이렇게 되어 비평가는 자신들의 머리마저 얼마나 한심하게 둔화되어 가는 지를 너무도 뼈아프게 느끼게 된다. 좋은 작품이 독자의 지능을 개발해 주는 것처럼 둔한 머리로 쓴 작품들을 이틀 사홀 통독하여 그 속에 탐닉하는 비평가는 마치 진흙 속에서 뒹군 사람이 스스로 진흙 덩어리를 닮아버리듯 자신도 스스로 둔화될 가능성이 있으며, 만일 그렇지 않다 하더라도 그런 독서시간만큼은 자신의 발전에 플러스되는 일을 거의 얻지 못할 것이다.

그렇다면 비평가가 여기서 문학활동, 창조적인 활동으로 얻는 것이 무엇일까? 남의 작품에 대해서 의견이나 피력해 가지고 그것으로써 먹고살자는 것이 비평가의 직업이요, 목적은 아니다. 비평가란 우선 좋은 의미에서의 독자이다. 다른 독자들보다 가장 고급에 속하는 독자의 입장에서 있는 것이 비평가이다. 작가와 시인들은 스스로 그런 작품을 써 나가지만 비평가는 그런 창작은 하지 않는다. 어디까지나 남의 것을 읽어보는 독자의 입장에 있는 것이다.

그리고 그것은 잘못을 따지기 위해서만 읽는 것은 아니다. "산에 사는 작은 새는 꽃이 좋아 산에 사노라네"라고 했듯이 비평가는 우선 시가 좋고 소설이 좋아서 그것을 읽으며 사는 것이다.

다시 말하자면 문학에 대한 애정이 곧 그것을 읽는 동기가 되어 있는 것이다. 가치판단이라는 비평적 활동은 그 다음에 오는 것이다. 따라서 비평가가 작품을 읽을 때 어느 독자와 마찬가지로 그만큼 순수해지는 것이 비평가의 본래의 자세다.

어느 비평가이든지 우선 심취하여 문학이 좋아서 그 길을 들어선다는 사실을 생각해본다면 이것은 이의를 삽입할만한 얘기거리가 못된다. 그리고 비평가가 일반 독자와 다른 것은 그들이 차원을 달리하는 고급독자라는 데 있다. 대개 어떤 독자라도 감명 깊은 작품에 대해서는 자기의 의견을 나타내는 것이 사실이다. 그리고 그 의견이 이론적으로 정리되었을 때 우리는 그것을 비평이라고 하게 된다. 한 포기의 아름다운 꽃나무를 보고 그저 아름답다고만 말한다면 그것은 감상에 그치지만 그 아름다움을 이론적으로 설명한다면 그것은 비평이 될 것이다. 그리고 그러한 이론적 증명은 심미적 비판으로서 어떤 미숙성을 발견한다면 그 점에 대해서도 이론은 더해나갈 수 있는 것이다.

이렇게 감상하고 비평해 나가는 과정에서 그는 자기의 가치관을 발전시켜 나가고 또는 좀더 이상적인 가치를 추구해 나간다.

그리하여 그는 시인이나 작가와 마찬가지로 제2의 창조과정에 들어가는 것이다. 다만 창조과정은 시나 소설과 같은 형태와는 전연 다른 형태로 이루어지고 있을 뿐이다.

그런데 만일 읽고 싶지도 않은 작품을 마치 심사위원의 입장이 되어 억지로 읽어 나갈 때 여기서 비평가는 과연 그같은 창조과정에 들어설 수 있을까? 비평가의 작업이 일반독자와 마찬가지로 시와 소설에 대한 애정에서 출발하는 순수한 것이요, 그런 애정이 있기 때문에 그 세계에 들어가 그 대지 위에다 그의 이념의 가옥을 지어가는 것이라고 본다면 처음에 발을 들여놓다가 다시 빠져 나오고 싶은 졸작의 세계에서는 아무리 애써봐도 비평가가 그의 순수한 목적을 달성시키기는 어려울 것이다.

따라서 월평이라는 자리는 비평가가 그들의 본업처럼 거기에만 매달려 살 수는 없는 곳이다. 그런데 비평가 그대로 역시 월평을 써 나가는 이유는 무엇일까? 그 이유는 사회적인 요구에서 오는 것이다. 비평가가 월평을 써야 되는 이유는 비평가 자신을 위해서보다도 먼저 사회적 요구가 앞서고 있기 때문이다. 그것은 일반독자 사회만이 아니라 문단사회를 위해서도 다같이 요청되는 것이다. 일반독자의 비판은 전문가의 비판보다도 앞서지 못하는 것이 사실이다. 아무리 독자들이 좋아서 읽어나가며 그 작품, 그 작가가 인기에 오른다고 하더라도 그것이 곧 옳은 가치판단일 수는 없다. 백만의 독자보다도 비평가 일인의 비판이 더 정확할 때가 더 많을 것이다. 그것은 마치 백만명의 시민이 좋다고 먹는 달콤한 약 A보다는 한 사람의 과학자가 그 해독성을 증명하고 그 대신 씁쓸한 약 B를 권할 때 그의 비판이 더 정확할 때가 많은 것과 같은 것이다. 그리고 이런 비판을 사회적으로 필요한 일이기 때문에 비평가는 이런 요구에 응해 나가는 것이다.

　다음에 비평가는 작가를 위해서도 그것을 해야한다. 문학을 한다고 자부하는 사람이 아닌 다른 사람이 그것을 해서 안될 것은 없지만 전문가는 비평가뿐이니까 비평가가 할 수밖에 없다. 그것은 선의의 작가를 옹호하기 위해서다. 작가들은 흔히 비평가들의 작업에 불만을 품지만 무식과 싸디즘과 저속한 출세욕으로만 뭉쳐진 비평가의 사이비 비평을 제하고 보면 비평가가 남의 작품을 비난한다는 데 대해서 무조건 항의할 수는 없는 것이다. 나쁜 작품은 지적해야 한다. 좋은 작품은 좋다고 말해 주어야 한다. 그것이 선의의 작가가 독자의 애독을 받으면 발전해 나가는 데 뒷받침이 되는 것이요, 그것이 또 독자에게 좋은 작품을 선택해 나갈 길잡이가 되는 것이요, 그것이 곧 작가만이 아닌 우리 문단 전체의 발전에 추진력이 되는 것이다.

　그럼에도 불구하고 그것에 대해서 지나칠 정도로 불만에 가득차 있는 작가나 시인이 있다면 그것은 그들이 그만큼 졸작 생산에만 기여해 왔기 때문일 것이다. 잘만 써나간다면 어찌하여 자기만 꼬집는 비평가들만 있겠는가? 그뿐만 아니라 이 나라 제일 가는 시인이요, 작가라는 정평이 있다고 하더라고 그 때문에 호의만 받고 있어야 된다고 생각하는 것은 지나친 교만이다.

　원래 예술에서는 완전한 작품이 없듯이 불쾌한 비평의 소지는 항상 지니고 있다고 봐야 한다. 그렇다면 최고를 자부하는 작가도 사회적인 요구에서 보는 월평란에 대상이 되어야 한다.

왜냐면 그 작가가 우리 문단성장의 최고 기준이라면 우리는 그것부터 더 높은 수준으로 끌어올려야 하기 때문이다 하물며 그렇게 세계적으로 자랑하고 싶을 만한 작품도 별로 보지 못하는 판국에 작가들이 매달 꼬집어 뜯기는 것은 너무나도 당연하지 않은가?

6) 비평과 학문

비평가가 지금까지 해온 일, 그리고 앞으로도 계속해 나가야 할 일은 광범위하게 걸쳐있다.

"저 개를 내쫓아라, 저놈은 비평가니까"하며 점잖은 괴테가 어울리지 않는 악담까지도 뱉게 만든 비평가 — 이들이 가장 빈번히 그 얄미운 얼굴을 내미는 장면은 월평란이지만 그러나 비평가는 월평만 쓰고 세월을 보내지는 않는다. 비평가들은 심사평도 쓰고 신간평도 쓴다.

오늘날 서평이란 솔직히 말해서 저자나 출판업자를 위한 광고·선전에 지나지 않지만 그래도 종종 이런 서평란에 비평가의 직함을 내건다. 물론 출판업자들이 제멋대로 영화광고 같은 과대선전문구를 만들어 놓고 비평가의 이름을 날치기 해다가 팔아먹는 예도 있기는 하지만.

그런데 비평가는 이렇게 남들의 요구에 의한 서평·심사평·월평 등만 쓰는 것이 아니다. 자신의 계획에 따라서 학문적인 연구도 해나간다. 『문학개론』, 『문학원론』, 『시론』, 『소설론』, 『문학사』, 『작가연구』 등은 모두 비평가에 의해서 보다 더 많이 체계적인 정리를 이루어 왔다.

백철의 『신문학사조사』, 『문학개론』, 조연현의 『한국현대문학사』, 『문학개론』, 최재서의 『문학원론』 등 비록 미숙한 점이 있다 하더라도 한국문학에 대한 가장 체계적인 연구저서를 내온 것은 비평가들이다.

이런 점에서 보자면 비평가들이란 그때 그때 산발적으로 발표되는 작품에다 의견이나 첨가해 나가는 딱한 사람들은 아니다. 그들은 비록 시인이나 작가에 비해 너무도 인구증가율이 적은 소수집단이긴 하지만 지금까지 어느 나라를 막론하고 비평가들이 남겨놓은 업적은 크다고 할 것이다. 비록 이러한 개론서나 사적연구가 작가나 시인들의 창조적인 활동에서 아무런 직접적인 착상의 자료를 제공해주지 못한다고 하더라고 그 문학사회의 전반적인 수준향상이 과연 이런 연구의 뒷받침 없이 어느 정도나 가능하겠는가? 한 편의 아름다운 서정적인 민요는 원시사회에서도 저절로 누군가의 입을 통해서 흘러나왔지만 지금의 상황은 그때와는 다르다. 밖으로 나가면 개론 정도의 문학적 이론은 조금이라도 알고 있는 무수한 독자가 이 사회에 깔려 있는 것이며, 그들의 비판적인 안목 앞에서 작가와 시인은 활동해 나가고 있는 것이다.

따라서 비평가들의 그러한 업적은 결과적으로 그 문학사회의 전반적인 수준향상에 부단히 추진력을 가해가고 있는 것이다. 그러므로 비평가들의 그같은 연구활동은 결코 경시되어서는 안될 것이다.

그런데 우리는 여기서 비평의 본질적인 문제를 다시 따져야 겠다. 그러한 학문적 연구도 자연 본질적인 의미에서의 비평일까?

문학에서의 연구가 중요한 것이요, 그것이 주로 비평가들에 의해서 보다 더 체계적으로 이루어져 나가고 있는 것은 사실이지만, 그러나 우리는 그것이 곧 비평가의 본업이라고 말할 수는 없을 것이다. 비평과 학문 그것은 본질적으로 다른 문학활동이다. 학문은 사실의 탐구요, 비평은 가치의 탐구다. 「해에게서 소년에게」가 1908년 최남선작이요, 그것이 그 이전의 시형태에 비하면 다른 것이다 — 하는 것은 어디까지 사실의 탐구요 그 발견에 지나지 않는다. 또 그 작품 이후 그와 유사한 형태의 시 또는 그보다 더 많이 자유로운 시형태가 나타난다고 하는 것은 역시 사실의 탐구에 지나지 않는다. 이와 달리 그 작품의 새로운 시형으로서 그 이후의 근대시발전의 기수가 되었다고 판단하는 것은 사실의 탐구가 아니라 탐구된 사실에 대한 가치판단이다.

이 경우에 학문과 비평은 서로 공동작업으로서 문학사의 한 페이지를 서술해 나가는 것이지만 그 작업의 형태가 서로 판이한 것이다. 여기서 학문으로부터 좀더 멀리 떨어진 비평작업의 예를 든다면 「해에게서 소년에게」의 예술적 가치를 논해 나가는 일일 것이다. 물론 여기서도 사실의 탐구가 역시 기초가 되기는 하지만 그 작업의 중점은 어디까지나 그 사실에 대한 가치판단일 뿐이다. "얼마나 졸렬한 시인가? 이보다 천여년전에 이루어진 고려가요들도 이에 비하자면 훨씬 더 격조가 높다"하며 그 이론을 전개해 나간다면 이것은 학문이 아니라 비평이다.

그러므로 학문도 비평적인 안목을 동반해야만 우직한 도로(徒勞)를 면하고 가치있는 사실에 대한 연구로서의 학문이 되겠지만 그것은 어디까지나 사실의 탐구에 중점이 있는 것이요, 비판 역시 사실의 탐구를 동반해야만 객관적인 가치판단의 비평이 되지만 그 중점은 어디까지나 가치의 판단에 있다.

그러면 학문과 비평이 이렇게 본질적으로 영역을 달리한다고 할 때 비평가들이 아무리 많이 문학연구업적을 남긴다고 하더라도 그것이 곧 비평가의 순수한 대표적 업적이라고 할 수는 없지 않을까? 단 이러한 업적이 비평가 자신을 위해서 꼭 필요한 이유는 그러한 연구를 통해서 비평가는 우리 문학의 과거를 알고 현재를 알고 미래의 문학을 위한 지표를 세울 수 있고, 보다 더 많이 정확한 사실에 입각한 객관적인 가치판단을 할 수 있기 때문일 것이다.

7) 비평과 창작

"비평도 예술적인 창조활동이다" — 이렇게 주장할 수 있다고 할 때 비평이 실로 명실상부한 그것이 되는 길은 멀고도 아득한 것이다. 작가가 되려다 실패한 사람이 비평가라고 혹평한 사람도 있기는 하지만 시나 소설을 쓰다가 실패한 사람이 모두 비평가가 될 수는 없다. 또 실패한 사람이 비평으로 전환한 예도 있기는 하겠지만 그렇지 않은 예도 있을 것이다.

비평계에 들어선 사람이면 대개 청년기에 시나 그밖의 문학적인 산문을 조금씩은 끄적거려 보았는지도 모른다. 그리고 시인이나 작가로서 명성을 떨치고 싶은 욕망을 지닌 사람도 있을는지는 모른다. 그러나 그런 경험이 있는 비평가가 모두 그쪽에서 실패했기 때문에 비평으로 전환했다고 말할 수는 없다.

그뿐 아니라 과연 시나 소설에서 실패한 사람이면 비평가가 될 수 있는 것일까? 어느 사회에나 비평가가 아주 적은데 그것은 비평가가 가장 인기없는 직업이기 때문인 것은 결코 아니다. 남의 작품에 의견이나 붙여먹고 사는 사람이라는 감정적인 악담을 하는 작가나 시인이 있기는 하지만 참된 비평가의 흉내는 누구나 쉽게 할 수 있는 것이 아닐 것이다.

비평가는 작품의 가치판단을 한다. 가치판단을 위해서는 문학이 무엇인지를 알아야 한다. 시와 소설을 쓰는 재능이 없다고 하더라고 좋은 시와 나쁜 시가 어떤 것인지 식별할 수 있는 비평력은 그 시인 이상으로 지니고 있어야 한다.

다시 말하자면 시인 이상으로 시를 더 알고, 소설가 이상으로 소설을 더 잘 알아야 한다. 그러기 위해서 비평가는 문학에 대한 연구를 거듭해 나가야 한다. 학자들과 마찬가지로 끊임없이 사실을 탐구하고 그 자료를 분석해 나가야 하는 것이다.

그런데 이러한 연구와 아울러 비평가는 현실사회를 옳게 알고 있어야 한다. 문학이 현실의 반영이요 그 시대의 증언이 될 수 있다고 한다면 비평가는 시인이나 작가 이상으로 현실을 깊숙이 파악해야 한다. 그 뿐만 아니라 먼 과거의 역사를 알고 앞으로의 현실을 조금이라도 내다볼 비전을 지녀야 한다. 그렇지 않고서는 문학작품에 대한 가치판단은 현실과 동떨어진 좁은 지면에 놓고 그만큼 그 가치의 일부밖에 판단하지 못하는 결과가 될 것이다.

그런 의미에서 비평가는 결국 자기의 인생관과 세계관을 지니고 그것으로 가치측정의 척도로 삼아야 할 것이다. 이렇게 어떤 척도에 의해서 가치를 측정해 나갈 때 우리는 그것을 그 비평가의의 비판력이라고 하며, 이러한 비판력은 아무에게나 충분하게 부여되어 있는 것이 아니다. 정확한 비판이란 분석과 종합을 병행시켜 나가는 추진력에서 나오는 것이다. 그리고 이것은 시인과 작가들보다도 비평가에게 부여된 재능이기 때문에 시나 소설을 잘 쓰는 사람이면 비평가도 될 수 있다고 상상한다면 그것은 지나친 공상이다.

　그런데 한 편의 참된 비평은 이것으로만 가능해 지지는 않는다. 누구만 못지 않게 직관적 판단력을 가져야 하는 것이 비평가이다. 한 편의 시를 비평할 때 처음부터 시체해부 하듯 그 언어를 발기발기 찢는 분석만이 앞서고 다음에 그것을 주워모아 결론을 내리는 것이 비평은 아니다. 뉴우크리티시즘이 그런 엉뚱한 방법을 시도했었지만 그것은 한 편의 시를 읽어도 감정을 모르는 언어해부학 연구실의 교수들이 할 일이지 참된 비평이 그런 데에서 나온 일은 없다. 참된 비평가는 아름다운 자연에 감동한 사람이 그 다음에 그 이유를 생각해보듯이 먼저 직관력에 의해서 작품에 대한 종합적인 판단을 내려야 한다. 그렇지 않고 학문처럼 자료의 분석부터 들어간다면 그것은 생명이 없다. 시체해부학 교실의 작업에 그치고 말 것이다.

　이렇게 직관적인 관찰력・비판력이 전제되고 그 판단이 그 다음에 증명의 이론을 끌고 간다고 할 때 이 같은 작업은 학문에 종사하는 사람들이 할 수 있는 재능에 속하지 않는다. 그것이 어디까지나 예술가들의 재능, 발명가들의 재능이 우주의 신비한 속삭임을 들을 수 있는 사람들의 재능에 속하는 것이다.

　자화자찬격이 될 수도 있겠지만 비평이 어려울 수밖에 없는 이유는 이처럼 많은 노력과 재능을 동원해야 하기 때문이다. 예술가로서의 직관력, 학자적인 탐구의 노력, 비평가 특유의 논리적 판단력, 그리고 여기에 또 하나를 첨가한다면 산문예술로서의 문장력이다. 시인만이 언어의 예술가는 아니다. 소설가란 문장에 능통하면 되는 것은 아니다. 비평도 산문예술로서 그 언어를 다듬어 나감으로써 그 격조를 높여갈 수 있는 것이요 또 그래야만 그것은 문학이 될 수 있는 것이다.

　그런데 이렇게 1, 2, 3, 4, …… 등의 여건이 성립되어야 하지만 이것으로써 비평이 완성될 수는 없다. 비평도 참된 의미에서의 창조라고 한다면 여기에 더 중요한 작업이 병행되어야 한다. 그것은 보다 고매한 인간정신, 보다 진실한 가치관을 표현해나가는 것이다. 비평가는 흔히 월평 같은 좁은 지면을 통해서 마치 상품 가격을 감정하는 것과 같은 일을 많이 하지만 그보다 더 값비싼 비평활동을 해나갈 수 있고, 또 많은 비평가들이 해오고 있다.

즉, 가치판단 이상의 것을 하고 있는 것이다. 도스토예프스키론, 셰익스피어론 등 세계문학의 큰 산맥 속에 비평가가 작업에 손을 대었을 때 그것이 항상 상품가격 감정 같은 가치판단에만 그쳐온 것일까? 비평가들은 자기가 진실로 아끼고 싶은 작품이나 작가를 논해 나갈 때 거기서 무슨 저울질만 하다 마는 것은 결코 아니다. 좋은 작품은 그것 자체가 현실 이상으로 많은 사색의 소지를 지닌 또 하나의 세계를 형성하고 있다.

이 때 비평가는 현실을 내다보고 사색을 하듯이 작품세계를 내다보며 사색을 해나간다. 그리하여 작가의 숨겨진 이야기만 끄집어 내는 것이 아니라 자기의 이야기를 그 속에 쏟아 넣는다. 이 때 이 작품은 가치판단의 소재라는 한도를 넘어서 비평가가 스스로의 세계를 창조해 나가는 넓다란 대지가 되는 것이다. 그리하여 그것은 그 작품과는 또 다른 창작활동의 차원에 도달하게 된다. 그리고 이것이 비평가가 해나가야 할 가장 중요한 작업이다. 만일 이것이 없다면 비평는 예술가 아닌 다른 특유한 직업임을 주장해야 할 것이다.

그러면 우리의 비평문단은 과연 어느 정도나 이런 의미에 있어서 참된 비평을 전개해 나가고 있는 것일까? 월평란에서 남들이 애써 쓴 작품이나 꼬집어 뜯고 사는 사람들. 만일 우리 평단에 대한 인식이 이것으로 그쳐져 있다면 이것은 그 누구를 위해서도 반가운 일은 못된다.

그러므로 작가나 시인들이 비평의 개념에 대한 이해부족으로 불신론만 주장하고 있다면 그것도 시정되어야 하려니와 비평가 자신이 정말 그런 오해만 받을 정도로 그런 모든 재능을 팔아버려 왔다면 그것도 반성하고 보다 값있는 본격적인 비평작업에 더 많은 힘을 기울여 나가야 할 것이다.

(『한국현대비평문학론』, 청록출판사, 1984)

Ⅱ. 이론과 전망

인간의식의 변혁
― 우리 순수문학의 위상을 말하면서 ―

1.

정녕 우리 문학의 개화기란 역사상에 있었던가? 흔히 우리 문학의 단초를 멀리 신라의 「향가」로부터 끄집어 낼 수도 있고, 「춘향전」을 계기로도 설명할 수 있다. 심지어는 여기에 반기를 드는 오늘의 소위 '무전통론자'들은 을유년 8월 15일로부터 우리의 진정한 문학이 시작되었다고 계정(計定)하기를 고집하지 않던가. 하지만 좀더 문학의 본질에 역점을 두고 생각한다면 실학파문학인 박연암의 「양반전」쯤부터 말해도 좋고 을미이후의 이른바 신문예초창기가 우리 문학의 개화기였다고 내세울 수도 있다. 아니 실지로 그렇게 내세우는 수가 많다. 그것이야 어떻게 계정하든 우리 문학이 실로 진정한 열매를 맺은 일이 있었던가 하는 말이다.

물론 8·15 민족해방은 우리 문학의 진정한 출발을 기약할 수 있었다. 실지로 그것이 우리 문학의 앞날에 큰 계기를 이루었다는데 이론이 있을 수 없다. 다시 말하면 일제의 식민지문화정책하에서 질식될대로 질식되었던 우리의 문학영토가 빛나는 아침 태양과 함께 자유로이 해방되었다는 사실은 우리 문학발전의 터전을 위해서 응당 기꺼운 일이 아닐 수 없었다.

허나 8·15로부터 동족상쟁의 세기말적 비극이었던 6·25를 경과해서 오늘에 이르기까지 — 무려 12년의 파란곡절이 중루(重壘)된 역사적 시간 속에서 기구한 명맥을 유지하기에 여념이 없었던 것이 우리 문학이 아니었던가. 휴전 후 오늘처럼 비교적 안정기에 처한 우리 문학은 과연 어떤 위치에서 어떤 형상을 보이면서 생장하고 있을까? 이렇게 반성하는 일은 자못 긴요한 우리 문단적 당면과제로 제기되어야 한다는 것은 결코 나 혼자만의 사견은 아닐 것이다.

2.

'현금 우리의 순수문학의 독자들은 만을 넘지 못하고 있는 현상이다. 이렇다면 우리의 문학 이해자는 수십만명 중에 단 만명 이하에 놓여있다. 확실히 작가와 독자는 유리되고 있다.'

이상은 모 선배의 순수문학에 대한 불만의 소리 일단이지만 문학현상의 약점을 정확히 지적하는 말임에 틀림없다.

물론 '순수'란 어디까지나 공기나 물처럼 투명하고 깨끗함을 뜻할지는 몰라도 현대문학의 본질을 설명함에는 극히 모호한 개념이 아닐 수 없다. 우리의 현실은 순수라기 보다는 차라리 혼탁과 암담 속에서 헤어날 줄 모른다.

그 속에 서식해야 할 아담, 이브의 후손들은 '돈이 있으면 지하천국이요 돈이 없으면 지상연옥이다'라는 신조를 그들의 인생관과 세계관으로 배워주지 않았던가. 때문에 그들은 돈을 위해서 보다 살기 위해서는 자기 입지와 형편에 따라서 공갈, 협박, 모략, 중상, 사기, 횡령, 절도, 강도, 상해, 강간, 살인 등 온갖 범죄를 쉽사리 자행할 수 있지 않던가?

그렇지도 못한 어리석고 연약한 '아큐(阿Q)'의 족속들은 벌써 생존경쟁의 쓴 고배를 마시고 '퀘·쎄라·쎄라'를 부르며 자신을 위로하는 수밖에 없지 않던가? 물론 우리가 모두 꼭 이렇다는 것은 좀 역설이겠지만 적어도 우리 사회를 싸고도는 생활풍조는 되지 않을까 생각된다.

이러한 처절한 사회적 배경 속에서도 많은 우리의 작가들은 민족문학적 전통 위에 외국의 이른바 전후의 '새로운 문학'을 수입·모방해서 '순수'니 '본격'이니 하는 고답적인 문학세계를 구축하는 작업에 몰두하고 있다. 바로 이렇게 우리 문학현상의 일 측면을 엿볼 수도 있지 않을까 생각된다.

3.

8·15로부터 문단 20년의 실적을 더듬어 볼 때 약 3천 편의 창작·소설과 약 8천 편의 시 그리고 평론·수필 등의 약 7천여 편이나 생산된 것(조연현씨의 통계)을 알고 누구나 놀라지 않을 수 없을 것이다. 더욱이 백여 명의 신인들이 신문과 문예지를 통해서 데뷔했고 거개(擧皆)가 그들에 의해서 생산되었다는 것을 상기한다면 그렇다.

이를테면 「혈서」(손창섭), 「안개」(강신재), 「부랑아」(추식), 「독목교」(곽학송), 「역사는 흐른다」(한말숙), 「전황당인보기」(정한숙), 「유예」(오상원), 「기유지」(임희재), 「갯마을」(오영수), 「213호 주택」(김광식), 「풍화」(전광용), 「허생전」(권선근), 「바비도」(김성한), 「암사지도」(서기원), 「인간보」(이종항), 「요한 시집」(장용학), 「노을」(채우), 「파류상」(정연희), 「나갈길 없는 지평」(정인영), 「불꽃」(선우휘) 등은 아직껏 독자의 기억 속에 남아있는 작품이 아닌가 생각된다.

그럼에도 불구하고 나는 이상의 작품을 통해서 솔직히 느껴야 하는 것은 본격소설(창작)의 특수한 '좁음'에 대한 불만이다. 이들 창작 속에는 '시인'이 있고 '미녀'가 있고 '주정꾼' 그리고 '제대군인'까지 등장하고 그들을 통해서 '간통'이 있고 '살인'이 자행된다.

이렇게 삼라만상이 하나도 빠짐없이 있는 듯 하지만 독자에게 '좁다'는 인상을 주는 것은 웬일일까. 그것은 오늘의 우리 생활의 넓이와 깊이가 단순함에 비추어서 실로 좁고 얕고 단순한 까닭이다. 이것이 바로 우리 문학에 대한 불신의 총괄적인 최대 공약수적인 의견과 표명으로 생각해도 좋을 것이다. 이것은 나의 사견이라기 보다도 독자대중의 통념이 아닐까.

4.

　오늘에 이르러 '저널리즘'의 발전과 동조해서 소설의 수요가 어느 정도 증대되었다고 해서 곧 그것이 소설의 현상에 만족하고 있다는 증명은 못된다. 그렇다면 대체 우리 문학이 범한 오진을 어떻게 진단해야 하는가 하는 문제가 제기될 수 있다. 바로 그것은 작가의 생리에 따라 표현은 각각이지만 요점은 우리를 싸고도는 절실하고 절박한 문제에 손을 뻗치지 않고 있다는 것이다. 즉 작품의 사상성의 빈곤이라고 해도 좋을 것이다. 더욱이 피비린내 나는 6·25의 참화를 통해서 20세기후반의 세계적 비극을 독점했던 우리 민족의 공통적인 고민, 불안, 초조, 절망 등에 — 말하자면 우리 작가들이 절실한 것에 표현을 주지 않고 있다는 점이다.
　그 까닭은 우리 작가들이 절박한 내부충동을 갖지 않은 데로부터 결과되는 것이고 작가 자신이 어떻게 살것인가의 문제의식이 결여된 탓이라고 본다. 이를테면 오늘날 우리에게는 후진적인 이조봉건사회의 유산과 일제의 식민지적 경제체제를 속히 청산, 타파하고 더욱이 6·25동란이 가져온 파괴로부터 어떻게 국민의 경제를 재건, 발전시켰으면 좋을까 하는 우리 사회의 중요과제가 가로 놓여 있지 않을까.
　하지만 국민경제의 재건이란 다만 제도나 기술의 문제뿐만 아니라 조금 깊이 사려한다면 의식의 문제와 맞부딪치게 된다. 말하자면 교육이나 도덕의 문제를 떠나서 논할 수 없다는 것이다.
　여기에서 자연이 인간의식의 변혁을 감당한 작가에게 기대를 걸게된다. 대체로 작가는 국민도의(國民道義)의 황폐현상을 어떻게 생각하고, 어떻게 책임을 느끼고, 어떻게 처치하려고 하고 있는가? 그리고 어디에다 현상으로부터의 탈출로를 만들고 있는가 하는 것을 독자는 주시한다. 허나 우리 작가는 그런 것을 별로 생각지 않는 것 같다.
　물론 그들이 현상에 도취되어 있다는 것은 아니지만 그렇다고 해서 큰 불만을 품은 것 같지도 않다. 도리어 '새로운 소설'을 쓴다는 일부 작가는 도의의 수락을 즐거이 관망하면서 그것을 자기 소설에서 확대재생산하고 있지 않던가. 이래서는 재건은 각성되지 않을 뿐 아니라 독자 대중의 기대가 실망으로 바뀌어진 소이이기도 한 것이다. 우리 작가들이 문학에 대한 그러한 기대를 거는 것은 오진이라고 생각할는지 모른다. 그 이유는 그것이 궁극에는 문학을 직접적으로 공리성에 연결시킨다는 데 대한 혐악(嫌惡)의 감정 때문일 것이다. 이것은 근대문학을 경과한 이상은 당연히 일면의 타당성을 갖고 있다. 응당 문학이 권력이나 관념 등의 봉사를 강요당했을 경우에 자신을 자율성에서 반발해야 함은 정당방위가 될 수 있다. 일절의 어용문학을 거부치 않으면 안된다.

5.

하지만 우리의 경우는 이것과 판이하다. 전 민족이 궁극의 처절한 운명의 도가니 속에서 신음하고 있다고 해도 우리 문학만이 유독히 국지화를 고수할 수 있을까. 여하히 순수한 문학도 민족과 함께 살고 민족과 함께 멸망하는 법이다. 일제의 탄압이 우리 민족에게 가열했을 때는 그만큼 우리 문학도 질식을 당했고, 8·15에 우리 민족이 해방되는 날 우리 문학도 자유를 획득할 수 있지 않았던가. 또한 6·25 동란에 우리 민족이 처참한 수난을 당할 때 우리 문학도 참화를 입지 않을 수 있었던가 말이다. 이렇게 우리 문학은 우리 민족의 역사와 함께 그 운명을 같이 했었다.

오늘처럼 도의의 황폐 위에 꽃핀 문학은 작가의 정력을 소비하고 있을 뿐 언젠가는 축소재생산에 의해서 자신이 파멸할 것임에 틀림없다. 문학의 자율성이란 결코 이런 것은 아닐 것이다.

독자의 요구는 소박하다. 문학에 의해서 위안과 생의 힘을 얻고자 한다. 물론 오락의 요구도 없을 수는 없지만 단순한 오락의 수단이라면 유독히 문학에서 구할 필요는 없지 않던가. 문학이 오락으로 추락할 때 그것은 벌써 문학의 자살을 뜻한다. 독자가 종교나 철학보다도 훨씬 큰 기대를 문학에 걸고 있다. 하지만 우리 작가들이 그것에 대해서 상대적으로 얼마쯤이나 대답하고 있는가가 실로 의문이다.

독자들은 우리 문학현상에 대해서 끝없이 실망하면서도 어떤 새 싹수를 원망해서 포기치 않고 있다. 오늘처럼 인간의 윤리와 도의가 땅속에 추락될 때 그 회복을 위해서 그 시대의 문학적 표현을 책임져야 하는 것은 응당 작가의 선천적 사명이 된다.

일반적으로 사회도덕의 황폐가 지배될 때 문학만이 자유로웠다는 것을 기억할 수 있었던가? 또한 문학이 도의과목도 아니며 작가가 설교자도 아니며 더욱이 군자일 필요도 없다. 도리어 오늘처럼 새 시대로의 전환기에 있어서는 낡은 가치를 타파하기 위한 반도덕자가 되어도 좋다는 것이다. 다못 그것이 표현의 해방을 위해서 필요하다면 숭고한 의무가 될 뿐이다. 이 경우 무엇보다도 새로운 가치에 대한 작가의 확신이 요청된다. 그렇다면 작가가 반도덕적일 수는 있어도 문학정신만은 건전할 수 있다는 것이다.

하지만 이러한 우리의 신세대작가들 중에는 흔히 반도덕적일 수 있어도 건전한 문학정신을 쉽게 상실하기다 일수다. 때문에 그것은 반도덕적이라기보다도 한갓 도덕적 불감증이나 '데카당'도 아닌 졸렬로 떨어지는데 그치지 않던가 말이다.

6.

나는 이상에서 우리가 구비한 순수문학이 어떻게 문학적으로 파산되고 있으며 수많은 우리 작가들이 건전한 창작태도로부터 어떻게 탈선하고 있는가에 대해서 언급한 셈이다.

확실히 우리 문학이 처한 위상은 한국적 문학영토를 말하기보다는 아득히 떨어진 무인지대의 북극이나 남극에 더 가깝다고 느껴지는 것이다. 그만큼 우리 문학이 후진성을 극복하지 못하고 있다는 것이다.

그렇다면 응당히 우리 문학이 당면한 중요과제로서 우리 작가 전체가 예리한 '메스'를 들고 그 치료작업에 동원되어야 마땅할 것이다. 이러한 객관적 문학정황에 동조해서 근자에 가끔 신문과 문예지의 편집계획에 의해서 군소작가들에게 피동적이고 소극적인 '메스'나마 가해진다는 것은 퍽 다행히 여겨진다.

그들의 종합적 소론은 '가장 전통적인 것이 언제나 가장 새로운 것이라면 우리 문학의 후진성의 극복도 시간을 비약할 수 있는 전통적인 역량 위에서만 가능하다'는 것이다. 어디까지나 타당한 논리다. 하지만 여기에서 좀더 우리 문학정황에 순응한 구체적인 논리가 전개될 수 없을까.

가령 우리 작가들이 우선 현대문학의 근본 특질을 옳게 파악하는 문제로부터 논의가 출발되야 된다든가. 그 논의는 작가와 독자가 문학작품을 통해서 어떻게 좀더 친근할 수 있고 같이 노래부를 수 있는가를 모색하는 데로 발전되어야 할 것이다. 작가는 완전한 현대인의 전형을 포착키 위해서는 뒤떨어진 외면묘사수준을 초월해서 인간의 심리와 생리 그리고 그가 생활하고 있는 사회와의 관련성을 빈틈없이 종합적으로 보는 현대적 수법을 실천해야만 된다. 한갓 '로버트'(바지 저고리)를 그릴 것이 아니라 현대 속에 힘차게 생동하는 인간을 창작 속에 재현해야 된다. 더욱이 작품의 기저는 어디까지나 새 시대로 향한 인간의식의 변혁을 기도(企圖)해서 강렬한 저항정신이 밑받침이 되는 행동성을 발현하는 것이 되어야 한다는 것이다.

(『엽전의 비애』, 청조각, 1964)

저항정신과 행동성

'순수'란 맑고 깨끗한 상태를 의미함에 틀림없다. 하지만 그것이 현대문학의 특질을 설명함에 있어서 극히 막연하고 애매할 뿐만 아니라 우리의 현실은 그런 것에 반하여 도리어 혼탁·암담 속에서 헤어날 줄을 모른다. 오늘날 많은 작가들은 민족문학적 전통 위에 외국의 이른바 전후(戰後)의 '새로운' 문학을 수입·모방해서 '순수'와 '본격'이라는 문학세계를 구축하는 작업에 몰두하고 있다. 바로 이렇게 우리 문학현상의 일측면을 엿볼 수 있지 않을까. 아무튼 수다한 우리의 소위 전통적 작가들은 '통속적'이나 '대중적'이라는 '타이틀'을 꺼리면서 현실과 유리된 '순수' 세계에 투신코자 한다.

하기야 오늘의 과학문명은 전 인류를 위해서 지상천국까지도 능히 건설할 수 있으리만큼 승화되었다고도 할 수 있다. 참으로 현대인은 외양으로 보기에 퍽이나 아름다울뿐 한갓 백화점 '쇼윈도' 속의 휘황찬란한 상품에 눈을 파는 걸인처럼 '로보트'(바지 저고리)에 불과하지 않은가 말이다.

실상 불안과 절망이 중압되어서 금방 질식할 지경이다. 더욱이 6·25의 피어린 동족상쟁의 수난을 경과한 우리 민족은 일찍이 전인류가 맛볼 수 없었던 고난에 부대꼈었다. 그래서 우리는 세기말의 비극을 독점했던 셈이다.

우리는 숨막힐 듯한 절박한 전진(戰塵)속에서 오직 '샤보텐'의 강렬한 생의 의욕으로서만 명맥을 보존할 수 있었다. 이 같은 우리의 저항정신은 '휴머니즘'에 대한 재비판을 필연적으로 요청했다. 물론 우리들이 수행한 '레지스탕스'가 2차대전 하에서 '나치스' 독일의 침략에 저항했던 불란서를 비롯한 서구 제 국민들의 그것과는 엄격히 다르다는 것을 먼저 알 필요가 있다. 그들에게는 외적의 침략에 대한 전민족적 투쟁이라는데 대해서 우리가 경험한 것은 동족 상호간의 '이즘'의 대립에서부터의 피투성이의 투쟁이었다.

이렇게 우리 민족은 20세기의 비극 중에서도 가장 현저한 비극을 맛보아야 할 운명이었다. 이 형용할 수 없는 고차원적 비극을 우리가 소유한 표현법으로 표현하기에는 너무나 벅찬 작업이 아닐 수 없었다. 이러한 사회적 배경 속에서 적어도 현실적 생활의 표현으로서의 현대문학이 지닌 사명은 실로 숭고한 것이 아닐까. 더욱이 선진 외국문학이 전후에 더욱 활발한 것을 상기한다면 우리 문학도 으레 지금쯤 훌륭한 지위를 확립시켰어야만 했다.

우리에게는 그럴만한 문학적 전통이 빈곤하다고나 할까? 여하튼 우리 문학은 위대한 현실적 사명을 돌보지 않고 '본격'과 '순수'만을 과시하면서 전민족의 공통적인 호흡과 염원을 단절한지 이미 오래다. 재주를 뽐내는 우리의 수많은 작가들은 한결같이 소시민적 도시생활을 배경으로 한 '인텔리' — 즉 자신의 '노이로제'적 자화상이나 신변의 암류적(暗流的)현실을 제재로 묘파하기를 즐겨하지 않는가 말이다.

시대의 비전형적 인간상이나 시대에 뒤떨어진 자연주의적 묘사방법이 이제 와서 우리에게 더 필요치 않다는 것을 자각치 못하는 우리 작가들. 그들은 다만 번화한 명동거리나 음침한 종로의 뒷골목만이 유일한 생활무대인 줄 알고 수도 서울을 사수하려는 심사인 것 같다. 더욱이 그들은 우리의 현 역사가 서울거리의 '인텔리'들에 의해서 창조되고 있다고 생각하는지도 모른다. 참으로 어리석은 정중와(井中蛙)에나 비길 노릇이다.

전민족의 공통적 진통을 올바르게 진단하고 그들의 불안과 절망을 위대한 시로 노래하고 소설로 훌륭하게 형상화시켜야하지 않을까. 그들의 현재적 과제는 퍽이나 벅찬 세기적인 위대한 작업이 가로놓여 있는 것이다. 그들이 이것을 성실히 수행할 때 이 땅에서 20세기 후반의 세계적 문학작품이 이루어질 수 있다는 것은 당연한 논리이기도 하다.

여기에서 나는 우리 작가들이 현실의 막다른 지점에서 방황만 할 것이 아니라 지금이야말로 그들의 기본 '포즈'의 방향을 전환할 시기가 도래되었다는 것을 강조하고 싶은 것이다. 그것은 민족적 일대수난기인 6·25를 치르고 오늘에 이르러 우리 작가들이 처참한 전쟁에서 겪은 생생한 체험들이 능히 작품의 산 재료로써 활용될 수 있는 시간적 여유를 회복했다는데서 이미 현대문학의 과도기는 끝나고 바야흐로 새로운 형성기가 출발되고 있다는 까닭이다.

그래서 우리 사회현실을 정확히 포착하고 우리의 문학적 유산을 어떻게 계승 발전시키는 문제에 연관해서 우리가 채택해야 할 현대적 문학정신이 무엇이어야 하는가를 정확히 판단하는 것이 시급한 것이다. 현대문학의 근본 특질은 과거의 정적이고 관조적인데로부터 동적인 행동성으로 발전되고 있으며 그 배경에는 강력한 저항정신이 작용하고 있는 사실에 유의할 필요가 있다.

이를테면 1920년대의 불란서에서 봐레리, 죠이스, 부르스트 등 상징주의의 영향하에서 인간의 내면적인 세계에 틀어박혀 인간내면의 모순을 열심히 추구했었다. 그 문학이 자아는 고독하고 외계(外界)와의 깊은 단절을 의미했다. 이러한 예술지상주의문학에 대해서 예리하게 대립한 것이 1930년대의 앙드레·지드에 의해서 대표되는 '앙가쥬(행동)'의 문학이다. 이것은 전자가 제1차대전 후의 사회 안정기에 생긴 문학이었음에 반하여 후자는 1929년 이후의 사회 불안시대의 문학이었다. 특히 앙드레·마르로 같은 행동작가가 배출되고 행동주의 문학이 대두되어 새로운 현대 문학의 방향을 개척한 것이다.

또한 1940년대에 이르러 나치스 독군하(獨軍下)의 불란서에서 이에 대항하는 '레지스탕스' 운동이 프랑스 전토(全土)에 조직되어 불란서 거개의 작가가 참여했었다.

바로 그것은 카도릭의 모리약, 듀아멜로부터 콤뮤니스트가 된 에류아르, 아라공, 실존주의 사르트르에 이르기까지 여러 가지 입장과 사상을 초월해서 모든 문학자가 프랑스의 해방이라는 큰 목적을 위하여 문학을 갖고 싸운 것이다. 이 레지스탕스 운동에 의해서 프랑스 문학은 일변했다고 한다.

그래서 우리 문학의 기저는 어디까지나 저항정신이란 역사적 내용과 행동성이라는 주체적 형식을 지닌 문학정신을 발전시키는데 있지 않을까 생각한다.

(『엽전의 비애』, 청조각, 1964)

엽전(葉錢)의 비애
- 인간형의 한국적 구도 -

1. '엽전'은 별 수 없지

'엽전은 별 수 없다' — 이것은 언제부터 누구 입에서 뱉아져 나온 말인지 알 바 없는 한갓 통속용어에 불과하지만 적어도 우리 민족의 자학의식을 여실히 상징해 주는 가치가 있지 않은가? 이처럼 우리는 자신이 자질이 못나게 살아온 '바보'임을 누구보다도 잘 알고 '자주성'과 '자립성'을 다함께 포엽(抛葉)하고 있는 셈이다.

그러면서도 오늘날 누구나 공통적으로 '인간성의 존엄'을 주장하고 '인간성의 회복'을 절규한다. 그런데 우리 역사상에 여태껏 인간성이 자각되고 존엄된 일이 있었던가? 따라서 회복될 만한 인간성의 존엄이 인정된 때가 있었던가가 우선 문제된다.

'군자지도(君子之道)'를 역설했던 양반이 유교의 성리학을 방패삼아 '삼강오륜'으로 인륜도덕을 창작해서 '군신지도'로써 군주 대 신하 — 양반 대 천민의 신분적인 계급제도에 입각한 '사농공상'의 직계적인 봉건사회를 확립시켰던 것은 불과 반세기 이전까지의 우리 역사다. 그 사회질서의 틈바귀 속에서 천민으로 태어난 백성들은 그들의 지배자를 위해서 무진(無盡)할 선천적 비운을 벗어날 길이 없었다.

이것은 과거 오백년간에 궁(亘)한 이조시대의 일이라고 한다면 그 이전의 어떤 시대에 단 한번이라도 '인간성'이 인정된 일이 있었던가 하는 말이다. 삼국시대는 물론 통일신라시대나 고려시대 할 것 없이 왕권하에서 노비노동이 지배적 노동형태를 형성했던 것을 상기하는 것만으로도 왕이나 귀족·관료 등 못된 자에게 으레 '인간'의 자격이 상실되었던 것은 명약관화의 일이다. 흔히는 이조봉건사회에 항거해서 이로부터 해방코자한 갑오경장 이후의 이른바 문예부흥을 제기해서 논의하지만 거기에도 엄밀한 의미에서의 '휴머니즘'을 발견할 수 없고, 그보다도 애당초 우리에게 부흥할 만한 밑천으로서의 학예가 결핍되었던 것을 망각할 수 없다.

어쨌든 '르네상스'에 있어서는 '인간성의 존엄'이 주장되지 않으면 안되지만 그 비참한 봉건제도의 억압 밑에서 양성된 '인간성'의 가냘픈 한폭의 주장을 곧 '휴머니즘'이라고 볼 수는 없다. 그 누군가가 '도시의 공기는 인간을 자유롭게 한다'라고 말했지만 이런 자유가 없이 서구에서와 같은 '휴머니즘'이 이룩되리라고 기대조차 할 수 없기 때문이다. 즉 우리의 근대사회가 순조로이 발전되지 못했다는 것은 우리에게 '휴머니즘'이 없었다는 증좌(證左)가 된다.

때문에 한푼의 가치고 인정 못 받은 우리들 ― '엽전'의 비애는 애초부터 심각히 비롯된 것이었다.

2. 철창(鐵窓)없는 영어(囹圄)의 자유수인(自由囚人)

'철창 없는 영어의 자유수인' ― 바로 이것이 현대인의 공통적 운명이다. 보다 어쩔 수 없는 우리의 현실적 숙명인지도 모른다. 말하자면 우리 민족이 불과 10여 년 전만 하더라도 폭악무도한 일제의 철쇄에 얽매어 한갓 '죄명 없는 무기형수'처럼 암흑과 절망만이 남아 있었다. 천만다행히도 좀처럼 예기조차 못했던 8·15라는 국연군(國聯軍)의 전승에 의해서 자유해방된 우리의 환희는 지금껏 기억에 새로운 바 있다. 그러나 아무리 널리 해방된 자유천지라 해도 정작 갈 길이 없는 석방자에게는 그 자각과 함께 이제까지의 기쁨도 일거에 싸늘하게 가셔지고 또다시 새로운 절망이 앞을 가로막았다.

여기서 현자가 못된 자라도 구사일생에서 재생된 인간의 환희가 이처럼 순간적인 것을 비탄하고 자살하느니보다도 '어떻게 살것인가?' 하는 '생의 결투장'으로 투신하는 수밖에 없는 것이다. 그래서 자활의 길이 막막한 해

옥자(獄者)가 절박한 고민 끝에 영영 씻을 수 없는 새로운 죄과를 재범하던가 불연이면 무거운 발길로 세칭 '사법보호회'를 찾아서 고역으로서 재생의 꿈을 의탁하게 마련이다. 이렇듯 해방된 우리 민족도 행이든 불행이든 미국을 비롯한 국연(國聯)의 원조와 보호를 감수하면서 자주독립을 기도해 왔다.

하기야 이것이 일종의 과도적 현상으로서 부득이한 것이었다고 이해하더라도 그 과정이 무작정 오늘날까지 연장되리만큼 우리 민족이 자립할 수 없는 불구자가 되어야 했다는 것은 언어도단이 아닐 수 없다. 다만 우리는 현실에서 우리가 '철창없는 영어의 자유수인'으로 전락된 이유를 잘 추구해서 하루속히 '완전한 자립적 인간'으로 재생되기를 바랄 뿐이다.

3. 인간적인 저급한 폭군들

'인간적인 저급한 폭군들. 즉 범처럼 잔인한 정신과 무쇠처럼 냉혹한 지성 그리고 히스테리적인 기만적이 성격의 소유자' — 바로 이것이 현대인이라고 한 야스퍼스의 말은 현대인의 엄연한 본질을 적절히 설명해 준다.

하기야 오늘날 현대인을 '공산주의적 인간형', '자유주의적 인간형', '식민지적 인간형', '관료주의적 인간형', '제3인간형' 등 몹시도 잡다하게 사회학적으로 분석하고 있다. 더욱이 문학작품에서도 '자아의식'의 '타입'으로서 「구토」의 로카단과 「이방인」의 무루소를 비롯해서 얼마든지 발견할 수 있는 것이다.

그런데 비해서 여태껏 '한국적 인간형'에 대해서 제대로 고찰·분석되거나 작품으로서 훌륭히 형상화될 수 없었다는 것은 퍽이나 유감이 아닐 수 없다.

'명철보신'의 '양반'은 우리에게 이조의 오색당쟁을 통해서 '모략'과 '중상'을 유전시켰고 약빠른 '샌님'은 일제와 타협해서 민족을 '배반'했다.

8·15에 해방된 민족적 '인텔리'는 새로운 외세에 '아부'에서 '협잡'과

'사기'를 자행했고 공포의 6·25를 계기로 해서 '두더지'의 생리로서 간신히 명맥을 보존한 '소시민'은 '공갈'과 '협박'의 분위기 속에서 '사바·사바'의 엉터리 처세술과 '돈만있으면 만사 오케이'라는 무서운 철리를 체험했다. 이렇게 해서 '엽전'은 '퀘·쎄라·쎄라'의 비가를 드높이 부르게 되었던 것이다.

  이것은 극히 추상적인 '한국적 인간형'의 희미한 한폭의 '루포르타쥬'에 불과하다. 이 구도를 좀 더 명료하게 설계형상화하고 그를 높이 지양해서 고귀한 인간성의 존엄을 발양하는 자주적으로 개조된 '신인간형'의 창조가 우리작가들에 의해서 과감히 전개되어야 한다는 것은 너무나 당연한 논리가 아닐까.

(『엽전의 비애』, 청조각, 1964)

작가의 정치적 관심

　어느 시대건 인간들의 정치적 관심은 현실의 불행, 불만부터 싹트기 마련이다.
　이 불평, 불만이야말로 우리들의 자유가 보장된 것이기도 하다. 어쩌면 티끌만한 항변도 없이 잠잠하기만 하다면 참으로 싱거운 시대일는지 모른다.
　오늘— 우리가 정치란 것과 전혀 담을 쌓고 일상생활을 이어 간다는 것은 몹시 불가한 얘기다. 그러나 관심을 갖느냐 안 갖느냐 하는 것도 자유라고 할 수밖에 없다. 그러면서도 어쩔 수 없이 관심을 저버릴 수 없는 사태가 얼마든지 우리 앞에 가로놓이곤 하는 것이다.
　새삼스레 우리 민족이 과거 15년 동안에 8·15와 6·25 그리고 4·19와 같은 역사적 정변이나 사변을 호되게 겪었다는 이유에서 뿐이 아니다. 우리의 생활주변에서 아니꼬운 구토를 느낄 때나 경제적인 불안 속에 허덕일 때 더욱 그럴 수 있다.
　흔히 동양풍의 치국평천하란 이상은 한갓 무위로 다스리는 것이 덧없는 지표가 되어 왔다. 따라서 한 인생의 욕망도 과거에 급제해서 관리가 되고 종당에는 천하의 권력을 장악해 보자는 뱃심으로 낙착되어 왔다.
　이를테면 세상을 헌신짝처럼 저버리고 산야에 은퇴하는 은군자들도 풍류에 흠뻑 젖어 음풍농월을 벗삼은 야인들도 한결같이 관료 제일주의사상을 고이 간직했던 것이다. 따라서 눈이 잘 트지 않은 측이나 무기력한 인간들이나 처세술에 무능한 자들이 경쟁에 패배해서 정치에서 쫓겨났을 뿐 정치

이외의 풍류운사는 어디껏 남아 일생의 여기로 버림받아 왔다.

이러한 관료 제일주의는 유교가 이 땅에 수세기 동안이나 깊숙이 뿌리박았던 소산임은 두말할 나위 없을 것이다. 심지어는 오늘날까지도 우리 사회는 고리타분한 지성에 의해서 지배되고 있지 않은가. 실상 기술문명이 새로운 방법에서 수입된다 손치더라도 두뇌는 언제나 뒷구멍만을 연신 파고 있다는 얘기다.

전후의 이른바 '아쁘레게르'란 것이 그토록 문제된 것은 결국은 낡은 지성의 저항을 느꼈다는 것에 불과하다. 기성세대의 낡은 지성이란 것은 그것을 지지하는 일반대중의 두뇌가 낡았다는 뜻이 된다. 말하자면 어느 쪽을 따져도 구태의연하다는 것이다.

현실적으로 보더라도 4월혁명 이후에 깨끗이 청산되었다고 믿었던 온갖 누폐(陋弊)가 한구석에 암존되었다가 틈틈이 재발되는 것을 별로 감각 못하는 것이 민중인지 모르겠다. 오히려 지난날의 향수처럼 지긋이 받아들이고 있지 않은가 의심이 된다.

자유에 대한 반성에 있어서도 전전제족속(前專制族屬)들의 새로운 가면 앞에 다시금 총결(寵結)되고 있는 형편이다. 민주주의혁명이란 대의명분 밑에서 지난날의 독소였던 질서가 그대로 되풀이되고 있음은 부인 못할 것이다.

여기서 우리는 그냥 낡은 사고방식이 되돌아 온 것이 아니라 사고방식의 맛이 변화된 것을 느낄 수 있다. 가령 변하지 않았다 하더라도 이질의 것이 되었다는 것이다. 4월 혁명 이전의 우리들은 다만 정쟁의 '스포츠'적 흥미 이외에 고지식한 신뢰를 간직하고 있었을 뿐이다. 또한 관료 '보수'에게 진창 짓밟히고 배반되더라도 그런 것은 쉽사리 잊어버리고 별로 비애도 느끼지 않았다. 우리들은 실질로 정치에서 멀리 동떨어져 있었다. 마치 한번 배신된 여자가 어떤 남자의 감언에도 좀처럼 귀를 솔깃하지 않는 것과 마찬가지다.

본래 우리들은 일가를 중심한 '에고이즘'의 전통에 훈련되어 왔다. 일가가 커서 일국을 집으로 할 수도 있고 거기에는 아버지의 희생, 어머니의 처신, 자식의 의무 등 유교적인 온갖 도덕이 우리를 지배해 왔다. 이러한 가족 중심으로서 '에고이즘'은 개인의 자기와 함께 개인적 '에고이즘'으로 모습이 바뀌어졌다.

해방 후 한때는 미국식의 시설이나 교육방법이 보급되고 풍속적인 변혁이 현저하게 눈에 띄었으나 그것은 다만 일시적인 현상에 그치었다. 그러한 공백기는 좌우익의 투쟁을 경과해서 곧 일제시기에서의 관료주의적인 질서들을 재현시키는데로 이끌어 갔던 것이다.

잃어버린 성실은 쉽사리 회복되지 못해도 정치에 무관심해진 민중을 '리드'해 가는 것은 관료들에게는 은근히 바랬던 '찬스'였다. 이러한 정세에 재빨리 편승해서 온갖 가면을 뒤집어 쓴 보수당들이 숨을 돌려 쉬게 되었다. 대중의 귀추에 얼빠진 정신에는 편승할 틈이 얼마든지 있는 것이다. 어딘가에 기대지 않고는 불안해서 살수 없는 민중은 정치라는 신흥종교에 귀의하는 축이 늘었다. 벌써 정치도 신흥종교로 되지 않으면 민중을 붙잡을 수 없게 되었다.

자유주의식 교육을 받은 10대는 몹시 적극적이고 실질적이지만 매우 간단하고 시비도 모르고 전체 속에 자기를 해소시키려는 꿈을 지니게 되었다. 말하자면 '무반성'의 '에고이즘' 속에 빠져가고 있었다는 것이다.

정치는 여기서부터 본격적으로 악의 무대에 출장한 셈이다. 이 관료 '보수'들의 업적에는 잠시라도 눈을 뗄 수 없다. 우리는 과거 13년간의 이승만 정권이 저지른 독재를 너무나 뼈저리게 체험했다. 그러한 시대에 정치에 무관심하다는 것은 결국 자신을 포기하는 것과 매한가지라는 것을.

오늘날 우리가 피의 투쟁에서 새로운 제2공화국을 마련한 이 현실 속에서도 정치가란 모습이 조악하거나 낡은 자유주의가 아니면 동양풍의 야심가들이란데는 질색이다. 동양풍의 야심가란 대체로 위선자로서 어리석은 인심을 낚기 위해서 공정·고매한 미덕을 훌륭히 팔고 산 것에 책임을 돌리려는 자들이다. 정권에 무관심 하다든가 허심탄회하다는 것은 거꾸로의 처세술로 출세와 권세욕에 눈이 어두운 결과가 아니던가. 오히려 이러한 무리들을 '인격자'로 운운해서 높이 받드는 것은 '넌센스'가 아닐 수 없다. 그것은 마치 작품보다도 점잖은 인물을 더욱 강조하는 우리 문단에서는 역력히 엿볼 수 있는 현실이다.

× ×

정치는 정치가의 일이지만 그것은 직접 우리들에게 관련되고 있다. 정치는 정치가에게 맡기고 상인은 상업에, 농민은 농업에 작가는 문학계에 정열을 쏟으면 그만이라고 여겨 천하태평이라고 생각한다면 그것은 동양류의 고복격양(鼓腹擊壤)의 이상과 마찬가지고 결국은 스스로를 영원히 진보없는 우민의 성속에 잠들게 하는 것을 뜻한다. 한편 정치가를 부폐시켜 제멋대로 방치하는 결과가 될 것이다.

우리들은 개개인이 정치를 인식하고 있지 않으면 안된다. 그리고 정치에 대한 비평을 게을리 할 수는 없다. 그것은 아무래도 우리들 자신에 관한 것이기 때문에 소홀히 여길 수 없는 것은 당연하다. 특히 현실의 한국처럼 언제나 자신이 확실한 견식이 없기 때문에 생각지도 않은 인간을 자신의 대변자로서 선거하는 것과 같은 일은 터무니없는 일이다.

호평가인 프랑스인은 어떤 카페의 갸르손일지라도 한 뚜렷한 의견을 갖고 하루의 정치적 사건에 시비를 교환하는 것이다. 이것은 별로 큰 의미가 있다기 보다는 당연한 얘기다.

이를테면 '바보' 근성은 봉건시대부터의 계승이고 이성있는 시민들에게는 타당치 않다. 그러나 지난날 우리들처럼 자기에 대한 무성의와 자기 이외에 대한 무관심은 그 이상 더 두려운 것이 아닐 수 없다. 정치는 어떻게 무력하듯 꾀어 있어도 인간의 역사를 이끌어 간다. 그리고 우리들이 추상적으로 생각하는 바 동떨어진 '정치'라고 하는 것은 이 세상에 존재치도 않고 정치는 인간생활의 온갖 부문에 대해서는 세밀한 연관을 갖고 서로 영향하면서 성장해가는 것이다.

오늘 정치와 가장 연결이 큰 것은 무엇보다도 사상이다. 정치가의 의견은 그 정치가의 사상계통에 이어서 좌우되고 시책의 적은 부문은 타협될지언정 양자의 상이함은 어쩔 수 없다.

정치가 그와 같다면 자유주의사회에서 일반민중에게는 여러 사상의 단계나 계통이 있어서 자신들에게 가장 적당한 온도의 의견을 지지하고 박수를 보내게 마련이다.

일반인의 경우와 같이 예술가의 경우에서도 예술을 속세에 있어서 더럽히지 않으려는 의견의 소유자들이 무척 많다. 미술가나 음악가 등 비교적 순수예술에 종사하는 사람들은 정치적 관심이란 것은 창작의욕을 소멸하는 다른 잡사와 함께 귀찮은 것으로 알고 있는 측이 허다하다.

과거 우리문단에 그토록 수없이 서식하던 순수지의 주창자들에게는 정치적 의의를 지닌 시(詩)는 비시(非詩)였던 것이다. 그들의 입장에 의하면 정치적 악취가 풍긴다는 이유에서 정치적 저항을 '테마'로 한 시는 배척되어 왔다. 그러나 진정한 의미에서의 문학은 적어도 현실의 불평과 불만에서부터 창작되는 것이 아닌가도 생각되는 것이다. 이러한 불평·불만이란 것은 우리가 현실적으로 어떠한 정당의 정치가들에게도 애초부터 아무런 기대도 걸 수 없는 절망감에서부터 확대되는 것이 아닐까. 우리들의 오늘의 정치에 대한 자세는 오직 '저항'의 '포즈' 밖에 남아있지 않을 것이다.

적어도 자유의 질서가 조속히 회복되고 평화적인 국토통일을 염원하는 전 한국민의 염원을 조속히 실천하는 길이 무엇보다도 시급할 것이다.

이러한 길에서 작가들의 정치적 관심은 전인류의 복지란 커다란 해결점에 연관되지 않는 경우 몹시 위태롭게 될 것이다. 우리들의 국내정황은 곧 세계의 정치와 관련되어 있기 때문이다.

앞서 말한 불평·불만이란 것이 어느 시대고 시정될 수 있는 단순한 것이 아닐 것이다. 때문에 작가들은 작품을 쓰고 그것을 통해서 자기의 발언을 고백하게 될 것이다. 그래서 현대인의 산 역사적 증인이 된다는 얘기다.

가령 작가의 작품이 영원히 산 것이 못되고 죽은 것이 되는 것도 발언이 통하면 곧 해소되는 정치적 방법과 바로 이어져 있기 때문이다.

인간이 죽기 위해서 생명이 귀중한 것처럼 작가의 작품이 곧 소멸되는 전제에서부터 독자와 제휴될 수 있는 것이다.

(『엽전의 비애』, 청조각, 1964)

표현의 해방
- 모방에서 자율로 -

1. 기형적인 사생아

'한국에 문화가 있더냐?'고 되묻던 때도 있었다. 이제 와서 이런 식의 의문을 거침없이 발언할 위인은 좀처럼 없을 것이다. 6·25를 통해서 '코리아'는 너무도 엄청나게 세계의 구석구석까지 선전되었다. 그것은 좋은 뜻에서나 나쁜 뜻에서나 가릴 바 아니다.

그저 동양의 한 반도 위에 한 민족이 특이한 문화를 지닌 채 생존하고 있다는 사실로 족할 것이다. 문명은 반드시 역사를 동반하며 그 속에 문학을 생성시켜 육성시키는 것이 본성이 된다.

실로 반만년의 우리 역사는 얼마만큼 아름다운 문학의 꽃을 이 땅에다 피웠던가? 흔히 국문학자들은 아득한 「향가」로부터 족보를 뒤적거려서 한국문학을 열심히 찬미한다.

그러나 제대로 이 땅의 근대문학이 싹튼 것은 실학파 문학에서부터였고 그것이 자리잡은 것은 갑오경장 이후의 신문학에서였던 것이다.

어쨌든 약 반세기에 궁(亘)한 우리의 근대문학이 오늘에 와서 어떠한 전통과 유산을 남겨주었던가? 그보다도 현대문학의 시츄에이션을 냉정히 성찰하면서 그 극복의 길을 탐구하는 것이 옳을 것이다.

지금의 한국문학을 과연 한마디로 무엇이라고 점칠 수 있을까? 흔히 '고도의 문학'이니 '초토의 문학'이니 하는 처방이 어쩐지 귀에 거슬린다. 차라리 우리에게 부과된 역사적 과제가 벅차게 가로 놓여진 반면에 우리 문학은 마냥 방황하고 답보상태를 모면할 수 없었던 것이라고 우선 이해해 두자.

지난날 몸서리치는 동란을 치르고 초토 속에서 온갖 것을 저버린 우리가 고된 절망 속에 휩싸이면서도 다시금 폐허화된 이 땅에다 전후의 새로운 민족문학을 구축해야 되었던 것이다.

이러한 역사적 사명을 두 어깨에 지닌 한국의 모든 작가들은 제각기 활발한 동태를 보여 주었던 것이다. 그 결과는 소설을 비롯해서 시·수필·희곡·평론을 가릴 것 없이 풍성한 생산을 기약했다는 일이다.

그러나 이와 함께 크게 대두되는 것은 우리 문학이 몹시도 기형적인 사생아로 섭태(變態)되어 왔다는 점이다.

참말이지 오늘의 한국문학은 한마디로 주체성을 상실한 한갓 모방문학으로 수락되지 않았던가?

가령 얼마 전까지도 그렇게 숱한 신인작가군들이 무작정 사르트르나 까뮈의 실존세계를 그대로 우리 문학으로 재현해서 현대문학에 참여코자 했다. 그들은 서구적인 지성이나 사상을 송두리채 모방해 보자는 심사를 보여 주었다. 그 탓으로 우리 생리에 몹시 거슬린 조작적인 인공소설을 창작하기에 이르렀다. 끝내는 대중독자들과 동떨어진 상아탑문학을 형성하고 말았다.

이렇듯 우리 문학이 외래문학에 의해서 얼마쯤 진전된 반면에 그로 해서 본래적인 한국문학이 소실되었다는 새로운 비극을 낳게 되었다. 적어도 이런 모순이 지속되는 동안은 우리 문학의 진정한 발전이란 좀처럼 상상조차도 불가한 것이다.

때문에 이 같은 우리 문학의 현실적 병폐를 어떻게 효과적으로 구출할 수 있을까?

2. 방황하는 작가의 지성

과연 우리 문학이 바야흐로 전진하고 있나? 이 말은 우리가 얼마만큼 자유로운 정황 속에 놓여 있는가 하는 문제와 관련된다.

오늘날과 같은 엄청난 신인등장과 그들 작품의 대량생산이나 각종 문학전집의 출판이 그대로 우리 문학의 비약을 대변하는 것은 못된다.

참으로 4·19를 전후해서처럼 우리 문학과 문단이 풍성하고 활발한 동태를 보여준 일이 있었던가? 거기에 비해서 공허하고 수락(隨落)된 내용을 보여준 일이 일찍이 없었을 것이다.

이런 부조리적인 질량의 모순은 시나 소설이나 평론이나 할 것 없이 모든 문학장르에 통틀어 얘기된다.

여기서 새삼 처들 필요도 없지만, 전후에 그토록 법석이던 모더니즘이니 주지주의니 하던 보헤미안들을 잠깐 상기해 보자.

현대시의 한국적 영토를 구축하기 이전에 자기의 갈 길마저 고스란히 상실한 것이 그들이 아니었던가? 그런가 하면 이른바 전후파 작가들은 지성적으로 혹은 육체적으로 현대의 인간상을 열렬히 탐구코자 했으나 한낱 생명 없는 인공소설을 조작하는 결과를 가져왔던 것은 앞서 말한바와 같다. 한편 새로 형성된 신설평단도 결국은 휴머니즘이든지 전통문제라든지 비평방법론 등을 산발적으로 논의했을 뿐 우리 문학을 보다 적극적으로 지도하지는 못했다는 얘기다.

이런 어처구니없는 상황이 얼마쯤 타당성을 갖는 것이라면 여기에 심각한 반성이 가로 놓여지는 것이다.

그렇다면 이 엄숙한 문학사적 사명을 어디에다 설정하고 무엇에 부하(負荷)시켜야 하는가 하는 문제다.

'오늘의 한국문학이 지닌 역사적 사명'— 그것은 어디까지나 우리가 현실적으로 강추(强迫)히 처한 역사적 위치로부터 논리의 실마리가 전개되어야 마땅할 것이다.

이런 전제 밑에서 우리가 몸소 체험했던 무수한 비극적 현실들— 횡포, 탄압, 착취, 냉전, 열전, 불안, 기아는 우리에게 너무나 생생한 인생과 세계를 보여준 것이었다.

우리의 역사적 운명은 애타게도 조그마한 행복보다는 끊일 새 없는 큰 불행만이 앞을 가로막아 온 것이다. 이토록 어쩔 수 없는 정황을 간신히 극복하면서 생존한다는 것은 누구나 다 기적적인 운명으로 자위하는 것이 고작이었다.

이렇게 사분오열로 갈기갈기 파산된 한국적 지성은 현대에 이르러 자신의 기유지(寄留地)마저 잃고 말았다. 모진 풍랑 속에 휘몰리지 않을 수 없었다는 것이다. 콤뮤니즘과 캐피탈리즘의 도가니 속에 그만 지쳐서 현기증까지 일으킨 것이다. 그래서 부도난 지성은 자연히 하나의 비상구로 통하는 탈출로를 찾기에 바빴다.

사르트르나 까뮈나 말로의 실존문학을 담 넘어 신기롭게 엿보기도 하고 시세를 잃은 캐톨리시즘에서 휴머니즘을 냄새 맡기도 했다. 심지어는 갑오경장 때 이미 매장된 공맹사상을 부활시켜 보려는 갓 쓴 상투쟁이 신사들이 어느 틈엔가 나타났다.

보라! 그렇게 해서 우리의 현실문제가 얼마만큼 순조로이 타개될 수 있었단 말인가? 확실히 우리가 그 누구나 공통적으로 지닌 한국적 현실은 외래적인 모방이나 과거사적인 방법으로 해서 쉽게 구출되거나 해결되지 못한다는 것을 똑똑히 깨닫게 되었다.

결국은 그것이 주체의 역량에 의해서 해결되기에는 우리의 지성이 너무나도 무능하고 무력하다는 반성을 던져 준다. 그저 걷잡을 수 없이 흐르는 세계적 조류 속에 막연히 자신을 기대어 볼 수밖에 없다는 비관만이 감돌고 있었다. 때문에 약삭빠른 오늘의 지성은 일보 전진보다는 이보 후퇴의 생리를 더 즐기게 되었는지 모른다.

바로 우리의 지성은 제 갈 길을 잃었던 것이다. 앞으로 무엇을 향해서 어떻게 갈 것인가? 도무지 그 뚜렷한 행방과 노정을 알 길이 없다. 즉 우리의 지성은 우리 사회에서 외로이 고립상태에 놓여져 있었다는 말이다. 어느 시대고 지성이 사회와 고립된다는 것은 더 없는 비극이다. 더욱이 현대가 지성을 떠나서 상상할 수 없듯이 우리 문학이 오늘에 당면한 과제가 바로 지성의 문제인 것이다.

말하자면 정처없이 방황하는 한국지성을 현실적으로 어떻게 바라볼 것이며 어떻게 이끌 것인가 하는 작가 자세가 준비되지 못하고 진실한 창작세계를 도시 펼 수 없다는 얘기다.

그런 점에서 양심적 작가들이 부단히 그 항도(抗道)의 개척을 위해서 무척 발버둥치고 있는 것도 사실이다. 하기야 수락(隨落)의 구덩이 속에 양심을 저버린 작가도 무수하지만 말이다.

그러나 이러한 숭고한 작가적 노력이 그저 수박 겉핥기 식으로 아득히 먼 이상이나 근사한 관념을 형상화하는데 그쳐서는 안 될 것이다. 어디까지나 현명한 비판적 안목으로써 현실을 직시하고 내일을 관망할 수 있는 행동을 실로 오늘의 지성은 절추(切追)히 요청하는 것이다.

3. 재건과 문학의 자율성

부정과 무능에서 가져온 파괴로부터 여하히 국가경제를 재건할 것인가 하는 문제가 오늘날 모든 분야의 근본과제로 제기되고 있다. 여기에 대한 의문은 그 누구도 만무할 것이다. 이러한 공통의 문제의식으로부터 모든 것이 발설되는 것이다. 경제학자는 물론이요 정치·사회 할 것 없이 모두가 그렇다.

그런데 국가재건문제란 결코 제도나 기술의 문제뿐이 아니다. 조금 깊이 생각해 보면 필시 의식의 문제에 봉착한다. 교육이나 도덕의 문제를 떠나서 제도만을 얘기할 수는 없다는 것이다. 그래서 의식분야에서의 혁명담당인 작가에게 기대를 걸게 된다.

대체 작가는 수락된 국민도의를 어떻게 생각하고 어떤 책임을 느끼며 어떠한 처리를 기도하고 있는가? 그들은 이 땅의 재건에 대해서 어떠한 꿈을 그리고 있는가? 그리고 여기에 현실로부터의 탈출구를 마련하고 있는가? 이 같은 당면문제들에 대해서 우리 작가들은 거의 외면하거나 판단 중지상태에 놓여진 것 같다. 그렇다며 역시 재건이란 운위될 수도 없고 실망만이 앞을 가로막을 것이 아닌가.

그러나 작가의 입장에서 볼 때 여기에 반론이 있을 수 있다.

첫째로 문학에 대해서 그러한 기대를 걸 수 없다는 것이다. 그 이유는 여러 가지로 설명될 수 있지만 종극으로는 문학을 공리성으로 집결시킨다는 데 대한 혐악(嫌惡)의 감정이 밑받침되어 있는 탓이 아닐 까. 이것은 근대문학을 경과한 우리 문학사만 보더라도 얼마쯤의 타당성을 지니고 있다.

문학이 권력이나 관념의 제물이 되기를 강요받았을 때 자신의 자율성에서 반발한다면 어디까지나 당연한 일이었을 것이다. 일절의 어용문학을 거부치 않으면 안될 것이다.

허나 만약 이 민족의 멸망이 지금 막 다가왔다고 한다면 그래도 문학은 엄정 중립을 고수할 수 있을까. 제아무리 순수문학이라 할지라도 민족과 함께 생존하고 멸망하기 마련이다. 도의의 수락(隨落)은 인플레와 같아서 외관상의 호경기로 관망될 수는 없다. 도의의 황폐 위에 꽃편 문학은 축적을 헛되이 낭비할 뿐 언젠가는 자신의 파멸을 가져올 것이다. 문학의 자율이란 결코 그러한 비극을 뜻하지 않을 것이다.

독자의 요구는 소박하다. 문학에 의해서 위안을 받으려 한다. 살려는 의욕까지도 본받으려든다. 물론 오락의 요구도 무시될 수는 없지만 그것이 전부일 수도 없다. 단순한 오락의 수단이라면 하필 문학에서 찾으려고 애쓸 필요는 없다 문학이 오락으로 수락(隨落)할 때 문학은 자살을 모면할 수 없다. 독자는 문학이 아니면 걸 수 없는 기대를 문학에 걸고 있다. 그것은 종교나 철학에 대한 기대보다도 훨씬 큰 것이다. 허나 상대적으로 작가들은 더욱 그것에 응답치 못하고 있지 않은가.

반론의 두 번째는 앞서와 반대로 문학에 일종의 공리성을 인정하는 입장에서 반발한다. 문학은 독자적 요구에 응답할 것이고 또한 어떤 부분에서는 그것에 응답하고 있다는 것이다. 그러나 실은 응답치 못하고 있는 것이 현실이 아닐까. 왜냐하면 그를 위해서 자율을 희생하고 있기 때문이다.

독자가 문학에서 바라는 것은 위안이다. 따라서 그 근원을 이루는 진실인데 그것은 표현에 의해서 승화된 진실이지 결코 설익은 행동은 아니다. 독자는 직접적인 공리성을 문학에 기대치 않는다.

문학적 진실을 실현시킬 수 없어서 밖에서 사상이나 관념을 그대로 빌려 온다고 해도 독자를 만족시킬 수 없을 것이다. 왜냐하면 그것은 수락(隨落)

된 도의 위에 번성한 문학을 안에서 무너뜨리는 힘이 못되는 탓이다. 마치 문학을 도의과(道義科)로 뒤바꿔 놓으려는 생각과 매 한가지다. 굶주린 뱃속을 물로 채우려 들 듯 어리석다. 따라서 주관적 의도의 선악에도 불구하고 문학이 수락(墮落)에 협력한다는 뜻에서 첫째 경우와 다를 바 없을 것이다.

4. 표현에 책임지는 작가

한때 문학의 위기가 누구에게나 구호처럼 되씹어졌다. 그런데 개선의 열의가 한결같이 치솟지는 못했다. 공통의 문제의식을 집중화시킬 수 없었다는 것이다. 현대의 위기는 이제까지처럼 새로운 유파를 도입한다든가 기성 사상으로 구출한다든가 하는 수단으로 도저히 해결되지 못한다. 이 궁극의 사실을 대개는 자각치 못하고 서성댄다.

다른 분야에서의 발언이 빈번함에 비해서 작가가 외부로 향해서 발언하는 경우는 드물다. 작가들은 문제를 자신들이 문학이라 믿는 테두리 속에서만 생각한다. 결코 문학이 형성되는 넓은 국민생활의 지반에 대해서는 생각을 게을리 한다. 물론 문제는 어디까지나 문학의 내부에서 붙잡지 않으면 안된다. 외부의 강권에 의해서 좌우되어서는 안된다. 그것은 언제나 당연한 얘기다.

좁다는 것은 작가가 문학 이외의 것에 눈을 돌리지 않는다는 뜻이 아니다. 보다 문학에 대한 사고방법이 좁다는 의미다. 문학의 본질에 대해서 생각치 않는다는 얘기다. 그들은 문학에 순수성을 고수하려는 나머지 끝내는 문학을 수락시키고 말았다. 그들이 말하는 문학의 자유란 마치 온실 속의 자유와 같다.

독자의 요구는 소박하면서도 직업적 작가들처럼 어설프게 문학의 본질을 놓치질 않는다. 그들은 줄곧 끈기 있게 기다릴 줄 안다. 실망하면서도 위대한 작품을 고대한다는 것이다. 실로 작가들이 문학에서 영혼의 교사를 기대하는 독자의 요구를 가볍게 묵살하고 있다.

흔히 논란되는 국민도의의 재건이란 과제가 작가들만의 책임은 아닐 것이다. 작가도 국민인 이상 그 책임을 모면할 수는 없지만 그것이 문학적 기능과는 별개의 것이다. 그러나 이 과제에 있어서 표현의 기술적 측면만은 작가의 책임이 아닐 수 없다. 시대의 문학적 표현에 책임을 지는 것은 작가뿐이다. 과거의 우리 헌법까지도 위정자에 의해서 마음대로 제정되고 제멋대로 수정된 것을 얼마든지 보았다. 이러한 문학적인 허위를 허용하고 나서 문학의 자유가 성립될 수 있을까.

일반적으로 도의가 땅속에 파묻혀졌을 때 문학만이 그로부터 자유일 수는 없다. 오히려 문학은 그것을 충실히 반영해서 문학적 기능을 다할 수 있을 것이다. 유독히 문학만이 자유로울 수는 없다. 어디까지나 문학은 도의도 아니고 작가는 설교자도 아니다.

작가는 다만 국민과 함께 노래하면 그만이다. 그는 반드시 도의학자가 될 필요는 없다. 오히려 전환기에는 낡은 가치를 깨끗이 씻어내기 위해 반도덕가가 되어도 좋다.

표현의 해방을 위해서 그것이 필요하다면 그것은 작가에게는 숭고한 의무가 된다. 그 경우 새로운 가치를 낳기 위해서 낡은 가치를 저버리기 때문에 새로운 가치에 대한 확신이 앞서야 한다. 어디선가 그 확신이 울려 나오지 않으면 안된다.

비록 작가가 반도덕적이지만 문학정신은 건강할 수 있다. 만약 그렇지 않고 문학정신의 쇠약의 결과로서의 반도덕이라면 그것은 벌써 반도덕이 아니고 도덕적 불감증으로서 건전한 인간이라 할 수 없다. 결코 데카당과 같은 데카당이 못되고 단순한 졸렬(拙劣)에 불과하다.

어쨌든 진실한 작가는 이 나라의 흥망성쇠에 맞추어 힘껏 노래 부르는 것이 더 없는 사명이 아닐까.

(『엽전의 비애』, 청조각, 1964)

리얼리즘의 현대적 방향

1.

주조의 상실이 현대적 특징이라 할 때 문학사적으로는 1920년대 이후의 프랑스의 초현실주의 '다다이즘'과 독일의 신즉물주의, 표현주의, 그리고 이태리의 미래파 등이 무질서한 혼류를 이루고 있는 현상으로서 이해할 수 있다.

그 뿐만 아니라 8·15 민족해방과 6·25의 피어린 수난을 경과한 우리 민족문학은 현대사적 배경에 순응해서 실존주의문학의 소개운동과 함께 '모더니즘' 운동이 또 한번 새로이 풍미함으로써 세계문학과 연결된 사실을 실증했던 셈이다. 물론 여기에 비극적 현실사회의 불안과 동요, 재건에의 의욕은 그대로 문학에 반영되고 반대로 문학이 현실에 적지 않은 자극을 준 사실도 잊을 수 없다.

그러나 문학에 있어서의 초현실주의는 언어표현의 '데푸로마숑'(변형) 때문에 조형예술에 비해 성공할 수 없는 것은 어느 나라에 있어도 공통적인 현상이었다. 물론 문학운동을 통해서 의식하의 표현과 같은 새로운 사조를 개척한 것은 결코 부인할 수 없다.

그것은 독일의 표현주의도 프랑스의 그것도 애초에는 반사회적인 예술운동처럼 보였으나 국제정세의 긴장과 함께 정치활동과 결탁해서 새로운 현실주의 속으로 해소된 것을 알 수 있다.

결국 이렇게 따지고 보면 세계문학사적으로 제1차 세계대전을 계기로 한 근대로부터 현대로의 발전은 서로 차질되기는 하나 아무튼 '리얼리즘'이 아직껏 주류를 이루고 있다고 보아도 과언은 아닐 것이다.

한편 이런 의미에서 우리의 현대 문학사를 돌이켜 보면 기미 3·1운동(1919) 이후의 약 10년간에 서구에서 16세기로부터 20세기에 걸친 낭만주의, 사실주의 기타 제 문학사조가 거의 동시간에 수입된 것을 알 수 있다. 그렇기 때문에 같은 시기에 『창조』의 사실주의적 경향과 『폐허』나 『백조』지의 낭만주의적 경향과 『개벽』지의 계급주의적 경향과 『조선문단』지의 민족주의적 경향과 『문예공론』지의 절충주의적인 경향들로서 표현되었던 셈이다. 그래서 문예사조의 극단적인 혼류로 인한 비정상적인 양상을 모면할 수 없었다는 것은 문학적 후진성으로 해서 당연한 현상이었다고 이해될 수 있기도 한 것이다. 그러면서도 여기에 수반해서 지적치 않을 수 없는 중요사실은 엄연히 차질되는 이들 문예사적 개념마저 혼돈·착각되었으며 그것이 현재까지 지속된다는 것이다.

이를테면 본론과 관련해서 '리얼리즘'과 '나튜라리즘'의 동의적인 개념과 혼동을 이루고 있는 것은 우리의 문학적인 미숙성의 일 반영이라고 볼 수도 있다. 실지로 '리얼리즘'과 '나튜라리즘'을 수입한 『창조』의 동인들이 사실주의와 자연주의를 동음이어로서 해석했을 뿐 아니라 우리 평단의 중견 백철 씨 마저 씨의 『신문학사조사』에서 『창조』의 사실주의적 경향을 자연주의적 경향으로 지적하거나 순수한 사실주의작가 빙허 현진건을 자연주의작가로 몰아넣고 있는 것들은 시급히 시정되어야 할 문학사적인 기본 오류이기도 하다.

여기에 필자의 「빙허·현진건론」(1958년 『현대문학』지 3월호 소재)은 자연주의와 사실주의 개념의 엄격한 차질의 필요성을 제기했고 조연현 씨는 씨의 『한국현대문학사』에서 자연주의와 사실주의의 상대적 개념을 다음과 같이 해명하고 있다.

> '사실주의나 자연주의나가 다같이 작자의 개인적인 주관이나 상징을 떠나 객관적인 현실을 재현한다는데 있어서는 동일했지만 그 방법에 있어 다음과 같은 몇 가지의 다른 경향을 보여준 것이었기 때문이다. 그 하나는 자연주의는 자연현상을 현상 그대로 해부하는데 그치지만 사실주의는 자

연현상의 내부에까지 추구해 들어간다는 점이며 그 둘째는 전자(前者)가 실험주의적인 과학적 요소가 강한데 비해서 후자(後者)는 체험주의적인 생활적 요소가 강한 점이며 그 셋째는 전자가 언제나 현상 그 자체를 중시하는데 비해서 후자는 언제나 현상 그 자체보다도 현상의 전형화를 중시하는 점이며 그 넷째는 전자가 반이상주의일 수 있다면 후자는 친이상주의일 수 있다는 점이다.'

이것으로서도 이제까지의 우리 문단에서 흔히 혼돈·착각되던 사실주의와 자연주의와의 개념의 차질이 어느 정도 해명된 것은 퍽 다행한 일이라고 생각된다.

그러나 한편 사실주의란 낭만주의가 17세기의 고전주의에 대한 반동으로서 일어났던 것과 같이 18세기의 낭만주의의 반발로서 일어난 세기적인 문학사조이기 때문에 그 관념이 극히 광범한 것임을 잊어서는 안된다. 또한 19세기말에 대두된 자연주의가 객관적이며, 현실적이며, 산문적인 제 특징은 사실주의와 완전히 동일하면서도 그것이 사실주의 차질되는 점은 다만 사실주의의 객관적 정신 속에서 과학적이고 실험적인 일면을 편중해서 강조한데 불과한 것을 알 수 있다. 그러므로 실상 졸라에 의해서 대표되는 자연주의는 광의의 리얼리즘' 속에 포괄되는 종개념으로 볼 수 있다. 그러나 이곳에서 검토하려는 것은 사실주의와 자연주의와의 상대적인 차질의 문제가 아니라 자연주의의 개념까지도 포함한 광의의 '리얼리즘'에 대한 올바른 본질과 그 사적 발전과정을 통한 19세기의 근대적 '리얼리즘'과 20세기의 현대적 '리얼리즘'과의 명백한 차질점, 그리고 그것이 확립된 과정 그리고 그것의 현대적 방향을 모색해 보려는 데 이 소론의 목적이 있음을 분명해 둔다.

2.

'리얼리즘'이란 문학상의 용어는 현실주의, 사실주의로 쉽게 번역되면서도 그 의미가 꽤 광범위하게 쓰임으로 막연한 것은 사실이다. 실제로 공상적 비현실적인 작품과 대립해서 현실의 사실의 사상에 자못 유의해서 그들을 세밀히 관찰하는 문학적 경향을 그대로 '리얼리즘'이라고 불러도 좋을 것이다.

그러나 문학적 경향이 현실적이라던가 현실을 파악한다는 것도 엄밀히 생각할 때 그리 간단할 수는 없다. 흔히 과거에 있어서 '리얼리즘'이라는 경향은 철학적으로나 혹은 관념적으로 '현실이란 무엇인가?'란 물음에 서지 않고 극히 구체적인 의미에서 인간의 현실을 열심히 유의한다는 것이었다. 굶주린 사람에게는 그날의 먹을 것을 얻는 것이 구상적인 현실일 것이다. 그것을 간접적인 것보다 직접적으로 표현하는 것이 '리얼리즘'의 진행방향이 된다.

한편 '리얼리즘'이 하나의 정당한 주장으로서 문학자들에게 자각케 되고 비약된 것은 유럽에 있어서 19세기부터 였다. 이때에 발달된 사실주의 과학사상이 이 경향을 조장시키고 급속도로 발전시켰던 셈이다. 당시의 작가들은 과학적 방법으로서 문학을 쓴다고 까지 말했다. 그러나 과학적·실증적인 요소만으로 올바른 현실적 파악의 문학적 태도가 될 수는 없음은 물론이다.

만약 발자크, 구 로벨, 졸라 등의 작품의 '리얼리즘'이 훌륭한 문학으로서 평가된다면 그것은 구상적인 인생의 생활방법을 잘 포착하고 있다는 점에 있지 않으면 안된다.

그러나 어쨌든 이렇게 월등한 19세기 작가의 '리얼리즘'이 그 후의 문학에 공헌한 것과 전시대 문학의 산만한 상상력을 통제한 것도 현대의 생활제상(生活諸相)에 잘 유의해서 현대적 제상(諸相) 속에서도 생존할 수 있는 인간 자세에의 특색을 포착해서 과거문학에 형상화시킨 인간과 어떤 이질적인 것을 표현해서 오늘의 문학에까지 전해 온 것이다.

그보다 이전 17세기, 18세기의 유럽 문학에서는 대체로 어느 시대에도 공통적인 '보편적인 인간'의 존재방법만을 추구하고 있었다. 서구 '리얼리즘' 문학은 인생의 특수적 사실을 파악하는 것뿐만 아니라, 한편 그러한 보편적

인간에도 결코 무관심하지 않았다. 그러면서도 이 시대에 사는 인간의 특수상까지도 정확히 파악하려고 했다.

'리얼리즘'은 그뿐만 아니라 현대의 복잡한 환경은 인간에게 어떠한 특수상을 부여하였는가 까지도 문제시한다. 그러므로 인간이 생존하고 있는 환경 즉 사회조건이나 역사의 변천에 유의하지 않고는 그런 것을 그릴 수 없음은 당연한 것이기도 하다.

3.

19세기 '리얼리즘'의 큰 공적은 주로 소설이란 문학적 '장르'를 발전시켰다는 점이다. 그것은 이 세기에 이르러 과거의 단조한 고전문학의 형식으로부터 완전히 문학이 해방되어 산문으로 자유롭게 기록할 수 있는 문학이 현저하게 활기를 띠운 때이기도 하나 사실을 그대로 쓴다는 이를 강하게 '리얼리즘'문학의 형식으로서 그리고 발자크가 착안한 바와 같이 현대사회의 서사시로 만들려는 의욕에서 소설이란 형식이 무엇보다도 적합된 때문이었다. 상식적인 말을 해서 소설은 광범한 현대독자에게 극히 용이하게 이해되는 문학으로서 발달된 것이다. 실상 19세기 사회는 문화적으로는 광범한 독자층을 예상하지 않는 문학은 성립될 수 없었기 때문이기도 하다. 이 사실은 졸라도 시인한 바와 같다.

물론 '리얼리즘'을 소설에만 극한해서 언급하는 것은 부당한 것이다. 딴 문학적 장르에 대해서도 이 시대에 같은 경향을 지적치 않으면 안되나 편의상 성략(省略)할 따름이다.

문학상의 '리얼리즘'은 각 시대에 있어서의 사실주의적 경향을 지적하는 것이었으나, 유럽의 작가가 자각적으로 '리얼리즘'을 채용한 것은 전술한 바와 같이 19세기이다. 문예사조상에서 '리얼리즘'을 운위할 때 이것은 결코 막연한 의미에서가 아니라 그러한 19세기문학의 일정한 시기의 특색을 지적한다고 생각해도 좋다.

각국의 문학에 그러한 특색을 공통적으로 지적할 수 있다고 하지만 그 중에서도 프랑스의 '리얼리즘'문학이 제일 명확한 윤곽을 갖고 있었다. 더욱이 프랑스의 '리얼리즘'이 여러 나라의 리얼리즘 경향에도 상당한 영향을 준 원천이었다. '리얼리즘'이란 말의 어원 자체도 프랑스에서 나온 것도 주지하는 바와 같다.

누구나 프랑스 문학사를 들치면 19세기를 양분해서 전반이 '로맨티즘'이요 후반이 '리얼리즘'으로 정확히 구분되어 있는 것을 이해할 수 있다. 그것은 1800년의 전반이 '프랑스'에서는 대체로 말해서 서정시가 중심이 되어 성행했던 시기였다. 그러나 1850년대에 이르러 문학적 경향이 일신해서 이후의 현실주의, 사실주의적인 특색을 띠기 시작해서 즉 '리얼리즘'으로 발전된 것이다. 졸라의 말을 차용한다면 '1860년대까지 문학은 전적으로 이메지네슌의 산물이었다. 그 후는 사실을 쓰는 문학이 되었다.'라고 말한다.

'빅터·유고와 같은 로맨틱'한 작가라도 60년대에는 「레·미제라블」과 같은 현대의 서사시를 썼다. 이러한 의미에서 사실을 쓰는 '리얼리즘'문학은 발자크, 스탕달 등의 현실주의적 작가에 의해서 창시되고 준비되어 얼마 후에 '빠톤'이 플로벨, 공쿠르, 졸라 등에 의해서 계승되어 가는 것이었다.

흔히 작품상으로는 푸로벨의 「보봐리 부인」이 출간된 날짜를 '리얼리즘' 문학의 최초의 결정적인 승리라고 본다. 그러나 푸로벨이 작품이 출현하기 이전에 벌써 프랑스에서는 '리얼리즘'운동이라는 것이 몇 몇 문학자를 중심으로 수행되었던 사실을 망각해서는 안된다.

그런데 이 '리얼리즘'이란 어휘가 예술상에 사실주의의 주장을 위해서 처음 쓰여진 효시는 문학이 아니고 회화였다. 회화상의 '리얼리즘'의 획기적인 작품 「오르난의 매장」(1851)을 그린 화가 구르베는 무엇이던지 외계의 사물을 자기의 눈으로 본대로 그리되 상상력을 전혀 동원치 않고 자연 그대로의 모습을 과장하지 않으려는 신념으로부터 출발했다. 그는 '천사는 눈에 보이지 않음으로 그리지 않는다'고 했다. 그리고 그는 "'리얼리즘'은 현상의 배려 위에 선다'던가 '미는 즉 취(醉)다.' 라고도 말한 적이 있다. 구르베의 친우인 문학자 샹프르리는 구르베가 회화에서 주장한 바와 같은 사실주의를 문학의 영역에까지 증명하기 시작했던 것이다. 그와 병행해서 듀랑디가 역시 50년대에 『리얼이슴』이라는 잡지를 반년쯤 발행해서 이 운동에 협력했다.

그들이 설명한 '리얼리즘'이란 그후 조라나 공쿠르 등에 의해서 설명된 것과 같은 명확한 이론이 못되고 대단히 횡호(橫糊)한 것이었다. 19세기전반의 '로맨틱'문학의 서정주의 예술지상주의에의 본능적인 빈발이라고도 할 수 있다.

문학이 시인의 주관적인 자기만족의 감상이어서는 안된다. 그뿐만 아니라 민중의 생활 속에 기치지 않으면 안된다. 그리고 표현의 미와 같은 것은 어느 전도 희생하고라도 진실로 향한다는 것이다. '문학 등은 제2의적인 것'이라 한 소론이었다. 한편 듀랑디의 논평에서는 '인간의 사회적 측면을 잊어서는 안된다'는 주장이 여러 번 반복되고 있다. 대체로 뒤의 자연주의 문학이 더욱 체계화해서 말한 것과 유사하다. 그점에 조라는 듀랑디 등의 선구자로서의 고적을 높이 평가한다. '듀랑디씨는 '나듀라리즘'의 개척자의 한 사람이었다. 오늘 우리들이 말하고 있는 모든 것에 대해서 그는 우리들 이전에 직감을 갖고 있었다.'(「자연주의적 소설가」).

이렇게 푸로벨이나 공쿠르의 작품이 출현하기 이전에 벌써 '리얼리즘' 투쟁이라는 것이 일부에서 일어나고 있었다. 그리고 이 운동 이외에 당시에 벌써 초기 '리얼리즘'이라고 호칭할 수 있는 극히 잡된 사실주의 작품은 상당한 양이 쓰여져 있었다. 그것은 마치 풍속묘사소설과 같은 종류이었다. 그리고 당시 '리얼리즘'이라고 한다면 악취미의 현실폭로본위의 저속한 잡문학 등의 '스타일'에 있어서는 대단히 거칠고 비예술적 작품이었다.

그런 형편에서 푸로벨의 「보봐리 부인」(1857)이 나와 소송문제에 의해서 일시 세평이 비등한 후 공간되자 이제까지 백안시되었던 '리얼리즘'이 일약해서 결정적인 승리를 획득한 셈이다. 어쨌든 비예술성으로 비난되던 사실주의가 푸로벨 작품의 탁월한 예술성에 의해서 일시에 이제까지의 악평을 진압시킬 수 있었다. 이후 '리얼리즘' 문학의 진로는 다소의 저항에 봉착했으나 대체로 순조로운 진행을 본 것이다.

이와 같은 진행은 공쿠르, 조라와 연결되어 세기말까지 전개된다. 물론 반대의 입장에서 사실주의를 비난 공격하는 소리가 언제나 계속되고 현실 폭로적인 이 일파의 문학에는 위정자로부터의 엄격한 취체(取締)가 항상 있었다는 것을 잊어서는 안된다.

프랑스 사실주의의 우수한 역사를 쓴 비평가가 '리얼리즘'은 종시 반대당의 문학이라고 말한 것은 수긍될 수 있다. 샹프르리의 무해한 전 작품까지도 검열을 받고,「보봐리 부인」이 기소되고 조라가 『르곤·마가르총서』를 써서 프랑스 제2제정기를 비판하려고 했다.

4.

프랑스 이외의 나라에서도 '리얼리즘'적 특색을 각 시대에서 얼마든지 찾을 수 있다. 그리고 역시 19세기에 있어서 가장 현저히 그 경향이 노출되고 있는 것도 의심할 바 없다. 그러나 어느 나라의 문학사에서도 프랑스의 '리얼리즘' 문학과 같이 통합체를 찾아내기는 퍽 곤란할 것 같다.

영국에서는 18세기에 벌써「휘르딩」,「리챠드·슨」과 같은 우수한 사실소설이 출현했다. 이것은 이 나라의 시민사회가 프랑스보다 한 걸음 앞서서 근대화해 있었던 것에 기인된다고 대답하는 것이 옳을 것이다. 19세기에서는 딕켄즈, 닥커레 등의 근대사회의 특성을 명확히 파악한 작가가 연달아 출현하고 있다. 여기에서 주목할 점은 영국에서는 19세기 프랑스에서 보는 바와 같은 명확한 사실주의 주장의 운동이 아니었다.

이렇게 벌써 전세기로부터 '리얼리즘'적 요소는 현대문학 속에 상당히 용해되고 있었다고 보아도 좋다. 부론데, 엘리올 등의 소설도 확실히 그러한 '리얼리즘'화된 작품이다. 19세기후반의 대작가 토마스·하디는 그것을 한 층 넘어선 면밀한 묘법 작품을 포함한 숙명적 염세관에 의해서 이 세기의 사실주의 소설의 특색을 짙게 구비했던 작가이다. 사회에 하적(下積)된 서민 생활의 비참을 예리하게 묘사한 깃씽에 대해서도 같이 볼 수 있다. 그리고 극명한 몰주관적·사실적 수법으로서 주로 19세기의 중류 '부르조아' 계급의 생활을 많은 장편소설로 끈 아놀드·팬넷르는 확실히 사실주의소설에 영향된 바 크다.

유럽문학의 '리얼리즘'을 언급할 경우 무시할 수 없는 것은 러시아의 19세기 문학이다. 러시아문학의 근대화가 타국에 비해서 상당히 후진적임은 주지하는 바와 같다. 그러나 푸시킨, 고오고리, 트르게네프, 톨스토이와 같은 대작가군을 배출시킨 러시아는 근대문학의 풍부함에 있어서는 유럽의 제국에 절대로 양보하지 않는다. 뿐만 아니라 이들 작가에게는 누구에게나 러시아의 독특한 사실주의정신이 맥맥히 흐르고 있는 것도 특이한 점이다. 고오고리의 「코」, 「죽은 혼」 등의 풍자적·비판적 '리얼리즘'은 그를 계승한 제작가에게도 결코 소멸되지 않았다.

크르게네프는 그들 중에서 제일 '코스모포리탄'한 작가이고 프랑스의 사실주의작가 푸로벨, 공쿠르, 모파상 등과 친한 벗이었다 「사냥꾼 일기」, 「르진」, 「아버지와 아들」과 같은 작품에는 결코 프랑스 사실주의에 뒤떨어지지 않는 시나 '슬라브'인적 감수성이 스며있다. 그러나 이들 작가들이 푸로벨이나 모파상 등의 창작묘법에 영향된 바 큰 것도 사실이다. 톨스토이의 소설은 그의 이상주의적인 경향을 별도로 고려한다면 실로 '리얼리즘'문학의 최고봉이었다. 사실주의 문학의 기술에 뒤떨어진 점도 물론 많았으나 「안나·카레리나」, 「전쟁과 평화」 기타의 많은 작품에 엿보이는 현실파악의 심도, 명확한 구성력, 면밀하고도 예리한 감각의 묘사력..어떤 특색을 보아도 이 세기의 사실주의문학의 정신을 최고도로 발휘했다는 것 이외에 가른 형용의 말을 할 수 없다.

도스토예프스키에 관해서는 이 작가의 특이한 심리주의적 경향은 주지하는 바와 같다. 보통 이 작가에게는 19세기류의 '리얼리즘'으로부터 탈출해서 20세기 문학으로 발전된 새로운 경향이 지적될 수 있다. 어떤 의미에서는 반 사실 작가라고도 할 수 있다. 도스토예프스키 스스로 '나는 현실주의다. 어떠한 리얼리스트 이상으로 현실주의적인 것이다.'라고 말한 적이 있다. 그리고 이 특색 있는 '리얼리스트'도 젊어서부터 발자크를 애독하고 이 작품을 번역하고 있었다.

　개개인의 작가에 대해서 언급하는 것보다 19세기 초두부터 전체적으로 '리얼리즘' 정신이 제일 성행한 것은 이 나라의 근대문학이다. 푸시킨, 고오고리와 같은 선구적 작가가 그러한 방향을 개척했을 뿐 아니라 베린스키와 같은 우수한 비평가는 이것을 이론적으로 기초지우고 있다.

　진정한 '리얼리즘'은 '로맨틱' 정신이나 이상주의를 배제하지 않는 것이라는 현대의 '리얼리즘'의 방향은 러시아문학에서 영향된 바 크다고 할 것이다.

5.

　19세기 '리얼리즘'이 세계문학사상에 남긴 유산을 간단히 말해서 프랑스에서 발자크, 스탕달, 푸로벨, 조라 이 네 명의 작품들 즉 19세기문학이 현대사를 쓰는 문학의 기법이었다고 할 수 있다. 그것을 다시 상언(詳言)하면 현실을 묘사하는 소설수법을 이미 완성한 것이었다.

　작가가 정확한 관찰과 자료에 의해서 쓴다는 습관과 훈련을 갖게 했다. 과거의 문학에서는 사실적이라고 해서 통일된 관점이 결여되었었다. 흔히는 풍속담의 연쇄와 같은 것으로서 관찰도 극히 피상적이고 산발적인 것이었다. 발자크, 푸로벨, 조라 등의 노력으로 그것이 하나의 비판적인 관점으로 현실을 보는 문학으로 발전되었던 것이다.

　발자크로부터 푸로벨에 이르면 기술상에 퍽 정제된 세련이 더해져 있다. 말하자면 독자가 누구나 공통적으로 느끼는 것은 발자크 소설이 일반적으로 내용 통일이 긴밀하지 않거나 원시적인 묘사인 점이다. 한편 푸로벨의 작품에서는 전체가 혼연히 융합하고 있다. 외면묘사의 기교를 다해서 내면의 진실에 도달한다는 수법을 철저히 추진시키고 있다. 푸로벨의「감정교육」중의 몇 개의 장경묘사와 같은 것도 어쨌든 종래의 사실주의에서 볼 수 없었던 기능에까지 도달되고 있다. 실상 그 이후의 '리얼리즘' 소설가들은 다 그러한 기법을 습득하고 체득하고 있었다.

사실수법이나 소설의 화면에 의한 구성의 기능은 푸로벨 이후 자연주의 시대를 경과해서 수련되고 그것이 전적으로 소설가의 주요한 기술로 되었다. 물체를 그린다는 기술은 이렇게 해서 진보했으나 대상의 파악방법은 비개성적이어서 다만 평면적으로 여러 개의 화면을 겹치는 것에 불과했다.

확실히 19세기의 사실주의는 사진이 진실이라는 것을 너무 과신하고 있었다. 사진은 사물을 그리기는 하나 여러 가지 허위가 있다. 구태여 말하자면 평면에 그려진 영상으로서는 거리의 감각은 전혀 나타낼 수 없고 또한 외면묘사에 의해서 인간의 내면까지 적확히 표현시킨다는 것에도 한도가 있다.

이러한 점을 무시한 19세기 사실주의의 약점은 그에 대한 반동이 일어났을 때 단순한 조라 등의 과학주의와 함께 엄격히 비판되었던 것은 물론이다. 푸로벨이나 공쿠르는 객관주의를 제창해서 주권을 극도로 확장시켰다.

그러나 그러한 것이 엄밀히 말해서 가능할 것인가? 자기의 감정을 제거하고 관념적으로 인간이나 사회현실을 그린다는 것이 반드시 올바른 현실의 파악방법인가? 외계에 압박되어서 무엇인가 반발치 않을 수 없는 현대인은 누구나 그러한 의문을 갖게될 것이다. 이러한 비판이나 의문은 당연히 그 후의 사실주의적 경향의 문학에도 반영되지 않을 수 없었다.

한편 현대의 '리얼리즘'논자들은 어떤 의미에서 19세기류로 정관적(靜觀的)인 사물은 그리는 태도를 지양해서 입체적인 태도를 향하고 있다. 특히 푸로벨이나 조라의 소설에서는 '이러했다', '이러한 일이 있었다'라고 말하는 식으로 시간이 일방적으로 또한 평면적으로 과거로부터 미래로 흘러가는 것뿐이겠으나 현대문학에서는 더욱 복차원적인 시간을 부여하려고 한다.

그러나 아무리 19세기 사실주의에 대해서 여러 가지 반성이 가해진다고 하나, 현대문학에서 사실이 존중되지 않는 것은 결코 아니다. 19세기의 사실과 문학을 발전시킨 것은 이 세기에 이르러 처음으로의 불안정한 사회상태와 그 결과로 생긴 복잡한 사건이라고 하는 자도 있다.

그런 의미에서는 오늘도 그 조건은 조금도 변함이 없다. 그뿐만 아니라 더한층 복잡한 사회적 사건이 나날이 목전에 전개되고 있다. 인간은 그러한 외적압박에도 불구하고 발버둥치면서 현실을 뚫고 나가고 있다. 우리들의 사실에 대한 관심은 결코 박약해진 것은 아니다. 문학적 가치는 별문제로 돌리더라도 기록문학은 점점 유행된다. 사실이란 것 뿐만으로도 우리들의 관심을 얼마든지 끌 수 있다. 여기에 오늘의 문학도 그 수법에 있어서는 푸로벨류의 사실주의는 아닐지언정 그런 방법으로 사회의 역사를 쏠려는 '리얼리즘'정신이 세계문학의 주류를 이루고 있는 사실을 부인할 수 없다.

20세기에 들어서서 쓰여진 우수한 그러한 종류의 작품은 수없이 많다. 앞서 발자크나 푸로벨을 난 프랑스에서는 「치로가(家)의 사람들」(마르단·듀·가르)이나 「인간의 조건」(앙드레 말로)이나 기타 많은 현대의 발자크적 작품을 세상에 내놓고 있으며 미국 기타 각국 현대소설도 역시 '리얼리즘'의 작품이 많다. 앞서 여러 번 언급했지만 각 작가의 개성적인 현실파악의 방법에 있어서 결코 19세기 사실주의와 같은 일률적인 '리얼리즘'수법이 아니라는 것뿐이다.

이를테면 헤밍웨이의 「누구를 위해서 종은 우는가」나 사르트르의 「자유에의 길」이 모두 현대적 '리얼리즘'의 작품이면서도 서로 특이한 '리얼리즘'수법을 갖고 차질되고 있다는 것이다.

6.

'리얼리즘'이란 문학적 수법으로 추구할 때 시대에 의해서 서로 차질되는 것을 알 수 있다. 유럽에 있어서 19세기 문학의 '리얼리즘' 수법이란 극히 명확한 것이나 오늘에 와서는 이것도 고전으로 취급할 수밖에 없으며 오늘날 즉 20세기 문학에 있어서의 '리얼리즘'은 반드시 전세기의 그것과 동성질의 것이 아니라는 것이다.

20세기의 특질은 전체로 전세기류의 사상을 여러 각도에서 냉정히 반성하고 엄격히 비판하고 있음으로 19세기 '리얼리즘'도 비판된 대상의 하나였다.

19세기 '리얼리즘'의 큰 공적의 하나는 앞에서 지적한 바와 같이 소설을 발전시킨 점이다. 말하자면 누구에게나 알기 쉬운 현대소설의 '타입'을 이룩한 것이다. 이 정형의 반동이 금세기 초부터 일어난 것은 당연한 일이었다.

더욱이 근본적인 것은 19세기 당시의 과학 — 지금에서 본다면 극히 낡아진 과학사상에 대한 비판이기도 하다.

19세기의 근대적 '리얼리즘'문학은 인간의 생활을 외적환경으로부터 압축해서 증명하려 했기 때문에 산 능동적인 인간을 풍경묘사에 넣어진 정물과 같이 만들었다. 외계의 압박이나 필연에 저항하는 힘을 상실하고 만 것이다. 인간을 외면으로부터 일방적인 증명을 하고 할 때 그렇게 되는 것은 어쩔 수 없다. 모파상의 「여자의 일생」과 같은 소설의 주인공은 환경으로부터 피할 길이 전혀 없는 것이다.

세기말 유럽에 침투된 쇼펜하우어 등의 염세주의의 투영이 더한층 이러한 문학을 어둡게 했다. 인간이 생명적인 것이 완전히 그림자를 감추고 훌륭한 외계묘사의 기교만이 세련된 문학이 되어 있었다.

초기 '리얼리즘'의 발자크, 스탕달 등에서는 개개의 세세한 사실에 주의하는 이후에 직시적인 시대적 '이즘'의 파악이었다. 졸라는 발자크의 정신을 부활시켰다고도 하지만 그리 과학 즉 소설이라는 소박한 사고방식은 ?學의 법칙을 그대로 문학에 적용한 것이었다. 그러한 단순한 수법으로 조라 자신도 많은 우수한 작품을 남기고 있지만 다른 말기 '리얼리즘' 작가들에게는 좋지 않은 영향을 주어서 종국에는 자연주의 파산에까지 이르렀던 것이다.

어쨌든 발자크, 푸로벨, 졸라 등의 '리얼리즘'과 현대작가들의 '리얼리즘'과는 상당한 차이가 있는 점에 주의하지 않으면 안된다. 19세기나 20세기에서나 '리얼리즘'작품에 흘러 있는 정신을 일관해서 같은 것이라고 믿으나 작품을 쓰는 수법 상에서는 시대정신의 변화와 함께 큰 발전을 본 것이다.

'리얼리즘'문학의 발전사를 더 들어보려면 그것을 산출캐 한 사회적 배경이라든가 환경을 충분히 고려치 않으면 안되게 된다. 또한 과거의 역사상 사실적인 요소가 서민문학 속에 다분히 노정되는 것도 부정할 수 없다. 이를테면 중세의 우화지나 '르네상스' 기의 풍자적인 소설을 상기하는 것이 좋다.

한편 근대사회에 등장한 시민계급은 일종의 훌륭한 상식의 소유자이다. 이 시민계급의 상식 혹은 양식은 '리얼리즘'의 정신과 밀접히 연결되었던 것을 잊을 수 없다.

근대적 시민사회가 극히 일찍이 발달된 영국에서는 앞서 잠깐 언급한 바와 같이 18세기에 벌써 근대적 사실소설의 탄생을 보고 있다.

대륙중심의 19세기 '리얼리즘'도 역시 이 세기에 있어서 시민계급과 그 문화의 현저한 번영과 또한 그가 낳은 비참과 항상 병행해서 발전하여 갔다. 시민계급의 소유하는 양식이나 실증적 정신은 '리얼리즘'의 정신과 불가불리의 관계를 갖고 있었다.

그리고 신흥 시민계급의 사회에 활약하는 새로운 '타입'의 인간이나 거기에서 생기되는 사건이 누차 문학 속에 특색이 된다. 그러한 현상이 묘사되는 것이 역시 시민층 독자의 흥미의 대상이기도 했다. '앞으로의 문학은 현대를 서사시적으로 쓴 소설이 아니면 안된다'고 말한 발자크의 착안점은 이러한 것에 있었다.

푸로벨이나 공쿠르의 시대가 되면은 자기만족으로 팽창된 시민사회의 인간이 다시 면밀히 관찰되면서 또한 활계하고 우열한 것으로서 경멸되어 희귀화된 결과가 된 것이다. 더욱이 졸라에 이르면 시민계급의 고도의 번영육성됨과 동시에 포화상태에 달한 자본주의 사회로부터 자연산물로서 생긴 도시노동자 실업자의 암담한 생활에까지 시야가 넓어지는 것이다.

7.

한편 여기에서 20세기 현대적 '리얼리즘'의 훌륭한 전형을 이루고 있는 현대 프랑스의 소설발전상을 엿보는 것이 좋을 것이다. 20세기 초엽의 프랑스 소설에서도 부울제의 「제자」(1889)와 같은 작품에 모범을 구해서 기계적인 분석 속에서 생명성을 상실하고 있었다. '현실과 직접으로 관계 맺는' 방식으로 현실을 하나의 직관으로 정리하는 작가의 의지가 작용한 까닭이며 그것이 때로는 편견이나 협량(狹量)으로서 작품이 인공적인 것이 되어 현실감을 잃고 말았다.

종래의 자연주의 소설은 현상의 다양성을 같이 보여준 것이며 그것을 관찰하고 기술하고 있는 작자의 세계관은 극히 고정적이고 평면적인 것이었다.

그러므로 자연주의소설은 세상기구(世上機構)의 복잡성을 그려낼 수 있었으나 그 속에 생활하고 있는 인간심리의 통찰은 미약했다. 인간의 의지나 이상도 모두 불안하고 다만 수성(獸性)만을 더욱이 객관적으로 기술하고 있는 작품들은 편협한 인간 이해로밖에 안될 것이다.

쥴·로망은 졸라의 소설은 '상자속의 뜰'이라고 비평하고 자기는 산 인간의 집단을 그린다고 선언한 것은 흥미있다 하겠다.

그리고 현실의 풍부성을 그리는데는 필연적으로 분량이 많은 역사소설, 연재소설이 발달된 것이다. 현대의 작가는 대작에 의해서 시간적으로 공간적으로 광범한 무대를 갖고 현실을 그린다는 것이다.

또한 현실은 단순히 하나의 평면으로만 포착한다면 일면적으로 된다. 여기에 마르로나 로망이나 지드의 소설이 갖는 다면적인 구성이 필요케 되었다.

프랑스 소설의 전통 속에서 가장 타국과 비교해서 월등한 것은 심리소설이다. 스탕달에 의하면 18세기 유물론의 '인간기계론'과 같이 모든 인물이 심리는 만인에게 공통되는 하나의 법칙에 의해서 운동된다. 그러나 현대인의 심리는 그와 같이 투명한 것에는 파악되지 않는다.

실상 우리들 주위의 현실적 인간은 그와 같이 명확한 고정적 성격을 갖고 있을까? 누구나 자신을 반성해 보아도 심중에는 동시에 상호모순되는 복잡한 충동이 교차되어 있고 그것이 환경과 함께 천변만화(千變萬化)하는 것을 느낄 것이다. 그래서 소설가가 한 인물 속에 가능한 수개의 성격을 분석해서 표현했을 때 현대의 우리들은 그것을 현실적이라고 느낄 수 있다. 그렇게 작자는 인간심리의 여러 면의 모순을 침착하게 묘사해야 된다고 본다.

듀아멜은 20년대에 벌써 현대소설의 특징을 인간정신의 다양성의 해명에 있다고 규정하고 그것의 일반적 경향을 자연주의적 외면적 사실주의에 대립해서 '정신의 사실주의'라고 불렀다.

그리고 일찍이 오리야크가 현대 프랑스 작가의 과제는 전통인 정적인 발자크적 방법과 러시아적인 동적인 도스토예프스키적 방법의 결합이라고 말한 것을 기억하고 있다.

스탕달이나 푸로벨은 독자를 인물들에 비해서 특권적인 위치에 놓았다. 그러나 우리들은 현실생활에 있어서 놓여진 생활 그것이 제3자의 위치일지라도 결코 종래의 소설과 같이 말하자면 '신의 위치'가 아닌 것이다.

그런데 현대소설에 있어서의 독자는 작중인물 속에 들어간다. 그러므로 독자는 객석으로부터 무대로 옮겨 진 것처럼 되어서 각인물의 현재의 순간에서 어제나 맞서게 된다. 현대의 소설은 종래의 소설과는 달라서 현실과 같이 시간의 진행이 현재의 연쇄로 된다.

현재라는 감각은 현실생활에 있어서도 우리들 각개인의 내부에만 있다. 그러므로 현재를 그리기 위해서는 인물의 내면을 그려내야 한다. 말하자면 내관묘사법이 현대소설에 있어서는 일반화되어 왔다. 그것의 극단적이 것이 영국작가의 발견한 내적독자법(죠이스나 울프)이다. 현대의 많은 작가는 그 수법을 각각 독자로 자기의 것으로 소화해서 이용하고 있다.

그런데 현대의 복잡한 사회기구 속에서 산 인간을 여러 방향으로부터 조명하고 그 내부의지가 지배하는 하부에 잠재한 무의식의 세계에 있어서의 충동까지고 그려낸다는 경향은 2차대전후 사르트르에 의해서 실존주의로서 이론 지어진 것이다. 그에 의하면 '인간의 존재는 본질에 선행한다.' 그리고 자유로운 존재가 현실의 정황 속에서 시시각각으로 자기를 형성한다고 한다. 그 정황을 소설화하기 위해서는 미리 본질이 규정되어서는 안된다. 작가는 신의 위치에서 인물을 속박할 것이 아니라고 말한다.

작중인물은 현실생활과 같이 하나의 주어진 정황 속에서 자기의 자유를 실현할 것이다. 또한 작중인물은 외부와 상부로부터 규정되지 않고 오직 내부로부터 자유 그대로를 표현할 것이다. 작자는 객관적인 제3자적인 재판관의 위치에 서는 것이 아니고 경우에 따라 각인물의 내부에 파고들어 간다.

이와 같이 현대소설의 극치를 이루고 있다고 보는 프랑스의 실존주의적 소설수법에서도 결국 사실을 그린다는 '리얼리즘'정신을 높이 발전시켜 인간심리의 내면묘사를 치밀하고 다양하게 해서 듀아멜의 말대로 '정신의 사실주의'의 길을 개척하는 것이 20세기 현대적 '리얼리즘'의 방향이라는 것을 인식할 때 우리는 그것이 19세기 근대적 '리얼리즘'인 외면적사실주의 내지 자연주의와 엄격히 차질되는 걸을 쉽사리 파악할 수 있다.

8.

이상에서 19세기 근대적 '리얼리즘'과 20세기 현대적 '리얼리즘'과의 엄연한 차질을 단적으로나마 파악할 수 있었고 이것을 기초로 우리 현대문학상의 '리얼리즘'의 본격적인 검토가 용이할 줄 안다.

우리 현대문학사상에 '리얼리즘'이 수입되기는 기미 3·1운동 당시의 『창조』지로부터 계정하는 것이 옳을 줄 아나 이것도 순수한 사실주의라기보다는 자연주의와 쉽사리 분간할 수 없는 혼류를 이룬 것이며 낭만주의 작가와 자연주의 작가들이 일시적으로 실험하거나 기도한데 불과했던 것을 알 수 있다.

그것은 구체적으로 문예초창기의 계몽주의를 거부하는데로 부터 출발된 '리얼리즘'적 영향은 염상섭·김동리·나빈 등에 의해서 개척되었고 이들보다 조금 뒤의 계급주의적인 영향에 의거한 이익상·최학송·이기영 등에 의한 소위 '프롤레타리아'의 '리얼리즘'의 전개를 기억하고 있다.

그러나 이들에 의해서 수립된 우리 나라의 '리얼리즘'문학이란 한마디로 말해서 거구의 19세기 '리얼리즘'의 근대적인 양상의 답습이거나 목적의식이 앞서는 '소비에트・러시아'의 계급주의적 '리얼리즘'의 모방에 그치고만 것이었다.

물론 그후 '프로'문학운동의 전성기에 이르러 사회주의적 '리얼리즘'의 제창과 함께 그에 의한 작품들이 생산된 것이다. 그러나 이것이 우리의 문학사적 배경과 여러 가지 면으로 부조화를 일으켰을 뿐 아니라 마침내는 파산케 된 것도 사실이었다. 또 한편으로는 오늘날에까지 우리의 전통적인 수다한 작가들은 그들이 어떠한 현대적 사조와 의식을 기저로 하던 '리얼리즘'적 태도를 견지하면서 창작하고 있음은 의심할 바 없다.

그것은 현대가 어디까지나 산문이 지배적인 이상 산문정신에 가장 적응된 '리얼리즘'의 현대적 개척이 곧 문학사적 과제이기 때문일 것이다.

이러한 문학적 환경에서 우리가 채택하고 개척해야할 진정한 '리얼리즘'이란 어떤 것일까. 그것은 푸로벨이나 졸라 등의 19세기적 '리얼리즘'의 무비판적인 단순한 계승을 의미하지 않으며 더욱이 계급의식에 의한 사회주의적 '리얼리즘'일 수도 없다는 것은 재언할 필요조차 없겠지만 여기에서 내가 강조코자 한 것은 20세기 후반기의 문학적 현실에 가장 적응한 비판적인 신'리얼리즘'의 개척인 것이다.

앞에서 자세히 보았지만 전세기의 '리얼리즘'에 수법이 외면적 사실주의로서 소극적인 인생묘사에 그친데 비해서 오늘날 현대의 '리얼리즘'의 새로운 수법은 내면적 사실주의로서 적극적인 인생묘사에로 발전되고 있다. 물론 이 말은 다만 그들의 비중을 의미할 뿐 전세기에 있어서 내면묘사 방법이 전혀 없었거나 오늘날에 있어서 외면묘사 방법이 불필요하다는 것은 결코 아니다.

여하튼 현대의 생명은 시간의 복차원적인 데 있으며 이 속에 생활하는 인간 즉 외부의 압력 때문에 불안과 절망과 부조리 속에서도 끊임없이 저항하는 행동적인 인간심리를 자유롭게 그리고 가능한 여러 성격으로서 완전히 포착할 수 있는 방법을 모색하는 것이 현대세계 작가의 통념이 아닐까.

그렇다면 내가 우리 문단을 향해서 강조코자 하는 것도 그와 같은 원칙에는 조금도 다름이 없는 것이다.

　말하자면 아직껏 우리 작가들이 답습하고 있는 이미 낡은 사실주의 내지 자연주의 수준을 신속히 초탈하기 위해서는 우선 현대의 선진적 작가들의 '리얼리즘'적 창작방법들을 철저하게 연구해야 한다고 생각한다. 이를테면 우리 작가들이 현대의 복차원적인 시간 속에 생동하는 인물을 자유자재로 표현하는 기법을 헤밍웨이의 작품에서 수입해야 하며, 내관묘사법 즉 내적 독자법을 죠이스의 작품에서 습득하고, 인간의 무의식의 세계에 있어서의 충동까지도 완전히 포착하는 기법을 사르트르의 작품에서 체득하여 소화함으로써 각 작가의 체질과 생리와 수련에 따라서 자기의 독특한 새로운 리얼리즘적 창작방법을 개척해 나가는데 있다는 것이다.

　이러한 길이 내가 말하는 비판적인 신'리얼리즘'방법의 전제가 되며 기초가 되는 것이다.

　그리고 비판적인 신'리얼리즘'에 대한 문제는 현대의 세계문학사적 대과제이므로 앞으로 우리 문단에서 진지하게 논의되어야 할 큰 과제라는 것을 몇 번이고 강조하고 싶다.

(『현대문학』, 1957년 3월호)

산문정신의 제문제

　흔히 우리 문단에서는 산문정신이란 특수어가 숱하게 발언된다.
　말하자면 시정신과 대립된 하나의 산문예술의 정신을 지적해서일 것이다. 그렇지만 그것이 하나의 표어처럼 통용되는 것은 그가 함축하고 있는 문학상의 주장과 어떤 특수한 내용을 간직하고 있는 탓이 아닐까. 문제는 그보다도 그 말이 우리 문단에서 어떤 구체적인 조건과 요구로서 논의되는가 하는 것이다.
　한마디로 오늘날 우리 소설은 소재과중이나 관념과중으로 문학의 자기상실 속에 허덕이고 있지 않던가? 참말로 문학에 있어서의 소재라든가 관념문제들이 쉽사리 원리적으로 처리되지 못하고 있다.

1.

　소재란 어디껏 문학이 취급하는 재료를 일컬어서 말한 것이다.
　어떤 소재도 그것이 재미 있다든가 여태껏 문학에서 그리 묘사된 적이 없었다든가 한다면 그 신기성이나 미개성만으로도 얼마쯤 독자를 끌 수 있다. 아니 독자뿐 아니라 실지로 작가 자신도 그 분위기 속에 휩쓸려 들어갈 수 있으리라. 말하자면 독자는 그러한 흥미에 의해서 문학에 연결되고 작가도 그러한 것에 의해서 언제나 그의 시야를 확대시킬 수 있다는 데서 필요할 것이다.

그러나 문학적 소재란 반드시 한 작가의 사상감정과 밀착된 것이어서 그것이 한갓 신기하거나 미개한 것만으로 결코 성립될 수 없지 않을까. 그래서 작가의 사상 감정이 강잉(强剩)하면 강잉할수록 그 작가가 다루는 소재 범위가 스스로 제한되게 마련이다.

가령 닥치는 대로 소재를 취급하는 작가란 저속한 통속작가뿐이지만 소재와 사상과의 조화가 불충분하다든가 사상의 빈곤 때문에 소재의 신기성과 미개성에 의존치 않으면 안될 작가는 흔히 많은 것이다. 이것이 이른바 소재과중에 의한 문학의 편향을 가져오는 까닭이다.

작가의 재능이란 몹시 곤란한 소재에 의해서 시험되거나 그 모험을 감히 극복치 않으면 더 발현되지 못한다고 한다. 어디까지나 타당한 말이다. 허나 그보다 앞서 알아야 될 것은 그것이 결국 작가의 사상이 밑받침되어 있었다는 것과 무모한 모험으로 작가의 재능이 헛되게 손상되는 경우가 얼마든지 있다는 것이다.

우수한 작가일수록 사상과 소재가 밀착되어 있음을 본다. 이를테면 푸로벨이 『마담·보봐리』의 모델이 바로 자신이라고 한 말을 다시 한번 상기할 필요가 있다. 좀처럼 구할 길없는 인생에 대한 푸로벨의 투철한 사상이 마침내 보봐리 부인을 창조한 것이다. 그를 에워싼 모든 인물과 정경은 그의 사상과 불가분의 관계를 맺고 있지 않던가. 다시 말하면 그의 사상을 표현키 위해서는 『마담·보봐리』를 묘사하는 이외에 어떤 딴 길이 없었다는 것이다.

앞서 말한 바 소재의 신기성과 미개성의 흥미로서 독자가 문학에 연결된다고 했지만 실상 독자가 문학에 대해서 요구하는 것은 그러한 흥미본위만이 아닌 것이다. 바로 이것이 중요한 점이다. 그 신기성이나 미개성을 매개로 해서 더한층 심리나 생리 속으로 깊숙히 파고 들려는데 있다. 이처럼 미지의 세계로 지향하는 독자의 요구는 몹시도 강렬하고 더욱이 소재와 작가의 사상이 미소한 비밀 속에 쌓여 있는 문학세계에서 떠나려 하지 않는 것이다. 오늘날 우리의 고전으로서 『춘향전』 같은 것이 언제나 시대적인 새로운 애정으로 후세대에 까지 전승되는 것도 바로 그러한 이유에서이다.

2.

앞서 잠깐 말한 것처럼 관념과 문학의 관계란 논리적으로 그렇게 난해한 문제는 아니다.

여기서 관념이란 문제를 정치라고 한정하고 생각해보자. 문학은 어디까지나 문학이지 정치에 종속되거나 더욱이 흡수될 수는 없다고. 만약 그렇다면 문학이 될 수 없다고들 한다. 허나 특정한 정치시대라고 말할 수 있는 역사적 구체적인 경우에 당면할 때 — 이를테면 우리의 현대문학을 살펴보더라도 그러한 논리로서는 결코 문학적 실천(창작)을 수행할 수 없지 않을까. 바로 말해서 문학이 정치에 종속되거나 흡수되는 것이 아니다. 다만 정치가 문학의 원동력으로서 성격을 지니는 것이 자연의 도리가 될 뿐이다.

그렇지만 문학이 관념문학으로 전화된다는 것은 전혀 다른 문제다. 흔히 관념문학이라고 불리우는 것은 관념적인 것이 그대로 문학 속에 잠입해서 다만 문학 형태를 빌려서 표현되고있는데 불과하다. 대체로 문학이란 한갓 미미한 신변소설로서 사생활의 좁은 세계를 묘사하는데 그친다고 해도 거기에 기술되고 묘사된 것을 넘어선 어떤 것이어야 마땅하다. 그 사상성이 문학적으로 가치를 부여하고 그것이 이를테면 저널리즘 등과의 근본적인 차질을 이룩하는 것이다.

문학의 저널리즘화는 현대의 커다란 경향으로 된다. 오늘날 벌써 문학적 표현과 저널리즘의 기술이 서로 구별키 곤란한 지경에 이르고 있다. 본래 저널리즘 문장의 특징은 무성격과 무사상에다가 무서명인데 있다. 그러한 저널리즘에로 현대문학이 전화되고 있다는 것은 작가사상의 빈곤과 기피를 말해 준다.

동시에 오늘의 우리 문단주변에 서식하는 소위 인기작가 내지는 대중작가라고 불리우는 부류들이 경이적인 다작을 과시하는 비밀도 가히 짐작하고 남음이 있으리라. 거의 기계적인 과정으로 다작되는 그들 작품은 소설적 형태를 갖고 소설적인 사건을 구성·전개시키고 있지만 그 실은 저널리즘과 티끌만한 차이도 엿볼 수 없지 않던가. 가령 자기사상으로 고민하는 작가라면 그처럼 다작이 가능할 수 없기 때문이다.

관념과 문학의 관계에 대해서 원칙적으로 문학의 특수성을 인정한다고 해도 실제로 문학과 저널리즘과를 혼동하기가 일수다. 이것은 문학 자신의 저널리즘화가 가져 온 결과이겠지만 그것이 다못 문학에 대한 불행뿐만 아니라 문학이 진실로 인간 완성에 기여한다는 것도 불가하게 된다.

만약 문학이 끝없이 저널리즘화된다면 문학으로서의 영향력이나 감염력이 상실되고 어떠한 관념적인 중요한 소재를 취급했다고 해도 그것으로 독자의 정신을 포착하거나 북돋아 줄 수 없는 것이다.

이것과 결부해서 생각할 수 있는 것은 오늘날 많은 역사소설이나 야담류에서 김경신이나 이순신과 같은 사상의 영웅들을 묘출하고 있는 점이다. 작가가 문학에 있어서 사적 인물을 체현키 위해서는 단순히 그 인물들이 오늘날 새로운 의의를 띠고 있다는 정치적 인식만으로는 충분치 않다. 그 인식은 어디까지나 내부에 간직하고 그것을 한걸음 넘어서 작가가 그 인물과 상상키 위해서 동화하고 그 인물이 작가의 피로서 살게끔 심리적인 과정이 필요할 것이다. 이러한 심리적 과정을 경과해서만 그 창작적 동기가 이미 작가의 표현을 요구하는 생명과 불가분의 관계에 있는 것이 진실한 문학인 것이다.

그처럼 작가가 자기의 산 감정으로서 인물을 재현하고 정확히 인간상을 체현할 수 있다면 그것은 참다운 인간상인 동시에 작가 자신의 모습이고 더 나아가서 참다운 우리 민족의 인간상으로 창현되는 것이다.

3.

소설이란 인간을 그리는 기술이라고 까지 한다.

그만치 그것이 소설로서는 중요한 것이고 시와 산문을 구분하는 차이도 바로 그 점에 있다고 해도 좋다.

시예술에 있어서는 인간이 객관적인 진실성으로 묘사될 필요도 없고 또 그렇지도 않지만 산문예술에 있어서 특히 소설 문학에 있어서는 무엇보다도 인간이 객관적인 진실성으로 그려지지 않으면 안되고 그래야만 비로소 그 작품이 독자의 마음속에 생동하게 되는 것이다.

인간을 그린다는 것이 가끔 소홀히 다루어지거나 경시되는 것은 안티·휴머니즘이란 문학적 주장에 의하기도 하지만 그보다도 대개는 인간의 형상화가 꽤 까다로운 것이기 때문이기도 한다. 하기야 문학에서 인간을 묘사한다는 것은 단순히 평범한 인간을 관찰해서 그리는 것이 아니고 그를 통해서 인간을 발견하고 인간을 창조하는 때문이다.

더욱이 푸로벨이 '보봐리 부인은 나다'라고 말한 것처럼 인간의 관찰과 창조란 결국 작가 자신의 자기추구이고 자기표현이라고 한다면 그것은 퍽 어려운 것이 아닐 수 없다.

이를테면 작가가 실재의 인간에서 발견한 것을 그의 창조적 재능으로서의 특수방법으로 결합하고 그것을 하나의 산 인간형태로 통합하는 것이다. 그리고 그 발견은 인간의 관찰로서만 이룩되는 것이다.

그런데 그 관찰·발견 — 창조의 과정이란 자기를 떠나서는 결코 기도될 수 없고 언제나 자기의 내성이나 내관과 조화되어서만 성립된다. 다시 말하면 그것은 끝없는 자기비판에 의해서 유지되고 추진되는 것이다.

따라서 작가가 자기를 탐구하고 자기를 비판한다 함은 두말할 나위 없이 그의 생활을 토대로 해서 행해지는 것이다. 작가의 생활에서 그는 자기를 관찰하고 나아가서 인간을 창조하는 것이다. 한 작가의 올바른 이해를 위해서 작가의 생활을 중시하는 것은 그 때문이다. 허나 작가의 생활이라고 할 때 그의 한정된 현실생활 뿐만 아니라 무한한 넓이를 갖는 가능적 생활까지도 포함된 것을 잊을 수 없다. 인간은 실제로 하나의 현실생활밖에 영위할 수 없게 운명지어졌지만 가능적으로는 얼마만큼의 생활을 하게끔 만들어져 있다. 더욱이 훌륭한 작가의 경우에 그렇다.

4.

　소설문학에 있어서 인간상의 문제 중 가장 중요한 것은 유형과 전형인줄 안다.
　소설 속의 인물이란 더 말할 것 없이 정신과 육체가 결합된 하나의 인간인 것이다. 하지만 그것은 결코 폐쇄된 존재가 아니다. 말하자면 그 인물을 초월해서 어떤 인간군을 연상케하는 대표적인 존재라는 것이다. 더 정확히 따지자면 실제의 인간이 그런 것처럼 작중인물도 특수하면서 동시에 일반적 존재인 것이다. 여기에 유형과 전형의 문제가 싹튼다. 즉 그 일반적인 것이 유형을 표시함에 불과한 것이나 그것과 함께 전형을 형성하고 있기 때문이다.
　대체로 유형이란 두 가지 뜻으로 쓰이는 것 같다. 그 하나는 일상 현실에서 쉽게 발견되는 인간과 유사한 형, 또 다른 하나는 몰개성이란 의미다. 여기서 전형과 대치되는 문제는 전자의 의미다. 그렇다면 전형이란 무엇을 뜻하는가? 어떤 인간형의 범례적인 것과 순수한 것을 말한다. 요컨대 유형과 전형과의 차이는 전자가 현실사회에서 쉽사리 얻어짐에 비해서 후자는 어디까지나 현실생활 속에서 관찰과 발견에 의해서 포착되는 것이라고 생각하면 좋다.
　소설문학 중의 주요인물이 어떤 의미에서 유형적이어서는 안된다. 문학의 오소독스로는 끝까지 유형을 배척하고 전형의 발견과 창조에 힘쓴 것이다. 독자가 작중인물에 있어서 신기성이나 미개성에 이끌리는 것이나 딴것과 함께 독자에게 줄 수 있는 것은 전형뿐이다.
　한편 오늘의 통속소설에서 그려지는 인물은 거개가 시중 항간에서 발견되는 유형적 인물들이다. 하기야 그 인물이 개성적인 의장이 여러 가지로 장식되어 있기는 하다. 허나 그것으로 유형이 전형으로 뒤바뀔 수는 없다. 이른바 통속소설의 흥미란 인물의 실체에는 그리 관계치 않고 세속적 인간의 운명이나 풍속도를 묘사하는 것임으로 얼마쯤 통용된다. 그러나 문학으로서는 저조(低調)의 느낌을 벗어날 수 없는 것은 그 때문이다. 본래 인간사란 언제나 자기를 형성하고 있고 그때마다 인간의 새로운 타입을 형성해 가는 것이 실로 끝없는 것이다. 그 새로운 타입은 역사를 넘어선 것이고 그것에 의해서 추진되는 것이다.

문학이 응당 전형을 그려야 하지만 특히 오늘과 같은 전환기에 있어서는 역사가 그것을 완성시킴에 앞서서 신인간형을 체현시키지 않으면 안된다. 여기에 우수한 작가의 관찰·발견·창조가 아름답게 개화될 수 있다. 문학의 지도성이란 것이 이런 시기에 가끔 경련적으로 문제되지만 문학이 그러한 신인간형을 묘사함으로써만이 시대에 대해서 지도성을 지닐 수 있다.

서구의 근대문학에서는 그러한 전형을 그려서 성공한 예가 적지 않다. 이를테면 우리에게 널리 알려진 『아버지와 아들』의 바자로프나 『적과 흑』의 쥬리안·소레르 등 무수히 시대적 전형을 보여 준다. 그럼에도 불구하고 우리의 근대문학에서 이렇다 할 전형을 엿볼 수 없는 것은 웬일일까? 그것을 객관적으로 설명한다면 우리의 근대사가 극히 짧고도 기형적인데 비해서 여러 가지 전변(轉變)이 착잡(錯雜)이 연발해서 신인간형이 싹트기 이전에 붕괴되고 말았다고 보는 것이 타당치 않을까. 어떠한 천재적 작가라고 그러한 역사적 현실 속에서 훌륭한 전형적 인간상을 완성시킬 수 없었다고 이해할 수 있다.

여기서 유의할 점은 전형이라든가 유형이라고 하면 어딘지 추상적인 것처럼 오인되기 쉽다 함이다. 그러나 작중인물이 전형적인 것은 그 인물이 개성적인 것을 저버리지 않을뿐더러 개성적으로 신인간이 아니면 훌륭한 전형이 될 수는 없다. 다만 작가의 창조적 재능으로서 하나의 개성있는 인간으로 키워서 전형을 완성시키는 것이다.

한편 신인간형의 창조는 작가가 처한 사회생활·민족생활과 깊은 관계를 지니고 있다는 문제다. 만약 작가가 그러한 생활로부터 유리해서 사소설적인 또는 신변소설적인 영위를 초극할 수 없는 생활 속에 자신을 폐쇄한다면 그러한 의욕이 싹틀 수도 없다. 다시 말해서 작가들의 생활이나 문학이나 모두 진실로 사회성과 민족성을 띠고 있을 때 그것은 가능하다는 애기다.

그렇다면 오늘날 우리 작가들처럼 하나의 인간도 완전히 형상화할 수 없을 때 하물며 어떻게 새 전형이 그려질 수 있을까. 또한 현대인 자신이 다방면으로 분열되고 이미 성격적 통일마저 상실되고 있을 때 하나의 통일된 전형이 형상화될 수 있을까 하는 의문이 치민다. 전자는 작가의 재능문제에 속하지만 현대의 작가적 재능이 그처럼 빈곤할 수는 없다고 여겨진다. 후자는 현실의 저항을 강조하고 있지만 반드시 그것에 대응한 문학상의 방법이 없으면 안된다. 여기에서 문제는 종래의 문학적 방법을 재검토할 필요를 느낀다.

5.

대체 문학의 방법이란 무엇인가?

문학도 깊은 의미에서 하나의 인간적 기술이라면 거기에는 방법이 수반되게 마련이다. 흔히 지식은 진을 탐구하는 기술이고 도덕은 선을 실현하는 기술이고 문학은 선을 창조하는 기술이라고 한다. 그렇다면 문학에는 특정한 방법이 선택되고 발견될 수 있는데 그 근거를 이루는 것은 어디까지나 그 작가의 인생관과 세계관이라고 볼 수 있다.

그래서 문학의 방법은 개별적 작가에 따라 그의 사상과 재능에 의해서 그리고 역사에 의해서 제약되게 마련이다.

어떤 특정한 역사시대에서 특정한 문학방법이 주류를 이루는 것은 그 때문이다. 따라서 시대의 걸작이 예외 없이 그 주류적인 문학방법에 의해서 생산되는 것이지 역행적인 방법에서 있는 것을 알지 못한다.

우리의 근대문학은 주지하는 바 서구의 온갖 문예사조가 다함께 착잡히 혼류하면서 특히 자연주의란 렛텔 밑에 사실주의 문학방법이 성행된 것을 기억한다.

그 방법은 근대 프랑스 문학에서 발자크에 의해서 초석 지어지고 푸로벨이 사실적으로 발전시키고 졸라가 과학적으로 확립시켰다고 한다. 하지만 우리 나라에 수입된 사실주의란 그러한 프랑스의 정통적인 리얼리즘이 아니라 러시아나 북구의 침울한 리얼리즘에 영향된 것이었다. 이를테면 톨스토이, 투르게네프, 도스토예프스키, 체홉, 입센 등의 작품 선례를 여지없이 받은 것이다. 그 까닭은 당시의 사회현실에서 우리 나라가 프랑스처럼 충분히 근대화되어 있지 못하고 더욱이 문화적으로 봉건적인 잔재가 농후했던 것은 자연히 후진적인 러시아나 북구사회의 문화가 더 친근하게 우리 작가들의 가슴을 충동할 수 있었기 때문이다.

실지로는 우리 작가들이 사실주의를 하나의 문학적 방법으로 수입했다기보다 한갓 막연한 인생관의 새로운 태도로 배웠을 뿐이다. 물론 오늘의 사실주의 문학은 기왕의 소설이나 신변소설 수준을 훨씬 지양해서 새로운 요소를 더해 가고 있다. 말하자면 시대의 자연적 추이에 의해서 시대감각의 자연적인 변화에 대응해서 진전하고 있지만 그것이 우리 문학에서 어떻게 반영되고 있는지는 의문이 아닐 수 없다.

실지로 최근에 이르러 리얼리즘 방법이 침체되고 거기에 대해서 불신을 말하게 되었다. 개인적 사회적인 현실의 복잡 다양화에 따라서 이미 그 방법으로는 부적당하고 그 결과는 그처럼 복잡화된 현실의 일면화·평면화 내지는 모양화에 떨어지지 않으면 안되게 되었기 때문이라고 한다.

본래 리얼리즘의 방법이란 가시적 현실을 묘사하는 것에 의해서 그 내면의 진실에 도달코자 하는데 있었다. 때문에 현대의 동적이 외면과 내면과의 관계가 급격히 변화된 현상에 그대로 순응될 수 없다. 이 같은 리얼리즘의 근본적 장막을 심리적 방법으로 구원코자 온갖 표현상의 모험을 기도해서 성공한 작가도 가끔 볼 수 있다.

6.

여기에서 예술작품의 독자적 미란 문제를 말하고 이 글을 끝맺고자 한다.

산문예술 특히 소설문학이 사상예술이라고 흔히 불리운다.

누구의 말인지는 몰라도 시와 산문과를 스스로 표식케 하는 의미 깊은 말이다. 이처럼 말하면 시정신이란 지성과 무관한 것처럼 느껴질는지 모른다. 그렇지만 그것은 다만 시가 지성의 존재양식과 지성과 감성과의 결합방법이 산문정신과 다르다는 것뿐이다.

어쨌든 산문예술에 있어서 작가의 사상이란 마치 신체에서의 정신과 같은 역할을 다하지만 하나의 완벽된 그 예술작품은 하나의 독립된 미의 세계이고 작가의 사상을 떠나서도 그 자신만으로 만족한 존재가 아니면 안된다. 이를테면 관념문학이 범하는 중대오류가 바로 그런 점에 있다.

'예술작품은 의지의 작업이다. 예술작품은 지성의 작업이다. 왜냐하면 작품은 자체 내에 그 능력과 목적과 완전한 이유를 구비치 않으면 안되기 때문이다. 작품은 하나의 전체를 형성하고 자신도 만족하고 타인에게도 만족을 주는 조화 속에 말하자면 시공의 밖에 독립해서 안정하는 것이 아니면 안된다.……개개의 작품은 그 미 속에 그 목적을 두고 있는 것을 알고 있다. 하지만 예술작품의 참다운 특징으로 될 수 있는 것은 작품을 형성한 여러 요소가 힘을 합쳐서 아무리 작품 전체가 무익한 것은 아무것도 나타나지 않고 또 나타나서는 안된다는 점에 있다.'

이것은 앙드레·지드의 말이지만 예술작품이 어떤 방법에 의하더라고 또한 여하한 의도에 기초되는 그 완전한 자기 충족성만이 예술작품의 미에 있어서 불가결한 것이다.

(『현대문학』, 1960년 9월호)

Ⅲ. 전통과 현대

전통의 문제점
— 실학과 관련해서 —

선조로부터 유전된다는 전통의 유일한 형식이 바로 전세대가 남긴 성과를 맹목적으로 혹은 형식적으로 고수해서 그처럼 추종하는데 있다면 '전통'은 확실히 위축될 것이다(T.S. 엘리어트).

1. 전통의 정체와 그 단초에 대한 제논란

근자의 우리 평단에는 일찍이 볼 수 없었던 전통문제에 대한 새로운 관심이 급격하게 적극화되고 있었다는 사실을 기억하고 있다.
그것이 지난해보다도 오히려 그 이전의 몇 해 동안에 더 활발히 논란되었다가 유감되게도 이렇다할 결말도 못 본 채 흐지부지 말소되고 말았던 것이다.
이를테면 백철의「고전부흥과 현대문학」, 조연현의「전통의 민족적 특성과 인류보편성」, 홍효민의「문학전통과 소설전통」, 이봉래의「전통의 정체(正體)」를 비롯해서 서정주의「신라의 연구」나 최일수와 김양수 등이 시도한 이른바 민족문학의 본질탐구나 김종후(故)와 김우종 등에 의해서 기도된 고전에 대한 새로운 해석작업, 기타의 난다(難多)한 문학좌담들에서 퍽이나 요란스럽게 논란되어 왔다.
이렇듯 왕성하게 대두된 전통론의 논거는 과연 어디에 있었던가?
그것이 한갓 우리 과거를 파악하고 정리키 위해서 뿐만은 아니다. 가장 전통적인 것이 가장 새롭다는 데서 우리 문학의 후진성의 극복도 시간을 비약할 수 있는 전통적인 역량 위에서만 가능하다고 소신한 때문이었을 거다.

그러면서도 '반전통론자'들은 8·15 이전에는 우리의 전통이 전혀 없었다고 고집했다. 여기에 반해 천여 년 전의 아득한 '향가' 속에서 혹은 이조(李朝)의 『춘향전』으로부터 혹은 기미(己未) 이후의 신문예로부터 우리의 문학전통이 출발되었다고 운위하는 측이 이른바 '전통론자'들이다.

나는 우리 전통이 이처럼 종잡을 수 없는 그 출발점을 가져야 할 하등의 역사적 필연성도 수긍치 못한다. 뿐더러 그 엉뚱한 착각이 쉽사리 우리 문단이나 문학계에서 야기된다는 것은 자못 전통의 정체에 대한 올바른 파악이 결여된 탓이 아니었던가 여겨진다.

'전통'이란 말의 사전적 개념을 찾아보면 ― '진술·규율·관습 등이 구전이나 문서에 의하지 않고 실천으로 전달된 것'이라고 흔히 해석된다. 이처럼 몹시도 광범하고 막연한 '전통'이란 어의는 자연 그 해석자에 의해서 얼마든지 자의적인 정의를 내릴 수 있게 마련이다.

말하자면 전통을 끝까지 옹호·육성하려는 '전통론자'들에게는 그것이 장구한 역사의 축적에 의해서 형성된 민족고유의 문화적 감정이고 동시에 지속적 가치를 포함한 과거적인 유산인 까닭이며 전통은 절대적 가치를 지닌 것이라고 생각된다. 여기에 강력히 반기를 들고 전통을 부정·타파코자 하는 '반전통론자'들에게는 그것이 '고정화된 형식적 관습과 보수적인 형식에 가득찬 과거의 문화적 소산에 불과한 것'이라고 이해된다.

어느 편이든 모두가 상이한 가능적 해석을 하고 있다고는 볼 수 있을 것이다. 그렇지만 이 양자에게 다함께 불만을 갖는 필자로서 전통의 정체에 대한 보다 객관적인 인식이 요청됨을 자각한다.

전통이란 펜이나 원고지처럼 실체적인 사물이 아닌 이상 그것은 다만 일정한 역사적 시간 속에서만 포촉(浦促)된다. 그 탓으로 전통은 만대의 불역(不易)이 있고 일시의 유행이 있어 진보를 이룩하는 것이다. 전통이 고전성을 가진 이상 어떤 의미에서 낡은 것임에 틀림없다. 그렇지만 동시에 그것은 새로움을 수반하는 것이다. 그래서 전통이란 낡고 새로운 것이라고 말할 수 있다. 동시에 전통이란 시간을 초월해서 현재의 우리에게 간섭하는 가치를 말한다.
 자연히 여기서 우리 문학의 주체성을 확립키 위해서 고전에서 고유한 전통을 계승하자는 논리들이 오늘처럼 광범위하게 대두될 수 있다.
 한편 우리는 진정한 자아탐구를 위해서 문제되는 바 우리 전통이 과연 언제부터 기산(起算)해서 그 단초를 인정할 것인가 하는 문제에 봉착한다.

2. 근대 정신으로서의 실학

 자아의식이 문제되는 전통의 출발을 서구에서 '르네상스'기의 과학정신 내지는 '휴머니즘'으로부터 생각하듯 우리 전통도 근대정신의 발굴로부터 현대정신의 분석을 추출해야만 그 정당한 파악방법이 될 것이다.
 그렇다면 우리의 현대정신에까지 작용해서 영향을 미칠 수 있는 근대정신이 우리 역사상에 일찍이 구현된 적이 있었던가?
 나는 앞서 이 문제를 위요(圍繞)해서 이른바 '전통론자'들이 상호 위배되는 소론을 얼마쯤 지적했지만 우리가 전통의 정체에 대한 좀더 올바른 파악을 기반해서 우리 고유의 근대정신을 추구하자면 어차피 17세기의 실학사상에 그 중심을 두는 본질탐구가 있어야 마땅할 것이다. 이것이 어디까지나 나의 독창적 소견은 못되나 여태껏 전개된 바 실학사상에 대한 개념적이고 단편적인 인식들을 현대정신과 한 계보상에 합리적으로 연결시켜야 한다는 나의 사견을 강조키 위해서다.
 학문과 사상은 항시 인간의 진보와 함께 참신하게 전진하는 법이다. 이렇듯 학문과 사상은 양(洋)의 동서를 거침없이 유통해서 한 민족의 고유한 전통이 형성되어 간다.
 아시아의 최동남단(最東南端)에 위치한 이씨조선은 17세기에 이르도록 폐쇄된 고루함을 모면할 길이 없었다.
 이 같은 상황 속에서 '실사구시'를 지향할 근대과학정신이 이입되어 연구됨으로 이 땅에 하나의 '르네상스'까지도 마련할 수 있는 충분한 새싹을 마런시켰던 것이다.

또한 이것은 이조(李朝)의 중앙집권적·관료적 봉건사회의 틈바귀 속에서 우리 선조들이 유교의 성리학이란 허위와 퇴폐의 심연에 빠져 온 세계가 암흑의 궁극에 휘덮혀 그들의 전도(前途)에 절망만이 남았던 현실에서 인간의 사상과 행동을 자유롭게 해방하려는 관념에서 출발되어 이른바 '휴머니티'를 회복시키기 위해서였다고 볼 수 있다.

흡사 중세의 암흑세계로부터 인간을 해방코자했던 '르네상스'처럼 자유와 광명의 인간세계를 위해서 인간의 생활 전체(사유, 감정, 행동)를 해방코자 했던 실학—곧 과학의 파죽지세(破竹之勢)의 진전은 급기야 당사회의 기존 세력층의 저해와 저항에 맞부디친 것은 물론이었다. 그 반동의 탄압으로 해서 순조로운 명맥을 보존할 수 없는 것은 우리의 근대사를 영원히 기형적인 후진사회로 운명짓게 했다고 봐도 과언은 아니다.

그러나 실학이 하나의 완전한 결실을 맺지는 못했던 것이다. 또한 천주교에 의해서 명나라에 유입된 서구의 근대 과학문명을 이 나라의 선각적인 몇 사신(使臣)들의 보따리 속에 몇 푼의 진기한 선물로 분양해 온 것에 불과하다는 것과 그로 해서 그 속에 완전한 우리의 주체의식이 깃들어 있지 못하다는 흠을 잡을 수 있다.

더욱이 그 문헌들의 거개가 한자로 표기되어 있다는 사실은 그 가치를 더욱 손상케 하고 사장시켜 온 것이다. 나머지 실학에 대한 종래의 인식은 겨우 몇몇 사학자나 한문학자들에 의해서 극히 피상적이고 단면적인 소개와 고찰이 있었을 뿐 그 본질의 정당한 체계적 평가가 소홀시 되었던 것은 사실이다. 뿐더러 실학사상을 기반으로 한 우리의 고유한 근대문학에 대해서 제대로 발견하지 못한 채 오늘에 이른 것은 퍽 유감이 아닐 수 없다.

3. 고유한 민족적 지성(박연암의 문학)

우리가 일상생활에서 흔히 공기의 무게나 물맛이나 대지의 넓이를 의식 못하고 생존하듯 전통 속에 너무 직접으로 놓여진 탓으로 자칫하면 전통의 역량을 망각하기가 일쑤다. 그렇지만 전통이 그런 힘을 유지할 수 있는 것은 역시 위대한 작가의 이성적 자각을 경과해서 비롯하는 것이다. 물론 이 때 역사적 현실 속에서 작가의 진실한 자각은 민족적이고 사회적인 것을 망각할 수 없다. 이런 의미에서 우리의 근대정신에 대한 철저한 자각으로부터 형성되어졌다고 보여지는 박연암(朴燕岩)의 문학세계를 통해서 우리의 고유한 민족적 지성을 얼마쯤 생각코자 한다.

연암(燕岩) 박지원(朴趾源)은 과거 2백여 년 전 더 정확히 말해서 영·정년간(서(西)1737년생)에 일세를 풍미했던 대사상가이고 대문호다. 연암이 고고(呱呱)의 성(聲)을 울렸을 때는 이조봉건사회의 부패상이 극도에 이르러 바야흐로 새로운 사회사조와 이념이 절실히 요청되던 시대였다.

따라서 연암이 당시에 양반유자(兩班儒者)로 태어났음에 반해 그의 대표작「양반전(兩班傳)」을 보면 철저하게 도학(道學)에 반발된 새로운 시대윤리와 현실문제가 퍽이나 노골적으로 투영되어 있다. 그를 통해서 작가는 당사회의 양반계급들의 비루한 가식을 여지없이 폭로, 풍자하는데 시종하고 있다.

양반 못된 것을 평생의 다시없는 한으로 아는 천부(賤富). 그는 마침내 부채 속에 빠진 양반으로부터 양반권을 사고 본즉 양반의 정체란 퍽이나 허무맹랑한 괴물에 불과함을 비로소 알게 된다.

마침내 천부는 어처구니없는 형식과 가식에만 치중한 소위 양반백행(兩班百行)이 몹시도 구속적인 위습임을 생각하고 그렇게 동경했던 양반을 헌신짝처럼 던지고 내뺀다.

연암의「양반전(兩班傳)」을 비롯해서「호질(虎叱)」이나「허생전(許生傳)」등의 전작품 속에 공통히 저류되는 전제사회에 대한 강력한 반항의식은 곧 양반 부유(腐儒)의 삶을 수선적(修善的) 가차없이 폭로, 통갈(痛喝)로서 표현시켰던 것이다.

이처럼 박연암의 문학세계가 보여주는 것은 모순 속에 뒤덮인 이조사회의 이면을 예리하게 묘출함으로써 19세기 서구의 '발자크' '푸로벨' '졸라'

등의 완전한 '리얼리즘' 수준에까지는 미급했는지는 몰라도 그 작품이 적어도 사회성과 역사성에 밀착된 것은 근대사실주의의 생활을 실천한 셈이다.

하기야 연암의 전작품이 한문으로 표기되어졌고 과거의 권선징악적인 고대소설수준을 완전히 탈피 못하고 있는 점은 꽤 유감된 것이기도 하다. 또한 이것이 너무 설화적이고 관념적이란 결정적인 약점을 파악할 때 더욱 그렇다.

그럼에도 불구하고 연암이 「양반전(兩班傳)」이란 단편 속에서 무엇보다도 현실적 전형을 옳게 설정해서 표백시켰다는 점은 높이 살만한 것이 아닐 수 없다. 말하자면 붕괴와 몰락을 향해서 하강일로에 처한 당시 이조봉건사회의 주인공인 양반계급이 어떻게 파산되고 있고 이에 대체해서 점차로 신흥하는 천부(상인) 계급이 기존도학관념을 그대로 계승할 수 없다는 반항의식을 부여했다.

이같이 신구의 시대적 두 전형을 통해서 이조사회를 조금도 숨김없이 해부 분석해서 '리얼'하게 제시했다. 한편 작품 속에 맥맥히 흐르는 풍자정신은 현실을 강력히 부정하고 미래를 향해서 자유로이 호흡코자 하는 근대인의 건전한 저항의식까지도 엿볼 수 있다.

그렇다고 연암의 작품이 오늘날의 작품 수준에 겨누어서 훌륭히 구성되거나 형상화되었다는 것은 결코 말이 안된다. 그러면서도 그 작품이 출산된 지 무려 2세기가 경과된 오늘에까지 생동한 맛을 돋구어 주는 것은 무슨 탓일까? 비단 오늘날 홍비(紅碑)를 미끼로 행세하는 양반이 있을리는 없어도 아직껏 우리들 관념에 뿌리 박혀서 잔영된 봉건의식이 깨끗이 가서지지 않는데서와 화폐력에 의해서 변화된 오늘날의 양반(?)이 얼마든지 우리 사회에 재생하고 있다는데서 일거다.

어쨌든 그것이 과거 고대 문학의 낡은 전통을 탈피해서 근대정신으로 해방하려는 하나의 큰 '에푹·메이킨'이 될 만큼 그것이 새로운 작품세계를 보여준 것은 조금도 의심할 바 없다.

4. 주체성 확립의 역사적 가능성

한편 우리가 연암의 작품을 통해서 깊이 반성해야 될 것은 그것의 위대성을 발견하는 것보다도 우리의 근대문학이 다만 갑오경장이라는 정치적 사업에 편승해서 발아되었다고 보는 관념들이다. 이러한 경솔한 판단들이 흔히 우리의 과거문학을 백지로 돌리거나 무전통 속에 몰아넣게 되는 결과를 자아내게 하는 것이다. 그리해서 고대문학이 단번에 근대 내지는 현대문학으로 비약해서 온갖 모순을 초래했다고 설화한다.

나는 우리의 근대문학이 이미 실학파문학으로부터 배태되어서 전통 속에 깊숙이 노정되었던 사실을 발굴하는 작업이 보다 긴요하다는 것이다. 또한 그러한 우리의 과거문학에서 미래적인 근대문학의 원형질이 외래문학의 유입을 통해서 뚜렷하게 그 본질을 발휘할 수 있었다고 보는 것이 타당하지 않을까 생각된다.

그럼으로써 우리의 고대문학이 근대문학으로 비교적 자연스럽게 발전된 과정을 알 수 있고 동시에 우리 문학사가 순전히 모방성과 식민지성으로서만 형성되지 않았다는 귀결을 얻을 수 있는 까닭이다.

뿐만 아니라 6·25의 피어린 민족수난을 경과해서 인류사상의 최대비극을 독점했던 우리가 오늘처럼 불투명한 회색적 현실 속에 근근히 서식하면서도 보다 새 미래를 설계하려는 한 포기의 아름다운 꿈은 끝내 저버리지 않고 있다는 엄연한 사실을 잊을 수 없다. 그처럼 우리 민족이 '샤포텐'의 강인한 생존의식을 고이 간직해서 이 땅을 외래침략의 방어로부터 자기 후손들의 영원한 평화적 향사(鄕土)로서 수호코저 하는 '휴머니티'의 발현의 길은 곧 우리 전통에서 자아를 발견해서 주체성을 확립하는 과정에서만 성취될 수 있겠기 때문이다.

이렇게 우리가 자아의 주체성을 발굴하는 작업을 선행함으로서 우리에게 가장 적응되고 소화될 수 있는 동서의 사조가 어떤 것인가를 명확히 규준해야 되지 않을까.

그래서 우리가 이 숨가쁜 현실에서 어떻게 살고 어떻게 행동할 것인가 하는 새로운 실천적 이론을 창조할 수 있을 것이다.

그러면서도 우리가 특히 유의할 점은 고전으로부터의 '전통발굴'이니 '주체성 확립을 위한 자아발굴'이니 하는 공식적 구호들을 맹목적으로 강조하는 무비판적인 근시안성을 지양해야 한다는 것이다.

즉 지나친 자아에 대한 탐구작업이 쉽게 편향될 수 있는 과오를 미리 자각해서 자아에 대한 비판적인 탐구작업을 실천해야 마땅하다는 말이다.

아무쪼록 우리 전통에 대한 올바른 비판적인 자아탐구를 경과해서만이 우리의 진정한 주체성 확립을 위한 역사적 가능성을 발견할 수 있지 않을까.

어쨌든 앞으로 우리 문단에서 전통문제에 대한 진격(眞擊)한 논의가 더욱 활발히 전개되어 우리의 주체성을 보다 뚜렷이 구축해야 될 것이다.

(『엽전의 비애』, 청조각, 1964)

전통문학의 현대화시론(現代化試論)

1. 서(序) — 전통에 대한 세 가지 입장

근자에 와서 그 어느 때 보다도 우리의 문화적 전통문제가 크게 관심되고 있다. 유구한 역사 속에 맥맥히 이어온 우리의 고유한 전통이란 과연 어떤 것일까? 이런 테제를 놓고 골똘히 생각해 보면 그것이 그렇게 쉽사리 해명 될 얘기가 아니라는 데에 귀착하게 된다.

한 마디로 우리의 전통을 집약해서 설파하기에는 너무도 벅찬 사연을 안고 있다는 것이다. 다만 우리에겐 어떤 분명한 전통이 깊숙이 깔려 있고 또 그 속에서 역사가 활발히 전개되어 가고 있다는 것만이 확실할 뿐이다.

그 어느 누구도 우리의 전통의 정체(正體)를 정확하게 드러내서 섣불리 거론할 수 없을 것이라는 것이다.

그러면서도 우리는 오늘날 근대화의 새 물결 속에서 줄기차게 전통의 문제가 다루어졌고 그 정당한 계승방법을 다각도로 시도해 본 것도 사실이다. 문학의 경우만 하더라도 과연 우리의 고유한 에센스는 어떤 것이고 그 주체는 무엇인가를 간단없이 추구해 왔다. 그럴 때마다 그 해답은 다양한 것이었다.

즉, 우리에게는 무슨 전통 따위가 있느냐?[1]는 부정론에서부터 우리의 전통은 그야말로 대단한 것[2]이라는 긍정론에 이르기까지 종잡을 수 없게 번져질 수 있었다.

지금에 와서는 이런 근본적인 시비는 일단락 되었지만 우리의 전통이 언

---

1) 반전통론자의 주장
2) 전통론자의 주장

제부터 비롯되었고 그 알맹이가 어떤 것인가를 차근히 따지게 되었다. 그래서 우리의 훌륭한 유산을 찾아서 새로운 문학적 전통을 성실하게 쌓아 올리려는 의욕이 팽창해 가고 있다.

그 대표적인 대화의 광장으로 예술원이 주최한 제2회 아시아 예술 심포지움3)은 주목할 만한 것이었다. 거기서 다루어진 주제는 '예술에 있어서 전통과 현대'란 것이었다. 국내외의 많은 전문인사들이 예술의 여러 분야에 걸쳐 다양한 주제 발표와 토론을 전개하였다. 그 중 문학부문에 주제를 발표한 자유중국의 여광중(余光中)4) 교수의 주장은 전통에 대한 보다 선명한 해석을 보여 주었다. 그의 논지는 아래와 같이 요약될 수 있다.

> 전통문제와 관련해 동양(東洋)의 어떤 나라에서나 세 종류의 작가, 예술가를 보게 된다.
> 보수파(保守派)는 자기 나라의 전통을 문제없이 받아들이며, 급진주의자는 전통을 무분별하게 부인한다. 이들은 모두 전통을 완결된 역사로 보는 점에서 일치한다. 그러나 자유주의자는 전통을 불후(不朽)하다고도, 죽었다고도 생각지 않고 전통은 성장과 쇠퇴의 자연적 과정을 밟게 마련이라고 생각한다(여광중(余光中), 「예술에 있어서의 전통과 현대」, 『중앙일보』, 1973년 9월 25일).

이와 같은 견해로부터 여광중 교수는 '전통은 성장과 쇠퇴의 자연적 과정을 밟게 마련'이라고 소신(所信)하는 자유주의자의 편에서 역설한 셈이다. 따라서 전통문화의 '서구화는 중국문화 현대화의 한 수단에 불과한 것이지 목적은 아니다'라고 단정한 것이다.

여기서 필자는 우리의 전통문학을 어떻게 현대화시키는 것이 현명하고

---

3) 1973년 9월 25일~28일까지 계속된 이 모임에는 한국을 비롯 자유중국·일본·이집트·서독·필리핀·인도네시아 등 7개국의 문화예술계 인사 21명이 문학·미술·음악·연예 등 4개분과에서 발표 및 질의가 있었다.
4) 만주대 교수. 저서로는 시집이 9권, 산문집이 4권, 평론집이 1권, 번역 작품집이 7권 있다.

타당한가 하는 물음 앞에 여교수의 소론은 몹시 유익한 것으로 받아진다. 본 논문이 추구하는 바 전통문학의 서구화 내지 현대화의 방법이 정당히 밝혀지기 위해서는 과연 우리의 전통문학이란 무엇이며, 그리고 그것을 중심한 많은 시비점을 분석하고 그로부터 문학적 전통의 재평가를 통해 그 귀결을 제시해 보려는 것이다.

2. 전통문학의 정체(正體)

'전통'이란 말의 사전적 개념을 찾아보면 — '진술(眞術)·규율(規律)·관습(慣習) 등이 구전이나 문서에 의하지 않고 실천으로 전달된 것'이라고 해석된다. 이처럼 몹시 광범하고 막연한 '전통'이란 어의는 자연 그 해석자의 의해서 얼마든지 자의적인 정의를 내릴 수 있게 마련이다.

말하자면 전통을 끝까지 옹호·육성하려는 '전통론자'들에게는 그것이 장구한 역사의 축적에 의해서 형성된 민족고유의 문화적 감정이고 동시에 그것은 지속적 가치를 포함한 과거적 유산인 까닭이며 절대적 가치를 지닌 것이라고 생각한다. 여기에 강력히 반기를 들고 전통을 부정·타파하고자 하는 '반전통론자'들에게는 그것이 '고유화된 형식적 습관과 보수적인 형식에 가득찬 과거의 문화적 소산에 불과한 것'이라고 이해된다.

어느 편이든 모두가 상당한 가능적 해석을 하고 있다고는 볼 수 있을 것이다. 그렇지만 이 양자에게 다함께 불만을 갖는 필자로서 전통의 정체에 대한 보다 객관적인 접근이 절실하다는 것을 자각한다.[5]

전통이란 펜이나 원고지처럼 실체적인 사물이 아닌 이상 그것은 다만 일정한 역사적 시간 속에서만 포촉(捕促)된다고 본다. 그 탓으로 전통은 만대

---

[5] 필자의 「전통의 제문제 — 실학과 연관해서」(『자유문학』통권 24호 1959년 3월) 참조.
주요내용 : ① 전통의 정체와 그 단초에 대한 제논의 ② 근대정신으로의 실학 ③ 고유한 민족적 지성 ④ 주체성 확립의 역사적 가능성.

의 불역(不易)이 있고 일시의 유행이 있어 진보를 이룩하는 것이다. 전통이 고전성을 가진 이상 어떤 의미에서 낡은 것임에 틀림없다. 그렇지만 동시에 그것은 새로움을 수반하는 것이다. 그래서 전통이란 낡고 새로운 것이라고 말할 수 있다. 동시에 전통이란 시간을 초월해서 현재의 우리에게 영향하는 가치를 말한다.

따라서 우리 문학의 주체성을 확립키 위해서 고전에서 고유한 전통을 계승하자는 논의들이 오늘처럼 광범위하게 대두될 수 있다. 이와 관련되어 T.S. Eliot의 다음과 같은 소견은 우리에게 몹시 유익한 것으로 받아진다. 즉 '선조(先祖)'로부터 유전된다는 전통의 유일한 형식이 바로 전세대가 남긴 성과를 맹목적으로 혹은 형식적으로 고수해서 그처럼 추종하는데 있다면 전통은 확실히 위축(萎縮)될 것이다.6)

한편 우리가 진정한 자아 탐구를 위해서 문제되는 바 우리의 전통이 과연 언제부터 기산(起算)해서 그 단초를 인정할 것인가 하는 문제에 봉착한다.

자아의식이 문제되는 전통의 출발을 서구에서 르네상스기의 과학정신 내지는 휴머니즘으로부터 생각하듯 우리 전통도 근대정신의 발굴로부터 현대정신의 분석을 추출해야만 그 정당한 파악방법이 될 것이다.

그렇다면 우리의 현대정신에까지 작용해서 영향할 수 있는 근대정신이 우리 역사상에 일찍이 구현된 적이 있었던가?

이 같은 문제의 추구는 한갓 우리 과거를 파악하고 정리하기 위해서 뿐 아니라 가장 전통적인 것이 가장 새롭다는 데에서 우리 문학의 후진성의 극복도 시간을 비약할 수 있는 전통적인 역량 위에서만 가능하다고 소신하는 때문이다.

그런데 이른바 '반전통론자'들은 8·15 이전에는 우리의 전통이 전혀 없었다고 고집했다. 여기에 비해 천여년 전의 아득한 향가 속에서 혹은 이조의 『춘향전』으로부터 혹은 기미(己未) 이후의 신문예로부터 우리의 문학전통이 출발되었다고 말하는 측이 이른바 '전통론자'들이었다.

---

6) 「전통과 개인의 재능」 참조.

필자는 우리 전통이 이처럼 종잡을 수 없는 그 출발점을 가져야 할 하등의 역사적 타당성을 수긍치 못한다 뿐더러 그 엉뚱한 착각이 쉽사리 우리 문학계에서 야기된다는 것은 결과적으로 전통의 정체에 대한 올바른 파악이 결여된 탓이었다고 믿어진다.

우리가 전통의 정체에 대한 좀 더 올바른 이해를 통해서 우리 고유의 근대정신을 추구하자면 어차피 17세기의 실학사상에 그 중심을 두고 본질 탐구가 있어야 한다는데 귀착하게 된다. 이것이 최근 몇 소장(少壯) 비평가들에 의해서 주장된 것이지만 여태껏 전개된 바 실학사상에 대한 개념적이고 단편적인 이해들을 현대정신과 한 계보상에 합리적으로 연결시켜야 한다는 것이다.

학문과 사상은 항시 인간의 진보와 함께 참신하게 전진하는 법이다. 이렇듯 학문과 사상은 양(洋)의 동서를 거침없이 유통해서 한 민족의 고유한 전통이 형성되어 간다.

아시아의 최동남단(最東南端)에 위치한 이씨조선은 17세기에 이르도록 폐쇄된 고루함을 모면할 길이 없었다.

이 같은 상황 속에서 '실사구시(實事求是)'를 추구할 근대정신이 유입되어 연구됨으로써 이 땅에 하나의 르네상스까지도 마련할 수 있는 충분한 새싹을 마련했던 셈이다.

또한 이것은 이조의 중앙집권적·관료적 봉건사회의 틈바귀 속에서 우리 선조들이 유교의 성리학이란 도그마로 그들의 전도(前途)에 절망만이 남았던 현실에서 인간의 사상과 행동을 자유롭게 해방하려는 관념에서 출발되어 이른바 휴머니티를 회복시키기 위해서였다고 볼 수 있다.

흡사 중세의 암흑기로부터 인간을 해방코자 했던 실학 즉 과학의 파죽지세(破竹之勢)의 진전은 급기야 당사회의 기존 세력층의 저해와 저항에 맞부디친 것은 물론이었다. 그 강력한 반동으로 해서 순조로운 명맥을 보존할 수 없는 것은 우리의 근대사를 영원히 기형적인 후진사회로 운명짓게 까지 했다고 봐도 과언은 아니다.

그러나 실학이 하나의 완전한 결실을 맺지는 못했던 사실이다. 또한 천주교에 의해서 명나라에 유입된 서구의 근대 과학문명을 이 나라의 선각적인 몇 사신들의 보따리 속에 몇 푼의 진기한 선물로 분양해 온 것에 불과하다는 것과 그로 해서 그 속에 완전한 우리의 주체의식이 깃들어 있지 못했다는 흠을 잡을 수 있다.

더욱이 그 문헌들의 거개(擧皆)가 한자로 표기되어 있다는 사실은 그 가치를 더욱 손상케 하고 사장(死藏)시켜 온 것이다. 나머지 실학에 대한 종래의 인식은 겨우 몇몇 사가(史家)나 한문학자들에 의해서 극히 피상적이고 단면적인 소개와 고찰이 있었을 뿐 그 본질의 정당한 체계적 평가가 소홀시되었던 것은 사실이다. 뿐더러 실학사상을 기반으로 한 우리의 고유한 근대문학에 대해서 제대로 발견되지 못한 채 오늘에 이른 것은 퍽 유감이 아닐 수 없다.

우리가 일상생활에서 흔히 공기의 무게나 대지의 넓이를 의식 못하고 생존하듯 전통 속에 너무 직접으로 놓여진 탓으로 자칫하면 전통의 역량을 망각하기가 일쑤다. 그렇지만 전통이 그런 것을 유지할 수 있는 것은 역시 위대한 작가의 이성적 자각을 통해서 비롯하는 것이다. 물론 이 때 역사적 현실 속에서 작가의 진실한 자각은 민족적이고 사회적인 것을 망각할 수 없다.

이런 의미에서 우리의 근대정신에 대한 철저한 자각으로부터 형성되어졌다고 봐지는 박연암[7]의 문학세계를 통해서 우리의 고유한 민족적 지성을 추구하는 것이 타당하다고 본다.

한편 연암문학을 통해서 깊이 반성해야 될 것은 그것의 위대성을 발견하는 것보다도 우리의 근대문학이 다만 갑오개혁(甲午改革; 1984년)이라는 정치적 사업에 편승해서 발아(發芽)되었다고 보는 관념들이다. 이러한 경솔한 판단들이 흔히 우리의 과거문학을 백지로 돌리거나 무전통 속에 몰아넣게 되는 결과를 가져오게 하는 것이다.

그리하여 고대문학이 대번에 근대 내지는 현대문학으로 비약해서 온갖

---

[7] 본명은 박지원(朴趾源;1739)으로서 이조의 영·정조시대에 일세를 풍미했던 사상가이고 문호이다.

모순을 초래했다고 설파한다.

　따라서 우리의 근대문학이 이미 실학파문학으로부터 배태되어서 전통 속에 깊숙이 노정되었던 사실을 발굴하는 작업이 긴요하다는 것이다. 또한 그러한 우리의 과거문학에서 미래적인 근대문학의 원형질이 외래문학의 유입을 통해서 뚜렷하게 그 본질을 발휘할 수 있었다고 보는 것이 타당하지 않을까 생각된다.

　그럼으로써 우리의 고대문학이 근대문학으로 비교적 자연스럽게 발전된 과정을 알 수 있고 동시에 우리 문학사가 순전히 모방성과 식민지성으로서만 형성되지 않았다는 귀결을 얻을 수 있는 까닭이다.

　이렇게 우리가 자아의 주체성을 발굴하는 작업을 선행함으로써 우리에게 가장 적응되고 소화될 수 있는 동서의 사조가 어떤 것인가를 명확히 규준해야 되는 것이다.

　그러면서도 특히 유의할 점은 고전으로부터의 '전통발굴'이니 '주체성 확립을 위한 자아발굴'이니 하는 공식적 구호들을 맹목적으로 강조하는 무비판적인 근시안성을 지양해야 한다는 것이다. 즉 지나친 자아에 대한 탐구작업이 쉽게 편향될 수 있는 과오를 미리 자각해서 자아에 대한 비판적인 탐구작업을 실천해야 마땅하다는 것이다.

　아무쪼록 우리 전통에 대한 올바른 비판적인 자아탐구를 경과해서만이 우리의 진정한 주체성 확립을 위한 역사적 가능성을 발견할 수 있을 것이다.

3. 문학적 전통의 재평가

　여기서는 전세대(前世代)의 전통문학이 계승된 현대의 전통문학의 본질과 그의 발생전개 그리고 퇴폐·파괴 과정을 해명함으로써 우리의 문학적 전통을 여하히 살리고 발전시킬 수 있는가를 타진해 보려는 것이다.

　문학적 전통이 적어도 민족정신 위에 확립되기 위해서는 재래적인 것과 외래적 것— 즉 외래문학과의 사이에 몹시 밀착된 관계가 있음은 물론이다. 이것은 단순한 사회적 현상보다도 역사적 사실로 이해된다. 흔히 전통문학이 민족의 전통으로서 확립될 때 재래적인 것에 대해서 외래적인 것, 즉 타민족의 문학적 전통이 그 민족에게 강력히 영향하게 마련이다.[8]

이것은 우리의 문학적 전통이 한글을 통해서 기본적으로 확립된 이조시대를 보더라도 충분히 납득이 갈 것이다. 바로 이조는 그 무엇보다도 중국문화의 영향이 급격히 또한 현저하게 우리 민족 위에 가해진 시대라 할 것이다.

만약 중국문화의 영향력이 그와 같이 현저하지 않았던들 우리 민족의 문학적 전통의 확립기가 실제의 우리 역사와 개별의 것이 되었을는지도 모른다.

그러나 외래문화의 세력 하에 확고한 국문학적 전통이 수립되기 위해서는 미리부터 전통의 바탕을 이룰 수 있는 재래적인 속에 어떤 형태의 이성적인 것이 준비되어 있지 않으면 안되겠다 할 것이다. 만약 그렇지 못하다면 외래문학을 맹목적으로 폐쇄해서 전혀 유입치 않던가 혹은 비판적인 유입으로 모방하는 길밖에 없다. 그렇지 않고 충분한 고려 밑에 외래문화를 유입하고 국문학 본래의 전통의 바탕을 폐기하지 않고 그것에 추종해서 자기의 것으로 하게 되면 그것은 벌써 이성적인 것이 그 바탕에 작용하고 있었던 결과라 볼 것이다.

따라서 국문학적 전통의 바탕을 이루고 있는 것이 어떤 것인가를 알기 위해서라도 이를테면 과거의 불교사상, 유교사상과 같이 이미 세계사적 의의를 갖고 존재되었던 것이 어떤 형태로서 우리 민족에게 유입되고 소화되었던가를 주의 깊게 회고할 필요가 있다.

그런데 외래문화의 유입에 있어서 본래적인 것(전통의 바탕)은 두 가지 향방을 취하고 있음을 이해해야 한다. 첫째 기미(己未)이후의 문예초창기처럼 외래문화에 대해서 무조건 매력적인 동경을 갖고 신선한 이국적 감정으

---

[8] 필자의 「문학적 전통의 재검토」(『성균』제7호, 1956년 9월 15일) 참조.

로 만족하려는 것이다. 둘째는 이른바 순수문학시대인 30년대에 와서 복고사상이 논의되고 역사소설이 유행하던 시대와 같이 전자(前者)의 저항으로서의 복고적 경향을 환기시켜 본래적인 문학을 재음미하고 이것을 통일적으로 고전화해서, 그의 이상적인 정신력에 의해서 무조건 이국적 동경에 대립하려는 경향인 것이다.

그런데 이 상반되는 두 방향은 문학적 전통의 확립에 있어서 서로 규제되는 중요한 계기가 된다. 이것은 문학적 전통 확립에 있어서 이성의 매개가 얼마나 중요한 역할을 하는가를 말해 주는데 불과하다.

문학적 전통이란 이미 다원적이고 복합적인 것을 모면할 수 없다고 본다. 단일한 것, 완성된 것으로서 본래부터 존재할 수는 없는 것이다. 문학적 전통을 지닌 고전적 성격으로서는 통일완성 정형이란 것이 무엇보다도 중시된다 할 것이다. 그러나 그러한 고전성은 애초부터 문학적 전통에 완비되어 있는 것이 아니라 외래문화와의 접촉에서부터 형성되는 것이라 생각된다. 물론 하나의 문학적 전통이 고전성격을 띠고 성립되기 위해서는 재래적인 문학적 전통의 바탕을 만드는 것이 있고 이 바탕 속에 이미 민족이성이 포함되어 있는 것은 말할 것도 없다. 그러나 그것들이 올바른 형태로서 고전적 규범으로 성립되는 것은 대개 외래문화와의 교섭의 결과인 것이다.

이 점으로 보더라도 문학적 전통의 형성은 다원적·복고적이고 이질적인 것과의 관련이 중요한 동기를 이룬다고 할 것이다.

이와 같이 문학적 전통은 역사적으로 형성되어 온 것이다. 역사적 형성에 앞서서 본래부터 존재하는 문학적 전통이란 있을 수 없다. 그것은 실로 민족정신의 형성과 함께 역사 속에 생성되어 온 것이다. 어떤 전통이든 역사 속에서 생성된 것에 불과하다.

이와 같이 문학적 전통은 역사에 의해서 만들어진 것이면서도 또 역사를 만드는 것으로 전환하는 것이다. 이 사실은 누구나 시인하지 않으면 안될 역사적 사실이다.

그런데 이러한 전환은 어떻게 진행되는 것일까. 가령 예술가의 작품을 그 예술가가 주체적으로 창작한 것이면 것일수록 그는 그의 작품 그 자체에 의해서 역사적으로 운명지어지는 것으로 된다.

역사적 세계에 있어서도 만들어진 것이 항상 만드는 것으로 변하는 것이다. 그리하여 이 전통 속에 역사진행의 위대한 생명이 숨어있는 셈이다.

한편 문학적 전통이란 개인적 존재가 아니고 민족적 존재인 것이 틀림없다. 그러나 민족이 전통적 정신에 살기 위해서는 민족이성의 자각과 그의 등장을 기대하지 않으면 안된다. 그렇게 위해서는 어디까지나 작가가 이성적으로 각성하는 것이 필요하다.

민족이성이 작가의 자각을 통해서 문학적 전통을 형성키 위해서는 많은 기술을 필요케 하는 것이다. 민족적 이성으로서의 사고방법・감상방법은 그에 따르는 일정한 기술 없이는 움직일 수 없는 것이다. 민족이성이 그러한 기술과의 결합으로써 발동될 때 이것을 민족적 지성이라 부를 수 있다.

지성이란 이성의 자각에 대해서 일정한 기술을 만들어 내어 이것을 공급하는 기능을 수행하는 것이다. 적어도 문학적 전통이 성립키 위해서는 일정한 기술, 즉 훌륭한 작가의 많은 지성이 여기에 합세되지 않으면 전통의 생명을 만드는 것도 보존하는 것도 불가능하지 않을까.

문학적 전통이 고전적 규범으로서 확립될 때 그 속에는 한 작가의 현재에 있어서 현실적 체험과 결합해서 언제나 재체험되고 재해석되는 형태를 갖고 전개되는 것과 달리 역사적 가능성이라 말할 것이다. 문학적 전통은 그 속에 작가의 이성적 자각을 통해서 재체험되고 재해석되는 가능성을 갖고 있는 셈이다. 이 가능성은 규범과 그것의 구체적으로 충실한 기술과의 가능적 결합이라고 해도 좋을 것이다. 전통적 생명이란 이러한 가능성이 현실적으로 전개되는 것에 불과하다.

문학적 전통은 T.S. Eliot의 말과 같이 백금의 촉매판과 같이 스스로 그것을 매개하지만 거기서 생기는 화합액에 의해서 변화도 일어나지 않는 것이다. 확실히 문학적 전통은 새로운 것이 교섭하는 것에 의해서, 새로운 결합체를 그 자신의 속에 더하는 것에 의해서 그 스스로의 변화를 일으키는 것이다. 문학적 전통은 결코 변화하지 않는 백금판과 같은 것이 아니다. 문학적 전통은 새로운 것과 교섭하는 것에 의해서 언제나 미소(微少)한 변화를 하는 것이다.

　그러나 그 변화는 어디까지나 개인의 자각을 통해서만 행해지는 것이다. 그리고 이 경우의 개인은 그의 단순한 현실적 감각·감정을 갖고 전통에 주어지는 것이 아니고 말하자면 그 자신이 문학적으로 완성시키는 것에 의해서 문학적 전통과 결합하는 것이라고 본다.

　그렇다면 한 작가를 문학적으로 완성한다는 것은 그의 현실적 체험으로서의 의식에서가 아니고 고전적 교양을 통해서 그 작가의 밑에 탈출하는 것이다. T.S. Eliot이 지적한 바 '시인은 표현하여야 할 개성을 갖는 것이 아니고 다만 특수한 매개를 갖는 것이다'란 말이 전통에 있어서 개성을 부정하는 것도 실은 오히려 개성을 초월한 개성 — 무주체에 의하여 매개되는 전통의 진보성을 나타내는 것에 불과한 것이다. 문학적 전통은 이 의미에 있어서는 작가의 완성을 통해서 언제나 진보하는 것이라고 말하지 않으면 안된다.

　한편 고전을 현대화시키고 그 속에 지닌바 전통적 정신을 민중화하는 것은 어디까지나 환영되어야 할 일이다. 그런데 오늘과 같이 모든 가치가 정립되지 못한 불안기에 있어서 가장 중요한 것은 문학적 전통의 고전성과 현대의 사상과 감정 사이에 깊은 간격을 만들어 그 속에 일원적인 종합이 일어날 수 없는 것이다. 이것을 구체적으로 우리 문학에서 보아도 고전적인 전통과 현대문학이 갖는 바 새로운 감각이나 감정과의 사이에 일원적인 종합을 도저히 볼 수 없을 것이다. 한국문학의 중심을 형성하는 바 고전적인 의식은 너무 기술화된 번쇄(煩瑣)한 이조의 고어 때문에 현대문학으로부터 멀리 격리되어 현실적 의식에 있어서 재체험되는 관계를 상실한 것이다.

　그런데 이것을 극히 일반적인 현대의식 속에 이입시켜 누구에게도 재체험될 수 있게끔 평이화하는 것은 고전학자들의 당연한 임무가 될 것이다. 그러나 실제에 있어서 고전적인 전통을 평이하게 현대화시키고 현대의식 속에 흡수시켜 통속화시킨다는 것은 몹시 어렵고 오히려 그것 때문에 고전을 세속적인 것으로 함입시키는 경우가 많다. 만약 그렇게 통속화가 도를 넘치면 전통이 갖는 불이성(不易性) — 고전성은 전혀 망각된 것으로 되고 그 결과는 그것에도 속하지 않고 현대의식 그 자체에게 평범한 것을 얻는데 불과하다. 이것은 문학적 전통의 전락을 유발하는 셈이다.

이렇게 우리의 문학적 전통이 뚜렷한 그의 존재를 확립시키기에 앞서 그릇된 전통주의와 비속주의에 의해서 극히 단명 속에 퇴폐되고 탈락되는 일은 유감된 일이다.

4. 결(結) ― 현대와 전통의 제휴

앞에서 제기되고 해명된 전통문제에서 가장 중요하게 대두되는 것은 한국문학의 현대화란 과제일 것이다. 즉, 전통문화의 서구화란 큰 명제가 효과적으로 성취되기 위한 적절한 모색을 펴 보자는 데 있었다.

거기서 얻어진 해답은 고루한 전통론자와 급조적인 반전통론을 다함께 비판하고 비제(批除)하면서 전통은 자연적인 성장과 쇠퇴의 과정을 밟게 마련이라는 자유주의적 입장에 서야 한다는 것이었다.

따라서 우리 문학의 서구화는 한국문학 현대화의 한 수단에 불과하고 그 목적은 아니라는 것을 재인식하게 된다. 동시에 창조적인 한국작가들이 골똘히 탐색하고 추구할 것을 그 길로 집중시켜야 한다는 것이다.

한편 외래문화의 영향에 대해서 반동적으로 전통적인 것이 대두되기도 하지만 그것은 결코 시대를 뛰어넘어서가 아니라 동시대에 밀접히 제휴되어서 진행된다는 사실이다. 이와 같은 '현대'와 '전통'과의 제휴는 문학에 있어서 더욱 현저하다는 것이다.9) 가령 박연암의「양반전(兩班傳)」이나「호질(虎叱)」등이 한학(漢學)이 유일한 문학이었던 시대의 소산임에도 불구하고 그것은 극히 근대적인 문학이라고 평가될 것이다. 그러면서 그의 문학적 태도는 당대의 한학의식을 극복하고 우리 고전의 전통을 훌륭히 계승한 셈이 된다. 이와 같은 사례는 여러 시대를 거쳐 많은 문학적 유산을 통해서

---

9) 장곡천여시한(長谷川如是閑),「전통문화と현대문화」(『일본현대문학전집』, 강담사판107) 참조.

거론될 수 있을 것이다.

 이와 함께 망각될 수 없는 것은 세계적인 새로운 현대문학에의 비약으로서 낡은 자기의 전통문학의 계승이 절실하다는 것이다. 이 경우 전통문학이란 낡은 것대로의 박물관적 보존에 그치지 않고 그 전통적인 것을 만든 한국적 감성으로서 새로운 시대문학의 형태를 창조하는 것이다.

 지난 과거시대는 제각기 다른 형태의 문화유산을 남겼다 할 것이다. 그럼에도 불구하고 그것들은 서로 고립되거나 단절된 문학은 아니다. 그것은 민족적으로, 사회적으로 지속된 감성에 의해서 뚜렷한 체계를 지닌 문화라 할 것이다. 우린 민족의 문화적 감성은 그 자체가 외래문화의 접촉으로서 점차 그 성질을 발전시켰다 할 것이다.

 그런데 전통적 감성의 순수성을 이해하고 체득하고 지속하기 위해서는 가정에서 사회에서 교육에서 교양에서 말하자면 생활의 모든 영역에 걸쳐 감성은 배양되고 존중하지 않으면 안된다. 특히 문학은 그 자체를 위해서 뿐 아니라 생활 일반을 위해서 그러한 감성을 배양하고 지속하는 근본적인 에너지가 될 것이다.

 우리 민족이 전통적으로 지닌 감성은 우리가 지닌 바 자연・국가・사회를 조건으로서 창조된 것이고 동시에 외국문화의 영향 밑에서 함양된 것이 틀림없다.

 따라서 이와 같은 민족적 감성은 역사적으로 사회적으로 생생하게 발전되어야 한다는 데에 이론이 있을 수 없지 않을까? 이 과제는 구체적으로 전통의식을 자각한 천재적 시인・작가들이 새로운 도전을 성공적으로 이룩하는 데에서 빛을 보게 될 것이다.

(『한국현대비평문학론』, 청록출판사, 1984)

고전의 현대적 발전
― 「허생전(許生傳)」의 풍자정신 ―

'실사구시'의 문학을 일찍이 이 땅에다 씨뿌린 작가가 연암 박지원(1737~1805)이다. 그의 역작으론 「양반전(兩班傳)」을 비롯해서 「호질(虎叱)」, 「허생전(許生傳)」 등의 널리 알려진 단편들이다.

그 중에서도 「허생전」은 특히 선전(宣傳)되고 춘원에 의해서 개작됨으로써 더욱 독자들에게 생생한 바 있다. 연암의 문학적 경향이 대체로 이조사회의 부패상을 풍자적으로 그리는 데 특색이 있듯이 「허생전」에선 당시 사회의 부정적인 측면을 신랄하게 폭로하면서 이상적인 사회를 제시하려고 했다.

실상 연암이 「허생전」을 쓸 무렵의 시대상은 실학과 서학이 서로 어울려서 이 땅에 호수처럼 밀려들 때였다. 그러니까 자연히 「허생전」은 도학에 반발한 것이었고 새로운 시대논리와 현실문제가 노골적으로 반영될 수밖에 없었다. 그래서 작가는 당시 사회의 양반계층들의 비루와 가식을 여지없이 폭로풍자하는 데 시종하고 있다.

박연암의 「허생전」은 모순 속에 싸인 이조사회의 이면을 예리하게 묘출함으로써 근대사실주의의 수법을 기도한 셈이 된다. 하기야 이것이 한문으로 쓰여졌고 과거의 권선징악적인 고대소설의 수준을 탈피 못하고 있는 점도 사실이다.

그러나 본질상으로 그것은 근대문학으로 향하는 새 터전을 마련해 주는 것이었다.

이를테면 연암이 이 작품에서 성공한 점은 무엇보다도 현실적 전형을 옳게 설정했다는 것이다. 말하자면 몰락 일로에 있는 당시 사회의 주인공인 양반계급이 어떻게 파산되고 있고 이에 대체해서 점차로 고개를 드는 천민 (상인)계급이 기존의 도학관념을 그대로 계승할 수 없다는 것이다.

이처럼 신구(新舊)의 시대적 두 전형을 통해서 이조사회를 조금도 숨김없이 해부·분석해서 리얼하게 제시하고 있다. 더욱이 작품 속에 맥맥히 흐르는 풍자정신은 현실을 강력히 부정하고 미래를 향해서 자유로이 생존코자 하는 근대인의 저항의식까지도 엿볼 수 있다.

「허생전」처럼 연암의 자화상을 똑똑히 드러낸 작품도 드물 것이다. 「허생전」의 주인공 '허생'이 바로 다름 아닌 연암의 사상을 대변해 주기 때문이다.

허생의 집은 '흑적동' 바로 남산 밑이다. 이런 식으로 서두가 시작되는 「허생전」의 내용을 더듬어 검토해 보자.

초라한 초가집의 주인 허생은 독서를 즐겼는데 그 부인의 삯바느질로 호구를 이어가는 딱한 신세였다.

어느날 부인은 주리던 배를 참다못해 허생에게 불평을 털어놓았다.

"여보시유 당신은 평생에 과거 한 번도 보지 않으시면서 밤낮 글만 읽고 들어앉았으니 장차 어쩌잔 말이오. 당신은 대관절 배도 고프잖으시오."

"허, 내 글이 아직 미숙해서 그렇소. 더 좀 참아 봅시다그려."

이렇게 시작된 가난 싸움은 결국 청빈한 선비 허생으로 하여금 10년의 공부를 중단하고 거리로 뛰쳐나오게 했다.

서울에서 제일가는 갑부 변씨를 찾은 허생은 불문곡직하고,

"내가 집이 가난해서 한 번 장사를 해보고자 하니 돈 만량만 돌려주시오."

가장 평범한 태도로 초면부지 변씨에게 어마어마한 금전을 요구한 것이다. 그러나 변씨는 조금도 난처한 빛이 없이 서슴지 않고 그 자리에서 일금 만량을 쾌히 내 주었다는 것이다.

참으로 싱겁도록 용이한 방법으로 자본을 조달한 허생이 처음 찾아간 곳

은 안성이었다. 허생은 그 곳에서 대추·밤·감·배 이러한 온갖 실과(實果)를 사 모았다. 값은 달라는 대로 주었다. 이를테면 매점매석의 상법을 허생이 실천한 셈이 된다.

실과값이 동갑이거나 삼(三)배이거나 간에 실과는 자취를 감추었다. 할 수 없이 장꾼들은 허생에게 본전의 10배나 주고서도 사정사정해서 얼마씩 나눠 살 형편이었다.

허생은 실과를 판 돈 ― 본전 만량의 10배가 된 돈을 가지고 이번에는 칼·괭이 같은 농구와 무명베 같은 옷감을 사가지고 제주도로 갔다. 이것도 몇 갑절의 이문을 보고 손쉽게 팔아 넘겼다.

허생은 다시 이 돈으로 말총을 사 모았다. 망건이 귀해지기 시작했다. 망건값이 10배나 뛰었다. 허생은 이번에도 쉽게 이문을 보고 말총을 처분했다.

이만하면 힘 안들이고 쉽사리 백배 이익을 보았으니 장사란 이렇게 쉬운 것이라고 허생은 오히려 탄식했다.

벼락 부자가 된 허생의 다음 스케줄은 이상향을 건설하는 일이었다. 사흘 동안 배를 타고 무인도를 답사했다. 로빈슨 크루소의 승리감에 도취된 허생이 변산 땅의 굴 속에서 꼼짝없이 죽게 된 2,000명의 도적들을 끌어들이는 데 성공했다. 그들은 모두 다 백년지기인양 다정했다. 평화스런 이 섬 속에서 그들은 낙원을 이룩했으며, 본국에서도 도적으로 인한 근심은 없어져 버렸다.

그들은 나무를 베어다가 집을 짓고 대나무를 가꾸어 울타리를 만들었다. 기름진 땅에서 곡식이 무성해서 김매지 않아도 잘 익고 한 포기에 이삭이 아홉씩이나 나왔다.

이렇게 3년이 지나자, 그동안 먹고 남은 곡식을 베어 싣고 장기도(長崎島)에 가서 팔았다. 역시 성공적인 무역을 한 셈이다.

유토피안 ― 허생은 남녀 2,000명을 앞에 놓고 가로되,

내가 처음에 너희들과 함께 이 섬에 올적에는 먼저 부자가 되어가지고

그 다음으로 학문을 가르치고 의관의 법도도 마련하려 했더니 이 곳은 땅도 좁고 내 덕도 적어서 이제 더 살수가 없겠기에 나는 이 섬을 떠나려 한다. 떠나는 마당에 너희에게 부탁하는 것은 아이가 나거던 수저를 반드시 오른손으로 들도록 가르치고 하루라도 먼저 난 사람에게는 음식을 먼저 먹도록 사양하게 하여라.

아무리 도적을 적극적으로 옹호했던 허생도 도학과 유교정신에는 빈틈이 없었다.

허생은 자기가 타고 나갈 배 한 척만 남기고 모두 태워버렸다. 그리고 은 50만량도 바닷속에 버렸다. 외부와의 교섭을 끊고 검소한 생활을 권고했기 때문이다. 거기다 글자를 아는 축은 모조리 골라서 자기와 동행케 했다. '이 섬 속에 뒷근심을 없애야 한다'는 뜻에서였다.

참으로 동화에나 나오는 허황한 얘기지만 허생은 한갓 유토피아를 성공적으로 실현한 셈이 된다.

어쨌든 허생은 금의환향이 아닌 갑부의 신세로서 의젓이 귀국했다.

그는 전국을 골고루 돌아다니면서 빈민들에게 재물을 모두 나눠주었다. 그러고서도 남은 은이 100,000만냥이 넘었다. 남은 은을 가지고 변씨를 찾아갔다. 받기를 뿌리치는 변씨에게 허생은 끝끝내 본전의 10배나 되는 대금을 갚았다.

그 후 몇 해 동안 허생과 변씨는 백년지기인양 사이가 친밀해졌다.

변씨는 본래 그 당시 정승으로 있는 이완(李浣)과 가까운 사이였다. 그때는 마침 이완이 어영대장으로 있을 때인데 재주있는 동지를 구해 가지고 나라 일을 같이 도모하고자 변씨에게 이 일을 상의한 일이 있었다.

어떤날 밤 이완은 아무도 따르는 사람 없이 다만 변씨만을 데리고 걸어서 허생의 집을 찾았다.

변씨는 이완을 잠시 문밖에서 기다리게 하고 먼저 들어가 허생을 보고 이완대장이 온 뜻을 전했다.

그러나 허생은 못들은 체하고,

"가지고 온 술병이나 내 놓으시오"

잠자코 앉아 술만 마시고 있다. 변씨도 할 수 없이 따라 마신다.

이리하여 밤이 깊었다. 어느덧 먹던 술도 다 되었다. 그제서야 허생은 변씨를 시켜 이완을 들어오라 했다.

참으로 오만하기 이를 데 없는 허생이었다. 아니, 권세에 대해서 추호의 타협도 모르는 히어로가 바로 허생이었다.

"여보 밤은 짧은 데 말이 길면 듣기가 지리하지 않소? 당신은 지금 무슨 벼슬에 있소?" "대장자리에 있습니다."

"그러면 당신은 이 나라의 신신(信臣)이로구려. 내 와룡선생(臥龍先生)을 천거해 줄 것이니 임금으로 하여금 세 번 초려(草廬)를 찾아가도록 하겠소?"

이완은 이 말을 듣고 한동안 머리를 숙이고 생각하다가,

"그것은 어렵습니다. 그 다음가는 일을 가르쳐 주십시오."
"나는 무슨 일이고 첫째일만 알았지 두 번째 일은 배우지 못했소."

이완은 몇 번이고 허생의 눈치를 살피어 딴길을 물었으나 허사가 되고 말았다.

기고만장한 허생은 이완을 마음껏 골려주고도 부족해서 성을 벌컥 냈다.

이놈! 소위 사대부라는데 무에란 말이냐. 이맥(彝貊) 땅에 나가지고 자칭 사대부라고 뽐내는 게 정말 가관이로구나. 바지저고리는 한사코 흰것들만 입으니 그것은 상인(喪人)의 의복이 아니고 무에란 말이냐. 머리털은 죄어매서 송곳처럼 맨들어 가지고 있으니 그건 남만(南蠻)의 방아꽁이냐 무에냐? 그꼴들을 하고서도 그래도 무슨 예법을 찾는 게냐? 옛날에 '번어기(樊於期)' 같은 장수는 자기 일신의 '진시황(秦始皇)'에 대한 사사 원수를 갚기 위해서도 머리를 아끼지 않고 잘라서 형가(荊軻)를 준 일이 있고, '무령왕(武靈

王)'은 자기의 나라를 강하게 만들려고 호복(胡服)을 부끄럽게 여기지 않았는데 너희들은 지금 너희들의 나라 원수를 갚는다면서 그까짓 머리털을 아낀단 말이냐.

 그리고 또 앞으로 전쟁이 나면 창칼을 들고 말을 달려서 화살이 비오듯 하는 데라도 나가야 할 텐데 그 넓은 옷소매를 고치지 않겠단 말이냐? 그래 그것들이 말이냐? 내가 세 가지 방법을 가르쳐 주었는데 그 중에 한 가지도 하지 못한다면서 그래도 네가 신신이라고 한단 말이냐. 신신이란 모두 이런 것들이냐. 이런 놈은 모두 죽여버려야 하겠다.

 허생은 좌우에 있던 칼을 들어 이완을 찌르려 했다.
 이완은 당황해서 그만 뒷문을 박차고 뛰어나왔다. 그리하여 허둥지둥 도망해 자기집으로 돌아와 버렸다.
 여기가 「허생전」에서 가장 극적인 장면이 되는데 연암이 허생의 입을 통해서 썩을대로 썩은 이조사회를 날카롭게 고발하고 도전하는 대목이라 할 것이다.
 이완은 달리 계교를 묻고자 그 이튿날 다시 흑적동의 허생의 집을 찾았으나 그 때는 벌써 주인 없는 빈집에 바람만이 쓸쓸할 뿐 허생의 자취는 찾을 길이 없었다는 것이 「허생전」의 피날레다.
 이런 꿈같은 결말이 당대에서 작가의 보신책으로서 불가피했으리라는 것은 얼마든지 수긍이 간다.
 어쨌든 지금까지 본 「허생전」이 보여준 근본 테마는 과연 어디에 있었을까?
 허생이란 이조사회의 한 이상주의자를 통해서 부패한 사회를 고발하고 바야흐로 다가오는 근대사회를 올바로 예견케 한 점이다.
 『열하일기』의 「옥갑야화(玉匣夜話)」 속에 수록된 이 「허생전」이 비록 한자로 쓰여져 오늘날에 널리 보급되지 못하는 것은 유감이지만 그것이 지닌 문학적 가치는 높이 평가되어야 할 것이다.
 여하튼 과거 고대문학의 낡은 전통을 탈피해서 근대정신으로 뻗으려는 하나의 큰 에포크 메이킹이 될만큼 「허생전」의 큰 비중을 인정해야 할 것이다.

한편 「허생전」이 보여준 풍자정신은 고금을 통해서 일찍이 그 유례를 볼 수 없으리만큼 심오한 것이었다. 실학의 선구자이며 이조의 반역아였던 연암이 심혈을 쏟은 작품이 바로 「허생전」이었다고 해도 과언이 아니다. 그만큼 연암이 날카로운 혜안으로 당시 사회를 비판·폭로하는 데 직접적인 표현보다도 몇 배 효과적인 풍자로서 독자들을 자극·충동했던 일을 잊을 수 없다.

더욱이 우리가 연암의 「허생전」을 놓고 그 작품의 위대성을 운위하기보다도 우리의 근대문학이 어떻게 싹트고 발전되어 왔는가 하는 사실을 정확히 파악하는 일이다.

(『한국현대비평문학서설』, 청록출판사, 1974)

민족문화로서의 계승문제

1.

　우리 문학사에 있어서 전통이나 외래라는 이분법적인 척도는 신문학 초창기에서부터 시작되어 오늘에 이르기까지 끊임없이 지속되어 온 과제다. 그러나 역사는 부단히 변화하고 있다는 동태적인 속성을 감안해 볼 때 이러한 획일적인 구분법은 오히려 문학사를 이해하기 위해 많은 장애를 초래할 수가 있다.
　우리에게 있어서 전통과 외래라는 문제가 줄기차게 논의되었음에도 불구하고 왜 아직도 미결의 문제로 남아 있는 것일까. 그것은 바로 개화기 이후 지금까지 우리보다 앞서 있다는 서구문화에의 일방적인 경도에 대한 비판과 반성, 그리고 그에 대한 우리 자신의 자각에 의한 문제이기 때문이다. 이 전통과 외래라는 두 대립되는 개념은 우리의 경우 서구적 근대화의 과정에서 정착되었다. 특히 문화라는 상위구조체계에서는 더구나 자기비하에 뒤따른 일방적인 선진문화이식을 감행해 온 반면 주체적 전통문화에 대해서는 상대적 멸시를 강요한 시대적 특성을 가지고 있기 때문이다. 물론 우리뿐만 아니라 동양 및 약소 국가에서 볼 수 있는 역사적 현상이기도 하다. 그렇기 때문에 '낡은 것'과 '새로운 것'이라는 흑백논리를 은연중 가치척도로 가져야만 했던 불운한 역사적 갈등의 산물임을 상대적으로 의식하게 되었을 때 전통이란 문제는 언제든 다시 등장할 소지가 있었다. 실상 우리 문학사에 있어서도 일제하의 시조·민요 부흥운동이나 50년대 후반부터 60년대 초반까지 근 10여 년 동안 쟁점이 되어 온 전통론 시비, 그리고 70년대 이후 활발해진 민족문화 논의, 80년대에 들어서서 진행된 장르 확산 운동

등의 주체적 역사의식에 입각한 전통의 재수용 문제가 그 점을 잘 예증하고 있다.

이러한 논의들 속에서 결국 전통과 외래라는 상호 분리된 개념은 명백히 인식되어졌고, 또한 어떤 점에서는 문학이 서구적 형태로 계속 진행되어 오면서도 민족사적인 주체성을 강조할 때마다 전통이란 문제가 불가피하게 논의되어야 할 대상으로 우리에게 여겨져 온 일면 모순된 상황을 초래하기도 하였다. 결국 우리의 근대화에 있어서 큰 흐름은 송두리째 서구문화에 경도된 것이었다는 반증이 돼버린 셈이다. 이미 변화된 사회풍토, 문화 속에서 살고 있는 오늘의 우리로서는 명백히 오늘의 상황이 서구적임을 인식하면서도 전통에 대한 상실을 의식하고 있기 때문에 역으로 전통을 강조하는 기현상을 낳고 있다는 비판도 있게 된다.

그러나 문제는 여기에만 국한되지 않는다. 다시 말해서 일방적 우세에 대한 상대적인 위축과 소멸의 길을 걸어 온 전통문화는 결코 오늘과 분리된 골동품이 아니라는 사실과 일방적 우세를 점유해온 서구문화가 오늘의 우리를 충족시킬 수 없기 때문에 그 진행과정상 상호 의존적인 전통과 외래의 정상적인 활로를 찾아보자는 데 바로 전통문제의 핵심이 있게 된다.

실상 이런 측면에서 전통문제에 접근해 들어갈 때만이 '전통적 계승'의 참된 가치가 있다고 본다. 따라서 앞으로의 논의 전개는 전통과 외래의 대립적 개념으로서가 아니라 그 대립을 해소하려는 것을 전제로 하고 있다.

2.

전통문제와 관련해서 동양의 어떤 나라에서나 세 종류의 작가, 예술가를 보게 된다.

보수파는 자기 나라의 전통을 문제없이 받아들이며, 급진주의자는 전통을 무분별하게 부인한다. 이들은 모두 전통을 완결된 역사로 보는 점에서는 일치한다. 그러나 자유주의자는 전통을 불후하다고도, 죽었다고도 생각지 않고 전통은 성장과 쇠퇴의 자연적 과정을 밟게 마련이라고 생각한다 (여광중,「예술에 있어서의 전통과 현대」,『중앙일보』, 1973년 9월 23일장에서).

이 발언은 예술원이 주최한 '제2회 아시아 예술 심포지움'에서 자유중국 여광중(余光中) 교수가 발표한 것으로, 전통문제 이해에 하나의 토대를 제공해 주고 있다. 즉 우리 문학이 걸어온 길은 이 세 가지 길 중 어느 것이었나 하는 것이다. 간단히 요약하자면 근대문학 초기에 있었던 두 가지 경향을 언급할 수 있겠다. 첫째, 기미(己未) 이후의 문예 초창기처럼 외래 문화에 대해서 무조건 매력적인 동경을 갖고 신선한 이국적 감정을 충족하려는 경우와 둘째, 이른바 순수문학 시대인 30년대에 접어들어 복고사상이 논의되고 역사소설이 유행하던 시대와 같이 전자(前者)에 대한 저항으로서의 복고적 경향을 환기시켜 전통적인 문학을 재음미하고 이것을 맹목적으로 답습해서 추상적인 민족성으로 이국적인 동경에 대립하려는 경향이었다 할 것이다.

이처럼 전통과 서구문화 수용이 정확한 상호의존성을 갖지 못하고 이것이냐, 저것이냐의 일방성을 스스로 드러냈던 것이다.

이러한 논의는 50년대 말에 이르러 다시 문단의 쟁점으로 비화되었다. 전통론에 대한 정의로부터 비롯해서 전통의 계승문제를 거론하고 그 찬반을 에워싸고 신세대가 벌인 도전에 대한 반발로 풀이되는 전통론의 양상은 몹시 활발했던 것이다. 주로 전통이란 무엇인가 하는 원론적인 이야기로부터 민족문학의 본질 탐구나 고전에 대한 새로운 해석 등 다양한 비평작업이 전개되었던 것이다. 그럼에도 불구하고 근 한 세대에 걸친 전통론의 시비는 공리공론으로 시종해서 신통한 결실을 맺지 못했다. 다만 '전통론자'와 '반전통론자'로 맞선 몇 차례의 논쟁이 주목을 끌었을 뿐이다.

이 논쟁의 도화선은 1962년 5월『사상계』가 주최한 '현대시 50년의 심포지움'이었다. 거기서 크게 논의된 문제는 우리의 고전에서 전통을 이어받을 것이 있느냐 없느냐는 것이었다. 그리고 전통과 인습은 구별되어야 한다는 주장으로 그 실제의 작품을 거론하기에 이르렀다.

여기서 조지훈은 전통의 계승을 주장하는 전통론자의 입장이었고, 이어령, 유종호는 우리 문학의 경우, 전통의 계승을 인정할 수 없다는 반전통론의 입장에 섰다. 조지훈에 동조한 조연현은 전통과 유물의 차이를 해명하고 전통의 구체적인 모습은 민족적 특성 위에 기초를 둔 것이며, 그것은 동시에 인류적 보편성을 드러낸 것이라 주장했다. 그리고 이 양자는 서로 이질적인 것이 아니라 동일한 것이라는 견지에서 서정주와 김동리의 작품을 표본으로 제시했다.

이에 반해 이어령, 유종호는 그 입장을 달리하여 전통을 강력히 부정하는 입장에서 다른 나라의 고전이 현대문학에 미친 영향에 비해서 우리의 고전은 현대문학에 하등의 영향을 주지 못하고 있다고 했다. 유종호의 해명은, 셰익스피어가 영국 시인들에게 주는 영향과 우리 고대시가 현대 시인에게 주는 영향의 차이를 비교하면서 우리 고대시는 현대 시인에게 전혀 영향을 끼치지 못하고 있다는 것이다.

또 그는 '한국적인 것'이란 "토착어가 환기하는 민족의 고유 정서이며 전근대적인 인간상을 싸고 도는 후광이다"라는 소견을 내세웠다. 따라서 그의 견해의 요지는, 우리 사회가 후진성을 극복하고 개화해 감에 따라 이러한 전근대적인 인간상은 자연적으로 소멸되어 갈 것이고 그때 그 고유정서도 소멸할 것이라는 데 있었다.

어쨌든 '현대시 50년의 심포지움'에서 선명해진 전통의 대립은 뒤에 딴 지면을 통해서 더 활발한 양상으로 발전되었다.

우선 반전통론자에 대한 반론으로 이형기는 고전의 영향의 많고 적음을 따질 것 없이 전통 자체를 부인할 수는 없다는 데에서 다음과 같은 이의를 제기했다. 즉 "현재에 얼마만큼 유용한가의 공리적 기준으로써 과거를 비판한다면 어제는 오늘을 위해 그리고 오늘은 내일을 위해 차례 차례로 부정되고 만다. 이 영원한 부정의 연속 앞에는 역사도 전통도 있을 수가 없다."는 것이었다. 이같이 전통론을 근거부터 이야기한 그는 현재라는 시간에도 불구하고 단지 과거를 과거로서만 보자는 특이한 전통론을 내세웠다.

물론 이 이후에도 논쟁은 계속되었으나 본격적인 논쟁이 되지 못하고 다만 지엽적인 개념풀이에 정력을 소모한 결과가 되었다.

　이렇게 되어 미결의 장으로 넘어간 60년대의 전통론의 시비는 그런대로 하나의 비평사적인 문제점과 전통에 대한 진지한 과제를 남긴 셈이다. 그러나 여기서 문제는 더욱 심각해진다. 왜냐하면 오늘의 일반적인 상황은 전통이 필요하다, 필요없다라는 2분법의 어느 한쪽을 선택할 수밖에 없는 위험을 안고 있기 때문이다. 실제로 전통에 대해서 구호적인 면이 유달리 강한 우리에게는 단지 형식적으로 전통수용은 거부된 채 과거유산 보존이라는 박물관적 속성이 짙게 배어 있다. 때문에 단순히 전통 보존이라는 소극적인 측면에서가 아니라 전통의 수용에 대한 적극적인 측면이 실제로 요청된다 할 것이다.

　따라서 이 문제를 보다 명확히 하기 위해서는 우리들 자신의 문화적 구조를 살펴보지 않으면 안된다. 우선 무엇보다도 개화기 이후 지금까지 본격적인 문학의 틀로 자리잡혀 있는 것이 소위 서구문학의 양식임은 누구도 부인할 수 없다. 이러 차원에서 과거 민족유산이 존재해 왔음에도 불구하고 현대문학과 고전문학의 이질성으로 인해 전통문학 자체가 오늘날에는 필요없다는 반전통론자의 논리가 제기되는 것이다. 이런 배경 속에서 간과할 수 없는 것은 소위 근대화 이후의 민족 전체의 자산에 대한 일체의 거부가 도사리고 있기 때문에 그러한 전통 거부라는 본질을 담게 된다는 사실이다.

　그러나 역사과정에는 이미 서두에서 밝혔듯이 결코 단절이란 있을 수 없다. 그 과정은 전통의 보존과 폐기, 즉 지양의 과정을 통해 발전하는 것이며 그 과정의 동인(動因)은 바로 환경이나 외래적 영향 등의 현실적 문제인 것은 분명하다. 따라서 우리의 신문학 초창기에도 외래적 영향이 불가피한 상황의 결과로 상대적으로 본래적 요인들이 위축되거나 소멸된 것이지 결코 완전한 전통의 폐기처분은 아니었다. 이 점은 신소설에서도 확인할 수 있으며 또한 신체시에서도 쉽게 감지할 수 있다.

　그런 것들이 이 이후에 더욱 서구적 스타일로 전환된 것은 당시 작가들의 의식문제임과 아울러 급속한 서구적 사회변화에 따른 문학양식에서의 불가피한 개편일 수밖에 없었다. 그러나 그 이후 시조·민요 운동이 보여주듯

다시 전통문화로의 복귀는 급속한 전환이 주는 전통의 자연적인 역현상임을 이해하게 된다.

실제로 서구문학 양식이 주조를 이루었던 것은 사실이지만 부분적으로, 예를 들어 김유정, 나도향 등의 토속미와 해학미, 채만식의 판소리 수용이 따른 풍자 등이 지속되어 왔음은 결코 간과할 수 없는 전통의 힘이라 할 수 있다. 실제로 시간이 경과함에 따라 전통과의 간격이 오늘의 우리에게 있어서는 전혀 별개의 것이고 상호 대립적인 것으로 느껴졌을 뿐이지 전통 본래가 그런 이질적 속성은 아니었다는 사실이다. 60년대의 시가 모더니즘의 난해성으로 인해 안 읽히는 시로 평가된 데 비해 70년대에 들어 신경림 등이 보여준 전통 수용은 오히려 시를 쉽게 읽히게끔 함으로써 전통의 가치를 새삼 입증해 주었다. 즉 신경림은 「농무(農舞)」를 위시한 많은 작품에서 과거의 타령이나 그 밖의 민요가락을 살림으로써 독자를 끄는 데 큰 효과를 주었다는 일반적인 평가를 받고 있다. 이로써 서구문학의 가치 기준에 의해 제작되어진 한국의 현대시가 커다란 오류를 범했다는 사실을 어느 정도 인식시켜 주었고, 상대적으로 우리 나름대로의 가치기준을 재정립시켜야 함을 각성시켜 준 셈이다. 물론 소설에선 아직 이렇다 할 양식의 변화는 보이지 않지만 최근 완간된 황석영의 대하 역사소설 『장길산』은 큰 변화를 보여 주목 받고 있다. 단순히 역사상의 제재만으로서가 아니라 과거 우리 고전소설의 주된 특징으로 간주되는 영웅의 일생을 복합적이고 종합적으로 변용 창조함으로써 당시 민중들의 삶을 포괄적으로 파악하게 하고 거기에 다수의 전설, 민담 등을 그대로 수용하거나 개조함으로써 오늘의 우리에게 더욱 생생하고 흥미있게 보여주어 전통의 중요성을 확인시켜 주고 있다.

특히 시에 있어서도 70년대 이후 지금에 이르기까지 각종 민요나 타령, 심지어 무가(巫歌)·잡가(雜歌)·주문(呪文)까지 포함하는 현대적 차용은 그 어느 때보다 활발하다. 따라서 전통이 필요하냐, 필요하지 않느냐는 이미 어느 정도 명확히 실제 작품들이 창작됨으로써 불식된 감이 있다. 오히려 문제는 과연 그러한 양식들이 부분적인 수용으로서가 아니라 확고한 문학 양식으로 자리잡을 수 있느냐는 것이다. 이 문제는 실로 어려운 것으로 작가들의 적극적인 노력과 비평가들의 끊임없는 분석이 합치될 때만이 가능하며, 오히려 전통계승이란 문제를 제기했을 때 이 문제가 핵심적인 것이 아닐 수 없다.

이미 우리 문학사에서 알 수 있듯이 전통과 외래, 그 어느 한편에 대한 무분별한 집착 때문에 오히려 상대적으로 문학발전을 저해해 왔음은 보아 온 바다. 실제 우리 문학사상 명확히 구분되는 신문학 초창기의 상황을 이런 점에서 잘 살펴볼 필요가 있다. 즉 이 시기는 열강침탈과 결부된 근대화 시기로서 이중적인 예속을 보여준 시대다. 근대 서구문화의 수용이라는 역사적 과제는 모든 근대적인 것에 대한 금기의식을 낳게 했고, 또 일제의 유린은 자생성을 더욱 억압했기 때문이다. 특히 문학에 있어서는 미분화된 상태로 전개되어 온 우리 풍토에서 전문화되고 학문적으로도 세분화된 서구문화 앞에 일종의 무장해제적 투항을 해버린 셈이다. 따라서 '외래'에 절대적 가치를 부여한 반면 오히려 전통의 창조적 계승의 단절과 전통에 대한 배척으로 서구화의 지름길이라는 획일적이고 도식적인 성격이 강했던 시기다.

이러한 분위기가 지금까지 계속되어 왔음을 부인 못할 성질이고 보면 오히려 오늘의 전통계승은 그간 단절된 시간, 공간을 극복하기 위한 노력과 결부된 만큼 오히려 자생력을 되살리기 위한 속성을 지니고 있는 것이다. 실제로 개화기에 있어서 서구문화에 대한 맹목적인 굴종은 창조적 주체로서의 재래 문화의 활력 상실을 의미함을 또한 잊어서는 안된다. 즉 시대변화에는 필연적으로 어떤 일정한 양식이 자연스런 성장과 쇠퇴의 과정을 밟게 되므로 당대 현실의 전반적인 침체에 기인한 것이지 과거 전반에 대한 부정은 있을 수 없다. 실제로 과거 우리 문학도 시대에 따라 제각기 다른 형태의 문화유산을 남겼고 바로 앞선 시대에는 대립되었지만 긴 역사과정 속에서는 다 같이 하나의 틀 안에 존재해 있다는 사실이다. 이러한 사실에 비추어 우리가 비록 후진성은 인정한다 하더라도 주체적 의식은 항상 견지해야 한다는 소박한 진리가 요청된다. 즉 개화기 상황에 있어서 변화는 점진적인 것도 아니고, 자생적인 것도 아니며(물론 완전히 배제할 수는 없지만 전반적인 면에서 그렇다고 보아야만 할 것이다), 불시에 일어났기 때문에 그 변화가 오늘날의 우리도 구체적인 대응책을 찾기 어려울 만큼 컸으리라는 사실을 짐작할 수 있다.

오히려 그 이후에 다시 재정비해야 할 시대적 사명이 있는 것이므로 시조·민요 부흥운동은 보다 올바른 분석을 요청해야겠지만, 단순히 일정한 시대에 살다 소멸한 하나의 양식(특히 시조)을 그대로 받아들이는 것은 문제 해결에 아무런 도움을 주지 못한다고 이미 지적했다. 요컨대 문제는 과거 우리 문학이 제각기 다른 형태의 문화유산을 간직하고 있으면서도 서로 고립되거나 단절된 문학이 아니었듯이 서구문학 도입으로 그 당대 유행했던 형태들이 사라진 것은 역사적으로 불가피한 개편이라면, 과거 유산 속에서 오늘날에도 살 수 있는 역동적인 실체를 재발굴, 재창조하는 작업이 수행되어야 할 것이다. 이런 의미에서 전통계승은 단순한 구호로서가 아니라 실체를 찾기 위한 구체적인 작업으로서 절대적으로 필요한 것이고, 이 문제는 곧바로 우리 문학사의 방향까지도 고려해야 할 성질의 것이다.

3.

그럼에도 불구하고 전통이란 것이 항구적 속성, 보편적 속성을 갖는 것은 아니다. 즉 그것은 상대적 인식이지 절대적 인식은 아니다. 보다 적절한 의미로는 '불변(不變) 속의 가변(可變)'이라 하겠다. 실제로 이것을 형식면에서 살펴보면, 서구문학 충격에 의한 전통양식의 상실은 이미 기정 사실이다. 물론 이것은 내용면에서도 타당하지만 역사변화는 당연히 내용에 대해 파급효과가 크기 때문에 오히려 민족의 잠재적 에너지라는 면에서 전통과 관련된다 할 수 있다. 즉 그런 점에서 '가변 속의 불변'이 오히려 내용에는 적절하다. 이 점에 있어서 바로 오늘이라는 시각이 무엇보다도 전제되고 그런 각도에서 과거 문화유산을 재조명하여 섭취할 필요가 있다. 사상(혹은 내용)의 급격한 변화가 남긴 서구적 흔적이 이미 모든 부분을 장악하고 있는 현재에 있어서는 과거 자체를 살아있는 오늘로 되살리기란 매우 어려운 일이긴 하지만, 그렇다고 과거의 내용을 무작정 오늘에 이식시킨다는 것은 곧바로 복고적 소산이란 비판을 받게 된다.

다른 무엇보다도 사상면에 있어서의 단절이 명확하게 드러났고, 또한 서구적 사상에 이미 삶 자체가 적응되어 버린 지금 이미 과거 그 자체는 죽어 있을 수밖에 없다. 따라서 과거가 오늘에도 살아 있다는 말은 민족의 잠재적 에너지(실제 존재하면서도 지금 우리에게 보이지 않는 힘)를 찾아내는 힘든 작업을 뜻하며 그러한 기본적 역량이 확인될 때 그 단절의 흐름은 극복되리라 본다.

실제로 그간 전통사상이라 강조한 대부분의 것들이 한편으로는 고양되면서도 또 한편으로는 봉건성이라고 비판받았던 점을 감안한다면, 이러한 주체적 에너지의 재정립은 다른 어떤 것보다도 시급하다 할 것이다. 즉 유교사상, 불교사상 등을 많이 거론하고 있지만 그것들이 오늘의 우리 민족에게 무엇을 주었느냐 하는 문제와는 동떨어진 추상성으로 일관해 왔음을 잘 이해하게 된다.

이런 점에서 전통적 계승에서 또 하나 선결해야 할 문제는 형식면이라 하겠다. 일정한 형식이란 것은 일종의 관습적 측면을 가지고 있어 상당한 지속성이 있으며, 또한 민족 자체에 있어서도 특정의 문학양식은 그들 심성의 그릇으로 어느 정도 항상 잠재되어 진행되기 때문이다. 그러므로 이미 전통형식을 상실한 시기에서는 과거 형식에 대한 무분별한 수용으로써가 아니라 오늘의 우리에게 감지되고 또한 효력을 미칠 수 있는 양식을 찾아내어 그것을 오늘의 변화된 우리의 심성에 맞게 재구성할 필요가 있다.

이런 점에서 거의 10년간 연재되어 전 10권의 분량으로 완간한 황석영의 『장길산』은 70년대를 거쳐 지금까지 한국 소설의 큰 성과로 간주될 만큼 많은 관심을 집중시킨 작품이다. 이러한 『장길산』의 성과는 작품 분량, 작품 내용에서뿐만 아니라 그 주된 특징으로 우리 고전소설의 성격을 그 기저에 깔고 있다는 점이다.

우리가 이른바 현대소설의 특징이라 간주하는 내면세계의 묘사, 독백체

등의 심리 위주에서 벗어나 대화체와 소위 '영웅의 일생'이라는 이야기성을 회복하고 거기다가 야담, 고대소설, 민요, 심지어 한시(漢詩)까지 포용함으로써 당대의 민중의 삶을 형상화하는데 성공했다. 즉 『장길산』은 '장수 이야기'의 유형을 작중 인물들이 따르면서 그것이 '의적 이야기'로 통합되고 결국 개혁의지로까지 진행되는 이야기다. 또한 이 이야기 각 부분은 전통형식을 채택하고 있음에도 불구하고 그런 상이한 이야기들이 거대한 물줄기로 통합되어 거대한 스케일의 이야기성을 보여 독자를 흥미롭게까지 했다는 점은 바로 우리의 전통형식이 갖고 있는 이야기성의 획득을 의미한다. 지금까지 간혹 전통양식의 어느 부분부분을 수용한 적은 있지만 『장길산』처럼 구조 자체부터 시작해서 작은 삽화까지 효과적으로 조직하고 나름대로 일관성있는 흐름을 획득한 것은 없었다. 이것은 작가 황석영의 역량이긴 하지만 무엇보다도 전통성의 가능성과 척도를 제시한 점에서 큰 의미를 갖는다.

그러나 실제로 역사소설이 아닌 현대소설에 있어서의 전통의 수용이란 어떤 형태를 취할 것인가는 훨씬 어려운 문제다. 실제로 역사소설에 있어서는 「장길산」이 전통수용이 가능함을 입증시켜 주었지만, 현대소설에는 그런 방법만으로는 해결되지 않는 내용이 이미 나타나고 있기 때문이다. 실제 시에 있어서는 무엇보다도 심성이 중요한 원천이므로 과거와의 단절이 그렇게 심하지 않음은 소월의 시나 미당의 시에서 확인할 수 있고 또한 신경림의 민요시에서도 입증이 되지만, 소설에 있어서는 구체적인 사회변화, 특히 분화되고 복잡한 사회구조 자체를 그대로 드러내야 하기 때문에 더욱 어려운 일이다.

따라서 개별화된 전통형식을 수집 가공해서 『장길산』이 당대 시대상을 반영해 줄 수 있었지만, 이미 과거보다는 사고 자체나 생활이 양적으로도 많아졌고, 질적으로도 많은 변화를 가지고 있으므로 『장길산』이 성공해 냈던 틀이 일차적 과정이라면 오늘을 수용할 수 있는 전통의 재도약이 요청되며, 그럴 때 개화기 이후 단절된 시간과 공간의 극복도 가능할 것이다. 왜냐하면 단순한 전통의 수용은 과거 전통형식이 갖는 스스로의 용량에 의해 오늘의 견지에선 내용면에서 현실반영 능력을 저하시키기 때문이다.

　실제로 그렇기 때문에 전통문화 자체는 참된 민족문화를 위해서는 핵심이 되어야 하고 공급처가 되어야 한다. 그러나 그렇다고 단순한 전통만의 고집은 오히려 전통 자체를 열려있는 상태로 파악하는 것이 아니라 근대화 및 현실화, 외래적인 것과 상극인 것으로 간주하여 폐쇄주의에 빠질 우려가 있다.

　이렇게 보면 지금까지의 외래적인 것을 전통적인 것과 상호 대치하는 것으로 파악한 이면에는 바로 우리와 맞지 않는 완전한 이질적인 것에 지나친 집착을 보이지 않았느냐는 반성도 필요하다. 따라서 서구문화 수용에 있어서도 지금까지 논의된 측면을 고려하여 민족화될 수 있을 때 그 또한 자연스럽게 외래니 무엇이니 구분하지 않고 정당한 민족문화로 간주될 것이다.

　이러한 살아있는 민족문화로서의 전통문화의 극복은 몹시 어렵고도 힘든 일이다. 그러나 그만큼 오히려 다각적인 실험과 방법을 통해 그 토대가 마련되지 않고서는 시간의 흐름에 따라 회복해야할 주체적 전통은 더욱 매몰되어 버릴 것이다. 그러나 절대적으로 우세한 중국문화권 속에서도 스스로 주체성을 유지하면서 고유문화를 지탱해 왔던 우리의 과거를 돌이켜 본다면 이러한 소망은 나 혼자만의 것은 아니리라.

(『민족문학의 모색』, 범우사, 1989)

Ⅳ. 형식과 장르

역사소설의 가능성

1.

　지금에 와서 역사소설이 예술이 될 수 있느냐? 없느냐? 에 대해서 신경을 조금치나 소비할 필요는 없을 것이다. 벌써 우리 문학사 상에 있어서도 근 반세기의 전통을 갖고 의젓이 기성문학의 행세를 해왔으니 말이다.
　세익스피어나 스코트의 이름을 빌리지 않더라도 춘원・동인・월탄과 같은 역사소설의 대가들이 이 땅에서 태어났다. 지금도 이들의 뒤를 이어서 수많은 작가들이 역사물을 다루고 있다.
　여기에 반해서 역사소설론이 비교적 소홀히 취급되어 있다는 것은 유감스러운 일이다. 잠깐 그 원인을 따져 본다면 역사소설이 아직껏 문단측이나 문학계에서 경시하거나 도외시하는 경향이 잠재한 탓이 아니던가. 흔히 역사소설을 사화나 야담과 혼동해서 생각하는 독자가 있는가 하면 그 수준을 벗어나지 못한 작가가 얼마든지 있다는 것을 잊을 수 없다.
　다시 말하자면 우리의 역사소설이 아직도 원시 내지는 후진상황에 놓여졌고 그 책임은 마땅히 작가와 독자가 공동으로 짊어져야 하지 않을까. 또 한편 여기에 대한 올바른 이해와 비판을 내리지 못한 학자나 비평가도 그 책임을 모면할 수는 없을 것이다.
　여기서 이러한 책임문제 보다도 역사소설의 본질이라던가 그 기능에 대해서 얼마쯤 생각해 보는 것이 더 유익하지 않을까.

2.

"역사상의 인물·사건을 소재로 한 소설" — 이렇게 설명한 것이 소설에 대한 대백과사전(동아출판사간)의 해답이다. 어디껏 상식적인 얘기면서도 틀림없는 해석이다. 이러한 상식으로 해서 역사소설에 대한 인식이 빗나가게 마련이다.

이 논법으로 따진다면 역사물이란 타이틀 밑에서 서푼짜리 사화나 야담까지도 버젓이 역사소설의 대열 속에 끼어 들 수 있으니까 말이다. 그러니까 요는 그것이 얼마큼 예술성을 지닌 소설인가에 따라서 그 가치가 결정되게 마련이다.

별달리 역사소설이란 현실이 문제되는 것이 아니라 작가의 편의상 소재를 역사적 현실에서 빌려온 데 불과한 것이다. 이 원칙에 대해서는 월탄이 그의 「역사소설론」 속에서 다음처럼 잘라 말했다.

"역사소설도 소설인 이상 하나의 소설이 된뿐 소설 이상의 것도 소설 이하의 것도 아니다. 작가가 어떠한 한낱 방편으로 대상의 제재를 이것에 취했을 뿐 보통소설과 아무 다른 이론과 비법이 있을리 없다."

이 말은 역사소설이 현대소설과 동일한 것이며 그 소재의 선택이 작가의 편의상 다르다는 것을 강조했을 것이다. 말하자면 소설이 구비해야 할 허구의 세계를 통해서 먼 과거를 재현한다. 이것이 역사소설의 본령이란 뜻이다.

이와 함께 고려되어야 할 것은 작가들의 창작동기와 그 태도에 대해서다. 주지하는 바와 같이 일제의 강압은 우리문학에까지 깊숙이 파고들었다. 때문에 심각한 현실문제를 직접적으로 소설 속에 반영할 조건이 몹시 불편하거나 불가능하게 되었다. 바로 그것이 위정자들의 비위를 거슬리게 되고 문학의 종지부를 찍게 마련이니까 말이다. 이러한 위기에서 가장 현명한 샛길을 개척한 것이 역사소설이었다.

이를테면 1935년을 전후한 이른바 암흑시대에서 허덕이던 기성작가들을 들 수 있다. 그들은 재빨리 현실에 대한 불만을 역사소설이란 새로운 형식을 통해서 거침없이 쏟았다. 어떻게 보면 그들은 현실도피란 부끄러운 넷텔을 뒤집어 썼다고도 하겠지만 실상 그들의 작가정신은 반일사상과 민족의식을 고무하는 데로 작용했다.

그 당시 본격적인 역사소설을 썼던 벽초·동인·빙허·월탄 등은 역사적 사실보다는 작가의 창작적인 면에 더욱 치중했던 것을 상기할 수 있다.

이러한 산물로써 벽초의 『임꺽정』을 비롯해서 동인의 『젊은 그들』, 『운현궁의 봄』, 『견훤』 등과 빙허의 『무영탑』과 월탄의 『금삼의 피』, 『대춘부』, 『전야』 등이 쏟아졌다.

그런데 이 땅의 역사소설은 그것을 양분할 수 있는데 그 하나는 정사의 입장에서 쓰는 것이고 또 다른 하나는 야사의 입장을 말한다. 전자는 될 수 있는 대로 역사적 사실을 올바르게 전하여 현대의 귀감을 삼으려는 태도이고 후자는 현실적인 의미에 역점을 두고 사실을 무시하려는 태도가 된다. 이것은 어디껏 작가의 문학관이나 세계관에서 달라진다.

그 외 좋은 '샘플'로는 동인이 춘원의 『단종애사』와 같은 사실(史實)에 취재하면서 춘원이 수양제를 역적으로 취급한 데 반하여 동인은 같은 주인공을 극적으로 영웅화한 『수양제』를 썼다.

또한 정사적인 역사소설가로 알려진 월탄도 그의 대작 『임진왜란』에서 성웅 이순신의 죽음을 대승한 자결설로 미화시켰다.

이것은 마치 역사가 시대와 사가의 입장에 따라서 얼마든지 수정될 수 있듯이 역사소설도 같은 역사적 소재를 작가의 입장과 개성에 의해서 얼마든지 다르게 창작될 가능성이 있음을 실증하는 것이다.

3.

최근의 몇 해 동안에 우리 문단에도 역사소설의 '붐'은 일어났다.

월탄을 비롯해서 박용구·정한숙·정비석 등이 신문 연재란을 역사소설로 메꾸었다.

나날이 독자는 배가했고 심지어 중국의 역사물까지도 활발히 번안되었고 그것들이 전파를 타고 낭독되고 '드라마'화 되어 법석된다.

그뿐이겠는가? 얼마쯤의 선전가치가 있는 것은 모조리 영화화되어 '팬'들의 박수갈채를 받았다. 아마도 지금이야말로 역사물의 황금시대가 이 땅을 휩싸고 있는지도 모르겠다. 우리는 이러한 현상에 대해서 무조건 감탄만을 발할 것인가?

우선 오늘의 문학현실을 한번 더듬어 볼 필요가 있다.

전후의 이른바 '매카니즘'의 팽창을 배경으로 해서 이룩된 현대소설의 판도는 어떻게 수놓아 갔든가? 우후죽순처럼 배출된 신인들은 '에로'와 '섹스'의 문학을 남발했다. 이러한 것들이 한때 신기성으로 해서 많은 독자들의 주목을 끈것도 사실이다. 허나 그것도 얼마 안 가서 사생아의 본질을 드러내고야 말았다.

마약과 같은 유행성문학이 재빨리 독자들을 도취시킬 수도 있었지만 그 반면에 쉽사리 권태를 잡아 일으킨 것도 자연적인 현상이었다. 그래서 한갓 호기심에서 읽혀졌던 이른바 서구풍의 문학이 날이 갈수록 독자들을 잃게 되었다. 독자들은 무엇인가 동양적이고 한국적이고 고대적인 향수를 갈구하게 된 것도 사실이다.

이러한 객관적 상황 속에서 역사소설은 한층 날개를 뻗기 비롯했다. 모든 신문의 조간은 으레 역사물을 한 편씩 장식해서 독자들의 구미를 맞추었다. 약삭빠른 영화업자들은 너도나도 앞을 다투어 역사물의 제작에 바빴다. 지금까지도 출판물의 많은 부분을 역사소설이 차지해서 인기를 독점하고 있다.『삼국지』,『수호전』을 비롯해서 이제까지의 역사소설은 물론이요, 사화나 야담까지도 '시리즈'로 간행되고 있다.

이러한 호경기를 낙관적으로만 넘길 수 있을까. 하기야 역사소설이 주는 회고사상이라든가 민족정신이 건전한 것도 시인한다. 그러면서도 그러한 영향이 자칫하면 독자들에게 자연숭상이나 영웅숭배와 같은 관념을 조장시키기도 한다.

이와 같은 책임은 역사소설이 져야 한다는 것은 어쩔 수 없는 약점이기도

하다. 그러나 이 약점을 얼마든지 '커버'하고도 남을 만큼 그것이 지닌 우수한 기능이 얼마든지 있다는 것을 잊어선 안된다.

4.

우리는 최근에 『연산군』과 『폭군연산』이란 영화를 감명 깊게 보았을 것이다. 월탄의 『금삼의 피』를 '시나리오'화 시킨 거작이었다. 누구나 쉽게 알고 있는 사화이지만 이것이 소설로 현상화되고 총천연색 '시네마스코프'로 표현된 때 더욱 큰 효과를 거두었다.

이를테면 사모편(思母篇)인 『연산군』에 있어서는 황음무도(荒淫無道)한 폭군연산이 아니라 오히려 어쩔 수 없는 보복행위로 반증하는 것이 작가의 태도였을 것이다. 그것이 후편인 『폭군연산』에 가서는 연산을 성격상실자로서 희화화시킴으로서 그의 말로를 점쳤다.

요는 연산군이란 인물과 사건이 중요시되는 것이 아니라 그 화면에 깔린 '테마'가 문제된 것이다. 특히 『금삼의 피』가 일제의 가혹한 지배 밑에서 이 민족이 고요히 동면하고 있을 때 쓰여졌다는 사실이다. 그래서 일제와 꼭같은 연산군이란 과거 인물을 가공인물로 설정해서 민족의식과 항일정신을 부채질했던 것이다.

그러나 당시에 현대소설로는 그러한 엄청난 '테마'를 형상화시킬 수도 없고 현실의 불의를 응징할 수도 없었을 것이다. 더욱이 일제의 추악상을 곧바로 꼬집을 수는 없었다. 그러니까 정의파작가들이 역사소설로 전향한 것은 결코 현실도피의 수단만은 아니었다.

또한 역사소설이 주는 감회는 사실(史實)이 말하는 것보다도 오히려 독자의 가슴을 깊숙이 설레게 한다.

가령 광주학생운동을 소재로 한 월탄의 『청춘승리』의 한 장면의 묘사를 보면 그 척도를 가히 수긍할 것이다.

일본놈의 우월감은 대강이에 피도 마르지 않은 아이들에게도 있었다. 통학하는 기차 속에서 일본 학생은 조선학생을 모욕한다.

일본 중학생 다나까(田中)란 놈은 그 중에 더 심한자였다.

"오이 죠센징 요보!"

하고 조선 학생들을 놀리기도 하고 기차 창밖을 내다보면서,

"죠센징 야반(野蠻)다나 이누노 니꾸(犬肉)오 굿데 마까리오 논(飮)데 요로꼬부요."

기차 연변에 있는 설렁탕 집을 바라보며 침을 뱉고 저이끼리 지껄이기도 한다.

요시무라(芳村)란 일본 애가 맞장구를 치며 깔깔거린다.

"요보와 민나 고지끼다요."

이번엔 요시무라란 놈이 짖거린다.

일본 애들과 마주 앉아서 책을 읽고 앉았던 옥란은 차마 들을 수 없었다. 민족적 의분을 느끼자 날카로운 눈으로 한 번 일인 애들을 흘겨본다. 다나까는 옥란의 매서웁도록 처절한 시선을 느끼자 도리어 조소한다.

"아호 요보노 무스메노 구세니 나마이끼다나."

요시무라란 놈도 맞방망이를 친다.

"임바이후[淫賣婦]노 무스메 도꼬노 가꼬[學校]까? 고ー슈[光州] 죠시고ー도ー후쯔각꼬까."

옥란은 더 참을 수가 없었다.

"고소(小僧)에 다맛떼 오레."

하고 일본말로 분개한 소리를 지른다.

다나까란 놈은 옥란에게 침을 탁 뱉는다.

이 돌연한 모욕에 옥란은 얼굴이 홍당무 같이 새빨갛게 되었다. 분을 참지 못하여 왼몸이 사시나무 떨리듯 한다.

이 부분은 광주학생운동의 직접적 동기가 되는 치욕적인 장면이었다. 이것을 읽고 이 땅에 태어난 민족이라면 그 누구나 불같이 솟는 의분을 참지

못할 것이다.

5.

  모든 문학이 인생의 진설을 파헤치고 가듯이 역사소설의 경우에 있어서도 그 사명은 매한가지다. 역사소설가의 직능은 마치 광부가 광맥을 꿰뚫듯이 피어린 노고가 있어야 한다. 그때야말로 참된 기쁨을 맛볼 수 있다.
  또한 역사소설가는 인생문제에 있어서 엄정한 사법관의 비판적 태도로 임해야할 것이다. 조금도 그릇된 오판이나 탈선이 있어선 안되겠다.
  더욱이 역사소설가는 역사에 정통해서 풍속에 정확할 것은 물론이요 사학가나 교사의 수준을 훨씬 넘어서 선구자적 교시를 잊어선 안된다.
  앞으로의 역사소설은 수난기의 그것과는 달리 독특한 자기의 세계를 개척해서 대중독자들을 지도해야 되지 않을까. 지금이야말로 역사소설이 지닌 문학적 과제가 가중한 것이다. 문학적 영토를 어떻게 넓게 그리고 깊게 개척하는가에 따라서 역사소설의 가능성은 결정될 것이 아닌가.

(『엽전의 비애』, 청조각, 1964)

객관적 사실주의 소설
- 『백조』파를 중심으로 -

1. 20년대의 사회적 배경과 문단풍토

　20년대의 역사적 시동은 1919년 3·1운동에서 비롯된다. 이 운동은 우리 민족사에서 일찍이 유례없는 가장 큰 봉기로 역사적 전환점을 이룬 것이다. 이른바 한일합병(1910)에서 비롯되는 지나간 10년대가 자주독립에로의 투쟁기였고, 그 정점은 3·1운동에서 기록된 셈이다. 10년 동안 겹겹이 쌓인 민족의 분노와 흥분이 이 시점에서 일시에 점화되고 폭발한 것이다. 이 거창한 민족운동이 일제의 야만적 탄압으로 짓밟히게 되자 우리 민족은 더 걷잡을 수 없는 패배와 좌절을 씹어야 했다. 3·1운동이 계기가 되어 표면상 무단정치에서 문화통치로 전환된 시기라고 하지만 실제로는 일제의 조직적인 식민통치가 시작된 시기이기도 하다. 지난 10년간의 헌병정치를 철회하고 1920년에 조선총독부로 새 간판을 걸고 초대 총독 데라우찌(寺內)가 등장함으로써 우리 민족은 다시금 완벽한 식민정치하로 편입하게 된 것이다.

　3·1운동의 실패는 전민족의 절망과 파산뿐만 아니라 애국지도자들은 수없이 학살·투옥되고 망명의 신세가 되거나 전향이 강요되었다. 이같은 희생의 대가와 국제적 여론으로 조성된 총독부의 이른바 문화정책은 우리 사회의 문화적 측면에 상당한 자극을 주었다.

　그 결과 데라우찌 총독이 바뀌고 언론·집회·사회와 종교의 자유가 어느 정도 허용되었다는 것이 절박한 우리 식민감정에 조그마한 위안이 되었다. 그러나 이것도 결국 외유내강을 표방했던 일제의 식민정책의 기만적 술책의 한 방법으로 시도되었다는 것은 시간과 함께 더 명백해졌다.

　어쨌든 새 문화정책의 온상에서 근대적인 신문과 잡지가 우후죽순처럼 창간되고 간행되어 갔다.

1919년 순문예지 『창조』가 창간된 것이 시발이 되어 다음해에는 『동아일보』와 『조선일보』가 창간되었다. 또 종합지로 『개벽』과 순문예지 『폐허』가 출간되었다.

1921년에는 우리 나라 최초의 시전문지 『장미촌』[1]이 나왔다.

1922년에는 종합지 『조선지광』과 『동명』, 그리고 순문예지 『백조』가 창간되었다.

그 후 창간된 연도별 주요 잡지명은 다음과 같다.

- 1923년 : 『금성』
- 1924년 : 『조선문단』, 『폐허이후』, 『영대』, 『생장』
- 1927년 : 『해외문학』, 『문예시대』
- 1929년 : 『삼천리』, 『문예공론』, 『조선문예』

이상의 신문과 잡지의 목록이 말해 주듯이 괄목할 만한 언론·출판의 변모와 발전을 실증하는 것이 된다. 마치 화려한 문예부흥과도 같은 근대시민사회의 생생한 태동을 말해 주기도 한다.

그럼에도 불구하고 이같은 언론의 자유는 우리 사회의 자체적 생장이나 우리 민족의 주체성에서 전적으로 성취되지는 못했다. 그것은 어디까지나 일제의 통제 밑에서 우리 민족의 자유언론에 대한 열망의 한 표현이기도 했다.

> 回顧컨대 韓日合倂 干茲十年 그 사이에 朝鮮民衆은 一大惡夢의 襲한 바 되었도다. 그가 또한 사람이라 어찌 思想과 希望이 없었으리오. 그러나 能히 敍치 못하며 그가 또한 社會라 어찌 集合的 意思와 活力의 衝動이 없었으리오. 그러나 能히 敍치 못하며 그가 또한 民衆이라 어찌 固有한 文明의 特長

---

1) 『백조』지의 전신.

과 生命의 微少함이 없었으리오. 그러나 敢히 發치 못하였으니 實로 個人이 間或 經驗하는 바 부르지고저 하되 開口치 못하여, 다름질하고저 하되 用身치 못하는 그 惡夢에 朝鮮 二天萬無亨民衆은 빠졌었도다. (中略)
  그러나 때가 한번 變하여 言論自由가 多少容忍된다 하매 朝鮮民衆은 그의 意思를 表現하며 그의 前途를 引導하는 친구가 될 자를 熱望으로 期待하였도다. 이여 東亞日報가 生하였으니 그가 어찌 偶然하다 하리오.2)

  이상의 창간사에서 그 요지가 말해 주듯이 한일합병 이후 10년 동아 우리 민족이 '일대악몽의 습한바 되었'던 상황에서부터 시대가 바뀌어서 '언론자유가 다소용인'된 조건에서 『동아일보』가 나오게 된 것은 결코 우연한 일이 아니란 것이다.
  과연 이 무렵 줄기차게 탄생되고 육성된 모든 신문과 잡지들이 그같은 객관적 상황 속에서 모습을 드러내고 언론의 사명을 다했다 할 것이다. 특히 많은 순문예지와 종합지가 활발히 간행됨으로써 근대적인 문단 형성의 배경이 되고 문학성장의 원천이 되었다는 것은 두말할 나위 없다.
  그러나 이와 같은 화려한 언론·출판의 개화 현상도 1931년 만주사변이 일어난 것이 계기가 되어 다시금 된서리는 맞게 된다. 한껏 부풀었던 근대적 시민의식과 문학운동은 일제의 전쟁도발로 멍들게 되고 그 전날의 무단정치의 악몽 속으로 되돌아가게 된다.
  어쨌든 20년대는 잠시나마 우리 민족을 '일대악몽'에서 일깨워 주고 새 희망을 안겨다 준 고무적인 시기라고 볼 수 있다. 이 기간 동안 우리 문학은 참다운 근대문학으로 육성되고 자기의 확고한 영토를 착실히 다져갔다고 평가된다.
  그렇다면 여기서 추구하고자 하는 것은 이 시기에 『창조』파와 『폐허』파에 이어 우리 문단의 가장 중추적 역할을 담당했던 『백조』파의 창작활동을 회고하고 비판함으로써 20년대 작가의 문학적 특징을 정확히 파악하는 일

---

2) 『동아일보』 창간사(1920년).

이 된다.

그 정당한 이해를 위해서 우선 『백조』지의 전모를 밝히고 다음에는 『백조』파의 작가들의 문학적 성향을 구체적으로 검토해 보고 그들의 문학사조적인 특징을 밝혀 보는 것이 본항의 주안점이 된다.

2. 『백조』지의 전모

『백조』지3)는 1922년에서 1923년에 걸쳐 문화사에서 발행된 순문예지이다. 이 창간에 산파역이 된 것은 시인 노작 홍사용이었다. 그는 그의 재종형인 홍사중과 김덕기를 움직여 출판자금을 조달하는 데 성공했다. 한편 『백조』의 배태는 박종화와 홍사용을 중심으로 한 휘문의숙 출신과 나도향과 박영희 등의 배재학당 출신의 문학청년들이 교우함으로써 비롯된다.

이 같은 『백조』지의 창간에 따른 결정적 동기와 배경은 그 창간호의 편집후기에 해당되는 '육호잡기'에서 설명되고 있다. 그 속에서 월탄 박종화는 다음처럼 그 상황을 말했다.

> 이리하야 우리의 藝術 동산에 한낫 밝음의 빛을 볼까 하야 다른날 꽃다운 花園에 정성된 園丁이 될가 하야 뜻한 지 임의 四年 꾀한 지 二年셔 남어지에 비로소 멧낫 뜻이 가흔 글동무와 두낫 뜻깁흔 後援者 金德基 洪思中 兩氏를 엇어이여 우리의 뜻하든 文化社가 出現케 되니 그 써 經營하는 바는 文藝雜誌 白潮와 思想雜誌 黑潮를 刊行하는 同時에 아울러 文藝와 思想의 두 方面을 目標로 하야 書籍과 雜誌를 出版하야 써 우리의 全的 文化生活에 萬一의 보람이 있기를 바라는 바이다.
> 이여 그 第一步로 白潮가 出現케 되니 創始의 一號라 勿論 極善美를 다한 完全의 것이라 자랑할 수는 없는 것이나 다만 우리의 모든 글동무의 거짓

---

3) 국판 150~210 전면으로 불과 3호까지 나온 단명의 동인지.

없는 참과 정성에서 소슨 '참'의 結晶일 뿐이다.

가장 작은 육호활자로 표기된 탓으로 '육호잡기'란 타이틀이 붙은 이 후기에서 밑줄 그은 말은 주목할 만한 의미를 간직한 것이다.

이를테면 '뜻이 가흔글동무'란 『백조』 동인들을 지칭하는 것이고 '김덕기, 홍사중'은 출판자금을 제공한 스폰서를 말하는 것이고 『흑조』는 앞으로 출판계획이 된 『백조』의 자매지를 뜻한다.

한편 전 3호의 '육호잡기'를 통해서 『백조』지의 기구했던 출판사정을 여러모로 전해 주고 있다. 『백조』지의 편집인은 동인대표로 홍사용이 되고 그 발행인은 창간호에는 아펜셀러(亞扁薛羅)가, 2호는 보이스 부인, 3호에는 훼루훼로오로 명의변경을 했다. 이렇게 외국인을 발행인으로 내세운 것은 총독부의 언론탄압에서 치외법권의 보호를 기도했던 것이 분명하다. 그러나 아펜셀러의 돌연한 발행인 사퇴는 일제의 압력이 그에게까지 미쳤던 결과이기도 했다.

이런 출판법의 여러 장애는 애초에 격월간의 발행을 계획했던 『백조』지를 오랫동안 절간(絶刊)케 했다. 말하자면 창간호에서 3호가 나오는데 1년반의 시간이 걸렸다. 이 사연을 노작은 이렇게 술회하고 있다.

> 白潮를 創刊한 지도 一年半이요, 絶刊된지도 또한 거의 一年半이 되었다. 風雲多量한 그때에 無謀無覺한 黃髮의 一種子! 아모 準備도 없이 나섯든 그 길이엇섯으니, 된서리 오든 가을 새벽달 앞에서 눈보라치든 겨울밤 외따른 길가에서 소리없시 줄기는 몃번이엇스며, 旅客집 主人의 던저주는 밥술이 차든지 더웁든지 입으로 말못할 푸대접은 오죽이나 바덧섯느냐.
>
> 不幸한 一個人의 事故가 罪없은 이 집까지 미쳐서, 빗바래인 文化社의 看板은 바람이 불 적마다 마음없시 근드렁근드렁, 同人들은 離散하고 事務員은 逃亡하고 이다음의 句節은 참아 붓으로는 더 그릴 수가 없다. 슬픔이거나 깃거움이거나 다만 꿋꿋네 하랴고 할 뿐이다.[4]

이 같은 홍사용의 감상적 고백은 『백조』지의 난항을 충분히 실감케 한다. 갖은 악전고투를 감내하고 전신투구를 다해 보았지만 『백조』지는 전 3호로서 폐간된 셈이다.

이렇게 기구하고 단명했던 『백조』지의 출항은 애초부터 모험적이고 무리한 것이기 때문에 그 시련은 너무도 벅차고 힘에 겨운 것이었다. 거기다 운영난이 겹치고 '동인들은 이산하고 사무원은 도망'하게 되니 그 파산은 불가피한 일이기도 했다.

『백조』지의 불과 1년반의 짧은 수명에 비하여 그의 문학사적 의의는 대단하게 평가되고 있다. 그것은 무엇보다도 『백조』가 동인지로서 담당했던 문단적 기능이 문제되기 때문이다. 당시의 쟁쟁한 청년문사들이 이 『백조』지를 중심으로 모여들어 가장 특징있고 활발한 창작 활동을 벌여갔다는 점에서 주목된다.

『백조』지의 동인은 처음에 전기한 홍사용, 박종화, 박영희 이외에 이상화), 현진건 등이 포함되었으나 뒤에는 이광수, 안석주, 원세하, 오천원, 김기진, 방정환 등으로 늘어갔다. 그 중에서 이광수는 여러 가지 잡음으로 제외되었고 안석주와 원세하는 표지나 장식을 맡았던 화가이다.

그러니까 순수한 작가로는 10명 안팎의 인원이 『백조』파를 형성한 셈이 된다(오천원과 방정환은 작품발표도 거의 없었다).

여기서 『백조』의 첫 출발을 좀더 분명하게 이해하기 위해서는 『백조』지 보다 1년 앞서 창간되었던 시전문지 『장미촌』[5])에 대해서 잠시 언급할 필요가 있다. 이것은 비록 창간호밖에 나오지 못했지만 '자유시의 선구'란 부제가 붙은 우리 나라 최초의 순시지(純詩誌)로서 그 의의가 있다.

때문에 조연현의 말대로 『폐허』를 통하여 퇴폐적인 형식으로 제시되었던 황석우의 낭만적인 요소가 『장미촌』의 주조적인 경향이 될 수밖에는 없는 것이었다는 것이 타당한 해명이 될 것이다.

그것은 『장미촌』의 '선언'에서 '靈의 永遠한 平和와 安息을 얻을 薔薇村'

---

4) 『백조』 3호의 후기.
5) 동인은 황석우, 변영로, 노자영, 박영화, 박영희 등이 있고, 황석우가 주재함.

이란 구절에서도 얼마쯤 수긍이 간다. 이 소박하고 천진한 낭만적 선언은 이 땅의 낭만주의 문학운동의 일선언이란 데서 주목된다.

어쨌든 이 당의 최초의 낭만주의를 표방했던 『장미촌』에서 황석우와 변영로를 제외한 박종화, 박영희, 노자영 등이 『백조』에 가담함으로써 『백조』파의 낭만주의적 성격이 뚜렷해진 셈이다. 이런 뜻에서 『장미촌』은 『백조』의 전신으로 해석될 수밖에 없다.

한편 『백조』파 동인들의 작품활동에서 추리되는 것은 한 작가가 여러 장르에 걸쳐서 다양하게 창작하고 있다는 점이다. 다만 나도향과 현진건이 소설에만 전념하고 이상화는 시만을 쓰고 있는데 비해서 박영희, 홍사용, 박종화, 노자영 등은 시, 소설, 수필, 평론 등 여러 분야에 손을 대고 있는 사실이다. 이것은 신문예 초창기에서부터 20년대 작가들에게 볼 수 있는 공통적인 현상이기도 하다.

그런데도 『백조』파의 작가들의 전문분야는 작가의 작품 비율로 자연스러운 구분이 가능하다. 이를테면 시분야에는 홍사용, 박종화, 박영희, 이상화 등이 주력했고, 소설분야에는 나도향, 현진건, 노자영 등이 활동했다는 귀결을 얻게 된다.

이제 『백조』파 작가들의 문학적 성향을 타진하기 위해서 그들의 소설의 세계를 답사하고 평가하는 일이 남았다.

3. 『백조』파의 문학적 성향

『백조』지에 발표된 작품은 소설보다 시에 더 비중이 주어지지만 작가들의 문학적 성향에서 그 다양성이 더 현저하게 나타난다.

소설분야에 주력했던 현진건, 나도향, 노자영 등의 창작에서 볼 수 있는 것은 센티멘탈리즘으로부터 자연주의에 이르기까지 그 특징을 달리하기도 하고 한 작가에서도 그 작품에 따라 경향이 변모되고 있다.

따라서 『백조』파 작가들의 문학적 특징을 동일한 유형이나 성향으로 파악하고 규정하는 것은 무리한 일이다. 앞에서 본 백조파시인들의 낭만적인 동질성은 얼마큼 수긍이 가지만 그들 작가들의 경우는 너무도 현격한 이질성을 간직하고 있다.

우선 『백조』지에 게재된 소설의 목록을 옮겨 본다(괄호 속의 숫자는 발표지 호수임).

- 노자영 : 「표백」(1~2)
- 나도향 : 「젊은이의 시절」(1), 「별을 안거든 울지나 말걸」(2), 「여이발사」(3)
- 현진건 : 「영춘류」(1), 「유린」(2), 「할머니의 죽음」(3)
- 박종화 : 「목매이는 여자」(3)
- 홍사용 : 「저승길」(3)
- 박영희 : 「생」(3)

이상의 소설들은 『백조』지에 발표되었던 10편의 전량이 된다. 이들 소설에서 공통적으로 느끼는 것은 작품의 미숙성이다. 20년대 초반기에 해당되는 『백조』파 작가들의 문단경력은 극히 일천한 것이었고 오히려 작가수업기라고 할만큼 크게 평가할 수 없다.

그럼에도 불구하고 신문학 초창기를 벗어나지 못하던 당대의 작품들은 바로 문단의 화제가 되고 독자의 애독물이 될 수 있었다는 점이다.

때문에 그 작품들의 가치평가보다 그들 작가의 문학사적 특징을 분명히 밝혀보는 것이 더 절실하게 대두된다.

1) 나도향의 소설

우선 나도향의 소설세계를 답사해 보면 흥미롭다. 그의 「젊은이의 시절」과 「별을 안거든 울지나 말걸」 등은 몹시 감상적인 애정물이기도 하다. 이들 작품들이 나도향의 10대 소년기에 쓰여졌었던 처녀작이란 것을 감안한다면 얼마쯤 그 사정은 이해할 수도 있을 것이다.

「젊은이의 시절」에서는 소년 철하의 누이 경애가 가짜 예술가 영빈에게 정조를 빼앗기고 배신당한다는 얘기다. 그와 같은 애상적인 분위기는 경애와 철하의 대화 속에서도 충분히 엿볼 수 있다.

하하 哲夏 그대는 나를 알 터이지, 어여쁜 처녀의 붉은 입술같이 언제든지 짜르르하게 하는 달콤한 魔王을. 나와 사귀면 근심 모르는 눈물 모르는 어느 때든지 저! 달님과 별님과 같이 될 것이라. 자 나와 같이 '술의 노래'를 불며 춤추고 놀아보자. 하……하…….

이같이 극히 애상적인 작품 뒤에 홍사용이 제목을 지어 주었다는 「별을 안거든 울지나 말걸」은 달콤한 마력 때문에 젊은 여성 독자들의 애독물이 될 수 있었다고 한다.

그러나 그의 「여이발사」를 접해 보면 비로소 나도향이 문학소년의 애상적인 공상을 청산하고 점차로 세련되고 정돈된 필치로 옮겨지고 있다는 것을 엿볼 수 있다.

확실히 「여이발사」에 오면 사실적인 표현으로 발전해 갔다는 모습을 실감하게 된다. 거기서 특별히 주목되는 것은 사건이나 내용보다도 잘 구사된 심리묘사일 것이다. 그 압축된 서술은 여러 곳에서 찾을 수 있는데 그 한 대목을 소개한다.

"깎기는 깎아야 하겠고나."

혼자 속으로 중얼거리고서는 다시 모자를 벗고서 귀밑으로 거북하게 기어나리는 머리를 두어번 쓰다듬은 후에 다시 땀내나는 모자를 썼다.

그러자 그는 어떠한 고등이발관이라는 간판붙은 앞에 섰다. 그러나 머리를 깎으리라 하고서도 그 고등이발관에는 들어갈 용기가 없었다.

그곳 이발관은 자기가 가진 재산전부와 상등하다. 몇 시간을 두고 별러서 네마끼를 전당국에 넣어서야 겨우 얻어 가진 단돈 오십 전이나마 그렇게 쉽게 손에 들어온 지 한시간이 못되어서 송두리째 내주기는 싫었다. 그리고 다만 십전이라도 남겨서 주머니 구퉁이에서 쟁그렁거리는 소리를 듣게 하는 것이 얼마간 비인 마음 구퉁이를 채워 주는지 모르는 듯하였다.

도향의 말기 작품에 속하는 「물레방아」, 「꿈」, 「뽕」, 「지형근」, 「화염에 싸인 원한」, 「벙어리 삼룡이」, 「그믐달」 등을 접하면 여태껏 품었던 도향문학에 대한 불만은 쉽게 사라진다.

「뽕」에서는 주인공 안협집이라는 성적으로 몹시 음탕하고 여성의 생활을 놀라울 만큼이나 일체의 주관을 거세하고 리얼하게 묘사한 작품이다.

또한 「지형근」에서는 일제의 사회적 배경에서 파산지주인 지형근이 광산 노동자로 전락되었을 때 그의 어린 시절의 벗 이화가 창녀가 되어 주막에서 극적인 상봉을 하게 된다는 얘기다. 이것은 작가가 농촌경제의 피폐로 인해 농촌인구가 도시로 집중화하던 당시의 현실을 정확히 분석하여 날카로운 비판을 가한 것이었다.

이상의 작품들보다도 사실주의에까지 지향해서 도향문학을 대표할 수 있는 것은 「물레방아」와 「벙어리 삼룡이」를 드는 것이 상례이다. 두 작품이 시대는 서로 다를지언정 모두 영화화까지 되어 대중 속에 알려진 작품이다.

「물레방아」는 마을에서 가장 부자로 세력이 있는 신치규 노인과 그 집에서 막실살이를 하는 방원 내외 사이에 빚어지는 비극이다. 어느 가을 밤 달이 유난히 밝은 날 물레방아간 앞에서 신치규는 계집이 탐이 나서 방원을 내쫓고 같이 살 흉계를 꾸민다. 방원의 계집 역시 본래 지조가 없었고 방원에게 오기 전에도 남편이 있었던 창부형의 여자였다. 아들만 낳아 주면 모든 재산이 다 네 것이 된다는 신치규의 꾀임에 빠진 계집은 방원을 배반하기에 이른다. 어떤 날 계집과 늙은이가 함께 방아간에서 나오는 것을 목격한 방원은 분에 못 이기어 늙은이를 죽어라 패고 계집과 도망치려고 한다. 그러나 계집에게 끝내 거절당하고 도리어 상해죄로 석달 동안 감옥살이를 하게 된다.

복역을 끝낸 방원은 밤중에 계집과 늙은이가 사는 집으로 찾아간다. 그는 옛날의 정리를 생각해서 계집에게 도망갈 것을 애원해 보았으나 허사였다.

마침내 방원은 품고 갔던 칼로 계집을 죽이고 자기도 자결한다는 비극이다.
「벙어리 삼룡이」는 오생원 댁의 삼룡이란 머슴이 주인공이다. 아주 못생긴 추남으로 땅딸보요, 옴두꺼비 모양이었으나 마음씨가 곱고 진실하여 주인에게 충실하고 부지런했다. 평생 눈치로만 사는 벙어리지만 조심성이 있어 실수한 적이 없는 삼룡이였다. 그 집의 외아들에게 말할 수 없는 굴욕과 수모를 당하면서도 주인으로 섬기는 충성스런 머슴이었다. 그런데 그 집에 새 며느리가 들어오게 되었다. 몰락한 양반의 집이었지만 무남 독녀로 자란 아름다운 색시였다. 본래 개망나니 같은 남편에게 매일 몹쓸 구박과 매질을 당하는 것이 삼룡이로서는 너무도 애처롭고 가엾게 생각되었다. 그것이 그만 연정으로 변해서 아씨를 사모하다가 주인 아들에게 매를 맞고 쫓겨나게 된다. 그날 밤 오생원 집에 불이 났다. 삼룡이는 죽음을 무릅쓰고 집안으로 뛰어들어 주인을 업어다 놓고 다시 들어가 새색시를 안고 지붕으로 올라간다.

　　　그는 자기의 목숨이 다한 줄을 알았을 때 그 색시를 무릎에 뉘고 있었다. 그의 울분은 그 불과 함께 사라졌는지! 평화롭고 행복스러운 웃음이 그의 입가장자리에 엷게 나타났을 뿐이다.

이상의 두 작품이 현대 독자들에게까지 감동을 주는 것은 단순히 객관적 묘사력이나 그 내용이 심각한 비극만으로 지적되지 않는다. 그것은 이렇게 해명될 성질의 것이다.
　가령 「물레방아」의 주제가 우리의 후진적 봉건사회를 배경한 애정관계에 있어서 사회모순성의 한폭을 도향의 날카로운 시각으로 훌륭히 형상화한 점이다. 그로 해서 금력과 권력을 미끼로 유부녀를 마음껏 농락하는 신치규와 같은 색마, 물질적 허영에서 하루아침에 남편을 배반하고 색마의 품안에 안기는 여인으로 전락하는 방원의 아내나, 생활력의 무능으로 사랑하는 아내를 빼앗기는 방원 같은 불행한 인간이라든가 이로 인하여 급기야는 살인, 자살까지 벌이는 사건의 심각성이 오늘의 현실에서도 얼마든지 실감될 수 있는 단면이기 때문에 더욱 친근할 수 있다는 것이다.

나도향의 극히 짧은 생애(25세에 요절)가 남긴 작품일지라도 그의 작품은 완연히 초기의 작품이 낭만주의적 경향이고 그 후기가 자연주의 내지는 사실주의적 경향이었다고 지적되고 있다. 이 점에 대해서 박종화는 「대전 이후의 조선문예운동」6)에서 아래와 같이 평가하고 있다.

> 도향 나빈의 작품이 초기에는 로맨틱한 경지를 벗어나지 못하였다. 「별을 안거든 울지나 말걸」, 「옛날 꿈은 창백하더이다」를 비롯하여 장편 『환희』에까지 오도록 그 작품은 편을 거듭하여 써올수록 깎이고 닦여서 「여이발사」 차후의 작품은 체흡을 연상케 하고 모파상의 편린을 어루만져 왔다. 그가 죽기 전 12년 앞두고 나온 작품 중에서 「뽕」, 「지형근」, 「물레방아」, 「벙어리 삼룡이」, 이렇게 작품은 쌀쌀한 가을달을 대하는 듯한 느낌을 주게 한다. 현존 작가들 쳐놓고 이 사람처럼 그 작품이 괄목하도록 변한 작가는 드물 것이다.

여하튼 나도향이 초기에 낭만주의로 출발하다가 후기에는 사실주의로 극단에서 극단으로 비약한데는 자신이 갖는 작가적 기질에서보다 낭만주의가 소설문학에는 부적당하다는 점에서와 당시의 문학적 사조가 일변된 것에 순응하기 위한 것이었다고 이해해도 좋을 것이다.

> 젊어서 죽은 도향은 가장 촉망할 소설가였었다. 그는 사상도 미성품이었다. 그러면서도 그에게는 열이 있었다. 예각적으로 파악된 일생의 지면 위에 약동하였다. 미숙한 기교 아래는 그대로 이생의 일면을 붙들은 긍지가 있었다. 아직 소년의 영역을 벗어나지 못한 도향이었으나 그의 작품에서 다분히 센티멘털리즘을 발견하는 것은 아까운 가운데도 당연한 일이지만 그러나 그 센티멘털리즘에 지배받지 않을 만한 침착도 그에게 있었다.

---

6) 『동아일보』, 1929. 1.

[……]

이상은 김동인이 그의 「조선근대소설고」에서 비교적 짧은 문장을 통하여 나도향에 대해서 언급하는 부분이다.

여기서 나도향의 소설세계를 평가할 때는 그 문학적 가치의 우열을 얘기하는 것보다도 그의 작가수업을 통한 작풍의 비약을 높이 사야 할 것이다.

2) 현진건의 소설

『백조』파 작가 중에서 크게 클로즈업되는 것은 현진건이다.

필자는 일찍이 「빙허 현진건론」[7]에서 현진건을 사실주의에 시종했던 작가로 규정하면서 그의 작가세계를 다음의 삼기로 나누어 분석·비평한 일이 있다. 처음에 작가의 신변 내지 체험소설을 기도했던 시기를 제일기로 보면 다음에 본격적인 순수객관소설로 지양한 시기를 제이기로 보고 말기에 역사소재를 매개로 한 간접적 현실소설로 전환하던 시기를 제삼기로 구분해 본 것이 그것이다.

이와 같이 그의 문학적 성장은 극히 자연적인 궤도를 밟으면서 착실히 비약해 갔다는 얘기가 될 것이다.

그러니까 현진건의 초기작품이었던 「희생화」[8]와 「빈처」[9]와 함께 「유린」 등은 신변소설에 해당된다. 미완으로 발표된 「유린」은 대단히 평가된 작품은 아니지만 그의 치밀한 문장 구사의 능력을 실감케 한다. 「유린」의 첫 장은 이렇게 서술되고 있다.

> ××여학교 삼년급생 정숙은 새로 한 점이 넘어 주인집에 돌아왔건만, 여름밤이 다 밝지도 않아 잠을 깨였다. 이 짜른 동안이나마 그는 잠을 잤

---

7) 『현대문학』, 1956년 3월호.
8) 『개벽』, 1920년 11월호.
9) 『개벽』, 1921년 1월호.

다느니보다 차라리 주리난장을 맞은 사람 모양으로 송장같이 뻐들어져 있었다. 뒤숭숭한 꿈자리에 가위눌고리만 있었다. 물같이 흐른 땀이 입은 옷과 이불을 흠신 적시고 있었다.

이와 같은 현진건은 『백조』파 중에서도 빈틈없고 매력에 넘치는 문장력으로 플로벨이나 모파상의 사실법을 체득한 작가로 성장해 갔다.
초기에 일련의 신변소설을 썼던 현진건은 그것으로 만족치 않고 한걸음 전진해서 본격적인 문학세계로 비약해 간 것이다.
이를테면 「할머니의 죽음」, 「지새는 안개」, 「운수좋은 날」, 「B사감과 러브레터」, 「사립정신병원장」, 「신문지와 철창」 등 그의 가작들을 꼽을 수 있다.
「할머니의 죽음」은 이제까지의 신변체험소설에서 본격적인 객관소설로 비약하는 기점이 된 작품이었다.
여기에선 오랜 노환으로 누운 할머니의 임종을 위해서 모여든 친족들의 심리추구를 벌인 것이다.

> 할머니가 운명을 하시나 보다! 우리는 번개같이 이런 생각을 하며 곁으로 다가들었다. 그는 담을 그르렁그르렁거리며 홀홀이 누워 있었다. 중모는 흐르는 눈물을 걷잡지 못하여 그의 귀에 들이대고 울음소리로 아미타불과 지상보살을 구슬프게 부르짖고 있었다. 한동안 엄숙한 긴장이 여기 있었다. 모두 같은 일을 기대하면서.

위의 정경 묘사에서 보듯이 쉽게 임종은 다가오지 않았고 모여든 친척들도 뿔뿔이 집으로 돌아가 버린다는 것이다.
얼마 후 '오전 3시 조모부 별세'란 전보를 받았다는 애기로 「할머니의 죽음」은 끝장이 난다. 복잡한 사연보다도 시시각각으로 다가오는 임종을 앞에 두고 착잡하게 벌어지는 인심과 인정을 그야말로 리얼하게 포착한 것이었다.

이 점에 대해서 당시의 작가이면서 비평활동을 했던 염상섭의 평은 주목할 만하다.

> 현진건씨의 「지새는 안개」(상편)를 보고 나는 문장에만 경의를 표하였다. 그러나 「할머니의 죽음」을 보고서는 광희(狂喜)하였다. 「할머니의 죽음」만은 어디 내놓든지 부끄럽지 않다고까지 생각하였다.
> 빈틈이 없고, 군소리가 없다. 오히려 너무 쨍쨍하여서 눈이 부신 것 같은 것이 불평이다. 염주를 들고 앉아서 밤을 새는 숙모라든지, 할머님 앞에 속으로 울었다 웃었다 하는 주인공의 아름다운 마음과 좋은 성격이 과부족없이 잘 활약하는 것도 좋거니와, 조끼의 단추를 출고 고름을 풀어 젖히는 일절에 이르러서는 까닭 모를 황홀한 감을 받았다.
> 그리고 센티멘털에 흐르지 않을 만큼 정순된 감정과 명민한 이지를 적당히 가지고 가볍고 아름답게 움직이는 주인공의 성격을 볼 때 자연주의적 경향이라든지 데카당한 기분에서 벗어난 경향을 볼 수 있다.

이상의 염상섭의 작품평에서 말했듯이 현진건은 『백조』파의 일원이면서도 단순한 낭만에 그치지 않고 있을 뿐 아니라 당대에 풍미했던 자연주의의 영역을 시원히 벗어간 모습을 볼 수 있다. 그는 이 땅의 어두운 현실을 추구하는 데서 남다른 개성을 간직한 작가였다는 것도 뚜렷하다.

그의 작가적 능력이 원숙되었음을 보여준 「운수좋은 날」(『개벽』제48호)에서는 빈민생활을 파헤쳐 눈물겨운 현실을 비판해 주고 있다.

인력거꾼 김첨지는 오래간만에 '운수좋은 날'을 만나 적지 않은 돈을 벌어 술을 마시고 오랜 병으로 누운 아내가 그토록 먹고 싶어하는 설렁탕을 사들고 집으로 찾아갔지만 아내는 낳은 지 얼마 안되는 어린애에게 젖꼭지를 물린 채 숨이 끊어져 있다는 기막힌 정경을 그린 비극이다.

몹시 야성적이면서도 넘쳐 흐르는 인정을 실감케 할뿐더러 독자에게 생생한 현실감을 일깨워주는 작품이기도 하다. 그러나 현진건의 작가적 역량이 절정에 이른 것은 「불」(『개벽』 제55호)이었다.

「불」은 순이라는 소녀가 옛 농촌의 인습 제도로 '민며느리'로 들어가 시어머니의 모진 학대는 물론 지나친 노동에 시달려야 할 운명에 빠진다. 이것보다도 자기 아버지 뻘이나 되게 연장하고 억센 그의 남편에게 당하는 고통을 참을 수 없는 그녀에게 방은 무서운 지옥이었다. 매일 밤 자야 하는 '윗방'은 원수의 방이었다. 마침내 순이로 하여금 집에 불을 놓게 하는 사건이다.

이제까지 현진건의 작품들에 나타난 인물들이 소극적이요, 무능한 데 비해서 순이는 훨씬 적극적이요, 능동의 인물로 창조되고 있음을 실감할 수 있다.

현진건은 그의 수작이라고 할 「불」을 쓰고도 「B사감과 러브레터」, 「새빨간 웃음」, 「사립정신병원장」, 「신문지와 철창」 등을 차례로 발표했다.

흔히 현진건의 대표작으로 알려지기도 했던 「B사감과 러브레터」[10]는 그 작품에서 전작들과는 다른 이색적인 세계가 그려졌다.

> C여학교에서 교원 겸 기숙사 사감 노릇을 하는 B여사라면 딱장대요 독신주의자요 찰진 야소꾼으로 유명하다. 사십에 가까운 노처녀인 그가 죽은깨투성이 얼굴에 처녀다운 맛이란 약에 쓰려도 찾을 수 없을 뿐인가 시들고 거칠고 마르고 누렇게 뜬 품이 곰팡스런 굴비를 생각나게 한다.

이것은 「B사감과 러브레터」의 서두이다. 여주인공의 인물 묘사를 아주 재미있고 실감나게 서술하고 있다. 변태적인 노처녀의 생태를 사실적으로 추구해 간 것이다.

특히 그의 심리를 생생히 형상화하면서 재치있는 구성과 흥미있는 이야기를 펴고 있다. 때문에 독자들은 이 작품을 더욱 애독하게 되었는지 모른다. 그러나 「B사감과 러브레터」에서 현진건문학의 전형적 특징을 찾으려고 애쓸 필요는 없을 것이다.

---

10) 『조선문단』, 1925년 2월호 소재.

그의 문학은 좀 더 생생한 역사적 배경과 사회현실 속에서 언제나 짓밟히고 버림받은 인간들의 비애가 사무친 작품들에서 더욱 큰 빛을 낸다.

이와 같은 전제에서 보면 그의 창작 생활 중에서도 그의 말기에 쓰여진 「사립정신병원장」[11]에 특별히 주목하게 된다. 여기에서는 처자식을 거느린 남편의 비애가 그려졌는데 당시의 빈궁한 사회상을 인상깊게 부각해 준다. 이 작품의 주인공 W군은 본래 낙천가로서 어떤 고통도 웃음으로 인내할 줄 아는 의지의 인물이다. 그럼에도 불구하고 그는 그에게 부딪친 암담한 생활의 벽에 좌절하고 만다. 처자식의 생계를 위해서 그의 온갖 노력을 기울였으나 걷잡을 수 없는 비극이 있을 뿐이었다. 최소한의 자존심까지 버리면서 애비 노릇을 하려고 버티었지만 그것으로 쉽게 구제 받지 못했다. 그리고 마침내 과오를 범하고 정신병자가 되어버린다는 얘기다.

이 「사립정신병원장」에 대하여 김우종은 다음과 같이 지적하고 있다.

> 작품의 주제는 간단히 총괄하자면 '빈곤의 비극성'이겠다. 그리고 이와 같은 비극성은 그저 드물게 발견되는 인생의 암면이 아니라 식민지의 원주민들에게는 전면적으로 현실화되어 가던 것이다. 그러한 비극의 역사를 빙허는 다만 하나의 애비의 경우만을 통해서 여기 기록해 놓았을 뿐이다.[12]

실상 이 작품을 통해서 당시의 우리의 사회현실이 얼마나 비참하고 절박했던가를 여실히 실증해 주기도 한다

20년대 후반에 접어들어 현진건은 기자생활로 전신하면서 창작생활을 잠시 쉬는 듯했지만 다시 장편으로 붓을 옮겨갔다. 그 첫 작품으로 장편 『적도』(1939)를 『동아일보』에 발표했다.

작품은 주인공 여해가 연모하는 영애의 영접 속에 출옥하는 장면부터 서술된다. 5년 동안이나 억울하게 복역한 여해와 영애, 그리고 그의 남편 병일

---

11) 『개벽』 1926년 1호에 발표되고 그해 3월에 단편집 『조선의 얼굴』에 수록.
12) 김우종의 『한국현대소설사』, p.129.

과의 삼각관계를 낭만적으로 펼쳐갔다.

애초의 순탄치 못했던 여해의 인생편력은 시간과 함께 더 헝클어져 끝내는 폭탄 자살로 끝장을 낸다. 『적도』의 에필로그에서 상열은 이렇게 토로하고 있다.

> 열정에 지글지글하는 인물, 한시라도 열정의 대상이 없이는 견디지 못하는 인물, 그런 종류의 사람을 태양에 비기면 인생의 적도선이라 할까……

이것이 바로 여해의 비극적 인생이요, 『적도』의 주제가 되기도 한 것이다.

현진건은 『적도』를 쓰고 1939년 이른바 '일장기말살사건'으로 인책되고 투옥 당하는 등, 역경을 거치는 동안 작가로서의 침체기를 겪게 된다. 이 무렵은 현진건뿐 아니라 일제의 암흑기로서 많은 양심적 작가들이 붓을 꺾어야 했던 고통의 시기이기도 했다.

이 상황 속에서 1940년대의 한국 중진 작가들이 역사소설로 전환할 때 현진건도 그들과 동조해서 『동아일보』에 『무영탑』(1939~1940)을 발표했다.

『무영탑』은 경주 불국사의 석가탑에 얽힌 전설을 소설화시킨 것이다. 현진건은 이 비극적 전설이 단순한 남녀 관계에서보다도 이성간의 열렬한 애정관계에서 빚어진 것이라 꾸몄다. 또 그 전설이 사대사상에서 비롯되었다고 간파한 현진건은 당나라의 석공을 백제의 석공으로 바꾸고 당나라 여인도 백제의 '아사녀'로 뒤바꿔 놓았다.

이렇게 그는 대담하게 역사와 전설의 내용을 바꾸면서까지 역사소설을 서술했다. 그러니까 그의 역사소설은 그대로 正史에만 충실했다기보다도 예술적 창작에 더 큰 비중을 두었다고 할 수 있다.

현진건의 역사소설의 창작 태도는 일제의 탄압이 더욱 심해wu서 소설을 자유로이 쓸 수 없게 되자 편의상 역사적으로 먼 과거에서 현실과 유형이 본질적으로 같은 사실을 작품의 소재로 빌려 쓴 것에 불과했다. 그러면서도 현실도피에서가 아니라 현실적 의미를 강조하여 표현시킨 것이 특징이다.
『무영탑』을 내놓고 1941년에는 『흑치상지』란 역사소설을 『동아일보』에 연재하다가 52회로서 게재 중지가 되었다.
이것은 백제 때 장군 흑치상지가 자기의 모국인 백제가 망하자 의병을 일으켜 국가를 회복하려고 의병 3만을 결합하여 당장(唐將) 소정방을 항거하여 백제의 백여 성을 회복했던 사실을 소재로 한 것이다.
'흑치상지'란 노골화된 이름은 마침내 총독부 경무부의 말썽을 일으켜 게재 금지가 되어 『흑치상지』는 아깝게도 미완성으로 남게 되었다.
"시간와 장소를 떠나서는 아무것도 존재치 못하는 것이다. 달나라의 소요도 그만둘 일이다. 구름 바다의 유회도 그칠 일이다.
조선문학인 다음에야 조선의 땅을 든든히 디디고 서야 할 줄 안다."[13]
이렇게 부르짖었던 현진건은 철저한 리얼리스트로서 이 땅의 비애를 발굴하는 데 앞장 선 것이었다. 실상 근 20년 동안의 작가생활은 사실주의에 일관하였다는 데서 더욱 뚜렷한 지위를 확보하게 되었다.
또한 많은 작가들의 작품을 보면 수작과 졸작이 완연하게 구분되는 데 비해서 현진건의 전작품은 거의 실패작 없이 균등하다는 것은 현진건이 어디까지나 기교파의 작가임을 말해 주고 있다.

> 우리는 비상한 기교의 천재로 빙허를 들 수 있다. 조화의 극치, 묘사의 절미 — 과연 기교의 절정이다.

이것은 김동인이 그의 「한국근대소설고」에서 현진건을 절찬한 대목이지만 그같은 정평은 어느 누구를 불사하고 있다.

---

13) 「조선혼과 현재정신의 파악」, (『개벽』, 1926년 1월).

4. 문예사조의 다양성

　지금까지 고찰에서 추구되고 밝혀진 바와 같이 『백조』파의 문학은 쉽사리 한 마디로 요약되거나 규정될 수 없는 다양한 복합체임이 분명하다.
　말하자면 『백조』파의 시인들이 낭만주의의 큰 호수 속에 의지하면서 퇴폐주의와 상징주의, 그리고 탐미주의에 이르기까지 제각기 그 특색을 달리하고 있다는 것이다. 한편 소설사들은 센티멘털리즘에서 출발해서 자연주의와 사실주의로 변모해 갔다는 것도 이해할 수 있다.
　흔히 『폐허』지와 『백조』지를 중심으로 낭만주의운동이 전개되었다고 말한다. 그러나 그것은 어디까지나 시인들의 낭만적 경향의 한 특징을 지적한 것에 불과한 것이고 낭만주의운동의 핵심을 말한 것은 못된다. 실상 이 땅에 전개되었던 낭만주의운동은 진정한 의미에 있어서의 평가를 받기 어렵다. 그대로 감상적인 낭만문학이 『폐허』지나 『백조』지를 통해서 활발하게 개화되었다는 것이 타당하다.
　서구의 낭만주의운동과 이 땅의 낭만주의운동이 근본적으로 이질적인 것이고 『백조』파의 낭만문학은 자기대로의 특수성을 지닌 것이었다. 이와 관련해서 조연현은 그의 『한국현대문학사』 속에서 아래와 같이 해명하고 있다.

　　『백조』의 낭만주의가 고전주의에의 반항에서 출발된 구라파의 근대낭
　　만주의운동과 동일한 것이 될 수 없는 것은 그러한 낭만주의를 탄생시킬
　　만한 고전주의적인 전통이 이 땅에는 존재하지 않았기 때문이다. 그러므
　　로 『백조』의 낭만주의는 일종의 청년적인 소박한 기분운동이나 순진한 감
　　상주의와 크게 구별될 성질의 것이 아니었다. 그러나 그것이 구라파의 그
　　것과 어떻게 다르든, 낭만주의라는 일 문학적 경향을 조성시키는 중요한
　　역할을 『백조』가 감당했었다는 것은 『백조』의 중요한 문학사적 의의가
　　아닐 수 없는 것이 되었다(『백조』지의 낭만주의적 경향).

이상과 같은 조연현의 말에 따르면 『백조』의 낭만주의는 "일종의 청년적인 소박한 기분운동이나 순진한 감상주의와 크게 구별될 성질의 것이 아니었다는 것이다. 그러면서도 「백조」의 문학사적 공적으로 낭만주의라는 문학적 경향을 조성시키는 중요한 역할"을 했다고 본 것이다.

이와 같은 『백조』파에 대한 평가는 대체로 수긍되는 것이지만 외형적이고 피상적인 진단에 불과하다. 여기에 반드시 첨가되어야 할 본질적인 문제가 결여되어 있다.

즉 『백조』파의 시와 소설 속에 강하게 저류되고 있던 민족의식이다. 그것이 비록 애상적인 비탄이나 상징적인 연가로 표현되었지만 한결같이 민족애를 주제로 삼고 있다는 것이다.

이 같은 문학적 특징은 20년대 전반의 『백조』파에만 국한되는 것이 아니라 20년대의 후반에까지 끈질기게 이어진다. 물론 1925년을 전후로 하여 대두된 신경향파에서 그 모습은 몹시 변색되어 가지만 정열적인 민족주의의 원천은 고갈되지 않았다.

이렇게 볼 때 『백조』파의 문학자적 공적은 또 다른 측면에서 얘기될 수 있다. 불과 1, 2년의 짧은 기간 동안에 전개되었던 『백조』파의 문학이 이 땅의 자연주의문학과 사실주의문학의 온상이 되고 신경향파문학이 태동한 모체가 되었다는 사실이다.

따라서 『백조』지의 폐간이 바로 백철이 단언한 바와 같이 '노만주의 왕국의 붕괴'를 뜻하지는 않는다. 보다도 좀더 본격적인 현대문학으로 도약하는 초석이 되고 교량이 되었다는데서 『백조』파의 문학적 사명은 다한 셈이 된다. 때문에 20년대의 문학적 특징을 『백조』파에서 골똘히 추구해 본 것이다.

특히 『백조』파의 현진건, 나도향의 소설세계에서 보여 주듯이 초기의 낭만주의와 자연주의 문학이 후기로 접어들어 객관적 사실주의로 전신했다는 사실을 간과할 수 없다. 그리고 그들의 사실주의문학의 주류는 오늘의 현대에까지 생생한 전통과 역사를 지속해 왔다고 해도 과언은 아닐 것이다.

(『한국현대소설의 탐구』, 범우사, 1985 증보판)

역사소설
— 월탄의 역사물을 중심으로 —

한국 소설사상 역사소설을 일생을 통해 쓴 작가는 월탄 박종화이다.
춘원과 동인이 일반적인 생활현실에서 소재를 택했다가 뒤에 역사소설에 손을 대었지만 월탄은 그의 첫 작품부터 역사소설을 썼다. 그것이 바로 『백조』 제3호에 발표했던 「목매이는 女子」이다.
물론 이 작품에 앞서 춘원의 「가실」이 1922년 『매일신보』에 연재되었고 역시 「허생전」이 1923년에 『매일신보』에 발표되었다. 그러나 춘원의 「허생전」은 박연암의 「허생전」에서 취한 것으로서 한문소설을 한글로 번안한 데 불과하다.
이와 같이 한국 역사소설의 시발이 1920년대 초반에서부터 비롯되어 30년대에 활발한 모습으로 발전되어 갔다는 것을 상기하면 그 창작방법과 태도에서 두 가지 유형을 발견하게 된다.
즉 하나는 정사적 사실에서 취재한 과거 재현의 역사소설이고, 또 다른 하나는 역사적 특정 사실만을 취재해서 허구화한 역사소설이다.
전자의 태도를 뚜렷이 보인 작가는 월탄이요, 후자의 방법을 강하게 노정한 작가는 춘원으로 평가되어 왔다. 한편 동인의 역사소설은 유미주의적 입장을 지킨 작품으로 해석되었다. 따라서 춘원은 사실 자체는 상식적이고 일반적인 윤리의식을 벗어나지 않는 범위 안에서 허구성을 가미시켰으나 동인은 사실 그 자체를 자신의 유미적 입장에 맞도록 수정한 것으로 받아진다.[14]
이 밖에도 이색적인 역사소설로 홍명희의 『임꺽정』과 김남천의 『대하』

등이 화제의 대상이 되지만 그 후의 작품이 중단되어 역사소설의 주류에서 일단 제외될 수밖에 없다.

특히 월탄은 춘원과 동인을 비롯한 많은 역사소설가들에 비해서 가장 긴 연대에 걸쳐 가장 많은 작품량을 기록했을 뿐 아니라 확고한 민족주의로 일관된 작가로 평가된다.

> 나는 역사소설의 형태를 빌어서 문학으로 사회에 참여하고 있는 것이다. 역사소설의 주인공을 통해서 나는 현대인간들과 대화를 하면서 이 땅, 이 조국을 아름답게 건축해 보자는 것이다.
> 이것이 나로 하여금, 30 이후에 시와 평론에서 소설을 쓰게 하고 소설 중에서도 신변잡사의 소설을 떠나서 역사소설을 쓰게 하고 오늘날까지도 계속해서 나의 관뚜껑을 덮을 때까지 역사소설을 쓰겠다는 결심을 갖게 한 동기다(『월탄 박종화대표작선집』).

월탄 자신이 피력했듯이 그는 오로지 역사소설을 위해서 살아왔고 또 그것으로 시종하겠다고 다짐하고 있다. 실로 이 땅의 역사소설은 월탄에 의해서 비롯되고 정초된 것이라고 해도 과언이 아닐 것이다.

월탄의 역사 소설가로서의 위치에 대해서는 조연현이 평가했듯이 '최초의 역사소설가인 동시에 전형적인 정사적(正史的) 역사소설가라는 점'을 공인받게 된다.

따라서 한국 역사소설의 전개과정을 구체적으로 접근하기 위해서 근 반세기 이상을 역사소설에 투신해 온 월탄의 역사소설을 상세히 해명 검토해 보는 것이 본론의 목표가 된다.

---

14) 임헌영, 『한국현대소설의 탐구』, pp.254~255.

2. 월탄 역사소설의 전모

1) 「목매이는 여자」, 「아랑의 정조」

　한국 소설사상 역사소설로 효시가 된 월탄의 「목매이는 여자」는 수양대군이 단종의 왕위를 빼앗던 무렵의 신숙주의 변절 행각을 소재로 한 것이다.
　그 주인공은 신숙주의 아내다. 여기서는 신숙주를 단순한 변절자로 낙인하는 상식론에서가 아니라 그가 폭군세조의 위협 밑에서 어떻게 고민했던가 하는 진실한 인간상을 파헤쳐 보자는 데 있었다. 그러니까 그는 표면적인 역사사실보다도 그 현실 속에서 생생히 살아온 신숙주와 그 아내를 리얼하게 추구해 간 것이었다.
　「목매이는 여자」는 역사적 사실이나 그에 대한 일반적인 사가들의 평가를 왜곡하지 않으면서도 그 인물의 내면적인 세계를 파고 들어가 새로운 평가를 시도한 것이다. 즉 월탄은 신숙주가 변절자라는 사실을 그대로 인정하면서도 그가 그렇게 되기까지의 심리적인 변화 과정을 그려간 것이다. 신숙주의 변절 사실은 함부로 수정될 수 없는 객관적인 사실이지만 그가 변절하기까지의 시적 갈등과 변화는 작가가 임의로 추단하고 상상할 수 있는 세계인 것이다.
　따라서 월탄은 자유로운 상상을 통해서 신숙주의 인간상을 그려갔다고 본다. 그 고민을 월탄은 자식에 대한 애정과 군주에 대한 충성의 분기점에 설정해 놓았다.15)
　즉 월탄은 「목매이는 여자」에서 혈연적 애정에 대한 진실성과 사회적 정의에 대한 진실성 중 그 어느 길을 선택할 것인가 하는 극한 상황을 보여준 셈이다.
　이를테면 그 탁월한 학문적 재능을 탐내어 신하로서 발탁하려던 세조의

---
15) 김우종, 앞의 책, pp.170〜171.

어명을 신숙주는 감히 거역한다. 죽음을 두려워하지 않은 이 항거는 신숙주의 사회적 정의에 대한 진실성을 입증하는 것이기도 했다. 그러나 뒤에 자식들까지 죽이겠다고 위협했을 때 신숙주는 자식들에 대한 애정으로 해서 굴복해서 변절자로 낙인찍힌 것이다.

이렇게 되어 신숙주는 사가들의 기록과 평가대로 단순한 변절자로 남게 되지만 그가 그렇게 되기까지의 인간적 고민은 아무도 미워할 수 없게 미화시킨 것이 「목매이는 여자」이다.

한편 월탄의 「아랑의 정조」(1937)는 전작 「목매이는 여자」와 함께 단편 역사물이다.

이것은 삼국사기의 열전에 기록된 「도미전」에서 취재한 것이었다. 백제의 미인 아랑이 주인공이다.

개루왕의 명령에도 끄떡하지 않고 끝까지 깨끗한 정절을 지키는 도미의 아내 아랑을 그린 것이다. 그야말로 극한적인 상황 속에서 정조만을 고수하고 끝내 도미를 찾아 탈출하는 아랑의 아름다운 부덕은 대단한 것이 아닐 수 없다. 미인 아내를 둔 탓으로 생눈알을 뽑히면서도 자기의 아내만은 변심하지 않으리라고 확신하는 목수 도미, 장님이 된 남편을 찾아 헤매는 아내 아랑의 사랑은 더없는 귀감으로 승화되고 있다.

결국 이 작품은 아랑과 도미란 두 부부 사이에 절대적인 권력자인 왕을 등장시킴으로써 그 두 부부의 사랑을 낭만적으로 미화시킨 것이다.

그리고 아랑이 개루왕의 욕망을 무모하게 거절하려 했다면 그같은 요행의 도주보다는 처참한 희생이 앞섰을 것이고 그렇지 않다면 찬란한 의상과 요염한 웃음으로 가장된 아랑이 더욱 필연적인 장면이었을 것이다.

그러나 현실적인 세계에서만 볼 수 있는 그같은 추악상은 모조리 제거하고 오직 이상적으로 아름답고 긍정적인 모습만을 지니고 있는 도미와 아랑의 두 인간상을 보게 된다.

이와 같이 월탄의 초기작에 해당되는 「목매이는 여자」나 「아랑의 정조」는 다함께 후기의 작품처럼 원숙한 것이 아니더라도 역사소설의 새로운 창작 태도로서 각별한 평가의 대상이 되었다 할 것이다.

2) 『금삼의 피』

월탄이 역사소설로 전신하면서 본격적으로 독자의 관심을 끌고 히트한 것이 『금삼의 피』다. 이것은 1936년에 『매일신보』(1936. 3. 20~12.29)에 연재했고 뒤에 단행본 상·하권으로 간행(博文書館, 1938)되었다.

이 소설은 폭군 연산군을 소재로 한 장편 역사물이다. 연산군이 자기의 생모인 윤씨를 복위시키고자 일으킨 갑자사화(1504, 연산군 10)를 작품화시킨 것이다.

이미 『폭군연산』이란 제명으로 영화화되어 널리 소개된 이 작품에서 작가는 연산을 하나의 광인으로 처리하지 않았다. 연산의 횡폭적인 망발은 비명에 죽은 어머니의 비참한 최후를 알게 된 데서 비롯되었다는 것을 밝혀주고 있다. 말하자면 역사의 이면에 비친 인간상을 리얼하게 추구해 본 것이었다.

> 때는 바야흐로 태평 성대, 영특한 임금, 갸륵한 어른으로 존승을 받으시는 성종으로도 호색이 빌미가 되어, 비·빈 사이에 질투의 불길이 일어나고 나중에 세자의 어머님이요, 곤전마마이신 막중한 왕비를 폐위시키고 또 사약을 내리니 백성의 집인들 어찌 이러한 흉변이 있으랴. 한 지어미 원한을 품으매 오월에도 서리가 내린다거늘 막중한 왕비어미 종묘 사직이 어찌 위태치 아니하랴(序詞에서).16)

이 엄청난 변의 발단은 같은 왕의 후궁으로 있던 윤씨가 연산을 낳고 왕비로 책봉된 데서 비롯된다. 그러나 성종이 아름다운 정씨를 더욱 사랑하게 되자 윤씨는 질투심과 함께 이 거만한 정씨를 그대로 두고 싶지 않았다. 어느 날 윤비는 연석에 나오지 않은 정씨를 호출하여 엄나무가시 위에 눕혀 하룻밤을 혹형을 가했다. 여기에 불만을 품은 정씨는 점쟁이 이판수와 의논

---
16) 『한국문학전집』⑤, 民衆書館刊, p.5

하여 부적을 만들어 동궁(뒤에 연산군)을 병들게 하였다. 이 사실을 목도한 윤비는 정씨를 당장 해치려 했으나 워낙 성종의 총애가 각별해서 뜻을 이루지 못했다. 그러나 정씨의 화상을 그려 활로 쏘고 굿을 하다가 성종에게 발각된다.

이 때문에 성종은 격분해서 폐위까지 거론하게 되지만 내신의 간언으로 무마된다. 다시 훗날 말다툼 끝에 윤비는 성종의 용안에 손톱 자국을 내게 되어 정씨 일파의 극론에 몰려 폐위되어 낙향함은 물론 사약까지 받게 된다.

> 동궁이 내내 탈없이 자라나거든 부디부디 이 수건을 전해 주오. 천천의
> 이 원한을 씻겨 주오.17)

윤씨의 피눈물을 받은 손수건은 신씨(윤씨의 어머니)에게 전해졌고 뒷날 동궁이 자라 그 생생한 사실을 알게 됨으로써 혹심한 심적 갈등 겪게 된다. 죄인의 아들, 폐비의 아들, 어머니 없는 외로운 자식이란 생각은 그의 성격에 큰 자극을 주게 된 것이다.

성종의 뒤를 이은 연산군은 무엇보다도 억울하게 죽은 어머니를 다시 복위시키는 일에 착수했다. 한 나라의 국왕으로서 자기의 친모를 서민의 무덤 속에 내버려 둘 수는 없었다고 생각한 것이다. 대왕대비의 강력한 저항이 있었지만 그 뜻은 관철되어 묘를 이장하고 회묘(懷廟)라 이름하고 연산은 거기에 거동하며 친제(親祭)를 지내겠다고 했지만 대비와 대신들의 강력한 제지를 받게 된다.

이 심각한 분위기 속에서 내전으로 돌아간 연산은 그때부터 술만 퍼먹고 방탕하기 시작한다. 어느 날 그는 궁중 뜰 안에서 사슴을 활로 쓰러뜨렸다. 대왕대비가 극진히 사랑하던 짐승을 죽인 것이 대왕대비에 대한 쌓인 울분 때문이란 것을 아는 사람들은 모두 전전긍긍하게 되었고 연산군이 앞으로

---

17) 앞의 책, p.94.

무슨 큰 짓을 저지를지 모른다는 기우가 감돌게 된다.

드디어 연산 4년 무오 7월에 일대 사건이 터졌다. 사국을 차리고 성종대왕의 실록을 꾸미게 되었을 때 실록청 당상으로 있던 이극돈은 세조의 비행을 사실대로 적은 사초를 발견했는데, 그는 무령군, 유자광 등을 찾아가서 이 사실을 보고하고 연산군에게까지 직소하게 된다.

격노한 연산은 당시의 실록청 당상이었던 김일손은 물론이요, 권오복, 권경우, 이목, 허반, 강반 등의 선비들은 능지 처참하거나 참수의 형을 주고 그 밖의 관련자들에게 태형, 귀양 등의 벌을 내린다.

이 피비린내 나는 대참사가 이른바 무오사화이고 그것이 계기가 되어 간신배들의 횡포는 극악해졌고 연산은 연일 황음 방탕하게 되니 백성들의 원성은 높아지고 뜻있는 선비들의 비판도 비등했다.

마침내 군부의 실력자 박원종 일파의 모반이 일어났다. 연산 13년 병인 9월 초하룻날 밤 무시에 주동 인물들이 회동하고 훈련원의 포성을 신호로 박원종의 군대가 일제히 거사해서, 연산군을 왕위에서 끌어내렸다.

새로 왕위에 올라서게 된 중종(진성대군)은 조칙을 내리어 죄인을 대사하고 전 중전 신씨는 정청궁으로 내보내고 또 많은 사람들을 처단적몰하고 전왕은 강봉하여 연산군으로 부르고 교동에 안치시킨다.

연산의 외조모 신씨가 남기고 간 피 묻은 수건 하나는 수많은 우여곡절을 역사에 기록한 셈이다.

비록 정사는 폭군연산의 행적을 씻을 수 없는 오욕으로 기록했지만 인간 연산의 인간상을 낭만적, 문장과 풍부한 상상력으로 승화시킨 『금삼의 피』는 폭넓은 독자들의 감동을 불러일으킨다.

3) 『다정불심(多情佛心)』

월탄이 30년대 후반에서부터 본격적인 역사물을 써서 문단의 각별한 관심을 끌었는데 그 대표적인 작품으로서 전작 『금삼의 피』와 『대춘부』(1935), 그리고 세 번째 대작에 해당되는 『다정불심』이라 할 것이다. 이것은

1940년 『매일신보』에 연재되어 어느 작품보다도 독자들의 열렬한 애독물이 된 것으로 알려졌다.

고려 공민왕이 주인공으로 된 『다정불심』은 하나의 애틋한 애화로 이어졌다. 그는 원나라에 끌려갔다가 노국 공주와 열렬한 사랑에 빠진다.

> 벼슬! 다 귀치 않소. 벼슬아치는 백성의 종이구 임금은 신하들의 종이라우. 백성을 짓밟고 백성의 기름을 긁어들이고 하니까 호화롭지, 정말 착한 신하와 어진 임금이 되자면 백성의 종노릇 안 하고 요순 같은 임금이나 후직 같은 신하가 될 수 있오? 그러나 백성은 밭갈아 농사 지어 먹고, 길쌈 짜 옷해 입는구려. 한가하면 글 읽고 글씨 쓰고 그리고 그림 그리고 공주는 내 옆에 앉아 아까처럼 비파를 뜯으면 즐겁지 않고? 고기가 먹고 싶으면 강가에 나가 낚싯대를 늘이고, 달밝고 꽃좋은 밤이 오거든 독 속에 서로 익은 술을 걸러 마시는구료. 자식 네 다섯이 되거든 큰놈들은 서당에서 글읽고 어린놈은 공주의 무릎에 휘감기어 젖을 달라 조를 것이요. 인생의 낙이 이보다 더 좋을 게 어디 있오.[18]

공자 왕기의 노국 공주에 대한 연정은 극한을 치달아 둘이 결혼한 지 3년째 되는 해에 돌연히 고려 국왕을 봉한다는 칙명이 내렸다. 이리하여 공자 왕기는 왕좌에 앉기 위해 노국 공주와 더불어 금의 환국하게 된다.

그러나 돌연한 노국 공주의 죽음은 공민왕에게 큰 충격을 안겨 주었고 정사(政事)에까지 심각한 영향을 주었다. 백성들을 동원해서 노국 공주의 영전(靈殿)을 짓게 독려했다. 그로 해서 날로 백성들과 신하들의 원성이 높아갔다. 섭정왕이었던 신돈도 영전 역사를 중지하도록 간하다가 왕에게 죽음을 당하고 만다.

신돈이 죽고 윤탁이 죽은 뒤에 북벌남정의 큰 뜻은 여지없이 무너지고 노국 공주의 호화로운 마암영전은 다시 짓기 시작했다. 누구 한 사람 감히

---

18) 앞의 책, pp.363~364.

영을 거절할 사람 없었다.

　그 후 나약한 공민왕은 정사를 맡길 후계가 없어 낭패하게 되고 성격 파탄을 일으킨다. 그는 여러 후궁들을 멀리하고 미동(美童)들(子弟衛)을 상대로 변태적인 생활을 이어간다. 그러던 중 미동 홍륜과 최만생이란 신하들에게 살해당한다.

　　　만뢰가 고요한 이날 밤 축시(丑時)! 수영궁 지밑엔 왕의 취한 콧소리가
　　　드높다. 좌우에 모신 놈들은 모드 다 홍륜의 일당인 자제위였다.
　　　　내시 최만생과 자제위 홍륜이 검은 헝겊으로 얼굴을 가리고 칼을 들고
　　　들어왔다. 누구 한 사람 「도적이야!」하고 외치는 사람도 없었다.
　　　　삽시간 일이었다. 왕은 벌써 이 세상 사람이 아니었다.
　　　　넋은 날아 그리운 공주를 찾았으리라!
　　　　다정(多情)이 병이 아니고 무엇이랴!
　　　　뒷사람은 왕을 가리켜 공민(恭愍)이라 불렀다.[19]

　이와 같은 극적인 종말이 고려왕조 오백년의 종언을 고하게 되고 『다정불심』의 대단원이 된다. 한마디로 공민왕이 오랑캐 땅에서 맺은 한 번의 사랑이 끝내는 나라를 망치고 어마어마한 씨앗을 낳았다는 역사적 교훈이 리얼하게 그려졌다.

　여기서 작가가 보여 준 것은 우리 역사에 숨어진 오점을 끄집어 내어 독자와 함께 비판하고자 한 점이다. 그리고 이 주인공이 왕을 하나의 인간으로 환원해서 한 여성을 그토록 병적으로 사랑할 때 그 결과가 얼마나 슬픈 것인가를 재현시켰다 할 것이다.

　그러면서 이『다정불심』은 그 제명(題名)이 풍겨주듯이 낭만적인 표현이 우월하다는 것이다. 특히 공민왕의 뜨거운 사랑을 극적으로 그려가면서 이어진 낭만적 대화들은 독자들을 충분히 매혹한다 하겠다.

---

19) 앞의 책, p.66.

4) 「전야」 등 삼부작

「전야」(1942)와 「여명」은 일제말기에, 「민족」(1946)은 해방 직후에 써서 삼부작에 해당하는 작품이다.

이 역사적 배경은 19세기 전반에서부터 후반에 걸친 근대 한국에 나타난 인물과 풍속들을 리얼하게 추구한 것이다. 특히 우리 민족의 얼을 되새기면서 그 자주성을 부각시켜 보려는 작업이었다. 「전야」는 제명대로 대원군의 집권 이전까지를 그렸다.

> 때는 바야흐로 십 구 세기의 반나절 — 서편으로부터 동편을 향하고 몰려드는 근대 문명의 세계적 조류는 사정없이 넘실거리기 시작하여 천년의 잠이 깊이 든 동양 천지의 문어귀를 소란히 두들기기 시작할 때 우물안 개구리가 돈짝만한 하늘을 쳐다보고 좋다는 듯이 신선의 나라 조선은 아직도 봄꿈자리가 드높아 베개를 높이 베고 코고는 소리가 요란하다.[20]

「전야」의 제1장에서 서술한 대목이다. 전 5장으로 구성된 「전야」는 은둔의 나라 근대한국을 파헤쳐 보았다.

근대의 풍운아인 대원군의 생활 주변을 묘사하면서 외척 세력과 투쟁하는 모습을 생생하게 폭로해 주고 있다. 누대를 통하여 암이 되어 온 외척들을 몰아내고 왕실 중심의 세도정치를 위해서 이하응 대원군이 벌이는 온갖 계략이 노출된다.

그런가 하면 「여명」에 있어서는 대원군이 집정하면서 벌어지는 근대화의 복잡한 양상이 그려지고 있다. 물밀듯이 들어오는 외국세력과 천주교의 포교가 팽창한 가운데 대원군의 집권은 시작된다. 고루한 쇄국정책만을 고집한 대원군의 주변에 두 기생이 따랐다. 삼월과 초운이었다. 삼월은 대원군을 사모하고 잘 모신 데 비해 초운은 콧대가 세고 천주교를 따랐다. 한편

---

20) 『신한국문학전집』 ④, 어문각간, p.13

초운이 자기가 연모하던 남승지의 원수를 갚으려고 벼르고 있었다.

그러나 선교사를 학살한 것이 도화선이 되어 리델 신부 등의 계교로 초래된 프랑스 함대의 침범을 보고 초운은 정신적 고통을 참지 못하고 자결한다는 얘기다.

대원군의 집정에서부터 병인양요에 걸친 어지러운 현실을 통해서 종교도 한국적인 것이어야 하고 민족적인 것이어야 한다는 역사적 교훈을 펴주는 것이다.

한편 「민족」은 대원군의 쇄국정책에서부터 청일전쟁을 중심으로 벌어지는 민비와 대원군의 암투를 리얼하게 그렸다. 갑신정변이 일어나던 때 탐관오리들의 난무, 그리고 갑오경장에서부터 동학혁명까지 이어지는 최근대의 파노라마를 엮어갔다.

「민족」의 서설에서 작가는 이렇게 서두를 피력했다.

> 조선 민족은 하나요, 둘이 아니다. 더구나 셋도 아니요 넷도 아니다. 조선 사람은 삼천만이나 조선 민족은 다만 하나다. 아득하고 오래기 반만년 전 송화강변 백두산 아래 성스러운 천리천평(千里千坪) 신시(神市)의 때로부터 가까이 설흔 여섯 해 동안 뜻 아니한 왜노의 잔인한 압박과 구속 밑에서 강제로 동조동근(同祖同根)의 굴레를 뒤집어씌우고 창씨와 개명까지 당했던 을유년 팔월 십사일 어제까지 조선 민족은 다만 하나요 둘이 아니다.21)

월탄은 8·15의 감격을 「민족」으로 터뜨렸다. 유구한 역사를 통해서 이어온 우리 민족은 오직 하나였고 둘이 아니요, 민족은 영원히 멸하지 않는다고 외쳤다. 실상 「민족」에 이르러 월탄의 민족문학은 정상을 향해 치솟고 있었다.

---
21) 앞의 책, p.317.

5) 「홍경래」, 『임진왜란』

8·15 후의 감격과 흥분 속에서 제1탄으로 「민족」을 썼던 월탄은 「홍경래」(1946)와 「청춘승리」(1947) 등을 차례로 발표했다.

「홍경래」는 홍경래난을 소재로 한 것이었다. 근대사의 영웅 홍경래의 일생을 그렸다. 물론 홍경래의 의거가 실패로 끝났지만 그의 이상 세계를 위한 집념은 대단한 것이었다. 현실의 불우를 낭만적으로 승화시킨 것이 홍경래였다. 홍경래난은 이조 순조 12년(1811)에 평안도 용강 출신 홍경래의 지도로 벌어진다. 서북인의 천대 차별 정책과 국정의 부패를 보게 하여 일어난 큰 반란이었다. 이 반란은 불과 5개월에 종식되었지만 근대사상 엄청난 사건이 아닐 수 없다. 이 원인을 작가는 홍경래 같은 영웅이 서북출신인데다가 권문세가에 태어나지 못한 탓으로 과거에 실패한 데서 근인을 찾고 있다. 거기다가 여기 동조한 서북인들의 불평은 희유의 기근으로 박차를 가했다고 풀이했다.

최초에 홍경래의 계획은 일면 성공하여 청주읍을 석권했지만 일면 실패해서 정주성을 사수하려 하였으나 관군에 몰려 참패한다. 이때 홍경래마저 전사하게 되어 난은 종식된다는 얘기다.

이런 역사적 소재를 월탄은 그의 특유한 낭만적 필치로 현대화시킨 것이다.

한편 「청춘승리」는 수많은 역사물 중에서도 가장 가까운 최근세사를 다루었던 작품이다. 더욱이 「청춘승리」가 말해주는 역사적 사실이나 그 주인공들의 피어린 생은 곧 우리의 민족의 수난사요, 해방사이기도 한 것이다. 작가는 「청춘승리」를 통해서 일제의 식민지에서 불행하게 태어났던 젊은 세대들이 자유와 독립을 위해서 그 얼마나 용감히 싸웠으며 그 얼마나 비통했던가를 상세히 증언해 준다.

'회고편', '수난편', '치욕편', '해방편' 등 네 편의 구성을 가진 「청춘승리」는 그 타이틀이 암시하듯이 반세기에 긍한 이 민족의 비극을 구체적 사실을 통해서 형상화시켰다. 주로 광주학생운동을 기점으로 해서 전개되는 이것은 8·15와 함께 해피 엔딩한다. 그리고 여기에 등장하는 인물들이 비록 일파와 옥란 등과 같이 가명이긴 하지만 실제인물이라는 것을 알 수 있다. 때문에 현대독자들이 좀더 생생하게 읽을 수 있는 역사물이기도 하다.

월탄의 문학적 특성은 흔히 정사적 소설을 쓴다고 하는데 이「청춘승리」도 그러한 범주를 벗어나지 않았다. 그러나 소설로서의 구성이나 픽션을 효과있게 살리고 있다는 점에 유의하게 된다. 그러므로 하나의 역사교양물뿐만 아니라 훌륭히 처리된 본격 소설로서도 평가되어야 한다

해방과 함께「민족」,「홍경래」,「청춘승리」등 일련의 최근세사를 소재로 민족문학의 대량만을 폈던 월탄은 전란을 치른 1954년부터『임진왜란』을 쓰기 시작했다

> 나는 민족의 치욕을 회복하기 위하여 민족으로서의 적개심을 왜제에게 일으키기 위하여 임진왜란을 장편소설화하려는 계획을 항상 마음속에 지니고 있었다.

일찍이 이렇게 별렀던 작가가 장장 3년에 걸쳐『임진왜란』을 집필했다. 말하자면 필생의 대원을 속시원히 성취한 역작이기도 했다. 암담한 일제하에서도 도저히 소설화할 수 없었던 임진왜란을 그것과 역사상 흡사한 6·25동란을 체험하고 나서 형상화했던 것이다.

그 점에 대해서 월탄은『임진왜란』서설에서 다음과 같이 밝히고 있다.

> 3백년 전에 우리 조상이 겪은 임진왜란은 3백 50년 뒤 오늘날 우리의 겨레 모두가 당하고 겪은 비참한 전쟁 한국의 동란과 방불하다.[22]

『임진왜란』은 우리 민족사상에 일대 수난이었던 임진왜란을 소재로 하면서 침략자와 우리와의 사이에 벌어지는 선악의 대결을 대하소설로 엮어

---

22)『임진왜란』① 서설, 을유문화사간.

간 것이었다. 그리고 그 속에서 애국애족의 심벌로 이순신, 계월향, 논개 등 세 주인공을 민족적 영웅으로서의 호국정신을 아름답게 승화시켰다.

여하튼 잔인한 왜적의 침략이 7, 8년에 긍했던 임진왜란 당시 부패할대로 부패했던 이조의 정정(政情)과 여기에 겹친 왜적의 폭악한 침략상이라든가 전민족적 비극을 리얼하게 그려서 민족수난의 일대 서사시를 폈던 것이었다.

그래서 우리 선조들이 지녔던 애족과 호국정신을 오늘의 우리가 올바르게 계승해야 될 이 민족의 전통적인 정신임을 일깨워 주고 있다.

실상 임진왜란의 민족사상 스펙터클한 사건을 소설화시킬 수 있었던 것은 오직 월탄이 아니고는 감당키 어려운 작업이기도 했다. 월탄의 모든 작품의 저류에는 짙은 낭만이 깔려 있듯이 『임진왜란』의 전편 속에는 민족적인 훈훈한 낭만이 풍기고 있다.

한편 월탄은 『임진왜란』을 쓰는데 대체로 역사적 사실에 편중한 것은 사실이다. 그러면서도 그 예술성을 돋구기 위해서 상당한 노력을 쏟았다. 실제로 정사에는 이순신 장군이 적탄에 맞아 전사한 것을 대담하게 자결한 것으로 뒤바꿔 놓았다. 이것은 작가의 말대로 민족적 대영웅(이순신) 장군의 최후가 그토록 패주하는 왜적의 유탄쯤에 싱겁게 죽을 수 없었다고 믿었던 까닭이다.

> 이순신장군은 해와 달과 함께 만고에 빛을 다투며 겨레들 가슴 위에 억만년을 살아 있다.[23]

『임진왜란』의 종장 '도미의 대정기'에서 성웅 이순신 장군을 추모한 문장이다.

아무튼 월탄의 『임진왜란』은 역사소설의 훌륭한 전형을 이룩했고 우리 문학의 기념탑적인 역작이기도 했다. 이런 뜻에서 흔히 월탄의 대표작으로

---

23) 앞의 책 ⑥, 종장인용.

『임진왜란』을 꼽는 까닭도 수긍이 간다.

『임진왜란』은 확실히 월탄의 민족의식이 가장 웅대한 서사시로서 전개된 역작으로 정평된다.

일제 치하의 30년대에 쓴『대춘부』가 북방으로부터의 침략자 오랑캐와 우리 민족의 대결을 그린 것에 반하여『임진왜란』은 남방으로부터의 침략자 왜구와 우리 민족의 대결을 그린 것이었다.

그리고 이 두 전란은 모두 이조 쇠망 이전의 우리 민족사상 가장 큰 비극에 속하는 것이었다. 더욱이『임진왜란』은 3년여에 걸쳐 조선일보에 연재된 노작으로서 가히 한국 소설사상에 크게 평가될 것이다.

3. 월탄의 역사소설관

일찍이 월탄은 역사소설관을「민족문학과 나의 창작태도」란 글 속에서 다음처럼 피력한 일이 있다.

> 역사소설이 현대소설보다 가장 편의한 점은 가령 민족혼을 은근히 일으킨다든지 정의감을 부채질해서 현실의 불의를 응징할 때라든지 이런 때 나는 많은 효과를 보았다고 생각합니다. 현대소설로는 도저히 추악상을 그릴 수가 없읍니다. 그것은 곧 현대의 권력자 또는 권력자의 불의를 선양함으로써 당로의 비위를 거슬리는 때문입니다. 다행히 양심있는 부류라면 이것을 너그럽게 받아들이는 아량도 보여 주는 편도 있읍니다만은 그렇지 않다면 오히려 까닭없는 촉노를 받게 되는 때문입니다. 정의파작가가 이러한 역사적 방법을 쓰는 것은 결코 이것은 도피가 아니올시다.[24]

역사소설은 결코 현실도피가 아니며 그 효과는 현실소설보다도 더 강한

---

24)『성균』제6호 1954, p.171 인용

것이라 역설한다. 그래서 시작 생활에서 잠깐 휴식한 그는 역사소설로 붓을 돌리기 시작했다고 했다.

아무튼 『금삼의 피』는 월탄이 역사소설로 전신하는 획기적 작품이 되었고 또 뒤에 쓰는 동안 역사소설가로서의 기반을 확고히 굳혀 온 것이다.

더욱이 월탄은 일제의 침략전쟁이 가열되고 이른바 암흑시대에 처해서도 민족문학을 고수해 온 점이다. 대부분의 작가들이 붓을 꺾거나 일제에 동조해서 이른바 '친일문학'을 펴고 있을 때 월탄만은 끝내 자기의 문학세계를 지켜왔다는 것을 잊을 수 없다.

월탄의 창작활동은 『임진왜란』을 내놓고 더욱 왕성해져 갔다. 『임진왜란』을 쓰는 동안에도 단편 「황진이의 역천」(1955)을 『새벽』지에 발표했다. 다시 장편 『벼슬길』(1958)과 『삼국풍류』(1959), 그리고 『여인천하』(1959) 등을 거의 같은 무렵에 연재했다. 『삼국풍류』는 『조선일보』에, 『여인천하』는 『한국일보』에, 그리고 『벼슬길』은 『세계일보』에 각기 발표함으로써 가장 폭넓은 독자를 확보하는 작가가 되었다. 말하자면 월탄의 역사소설은 신문에 있어서 가장 인기 높은 연재물로 평가되었다는 것이다.

이런 독자의 환영 속에서 『여인천하』는 하나의 선풍적인 화제작이 되었다. 이것은 자유당 말기의 어지러운 현실 속에서 이른바 치맛바람의 거센 물결을 비판하기 위해서 쓰여졌던 것이다. 그것은 지난날 이조 궁중에서 국왕을 에워싸고 벌였던 후궁들의 음모와 암투가 어떤 것이었던가를 생생히 부각시켜 주었다. 그러면서 이 땅에 벌어지고 있는 현대판 '여인천하'를 경계하면서 치맛바람으로 병들고 있는 현실을 고발하고자 했다. 이런 주제가 현대독자들에게 어필했고 『금삼의 피』와 함께 영화화되어 독자와 관객의 절찬을 받았다.

1962년 월탄은 『조선일보』에 『자고 가는 저 구름아』를 그리고 『부산일보』에 『제왕삼대』를 각각 연재했다. 다시 1964년 『월탄 삼국지』를 『한국일보』에 싣기 시작해서 독자들의 애독물이 되었다. 장장 4년에 걸쳐 연재된 이 『월탄 삼국지』는 확실히 번안문학의 새로운 전진과 비약이기도 했다.

계속 월탄은 왕성한 필력으로 『아름다운 이 조국을』(1965)을 『중앙일보』

에 연재했다. 한편 『양녕대군』(1966)의 집필도 함께 해갔다. 그는 조금도 쉼없이 창작에만 전념했다.

이제 77세(1978)의 노구에도 불구하고 오로지 창작에만 집념하는 데는 변함이 없다. 지난 1969년부터 집필하기 시작한 『세종대왕』은 우리 나라 역사상 최대 현군이었던 세종대왕의 일대기를 대하소설로 펴보였다. 오직 이 한 편을 필생의 대작으로 남기기 위해서 모든 정력을 쏟은 셈이다. 그의 역사소설에 대한 비평과 연구는 많은 연구가들에 의해 더욱 활발히 전개되리라는 것은 의심할 바 없다.

다만, 월탄의 역사소설은 장구한 시대에 걸쳐 시종여일하게 낭만주의와 민족주의의 색채가 가장 짙은 작가로 평가됨은 의심할 바 없다.

월탄은 사실주의 작가도 아니요 자연주의 작가도 아니다. 『백조』파의 문학적 성향이 낭만주의적 색채로 보여진다면 그 중에서도 월탄은 이상화, 홍사용과 함께 뚜렷한 낭만주의의 색깔을 지닌 작가로 오늘에까지 시종했다 할 수 있다. 그와 같은 낭만적인 경향은 그의 초기의 시세계에서부터 출발된 것이지만 그후 「목매이는 여자」에서부터 오늘의 『세종대왕』에까지 변함이 없다 하겠다.

한편, 월탄 문학의 특징으로 배제될 수 없는 것은 민족주의이다. 그의 민족주의는 그의 모든 작품 속에 일관된 것으로서 강한 이상주의에 기초한 것으로 받아진다. 특히 그의 역사소설에서 남다른 민족주의의식이 저류되고 있음을 확인하게 된다. 물론 일제하에서의 민족의식과 해방이후의 그것이 동질의 것이 아니더라도 월탄의 폭넓고 방대한 민족문학이 그것을 실증한다 할 것이다.

(『한국현대소설의 탐구』, 범우사, 1985 증보판)

농촌소설

1. 농촌소설의 개화과정

흔히 거론되는 농민문학 내지 농촌문학에 대한 분명한 이해와 평가를 위해서 먼저 그 정체를 선명히 타진해 볼 필요가 있다.

한편 한국의 현대문학을 굳이 도시문학이니 농촌문학이니 하는 제재로 구분하는 것이 불필요하다는 반론과 함께 농촌문학의 줄기찬 절규를 듣기도 한다. 그동안 농촌문학은 명사조차 어색하게 퇴색된 느낌이지만 근자에 와선 농촌문학론은 많은 비평가와 작가 그리고 그 분야에 관심을 가진 인사들에 의해서 강조되고 있음을 상기할 필요가 있다.

실상 농촌문학의 시발은 상당한 연대로 소급되어 비롯되었다는 것. 그러면서도 그 완벽한 이론이나 훌륭한 작품이 제대로 빛을 보지 못했다는 아쉬움이 따른다.

본고에서 추구하고자 하는 목적도 바로 이와 같은 객관적 사실을 감안해서 한국 농촌문학, 특히 농촌소설의 전개과정을 역사적으로 심지(深知)하면서 그를 중심한 농촌문학론을 분석·평가해 보려는 데 있다.

농촌문학이란 소박한 개념은 생활과 풍속, 농촌의 상황을 제재로 한 문학[25]이라고 요약된다. 이와 같은 극히 선명한 농민문학이 이 땅에서 전개된 양상은 결코 단순한 모습이 아니었다는 것을 시인하게 된다.

중일전쟁을 전후한 30년대 중반에 접어들어 본격적인 농민문학이 등장했던 것은 문학사상 공인되는 일이다. 동시에 이 시기의 농민문학은 대체로

---

25) 『세계문예사전』 상권, 문예각, p.405.

다음과 같은 유형의 세 양상으로 특징을 설명할 수 있다.[26]

첫째, 민족파 내지 국민문학파로 지칭되는 작가들이 벌였던 농촌계몽운동을 볼 수 있다. 30년대 초반에 『동아일보』가 요람이 되었고 이른바 '브나로드 운동'을 뜻하며 여기에 동조해 『동아일보』에 연재했던 이광수의 『흙』, 심훈의 『상록수』, 그리고 이석훈의 「황혼의 노래」(1933 중편) 등의 소설이 선풍적인 인기를 거둔 사실이다.

둘째, 농촌의 비참한 생활상을 제재로 했던 프롤레타리아 문학을 뜻한다. 이것은 1931년 『조선일보』 지상을 통해서 백철과 안함광과의 농민문학논쟁에서 유발되었다.

그 대표적인 케이스는 이기영의 「서화」(1933) 『고향』(1933), 권환의 「목화와 콩」(1927), 조명희의 「낙동강」(1927), 송영의 「오전 9시」 등이었다.

셋째, 세칭 전원파 문학으로서 1935년 전후부터 지식인들이 도시현실을 비판하고 농촌에 각별한 관심을 쏟았던 일이다. 즉 이무영을 비롯해서 김상용, 신석정, 김동명, 박영준, 최인준 등에 의해서 시도되었던 시와 소설들이 그러한 농촌문학에 해당되는 것이었다.

이를테면 이무영의 「농부」(1934), 「오도령」(1935), 「제1막 제1장」(1939), 「흙의 노예」(1940), 박영준의 「모범경작생」(1934), 최인준의 「양돼지」(1935), 「황소」(1934), 이근영의 「금송아지」(1935) 등 많은 농촌물이 출산되었다.

이상의 30년대의 농촌문학의 개화는 이른바 순수문학의 그늘에서 또한 일제말 암흑기에 직면해서 제대로 결실을 보지 못한 채 8·15까지 묵살되거나 말살되었다 할 것이다.

다행히 8·15 이후 김동리, 황순원, 오영수 같은 작가들이 다시금 우리 농촌을 새로운 면모에서 형상화하기 시작했던 일이다. 그나마도 6·25전란은 훨씬 변모되었다. 즉 전후의 실존문학 내지 관념문학의 줄기찬 유행으로 해서 문학적 소재가 농촌에서 도시로 그 주인공이 농민에서 도시인

---

26) 앞의 책, 참조.

으로 일변되게끔 되었다. 굳이 그 이유를 따져 보자면 상당한 논리가 필요
할 줄 한다.27)

요약하자면 역사사실의 급격한 전변에 기인했다는 것, 즉 농촌중심의 전
근대적인 과거현실이 도시중심의 근대사회로 전진했다는 사연을 들 수 있
을 것이다. 동시에 오늘의 급격한 도시문명이 고도의 지성을 표방하면서 자
연히 도시문학으로 편중되었다고도 할 수 있다.

이와 같은 사실을 얼마쯤 수긍하면서도 우리의 농촌문학이 오늘처럼 위
축되어야 한다는 데는 상당한 이의가 있다. 아무리 근대화가 급진되더라도
우리 나라의 가장 많은 인구지수를 점유하고 있는 농촌을 소외한 문학이란
있을 수 없다는 소신 때문이다.

우선 도시를 제대로 이해하고 도시문학을 정당히 개발키 위해서는 농촌
을 옳게 파악하고 농촌문학을 현대적으로 창조해 나가는 과정이 절실한 우
리의 문학적 과제가 될 것이다.

그 구체적인 실천으로서 도시문학의 급격한 발전에 따라서 후진된 농민
문학을 더 현대화해서 진작시키는 문제가 더 중요하게 기대될 것이다. 진정
우리 문학이 민족문학으로서의 참다운 모습을 갖추기 위해서 농민문학의
재출발문제와 함께 구체적인 방법론이 절감된다.

2. 농촌문학론, 그 논쟁의 시말

농민문학을 본질적으로 들고 나온 것은 안함광의 「농민문학문제에 대
한 고찰」28)에서였지만 실제로는 그보다 훨씬 앞서 이성환이 「신년문단
을 향하여 농민문학을 일으키라」29)란 글을 남김으로써 첫 발언자가 된

---

27) 졸고, 「농민문학의 재출발문제」, 『농토』 제9권 제3호, 1958. 10, p.371.
28) 『조선일보』, 1931. 8. 12.
29) 『조선문단』, 1925년 1월호.

셈이다.

> 대성답월로 벼를 부수고 땀을 흘리고 피를 짜내어 죽지 못해 살아가는 빈궁한 설움이며 못 받을 모진 학대와 못 당할 무거운 착취에 드디어 파산선고를 당하고 남부여대 바리 떠나는 광경이며 소위 교육받은 천년 남녀가 전원 생활을 박차고 도회로 흘러가는 현상이며 이 구석에서 백의인의 그림자는 쓰러지고 빗발은 사람이 그 뒤를 터잡는 실상[30]

당시의 비참한 한국 농촌현실을 적나라하게 고발했던 이성환의 논설은 농민문학에 대한 최초의 문제제기로서 주목되고 20년 전반의 무궤도한 문학현실에 대한 비판의 소리이기도 했다. 그의 글은 계속해서 러시아의 농민문학이 농민에게 크게 영향을 준 사실과 그로 해서 농민의 근대적 자각이 가능했다는 것, 그리고 톨스토이, 도스토예프스키, 투르게니에프 등의 거장의 농민문학이 농노해방을 촉진시킨 원인이라고 해명했다.

그후 농촌문학에 대한 본격적인 거론은 전기한 안함광의 「농민문학문제에 대한 고찰」에서 비롯된다. 그는 러시아와 일본에서의 농민문학운동을 소개하면서 조선의 특수한 상황으로 조선의 프로 문학은 농민문학을 경과치 않고는 수립될 수 없다고 했다. 즉 농민에게 프롤레타리아의 이념을 주입시켜서 농민의 전진적 개혁을 기해야 한다는 주장이었다.

여기에 맞서 백철은 「농민문학문제」[31]에서 농민에게 처음부터 프로 이데올로기를 일방적으로 주입시킬 것이 아니라 반대로 빈농계급이 자발적으로 이데올로기에 호응하도록 하는 것이 정당하다는 반론을 제기했다. 구체적으로 농민문학은 농민의 요구를 들으며 감정과 의식을 아는 데서 해결되는 것이지 일방적으로 관념을 주입하는 것으로 불가능하다는 소신이었다. 결국 참된 농민문학이란 "농촌의 일상생활과 환경을 취급하면서 자연적으로 농민이 소유하고 있는 세계관을 공고히 이용하는데 작품을 통하여 농민

---

30) 앞의 책, p.166.
31) 『조선일보』, 1931. 10. 1.

의 감정과 의식을 정당한 방면으로" 돌림으로써 가능하다는 이론으로 귀착했다.

그 뒤 다시 안함광이 백철에 대한 반론으로 「농민문학의 규정 문제」[32]와 「농민문학문제재론」[33]을 계속 발표하기에 이르렀다.

앞의 「농민문학의 규정 문제」에서는 백철이 지적한 "빈농에 대한 견해와 정책은 결코 빈농계급에게 프롤레타리아, 이데올로기를 기계적으로 명령적으로 주입시키는 것이 아니고 '기계적'이란 말은 '적극적'이란 말을 왜곡시킨 것"이라고 항변했다. 동시에 농민이나 프롤레타리아가 다 함께 종국적 목표에 견해를 통일해야 한다고 덧붙였다.

한편 「농민문학문제재론」에서는 구체적인 작품을 예시하면서 농민문학의 정체를 비판해 갔다. 이를테면 김대준의 「아침날의 찬미자」와 조명희의 「농촌 사람들」, 이기영의 「민촌」 등을 차례로 평가한 것이다.

> 농민층의 비참한 생활장면을 제시하고 그 현실적 근거에 대한 하등의 구명이 없는 부르조아 리얼리즘이 아니라 그 실상의 구체적 사회적 근거에서 제시하고 프롤레타리아 리얼리즘을 사수하지 않으면 아니될 것[34]

이와 같이 안함광은 농민문학의 본질을 자기 나름대로 정의하면서 이른바 부르조아 리얼리즘으로서의 자연주의문학을 부정하면서 프롤레타리아 리얼리즘으로서의 사실주의문학을 적극 강조하고 있음을 알게 된다.

한편 농촌소설에 대한 비평으로 주목을 끈 것은 민병휘의 「춘원의 흙과 민촌의 고향」[35]이었다. 그는 두 작품을 비교해서 『흙』은 현실주의나 실감을 주지 못하는 것이고, 반면에 『고향』은 "사회와 인간을 비판하고 해부하면서 아버지의 불의를 저주하면서 자기의 갈 길을 간다."고 호평했다.

---

32) 『비판』 1931년 12월호.
33) 『조선일보』, 1931. 12.
34) 『조선일보』, 10. 28.
35) 『조선문단』, 1935년 6월호.

이와 같이 30년대에 전개되었던 농촌문학론은 몹시 다양하고 활발한 것이었다고 하겠지만 그 주류는 어디까지나 프로 문학 이론의 범주를 벗어나지 못했다고 하겠다. 따라서 그 후 프로 문학 퇴조와 함께 농촌문학론은 더 이상 뻗어갈 소지를 잃은 채 8·15를 거쳐 오늘에 이르기까지 그 확실한 영토를 구축하지 못한 채 잠적했다는 것이 적절한 애긴지 모른다. 다행히 70년대 초에 접어들어 60년대의 비평가들에 의해서 리얼리즘 대 반리얼리즘 논쟁이 시작되면서 그것과 논조를 같이한 농민문학론, 즉 농촌문학론의 새로운 이론이 대두되었던 것은 주목할 일이다. 그 특징은 30년대의 농민문학론이 전적으로 프로 문학이 주도했던 것과는 전혀 이질적인 양상을 보여주었다는 점이다.

이미 프로 문학 시대에 한차례 거센 회오리바람을 일으켰던 농민문학론이 재연된 동기는 리얼리즘과 반리얼리즘의 소산으로 해석된다. 리얼리즘을 옹호하는 김병걸, 염무웅, 신경림 등의 다음과 같은 주장이 반리얼리즘을 표방한 김윤식, 김현, 김치수 등의 강렬한 저항을 받은 것에서 유발되었다.

> 전통적으로 농업국가였던 오늘날에도 농업이 가장 기본적인 산업인 나라의 문단에 있어서 농촌문학 및 농민문학에 대한 이론이 빈약하다는 것은 그 자체가 아니라 사회현실의 역리성과 허구성을 드러내는 하나의 역사적 현상이다.

이 새로운 농촌문학론은 염무웅의 「농촌문학론」[36]에서 발단되었다. 그는 구체적으로 박경수의 문제작인 「동토」[37]을 비판하면서 농촌문학으로서의 결점을 지적한 것이다.

> 농촌을 모르고서 한국 사회 현실을 안다고 할 수 없고, 현실을 모르고서

---
36) 『창작과 비평』, 1970년 가을호.
37) 『신동아』, 1969년 연재소설.

그 현실에 태어난 문학을 제대로 안다고 할 수 없다.

이와 같은 공박과 함께 도시와의 상관조직 속에서 한국 농촌의 역사적·사회적 상황을 파악한다는 주장을 내세웠다.

그 뒤 여기에 동조한 농촌문학론이 몇 편 발표되었다. 임중빈, 염무웅, 김병걸 등이 농촌문학의 수작으로 김정한의 창작집 『인간단지』를 크게 평가한 사실이다.

그들의 주장은 이제까지의 우리의 농촌문학이 가령 춘원, 심훈, 무영 등의 농촌물들과 같이 일제의 식민지 농촌 수탈이나 자본주의 경제 체제가 그 속성으로 지닌 취약성 또는 한국농업이 처해 있는 역사적인 생산 조건 따위에 대한 통찰이 없으므로 허다한 문학적 결함과 이론적인 한계를 지니고 있다고 나선 것이다. 또한 여기에 비해 『인간단지』로 각광받은 김정한의 작품 속에서의 농촌은 한국의 역사적 현실을 옳게 투시하는 리얼리즘이 선택한 전형적인 장면이라고 했다.

여기에 도전한 김윤식, 김현, 김치수 등 일련의 반리얼리즘 비평가들의 소견은 그와 현격한 이론을 내세웠다.

그들의 주장은 농촌문학이라는 어휘 자체도 현실에서는 무의미하다는 것이었다. 말하자면 한 사회의 모순은 농촌이면 농촌, 도시면 도시라는 식으로 어느 한쪽에만 편재하는 것이 아니라 그것은 서로 유기적인 관계를 갖고 있으므로 농촌문학을 따로 떼어서 논한다는 것은 타당치 않다는 것이다.

특히 김치수는 「농촌소설은 가능한가」[38]를 통해서 오늘의 농촌소설에서 나타나고 있는 인물의 소영웅화라거나 결말의 과격한 방화 같은 인정삽화의 끈질긴 되풀이든가 지방주의의 강조, 그리고 농촌과 도시를 분리된 현실로 파악하려는 태도 등은 앞으로 극복되어야 할 문제로 남아 있다고 강조한 것이다.

이렇게 양립된 농촌문학에 대한 두 주장은 어떤 합리성을 내세우면서 작

---

38) 『문학과 지성』, 1971년 창간호.

가와 작품의 편향을 드러내는 데까지 진전되었다.

그 후 농촌문학에 대한 논의는 한동안 침묵을 지킨 셈이지만 얼마 뒤 다시 염무웅과 김치수가 『중앙일보』[39] 지상을 통해서 그 시비가 벌어지기까지 했다.

염무웅은 「민족문학의 중요한 부분」[40]이란 제하로 농민문학의 중요성을 강조하기에 이르렀다.

물론 식민지적 압제와 한계 속에서도 결코 민족적 시각이 전적으로 말살될 수 없는 노릇이었다. 김유정, 김정한, 김동리 기타 몇몇 작가들의 작품은 분명히 이광수의 식민지주의적 오염을 청산하고 농민의 눈으로 파악된 농촌의 현실을 자기비하나 과장없이 묘사하고 있다. 여기에 이르러 비로소 방대하고 민족의 현실을 증언하는 민족문학의 중요한 부분으로 자리를 확립했던 것이다.

이와 같은 의식에서 작가는 '민족문학의 중요한 부분으로' 농촌문학에 참여해야 한다는 주장을 내세운 것이다.

여기에 대한 반론으로 김치수는 「소재주의에 탈피해야」란 글로 맞서고 있다.

그는 농촌소설의 필요성을 부인하지는 않지만 농민문학이 농촌 혹은 농민을 소재로 한 작품을 뜻할진대 결국 소재주의에 불과한 것이 아니냐고 반문한다.

농촌을 소재로 한 작품이 농촌은 가난하고 농민은 무식하며 착하다는 사실만을 나타내는 것이 아니다. 그것을 통해서 우리 사회의 구조적인 모순을 나타내는 것이 있을 때 우리는 감동을 받게 되고 좋은 작품이라는 평가를 내릴 수 있는 것이다. 이것은 비단 농촌소설 혹은 농민문학에만 국

[39] 『중앙일보』, 1973. 6. 9.
[40] 상동 게재.

한되는 것은 아니다. 문학의 소재주의의 천박성은 배격되어야 한다.

이와 같은 소재주의에 대한 비판으로 "소재주의가 한국인의 삶을 전체적으로 파악하지 못하게 할 위험이 있기 때문이다."란 소신을 피력했다. 그리고 그는 농민문학이 민족문학이 되고 민중문학도 된다는 주장을 강력히 공박해 갔다.

염무웅과 김치수의 상반된 시비에 대해서 홍기삼은 절충적인 의견을 제시하기도 했다. 즉 그의 「농촌문학론」[41]에 의하면 농촌문학의 중요성을 인정하는 전제로서 염무웅, 김치수, 신경림 등이 내놓은 농촌문학론의 결점을 비판하고 있다. 이를테면 김치수의 농촌소설을 소재로 단순화시킨 점과 신경림의 농민문학이 민족문학이 되는 동시에 민중문학이 된다는 주장이 모두 모순이란 것이었다. 그와 함께 그는 농촌문학의 상위 또는 등위 개념으로서 수용한다는 견해를 밝히기도 했다.

이와 같은 논쟁에 간접적으로 발언한 김윤식은 「문학에 있어 전통계승의 문제」[42]를 통해 다음과 같은 말을 했다.

> 70년대 민중의식이란 농민의식도 한 부분으로 포함될 따름인 것이다. 부분을 전체로 오해하는 것은 그럴 만한 전략적 이유가 있다 할지라도 원론적으로는 일단 조명되어야 할 것으로 나는 생각한다. 그럼에도 불구하고 나는 민중의식의 여러 갈래 중에서 농민의식이 가장 확실한 생명의 촉감이라고 생각한다. 바로 역사성 때문인 것이다.

이같이 김윤식의 논조도 여태껏 농민문학의 중요성을 시인하는 것으로 60년대의 비평가들이 농민문학에 대한 적극적인 관심을 쏟은 것은 주목할 일이다.

---

41) 『동대신문』 1973. 1. 19.
42) 『세대』, 1973년 8월호.

3. 30년대의 농촌문학

1) 민족파의 농촌소설

이른바 민족파 내지는 민족문학파로 지칭되는 이광수, 심훈, 이석훈 등의 농촌소설들은 '브나로드 운동'의 강렬한 선풍 속에서 농촌계몽운동을 표방했던 것은 널리 공인되는 사실로서 당시 문단의 각별한 평판을 받은 것이다.

이를테면 이광수의 『흙』[43]이 독자의 열렬한 각광을 받은 것은 춘원의 작가적 역량도 감안되었지만 그것이 『동아일보』에 연재된 최초의 농촌소설이었다는 데서 더 주목된다.

주인공 허숭(許崇)은 바로 당대의 젊은이의 표상으로서 또한 급변하는 시대에 생존하는 한국 청년으로서 부각된 것이다. 그의 신념은 농촌을 구하는 것이 나라를 구하는 길이란 것이고 새로운 도시문명의 유혹으로 사치와 방종의 여인 정선과 결혼하지만 곧 과오를 뉘우쳐 다시 살여울로 귀향해서 농촌계몽운동의 지도자가 된다는 얘기다. 그의 생활 주변에는 안일무사주의의 많은 청년들이 시기하고 모함하지만 끝까지 버틴다는 것, 잘못을 깨닫게 된 정선도 결국은 허숭의 뜻에 동조하게 된다는 해피엔딩.

그 극적인 결말은 이렇게 마무리되고 있다. 허숭이 5년의 실형의 언도를 받고 형무소에 수감되었는데 그를 찾아온 정선은 이렇게 고백한다. "이제는 나도 농사를 배웠어요. 소만에 목화심고 망종에 모내고……." 이 말을 들은 허숭은 "오올라이트, 그러면 내가 나가도록까지 살여울을 지키시오!"란 말을 건넨다.

이와 같은 민족와 향토에 대한 강렬한 사랑은 바로 작가가 농촌에서 이상향을 찾으려는 지극한 소망에 의한 것이다.

『흙』과 함께 30년대의 젊은 독자들에게 쇼킹한 감동을 준 농촌물로는 심

---

43) 『동아일보』, 1932년 연재소설.

훈의 『상록수』44)를 뺄 수 없다. 암담했던 농촌을 일깨우기 위해 까막눈을 눈뜨게 하고 농촌을 부강케 해야겠다는 열망이 담겨진 이 『상록수』는 심훈의 출세작으로서뿐 아니라 농촌소설의 가작으로 정평되기에 충분한 내용을 간직했다 할 것이다.

심훈은 상금으로 '상록수학원'을 설립해서 계몽운동의 선구자로 투신했던 사실로서도 그가 이론과 실천을 겸비했던 작가임을 실증해 준다. 『상록수』 한 편을 쓰기 위해서 당진으로 낙향해서 '필경합'의 주인공이 되었던 것이다('필경합'은 자택의 이름, 2년 동안 농촌에 기거하면서 자신이 겪은 생생한 체험들을 실감있게 그린 것이 『상록수』였다).

『상록수』의 주인공 동혁과 영신은 브나로드 운동의 선구자요 희생자인 것이다. 그들은 나라의 비운과 농촌의 빈곤을 구원하기 위해서 학창을 버리고 농촌으로 투신한다. 그러나 그들의 앞길에는 형용할 수 없는 온갖 고초가 가로막혔지만 불굴의 용기로 감내한다는 것이다.

동혁과 영신은 사회의 이상적 인간상에 불과하다는 얘기도 성립되었지만 하나의 시험적 생활을 통해서 그들의 신념을 실천시키려고 했음을 알게 된다. 영신은 끝내 자신을 억제하면서 독신주의자로 자처해서 오울드 미스로서 숨을 거둔다. 그녀는 연애보다도 농촌계몽에 지극한 열정을 쏟은 셈이다. '갱생의 광명은 농촌으로부터', '일하기 싫어하는 사람은 먹지 말라', '우리를 살릴 사람은 결국 우리뿐이다!' 이 같은 구호를 실천에 옮기기 위해서 산 인간이 바로 영신이었다.

영신이와 함께 동혁의 투철한 농촌계몽의식은 몇 배나 강하게 표현된다. 무쇠처럼 강인한 이념을 갖고 농촌을 위해 무참히 희생되지만 남다른 뜨거운 휴머니티를 볼 수 있다. 자기의 둘도 없는 동지였던 건배가 배반했을 때 이렇게 이해할 아량을 가지기도 한다.

결국은 한 그릇의 밥이 인간의 정신을 지배한다. 더군다나 농민은 먹는

---

44) 상동, 1935년 연재소설.

것으로 하늘을 삼는다고 옛날부터 일러 내려오지 않았는가.

2) 프로 문학파의 농촌소설

 프로 문학의 퇴조기에 해당되는 30년대의 문학은 경화된 정치현실로 그 본격적인 모습을 볼 수 없게 되었지만 이제까지의 계급주의적인 문학이 농촌문학을 통해서 그 탈출구를 모색했던 것을 볼 수 있다. 따라서 그들이 시도했던 농촌소설들에서 공통적으로 노골적인 투쟁 의식이 강조된 경향성이 배제될 수 없었다.
 그 모델 케이스로 지적되는 것은 이기영의 「서화」와 『고향』, 그리고 조명희의 「낙동강」 등이 거론될 수 있다.
 「서화」는 도박꾼 주인공을 설정해서 식민지 농촌의 빈곤상을 표현하는 것이었고, 『고향』 역시 식민지 시대의 한국 농촌을 추구한 이기영의 대표작으로 알려졌다.
 이와 같은 작품들은 앞에서 언급된 민족파의 농촌물과는 완연히 이질적인 문학세계였음은 두말할 나위 없다.
 특히 『고향』은 전작 「농촌」이나 「서화」와 같은 경향성이 짙은 작품으로서 원터 마을이란 전형적인 한국 농촌을 배경으로 그려간 것이다. 이 마을의 안승학이란 지주가 주재소와 면사무소를 배경해서 악의 상징으로 부각된다. 그 밖의 촌민들은 한결같이 가난한 소작인으로 하층부를 구성하고 있지만 전작들과 대조적으로 지주와 소작인과의 극한적인 대립을 보여 주기보다는 타협점을 보여줌으로써 소작인들의 요구가 어느 정도까지 실현될 수 있다는 여지를 보여 준다.
 그 타결과 요구 관철을 가능케 한 장본인이 바로 『고향』의 주인공 김희준이다. 그는 동경 유학에서 귀농한 인텔리이고 점차 한국적 농민으로서 토착화해 간 것이다.
 이기영의 『고향』보다 앞서 발표된 조명희의 『낙동강』에 있어서도 프로 작가의 농촌에 대한 계급의식이 강하게 노정되어 있다. 이 작품은 낙동강변의 빈민 생활을 소재로 한 것으로 이 고장의 조상들이 이 강에 고기를 낚고, 이 밭에 곡식과 열매를 딸 때부터 세지도 못한 긴 세월을 오래오래 두고 자유롭게 생존해 갔다고 소개하고 오늘날의 비참한 빈곤상을 그려 그 원인이 일제의 침략과 유산 계급들 때문이란 결말을 삼고 있다. 여기서 인텔리 주인공의 과제는 '농촌 야학을 설치하여 가지고 농민 교양에 힘쓰고', 빈궁에 허덕이는 그들과 감정을 같이하고 생활을 더불어 교환하는 것이어야 한다는 주장을 강조한 것이었다.

이와 같은 주제의식은 프로 문학파들이 꼭같이 저질렀던 관념화로 인한 예술적 형상화의 빈곤을 자처하는 결과를 낳았다.

3) 전원파의 농촌소설

30년대의 농촌소설에 있어서 민족파나 프로 문학파가 그 정치성의 농도의 차이는 있을지언정 다 함께 순수한 농촌물로서 문제성을 내포한 것인 데 비해서 전원파의 문학, 즉 이무영과 박영준 그리고 최인준 등이 썼던 농촌소설들을 확실히 농촌문학의 독자적 영토를 구축했다는 결과로 보여진다.

이무영은 농촌에 파묻혀 농촌문학의 광맥을 찾는 광부처럼 농촌소설에 전념했던 작가이다. 남달리 농촌에 애착을 갖고 농촌을 사랑했던 그는 군포농장에 살면서 작가의 보람을 느꼈고 그곳에서 「궁촌기」, 「흙의 노예」[45] 등 농촌을 배경한 소설을 창작하기 시작했다.

1934년경부터 본격적인 농촌소설을 써서 각광을 받은 무영의 「군포노인」(1936)과 「제1막 제1장」(1939)은 가히 그의 출세작이 되었다. "흙 냄새 싫어하는 것이 사람이냐? 그깐 놈 눈만 다락같이 높았지?" 이런 대화가 삽입된 「제1막 제1장」은 바로 작가의 생생한 현실이기도 했다.

소설가 김수택이 주인공인 이 작품은 좀처럼 얻기 어려운 신문사 기자직

---

45) 이무영의 농촌소설 1940년작.

을 집어치우고 낙향한다는 얘기다. 기자 생활이 작가 생활을 망쳐 놓은 것이라고 생각했기 때문이다. 흙 냄새를 싫어하는 놈이 사람이냐고 했던 아버지가 아들을 용서하고 반겨했다.

아버지에게 여덟 마지기의 논을 떼어 얻고 퇴직금으로 집을 사서 수택의 농촌 생활은 시작됐다. 아버지 김영감은 아들을 끌고 다니며 꼴을 베는 일에서부터 모든 농사일을 정성껏 가르쳤다. 김영감네 수확은 스물 두 마지기에서 사십 석이 났으나 소작료와 비료대, 그리고 지세까지 떼고 나니 벼 여남은 섬뿐이었다. 사람들이 만류하는 것도 마다하고 수택은 볏가마니를 짊어지었다. 휘청거리는 다리로 눈물과 코피를 쏟으면서도 내 일은 우리 논 닷마지기의 타작이라고 즐겨 했다는 얘기다.

「제1막 제1장」은 귀향 뒤의 첫 작품으로서 순전히 농촌에 대한 사랑에서 쓰여진 것이었다. 그러나 그 뒤부터는 소작인의 편이 되어 그들의 입장을 미화하거나 옹호하는 편에서 쓰여지게 된다.

그리고 다시 「흙의 노예」를 써서 귀농작가의 후일담을 심각하게 피력했다. 여기선 농촌의 대중인 소작농을 주인공으로 내세워 심각한 얘기를 전해 준다. 이런 소작농들이 일제의 식민지 통치와 지주의 가혹한 이중적 수탈 속에서 굶주림을 볼 때 작가로서 그것을 그대로 넘겨 버릴 수 없었다는 것이다.

이는 작가가 흙을 사랑하고 영락한 농민을 지극히 사랑한 반면에 악질적인 지주나 중농을 미워했음을 말해 준다. 그는 인간적으로 애증의 구별을 지니고 농촌소설에 투신했다는 얘기도 된다.

이무영과 함께 농촌소설을 적극적으로 다룬 작가는 박영준이다. 그가 뒤에는 시정소설을 썼지만 30년대에서부터 농촌소설을 써서 주목을 끌었는데 그 중에서 그의 『조선일보』 신춘문예당선작이기도 한 「모범경작생」은 걸작으로 꼽힌다.

이것은 소박한 농촌사회를 배경으로 길서란 보통학교 졸업생이자 모범경작생인 주인공이 등장한다. 그의 논에는 금비를 써서 농사가 잘되고 뽕나무 묘목까지 길러 수입을 제법 올렸으나 호세는 적게 물고, 서울과 일본으로 떠돌아다니기만 한다는 것, 그 수완은 면장이나 면서기와 교묘히 야합한 것이라는 것을 마을 사람들이 알게 된다. 그는 흉년인데도 소작료를 감해주지 않은 지주 서재당에게 몰려간 마을 사람들이 어떤 일을 꾸미며 그들이 돌아오면 큰 봉변을 면치 못하리라 걱정한다. 그리고 길서는 애인 외숙과의 사랑과 자기의 명예도 한꺼번에 무너진 것을 알고 뒷문으로 줄행랑을 친다는 얘기다.

한국 농촌사회의 이면상이라든가 그 취약점이 되어 온 부조리 등을 소박한 문장으로 구사해 간 것이 특징이다.

한편 그의 「어머니」에서는 침체되고 후락한 한국 농촌사회의 현실과 그 속에서 허덕이던 농민의 절규가 더욱 생생히 부각된다.

> 그 송아지가 어떤 송아지라구 또 팔아먹겠니? 그것 먹이라구 겨우내 두부 한모 못해 먹고 길러 놓지 않았니? 그것을 이 봄에 팔면 비료값을 만들어 한해 농사를 해볼렸던 것이 그것까지 팔아먹으니 금년은 어떻게 지나잔 말일까?

이 한 대목의 문장에서 쉽게 터득할 수 있듯이 형용키 어려운 굶주림과 이 퇴폐한 농촌 생활에서 실의에 차 도박판으로 전락한 아들에 대한 어머니의 절망이 리얼하게 형상화되고 있다.

이와 함께 그의 역작으로 꼽히는 「목화씨 뿌릴 때」의 작품 속에서도 똑같이 농촌의 절망적인 침체상을 보게 된다.

> 나는 가난 속에서 났고 가난 속에서 자랐다. 내가 아는 사람도 내가 본 사람도 역시 가난한 이들뿐이었다. 그 속에선 내 소설이 가난이 아닐 수 없다(단편집 『목화씨 뿌릴 때』의 자서에서).

박영준의 농촌소설에 등장하는 인물들에서 한없는 비애를 느끼면서도 그들에 대하여 상당한 애정을 느낄 수도 있다. 그 이유는 작가가 의도적으로 농촌사회와 그 소박한 농민들에게 대하여 미화하고 있는 것으로 이해된다. 즉 가난하고 불행한 청년, 어머니, 아들, 아버지 마을의 무지한 젊은이들을 소박하고 진실한 문장으로 그려감으로서 농촌작가란 지칭을 받게 된 것은 결코 우연치 않다.

4. 현대의 농촌문학의 향방

30년대 발아되고 개화되었던 농촌문학이 70년대의 오늘에 이르기까지 얼마큼 변모되고 진전되었는가 하는 물음은 바로 우리의 현대사의 흐름과 직결된다.

68년 파급된 급격한 근대화과정의 물결 속에서 농촌현실은 참으로 놀랄만한 변화를 가져왔다. 그것이 근대산업사회의 발전 추세와 바로 직결되는 것인지는 몰라도 공업화의 경제구조는 농촌인구의 분산으로 인한 이농 현상 등 여러 가지 부작용을 유발했다. 다시 여기에 지역사회개발을 시도한 새마을 운동이 전개됨으로써 오늘의 농촌은 새로운 모습으로 전변되어 부분적이긴 하지만 귀농 현상이 엿보이기도 한다.

이와 같은 70년대의 농촌사회의 급진적인 변화 속에서 오늘의 농촌현실을 소재로 한 농촌소설이 무엇을 다루고 있는가 하는 것은 중요한 과제로 제기된다 하겠다. 이제까지 도시에만 집착하던 작가들이 농촌에로 시야를 확대해서 농촌소설을 적극적으로 쓰게 된 것도 주목할 일이거니와 그 문학세계가 보여 주는 다양한 모습을 통해서 그 구체적 내용을 터득하는 것이 필요할 줄 안다.

오늘의 작가들이 다루고 있는 농촌소설들의 주제는 각양 각색의 특이성을 보여주고 있지만 그 공통적인 문학세계는 다음의 몇 가지로 요약된다 하겠다.

첫째 농촌에 대한 향수에서부터 쓰여지는 것, 둘째 해학적인 수법으로 다룬 것, 농촌의 이농과 귀농의 문제를 다룬 것 등으로 대별할 수 있다. 여기서 그 유형별의 작품 샘플을 열거해서 실상을 알아본다.

1) 향수의 농촌소설

오영수의 「망향수」46)에서는 농사꾼 할머니가 늘그막에 사장이 된 큰아들 덕분에 서울에서 호강을 하지만 걷잡을 수 없는 고독 속에서 망향을 절감하게 된다는 것이다. 오영수의 모든 작품이 그렇듯이 버림받은 인간에 대한 따뜻한 동정으로 지극한 농촌에 대한 향수를 읊조리고 있다.

한편 박경수의 「참 충직한 짐승이야기」47)는 도시와 농촌의 두 인간상을 제시해 보려는 노력의 소산이었다. '장'이란 친구의 권유로 어떤 농가를 방문했을 때의 소설가인 '나'의 목격담이다. 순박하기만 한 농군 내외와 딸이 나그네를 지극히 대접하는데도 장이란 친구는 파렴치하게도 그 딸을 강제로 범한다는 것이다.

전혀 사정을 눈치 못 챈 그 농가의 부부는 장과 내가 떠날 때 시종 친절과 정성을 쏟지만 그 딸의 눈동자만은 올가미를 씌워 죽어 가는 개의 눈동자와 흡사하더라는 얘기다. 비극의 개눈과 피해받은 시골 처녀의 눈을 '참 충직한 짐승'으로 연상시킴으로써 작가의 솜씨를 여지없이 발휘한다.

이 작가의 농촌물은 「동토」(『신동아』 69년 연재물)에서도 능란한 역량을 보여 줌으로써 문제작이 되었다.

주인공 강문호는 가난이 주는 불행한 여건 속에서 힘겹게 싸워 두꺼운 벽을 꿰뚫는 데 어느 정도 성공한다. 그러나 '부는 악이다'라고 소신하는 아집으로 한 여성과의 사랑에 쓴잔을 마신다. 즉 불행한 생활 현실을 구하고 인내하는 데 최선을 다하지만 완고한 편견과 강박 관념으로 실패한다는 것, 농촌의 선구자로서의 주인공이 맞는 인간적 파산인 것이다.

---

46) 『신동아』, 1972년 9월호.
47) 『현대문학』, 1972년 7월호.

2) 해학의 농촌소설

유승휴의 「곡예」⁴⁸⁾는 몹시 시니컬한 풍자물이다. 그의 특유한 해학은 여기에서도 예외일 수 없다.

농촌에 고속도로 공사가 벌어짐으로써 연쇄적으로 일어난 여화가 재미있게 전개된다. "쥐구멍에도 볕들 날이 있다구. 사실 사람 팔자 모르닝기여, 아무렴."— 이렇게 되뇌던 삼봉이의 화려한 꿈은 순간에 무너졌다는 것, 자기 집에 기숙했던 공사장 책임자와 외딸인 복자가 배가 맞아 깊은 관계를 맺고 덕도 톡톡히 본다. 그런데 결혼하기로 기약하고 훌쩍 떠나 버린 사나이는 처자식이 멀쩡한 사기한이었다는 것이다.

이같은 피해는 복자에게만 그치지 않았다. 온 동네 사람들이 고속도로 공사 덕에 살판이 났다고 흥분하는 동안 많은 여인들이 놀아난 것이다. 이를테면 배나무집 며느리 넙순이, 기계남포장이를 따라간 갑쇠 여편네 등이 그들이다. 「곡예」가 단순히 재미있는 농촌물이라기 보다도 몹시 씁쓸한 독후감을 안겨 준다.

한편 유현종의 「우촌리 소씨」⁴⁹⁾는 해학적인 수법에서 농촌 얘기를 전해 준다. 돌배나무집의 소씨가 6년 동안 근동의 논밭을 혼자서 갈아주고 농토건설 중에 쓰러졌다. 이것이 기사화되어 마련된 '우촌리 소씨 9주년생신축하회'는 한바탕 희화를 연출한다. 이 축제를 위해서 모여든 이장 허어씨, 군수 나병신씨, 시인 허승씨, 대실업가 이도굴씨, 한가한 의원 등의 어설픈 소동은 끝내 소씨를 괴롭히고 수라장을 만들었다는 것이다.

3) 이농과 귀농의 농촌소설

유승휴의 「농기」⁵⁰⁾는 열 마지기의 농사를 짓는 윤호영감을 주인공으로

---

48) 상동, 1972년 11월호.
49) 상동, 1972년 8월호.
50) 상동, 1970년 1월호.

등장시킨 것으로 이농 현상을 작품화시킨 것이다. 모두가 떠나 버린 고향을 외롭게 지켜 온 작가의 심정이 윤호영감의 허탈감으로 동조되고 있다. 「농기」의 끝장에서 농악을 치고 춤을 추는 젊은 패거리들이 그려졌는데 그것은 재즈 음악에 '농자는 천하지대본'이라는 농기를 몸에 감고 비틀거리며 춤을 추는 큰 아들 원내의 모습이었다. 이 아이러니컬한 「농기」는 농촌소설의 역작으로 평가되었다.

한편 오탁반의 「한겨울의 꿈」[51]은 이농의 패배기가 엮어진다. 전답과 가축을 팔아 상경한 소생은 죽마지우 용팔이와 스케이트장을 만들어 일확천금을 꿈꿨지만 끝내 허황한 꿈이 되고 만다는 얘기다.

온 재산을 털어 스케이트장을 준비했지만 이상난동으로 입춘이 되기까지 얼음은 얼지 않았다. "허욕에 들뜬 뭇 사람들은 바로 허욕을 부리는 그 장소의 땅속에 자신의 시체가 상제의 벌을 받아 묻혀 있음을 명심하는 게 일신상에 해롭지 않으리." — 바로 이 대목이 작가의 교훈으로 인상적이다.

그런가 하면 오유권의 「추수」[52]는 도시에서 귀농해서 행복을 되찾게 된다는 얘기다. 10여 년 만에 귀농한 주인공은 문안양반, 문안댁으로 통했다.

오래간만에 흐뭇한 추수를 보고 올벼심니 '추수제'를 벌인다든가 아들 강호가 양가댁 규수와 택일이 되어 성혼하게 되었다는 해피엔딩이다. 오늘의 새마을 운동에 걸맞은 농촌소설로 평가된다.

5. 농촌소설의 문제점

앞에서 추구되고 해명된 것은 주로 30년대에서 비롯된 농촌문학론과 그 구체적인 농촌소설의 여러 가지 모습을 예증을 통해서 70년대의 오늘에 이르기까지의 향방을 알아보는 일이었다.

거기서 얻어진 농촌문학의 필요성이나 가능성을 새삼 재론하지 않더라도

---

51) 상동, 1972년 8월호.
52) 『월간중앙』, 1972년 8월호.

그 절실성을 쉽사리 시인하게 될 것이다.

따라서 오늘의 시점에서 한국 문학이 우리 민족의 모든 생활감정을 포괄하는 문학으로서 존립하기 위해선 최소한 농촌문학의 진작을 적극적으로 추진해야 한다는 점이다. 즉 농촌문학의 새로운 차원에서 재출발 문제가 진지하게 제기되어야 하겠다는 얘기다. 그리하여 그 구체적인 지표가 어떤 것이어야 하고 그 방법론이 무엇인가를 제시해야 할 줄 안다.

과연 경제개발도상의 한국 농촌현실이 엄청나게 변질되고 경제구조의 변화가 급격히 이루어지고 있는 오늘의 상황 속에서 우리의 농촌문학은 새로운 내용과 모습으로 재출발해야 한다는 당위성을 충분히 이해하게 된다.

앞으로 지향해야 될 새로운 농촌문학은 지난날의 그것보다도 한층 풍성한 내용성을 구비해야 한다는 것이다. 그러나 이 경우 고차적인 내용성이란 결코 추상적이거나 개념적인 전진을 의미하지 않는다. 말하자면 우리 농촌이나 농민의 생활감정을 작가적인 입장에서 어떻게 파악하고 어떻게 그 진수에 접근해야 하는가가 실로 큰 문제라 하겠다.

이와 같은 파악과 접근이 강해야 한다는 것은 문학적인 리얼리티를 의식하는 것이다. 그렇지 않을 경우 생생한 리얼리티를 맛볼 수 없기 때문이다.

또한 작가와 제재의 친화성이 고려되어야 한다. 농촌작가는 반드시 농촌출신이어야 한다는 이론은 서지 않는다. 그러나 가령 도시 생활만을 다루던 작가가 단순히 소재만으로 농촌문학에 손을 댄다면 그 작가는 제재에 대한 친화성의 현실이 몹시 어렵게 될 것이다.

그래서 도시작가가 일조일석에 농촌작가로 전신하기에는 상당한 현실적인 어려움이 있게 된다. 따라서 농촌출신의 신진들로 하여금 농촌문학을 창작해 간다면 기대가 가능하겠다. 그렇게 된다면 비로소 농촌의 현실이 상세히 그리고 정확히 형상화될 것이고 자연히 독자들의 열애를 받게 될 것이다. 이러한 현실적인 터전에서 비로소 한국 농촌문학의 재출발의 가능성을 찾을 수 있다고 믿는다.

(『한국현대소설의 탐구』, 범우사, 1985 증보판)

전쟁·전후 소설의 재평가

1. 전쟁문학의 정체

현대 한국문학의 성향은 극히 다양한 모습으로 평가되지만 그 중에서도 확실한 양상을 보여주는 것은 전쟁문학이라 생각한다. 이를테면 리얼리즘 문학, 농촌문학, 민족문학 등과 더불어 전쟁문학이란 뚜렷한 영역이 우리 문학의 중요한 위치를 차지하는 셈이다.

실상 활발히 거론되고 관심되는 바 전쟁문학에 대한 정체가 무엇인가에서부터 해명됨으로써 그 복잡한 이론전개의 실마리가 될 것이다

전쟁문학에 대한 극히 소박한 견해는 아래와 같은 해석으로 대변할 수 있다.

> 전쟁이라는 현대적 병을 고발하고 진단하는 문학, 전쟁을 소재로 해서 진정한 인간상과 참다운 진실을 부각하는 것이 전쟁문학의 보편적 성격이다. 한국문학에 있어서 전쟁문학은 6·25 이후 최초로 전쟁의 실상(實相)을 그대로 반영된 작품의 등장이었다. 한국의 전쟁문학은 서구에서 볼 수 있듯이 1차·2차 대전의 거대한 전쟁의 소용돌이가 이전에는 없었고, 전쟁을 증언(證言)할 여건(輿件)을 갖지 못했기 때문에 인간의 처절한 비인격화(非人格化)에 대한 고발을 할 수 없었다. 6·25를 통해서 민족적 비극의 막이 오르자 비로소 전쟁문학의 효시를 볼 수 있었다.[53]

---

53) 『한국문학 대사전』, 문원각, p.555.

이상에서 밝혀진 전쟁문학에 대한 개념은 전쟁과 전쟁의 체험을 주제로 한 문학임을 뜻하는 것이고, 그 시발은 6·25 동란을 기점으로 거론될 수 있음을 재확인하게 될 것이다.

기왕에 우리 문단이나 문학계에서 다루어진 전쟁문학에 대한 개념은 백철의 「전쟁문학의 개념과 그 양상—주로 제명과 내용을 더듬어」[54]와 조병락의 「전쟁문학의 개념규정에 관한 연구」[55]에서 볼 수 있다.

특히 조병락이 밝힌 전쟁문학의 개념은 주목할 만하다.

① 전쟁을 소재로 한 문학이라고 생각하는 견해.
② 전쟁을 제재로 한 문학이라고 생각하는 견해.
③ 전쟁을 주제로 한 문학이라고 생각하는 견해.
④ 작가의 인생관에 따라 결정된다는 견해.
⑤ 필자의 견해.

이상에서 분류되는 전쟁문학의 범주는 문학상의 소재·제재·주제·인생관 등을 포괄하는 셈이지만 전쟁문학의 영역은 훨씬 확대될 수 있을 것이다.

그러나 문제는 이와 같은 외형적인 요건이 더 중요시되기보다도 내용적인 전쟁을 제재로 한 문학임에 틀림없다. 따라서 제1차 세계대전 이후의 것을 통칭하게 되며 객관적이고 기록적인 것으로서 호전적 또는 반전적인 성격을 띤 문학이라고 명명할 수 있을 것이다.

이와 같은 전제에서 열거되는 세계문학 속의 전쟁소설로서는 톨스토이의 『전쟁과 평화』, 레마르크의 『서부전선 이상 없다』, 말로의 『희망』, 게오르그의 『이십오시』, 헤밍웨이의 『누구를 위하여 종은 울리나』, 메일러의 『나자와 사자』 등이 대표적이라 할 것이다.

이와 같이 명작들이 한결같이 전쟁이라는 폭력과 그 악덕을 고발하는 반전문학임은 재언할 필요가 없다. 즉, 현대의 잔악한 병이라고 할 수 있는 전

---

54) 『세대』, 64년 6월호(통권 13호), pp.252~259.
55) 조병락 박사 논문집, pp.62~84.

쟁을 고발하고 진단하는 문학, 전쟁을 통하여 아름다움을 발견하는 문학을 지칭하는 것이고 보면 전쟁문학이란 어디까지나 반전문학이 될 수밖에 없는 노릇이다.

그런데 우리 문학의 경우, 전쟁문학으로 당당히 내세울 역작이 과연 얼마나 있을까. 6·25와 같은 극악한 동족상잔의 비극을 철저히 체험한 한국 작가들로서 당연히 출산되어야 할 전쟁소설의 걸작을 쉽게 찾을 수 없음은 누구나 절감하는 바이지만 실로 한국 현대문학의 감출 수 없는 취약점으로 지적 될 것이다. 근자에 줄기차게 거론되는 노벨문학상에 대한 기대도 엄격히 보면 한국문학의 특성을 최대한으로 발현할 수 있는 전쟁문학의 불모성이 그 치명적 약점이 아닌가도 생각된다.

그러나 지금껏 출산된 전쟁물에 대한 평가를 전적으로 배제할 순 없다. 실상 50년대 이후 수많은 전쟁문학이 양상되었고, 그 속에는 상당한 가작으로 정평되는 작품들을 숱하게 접할 수 있기 때문이다.

이를테면 김동리의 「홍남철수」,[56] 를 비롯해서 황순원의 『나무들 비탈에 서다』, 박영준의 「빨치산」, 선우휘의 「불꽃」, 박경리의 『시장과 전장』, 정연희의 「파류상」, 최인훈의 『광장』, 하근찬의 「수난이대」, 강용준의 「철조망」 등 많은 전쟁물이 있다.

그럼에도 불구하고 우리가 갈구하고 세계문학수준에 도전할 수 있는 탁월한 전쟁문학을 아직껏 기록하지 못했다는 사실을 숨길 수 없다. 그 원인은 한국 문단의 유약성과 문학외적 상황의 경직성 등이 지적되기도 한다.

어쨌든 한국 현대문학의 과제로서 전쟁문학의 개발과 그 알찬 수확을 기대하는 것은 절실한 것이다. 이와 같은 객관적 여망을 착실히 성취하기 위해선 적극적인 전쟁문학론이 줄기차게 시도되어야 하겠고 그 방법론에 대한 재고가 대두되어야 한다는 소신에까지 이른다.

따라서 지금까지 전개된 전쟁소설의 전모를 소상히 밝히기 위해 그 문학적 성향을 분석하고 여기서 추구해야 될 전쟁문학의 문제점과 그 과제를 제

---

56) 『현대문학』, 1955년.

시해보자는 것이 본고의 목표임을 밝힌다.

2. 전쟁소설의 개황

6·25는 한국 민족사의 엄청난 비극으로 상기된다. 동족상잔의 피비린내 나는 참화를 보게 되었고 공산집단의 비인간적 잔학상을 뼈저리게 체험케 한 시련기로 기록된다. 일찍이 유례없는 전사상자, 국토의 폐허화, 북한 동포의 대거 월남, 남한 인사들의 납북, 이산가족의 속출로 집약되는 새로운 남북분단을 보게 되었다.

이와 같은 전대미문의 전란을 겪었던 작가들에겐 절박한 생활현실이 아닐 수 없었다. 즉 극한상황은 바로 그들의 행동과 창작의 동기가 될 수밖에 없었다는 것이다. 이른바 도강파나 잔류파, 그리고 6·25로 월남한 작가들도 모두가 인간적, 민족적 고뇌에서 붓을 든 셈이었다.

6·25 전란을 계기로 그 전쟁을 소재로 한 소설들이 많이 생산된 것은 당연하다. 그 문학은 자연히 공산주의에 대한 혐오와 분노로 일관될 수밖에 없었고, 인간성의 옹호를 강조한 것이 특징이었다. 따라서 '반공문학'이란 이름으로 명명되는 이 시기의 문학은 다분히 정치적인 반발의 감전과 사상적인 대립으로 빚어졌을 뿐 구체적인 문학운동의 이슈를 갖추지 못한 것은 사실이다. 따라서 반공문학에 대한 재평가는 오늘의 문단에서도 계속 끈질기게 논란되는 셈이다. 그 본질적 내용규명과 개념 규정이 선명하게 정립되어야 한다는 주장이 분분하기 때문이다.

한국 현대소설사에서 전쟁을 수용한 작품들의 성격은 다각도로 추구될 수 있지만 흔히 다음의 두 가지로 구분함을 본다.

즉, 작품의 후방성(後方性)과 적대방(敵對方)에 대한 관용과 동포애로 집약됨을 뜻한다. 따라서 이 시기의 전쟁소설에서 본격적인 전쟁물을 접할 수 없다는 이유도 스스로 터득하게 된다.

첫째로 지적되는 후방성의 작품들은 작가가 총탄이 퍼붓는 최전선에서 취재한 것이 아니라 먼 후방에서 전쟁의 모습을 관념적으로 그려간 것들이다. 둘째로 적대방에 대한 관용과 동포애로 그려진 작품도 대조를 이룬다.

그 대표적 작품으론 김동리의「밀다원시대」,「귀환장정」, 황순원의「학」, 안수길의「제3인간형」, 김말봉의「합장」, 최태응의「봄비」, 김광주의「표정」, 박영준의「부산」, 손소희의「바다 위에서」, 한무숙의「김일등병」, 김영수의「군인댁」, 박연희의「바다가 보이는 곳」, 유주현의「첩자」, 이호철의「부유하는 군상」등이 기록된다.

안수길의 대표작으로 평판되는「제3인간형」에선 6·25 이후 사변을 통해 본 지식인의 새 유형을 그린 것이다. 작자 자신도 이 작품에 대하여 이렇게 설명한 바 있다.

> 사변을 통한 지식인의 세 개의 형을 그려보았다. 세 번째의 인물은 작자가 모델로 되었으나 그것은 개인적 '나'가 아니고 사회적인 '나', 전형적으로서의 '나'라는 점을 말하려도 한다……

여기서 지적되다시피 세 개의 인간형, 즉 근본적으로 인생의 방향을 바꾸어버린 작가 조운과, 경박한 생활에서 건실한 인간으로 더욱 강해진 문학소녀 미미, 그리고 과거의 집념을 버리지 못하고 충실하지도 못하는 교사 석을 그려, 사변이라는 외세가 흔들어 놓고 간 인간의 변모를 파악해 놓은 것이다.

이 작품의 시대적 배경은 작자의 현실과 상응하는 것이기도 하다. 작자는 주인공 석을 통하여 일제 이후 계속되는 민족의 수난과 결부되어 항상 패배의식에 사로잡힌 소시민의식을 여실히 그려준다.

여기에 비해 황순원의「학」에서는 성남이란 청년이 어릴때부터의 단짝 친구인 덕재를 호송하는 장면을 보여준다. 덕재는 농민동맹 부위원장을 지냈다는 죄명으로 처벌을 받기로 되어 있었는데, 성남이는 학사냥을 핑계로 덕재를 슬그머니 놓아준다는 얘기다.

한편 김동리의「밀다원시대」(1955)에서는 부산 피난시절의 작가 스스로의 생활 주변에서 얻어진 체험기를 서술함으로써 6·25의 후방에서 겪었던 지성인의 한 고뇌를 실사해 준다.

이밖에도 전기의 전쟁소설로 크게 화제가 된 것은 김동리의 「흥남철수」와 박영준의 「빨치산」(1951) 등이다. 이 「빨치산」에서도 6·25전란에서 흔히 볼 수 있었던 포로들의 생활과 그 심리적 갈등을 리얼하게 그린 것이다. 그리고 가장 사실성을 그린 것으로 오유권의 「방앗골 혁명」이 지적된다. 여기에서는 해방직후의 좌우투쟁이 심했던 농촌에 공산군과 국군이 번갈아가며 들어와 일으킨 피해와 그 복구 등, 우리 민족의 수난을 추구한 것이다.

이와 같이 전쟁소설들의 제재가 후방성을 띠고 있는 것이나 적대방에 대한 애정과 관용으로 표현된 것은 어디껏 동족상잔의 비극을 극복하려는 작가 정신의 구현이기도 했다.

그러나 이 시기의 작품들은 거의가 종군작가들에 의해서 쓰여진 것임을 잊을 수 없다. 따라서 그들은 하나의 종군작가란 직업의식으로 해서 선전적이고 도식적이고 공식주의 등의 획일성을 크게 벗어나지 못한 흠이 있다. 역시 시사성을 탈피하지 못했고, 50년대의 젊은 작가들이 등장해서 자기들의 생사의 기로를 넘어선 체험에 의한 어떤 한계를 벗어난 작가들이 자기의 실감있는 체험을 보고한 문학들이 출산했다고 보여진다.

그럼에도 불구하고 분단된 조국이란 조건 때문에 결국 완전히 자유발랄한 양상을 드러내지 못하고 어떤 일방성이라든가 제한성을 면치 못했다고 하겠다. 즉, 볼륨있고 스케일이 큰 대작, 말하자면 세계시장에 내놔도 손색이 없는 그런 역작들이 생산되지 못했다는 것은 숨길 수 없다.

3. 전후소설의 전개양상

1) 50년대 후반의 전쟁소설

전후의 문학은 1953년 7월 휴전과 함께 시발되고 재건됨으로써 본격화했다 할 것이다. 정확히는 환도를 계기로 활기를 띤 문단생활에 관련된 것이지만 1955년을 지나서 1959년간의 50년대 후반기에 뚜렷한 모습을 볼 수 있다.

많은 신인들이 『현대문학』지와 『문학예술』지, 그리고 『자유문학』지 등의 문예지들을 통해서 등장함으로써 그 양상은 뚜렷해졌다 할 것이다. 실상 50년대 후반기에 와서 많은 재능있는 신인들이 활발한 작품활동을 기록했다. 신세대작가라고 통칭되는 이들 작가군은 20대에서 30대에 걸친 신인들이지만 한결같이 그 작가세계에 있어서 거의 같은 생태의 작가의식을 견지했다는 것이다. 즉, 전쟁에 대한 상처를 뼈저리게 통감하는 휴머니티를 강렬히 추구했다 할 것이다. 이와 같은 문학적 특징은 백철의 「한국현대소설문학약사」57)에서 적절히 지적한 바와 같다.

> 전쟁문학으로서 그 상반기와 하반기의 것은 반드시 시간적으로 전후로 갈려지는 것은 아니지만 대체로 시기로 봐선 휴전과 함께 전쟁이 일단락을 짓고 문학도 서울수복을 하고 다시 수년이 지나면서 차츰 전쟁에 대한 반성적인 의미가 문학 작품상에 반영되어 전쟁문학은 깊이를 얻게 되었다. 그 후방적인 전쟁 취재의 작품의 특징을 한마디로 개괄해 보면 휴머니스틱한 경향을 띤 것이라 할 수 있다.58)

상기한 백철의 발언대로 전후소설이 한결같이 추구한 것은 폭넓은 휴머니티에 있었음을 부인할 수 없다.

여기서 전쟁문학의 그 실상을 탐지하기 위해서 전후소설의 대표적 작품들을 이해할 필요가 있을 것이다.

(1) 선우휘의 「불꽃」59)

「불꽃」은 전편이 전쟁에 관련된 작품은 아니지만 그 후반이 전쟁의 제재로 되어 강렬한 인간성의 호소를 볼 수 있다. 여기서는 주인공 현을 중심으

---

57) 『신한국문학전집』 부록, 어문각, p.133.
58) 위의 책, p.133.
59) 『문학예술』, 1957년 7월 연재.

로 한 3대의 이야기가 펼쳐진다.

 현의 할아버지는 전형적인 전근대인으로 모든 화근은 선친의 묘자리가 나쁜 탓이라고 생각한다. 그런데 현은 어려서부터 아버지에게서 물려받은 저항정신(그의 아버지는 항일대열에서 죽었다)과 할아버지로부터 영향을 받은 도피사상 사이에서 방황해야만 했다. 어느 일요일, 할아버지의 혹을 보고 조롱하는 애들에게 맹렬히 대들어 할아버지의 명예를 위해 싸웠으나 도리어 할아버지의 꾸중만 받고 난 현은 실망과 좌절감에 몸부림친다. 그 뒤 중학교 때 M선생을 비롯한 몇몇 학생이 행방을 감춘 사건이 일어났다. 불온한 독서회 사건으로 M선생이 고등계 형사에게 끌려간 것이다. 한때 현도 독서회에의 권유를 받았으나 거절했던 그는 졸업 후 친구들이 전문학교니 청년다운 야망이니 하고 떠들 때도 국외자였다.

 될대로 되란 식의 도피사상에 빠져있던 현은 점차 철이 들고 성장해가면서 서서히 반항과 체념의 갈등 속에서 고민한다. 그러나 최초의 반항적 행동이 할아버지에게 꾸중을 받은 뒤로는 주위야 어떻게 되든, 자기 할 일만 하면 된다는 소극적인 생각에 사로잡혀 있었던 것이다. 그러던 어느날, 동료 여교사의 죄없는 부친이 인민재판에 끌려나오는 것을 보고 그는 지금까지 자기의 생활을 지배하고 있던 할아버지식 생활방식에서 탈피하여 아버지식(참여와 반항) 생활방식으로 급전환한다.

 이때 현은 비로소 자기를 발견하고, 가슴에 혁명의 불꽃이 일어난 것이다. 이 작품은 두 개의 인간형을 제시해 놓고 그 갈등 속에서 반항하는 과도기의 인간을 그려간 것이다.[60]

 이와 같이「불꽃」에선 휴머니티에 대한 적극적인 옹호를 볼 수 있는데 휴머니즘은 전쟁에서 취재한 본질로서 축약되었다 할 것이다.

 (2) 황순원의 『나무들 비탈에 서다』[61]

 『나무들 비탈에 서다』는 6·25동란이란 비극적인 상황 속에서 숙명적으

---
60) 『세계문예대사전』 상권, 성문각, p.922 참조.
61) 『사상계』, 1960년 연재.

로 겪어야만 했던 젊은이들의 피해양상을 그린 작품이다. '나무들'이란 젊은이들을 상징하고, '비탈에 서다'란 그 젊은이들의 위기를 뜻한다.

이야기는 휴전되기 직전의 유명한 격전지였던 중동부전선에서 시작된다. 동호, 현태, 선우 상사, 장숙 등은 모두 전쟁의 희생자들이다. 그 피해는 외부적인 것보다는 내면적 정신의 피해가 더 크다. 동호, 현태, 선우 상사는 모두 살인자이다. 동호는 애인 옥주를 총으로 쏘아 죽이고 끝내 유리 술병 조각으로 자살한다. 살인의 죄책감 때문에 선우 상사는 발광하며, 또 현태는 무위와 방탕 속에서 살인자가 되고 만다.

이들이 살인자가 되는 데는 그 나름대로의 이유가 있다. 동호는 창녀와의 교섭에서 엄청난 죄책감을 느끼나 엎친데 덮친 격으로 옥주와의 교섭이 있은 뒤부터 걷잡을 수 없는 퓨리턴적 자의식에 빠진다. 이 퓨리턴적인 자의식이 끝내 그를 살인자로 만들고 마는데, 이러한 현상은 선우 상사나 현태에 의하여 순결을 짓밟힌 숙에 있어서도 마찬가지이다.

이런 점으로 볼 때, 이 소설은 인간관계 속에서 엮어지는 자의식의 드라마라 할 수 있다. 같은 젊은이이면서도 현태와 동호의 성격은 서로 다르다. 현태는 용감 기민하고 선이 굵은 데 비하여, 동호는 심한 열등감에 사로잡혀 있다. 그러면서도 동호는 현태 같은 영웅적 성격을 갖고 싶어한다. 그가 폭음을 일삼기 시작한 뒤부터 곧잘 지난 날 현태가 부리던 것과 같은 주사를 부린 데서도 엿볼 수 있다. 그런데 한편으로 그는 현태와 관계가 있는 숙과의 정신적 연대관계에서 헤어나지 못한다. 더욱이 옥주와의 관계가 깊어질수록 숙에 대한, 그리고 자기 자신의 결벽증에 대한 죄책감이 커진다. 이리하여, 그는 현태 및 숙과의 역학관계 속에서 열등의식과 죄책감의 포로가 되고, 끝내 시해의식의 극점에 다다른 순간 구원받을 수 없는 옥주의 살해자가 되고 만다. 이것이 제1부의 스토리가 되는 셈이지만, 제2부에 와서 이 소설은 유리조각의 의미가 상징적으로 전개된다. 즉, 그것은 수많은 청년들을 죽음의 골짜기로 내몰게 하는 전쟁 그 자체의 상징이며, 나아가 그것은 우리들의 가슴에 상처를 강요하는 전쟁 및 전후의 암담한 분위기의 상징으로 승화된다. 현태, 숙, 석기, 선우 상사 등이 겪게 되는 피해의 상황이

실상은 유리조각과도 같은 무서운 전쟁의 생태와 깊은 관계가 있음을 보여준다.62)

(3) 오상원의 「유예」63)와 하근찬의 「수난이대」64)

오상원의 「유예」는 전쟁소설의 또 하나의 훌륭한 표본으로 받아진다. 북으로 북으로 진격되던 전쟁상황. 수차에 걸쳐 전투가 있었고, 그가 인솔한 수색대는 적의 배후 깊숙이 들어갔다. 본대와의 연락이 끊어지면서 결국은 적에게 포위를 당한다. 대원들은 하나 둘 쓰러져갔고, 눈과 추위 때문에 사병들은 해산되고 만다. 그들은 휘몰아치는 눈보라 속에서 자연과 싸울 뿐이다. 나머지는 그를 포함한 여섯 명뿐이다. 그들이 ×지점에까지 왔을 때, 어디에선가 총알이 날아왔다. 패잔병은 쓰러졌다. 선임하사는 제2차 대전 때 일본군에 소집되어 북지에 종군하다가 팔로군에도 입대한 적이 있는 녀석이었다. 그러한 그가 적의 사격으로 죽어간 것이다. 소대장은 눈보라치는 산 속을 헤매다가 마침내 적에게 생포된다. 그리하여, 그는 심문을 받게 된다. 그는 이렇게 답변한다. "나는 기쁘오. 내가 한 기계나 도구가 아니었다는 것. 하나의 생명체인 인간으로 살아 있다는 것"이 한없이 기쁘다는 것이었다. 소대장은 석방이 된다. 그러나 적들은 남쪽을 향하여 걸어가는 소대장의 등에 사격을 할 것이다. 떠나가는 길은 함박눈이 쌓인 흰 길이었다. 적은 사격을 해왔다. 그러나 소대장의 "걸음걸이는 그의 의지처럼 또한 정확했다." 흰 눈이 회색빛으로 점점 어두워가고 있었다. 모든 것이 끝난 것이다. 이 단편은 초인적인 인간의 의지를 그린 행동주의적 작품으로 정평된다.65)

한편 하근찬의 「수난이대」는 휴머니즘의 강렬한 의식과 전후의 부정부패의 현실과 전쟁피해의 비극을 그려 성공한 가작이다. 일제식민지 치하와

---

62) 『세계문예대사전』 상권, 성문각, pp.352~353 참조.
63) 『한국일보』, 1955년, 신춘문예 당선작.
64) 『한국일보』, 1957년, 신춘문예 당선작.
65) 『세계문예대사전』 하권, 성문각, p.1530 참조.

6·25 동란이라는 민족적 비극을 겪는 두 세대로서의 아버지와 아들의 비감에 젖은 얘기다.

박만도는 일제시 징용으로 끌려갔다가 팔 하나를 잃은 사람. 6·25 사변이 터지자 하나밖에 없는 아들 진수를 전장에 내보냈는데, 이 아들이 돌아온다는 통지를 받은 것이다. 그의 기쁨을 이루 헤아릴 수 없었고, 전쟁에서도 죽지 않고 살아 돌아오는 아들을 만난다는 부푼 기대를 안고 역으로 나갔으나, 아들은 다리 하나를 잃은 채 목발을 짚고 기차에서 내린다. 팔을 잃은 아버지와 다리를 잃은 아들 ― 그는 어떤 분노를 씹으면서 뒤도 안 돌아보고 걸어간다. 주막에 이르러 한 잔하고, 뒤따라온 아들에게는 식사를 권하면서 비로소 입을 뗀다. 어찌할 수 없는 부정(父情)인 것이다. 주막을 나와 개울에 걸려 있는 외나무다리를 건널 때 팔이 없는 아버지가, 다리가 없는 아들을 들쳐업는다. 일제하의 2차 대전과 6·25사변의 두 비참한 현실을 이 두 전쟁에 각각 참전하여 불구가 된 아버지와 아들에 의하여 상징적으로 밝혀주는 가작이다.66)

2) 60년대 이후의 전쟁소설

60년대 들어와서 문단인구가 엄청나게 증가되었고 발표지면도 크게 늘어났다. 문단인구의 팽창과 함께 60년대의 문학은 더욱 다양한 모습을 보였지만 그 중에서도 전쟁시기의 전후방을 진지하게 파고 든 전쟁문학은 활발히 출산되었다.

6·25 전란으로 우리 민족이 입은 물심양면의 피해는 60년대 초반까지도 줄기차게 작품화되고 있음을 확인할 수 있다. 이것은 대부분의 작가가 그들의 작품 속에서 이러한 전쟁의 아픈 상처를 적나라하게 보여주고 있었음을 뜻한다. 50년대 후반에서부터 적극적으로 전쟁문학에 참여했던 황순원을 비롯해서 오상원, 서기원, 강용준, 최인훈 그리고 자신의 생생한 신변체험

---

66) 위의 책 상권, p.113 참조.

을 역력히 보여준 최정희, 강신재, 박경리 등 여류작가들의 작품에서 전쟁의 비극성을 실감하게 된다.

60년대 이후에 보여준 전쟁소설의 일반적 특징은 50년대에서 볼 수 있었던 단순한 소재주의에서 벗어나고 소박한 감상주의를 훨씬 극복한 것이기도 했다. 이 시기에 접어들어 작가들은 6·25 전란을 비교적 냉철히 형상화할 수 있는 여유를 가지고 창작에 임했다 할 것이다. 그리고 객관적인 안목에서 전쟁의 안팎을 비판하고 전쟁의 비극성을 대담히 고발하기에 이른 것으로 평가된다.

60년대 이후의 전쟁소설에서도 50년대와 마찬가지로 휴머니즘의 주제의식을 강조한 것으로 요약된다. 동시에 전후의 혼란된 부정부패의 현실과 전쟁피해의 비극을 취재해서 소설화하고 있음을 간과할 수 없다. 그리고 전후의 어두운 현실을 통해서 지나간 전쟁의 참혹상을 심각히 폭로하고 고발하는 모습도 과부족 없이 보여 주었다.

(1) 최인훈의 『광장』67)과 강용준의 「철조망」68)

최인훈의 『광장』은 역작의 장편이지만 내용의 오해로 한 대 국가보안법상 약간의 물의가 있었다. "구정권에서라면 이런 소재가 아무리 구미에 당기더라도 감히 다루지 못했을 것"이라는 작가의 말대로 극히 터부시되었던 남북의 대립을 정면으로 터치해서 화제가 되었던 작품이다. 철학과 학생인 이명준을 내세워 이남의 개인주의와 이북의 도식주의를 다같이 비판하고 있다.

이명준은 아버지가 일급 공산주의자란 이유로 경찰에 드나들면서 민족의 비극을 피부로 터득한다. 그러나, 그의 생활은 부르조아지적 세계의 안일과 권태 속에서 헤어나지 못하고 있었다. 그런 그가 월북하게 된 것은 인간의 확증을 얻을 수 있는 광장을 찾기 위해서였다. 하지만 북한에는 진정한 광장이 없었다. 오직 퇴색한 슬로건과 기계주의적인 관료제도가 판을 칠 뿐이었

---

67) 『새벽』, 1960년 연재.
68) 『사상계』, 1960년 7월호.

다. 이명준은 자기가 기댈 마지막 지점을 발레리나인 은혜와의 사랑에서 발견한다. 그러나 그 사랑도 은혜가 죽음으로써 수포로 돌아가고 만다. 결국 포로가 된 그가 남한도 북한도 아닌 중립국을 택한 것은 마지막으로 새로운 시도를 하고 싶었던 그의 처절한 안간힘 때문이었다. 그러나 그는 중립국으로 가는 배 위에서 투신자살의 길을 택한다. 끝없는 좌절과 뚜렷한 전망을 발견할 수 없었던 그의 한없는 절망감이 이러한 결과를 초래한 것이다. 광장과 밀실의 개념이 변증법적으로 통일된 장소 — 그것은 남한도, 북한도, 중립국도 아니었다. 진정한 사회를 갈구하던 이명준이 자살의 길을 택한 것은 그가 너무나 관념적이었기 때문이기도 하겠지만 그보다는 시정할 수 없을 정도로 단단히 굳어버린 현실의 거센 장벽 때문이라고 밝힌다.[69]

한편 강용준의 「철조망」에서는 전쟁으로 인한 극한상황 속에서의 운명과 대결하는 인간상을 보여준다.

이것은 거제도 포로수용소 안에서의 좌우익 충돌사건을 소재로 했다. 민수가 포로수용소의 비밀지하실에 감금당한 채 좌익 포로들로부터 심한 고문을 당한다. 쿠데타를 일으키려다 체포된 그는 탈출하지 않으면 살해당할 처지에 놓여 있다. 그러나, 자백을 한다면 살 길이 열릴는지 모르나 비겁한 자백보다 죽음을 택하려 한다. 민수가 선택한 최후의 길은 죽음을 초래하는 것이지만 자유에의 탈출이다. 그는 지하실을 빠져나와 철조망을 타고 올라간다. 발이 찢어지고 손이 찢어져 피가 흘러내리지만 뚜렷한 목적의식도 없이 본능적으로 삶을 찾아 탈출을 시도하다가 총에 맞아 죽어 가는 것이다. 숙명은 인간조건이며, 인간은 바로 철조망이라는 등식을 보이면서 굽힐 수 없는 생의 의지를 형상화한 문제작이다.[70]

(2) 강신재의 『임진강의 민들레』[71]

『임진강의 민들레』는 한 여인을 주인공으로 해서 전쟁 속에서의 극한상

---

69) 『세계문예대사전』 상권, 성문각, p.132 참조.
70) 상동서 하권, pp.1970~1971 참조.
71) 장편, 을유문화사, 1963년.

황을 보여줌으로써 전쟁문학의 수작으로 평가되었다.

6·25의 발발로부터 9·28의 서울 탈환 무렵까지 '이화일가'가 겪은 이야기가 중심이 되어 있다. 그녀와 지운은 사랑하는 사이. 사변 발발과 함께 지운은 독에 든 쥐와 같은 곤경을 겪는다. 이화네 사랑채는 접수되어서 괴뢰군 숙소로 변하고, 일종의 부역 형식으로 일가는 목숨을 연장해 간다. 기구한 날들이 계속된다. 이화는 끊임없이 반감을 나타내고 그녀의 아버지는 골방에 숨어 지내고, 남동생은 방공호 속에 있다. 다른 하나는 의용군을 탈출, 국군에 입대해서 전사한다. 철부지 같은 그녀의 어머니, 기승을 떠는 하인의 아들과 동리 반장 등, 돌변한 인물들이나 오직 여동생 옥엽만이 봉사적 성격의 인물이다. 초조한 지운은 숨었던 장소에서 뛰쳐나갔고, 그 경위로 절망한 이화와 여맹의 의료원은 모두 납북되나, 달리는 가차에서 뛰어내려 그녀도 도망했다. 탈출은 거의 성공한 듯 보였으나 서울도 가까워진 임진강 기슭에서 미군기의 기총 소사에 맞아 죽는다. 전쟁과 인도주의, 그 휴머니즘의 무력함을 아프게 느끼나, 그러나 그와 대체할 어떤 좋은 것도 찾아내지 못하는 안타까움이 이 소설의 주류를 이룬다.72)

이 소설에서 강조된 것은 다음과 같은 대목에서 휴머니즘의 향훈을 풍겨 주는 데 있다.

"최후까지 살아 남은 것 ─ 살아 남았을 뿐 아니라, 옆 사람의 도움이 되고 따뜻함이 되어 새로운 삶에의 힘이 되어주는 것은 애초부터 열망같은 것을 가지지 않았던 바로 이 소녀다."

그러나 작가는 그녀에게 아무런 도움을 주지 못했다고 술회한다. "알료사적인 신도 휴머니즘에 의한 희망적인 것도 부여할 수가 없다."는 고백을 듣는다.

이데올로기의 싸움터인 6·25동란은 이 작가에겐 그저 삶의 싸움터에 지나지 않는다. 여기엔 이념에 투철한 인물은 하나도 없다. 가장 철저하다고 보아야 할 지운조차도 인간답게 살고 싶다느니 독재가 싫다느니 하는 정도

---

72) 『세계문예대사전』 하권, 성문각, p.1735 참조.

의 주의밖에는 가지고 있지 않다. 또 이들이 이 상황을 어떻게 살아가야 옳으냐 하는 문제도 제시되고 있지 않다. 그저 제 나름대로 살아가고 있는 모양이 그려져 있을 뿐이다. 그것도 실험관의 보고서가 아니라 화가의 그림으로 보여 줄 뿐이다.[73]

(3) 박경리의 『시장과 전장』[74]

『시장과 전장』은 지영과 가화란 두 여인이 겪은 전쟁과 사랑이 현재의 처절한 비극으로 부각된다.

양단된 국토에 불안한 긴장이 감도는 6·25 직전, 기석과 결혼하여 애들까지 있는 지영은 서울을 떠나 혼자 38선에 가까운 중학교 교사로 취직되어 간다. 한편 서울에서 테러의 지령을 받고 암약하는 남로당원 기훈은 거리에 쓰러진 가냘픈 여인 가화를 만나게 된다. 6·25사변이 터지면서 지영의 남편은 납북되고 기훈은 인민군으로……. 이 해부터 민족의 수난은 펼쳐진다. 평범한 에고이스트로 전쟁의 상처를 뼈저리게 느끼는 지영, 강인한 커뮤니스트로 시인같은 감정을 억눌렀으나 회의에 빠지는 기훈, 커뮤니스트에서 이탈한 순진한 석산 선생, 허황된 이상주의에서 변절하는 덕삼, 선량한 여교사 정순이……, 이런 모든 인물들이 전쟁의 소용돌이에 휘말린다. 납북된 남편을 찾아 지영은 대구로 피난가고, 기훈은 지리산에 입산했다가 가화와 탈출하려다 동료에게 사살된다. 전장과 죽음과 부정, 시장은 삶과 긍정의 상징, 6·25를 주제로 정면에서 가깝게, 그리고 객관적으로 전쟁을 다루었다 할 것이다.[75]

『시장과 전장』에서 극적 장면은 지영이 얼어붙은 땅위에 엎드려 소리쳐 통곡하는 대목이다.

---

73) 삼성문고『한국문학전집』별권 1, 수록작가·작품해설집, 강신재편, 삼성출판사, p.210참조.
74) 현암사, 1964년.
75) 『세계문예대사전』상권, 성문각, p.1197 참조.

아무도 오지 말라! 이 땅에 아무도 오질 말라! 이땅에! 내 혼자 내 자식들하고 얼음을 깨어 한강의 붕어나 잡아먹고 살란다. 북쪽의 백곰처럼 자식들 데리고 살란다! 아무오 오지말라! 아무도! 영원히 이 밤이 가지 말고…….

이 비분강개의 절규가 지영의 극한상황을 뼈저리게 실사해 준다. 『시장과 전장』은 끝장에서 가화와 기훈의 사랑이 허망하게도 총살로 종지부를 찍고 말았다. 그러니까 전쟁의 회오리바람 속에서는 모든 것이 캄캄한 절망뿐이었다는 얘기다. 다시는 이 땅에 무시무시한 전쟁이 벌어지면 안 되겠다는 염원은 지영과 가화의 두 여인에 국한하지 않음을 절감케 한다.76)

4. 전쟁문학의 문제점, 그 과제

앞에서 밝혀진 바 전쟁문학의 정체를 통해서 전시의 와중에서 출산된 전중문학과 그 후 활발히 창작된 전후문학으로 대별해서 전쟁문학의 전개양상을 볼 수 있었다.

한편 외국문학에서 명명되는 전쟁문학은, 전후문학 하면 제1차대전 이후의 소위 다다이즘, 제2차대전 이후의 실존주의를 기점으로 하고 있음을 상기하게 된다. 그에 비해서 한국의 경우, 전쟁문학이라면 어디껏 6 · 25 동란을 시발점으로 해서 거론되게 마련이다.

따라서 전쟁의 직접적인 체험을 통해서 쓴 작가를 전중파라 하고 전후 60년대 이후 직접 체험보다는 하나의 의식구조로서 전쟁에 대한 고발이라든가, 전쟁으로부터 인류를 구호하겠다는 휴머니즘을 표방하는 작가군을 전후파란 가정으로 생각할 수 있다.

문제는 전중파나 전후파의 구분이 중요한 것이 아니라 그들이 쓴 전쟁소

---

76) 졸고, 『한국현대비평문학 서설』, 청록출판사, p.215 참조.

설이 내용상 어떻게 특징을 달리하는가가 주목된다.

　같은 전쟁문학도 그것을 다루는 작가의 시선이나 주제선정의 각도에 따라 달라지게 마련이다.

　첫째로, 어떤 특정한 공리적 목적으로 제작된 소설을 지적할 수 있다. 그것에는 전체주의사회에서 생산된 소설들을 들 수 있다. 둘째는, 하나의 단순한 소재로만 차용되었을 뿐 작품의 초점은 오히려 인간성의 탐구에 있는 것. 셋째는, 전쟁 그 자체와 그것의 상황이 직접 작품의 주제를 이루는 것 등으로 대별된다 하겠다.

　이와 같이 광의의 전쟁문학 속에는 앞에서 지적된 세 가지가 다 해당되게 된다. 그렇다면 6·25 이후에 제작된 작품으로서 전쟁문학의 범주를 벗어나는 것이 거의 없다는 생각도 하게 된다.

　따라서 굳이 전쟁문학이라고 할 때에는 그 범위를 좁혀 셋째번 경우에 국한하는 것이 타당하다는 귀결을 얻게 된다.

　이렇게 전쟁문학이란 개념규정이 가능하다면 우리의 전쟁문학이 세계문학 속에 크게 자리할 수 있는 가능성은 어떻게 진단될 것인가?

　실상 6·25전란이 종식된 지 어언 4반세기가 넘는 이 시점에서 이렇다 할 전쟁문학의 대작을 갖지 못하는 것은 한국 문단의 취약점의 하나로 제기된다 하겠다. 그 많은 작가들이 전쟁문학에 손을 대었다고 하지만 크게 화제될 역작을 갖지 못한다는 아쉬움이 따른다.

　작가들은 이구동성으로 말한다. 사실, 6·25를 다루는 것은 참으로 어렵다고. 물론 작가들의 능력이나 용기가 따르지 못한다는 것도 있지만 작가들이 오늘의 분단된 상황 속에서 얼마큼 객관적인 입장에 설 수 있을까 하는 것이 전제된다. 즉, 우리는 아직껏 6·25를 정당하게 다룰 수 있는 상황에 놓여 있지 못하다는 서글픔이 앞선다 하겠다.

　그러나 전쟁문학은 단순히 체험이나 사상만으로 되는 것도 아니고 모든 문학조건들이 적절히 귀납해서 형상화되는 것이다. 그렇다면 전쟁이라는 이 큰 문제가 역사적으로 객관화되어 평가되기에는 아직 시기가 이르다는 견해가 남는다.

그럼에도 불구하고 단지 사학자가 정리한 테두리 안에서 역사를 바라보던가 그 범주를 탈피하지 못한다는 것은 있을 수 없다고 본다. 전쟁에 대해 대담하며 차원 높고 스케일이 큰 문학의 아쉬움을 개탄하지 않을 수 없다.

솔직히 말해서 전쟁문학에 준하는 그러한 사이비 작품들은 많이 접하지만 작가와 독자가 다같이 반성할 과제라 본다. 역시 우리 문학의 세계문학에의 진출의 길도, 우리만이 겪었던 민족적 비극을 대담하고 실감 있게 형상화한다면 세계 독자들의 관심을 끌 수 있는 길잡이가 되고 귀중한 자원도 될 것이다. 이것을 전제로 해서 장차 전쟁문학을 어떤 측면에서 더욱 개발할 것인가의 가능성과 방법론이 대두된다.

앞에서 언급한 바 우리의 국토양단이란 숙명적 상황 속에서 어쩔 수 없이 감내해야 될 갖가지 제약점을 시인하고 그것을 현명히 극복하는 과제도 고려되어야 할 것이다. 따라서 우리가 문단이나 작가들, 그리고 독자들도 중량있는 전쟁물이 나와서 한국문학을 빛내주었으면 하는 여망에 부응하는 것이 지상의 임무가 된다.

우선 뛰어난 작가가 등장해서 전쟁문학에 뛰어 드는 일이 시급하다. 물론 우리 국토의 통일은 어디껏 절절한 염원이 되며 지금의 우리 상황 속에서 이룩될 수 있는 훌륭한 전쟁소설들을 열망하는 것이다. 그를 위해선 무엇보다도 재기발랄한 신인에의 기대, 신인을 기다려보는게 타당한 것으로 보여지며, 그로 인해서 전쟁문학은 새로운 차원에서 개발될 것으로 기대된다.

요컨대 한국 문학뿐 아니라 객관적인 여건이 호전된다면 문학도 향상된다는 것을 잊을 수 없다. 따라서 전쟁문학 개발의 어려운 벽을 조국분단에만 국한시킬 것이 아니라 보다 더 적극적인 자세에서 주어진 상황을 대담하고 인내있게 극복할 줄 아는 뛰어난 작가들이 기대되는 것이다.

어쨌든 한국 문단의 세계문학에로의 도전을 위해서 민족문학의 개발이 적극적으로 논란되는 오늘의 문단현실에서, 전쟁문학에 대한 각별한 관심이나 새로운 평가는 극히 타당하게 받아들여지며 그를 중심으로 활발한 연구가 계속되었으면 하는 소망이다.

따라서 본고는 필자가 앞으로 착수코자 하는 전쟁문학논고의 첫 시론(試論)임을 밝혀 둔다.

(『한국현대소설의 탐구』, 범우사, 1985 증보판)

V. 사적 시각과 시대정신

한국문학의 순수기능과 사회적 기능에 관한 사적 이해

1. 문학의 두 가지 기능(서론)

 문학은 순수기능과 사회적 기능의 두 가지 기능을 가지고 있다. 순수기능이란 문학이 지니고 있는 본질적 속성에 나타나는 것이고, 사회적 기능이란 본질과 결합된 비본질적 속성에서 나타나는 기능이다.
 문학작품은 읽음으로써 그대로 즐거움을 줄 수도 있다. 마치 맛좋은 음식이 먹음으로써 어떠한 영양섭취가 된다는 것을 따지기 이전에 우선 즐거움을 느낄 수 있는 것과 마찬가지다. 이와 같은 기능은 문학에만 국한된 것은 아니다. 운동을 함으로써 우리는 육체와 정신을 단련시킬 수 있지만 모든 스포츠맨이나 또는 취미로 운동하는 사람들이 그같은 목적의식을 표방하고 있는 것은 아니다. 그 같은 신체운동은 우선 즐거움을 줄 수 있기 때문에 오직 그같은 기쁨만을 찾으려는 목적에서 축구나 농구나 야구를 할 수도 있다. 맛좋은 과자를 먹는 것도 먹어서 영양을 섭취한다기보다는 먹은 것 자체에 즐거움이 있기 때문에 먹는 수가 더 많았다. 그리고 하늘의 밝은 달을 쳐다보는 것은 달을 보고 정서적 감각을 함양하자는 데 있다기보다는 그저 즐거워서 바라보는 경우가 대부분이다.
 이렇게 되면 달을 본다는 것은 좋은 음식과 재미있는 운동을 하고 또는 훌륭한 옷을 입는다는 경우와는 약간 다른 데가 있다. 먹고, 입고, 운동하는 것은 즐거움이상의 것을 얻는 데 비하여 달을 보는 것은 즐거움 그 자체가 목적의 대부분이다.
 이 같은 몇 가지 예에서 보자면 즐거움을 얻기 위한 것은 순수기능이요, 그 다음의 것은 부차적인 기능에 속한다. 우리는 건강을 위해서 운동을 하기도 하지만 우선 어느 누구나 서로 만나 즐기다 보니 운동하는 수가 더 많다. 그러니까 운동경기가 즐거움을 준다는 것이 본래의 순수한 발생동기요, 신체를 건강하게 만든다는 것은 다음의 부차적인 기능일 수 있다. 이렇게 인간활동을 따져 본다면 순수기능과 그 부차적인 또 하나의 기능이 있는데, 문학작품은 이 점에 있어서 매우 특이한 위치에 놓여 있는 셈이다.

아름다운 서정시 한 편은 대개 순수기능을 본질로 삼고 있으며, 부차적인 기능은 비교적 적은 셈이다. 다시 말하자면 아름다운 서정시는 읽음으로써 얻는 즐거움이 서정시를 읽는 가장 큰 이유라 할 수 있다. 그리고 나머지 몇 할은 사회적 기능으로 나타나는데, 독자에게 심미적 안목을 길러주거나, 정서적 감각을 길러주고, 정서를 함양시켜서 윤리의식을 높여주는 것이 그것이다. 따라서 모든 독자들이 이 같은 서정시의 감화를 통하여 교양수준을 높여 나간다면 이 사회는 더욱 많이 아름답고 진실한 사랑이 충만하고 그 사회는 행복해질 것이다. 따라서 이것은 사회적인 기능을 부차적으로 수반하는 셈이다.

이와 달리 현실사회를 구체적으로 비판해 나가는 작품들은 특히 사회적 기능의 폭이 큰 셈이다. 물론 그것도 사회적 기능이 전부가 아니라 마치 무조건 아름다운 달을 쳐다보고 별을 헤아려 보듯이 그것만으로 즐거움을 준다는 순수기능이 있지만 사회적 기능의 폭은 일반적인 서정시에 비해서 훨씬 큰 셈이다.

그러니까 문학은 그 작품 자체와 표현 형식의 차이에 따라서 마치 달을 쳐다보듯 순수기능 면이 강한 것이 있는 데 비해서 사회적 기능면에 더욱 액센트를 가한 것이 있을 것이다.

이렇게 되고 보면 우리가 순수한 서정시의 존재를 전적으로 무의미하다고 주장하지 않은 이상은 문학의 순수기능을 부정할 수는 없을 것이다.

또 이와는 반대로 문학이 지니고 있는 사회적 기능을 무의미하다고 부정할 수도 없다. 가장 쉬운 예로 운동경기의 경우를 들어보자. 즐거움을 목적으로 하는 것이 운동경기일 수 있지만 그로 말미암아 신체도 건강해 진다면 그 기능을 부정할 하등 아무런 이유도 없다. 즐거움과 아울러 신체도 건강해 진다면 즐거움만으로 끝나는 것보다 훨씬 더 좋은 것이 아니겠는가? 맛 좋은 과자도 그렇다. 먹는 데에만 목적이 끝나는 것이 아니라 먹음으로써 영양섭취에 보탬이 된다면 얼마나 더 값있는 일이겠는가?

문학작품이 본질적으로는 아름다움의 창조에 있는 것은 사실이다. 그로 말미암아 심미적 감각을 만족시켜 준다는 것은 문학의 본질이다. 그렇지만 그것이 아무리 문학에서 제외시킬 수 없는 본질이라 하더라도 그와 동시에 더 많이 다양한 효과를 가져온다면 그같은 효과가 없는 것보다는 있는 편이 훨씬 더 유익하고 더 나아가서 위대한 창조가 될 수 있지 않겠는가?

그렇다면 문학에 있어서 순수기능의 가치를 부정해버릴 수 없는 것처럼 모든 문학에 거의 예외 없이 수반되는 사회적 기능도 부정할 수 없는 것은 아닐까?

문학은 과거의 예술지상주의자들이나 그 후예들이 주장하는 것처럼 사회적 기능을 부인할 이유도 없고 또 부인해서도 안되는 것이며, 또는 사회주의국가에서 볼 수 있는 문학처럼 순수기능을 무시할 수도 없을 것이다. 그리고 한국 문학이 걸어온 신문학 60여 년의 발자취도 아직까지 뚜렷한 이론적 정리도 해내지 못한 채 바로 이 순수기능과 사회적 기능 사이에 오락가락 해온 것이 아닐까?

2. 춘원문학의 사회적 기능

한국문학에 있어서의 사회적 기능을 가장 열심히 주장하고 실천해 나갔던 문학은 이광수의 문학일 것이다.

그의 문학은 다음 몇 가지의 특징을 지니고 있다. ① 이상주의, ② 설명의 남용, ③ 대중 본위, ④ 선동적 문체. 이 네 가지는 이광수의 문학이 지니고 있는 방법론적 특징이다. 그리고 시종 일관해서 작품의 테마로 밀고 나간 것은 민족주의였다. 민족주의를 위해서 문학을 수단으로 선택했으며 그 문학의 방법으로서 앞의 네 가지 특징을 선택한 것이다.

그렇다면 이광수의 문학에서는 문학이 지녀야 할 순수기능은 우선 다음 문제로 따돌린 셈이 아닐까? 예술적인 창조가 목적이 아니라 그는 민족주의를 선동해 나가자는 것이 목적이었다. 이광수가 문학을 시작했던 무렵은 우리 민족이 아직도 교양수준에 있어서 너무도 뒤떨어진 때였다. 지식인이 드물었으며 오늘날의 수준에서 평가하자면 무식한 사람들이 대부분이었다. 그리고 이 무식한 일반 대중들이 한국민족의 대다수를 차지하고 있는 이상은 문학도 그 시대로서는 역시 이들에게 적합한 것이라야 한다는 것이었다. 그러기 위해서는 그는 가능하면 쉽게 쓰려고 했다. 그의 문학을 가리켜 대중 본위라 하는 것은 바로 이 때문이다. 또 그의 문학은 민족주의를 표방하고 있었다. 이것은 예술적 의도와는 별개의 것이다. 예술이 지니고 있는 순수기능으로서가 아니라 사회적 기능으로서 들고 나온 것이 민족주의다. 민족주의를 실천한다는 것은 고급한 인텔리들만을 대상으로 할 수는 없는 것이다. 민족의식은·밑바닥의 문맹자로부터 전문학교를 나온 지식인까지 그리고 직업의 귀천과 남녀 누구를 막론하고 모두 지녀야 하지 않겠는가? 독립만세를 부른다면 민중이 따라오지 않는 극소수 몇 사람의 만세로 무슨 목적이 이루어지겠는가? 민족주의 자체가 범사회적·범민족적 참여를 목표로 하는 것인 이상 그 문학은 대중적일 수밖에 없었다.

　동시에 민족주의는 고답적인 예술적 표현만으론 부족한 때가 있지 않을까? 아무리 예술적으로는 훌륭하다 하더라도 문학적 재능이 없는 정치가들의 선동적인 몇 마디의 슬로건에 비하자면 너무나 허약할 때가 있다. 민족주의를 선동하려면 예술적으로는 품위가 전연 없는 선동적인 문체가 고상한 예술적 문체보다 훨씬 효과적일 때가 얼마든지 있지 않겠는가? 그래서 그는 가급적이면 선동하려 했다고 자기 작품태도를 고백했었다. 「나의 작가적 태도」에서 그같은 태도를 우리는 「선구자」 같은 작품에서 가장 많이 발견할 수 있을 것이다. 감탄사와 감탄부호가 그토록 남용된 것은 내용이야 어쨌든 우선 독자들을 감동시켜 민족주의의 깃발 아래 모여들게 하자는 의도가 분명했기 때문이 아닌가?

　그가 설명을 남용한 것도 그렇다. 김동인이 그를 가리켜 비꼬았듯이 너무도 설교적이라고 한 것도 그 때문이다. 문학은 결코 대중들을 설교형식으로 납득시켜 나가는 수단은 아닌 데에도 불구하고 그는 마치 예배당의 목사처럼 또는 학교의 선생님처럼 설명을 많이 해나갔다. 어리석은 독자들을 우선 계몽해 나가자니 그럴 수밖에 없지 않은가? 예술은 다음 문제였다. 우선 어리석은 대중들에게 사회현실을 내다보는 안목을 길러주고 민족의식을 갖도록 주장해 보려니 설명이 앞설 수밖에 없지 않았던가?

다음에 그는 이상주의를 끌고 나갔다. 이상이란 마치 종교에 있어서의 신앙의 대상과 같은 것이다. 괴로움 속에서 허덕이는 민족이었으니 이상을 지니지 않고서야 어찌 오늘 하루를 용기있게 걸어나갈 수 있겠는가? 이상이라는 것이 혹시 공상이요, 환상이라도 좋다. 만일 그렇다하더라도 독자들은 이상을 지님으로써 오늘을 참고 내일에 기대를 걸어 살아나갈 수 없는 것이다.

이 같은 이상은 바로 그의 민족주의에 있었다. 우리가 다시 우리 민족의 주권을 되찾는다면 누구나 모두 잘먹고 잘살고 억울함이 없게 되리라는 것이 이광수가 말해 주는 이상이었다.

그리고 이 같은 네 가지 방법을 위해서 그가 주장한 민족주의는 때때로 남들의 비난을 받기도 했지만 그의 태도는 강경했다.

> 양주동씨는 나의 민족주의에 대한 태도를 봉건적 민족주의라고 하였거니와 그것은 씨가 근거를 설명하지 못한 바와 같이 무근지설이다. 그것이 무근지설인 것은 씨가 나를 인도주의자라고 한 것이 증명하는 것이다. 나는 다른 모든 주의자는 될 수 있을는지 모르거니와 봉건적 민족주의자(쇼비니스트 또는 아무 윤리적·이론적 근거도 없이 다만 제 민족이니까 사랑한다는 의미로 양씨가 이 말을 쓴 것이라고 하면)는 될 수 없는 사람이다. 내가 종래 더 많이 조선민족의 결점의 공격자로 격공(激攻)적 찬양자가 아니여서 매양 말썽을 일으키는 것을 보아서 알 것이다.
>
> 내가 포회(抱懷)하는 민족주의는 결코 양주동씨가 근상(根像)하는 종류의 무이론한 것이 아니다.
>
> 역사적·사회적·정치적·경제적 내지 문화적으로 보아서 조선민족의

향상발전에 행복은 오직 민족주의적으로 해결할 일도(一途)가 있을 뿐이라는 명확한 신념 위에 선 것이다.

더구나 모스크바 방면에서는 ○○○ ○○○ 까지도 민족적으로 해결하지 아니치 못할 것을 주장하게 되지 아니 하였는가.

인류문제는 아직도 만국의 노동자가 合하여서 해결할 것이 아니요, 자기 민족이 민족적으로 해결할 시대에 있다고 본다(「여(餘)의 작가적 태도」에서).

이렇게 주장한 데에서 이광수의 민족주의가 얼마나 강경한 것이었는지를 알아 볼 수 있을 것이다. 그리고 그의 대부분의 작품들이 이 같은 민족주의의 표현 수단으로 나타난 것이 사실이다.

그렇다면 이광수의 문학은 우리 신문학사상 최초로 가장 열성적으로 문학에 있어서의 사회적 기능을 강조했던 것이 아닐까? 이 말을 최근에 등장한 문학용어로 표현한다면 그는 한국 신문학사상 최초의 가장 열성적인 참여문학의 기수였던 셈이다.

그렇지만 그의 문학이 역시 커다란 문제점을 안고 있었던 것은 두말할 나위도 없다. 그것이 바로 창조파 김동인과 그밖의 폐허파·백조파 등에 의해서 나타난 것이다.

3. 예술을 위한 예술과 인생을 위한 예술

이렇듯 우리는 소설의 취재를 구구한 조선 사회 풍속 개량에 두지 않고 '인생'이라 하는 문제와 살아가는 고통을 그려보려 하였다. 권선징악에서 조선사회 문제 제시로 — 다시 일전(一轉)하여 조선사회교화로 — 이러한 도정을 밟은 조선소설은 마침내 인생문제제시라는 소설의 본무대에 올라섰다(김동인 「한국근대소설고」에서).

여기서 조선사회교화라고 말한 것은 이광수의 계몽적 민족주의 문학을 가리키고 있다. 그리고 인생문제 제시라고 한 것은 창조파 김동인을 비롯한 예술지상주의파 문학을 가리키고 있다.

예술지상파라는 것은 문학에 있어서의 순수기능에 액센트를 둔 유파를 가리키고 있다. 김동인을 비롯한 동인(同人) 문단의 신진들은 이광수의 문학을 가리켜 그것은 예술이 아니라고 주장했던 것이다. 문학이란 그렇게 이 사회를 계몽하는 수단이 아니라 오직 아름다움을 추구해 나가는 것이 아니겠느냐고. 그리하여 문학에 있어서 미의 창조라는 순수기능을 망각한 이광수 문학을 비판하기 시작했다.

그러면 이광수의 문학을 비판한 이들의 문학은 어느 정도로 그 순수기능에 기울어져 있었을까? 이것을 명확하게 측정하기는 매우 어렵지만 김동인의 그것이 참여주의에까지 빠져들어간 것은 분명히 지적할 수 있을 것이다. 불쌍한 눈먼 소녀의 목을 조르다가 죽어 자빠진 일 때문에 완성된 그림의 이야기 「광화사」 또는 민가에 불을 지르고 시체를 간음하며 거기서 명곡을 만들어 나가는 음악청년을 정당화하고 미화한 이야기 「광염 소나타」에서 그것을 찾아 볼 수 있을 것이다. 아름다움을 추구해 나가던 나머지 아름다움에 탐닉해 버리고 선악의 윤리적 의식을 거부하고 예술을 위한 예술을 들고 나온 창조파·폐허파·백조파들이 모두 이와 같은 길로 뻗은 것은 아니지만 예술지상주의를 마지막까지 밀고 나간 김동인의 종착점은 바로 이것이다.

이런 점에서 보자면 김동인의 문학은 결국 마지막에는 한 가지의 기능에만 기울어진 셈이다. 순수기능을 우선적으로 지니고 있는 한 편의 짤막한 서정시도 독자의 심미적 감각을 길러주고 정서를 함양시키고 순화시키며, 윤리의식을 높여주는 사회적 기능이 있거늘 김동인의 문학은 마지막 단계에 가서 그것마저 거부해버린 것이 아니었던가? 그는 「배따라기」에서 진시황제를 격찬했고 또 「광염 소나타」에서는 로마시를 불지른 네로 황제를 격찬했다. 이런 점에서 보자면 그의 예술지상주의 문학은 마지막에 구미주의에 접어들면서 그 사회적 기능 마저 거부해 버린 것이다. 그렇다면 비록 모두가 김동인처럼 구미주의에까지는 가지 않았다 하더라도 이들의 문학은 애초부터 또 하나의 문제성을 지니고 있는 것이 아니었을까?

　이들이 발표해 나간 작품들의 경향을 훑어보면 대충 짐작이 간다. 이들의 문학이 등장한 것은 3·1운동 직전이었고 사실상의 작품활동은 대부분 3·1운동 직후부터 3~4년 사이였다. 말하자면 가장 민족의식이 충천하고 또 분노와 함께 가장 큰 민족의 시련을 겪던 때였다. 그렇지만 이들의 작품 속에는 그 당시의 사회적 현실이 구체적으로나 또는 상징적으로나 거의 표현되지 않았다. 염상섭의 「만세전」이나 「암야」, 「제야」 또는 현진건의 몇 작품을 빼 놓고는 그 정도의 모호한 상징적 표현도 드물었다. 작품 속에 어둠이 깔려 있기는 하지만 그것이 유럽 문학에서 얻어온 세기말적 풍조에 감염된 탓인지 또는 문학소년들의 막연한 낭만적 감상주의 탓인지 또는 시대배경에 대한 상징적 표현 탓인지 분명치 않다. 다만 이들의 문학이 정신적 패배주의에 입각해 있고 퇴폐주의적 경향에서 오히려 신비한 쾌감을 찾고 있었으며, 그들의 문학하는 자세가 건전하지 못하고 약간 자아도취적 향락에 있었음을 부인할 수 없었던 것 같다. 그것을 이광수의 글에서 인용해 보자.

　　Art for Art's Sake라는 예술상의 격언은 예술의 타부분의 문화(정치나 교육이나 종교나)의 노예 상태에서 독립시키는 의미에 있어서는 대단히 훌륭한 격언이지마는 그 범위를 지나가서 사용하면 이는 '개인은 자유다'하는 격언을 무제한으로 사용함과 같은 해악에 빠지는 것이외다.
　　생에 대하여 공헌이 없는 것, 더구나 해를 주는 것은 그것이 무엇이든지 다 악이니 문예도 만일 개인의, 특히 우리 민족의 생에 해를 주는 것이면 마땅히 두드려 부실 것이외다.
　　Art for Art's Sake야 말로 우리의 취할 바라 합니다.
　　[……]
　　아아! 아직 발아기에 있는 우리 문단에는 데카당스 망국조가 풍미하여 마치 아편 모양으로, 독주 모양으로 청년문사 자신 및 순결한 그대의 독자인 청년남녀의 정신을 미혹합니다. 이것은 진실로 불건전한 일본문단의 전염을 받은 결과외다.

[……]

우리 문사들은 마땅히 사표인 자각, 민중의 인도자인 성도인 자각을 가져야 할지니, 그의 일신과 일동은 오직 경처(慶處)하고 오직 진지하여야 할 것이외다. 이러한 책임을 자각하는 우리 문사들은 발분하여 과거의 의식적 최소저항주의적·데카당스적 생애를 벗어버리고 일각이 바쁘게 덕성과 건강한 지식·성식(聖識)에 합당한·건전한 인격의 작성에서 착수 노력하여야 할 것이외다.

아아! 사랑하는 반도의 청년문사제위여(「문사와 수양」, 『창조』 8호 1921. 1. 1).

이것은 순수기능만을 주장하는 문학에 대해서 그 약점을 비판한 최초의 글이다. 이광수는 여기서 문학이 지니는 순수성 자체를 부정하지는 않았다. 이 글의 맨 앞에서 단서를 붙인 말은 바로 그 순수성에 대한 긍정적 태도가 아닌가? 예술이 타부분의 노예가 되어서는 안되며, 예술은 그것 자체로서 독자성을 지녀야겠다는 말은 매우 중요한 판단이라고 할 수 있다 그 점에 있어서 바로 이광수의 문학은 예술로서의 약점을 지니고 있었다. 따라서 이것은 자기 자신의 문학이 지닌 예술적 허점을 고백한 말인 동시에 예술지상파들이 지니고 있는 그 장점을 긍정한 것이겠다. 그렇지만 이광수가 순수한 예술적 기능을 긍정하는 의미에서 예술지상파를 긍정한 것은 어디까지나 단서가 붙어 있다. 그것이 만일 우리 인생에 대해서 공헌이 없는 것이라면, 더구나 해를 주는 것이라면, 그리고 특히 민족의 삶에 해를 주는 것이라면 마땅히 두드려 부셔야 한다고 했다. 이광수가 많은 논문을 쓰기는 했지만 이토록 과격한 말을 쓴 일이 또 있었을까? 그가 이토록 두드려 부셔야한다고까지 외친 까닭은 한국의 예술지상주의문학이 너무나도 탈선해 가고 있었기 때문이다.

'예술을 위한 예술'이라는 것은 문학의 순수기능만을 목적으로 한 것이다. 이에 반해서 이광수가 주장하는 '인생을 위한 예술'은 사회적 기능을 주로 주장하는 것이다. '예술을 위한 예술'을 주장하는 편에서는 문학이 지니는 사회적 기능을 거부하고 있다. 다시 말하자면 이광수처럼 민족을 계몽하고 민족의식을 선동하는 부차적 목적 의식이 결코 개입되어서는 안되는 것이다. 따라서 '예술을 위한 예술'을 주장하는 쪽에서는 그만큼 고고하고 순수한 위치를 고수하고 있는 셈이다.

이에 반해서 '인생을 위한 예술'을 주장하는 문학은 결코 예술지상파의 경우처럼 한쪽만을 무조건 고집하는 의도가 강한 것은 아니다. 예술지상파에서는 사회적 기능 따위를 오히려 비웃고 거부하고 있지만 '인생을 위한 예술'을 하는 이광수의 문학에는 그처럼 편협한 유아독존적 태도는 없다. 물론 '인생을 위한 예술'이라는 것은 예술이 인생에 있어서 공헌하는 바가 있어야 되겠다는 강력한 주장이긴 하지만 그것이 어찌 순수기능까지를 거부한 것이랴? 문학은 읽어서 사회적 공리성을 초래하기도 하지만 또 그 이전에 이미 읽어서 즐거운 것이다. 그 작품세계의 아름다움이 우리들을 즐겁게 해준다. '인생을 위한 예술'을 주장한 이광수가 과연 이것을 거부했었을까? 결코 그런 것은 아니다. 문학이 예술인 이상 그것이 어떤 딴 정치나 교육이나 종교적 목적에 예속되어서는 안된다는 점을 인정하고 있는 점이 바로 그것이다. 그러므로 이광수의 주장은 문학이 지니는 순수기능의 가치를 인정하면서 다만 사회적 기능에 더 액센트를 준 것이 아니었을까?

더구나 1919년부터 등장하기 시작한 예술지상파의 문학이 퇴폐적인 경향은 청년문사들의 일상생활에서 주로 나타난 것이지만 그것이 그들의 문학과 밀접한 관계가 있었던 것은 부인할 수 없을 것이다. 그렇기 때문에 이광수는 그들의 생활을 비판하면서 동시에 그들의 문학을 비판하며 '문학은 곧 인생을 위한 것이라야 한다'고 말하지 않았을까?

이광수의 '인생을 위한 예술'이 문학의 순수기능을 긍정하는 것이었으면서도 그의 문학이 실제적으로 순수기능을 너무 많이 잃고 있었던 까닭은 딴 데 있을 것이다. 즉 그것은 이광수가 이론과 실제를 결부시키는 역량의 문제에 있었던 것보다는 그 당시의 독자 수준과 사회적 긴박한 실정문제가 그로 하여금 어쩔 수 없는 그같은 문학을 하도록 만들어 주었을 것이다.

4. 프로문학의 사회적 기능

그런데 문학의 사회적 기능을 이광수보다 더 열렬히 들고 나온 것은 프롤레타리아문학이다.

이것은 예술지상파 이후에 그들에 대한 비판과 아울러서 하나의 사회적 운동으로 등장했다. 그리고 이것이 문학의 사회적 기능을 강조했다는 점에서는 이광수의 문학과 방법론상 거의 동일한 것이라고 말할 수 있을 것이다.

그렇지만 문학이 전개된 양상과 그 방법론이 지닌 목적의식이 주는 것은 이광수의 문학과는 전혀 다르다.

> 문학청년(조선에 있어서 문사), 그들의(전부라고는 말하지 않는다.) 말솜씨가 어떠냐 하면 그네들은 '우리는 문학가다. 예술가다, 그러므로 우리는 사회 사상이니 무슨 주의니 무슨 운동이니 하는 떠드는 소리에는 귀를 안 기울인다.
> 우리는 극히 자유를 사랑하며 우리의 할 바 '일', 즉 '美를 창조함에만 노력할 뿐이다'하고는 벌금한 얼굴을 뭇사람의 눈앞에 드러내어 놓는 것이다. 그러면 그네들은 사랑한다는 자유는 어떠한 것이며 미라는 것은 무엇을 말하는 것이냐?
> 조선에 있어 더구나 그날 그날의 끼니에 쫓기어 헤매이는 사람들의 생활에 무슨 자유가 있으며 美의 창조의 심적 여유와 여지가 있겠느냐?(김기진, 「클라르테운동의 세계화」, 『개벽』 39호).

이것은 김기진이 1923년 9월부터 11월까지 『개벽』지에 발표한 논문이다. 그리고 이것이 한국의 프롤레타리아문학이 회오리바람을 몰고 온 최초의 본격적 이론이었다. 그러므로 이 논문은 한국 프롤레타리아문학의 최초의 본격적인 깃발이었으며, 그 이론의 가장 기본적인 소개서였다고 볼 수 있을 것이다.

물론 이 논문 이전에 김기진은 일본에서 한국에 있는 박종화나 박영희에게 서신으로 프로문학을 소개했지만 여기서처럼 본격적으로 나타나지는 않았다.

그러면 이 글에서 나타난 김기진의 의도를 살펴보자.

그가 예술의 본질인 미를 부정한 것은 결코 아니다. 이 말 가운데에는 예술의 본질인 미를 부정한 말은 보이지 않는다.

다만 그 당시의 사회실정으로 보아서 미보다 선행되어야 할 것이 있지 않겠느냐고 주장하는 것이다.

다시 말하자면 문학은 미를 창조하는 것도 중요하겠지만 그보다 먼저 그날그날 끼니에 쫓기어 헤매이는 이 사회의 긴박한 문제를 해결해야 되지 않겠느냐는 것이다.

그러니까 만일의 경우에 미를 부정한다 하더라도 그것은 미보다 선행되어야 할 문제를 해결하기 위해서 부득이한 경우에만 허용한다는 셈이겠다.

그리고 그 당시로서는 사실로 아름다움을 추구할 여유가 없기 때문에 부득이 하지만 그것을 버리고 우선 사회문제 해결에 나서야겠다는 것이다.

이렇게 보면 김기진이 소개한 프로문학의 이론은 역시 이광수의 경우처럼 사회적 기능에 그 문학의 액센트를 가한 것이 아닐까? 프로문학 이전의 예술지상파 문학이 주로 예술의 순수기능만을 주장했다고 한다면 그 뒤의 프로문학은 순수기능을 전적으로 거부한 것은 아니나 사회적 실정으로 보아서 그것은 일단 다음 차례로 미루고 사회적 기능을 강조하자고 주장한 셈이다.

그러면 프로문학이 주장했던 사회적 참여는 어떤 것이었을까? 김기진이 소개한 논문을 더 훑어보면 대번에 알 수 있다.

  자유면 어떠한 계급의 자유일 것이냐.
  부르조아지의 자유냐? 프롤레타리아의 자유냐?
  물론 조선의 부르조아나 프롤레타리아는 다함께 피학대계급인 것은 분

명한 사실이지만은 그래도 부르조아를 옹호하는 자유와 프롤레타리아 계
급적 자유는 가져볼 여지가 있는 터이다.
　따라서 부르조아 계급적 미의식과 프롤레타리아 계급적 미의식이 명료
하게 나누어지는 것은 어찌할 수 없는 사실이 아니냐?
　[……]
　무산계급자인 프롤레타리아가 아니다. 온 세계의 모든 학대받는 인구들
은 우리와 같이 프롤레타리아다. 그러므로 프롤레타리아에게는 국경이 없
는 것이다.
　꼬르키의 「맨 아르층」의 인민에게 무슨 경계선이 있을 것이냐?(「클라르
테운동의 세계화」에서).

　김기진의 논문에서는 부르조아와 프롤레타리아란 용어가 연거푸 튀어나
온다. 말하자면 그가 문학을 통해서 실현하자고 한 목표는 사회주의 사상에
입각한 것이다. 프롤레타리아의 이익을 위해서 문학은 전신투구해야 한다
는 주장이다.
　문학이 지니는 순수기능을 거의 무시하고서라도 사회적 기능을 발휘해야
된다는 것이었다.
　이렇게 본다면 프롤레타리아 문학이 지니고 있는 사회적 기능은 주로 다
음 두 가지에 해당되는 것이 아닐까?
　문학이 사회현실에 참여하는 측면은 정치·경제·문화의 세 가지 측면
으로 크게 구분된다.
　프로문학이 주장하는 것은 이 중에서 특히 정치와 경제면에 작용하고 있
었음은 두말할 나위도 없다. 부르조아나 프롤레타리아라는 계급용어부터가
이미 경제학적 각도에서 인간계급을 다룬 것이며, 프로문학은 바로 그 무산
계급들의 경제적 수준을 높여주자는 것이 아니었던가?
　그러니까 프로문학은 먼저 맑스의 사회주의 사상에 입각해서 경제적인
면으로 사회현실에 참여하려고 한 것이다.
　그런데 이것은 또 정치적 측면에도 작용했던 것이다. 사회주의 사상이란

곧 일제하의 정치체제에 대한 반발이 아닌가?

이것은 근본적으로 일제시대에 한국을 지배하던 일본헌법에 대한 반발이요, 그 정치적 사회체제 자체에 대한 도전이었다.

그러면서 프롤레타리아의 이익을 위한 그들의 독재정치까지도 주장한 것이었다고 본다면 이는 곧 정치적 혁명을 주장하는 문학이었던 셈이다.

그 다음에 이 같은 경제적·정치적 사회참여가 그 사회의 문학적 측면에도 작용한다는 것은 두말할 나위도 없다. 그렇지만 프로문학이 주장하던 우선적인 목표는 문학적인 것은 아니었다. 프롤레타리아의 세상이 된다면, 또는 정치적 사회체제가 변한다면 문화면에도 변화가 오는 것은 두말할 나위도 없지만 그것은 결코 우선적인 목표가 아니라 부수적인 결과에 불과할 것이다.

이런 점에 있어서 이광수 문학의 사회참여와 프로문학의 사회참여는 매우 큰 차이가 있는 것이 아닐까?

물론 이광수의 문학이 민족주의를 고취한 이상 정치적 참여임은 두말할 나위도 없다.

그렇지만 그는 경제적 참여로서의 문학을 하지는 않았다. 말하자면 무산계급의 이익을 주장하는 문학으로서 지주제도를 비판하거나 노동관계를 비판하지는 않았다.

그는 다만 비록 식민지치하이기는 하지만 한국이 본래부터 지녀온 경제적 사회구조에 대해서는 비판하지 않고 그것을 그대로 받아들이는 입장에서 다만 일제식민지로부터의 해방을 간접적 수법으로 주장했다.

다음 또 하나의 차이점은 문화면의 참여에 있다. 문화면은 종교·예술·과학·도덕 등 네 가지로 크게 구분된다. 이광수의 문학은 굳이 어떤 특수종교를 주장하지는 않았지만 그는 많은 역사소설을 통해서 불교의 세계를 미화하고 또는 기독교 정신을 미화하는 작품도 더러는 써나갔다.

그와 동시에 그는 한국민족의 예술에 대한 이해도를 높여주고 과학적 사고방식을 길러주고 (미신을 비판하며) 또는 모든 작품에서 윤리적 판단력을 길러주었다.

이것은 바로 그의 문화적 측면에서 사회현실에 강력히 작용했던 것이 아닌가?

그러니까 프로문학이 주로 정치와 경제의 사회현실에 참여했던 문학이라고 한다면 이광수의 문학은 정치와 문화에 참여한 문학이라고 할 수 있을 것이다. 그리고 양자의 정치적 참여가 물론 전연 다른 이데올로기에 입각한 참여임은 두말할 나위도 없을 것이다.

그러면 프로문학과 그에 반대한 문학 사이에서 어떤 비판이 나타났는지를 알아보자.

> 오늘날 조선 사람의 생활이 10에 8, 9가 프로이나 그들에게 보여줄 문예가 아니고는 아무 영향도 아무 가치도 절대로 없을 것이다.
>
> 그러므로 일본이나 영·불에 있는 문학이 우리에게도 꼭 있어야 할 것이 아니라 상아탑 속에서 은적(銀笛)을 불며 난숙(爛熟)한 문명은 예찬하는 기성문학이 우리 같이 기아와 철쇄의 자유밖에 못가진 우리가 구하는 바는 아닐 것이다.
>
> [……]
>
> 그런데 조선의 재래예술 — 문학 — 은, 민중을 떠나서 일부 귀족적 예술·매소매가예술(賣笑賣歌藝術)·수음적 예술·노예예술이었다.
>
> 조선기존창작가는 상아탑속에서 예술의 지상을 콧노래 부르고 선술집에서 독주를 마시며, 사랑 사랑 내사랑 부르는 청년을 유혹하는 저급의 연애소설 등을 창작하는 퇴폐적 데카당 문학가들이 있다는 말이다(김상회, 「민중과 떨어진 문단」, 『동아일보』, 1927년 2월).

프로문학은 재래의 예술의 수음적 예술 또는 노예예술이라고까지 비판했다.

그리고 이것을 상아탑 속의 콧노래라고 지적했다. 이 같은 주장 속에서 김상회가 한 말을 종합해 본다면 소위, 예술지상파의 문학이란 현실도피의 문학이란 말이 될 것이다. 현실도피라면 사회현실에의 참여를 거부한 문학이 아닌가?

　김상회가 주장한 것은 문학이란 어디까지나 사회현실에 참여하여 공로를 끼쳐야 된다는 것이다.

　이 점에 있어서 이 같은 비평은 예술지상파의 문학이 지니고 있던 허점을 신랄하게 비판함과 동시에 한국문단에 새로운 회오리바람을 일으켜 나간 비평의 하나라고 볼 수 있을 것이다.

　그러나 문학이 과연 그같은 사회적 기능만으로 전부가 될 수 있으며, 그것으로써 문학이 존립해 간다는 것이 과연 가능한 일이었을까?

　문학이 사회적 기능만으로 전부가 될 수 없었다는 것은 프로문학의 작품 생산이 너무도 적었다는 사실과 그 수준이 이론에 비해서 너무도 미약했다는 사실과 또 그 뒤에 그 문학이 외부적 탄압을 받기 전부터 독자를 잃고 있었다는 사실에서 발견할 수 있을 것이다.

　김기진이 마침내 프로문학이 지닌 그같은 허점을 지적했다가 박영희에게서 반박을 받고 그 후 다시 박영희가 '얻은 것은 이데올로기요, 잃은 것은 예술이다'라고 말한 데에서 사실은 모두 드러나고 말았다.

　문학이 만일 그 본질로서의 미의 창조를 상실한다면 우선 독자를 잃고 그만큼 감동력을 상실하고 그 사회적 기능의 기초마저 잃게 되는 것이 아닌가?

　예술지상파들의 문학이 가혹한 비판을 받아야 마땅했을 만큼 큰 약점을 지니고 있었으며, 특히 문학인으로서의 윤리적 자세에 있어서도 비판을 아니 받을 수 없었지만 프로문학 역시 커다란 약점을 지니고 있었다.

5. 순수문학의 순수기능

　그러면 이 같은 문학이 계속 한국문단을 장악할 수 없었음은 자명한 일이다.

　물론 그같은 정치적 참여자체가 일제군벌정치의 강화로 말미암아 더는 계속 못할 궁지에 몰리고 말게 된 것은 사실이지만 문학이 지녀야 할 또 하나의 중요한 측면, 즉 순수기능을 거부한 형태로서 어찌 그 지속이 가능했을까?

이에 대한 반발로서 1930년대의 순수문학 시대가 온 것은 필연적인 결과다.

그리고 이때부터 비로소 독자의 감정에 깊이 호응해 나갈 수 있는 예술로서의 문학작품이 많이 쏟아지게 된 것도 필연적인 결과였다.

순수문학의 대표라고 말할 수 있는 이태준이 이런 말을 하지 않았던가? 자기는 루나찰스키의 예술론을 도저히 이해할 수 없었고 이해하려면 할수록 반감만 커갔다고.

그리고 당시의 대부분의 문학청년이 루나찰스키의 신도들이었기 때문에 자기의 원고는 각 신문·잡지에서 항상 묵살되었기 때문에 이방인과 같은 고독을 느꼈다고 말했다(『문장』, 1940년 2월).

이 같은 작가나 시인들이 이 때부터 문학이 지니는 순수기능의 깃발을 높이 들고 새로운 문학사를 기록해 나가고 있었음은 물론이다.

더구나 정치적·경제적 측면에 참여하자는 문학도 아닌 데 일본제국주의가 이 같은 문학을 무엇 때문에 탄압할 것인가?

정치와 경제에 대한 사회참여가 아닌 이상 이들의 문학을 막으면서까지 민족의 분노를 자초할 그들은 아니었다.

그러므로 순수문학이야말로 어디에서도 바람이 불어오지 않는 아늑한 온실이 아니었을까? 더구나 이 당시의 순수문학은 문화적 측면에 참여하려는 의도도 없었다. 종교·예술이나 과학이나 도덕이나 그것이 모두 일제의 정치적 탄압과는 별개의 것이라고 하더라도 그것에 참여하려는 의도는 없었다.

왜냐하면 순수문학이란 그같은 의도를 거부하는 문학이었기 때문이다. 문학의 목적은 그같은 사회적 공리성을 초월해서 예술의 순수본질인 미를 창조함에 있는 것이 아니냐고.

그러므로 이 당시의 문학이 문화적 측면에 작용한 공로는 물론 있었지만 그것은 부수적으로 나타난 결과일 뿐이지 그 당시 순수문학이 주장하고 있던 의도가 실현된 것은 결코 아니다.

그렇기 때문에 그 당시의 순수문학에는 그 당시 사회현실의 모습이 너무나도 모호하게 그려져 있었던 것이 아닌가?

아무리 문화적인 면을 부각시킨 작품이라 하더라도 역시 그 문화는 사회의 기반 위에 창조되는 문화이다.

그런데 이 당시의 순수문학은 그같은 사회현실에 대한 반영이 너무도 빈곤했으며, 또 의식적으로 그것을 기피한 경향이 짙다. 그러므로 역시 이 당시의 문학은 사회기능을 거부한 문학이요, 결과적으로 나타난 그 기능이나마 별로 큰 것은 아니었다고 볼 수 있을 것이다.

6. 해방 후의 좌우익논쟁

그런데 8·15 해방 직후에 프로문학이 다시 등장했다. 해방 전 프로문학의 마지막 보루를 맡고 있던 임화가 재빨리 단체를 조직했다. 그는 순수문단의 대표급들까지도 그가 조직한 단체에 끌어넣었다. 물론 처음부터 프로문학을 하자고 목표를 표면에 내세운 것은 아니다. 일단 문학의 어떠한 유파를 막론하고 범문단적 형태로 조직한 뒤에 소리없이 프로문학으로 방향을 전환시키자는 것이었다. 일제말기 순수문학의 대표자였던 이태준이 여기 말려든 것도 그 때문이다. 그리고 이 같은 프로문학의 조직적 운동이 활발해지자 이에 반대하는 입장에서 순수문학의 조직이 탄생했다. 그러니까 임화를 중심으로 만들어진 최초의 단체는 '문학건설본부'이며 그것이 '조선프롤레타리아문학동맹'으로 바뀌고 그 뒤에 다시 '조선문학동맹'에서 '조선문학가동맹'으로 바뀌었다. 이 단체활동에 대해서 나타난 것은 '조선청년문학가협회'였다. 그리고 '문학가동맹'측에서는 김동석이 등장하고 '청년문학가협회'측에서는 김동리과 조연현이 나섰다. 이 두 단체 사이에서 주로 치열한 논쟁을 벌인 사람은 김동석과 김동리였다. 이 두 사람의 논쟁이 바로 좌익과 우익의 논쟁이요, 문학의 사회적 기능을 강조하는 주장과 순수기능만을 강조하는 주장이었음은 두말할 나위도 없다.

그러나 이 두 사람의 논쟁이 아무리 치열하게 전개되었다고 하더라도 그것은 문학사적인 면에서 별로 크게 새로운 이론의 등장은 아니었다. 왜냐하면 이미 1925년 카프가 등장하면서부터 문학의 사회적 기능과 순수기능에 관한 논쟁은 전개되었기 때문이다.

그리고 카프시대의 문학이 바로 사회주의사상에 입각한 계급투쟁으로서의 문학을 주장했던 것처럼 해방 직후의 김동석의 주장도 같은 것에 지나지 않는다. 그러므로 1925년경의 프로문학과 그에 반대한 염상섭 외 몇몇의 문학이론은 바로 해방 후의 김동석과 김동리의 문학이론에 해당된다. 그러므로 이것은 꼭같은 쟁점을 들고 나와서 되풀이한 것에 지나지 않을 것이다.

다만 1925년경과 1945년 직후의 두 가지 논쟁이 서로 차이가 있다고 한다면 그것은 문학 이외의 외부적 세계가 지니고 있는 역사적 배경의 차이 뿐이지 않았던가? 일제시대의 프로문학은 그것 자체가 일본제국주의세력에 대한 정치적 반항이었다. 비록 인터내셔널리즘을 들고 나오기는 했지만 압박받는 민족은 다같이 프롤레타리아라고 하면서 그같은 민족의 해방을 주장한 김기진의 말은 민족주의적 색채가 숨겨져 있었음을 공명하는 것이다.

이에 반해서 해방 후의 역사적 배경은 전연 다른 것이었다. 김동석이 주장한 프롤레타리아 문학은 민족해방을 위한 것이 아니라 다만 공산주의의 정치적 수단에 지나지 않았다. 그러므로 해방 후의 프로문학은 일제시대의 그것처럼 긍정적 의미를 지닐 수는 없는 것이었다. 여기에 대해서 '청년문학가협회'가 반대의 깃발을 들고나섰다.

그러나 이 같은 좌우익의 논쟁은 정치적 배경을 지니고 있었다는 불순성 탓이었는지는 모르지만 진지한 논쟁으로 끝나지는 않았다. 비평의 입장에서 보자면 비록 날카로운 힘은 있었지만 너무도 유치한 인신공격이 앞서서 비평의 격을 떨어뜨리고 있었다. 그같은 인신공격이 지나치게 앞섰기 때문에 그들은 문학이론의 본질적인 면을 캐내지 못하고 끝을 내고 말았다.

그뿐만이 아니라, 한국정부가 수립되고 공산당이 불법화되면서부터 좌익

세력은 정치적 배경을 잃고 지하로 숨어들거나 월북하지 않으면 안되었다. 이렇게 됨에 따라서 프로문학의 이론을 들고 나왔던 김동석은 그 이상 논쟁을 계속하지 못하고 월북해 버렸다. 그러므로 논쟁은 핵심을 찾아보지 못한 채 끝나버리고 만 것이다.

그리고 이 양파의 이론이 다같이 과오를 범하고 있었던 것은 서로가 다같이 문학의 반조각 기능만을 주장했다는 데에 있다. 김동석이 문학의 사회적 기능만을 강조하고 나선 데 반해서 김동리는 문학의 순수기능만을 그 문학의 전부하고 주장했던 것이며, 이 같은 순수문학이 그 후 한국문학의 주류를 이루어 한국문학이 지녀야 할 또 하나의 중요한 기능인 사회적 기능을 상실하게 만들고 말았다.

이처럼 논쟁이 핵심을 찾지 못하고 다만 순수문학이 거저 물려받은 승리로 말미암아 한국문학의 주류를 이루게 됐다면 이것은 언젠가는 또다시 비판받아야 할 문제점을 지니고 있는 것이 아니었을까? 김동석이 프로문학이 지녀야 할 독자성을 무시했다는 점에서 비판받아야 할 것은 당연한 일이다. 더구나 그것이 문학가의 자유로운 창조활동을 빼앗아 버리고 공산주의였으니 만큼 그것을 비판함은 당연한 일이었다. 그렇지만 아무리 그의 문학이 좌익문학이었다고 하더라도 그 문학이론이 지니고 있는 하나의 진실을 무시해서는 안된다. 즉 문학이 우리 인간사회에 커다란 영향을 끼칠 수 있다는 자신과 또 문학이 그같은 사회적 기능을 마땅히 발휘해야 된다는 주장만은 진실이 아닐 수 없다. 문학을 어떤 정치적 목적에 예속시키지 않는 한도에서라면 얼마든지 우리 인생을 위해서 사회를 위해서 가능한 노력을 해야 하지 않겠는가?

이광수의 문학도 그랬다. 그는 문학을 민족의 정치적・문화적 운동의 수단으로서 그 목적에 예속시키려 했었다. 그렇지만 그같은 예속성을 빼버리고 말한다면 그만큼 문학의 사회적 기능을 믿고 그것을 실천하고 우리 인생을 위해서, 우리 민족을 위해서 발휘한 그 문학의 힘을 무시할 수는 없는 것이다. 그 점에 있어서 이광수는 문학이 순수기능 이외에 사회적 기능도 훌륭히 발휘할 수 있음을 증명한 공로자라고 볼 수 있을 것이다.

그런데 해방 후 김동석의 좌익문학이 사라진 후 한국문학의 주류는 순수문학으로 나타났다. 남은 것은 순수문학이었기 때문에 그것은 어쩔 수 없는 결론이었을 것이다. 그러나 문학이 과연 순수기능 이외의 딴 아무것도 지닐 수 없는 것일까? 프로문학이 지니고 있던 '문학의 예속성'에 화가 난 것은 이해할 수 있는 일이지만 그러나 문학은 역시 순수기능만으로는 존재하기 어려운 것이며, 또 그것만 가지고서는 다양한 힘을 발휘하는 위대한 문학이 될 수 없는 것이 아닐까?

7. 참여논쟁의 새 양상과 문제점

해방 후의 전통적인 순수문학에 대해서 도리어 다시 한번 반발이 일어났다. 1960년대 초기에 들어와서 그러니까 해방 후 15년이 더 지난 뒤에 마침내 순수문학에 대한 비판적 이론이 등장했다.

1963년 『동아일보』에 「파산의 순수문학」이 발표되었다. 「한국문단에 보내는 백서」라고 써브 타이틀이 붙은 이것은 한국문학이 지나온 전통에 대한 김우종의 비판이었다. 다음에 같은 해 『현대문학』에 김병걸의 「순수에의 결별」이 발표되었다. 이 논문은 앞에 열거한 김우종의 「파산의 순수문학」을 맨 마지막에 인용해 가면서 김우종과 같은 입장에서 순수문학의 허점을 찌르고 한국문단의 새로운 방향을 주장했다.

그 후 1964년 봄에 이형기의 「문학의 기능에 관한 반성」이 『현대문학』에 발표되었다. 이것은 순수문학을 보호하는 입장에서 전자의 비평에 반대한 것이다. 그리고 3개월 뒤에 김우종의 「저 땅위에 도표를 세우라」가 발표되었다. 이것은 이형기의 순수옹호론에 대한 반박과 동시에 문학이 지니는 두 가지 기능을 천명해 나간 것이었다. 또 1963년 11월에 발표된 「유적지의 인간과 그 문학」도 순수문학의 맹점을 지적한 김우종의 비평이었다. 다음에 계속해서 60년대 말기까지 문학의 현실적 참여에 대한 논쟁이 활발히 시작되었다.

이 같은 논쟁의 발단이 일어난 것은 순수문학이 지니고 있던 이론적 모순과 그 문학적 자세가 지니고 있는 약점을 지적하는 것으로서 당연히 일어날 것이 일어난 것이라고 볼 수 있을 것이다.

그러면 순수문학이 지니고 있던 결점들은 어떤 것일까?

순수문학은 그 이름 그대로 문학의 순수본질인 미를 창조함을 최선의 목적으로 삼는 문학이다. 문학이 지니고 있는 아름다움은 그것 자체가 사회적 기능으로서 존재하는 것은 아니다. 다만 우리가 노래를 듣고 그림을 감상함으로써 즐거움을 얻듯이 우리에게 정서적·심미적 만족을 주는 것이 최종적인 가치일 것이다. 순수문학이란 본래 이 같은 순수본질을 특히 더 강조하자는 문학이다

그런데 한국에서 등장한 순수문학은 차차로 병적 구조를 이루어 가고 있었다. 즉, 그것은 현실도피적인 경향으로 나타났다. 그리고 여기에는 역사적 배경이 작용했음을 부인할 수 없을 것이다. 원래 일제말기에 자리잡고 있던 순수문학이 그 역사적 배경 속에서 성장한 것이 아니었던가? 문학이 만일 정치적·경제적·문화적인 면에서 사회현실을 반영하고 비판하지 않는다면 그같은 문학은 그 국가의 정치·경제·문화 등 정책을 수립해 나가는 사람들에게 결코 개의할 바가 못될 것이다. 사회현실에 관여하지 않는 문학을 어찌하여 억제하고 탄압할 것인가? 새처럼 노래하고 밝은 달을 바라보며 웃음을 띠우고 아름다운 꽃을 꺾어들고 감상하는 사람은 어떠한 위정자들도 미워할 필요가 없을 것이다.

일제말기의 순수문학은 이처럼 아름다움만을 추구해 나가자는 문학이었기 때문에 그토록 무서운 전쟁시기에 있어서 우리들이 할 수 있는 문학은 순수문학뿐이었다.

그렇지만 해방 이후는 우리의 역사적 배경이 달라지지 않았는가? 문학이 반드시 순수본질인 아름다움을 추구하는 것만으로 전부일 수는 없다. 또 그같은 문학만을 허용하는 시대도 아니었다. 우리는 자유를 찾았기 때문에 어떠한 작가나 시인이라도 일제말기 때처럼 현실을 외면하는 문학을 해야할 필요성이 사라진 것이다. 물론 문학을 통해서 그 순수기능만을 강조하는 작

가가 있어도 좋기는 하지만 그것이 그 나라 문학의 가장 굵은 전통을 이루고 대부분의 문학이 그같은 양상으로 나타난다면 문제는 커진다. 해방 이후 지금까지 걸어 온 한국의 사회적 배경은 어느 누구보다도 양심적인 지식인들의 자발적인 발언이 필요했었다.

정치가에게만 맡겨두는 정치는 민주정치가 아니다. 민주정치사회 속에는 모든 국민이 다같이 정치에 참여하고 책임을 지는 것이다. 또 경제도 그렇고 문화도 그렇다. 가능한 한도 내에서 어느 누구나 자기의 재능과 역량을 발휘하여 공동운명체로서의 민족사회발전에 이바지하는 것이 당연한 의무이다. 그리고 해방 이후에는 누구에게나 그같은 일을 할 수 있는 권리와 자유가 부여되어 있었다. 그럼에도 불구하고 문학에서는 그같은 사회적 기능을 발휘할 필요가 없다고 말하는 것은 과연 무슨 까닭이었을까? 이것은 우선 일제말기의 현실도피적인 문학을 역사적 배경이 바뀐 시대에 이르러서도 그대로 맹목적으로 이어나가려는 경향이 아니었을까? 그리고 다음 또 하나의 이유는 그같은 현실도피적인 문학의 방법이 문인 자신들의 신분을 스스로 지켜나가기 위해서는 가장 편리한 수단이었기 때문이 아닐까? 이광수나 이인직이나 또는 프로문학파들이 모두 그랬던 것처럼 문학에 있어서 사회적 기능을 발휘하려 했던 그들은 정치권력의 탄압을 받고 괴로운 체험들을 겪어 나갔다. 이에 반해서 순수문학을 해나간 작가들은 일제의 가혹한 정치하에서도 별로 탄압을 받지 않은 셈이다.

문학사를 통해서 찾아볼 수 있는 이 같은 체험이 해방 후에도 한국의 작가들에게 순수문학의 무풍지대에 안주하려는 경향을 길러낸 것이 아닐까?

순수문학은 이 같은 현실도피적인 영향으로 말미암아 비록 아름다운 문학을 생산해 내기는 했지만 그것은 대개 사상성의 빈곤을 초래했다.

사상성이란 사회현실에 대한 비판적인 안목에서 형성되는 것이 아닌가? 사상성이란 문학의 순수본질인 심미적 가치와는 별개의 비본질적인 것이지만 문학이 이 같은 비본질적 요소를 제외한 순수본질만으로 위대한 문학이 될 수 있을까? 사상성이 결여된 문학이 또 영원한 감동을 줄 수 있었다는 예를 우린 어디서 찾아 볼 수 있을까?

8. 논쟁의 득실과 그 의식(결론)

이 같은 논쟁을 통해서 우리는 1970년대에 들어선 한국문학이 어떤 방향으로 흘러나갈지에 대해서 어느 정도는 짐작할 수 있을 것이다.

문학의 사회참여론이 1960년대에 들어와서 이처럼 활발히 논의되고 계속 발표되어 나갔던 것은 이광수의 문학시대부터 시작되었던 한국문학의 가장 중요한 문제점에 대해서 마지막 결론을 내리게 된 결과라고 볼 수 있을 것이다.

일제시대의 이광수 문학이나 프롤레타리아 문학이나 순수문학은 대개가 필요한 비평적 논쟁을 충분히 거치지 않고 넘어왔다. 그것은 일본 제국주의의 식민지였다는 특수사정이 있었기 때문이다.

그리고 해방 후 역시 같은 사태가 되풀이되었다. 좌우익의 정치적 투쟁은 문학의 형태에까지 영향을 끼쳤다.

그리고 한국은 지금은 반공을 국시로 삼고 있는 자유주의 국가로서 존립해 있다.

그리고 북쪽에는 공산정권을 두고 이를 방위해야 하는 특수사정 속에 놓여 있다.

이 같은 상태 역시 우리의 문학형태에 대해서 영향을 끼치고 있는 것은 사실이다.

공산주의를 거부해야 하는 것은 어떠한 작가나 시인이나 비평가들도 마찬가지의 입장에 있어야 한다.

그러나 6·25 사변을 겪고 4·19와 5·16을 거쳐 발전해 나가고 있는 이 나라의 문화적 수준은 과거 어느 때 보다도 향상되어 있는 셈이다. 이 같은 상태하에서 우리는 좀더 자유로운 입장에서 문학을 논해야 할 필요성을 느낀 것이다.

그리고 정치적인 면에서나 경제적인 면에서나 한국문학은 그 현실을 기피하는 상태에서만 머무를 수 없고 거기에 이 비판적 의견을 나타내지 않으면 아니될만큼 문인들은 자기의 권리의식이 분명해진 것이다.

　사회참여라는 것은 정치적 권력이나 또는 어떠한 사회적 권력을 끌어들이는 것이 아니라, 어떠한 권력도 인간의 기본적인 인격을 침해해서는 안된다는 입장에서, 그리고 보다 복된 사회를 이룩하며 더구나 공산국가 같은 비인도적 세력의 팽창을 막기 위해서라도 거기 나서야 한다는 것이 참여문학의 입장인 셈이다.

　따라서 이 같은 이론이 등장한 것은 한국의 정치적·경제적·문화적 모든 수준의 향상과 아울러 보다 위대한 문화를 창조해야만 될 시기에 이르렀다는 것은 한국문단이 자각했기 때문일 것이다.

　양쪽의 논쟁을 비교해 본다면 어느 쪽에나 모두 일리는 있다. 그리고 문학이라는 것은 결코 획일적인 양상으로 같아질 수는 없는 것이며, 어떤 형태의 문학이라도 그것은 모두 그만한 값어치가 있을 것이다.

　따라서 한편의 조그만한 서정시는 그것만으로서도 그만큼 값어치가 있듯이 문학에 있어서 순수기능만을 고수하려는 형태의 문학은 그것대로 값어치가 있는 것이다.

　또한 문학의 사회참여성을 주장하는 문학도 그것대로의 값어치가 있는 것이다.

　그러나 문학이라는 것은 한 가지 기능보다는 더욱 다양한 기능, 더욱 다양한 의미를 지니고 나타날 때 더욱 훌륭한 위대한 문학이 될 수 있을 것이다.

　문학을 통한 사회참여를 주장한 문학은 순수기능이라는 것을 거부하는 문학은 결코 아니다.

　어떠한 문학이든 그것은 순수기능으로서의 심미적 가치를 형성해 나가는 것이며, 사회참여를 주장하는 문학 역시 그같은 기능을 포함한 문학이다.

　그 대신 그같은 문학은 심미적 가치를 다시 말하자면 문학의 순수본질을 지니고 있는 동시에 사회적으로 유익한 문학을 말하는 것이다.

　그같은 참여의식을 강조한 문학인 셈이다. 그리고 현대사회의 세계적 명작을 낳은 까뮈나 헤밍웨이나 또는 과거의 톨스토이·도스도예프스키 등

대부분의 거장의 문학은 모두 사회현실을 비판하고 문명을 비판하고 고민하는 인간들의 갈 길을 암시해 나갔던 문학이다.

그럼에도 불구하고 한국문학에서 이 같은 논쟁이 새삼스레 일어난 것은 그만큼 한국문학이 이론과 창작면에서 있어서 후진했던 탓이며, 그 동기는 일제시대 36년과 해방 후의 불안한 정치적 현실이 원인이 되었던 것이다.

그리고 현재에 이르러 이만큼 활발히 이 문제가 논의된 것은 이제 비로소 한국이 정치적·경제적·문화적 수준에 있어서 어느 정도 안정과 향상을 이루고 그것이 한국문학에 영향을 끼쳤기 때문이다.

(「한국현대비평문학론」, 청록출판사, 1984)

카프(KAPF)와 프로문학의 전개과정

1. 신경향파 문학과 카프의 결성

1) 신경향파 시기의 문학

일년 동안을 회상할 때에 또 한 가지 기억해 둘 현상이 있다. 비록 문단의 표면으로 논쟁화된 일은 없으나 소리 없이 잠잠한 듯한 그 밑바닥에는 또한 부르조아 예술 대 프롤레타리아 예술의 대치된 핵자가 배태되어 있다. 노동 대 자본의 계급투쟁운동은 사회적인 것에 그치지 않고 예술의 가치론과 현상론에도 파급되어 각국 문단에 파문을 일으키게 되었다. 지금 일본문단으로 말하면 부르조아 대 프롤레타리아 예술이 격렬하게 투쟁중이다. 이러한 추세는 우리 문단을 권외(圈外)로 할 리 만무하다. 멀지 않은 앞날에 표면으로 나타날 현상의 하나다.[1]

월탄 박종화는 1923년 1월 『개벽』에서 지난해를 반성 평가하는 자리에서 프로예술의 대두를 이렇게 전망했다. 물론 월탄의 이러한 전망은 당대 문학인들의 일반적 속성인 근대적 감성으로 인한 새로운 조류에 대한 민감한 반응의 일환이기도 하지만, 다른 한편으로 이미 당시 한국사회의 새로운 흐름이 문학 쪽으로 파급되리라는 선언에 다름 아니다. 바로 3·1운동 이후 새로운 운동으로서, 급속한 노동자 운동의 확산에 발맞추어 무산계급혁명을 목표로 하는 사회주의 운동이 지식층에 널리 파급되어 각 분야로 영향을 발

---

1) 박종화, 「문단의 1년을 추억하며」, 『개벽』, 1923. 1.

휘하기 시작했다. 그래서 초기 프로문학운동을 '신경향'이라 부르게 되었다. 말하자면 "신경향은 말 그대로 '새로운'이 강조된 특정한 '경향'이지만, 한국 현대문학사에서는 마르크스주의에 기울어진 것"2)이라고 정의될 수 있다.

초기 프로문학운동의 대표적 이론가의 한 사람인 팔봉 김기진은 3·1운동을 전후하여 민주주의 사상운동의 전조선 총본영인 청년단연합회의 해산을 가져왔으며, 그 대신 최초의 사회주의자 단체, 노동당 대회를 보게 된 것은 민족주의 운동에 대한 사회주의 운동의 승리를 의미하는 것으로 이러한 사상적 조류는 당연히 문학권에도 파급될 수밖에 없었다고 지적하고 있다.3) 다시 말해서 종래 일반문단의 유파나 경향, 특히 자연주의와 낭만주의에 이끌려 모방이나 하고 있던 문단에 이 새 조류는 당연한 충격파로 다가왔다는 것이다.

실제로 이미 이 시기에 문예 방면에서도 비록 동인 형식에서 크게 벗어난 것은 아니지만 조직체가 형성되고 있었다. 1922년 9월에 이적효, 이호, 김홍파, 김두수, 최승일, 심대섭, 김영팔, 송영 등이 '해방문화의 연구와 운동'을 목적으로 '염군사'를 조직했다. '염군사'는 그 강령으로 "우리들은 무산계급 해방을 위해 문화를 가지고 싸운다"라는 등 명확한 계급문학의 기치를 내걸었지만, 사실 동인들은 완성된 시인, 소설가라기보다는 사회운동을 문학으로 하겠다는 정치청년(당시 사상운동을 하는 청년을 이렇게 불렀다 함)들의 문학 동호집단이라 할 수 있다. 이 단체는 그 뒤로도 문학적 역량보다는 확연한 투사 의식이 있으면 가입시켜 토요회, 신흥 청년동맹 등의 동인들이 참여하게 되었다는 것이다. 문학부, 연극부, 음악부를 가진 '염군사'의 활동에 대해서는 자세히 기록된 것이 없다. 다만 문학부에서는 동인잡지『염군』첫 호를 발행하고 제2호는 '국제무산부인데이 특집호'를 준비했다가 경무국의 검열을 통과하지 못해 발행하지 못했다고 한다. 또한 연극부에서는「

---

2) 홍정선,「신경향파 비평에 나타난 생활문학의 변천과정」,『현대문학연구』제37집, 서울대.
3) 김기진,「10년간 조선문예 변천과정」,『조선일보』, 1929. 1. 1~2.

먼동이 틀 때」(심훈),「선술집」(최승일) 등을 준비했으나 무대에 올리지 못했고, 음악부는 합창단을 조직해 노총·농총창립대회에서 격려 합창을 몇 번인가 했다 한다.4)

그러나 본격적인 문학가 조직은 다음해에 결성된 '파스큘라'라 할 수 있다. 박영희, 김기진, 김복진, 안석영, 이익상, 김형원, 연학년, 등을 구성원으로 하여 이들의 이름 머리글자를 따서 단체이름으로 삼은 '파스큘라'는 '염군사'보다 문학적 역량이 우위에 있었고, 또한 당시 문단에서의 영향력이 훨씬 컸다. 그런데 이 '파스큘라' 조직결성에서의 김기진의 역할을 빼놓을 수 없다. 신경향파 시기에 김기진과 쌍벽을 이루는 박영희의 다음과 같은 회고는 그것을 잘 말해주고 있다. 박영희는 그때 당시 문단을 풍미하던 '백조'파의 일원으로 맹활약을 하고 있었다.

> 이러한 보히미안들 가운데는 점점 붕괴작용이 생기기 시작하였다. ······ 김기진군을 새로 동인으로 추천하여 군의 작품이 게재된 때를 한 형식적 계기로서 동인들 가운데는 커다란 회의 혹운이 떠돌았다. 그것은 예술을 위한 예술, 퇴색되어 가는 상아탑에 만족을 얻지 못한 만큼 사물에 대한 객관적 관찰이 성장하기 시작하였다. 내 자신도 급격한 예술상·사상상 변화와 현실의 새로운 정당한 인식이 시작되었다. 김군과 나는『개벽』지로 필단을 옮기고 말았다. 여기서부터 신경향파 문학이라는 한 매개적 단계가 시작되었다.5)

김기진은 당시 일본에 유학해서 그간 예술지상주의, 유미주의, 데카당스 등에 빠져 있던 자신을 반성하고 1922년 무렵부터 일본에 급속히 확산되고 있던 사회주의 운동에 영향을 받아 이에 경도된다. 특히 아소우 히사시(麻生 久)와 친교하면서 감화를 받은 김기진은 투르게니에프와 특히 바르뷔스주

---

4) '염군사'에 대한 기록은 앵봉산인(鶯峯山人) 송영,「조선 프롤레타리아 예술운동 소사」(『예술운동』제1호, 1945. 12.)를 참조.
5) 박영희,「백조—화려하던 시절」,『조선일보』, 1933. 9. 14.

의에 깊이 빠져든다.

　　일본에 있을 때 사회주의 운동의 영향을 받고 로맹 롤랑과 앙리 바르뷔스의 논쟁문을 읽고서 나는 나의 사상에 중대한 전환을 일으켰다. 나는 그때 '백조' 동인의 1인으로서 잡지 『장미촌』 이래의 상징파 시인들을 사숙하는 듯 싶은 유일한 친우 회월 박영희에게 서신으로 나의 사상의 전환을 알렸다. 그때까지의 나와 회월의 사상은 예술지상주의였다. 동경과 서울 사이를 왕복한 서신을 모아 두었더라면 굉장한 매수가 될 것이다.6)

　　이러한 김기진의 역할과 박영희의 사상적 전환, 그리고 사회 각 분야에 파급되는 사회주의 운동에 의해 조직된 '염군사', '파스큘라' 등, 그리고 『개벽』 등의 출판매체의 이에 대한 관심과 함께 김기진, 박영희 등의 활발한 이론적 활동에 의해 신경향파 문학운동은 본격화되기 시작한다. 김기진의 「클라르테 운동의 세계화」(『개벽』, 1923년 9월), 「바르뷔스 대 로맹 롤랑의 논쟁」(『개벽』, 1923년 10월), 「또다시 클라르테 운동에 대해서」(『개벽』, 1923년 11월)는 바로 신경향파 문학운동의 초기 이론적 근거가 되는 바르뷔스주의의 소개문이다. 일본에서도 이 바르뷔스주의는 일본 프로문학의 초기 중심잡지인 『씨뿌리는 사람』의 이론적 토대였다. 김기진의 초기 문학관은 이처럼 바르뷔스를 통한 마르크스주의 수용으로 무엇보다도 먼저 사회개혁을 선결과제로 제시하여 문학은 자연히 그것을 위한 도구로 간주되었다. "예술이 제한당하는 사회적 조건을 가지고 있는 현대의 모든 사회를 부정하고, 예술을 생의 본연한 자유의 길로 해방시키기 위하여 먼저 사회조직과 데카당적 부르조아 문화를 근본적으로 파괴하고자 하는 현실혁명"은 그런 점에서 현재의 문학운동의 지침이 된다. 즉 '본연한 문학'이 발생할 수 없는 상황하에서는 그 상황의 개혁을 위한 '본연한 요구의 문학'이어야 한다는 주장이었다. 이러한 인식에 따라 예술성은 잠시 유보되고 공리성만을

---

6) 김기진, 「나와 KAPF 시대」, 『서울신문』, 1955. 10. 5.

취해야만 한다는 것이 그의 주장이다. 이상과 같은 논점은 「지배계급의 교화와 피지배계급의 교화」(『개벽』, 1924년 1월), 「금일의 문학, 명일의 문학」(『개벽』, 1924년 2월) 등에 잘 나타나 있다.

박영희 역시 김기진과 비슷한 관점에서 무산계급문학을 논했다. 그의 주요 평론으로는 「문학상 공리적 가치여하」(『개벽』, 1925년 2월), 「고민문학의 필연성」(『개벽』, 1925년 7월), 「신경향파의 문학과 그 문단적 지위」(『개벽』, 1925년 2월) 등을 들 수 있다. 그의 문학관을 한마디로 말하면 부정과 파괴의 문학으로, "형식보다도 절규에, 묘사보다도 사실표현에, 미보다도 힘에, 타협보다도 불만에, 과장보다도 진리에"7)로 나가야 한다는 것이다.

이 시기에 들어 신경향파 문학이 문단의 새로운 조류로서 확고하게 정착되었다는 것은 1925년 2월 『개벽』지에 특집으로 마련된 「계급문학 시비론」이 잘 말해 준다. 이것은 프로측의 기획에 의해 이루어진 것으로 프로측의 논자는 김기진, 박영희, 김석송, 박종화였고, 그 반대측의 논자는 염상섭, 나도향, 이광수, 김동인 등이었다. 이들 두 파의 주장을 논자별로 정리하면 다음과 같다.

(1) 비프로측

- 염상섭 : 어떤 예술유파라도 예술의 완전한 독립성을 거부할 수는 없다. 유파가 작가와 작품을 지배할 수 없기 때문에 구체적으로 작품을 놓고 평가하여야 한다. 말하자면 작품 이전과 이후는 별개의 것이다.
- 이광수 : 나는 계급을 초월한 예술을 믿는다. 따라서 계급문학을 주장하는 것은 비평가의 몫은 될지언정 작가의 편에서는 별 소득이 없는 것이다.
- 나도향 : 프로문학이 일어난 것은 당연한 일이라 하겠지만 문학은 인생의 전부를 내놓을 수 없는 것이므로 반드시 부르니 프로니 할

---

7) 박영희, 「문학상 공리적 가치여하」, 『개벽』, 1925. 2.

수 없다.
- 김동인 : 계급공기며 계급음료수라는 것이 존재할 가능성이 없는 것과 마찬가지로 계급문학이란 것도 존재하지 못할 것이다.

(2) 프로측
- 김기진 : 계급문학은 본질적 경향문제이지 결코 피상적 제재문제는 아니다. 작가가 프로의식을 가지고 작품을 제작하느냐가 그 근본문제다.
- 김석송 : 원래 사람에겐 계급이 없었으나 계급이 생긴 이상 이에 투쟁해야 한다. 하지만 계급의 이익보다는 전 인류의 생존을 더 중시해야 할 것이다.
- 박종화 : 문학은 인생의 그림자요, 인생을 떠나서는 문학이 없다. 계급이 있는 이상 문학에도 확실히 계급이 있을 것이다.

이렇게 신경향파 문학은 이론과 창작상에서 점차 강세를 보임과 동시에 조직적인 차원에서 새로운 단일조직, 즉 조선프롤레타리아 예술동맹(Korea Artista Proleta Federatio : KAPF)으로 결집된다. 카프결성에 대한 정확한 일자에 대해서는 정설은 없지만 대략 1925년 8월 무렵으로 추정되고 있다.[8] 기본적으로는 '염군사'와 '파스큘라'의 통합으로 이루어졌지만, 당시 새로운 창작경향으로써 작품활동을 전개하기 시작한 조명희, 이기영, 한설야 등도 참여하게 된다. 물론 지금까지 문학상에서 보지 못한 가장 강고한 조직이 이루어졌지만, 그 활동이 즉시 활발하게 나타난 것만은 아닌 것 같다. 그러한 조직적 활동 시기는 대략 1926년 『문예운동』이라는 준기관지를 발간한 이후로 보아야 할 것이다.

다만 창작계에서는 신경향파 문학이 당시 문단의 대세를 장악해감을 볼 수 있다. 이 시기의 대표적 작가로는 최서해, 조명희, 이기영, 이익상, 주요

---
8) 김윤식, 『한국근대문예비평연구』, 일지사, 1984, pp.31~32 참조.

섭, 김기진, 박영희 등을 들 수 있는데 작가별 주요 작품을 보면 다음과 같다.

- 최서해 :「토혈(吐血)」,「탈출기」,「박돌의 죽음」,「기아와 살륙」,「홍염(紅焰)」
- 조명희 :「땅 속으로」,「농촌 사람들」,「R군에게」
- 이기영 :「가난한 사람들」,「민촌(民村)」,「농부 정도룡」
- 주요섭 :「인력거꾼」,「살인」
- 김기진 :「붉은 쥐」,「젊은 이상주의자의 사(死)」
- 박영희 :「전투」,「산양개」
- 이익상 :「광란」,「흙의 세례」

2) 내용·형식 논쟁

1926년 12월 『조선지광』에 발표된 김기진의 「문예시평」은 한국 근대문학사에서 최초의 본격적 논쟁인 내용·형식 논쟁을 불러일으킨 평론이었다. 당시 김기진은 주로 「문예시평」이란 이름으로 작품비평에 치중하면서 프로측의 작품 외에도 반대측의 작품들도 광범위하게 다루고 있었다. 물론 이들 작품비평을 본격적인 것으로 보기는 어렵지만 당시 평론가로서는 가장 두드러진 작품비평을 행한 셈이다. 문제된 이 「문예시평」 역시 이후 곧바로 논쟁화하는 박영희의 작품 외에도 부르 문사들의 작품도 언급하고 있었다. 그 중에서도 문제가 된 것은 박영희의 「철야(徹夜)」(『별건곤』, 1926년 1월), 「지옥순례」(『조선지광』, 1926년 11월)에 대한 비판이었다.

> ……그 결과 이 한 편은 소설이 아니요, 계급의식 계급투쟁의 개념에 대한 추상적 설명에 시종하고 일언일구가 이것을 설명하기 위해서만 사용되었던 것이다. 소설이란 한 개의 건축이다. 기둥도 없이 서까래도 없이 붉은 지붕만 얹어 놓는 건축이 있는가?……어떤 한 개의 제재를 붙들고서

다음으로 어떤 한 목적지를 정해 놓고 그 목적지에서 그 제재를 반드시 처분하겠다는 계획을 가지고 붓을 들어 되든 안 되든 목적한 포인트로 끌고 와 버리는 것이 박씨의 창작상 근본결함이다.9)

여기서 보듯 김기진은 어떠한 소설이든 일정한 소설적 형상화, 구성 및 표현 등을 통하여 이루어져야 한다는 입장이었다. 그것은 초기 김기진 비평문에서 보이는 효용의 문학, 생의 본연한 요구의 문학을 주장하는데 그치지 않고, 더 나아가 그러한 문학도 역시 문학인 이상 최소한 소설적 형상화를 갖춰야 한다는 입장으로 진전되고 있다고 볼 수 있다.

그런데 이에 대해 박영희는 그러한 김기진의 논의와는 다소 다른 방식으로 이를 비판해 버렸다. 말하자면 김기진은 프로문단도 이제 본무대로 들어섰다고 인식한데 비해서 박영희는 여전히 투쟁기라는 인식으로 투쟁성에 중심을 두어야 한다는 입장이었다.

그래서 바로 「투쟁기에 있는 문예비평가의 태도」(『조선지광』, 1927년 1월)라는 제목으로 김기진의 비평가적 태도를 문제삼는다.

> 그러나 나는 이곳에서 단언한다. 프롤레타리아의 작품은 군의 말과 같이 독립된 건축물을 만들려는 것이 아니다. 상론 말과 같이 큰 기계의 한 치륜(齒輪)인 것을 또다시 말한다. 프롤레타리아의 전문화가 한 건축물이라 하면 프롤레타리아의 예술은 그 구성물 중의 하나이니 서까래도 될 수 있으며 기둥도 될 수 있으며 기왓장도 될 수 있는 것이다. 군의 말과 같이 소설로써 완전한 건물을 만들 시기는 아직 프로문예에서는 시기상조한 공론이다. 따라서 프로문예가 예술적 소설의 건축물을 만들기에만 노력한다면 그 작가는 프롤레타리아의 문예를 망각한 사람이니 그는 프로작가가 아니다. 다만 프로생활 묘사가에 불과하다.

---

9) 김기진, 「문예시평」, 『조선지광』, 1926. 12. 6.

말하자면 김기진이 문예의 본질적 문제로 내용·형식 문제를 논한 데 비해 박영희는 현단계 프로문예의 임무에 의해 판단되어야 한다면서 문학내재적인 방법이 아닌 사회사적 혹은 문화사적 비평이 현재 프로문예 비평가가 취할 태도라고 강조하면서 김기진에게 계속 다음과 같이 말하고 있다.

> 나는 끝으로 동무 김군의 문예비평가적 노력은 건축학적 전형에 머무르지 말고 문화건축에 일문화(一文化) 비평가로서 형상하기를 바라며, 나는 내 작품이 사회현상에 비추어 아직도 초보인 것을 내 자신이 비평할 수 있다.……우리는 진리에 순응하고 불합리 ×××××투쟁기에 있는 문예비평가의 태도는 반드시 계급적으로 명확하기를 바란다. 더 말하지 않아도 군은 넉넉히 추상(推想)할 것이므로 이에 붓을 놓는다.

이러한 박영희의 반박에 대해서 김기진은 조심스런 반응을 보였다. 우선 그는 박영희와 똑같은 입각지에 있음을 강조하고 있다. 다만 박영희가 "소설이란 한 개의 건축이다"라는 말을 제멋대로 해석했다고 비판했다. 결국 문제는 선전문학에 대한 논쟁으로 전환되어 갔다. 김기진은 이에 대해 비록 선전문학이라 할지라도 결코 단순히 개념의 추상적 설명만으로 시종하는 것은 아니라고 항변했다.10)

이러한 김기진·박영희의 논전은 뒤이어 아나키즘계 권구현과 민족주의계 양주동에게까지 파급, 문단의 쟁점으로 비화된다. 권구현은 김기진의 소설건축론이 예술의 독립적 존재성을 주장하는데 떨어진다고 하여 강철제일주의를 내세웠다. 양주동은 일단 김기진의 형식상에 주목을 요한 점에 찬동하여 선전문학, 무산문학일수록 더욱 표현방식에 치중해야 한다고 주장했다.11)

이렇게 문제가 단지 프로측에 그치지 않고 그 밖으로 확산되고, 외부에서 내부의 대립을 오히려 조장하는 듯한 글들이 나오자, 카프 자체의 강력한

---

10) 김기진, 「무산문예작품과 무산문예비평」, 『조선지광』, 1927. 2.
11) 윤병로, 『한국현대비평문학론』, 청록출판사, 1982, pp.25~30 참조.

지도노선에 혼란을 가져다 줄 수 있다는 우려에서 일단 김기진의 일방적인 자설철회로 귀결되었다.

> 그래도 곧 박군 일개인뿐만 아니라 우리들의 동지의 대부분이 나의 비평가적 태도에서 소위 "프로문예 비평가가 되기 전에 '계급의식의 운운'에 호감"을 가져야 할만큼 불선명한 점이 있는 것이 공인하는 사실이라면 마땅히 나는 동지들 앞에서 고개를 숙이고 사죄하고 앞날을 맹세하겠다.12)

이처럼 자설철회적인 어투를 분명히 보이고 또한 자신의 회고에서도 "너는 박영희의 이론에 져라. ……지금은 우리들의 무산계급 운동이 완전한 건축을 요구하는 시기가 아니다라는 김복진(김기진의 형)의 설득에 의해 자설철회를 했다"고 밝히고 있어 조직에서 이를 유도했음을 알 수 있다. 왜냐하면 실제로 양주동이 팔봉의 「무산문예작품과 무산문예비평」을 기점으로 프로문예 진영에 양개분파가 생겼다고 하여 김기진의 입장에 동조하는 입장을 취했기 때문이다(양주동, 「문예비평가의 태도 기타」, 『동아일보』, 1927년 2월 28일~3월 4일). 그래서 프로문학측에서는 형식주의의 잘못된 오류가 파생될 수 있다는 일종의 위기상황으로 받아들인 것 같다. 결과적으로 당대 프로문학측에서는 김기진이 형식문제를 제기한 것은 아직 시기상조라는 인식이 지배적이었음을 짐작할 수 있다. 그래서 문제는 해결이 아니라 유보되었고, 문제의 이러한 측면은 김기진에게 있어서는 계속적인 자기사업으로 이어졌다. 그리고 현실적으로는 자체 내부의 논전 형태가 아닌 부르조아 문학에 대한 비판에 주안점이 두어진다. 결국 김기진, 박영희에 의해 비롯된 '내용·형식 논쟁'은 아직 문학원론상 이 문제를 해결할 만한 이론적 준비가 갖추어져 있지 않음을 보여주고 있다. 말하자면 그 때까지도 '의식 없이 형식 발전이 되지 아니할' 것이라는 단계적 인식이 지배적이었다.

---

12) 김기진, 앞의 글.

2. 제1차 방향전환과 목적의식기의 문학

1) 제1차 방향전환론

'내용·형식 논쟁'은 그 출발부터 당연히 요구되는, 문학의 본질적 측면에서 다루어져야 할 내용이었음에도 불구하고 그것이 문예비평가의 태도 문제로 제기되고, 그 내면에는 의식의 선명성 문제가 잠재되어 있음을 이해할 수 있다. 이러한 사실은 특히 박영희에 의해 계속해서 선도된다. 그는 이미 앞서 팔봉의 소설건축론에 의해 작품이 창작되면 프로생활 묘사가가 될 뿐이라고 지적하였다. 이러한 지적은 기존의 작품 속에 나타나는 의식 문제를 집중적으로 논함으로써 의식의 방향전환에 기반을 둔 논의를 활발히 전개하기 시작한다. 특히 박영희는 이미 김기진과 논쟁할 때 일본의 아오노 수에기치(靑野季吉)의 외재비평론에 기대어 비판했다. 이 아오노 수에기치의 외재비평론은 한마디로 "주어진 예술작품을 하나의 사회현상으로서, 주어진 예술가를 하나의 사회적 존재로서 인식하여 그 현상과 존재의 사회적 의의를 결정하는 비평"[13]인데 문화사적 비평이라 할 수 있다. 박영희는 바로 이러한 비평방식에 의해 김기진과 당시의 창작경향을 비판하고 있다.

> 초기의 신경향파의 인생관 내지 사회관은 ×××에 있었던 것인만큼 허무적이며 절망적이며 개인적이었다. 그러나 신흥문학의 건설을 도모하는 신경향파는 반드시 새로운 경지를 전개시키기 위해서 반항기에서 투쟁기로 진전하지 않으면 안 된다. 그렇기 때문에 투쟁기에 있는 문예상의 인생관 내지 사회관은 성장적, 집단적, 사회적으로 발전되어야 할 것이다. 신경향파 문예에 나타난 주인공인 농부, 노동자, 무산자의 생활, 즉 사회적 원인, 그리고 계급적 혁명과 사회적 불안에서 출현되는 주인공의 생활이

---
13) 임규찬 편, 『일본 프로문학과 한국문학』, 연구사, 1987, pp.65~74 참조.

문학상에는 주관 강조적으로 전개되어 그 주인공은 울분과 고민 끝에 ××××폭행, 절규로써 종결을 짓고 말았다. ……프로문예의 투쟁적 성질이란 개인과 개인 사이의 복수행동이 아니고 계급 ×××으로서의 대(對)계급적 ××을 말하는 것이다.14)

계속해서 박영희는 「기성문학의 자연성과 계급문학의 필연성」(『조선일보』, 1927년 1월 2일), 「'신경향파 문학'과 '무산파'의 문학」(『조선지광』 64, 1927년 2월), 「무산예술운동의 집단적 의의」(『조선지광』 65, 1927년 3월), 「문예운동의 방향전환」(『조선지광』 66, 1927년 4월) 등의 글을 통해 방향전환론을 모색하고 있음을 볼 수 있다. 이것 역시 아오노 수에기치의 '자연생장으로부터 목적의식성으로'라는 목적의식론에 기대는 바가 크지만, 여하간 그간 신경향파 문학과는 본질적 차이를 갖는 논의들을 펼치기 시작한다. 그 중에서 「문예운동의 방향전환」은 이 시기 박영희의 논점을 가장 명확히 보여주는 것으로, 여기서 그는 경제투쟁에서 정치투쟁으로의 방향전환기의 현실에서 문학 역시 자연성장적 현실로부터 목적의식에 이르는 방향전환이 요구되며, 문학은 특히 부르조아를 비롯한 모든 반동적 의식형태와 투쟁하며 폭로함으로써 정치투쟁의 부차적 임무를 맡아야 함을 강조했다. 그러면서 그는 「문예운동의 목적의식성」(『조선지광』 69, 1927년 7월)에서 문예의 대중적 진술을 위해서 먼저 이론투쟁을 해야 하며 이 이론투쟁이 없이는 예술의 방향전환이 불가능하다고 말했다. 이러한 논리 전개에 따르면 이미 박영희의 인식 속에 같은 시기 일본의 운동계와 사상계를 풍미하고 있던 후꾸모또주의(福本主義)가 들어와 있음을 확인할 수 있다.

이러한 박영희의 주도에 의한 새로운 논의가 조직적 차원으로 확산되어 1927년 9월 카프는 방향전환을 위한 임시총회를 개최하고 문호개방과 조직확대를 주요 안건으로 하여 조직개편과 함께 논강(論綱)과 강령을 채택한다. 본부 초안으로 된 「무산계급 예술 운동에 대한 논강」(『예술운동』 1, 1927년

---

14) 박영희, 「투쟁기에 있는 문예비평가의 태도」, 『조선지광』, 1927. 2.

11월)의 골자를 정리하면 다음과 같다

1. 1927년 제1기로서 운동의 질적 방향전환이 감행된 바, 조선 프롤레타리아 예술운동도 이 전환의 실행을 기(期)한다.
2. 방향전환의 실행을 위한 객관적 조건의 규명을 위해 과감한 이론투쟁을 전개한다
3. 무산계급 예술운동의 방향전환은 부분적 투쟁으로부터 전체적 투쟁으로, 즉 조합주의 투쟁에서 정치투쟁으로 전환함을 의미한다.
4. 현재 정치단계는 ××정치에서 부르조아 민주주의 정치 획득을 전취(戰取)하는 데 있다. '조선의 민족단일당'으로 총력이 경주되고 있는 현재 조선의 민족적 정치운동이 전개되고 있다.
5. 그러므로 조선프롤레타리아예술동맹은 무산계급운동의 방향전환과 한 가지며 이 민족적 정치투쟁 시야를 전취하는 과정을 취해야 한다.
6. 따라서 조선프롤레타리아예술동맹은 작품행동에만 국한할 것이 아니라 전운동의 총기관이 지도하는 투쟁을 실행하기 위한 무기가 되지 않으면 안 된다. 이러한 의미에서 예술운동은 정치투쟁을 위한 투쟁예술의 무기로서 실행한다.

이처럼 논강의 방향전환에 기반을 둔 새로운 임무와 조직을 준비하기 시작했다. 여기서 주목되는 것은 정치투쟁이 가장 중요한 것으로 나타나는데 있다. 그것의 구체적 내용은 부르조아 민주주의 혁명이며 이 실행기관이 민족단일당, 즉 신간회로 예술운동 역시 이에 집중해야 한다는 점이다.

이러한 논강의 발표를 전후하여, 제3전선파의 등장과 함께 내부적으로 서로 다른 인식들이 파생, 논쟁화한다. 김영수의 「방향전환기에 입(立)한 문예운동」(『중외일보』, 1927년 7월 17일~20일)은 바로 이 정치투쟁의 성격, 즉 민족적 정치투쟁에 문학가 역시 동참해야 한다는 입장을 나타내고 있다. 그는 조선의 해방이 계급적 해방보다는 우선 민족적 해방에 있고, 민족적 불평요소와 계급적 불평요소의 합일이 바로 자연생장기의 극복을 가능케

한 새로운 의식이라는 견지에서 카프의 해체와 애국문학파와의 결합을 요구했다. 제3전선파의 주요 이론가의 한 사람인 이북만은 이에 대해 국민문학파와의 기계적인 야합을 주장한 것이라고 비판했다. 그는 「예술운동의 방향전환론은 과연 진정한 방향 전환론이었던가」(『예술운동』 1, 1927년 11월)에서 박영희의 이론투쟁 우선설, 그리고 앞서 지적한 김영수의 절충주의를 싸잡아 비판한다. 이른바 후꾸모또 가쯔오(福本和夫)의 방향전환론을 기반으로 하여 현단계는 과감한 이론투쟁, 조직운동, 대중적 투쟁이 병행되어야 한다고 보면서 카프는 신간회의 통제 아래 놓여야 한다는 입장이었다. 그런 점에서 앞서 정리한 논강은 박영희의 논조의 연장이긴 하지만 바로 이들 제3전선파의 입장이었다는 것을 확인할 수 있다.

제3전선파는 당시 동경에서 『제3전선』을 발간하던 조중곤, 이북만, 홍효민, 한식 등을 일컫는 것으로 이들은 나까노 시게하루(中野重治)를 중심으로 하는 일본프롤레타리아예술연맹의 입장에 선이 닿아 있었다. 그러면 이들의 입장은 정확히 어떠한 것이었는가. 조중곤은 「비(非)마르크스주의 문예론의 배격」(『중외일보』, 1927년 6월 18일~22일)에서 프롤레타리아 예술은 당의 지령에 의하여 제작해야만 정치투쟁과 보조를 같이하는 것이라 하여 현단계에서는 "××주의 달성에 대한 공리적 선전적 전투술을 쓰면 그만이며, 좌익적 정견발표문도 예술이며 포스터도 예술"이라고 단언하고 있다. 말하자면 그들은 당시 형성되어 있던 신간회에 종속되어 그 지도정신에 통제되어야 한다는 입장이었다

그런데 국내파라 할 수 있는 한설야는 '제3전선파'의 이러한 입장에 대해서 이의를 제기하고 있어서 주목된다.

우리는 계급내의 요소단체간의 부등질성(不等質性)이 장차 필연적으로 총지도기관인 당— 즉 두뇌를 요구하고 수립할 것을 안다. 전××××× 하기 위하여 가장 훈련되고 가장 단(團)응된 추상적 부분, 즉 당이 필연으로 출현할 것을 잘 안다. 그러나 현전 신간회는 과연 여사(如斯)한 결정체에까지 지양되어 있는가. 아니다. 아직은 협동적 조직통일기에 있는 매

개적 형태에 있다. 즉 청년동맹, 농민동맹, 노동동맹, 예술동맹, 기타 대중집단의 협동적 통일조직이다.

이 시기에 있어서 씨 등과 같이 예술동맹을 그 지도에 일임한다는 것은 망상적 급진적 추수주의(追隨主義)인 외에 아무것도 아니다. 지금에 있어서 신간회의 지도를 받는다는 것은 오히려 협동을 혼란케 하는 것이다.15)

그러나 신간회를 둘러싼 논쟁이 어떻게 귀결되고 거기에 대해 카프가 어떻게 대응했는가는 자세히 알 수 없다. 여하간 이러한 내부의 논쟁에도 불구하고 대부분의 논의는 아나키즘에 대한 비판과 함께 김기진, 박영희에게 비판을 가함으로써 초기 프로문단을 주도했던 그들은 일단 주도권을 상실한 것으로 보인다.

2) 제2기 작품논쟁―김기진과 조중곤의 논전

그런데 이렇게 활발히 이론투쟁이 전개되고 있을 때 그로부터 벗어나 작품비평에 치중하고 있던 김기진은 조명희의 『낙동강』을 끌어들여 제2기 작품론을 개진하였다. 말하자면 '내용・형식 논쟁' 이후 침묵하고 있던 김기진이 당시 주요한 쟁점이었던 목적의식 문제를 작품내적인 문제로 끌어들인 것이다.

첫째, 낙동강의 변모를 간접적으로 그리면서도 간단하고도 요령 있게 이해시키는 동시에 참패하는 인생의 전자태(全姿態)를 그리면서도 현재 생장하는 일 계단의 인생을 기록함으로써 절망의 인생이 아닌 열망의 인생을 그렸다는 것. 즉 1920년 이후 조선대중의 거짓 없는 인생기록이었다는 점.
둘째, 다수 독자대중의 감정조직에 성공하고 있다는 것. 말하자면 우리

---

15) 한설야, 「문예운동의 실천적 근거」, 『조선지광』 76, 1928. 2.

들의 감정이 최후에 이르러서는 어떠한 방향으로 향해야 할 것인가를 지시하고 있다는 점.

셋째, 작품의 개개 인물에 그에 상응한 성격과 풍모를 부여하여 안전(眼前)에 방불케 했다는 점.16)

이러한 세 가지 점에서 김기진은 『낙동강』은 재래의 공상적 행방불명의 빈궁소설에서 벗어난 제2기에 선편(先鞭)을 던진 작품이라 극찬했다. 이에 대해 '제3전선파'의 일원인 조중곤이 반격했다. 그는 『낙동강』이 자연생장기의 수법으로 표현에는 성공했지만 제2기 작품이라 칭할 수 없다며 제2기 작품의 기준을 다음과 같이 밝히고 있다.

1. 현단계의 정확한 인식(조선에서는 조선으로서의 특수성을 구명하고 인식할 것)
2. 마르크스주의적 목적의식
3. 작품행동
4. ××××적 사실을 내용으로 할 것
5. 표현17)

이러한 조중곤의 논의는 제2기가 요구하는 목적의식, 즉 정치투쟁적 사실을 신경향파 시기의 표현수법인 자연주의 수법이 아닌 새로운 표현으로 창작해야 하는데 표현에 아무런 대안도 가지지 않음으로써 한마디로 목적의식, 현단계의 정치투쟁적 사실만 주입하면 된다는 극단적인 논리의 뜻을 담고 있다. 그런데 당대 목적의식 논의의 절대성에 의해 김기진은 또다시 자설을 철회하고 만다. 이러한 과정만 보더라고 당시 제1차 방향전환론에서는 창작과 관련하여 의식만 논의되었지 문학의 형상화라는 특수성의 문제는 전혀 언급이 되지 않았음을 알 수 있다.

---

16) 김기진,「시감 2편」,『조선지광』, 1927. 8.
17) 조중곤,「『낙동강』과 제2기 작품」,『조선지광』, 1927. 10.

다만 제1차 방향전환론이 어느 정도 정리가 되는 1928년에 들어 제3전선파 내에서도 이러한 오류에 대한 반성이 제기되고 있다.

> 또 정치투쟁에 합류한다는 것도 그것이 맹목적이었음을 본다. 합류하는 것이 문제가 아니라 어떻게 합류되는가가 문제인 것인데, 우리들은 그 점에 대해서 하등의 규정이 없이, 인식이 없이 그저 무턱대고 방향전환을 하면 정치투쟁을 하게 되는 것인 줄로만 알았던 것이다. ……우리들이 예술품의 존재가치는 그것을 통하여 일관된 ××이 명확한가 아니한가가 문제될 것이며, 그것이 명확하면 할수록 그 작품은 위대한 힘을 가질 것이다. 그 ××이 명확하자면 무엇보다도 리얼리티를 가져야만 한다.[18]

여하간 신경향파 시기의 작품이 관념적이고 또 한편으로 자연주의에 머무르면서 현실의 폭로를 살인 방화의 형태로 처리하는 게 일반적이었다면, 이 시기의 작품은 우선 무엇보다도 정치투쟁적 사실을 내용으로 담고 있다는 데 특색이 있다. 이미 지적한 바 있는 『낙동강』은 3·1운동에 참가하고 해외로 떠돌다 사회주의의 세례를 받은 주인공이 고향에 돌아와 파벌을 통합하여 브나로드 운동과 소작쟁의를 벌이는 등 사회운동을 하다 죽자 그 애인이 이 운동을 계승한다는 줄거리를 갖고 있다. 이기영의 「민며느리」,「원보(元甫)」등도 계급적 각성을 주제로 하고 있고, 송영의 「석공조합대표」,「석탄 속의 부부들」등은 최초로 공장노동자를 다루고 있어 주목된다.

3. 제2차 방향전환과 볼셰비키화

1) 대중화 논쟁─볼셰비키화의 서곡

앞서 제1차 방향전환론의 주요쟁점이 예술의 정치투쟁의 무기화였음을

---

18) 이북만,「예술운동의 당면문제」,『중외일보』, 1928. 3. 30~4. 4.

살펴보았다. 그런데 이러한 정치투쟁의 무기화는 다른 한편 교화사업과 불가분의 관계에 있다. 이미 논강에서도 "조선프롤레타리아 예술운동은 대중에게 이 투쟁의식을 고양하고, 이것의 교화운동을 위하여 조직하며, 그리하여 우리는 무산계급 예술운동의 역사적 임무를 다할 것이다"라 하여 그 목적이 바로 대중에 대한 교화사업에 있음을 밝히고 있다. 말하자면 대중에 대한 교화를 위해 예술로써 정치투쟁을 선전 선동한다는 것이다.

그러므로 여기서 구체적 작용대상을 설정함으로써 대중화론은 필연적으로 프로문예운동에서 파생될 수밖에 없는 것이었다. 이미 제1차 방향전환기에서도 "선동의 유일 최선의 방법은 언어와 구체적 표현 — 그것도 알기 쉽게 해야 한다 — 을 빌어서 할 수밖에 없을 것"[19]이라 하여 이미 문예를 어떻게 함으로써 대중에게 가지고 가 선전 선동할 수 있겠는가 하는 대중화론의 단초를 엿볼 수 있다. 그러나 이들의 대중화론은 오로지 대중의 직접적인 아지테이션(agitation)을 위한 '진군나팔'이면 족했기 때문에 간단한 시를 읽는다든지, 알기 쉬운 포스터를 그려 붙인다든지, 간단한 연극을 한다든지 하면 된다는 입장에 불과했다. 다시 말해서 무지한 대중을 위해 가장 손쉬운 방식으로, 즉 대중이 알아들을 수 있는 초보적 표현방식으로 투쟁의식을 전달하면 된다는 것이다. 이러한 입장은 장준석의 「우리는 왜 작품을 쉽게 쓰지 않으면 안 되는가」(『조선지광』, 1928년 5월)에서도 확인된다. 여기서 장준석은 프롤레타리아 예술은 프롤레타리아 자신의 예술이라는 견지에서 현재의 당면한 임무는 '공장으로, 농촌으로', '대중 속으로'라는 슬로건으로 집약되며, 따라서 대중이 알 수 있게 쉽게 쓰지 않으면 안 된다고 말했다. 다시 말해서 과거 박영희 등의 초기 방향전환론의 오류는 목적의식을 작품 속에다 주입만 하면 된다는 데 있었는데, 문제는 대중에게 직접 가져가 선전 선동하는 운동을 어떻게 하는가라는 것이다.

이 결과 여기서는 특히 문학이 설 자리가 없게 된다. 무지한 대중은 대부분 문맹이었기 때문에 구체적으로 문학작품을 가지고 어떻게 한다는 것은

---

19) 이북만, 「사이비 변증법의 배격」, 『조선지광』, 1928. 7.

자기모순이 될 수밖에 없다. 그래서 그들은 읽고 보는 포스터, 연극, 그리고 시낭송에 집중할 수밖에 없었다. 결국 창작활동은 여기서 부차적이라기보다는 무시될 공산이 컸다. 그런데 김기진은 바로 이러한 제3전선파의 논리에 반대하면서 작품중심의 문제로 되돌려 놓는다. 말하자면 작품을 중시하는 김기진이 세 번째로 도전한 셈이다. 이미 「감상을 그대로 — 약간의 문제에 대하여」(『동아일보』, 1927년 12월)에서 "우리가 파악할 수 있는 한(限)의 대중은 어떠한 대중일 것인가"라고 묻고, 그것은 문학과 서적으로부터 선이 먼 절대다수의 농민이 아니라 농민급 노동자 출신의 급진분자와 청년 학생, 실업자군이라고 말한다. 이것은 문예작품을 읽을 수 있는 독자대중을 염두에 두고, 이들을 대상으로 한 작품대중화를 추구하는 것으로 나아간다. 「통속소설소고」(『조선일보』, 1928년 11월 9일~20일), 「대중소설론」(『동아일보』, 1929년 4월 14일~30일) 등이 그것이다. 「통속소설 소고」에서 김기진은 프로소설의 통속화를 제기하는 이유로 첫째, 작품에 대한 불철저한 인식으로 작품제작을 곤란케 했다는 점 둘째, 그 결과 독자대중을 부르조아적, 쁘띠부르조아적 문예의 감염으로부터 격리시킬 초보적 사업을 무의미시했다는 점 셋째, 독자대중을 획득하기 위한 작품제작상의 방법을 제시하지 않고 이를 현상추수라 비판한다는 점 등을 들고 있다. 이렇게 보면 김기진의 논의는 제3전선파의 논리와 정면으로 배치되는 양상을 보이고 있다.

김기진은 이 글에서 앞서 지적한 오류들이 작품 속에서도 그대로 나타나 작중사건의 전개보다도 또는 작중인물보다도 먼저 작가 자신이 앞장서서 팔을 걷어붙이고 연설을 하려 덤비기 때문에 "작품은 작중에서 보려고 하던 인물과 그의 행동과 사건을 뒤로 물리치고 작가의 연설에 귀를 기울여야만 하게 되는 까닭으로 가져오던 흥미를 잃어버리"게 된다고 했다. 그래서 프로소설의 통속화는 독자대중의 확보를 위해서 필연적이라는 것이다. 더구나 현재의 극도로 곤란한 정세하에서 작품까지 질식당하는 마당에 프로소설의 통속화로의 '이보퇴각'이 더욱 절실하다고 주장했다.

그러므로 제1차 방향전환 이후 핵심적인 논의로 부각된 예술대중화의 필요성을 구체화시키지 못하고, 또 강한 정치편향성으로 인해 창작의 질식현상을 보이던 당시 카프의 상황에 비추어 보면 실로 날카로운 자기비판이라 할 수 있다. 또한 작품의 일반적 원칙을 문제삼는 것이 아니라 구체적으로 대중과의 관련 속에서 이것을 논했다는 점에서 중요한 의의를 갖는다. 그러나 문제는 그것으로 끝나는 것이 아니라 그 구체적 방법에서 나타나는 통속화 경향이다.

김기진은「통속소설 소고」에서 프로소설과 통속소설로 이분화하였다. 그런데 바로 뒤에 쓴「대중소설론」에서 통속소설과는 또 다른 대중소설을 제기했다. 물론 최종적으로는 본격 프로소설과 프로 대중소설로 정리되지만, 이렇게 원칙에서 벗어난 구분방식은 앞서 지적한 독자대중을 고려했기 때문이었다. 즉 통속소설은 신문 연재소설을 기준으로 하여 부인, 소학생, 봉건적 이데올로기를 가진 노인, 청년을 대상으로 한 것이고, 대중소설은 당대 프로문학운동이 주요 대상으로 하는 노동자 농민, 그 중에서도 이야기책을 읽고 있는 노동자 농민을 그 대상으로 한 것이었다. 말하자면 현재 접하고 있는 문학작품을 기준으로 하여 대중화를 의도한 것이었다. 그리고 더 나아가 김기진은 이렇게 현재 그들에게 읽히고 있는 작품양식을 기준으로 하여 그에 입각한 대중소설을 창작하자는 것이었다.

> 대중소설이란 단순히 대중의 향락적 요구를 일시적으로 만족시키기 위한 것이 결코 아니요, 그들이 향락적 요구에 응하면서도 그들을 모든 마취제로부터 구출하고 그들이 세계사의 현단계에서 주인공의 임무를 다하도록 끌어올리고 결정케 하는 작용을 하는 소설이다.[20]

말하자면 대중이 현재 작품을 읽게 되는 요인인 흥미 문제에 각별히 관심을 기울여 그들이 접하고 있는 형식과 같은 대중적인 문예형식으로 만들어서 대중이 읽도록 하자는 의도다. 그래서 그는 지금 대중에게 가장 많이 읽히는 것을 이야기책으로 파악하고, 이야기책이 흥미를 끄는 요인(표지에서

---

20) 김기진,「대중소설론」,『동아일보』, 1929. 4. 14~30.

오는 호기심, 큰 활자, 저렴한 가격, 문장의 평이, 박명애화(薄命哀話)와 호색한 이야기 등 소설 자체의 구조)을 분석한 다음, 프로 대중소설도 대중에게 읽히기 위해서는 '흥미 문제'에 각별한 관심을 기울여야 한다고 강조한다. 그래서 그 구체적 예로 그는 무엇을 써야 할 것인가, 어떻게 써야 할 것인가에 대해서 다음과 같은 항목으로 예시하고 있다.

① 제재를 노동자나 농민들의 일상견문내에서 취할 것.
② 물질생활의 불공평과 제도의 불합리로 말미암아 생기는 비극을 주요소로 하고서 원인을 명백히 할 것.
③ 미신과 노예적 정신, 숙명론적 사상을 가진 까닭으로 현실에서 참패하는 비극을 보이는 동시에 새로운 희망과 용기에 빛나는 씩씩한 인생의 자태를 보일 것.
④ 신구 도덕관의 충돌로 일어나는 가정적 풍파는 좋은 제목이며, 반드시 신사상의 승리로 만들 것.
⑤ 빈부의 갈등으로 말미암아 일어나는 사회적 조건도 좋은 제목이며, 정의로써 최후의 문제를 해결할 것.
⑥ 남녀간의 연애관계는 좋은 제목이나, 정사장면은 피하고 딴 사건보다 많이 취급할 것.

(1) 무엇을 써야 할 것인가

① 평이한 문장 ② 간결한 문장 ③ 운문적 문장 ④ 화려한 문장 ⑤ 묘사와 사건은 간결히 할 것 ⑥ 성격묘사보다는 인물이 처한 경우를 집중적으로 묘사할 것 ⑦ 심리묘사보다는 사건의 기복을 주로 할 것 ⑧ 전체의 구상과 표현수법은 직관적, 현실적, 실재적, 구체적인 변증법적 사실주의의 태도를 취할 것.

(2) 어떻게 써야 할 것인가[21]

이와 같은 것들이 대중소설을 주요 대상으로 한 것이라면, 그와 구분된 본격 프로소설을 대상으로 하여 쎄여진 것이 「변증적 사실주의」(『동아일보』, 1929년 2월 25일~3월 7일)다. 그는 먼저 지금까지 카프의 성과를 해결된 문제와 지금 문제되는 것으로 크게 나누어 당시의 정황을 살피고 있다. 해결된 문제는 우리들의 문학은 전대중을 부르조아적 봉건성 또는 쁘띠부르조아적 이데올로기로부터 격리케 하고, 그들의 불평불만을 집어내고, 나아가서는 덩어리가 되어서 일을 하기에까지 그들을 끌어올리는 연장이 되지 않으면 안 된다. 우리들의 문학은 사람이 알아보도록 쉽게 만들어야 하며 더구나 작금 1년 이래로 극도로 재미없는 정세에서 우리들의 '연장으로서의 문학'은 그 정도를 수그려야 한다 등을 들고 있고, 지금 문제되는 것은 극도로 재미없는 정세는 어디로부터 오고, 이때 우리 덩어리가 할 일은 어떻게 확대해야 하며, 우리의 문학을 어떻게 만들어야 할 것인가이다.

이러한 분석이 앞서 우리가 다루었던 대중소설을 제기한 이유와 크게 차이가 없음을 확인할 수 있다. 이후 논쟁의 전개에서 특히 문제가 되는 것은 해결된 문제 중 여섯 번째 항목인 연장으로서의 문학은 그 정도를 수그려야 한다는 대목이다. 이에 대해서는 임화의 반론을 살펴보면서 언급하기로 하고, 여기서도 김기진은 여전히 '문학은 어떻게 만들어야 하는가'라는 양식문제에 중점을 두고 있다. 그가 제목을 '변증적 사실주의'라고 하면서도 그 부제로 '양식문제에 대한 소고'라 부기한 것도 이러한 이유 때문이다. 말하자면 내용문제를 지적하면서도 그와 구분된 채 형식문제가 논의되었던 '내용・형식 논쟁기'의 그의 자세가 여태까지 견지되고 있다는 증거이기도 한다.

이러한 일련의 김기진의 대중화론이 제기되자 그에 대한 비판이 다시 동경에서 날아들기 시작했다. 그 비판자가 바로 이후 제2차 방향전환을 주도

---

21) 앞의 글.

하며 볼셰비키화의 기치를 들었던 임화였다. 임화가 김기진의 일련의 대중화론에서 보이는 경향을 한마디로 탁류라 칭하며 쓴 글이 「탁류에 항(抗)하여」(『조선지광』, 1929년 8월)이다. 임화는 앞서 간단히 언급한 "극도로 재미없는 정세에서 연장으로서의 문학은 그 정도를 수그려야 한다"라는 대목을 문제삼아 다음과 같이 맹공을 가한다.

> 아무러한 더 재미없는 정세에서라도 현실을 솔직하게 파악하여 엄숙하고 정연하게 대오(隊伍)를 사수하는 것이 정당히 부여된 역사적 사명인 것이다. [……]
> 모든 것은 역격을 역격으로 하는 ×세 그것에서만 가능한 것이다.
> 그러므로 동지 팔봉의 일언은 '……'의 원칙의 왜곡이란 결정적 치명적 오류를 범한 것이다.
> 우리는 이러한 국면에서 이러한 자기 진영내의 우경적 경향과 사력을 다하여 싸워야 할 것이다.

이러한 임화의 반론에 대해 김기진은 역시 물러서지 않고 임화를 역으로 문학의 특수성을 망각한 공식주의자라고 공격한다.22)

말하자면 김기진의 문학운동에 대한 특수성의 이해는 바로 여타 운동과 달리 문학작품, 즉 창작실천을 통한 것이라는 데 있다는 인식이다. 그래서 임화는 다시 「김기진군에게 답함」이라는 글에서 김기진의 이러한 입장을 문제삼고 '춘향전 문학자', '예술지상주의자'라 공격하게 된다. 그러면서 그는 당대에 요구되는 문학운동은 『동아일보』나 『중외일보』로 예술운동을 하는 타협, 즉 "김군이 춘향전식으로 이 난국을 지내 가며 호기도래(好機到來)를 꿈꾸는 대신 우리는 군이 한 번 듣기만 해도 기절을 할 ××××해결한다"23)고 하여 비합법투쟁까지도 불사하겠다는 방침을 가지고 있음을 확인할 수 있다.

---

22) 김기진, 「예술운동에 대하여」, 『동아일보』, 1929. 9. 21.
23) 임화, 「김기진군에게 답함」, 『조선지광』, 1929. 11.

김기진은 이에 대해 앞서의 반론의 자세에서 물러나 연장으로서의 문학의 정도를 수그리자는 것은 단지 표현의 정도를 완화하자는 것이었다고 자기변명 비슷한 논조로 후퇴하고 만다.24) 이러한 김기진의 자세는 '내용·형식 논쟁'에서 박영희의 공격에 자설철회하면서 제1차 방향전환을 맞이하듯 다시 볼셰비키화의 구호를 맞이하여 패배자로 또다시 물러서고 만다. 그리고 대중화 문제는 이후 새로운 군단인 '무산자(無産者)' 그룹에 의한 볼셰비키화 대중화의 근본적인 변화를 겪게 된다.

2) 볼셰비키화와 조직개편

1930년대에 들어서면서 프로문단에는 임화를 제외한 새로운 이름들이 등장한다. '볼셰비키화'란 새로운 구호를 다같이 앞세우고, 기존 논자들을 과감하게 비판하며 다시 방향전환할 것을 맹렬히 요구하는 것이다. 이들이 이른바 동경 '무산자' 그룹이다. 이들 '무산자' 그룹 구성원은 임화를 필두로 안막, 권환, 김남천 등이다. '무산자'란 과거 제1차 방향전환을 주도한 '제3전선파'의 새로운 소장파라 할 수 있는데, 당시 일본 프로문단의 강한 영향을 받으면서 활발한 이론활동을 개시한다.

그들의 논의는 이렇게 일본의 논의를 여과없이 모방한 듯하지만, 그 내부를 살펴보면 당시 고경흠(高景欽) 등의 조선공산당 재건운동과 긴밀한 관련을 가지고 있다. 또한 그들은 기존의 국내 프로문단을 비판한 주요 논거로써 당대 전개되고 있는 노동대중의 진전과 보조를 맞추지 못했다는 점을 들고 있다.

> 우리 노동대중의 의식이 놀랄 만큼 진전되어 간다는 것은 최근 몇 개월 동안 각지의 농촌, 공장에서 끊임없이 일어나는 맹파(盟罷)사건과 소작쟁의를 보아도 알 것이다. 그것은 그들의 모두가 의식적으로인지 자연발생

---

24) 김기진, 「예술운동의 1년간」, 『조선지광』, 1930. 1.

적으로인지는 물을 것도 없이 어쨌든 우리는 그들이 얼마나 자기들 처지를 자각하여 가며, ×××이 풍부하며, 또 그들의 힘이 얼마나 일취월장으로 강대화하는가를 알 것이다.
> 그러나 그들의 예술을 제작하려는 우리 예술운동은 그것의 주인인 그들 자체의 진전과 같은 보조로 진전하지 못하고 도리어 퇴축(退縮)의 빛을 보이는 것은 어떠한 때문이냐.25)

이러한 문제의식 하에서 이들 '무산자파'는 그 극복방안과 당면방침으로 '볼셰비키화'를 제기한다. 그러면 볼셰비키화란 무엇을 말하는가.

> 그것은 국제 프롤레타리아트의 세계적 단일한 유기적 메카니즘 가운데에 자기를 결부시키고, 명확한 계급적 기초에 선 조선 프롤레타리아트의 조직적 기구 가운데에 우리들의 예술이 자기의 프롤레타리아트적인 진실히 계급적인 기초를 가지려는 것을 말합니다.26)

이러한 볼셰비키화의 이해는 사실 1927년의 방향전환을 후꾸모또주의에 의한 관념적 방향전환론이라고 규정했는데, 그것은 노동자 농민의 실제 생활을 묘출(描出)하지 않고 관념적이어서 프롤레타리아트를 실제에서 유리시키며, 작가 자신의 관념적 주관으로 해결지어 버리고 말았다고 비판하는 것과 관련이 있다. 그래서 "전위 — 노동자 농민의 아지(agitation)프로 — 조직을 위하여 사회의 생산발전에 적응시킨 경제적 세계관에서 출발한 현실을 현실대로 묘출하는 객관적 실제주의인 프롤레타리아 리얼리즘으로 비약"27) 해야만 한다는 것이다.

이러한 볼셰비키화의 방침이 근본적인 의미를 갖게 됨으로써 기존의 대중화, 프롤레타리아 리얼리즘, 예술비평 문제 등도 이 새로운 각도에서 해

---

25) 권환, 「평범하고도 긴급한 문제」, 『중외일보』, 1930. 4. 10.
26) 안막, 「조선 프로예술가의 당면의 긴급한 문제」, 『중외일보』, 1930. 8. 16.
27) 민병휘, 「조선 프로 예술운동의 과거와 현재」, 『대조』, 제5호, 1930. 5.

결되어야 한다고 하여 조직문제와 작품문제가 함께 논의되고 있다. 조직문제에 대한 논의에서는 임화의「조선 프로 예술운동의 당면한 중심적 임무」가 가장 대표적인 글로 간주되는데, 아직까지 자료가 발견되지 않은 상태다. 다만, 안막의「조선 프롤레타리아 예술운동 약사(略史)〉(『사상월보』, 1932년 1월』에서 그 개요가 예시되고 있는데 그 내용은 다음과 같다.

3) 임화 논문의 내용

임화는 이 논문에서 최근의 국제적・국내적 정세를 분석하고 나서 그 정세하에서 예술운동의 중심적 임무를 "노동자 농민에 대한 당의 사상적・정치적 영향을 확보 확대하고, 당의 슬로건을 대중화하기 위한 광범위한 아지프로사업이다. 즉 조선 프로 예술운동은 볼셰비키화하지 않으면 안 된다. 예술운동 볼셰비키화 — 이것이 당면의 임무다. 예술운동 볼셰비키화를 위한 전제로서 제출된 구체적 임무로는 첫째, 예술동맹을 재조직할 것, 즉 예술운동의 각 부문인 문학, 연극, 영화, 음악, 미술 등에 확대된 전문적・기술적 전국동맹을 형성해야 한다. 그러나 일시적으로는 불가능하므로 전국동맹 재조직위원회를 설치할 것. 둘째, 기관지를 확보할 것. 셋째, 카프 중앙부내에 일화견주의(日和見主義)를 극복하는 것에 의해 카프를 계급적으로는 볼셰비키적으로 할 것. 넷째, 노동자 농민의 조직과 유기적인 관계를 가질 것."이라고 하면서 예술운동 볼셰비키화란 용어를 가지고 카프의 중심적 임무에 관한 이론을 발표하였다.

여기서 볼 수 있듯이 임화는 기본적으로 조직의 볼셰비키화를 주장하고 있으며, 그 조직을 예술운동 전부문으로 확대된 전문적 기술적 전국동맹을 형성할 것을 제안하고 있다. 권환은 특히 이러한 조직원칙에 찬동하면서 그 구성인원에 대한 일정한 입장을 더 강조하고 있다. 즉 그는 카프가 기본적으로 기술단체임은 분명하지만 다른 한편 투쟁단체이므로, 지금에 와서 창작적 기술이 비록 조출(粗出)하더라도 타협성 적고 희생심 많은 직업적 운동가 소질을 가진 예술운동가에게 중임을 담당시켜야 한다는 입장에서, 투쟁역량 본위로 조직해야 한다고 주장한다. 결국 권환은 지금까지 운동이 활발하지 못했던 것은 직업적 운동가가 적은 데 기인한 바 크다고 분석하면서 조직원의 선택에서 직업적 운동가의 소질 다부(多否)를 표준으로 해야 한다고 강조한다.[28]

그런데 사실 이러한 논의가 전개되는 가운데 조직개편이 이루어지고 있었다. 1929년 무렵부터 문학부문말고도 연극·영화운동이 자연발생적으로 전개되면서 카프 이론가들 사이에서도 문학영역에서 벗어나 예술영역 전반으로 확대할 필요성이 제기되고 있었다. 박영희, 윤기정 등에 의해 단편적으로 제기되었고, 1929년 6월 김두용이 「어떻게 싸울 것인가」(『무산자』)라는 논문에서 예술운동의 범위와 문학부문에 국한된 것을 전예술부문으로 확대하는 데 대하여 구체적 견해를 표명하였고, 권환이 1930년 1월 「예술운동의 과거, 현재 및 미래」라는 논문에서 다시 논했으며, 그 해 3월에 윤기정이 논하면서 카프 지도부가 이에 찬동, 1930년 4월중 조선지광사에서 카프 중앙위원회를 열어 조직을 개편했다. 그 조직개편을 보면 다음과 같다.[29]

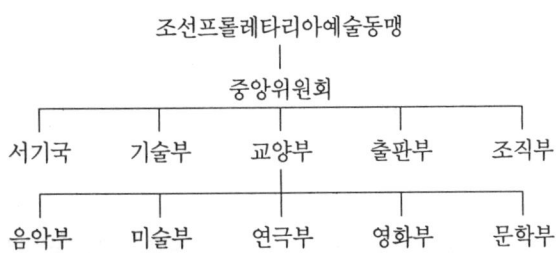

그런 점에서 임화의 이 논의는 이 조직을 다시 개편, 기능별 전국동맹으로 전환하자는 논의였다.

반면 작품면에서 볼셰비키화를 논한 안막은 기본적으로 "'노동자 농민의

---

28) 권환, 「조선 예술운동의 당면한 구체적 과정」, 『중외일보』, 1930. 9. 2.
29) 안막, 「조선 프롤레타리아 예술운동 약사」(일어), 『사상월보』, 1932. 1.

생활을 그려라', '전위의 눈을 가지고', '예술의 역할은 노동자 농민에 대한 당의 사상적·정치적 영향의 확대 확보에 있다. 노동자 농민에게 ××주의를 선전하고 당의 슬로건을 대중의 슬로건으로 하기 위한 광범한 아지 프로에 있다.'"라고 과거에 프롤레타리아 예술가의 임무를 규정하면서, 그러나 그들의 예술은 막연한 의미의 사회민주주의 예술이었다고 비판했다.30) 여기서 사회민주주의 예술이라는 것은 김기진의 대중화론과 깊은 관련을 갖고 있는 듯하다. 왜냐하면 이 시기 '무산자파'는 하나같이 김기진의 대중화론에 대해서 집중적인 공격을 퍼붓고 있었기 때문이다. 더구나 과거 '내용·형식 논쟁'에서 보여준 불철저성, 그 결과 형식주의로의 이탈을 비판한 안막은「프롤레타리아 형식문제」를 논하고, 또한「변증적 사실주의」에서 논해지는 사실주의를 '프롤레타리아 리얼리즘'으로 명확히 정리 비판하고 있다.

그는 "××적 프롤레타리아트가 대중××의 선두에 서서 ×의 확대 강화를 중심적 과제로 삼고 있는 현재 조선에 있어서 프롤레타리아 예술가들은 자기 자신을 항상 이 정치적 현실에 결부시키고 그 전 아지 프로역량을 이 볼셰비키적 × 확대의 선(線)에 집중시켜야 할 것"31)이라고 그 임무를 규정하고 있다. 바로 현실의 모든 임무는 볼셰비키적 당 확대, 즉 조선공산당 재건에 집중해야 한다는 뜻이다.

그런데 안막은 정치적 슬로건을 기계적으로 예술작품에 도입하는 것은 아니라고 말한다. 그렇다면 어떻게 한다는 말인가.

> 1927년에는 우리들은 목적의식을 제창하여 방향전환을 부르짖었으며, 일견 그것은 어느 정도까지 해결된 것처럼 보였다. 그러나 그것은 다만 정치적으로 목적의식이었고 예술작품 가운데에 구체화된 목적의식은 되지 못하였던 것이다. 그것은 다만 예술 가운데에 정치를 기계적으로 도입한 것이고 예술과의 특수적인 결부를 이해하지 못한 것이었다. 우리는 '예술

---

30) 안막,「조선 프로예술가의 당면의 긴급한 임무」,『중외일보』, 1930. 8. 17.
31) 앞의 글.

운동의 볼셰비키화'를 제창하여 새로운 방향전환에 당면하고 있는 이때에 있어서 과거의 그러한 오류를 다시 한 번 생각할 필요를 갖는 것이다.

우리는 정치적 슬로건을 그대로 예술적 상(上)슬로건으로 하는 것이 아니라, 그 슬로건 가운데 요약된 계급적 필요를 예술의 형태를 빌어 구상화하는 것이다.[32]

다시 말하면 전위의 관점, 마르크스주의 관점에 서서 가장 정확히 객관적으로 현실을 파악하는 프롤레타리아 리얼리즘을 유일한 방법으로 한다는 것이다. 그리고 이것이 마르크스 주의 예술을 확립시킬 수 있다는 주장이다. 바로 이러한 각도에서 김기진의 대중화에 대한 비판과 그 대안으로 볼셰비키적 대중화를 천명하고 있다. 먼저 안막은 김기진의 대중화론이 대중의 의식수준을 추수(追隨)한 일화견주의적 혹은 자유주의적인 이데올로기의 소산이라고 비판한다. 다시 말해 '노동대중'이라는 막연한 일구로 시종한 사회민주주의 예술의 대중화였다는 것이다. 그러므로 지금 요청되는 대중화는 혁명적 프롤레타리아 이데올로기를 내용으로 하는 것이고, 그 대상도 프롤레타리아트 조직의 선에 따라 주요 산업의 대공장 노동자, 농민이라는 것이다. 바로 혁명적 프롤레타리아트의 이데올로기를 주요 산업의 대공장 노동자, 빈농 사이에 광범하게 침투시키는 것이 바로 당면한 볼셰비키적 대중화의 요체였다.

이렇게 작품면에서 요구되는 볼셰비키화의 요청은 다시 권환의 「조선 예술운동의 당면한 구체적 과정」(『중외일보』, 1930년 9월 2일~16일)에서 보다 구체적으로 논의된다. 여기서 권환은 혁명적 프롤레타리아 이데올로기를 내용으로 하면서 그 구체적인 제재를 다음과 같이 열거하고 있다.

1. 전위의 활동을 이해하게 하여 그것에 주목을 환기시키는 작품
2. 사회민주주의, 민족주의 정치운동의 본질을 폭로하는 것

---

[32] 앞의 글.

3. 대공장의 스트라이크 제너럴 ×××
4. 소작쟁의
5. 공장・농촌내 조합의 조직, 어용조합의 반대, 쇄신동맹의 조직
6. 노동자와 농민의 관계를 이해케 하는 작품
7. 제국주의의 조선에 대한 ××××(예(例)를 들자면 민족적 ××, ××× 확장, ××× ××조합 등의 역할……) 폭로시키며 그것을 마르크스주의적으로 비판하여 프롤레타리아트의 투쟁을 결부한 작품
8. 조선 토착 부르조아와 그들의 주구(走狗)가 제국주의자와 야합하여 부끄럼 없이 자행하는 적대적 행동, 반동적 행동을 폭로하며, 또 그것을 마르크스주의적으로 비판하여 프롤레타리아트의 투쟁을 결부한 작품
9. 반파쇼 반제 반전쟁의 투쟁을 내용으로 하는 것
10. 조선 프롤레타리아트와 일본 프롤레타리아트의 연대적 관계를 명확하게 하는 작품, 프롤레타리아트의 국제적 연대심을 환기하는 작품[33]

이러한 제재를 당시 '무산자파'는 조선 프롤레타리아트의 혁명적 과제라 칭했다. 그리고 권한은 형식에 대해서도 언급하고 있는데 "내용은 일정한 형식을 요구한다"라는 투나챠르스키의 말로 그 규정을 대신하고, 내용이 혁명적 선동적이므로 형식은 직접적이고 그 대상이 노동자 농민이므로 간결 평이해야 한다고 말한다. 결국 권환은 대중화란 형식에만 해당하는 말이라고 단정한다.

다음으로 권환은 '우리가 어떻게 노농대중 속으로 개입할까'를 제기하는데, 여기서 그는 지금까지의 운동이 수백만 노농대중을 위해 하는 것임에도 불구하고 그들을 등뒤에 두고 예술운동가끼리만 하는 것이라고 비판했다. 그러면서 그는 간행물 문제를 그 중심사항으로 지적하고, 전체적 사업으로 카프 예술가를 주체적 대상으로 하는 이론적 지도적 잡지의 정기적 간행형식의 기관지 외에 계급적 아지 프로의 정기간행물 혹은 단행본 발간을 주장

---

33) 권환, 「조선 예술운동의 당면한 구체적 과정」, 『중외일보』, 1930. 9. 4.

하고 있다.34)

4) 볼셰비키화 제창 이후의 전개양상

(1) 조직 및 출판활동

지금까지 동경의 소장파 중심의 '무산자파'가 제기한 볼셰비키화의 여러 측면을 살펴보았다. 그러면 소장파의 이러한 문제 제기는 구체적으로 어떻게 전개되었는가. 여기에 대해서는 구체적 기록이 드문 편이다. 다만 이후 제1차 카프 검거사건에 휘말려 다수가 검거된다. 바로 이 검거사건에 연루되어 구속된 안막이 쓴 「조선 프롤레타리아 예술운동 약사」도 검사에게 진술한 문건이었다. 그리고 이 문건이 1930년 초반 조직활동에 대한 개괄로서 유일한 자료가 아닐까 생각한다. 여기서는 이 자료를 중심으로 하여 살펴본다.

먼저 조직개편에 대해서는 계획만 수립되었지 구체적으로 실천되지는 못했음을 짐작할 수 있다. 다시 말해서 1930년 4월 개편에서 이루어진 기술부의 각부를 각 동맹으로 하고 각 동맹에서 2명씩의 대표가 나와 협의회를 만드는 것으로 계획이 세워졌지만 조직 재편을 꺼려한 일본 총독부에 의해 강령의 불온함을 이유로 중앙위원회의 개최가 무산되었다.

그외의 활동을 보면, 출판활동 역시 기관지 『예술운동』이 폐간되고 나서 별다른 출판물을 가지고 있지 못하다가 1930년 10월 양창준이 대중잡지 『군기(群旗)』를 발행하자 카프 중앙부가 거기에 관계함으로써 기관지의 성격을 갖게 됐으나, 1931년 1월 소위 '반카프사건'이 일어남으로써 카프와는 무관하게 되었다. 그 뒤 다시 기관지로 『전선』, 『집단』 등을 발행하려 했지만 원고 압수, 검열 등으로 인해 발행하지 못했다.

(2) 창작계 현황

이렇게 보면 실제로 당시 카프 활동은 거의 없었던 것 같다. 다만 창작계

---

34) 앞의 글.

에서는 전과는 다른 새로운 경향이 나타났다. 이 시기에 가장 두드러진 작가로는 송영, 이기영, 윤기정, 김남천, 한설야, 권환, 엄흥섭, 조중곤 등을 들 수 있다. 당시 관심을 끌었던 소설작품을 보면 「교대시간」·「백색여왕」·「오수향(吳水香)」(송영), 「종이뜨는 사람」·「홍수」·「소작농」·「선구자」(이기영), 「조정안」·「공장신문」(김남천), 「진재전」(한설야), 「석탄연통」(윤기정), 「목화와 콩」(권환), 「너에게 보내는 편지」·「소작촌」(조중곤), 「출범전후」·「흘러간 마을」·「꿈과 현실」·「파산」(엄흥섭) 등이 있다. 이들 작품은 그 이전과는 달리 노동자 농민의 생활을 변화하는 기술을 가지고 묘사하려 했고, 파업·소작쟁의 등 큰 스케일을 다루기 시작하는 등 내용·형식면에서 진일보한 것이라고 평가받았다. 그리고 동반작가였던 유진오, 이효석 등이 카프 작가를 능가하는 작품을 썼다는 평가도 받았다.

반면 시 부분에서는 오히려 그 이전 시기보다 떨어졌다는 평가가 대부분이었다. 임화, 권환, 박세영, 김창술, 손풍산, 안막 등이 겨우 한두 편을 발표한 형편이었다.

4. 카프의 해체와 창작방법 논쟁

1) 1932년의 활동과 창작방법론 논의

카프 제1차 검거사건 등 일련의 탄압공세를 받은 카프는 1932년에 들어서면서 조직활동이 둔화된 반면 창작에 중점을 두면서, 논단에서도 이른바 창작방법이라 일컬어지는 작품비평과 리얼리즘 논의에 집중한다. 그런데 이 시기 들어 주요 쟁점은 바로 볼셰비키화 창작방법론이 창작을 질식시킨다는 지적이었다. 물론 임화 등은 이것이 기본적으로 볼셰비키화 창작방법론이 잘못되어서 그렇다기보다는 기계적으로 받아들이면서 파생된 문제라고 말하지만, 다른 논자에 의해서 변증법적 창작방법론이 그 대안으로 제시되며 논란의 중심이 된다.

창작계 전반에 대한 문제 제기는 신유인(본명 신응식)의 「문학창작의 고정화에 항(抗)하여」(『조선중앙일보』, 1931년 12월 1일~8일)에서 비롯된다. 신유인은 무엇보다도 현재의 문학적 실천은 "완전히 개념화하고, 예속화하고, 고정화하고, 그리고 발전의 질곡이 되고, 현실과의 심대한 이반(離反)에 의하여 '표면의 공허한 포말'로서 떠 있다"고 비판했다. 다시 말해서 동일한 유형으로 고정화되고 현실을 호도하는 공식적 비속적 기계론과 형이상학적 왜곡된 주관이 지배하고 있다는 것이다. 그러면서 그는 예술의 볼셰비키화와 모순되는 것은 아니지만 새로운 슬로건인 '유물변증법적 예술의 건설에!'에 의한 관념적·이론적이 아닌 구체적·실천적이 되어야 한다고 새로이 유물변증법적 창작방법을 제창했다. 그러면서 그는 이에 대해 파제에프의 견해에 기초하여 다음과 같이 규정했다.

> 산 대중의 생활의 형상 가운데 나타난 사상 고양에 의하여, 일체의 모든 그 복잡성 다양성에 있어서의 현상의 광범한 유물변증법적 파악에 의하여 유물변증법적 예술문학의 건설의 단계를 측정하지 않으면 안 된다.

신유인은 여기서 권환의 시와 한설야의 소설을 예로 들어 이들의 작품이 단조로운 유형을 보이고 있다고 분석했다. 즉 정치적 초보 지식 혹은 이데올로기에 의한 작품의 고정화를 보여주고 있다고 지적했다. 그리고 더 나아가 볼셰비키화 제창 단계에서 높이 평가된 송영의 작품, 그리고 김남천의 「조정안」·「공장신문」에도 동일하게 적용할 수 있다고 비판했다. 결국 이러한 작품의 고정화는 모든 현상을 산 현실에서, 그리고 현실을 모든 복잡성 다양성에서 광범히 유물변증법적으로, 그리하여 진실로 변증법적 유물론에 입각한 예술을 건설해야 한다고 강조했다.

반면 임화는 볼셰비키화의 다른 어떤 측면보다도 그 통제와 방침과 규율이 우리 작가들이 작품생산의 조직화에 구체적으로 반영되었다고 보고, 다만 이 전향을 급격히 추구함으로써 작가들에 대한 과중한 통제가 나타나고 자유스러운 창의성과 구체적 생활을 경시하는 내용의 무절조(無節操)한 정치주의라는 기계적 고정화의 현상이 나타났다고 보았다. 그리고 신유인과는 달리 권환의 「목화와 콩」은 제재나 소박 간결한 형식에서 농민문학의 새로운 방향을 제시했다고 높이 평가했으며, 특히 김남천의 「공장신문」은 1931년 조선문학의 최고점이라 극찬했다.35) 이러한 김남천의 등장이 당시 많은 논자들에 의해 지적되었는데, 이갑기는 '혜성적 출현'이라고 까지 했다.36)

그런데 1932년에 들어서서 임화는 「당면정세의 특질과 예술운동의 일반적 방향」(『조선일보』, 1932년 1월 1일~2월 10일), 「1932년을 당하여 조선문학운동의 신단계」(『조선중앙일보』, 1932년 1월 1일~28일) 등에서 세계정세가 급변하고 있다고 분석한 후 카프도 이 신단계에 조응하여 전환해야 한다고 주장했다. 즉 공황이 나타나 제국주의의 일반적 위기인 제3기에 처해 있다고 분석했다. 그러면서 그 역시 신유인과 마찬가지로 진정한 변증법적 방법을 가지고 서로 교차하는 복잡성과 다양성 속에서 움직이는 발전과정을 관찰해야 한다고 하여 유물변증법적 창작방법을 주장했다. 그러면서 과거 농민은 농조(農組)로, 노동자는 노동조합으로라는 등등의 나열된 제재로 취급한 것에 대해, 그것은 근본적으로는 정당했음에도 불구하고 광범한 계급생활의 내용이 그 다양성 속에서 교차되고 상호 투영되며 발전하고 추이되는 현실의 대하(大河)를 변증법적으로 이해하는 대신 좌익적 관념을 가지고 전향을 수행한 것이라고 비판했다.

송영 역시 「1932년의 창작의 실천방법」(『조선중앙일보』, 1932년 1월 3일~16일)에서 기본적으로 볼셰비키화 방침을 충분히 소화하지 못했다고 비판하면서, 이에 대한 극복으로 유물변증법적 예술방법을 들고 있다. 그는 그 구체적 방법으로 구상은 유물적 기초 위에서, 그리고 그 사실을 전체적으로 파악하여 발전으로 볼 것을 제시하고 있다.

그러나 당시 논의에서 보면 유물변증법적 예술방법을 프롤레타리아 리얼

---

35) 임화, 「1931년간의 카프 예술운동의 정황」, 『조선중앙일보』, 1931. 12. 11.
36) 이갑기, 「프롤레타리아 예술운동 금작(今昨)의 회고와 전망」, 『시대공론』, 제2호, 1932. 1.

리즘 혹은 변증법적 사실주의의 발전으로 받아들였다. 그러한 한 예로 한설야의 「변증법적 사실주의의 길로」(『조선중앙일보』, 1932년 1월 18일~19일)를 들 수 있다. 즉 변증법적 역사관, 사회관, 현실관, 예술관으로 파악함으로써 개개의 현실동향을 정당히 인식 취급할 수 있다, 라고 하여 유물변증법적 예술방법을 변증법적 사실주의로 이해하고 있다. 그러한 이해를 바탕으로 해서 과거 창작경향을 창작상의 고정화, 그리고 특정 제재에만 집중했다고 분석하고 이에 대한 대안을 다음과 같이 제시한다.

> ……특정적 취재뿐만 아니라 그 일상생활과 일상동태와 일상××의 어느 부분이든지 착래(捉來)하여 거기서 프롤레타리아트의 움직이는 세계관과 목적의식을 노출하는 것을 프롤레타리아 사실주의는 결코 방해하지 않는다……
> 二, 그 다음으로 필요한 것은 '주제의 강화'라는 것이다. 즉 작가가 쓰려는 주제를 향하여 그 강화에 필요한 모든 요소와 사건을 결부시켜야 한다.

그런데 '유물변증법적 창작방법'이란 용어가 명확히 제기된 것은 백철의 「창작방법 문제」(『조선일보』, 1932년 3월 6일 ~20일)라 할 수 있다. 여기서 백철은 시를 그 대상으로 하여 논하고 있는데, 특히 유물변증법적 창작방법에 의하여 명확한 프롤레타리아 작품이 제작된다는 말은 바로 정확한 구체적 계급분석을 통해 제작된다는 것을 의미한다고 했다. 또한 「문예시평」(『제일선』, 1932년 9월)에서 프롤레타리아 리얼리즘은 역사상 적지 않은 역할을 해왔지만 유물변증법적 창작방법에 비해 한층 하류에 속하는 것이므로 유물변증법적 창작방법에 의거하여 이 용어를 써야 한다고 강조했다.

이러한 창작방법에 대한 논의가 활발해진 것은 달리 말하면 조직활동이 제약당하면서 그 활동의 중심이 옮겨졌음을 뜻한다. 사실 당대 논의를 보면 물론 재조직에 대한 논의가 계속되고 있었다. 그런데 그 논의는 앞서 지적한 바 있는 예술운동으로의 확산이 아니라 거기서 한걸음 더 나아가 문화단체의 전체적 결성을 의미하고 있다는 것에 주목된다. 이는 당대 카프의 조직적 발전이 가져다 준 소산이라기보다는 일본의 논의를 곧바로 이식한 것에 다름 아니다. 이에 대한 논의는 박승극의 「프로문학운동에 대한 감상」(『비판』, 1932년 1월), 이갑기의 「프롤레타리아 예술운동 금작(今昨)의 회고와 전망」(『시대공론』, 1932년 1월)·「예술운동의 전망」(『비판』, 1932년 1월), 임화의 「당면정세의 특질과 예술운동의 일반적 방향」(『조선일보』, 1932년 1월 1일~2월 10일) 등에서 부분적으로 제기되고, 홍효민의 「조선프롤레타리아문화연맹의 결성 방략(方畧)」(『삼천리』, 1932년 4월)에서 명확한 상으로 나타난다. 비록 문제 제기로 끝나지만 그가 제기한 조직표를 다음과 같이 예시해 본다.

　　　　작가동맹
　　　　프로시인회
　　　　반종교동맹
　　　　프로과학연구회
　　　　프로예술단 무산자예술협의회 조선프롤레타리아문화연맹[37]
　　　　프로음악단 (매개체)
　　　　프로소년문학회
　　　　프로변호사
　　　　프로의사회
　　　　프로스포츠단

2) 카프의 해체와 창작방법 논의

(1) 박영희 등의 전향과 카프의 해체

1934년 들어 이미 만주침략을 감행한 일본의 군국주의는 국내 모든 혁명세력에 대한 철저한 탄압을 개시한다. 이러한 와중에서 앞서 지적했듯이 이

---

37) 홍효민, 「조선프롤레타리아문화연맹의 결성 방략」, 『삼천리』 제23호, 1932. 2.

미 1931년 제1차 검거사건을 겪은 카프는 1934년 또다시 검거열풍에 휘말린다. 정확히 말하면 1932년 2월부터 동 12월까지 약 80여 명이 검거되는데, 사건의 발단은 카프의 연극 단체인 '신건설(新建設)'의 삐라를 가진 한 학생이 전북 금산에서 발각되어서였다. 이로 인해 박영희 등 4명이 유죄판결을 받고 나머지는 집행유예로 풀려났다.

이러한 일제의 탄압을 못 이겨 등장한 전향론은 이갑기, 박영희에 의해 먼저 제기되었으며 이후 카프에서도 전향의 파문이 쟁점화된다. 박영희와 함께 카프해소를 제의한 이갑기는 그의 전향문 「예술동맹의 해소를 제의함」(『신동아』, 제4권 7호)에서 카프의 실제 프롤레타리아트와의 분리, 조직의 종파주의, 대중운동으로부터의 유리, 지도부의 관료화, 변증법적 창작방법의 폐기 등을 그 이유로 내세워 전향했다.

박영희 역시 이갑기와 비슷한 견지에서 우리 문학사에서 가장 널리 알려진 명제라 할 수 있는 "다만 얻은 것은 이데올로기요, 상실한 것은 예술 자신이다"로 요약되는 전향 선언문을 1934년 초두에 발표했다. 즉 그 역시 카프의 지도부가 정치적 공식주의에 **빠져서** 자유로운 창작활동을 억압했고, 카프 맹원들이 문학인이 아닌 정치가로 전락했다는 것이다.

> 지도자의 횡포 독단 — 창작의 무기력, 무주장 — 이 현금까지 온 중대한 두 개의 논제였다. 현실성을 떠났으나 계급의식과 '디알렉틱 마테리알리스무스(Dialektik Materialismus)'를 가지고 자기의 권위를 세우려는 평자 지도자가 있는 그 반면에 현실을 보고 일정한 형상 속에서 묘출한 자기가 옳기는 한 듯한데 그렇게 하면 비계급적이고 비유물론적이라는 데 기분을 상실한 양심 있는 선량한 작가의 남모르는 비애……이 틈에서 나는 생각해 보았다.[38]

박영희는 이 글에서 당대 프로문단을 비판하면서 동맹 탈퇴의 첫째 이유

---

38) 박영희, 「최근문예이론의 신(新)전개와 그 경향」, 『동아일보』, 1934. 1. 2~11.

로 예술집단이 아닌 정치집단을 만든 지도부에 대한 반발을 들고, 둘째 이유로 문학적 가치에 대한 불인정을 들고 있다. 결과적으로 카프는 작가를 질식하게 했다는 것이다. 그래서 자신의 고행의 순례는 종료되고, 예술 전당에 도착하여 창작의 사원의 종소리를 듣게 되었기 때문에 탈퇴한다는 것이었다.

이에 대한 비판은 여러 논자들에 의해 제기되었다. 김기진은 박영희가 전향의 근거로 삼은 여러 사례들에 대해 조목조목 반문하면서 '분홍빛 문학에의 길'이라고 비판했다.

> 이제 최후로 총괄적으로 말하건대, 스탈린의 연설 — ×중앙위원회의 결의 — 라프의 해소 — 변증법적 창작방법에 대한 투쟁이 일본과 조선에 반영되어 일본에 있어서는 도꾸나가 스나오(德永直), 하야시 후사오(林房雄)등의 나프로부터의 이반(離反)과 나프해체론의 대두를 보이고, 조선에 있어서는 박군으로 하여금 카프를 탈퇴케 하고, '예술운동에 도착하여' '창작의 사원의 종소리'를 듣게 하고, 지옥 문전에 도착한 단테의 말을 빌어다가 '온갖 어구와 주저를 버리라'고 부르짖게 하였다는 것이다. 과연 일본이나 조선의 프롤레타리아 문학이 이렇게까지도 예술의 고마운 맛을 알았단 말인가? 이제는 벌써 예술의 전당과 창작의 사원에서 그윽한 종소리를 듣게 될 만큼 현실은 변하였는가? ……유물사관을 이야기하며 바르뷔스와 로맹 롤랑의 논쟁을 이야기하면서 산 아래를 거닐던 백조동인 시대의 군의 옛날이, 예술지상주의의 옛날의 편영(片影)이 내 눈앞에 보이는 것은, 이것은 나의 착각인가 아닌가?39)

그외에 이동규(李東珪)는 「카프의 새로운 전환과 최근의 문제」(『동아일보』, 1934년 4월 6일~8일)에서 박영희가 지적한 부분적 정당성을 시인하고, 지금 단계에서 그러한 오류를 청산하려는 새로운 시점에 와 있다고 주

---

39) 김기진, 「문예시평」, 『동아일보』, 1934. 1. 27~2. 6.

장하면서 지금까지의 지도부의 한 사람으로서 조직으로부터 탈퇴하여 조직을 공격하는 것은 정당한 자세가 아니라고 비난했다. 이러한 박영희의 파문은 급기야 카프 전체의 활동에 그 반향을 주게 되어 중앙위원회는 박영희와 더불어 탈퇴한 신유인의 탈퇴원을 일시 보류하면서 다음과 같은 결정서를 발표하였다.

> 신유인이나 박영희나 그들의 탈퇴원에 표시된 이유는 개인적 사정이라고 하나 그 후의 박영희의 언동, 또 군이 동아일보 신년호 지상에 발표한 논문 「최근 문예이론의 신전개와 그 경향」 등을 중심으로 보건대 그것이 카프의 현지도부와 또 그 일반방침에 대한 불만과 그것에 대한 일정한 비판적 견지에서 나왔다는 것은 이미 명확한 일이다. ……이 문제에 대하여 본 중앙위원회는 무엇보다 박영희에 있어서와 같이 중앙위원회에 제출한 탈퇴원에는 하등 구체적 의견을 표시치 않고 우선 카프로부터 탈퇴하여 저널리즘 출판 위에 그 견해를 비로소 밝히고 특히 조직과 그 정책방침에 대하여 비난하는 것은 우리 운동 또 카프 자신이 여하한 결함과 과오를 가지고 있다고 하더라도 프롤레타리아 예술가로서, 더욱이 이 운동조직의 지도적 창설자의 일인(一人)으로서 심히 적당하다고 생각할 수 없는 행동이라고 생각한다. ……그러나 박영희의 견해가 상기한 것과 같이 그 기본적 방면에 있어 불소(不少)한 과오를 가졌음에도 불구하고 그가 의연히 프롤레타리아 예술운동에 관하여 이야기하려 하고 또 지도하는 대부분의 문제가 카프 및 우리 운동이 가지고 있는 현재의 제결함, 더욱이 시급한 해결이 요망되고 있는 제문제 — 창조적 활동의 전개, 종파주의(조직 및 비판)의 청산, 예술적 방법에 대한 새로운 토의 등 — 와 불가분의 관련을 가지고 있는 것으로 본 중앙위원회는 그와의 진실한 논쟁의 필요를 인정한다…….40)

---

40) 카프 서기록, 「카프 중앙집행위원회 결의문」, 『우리들』, 1934. 3.

그러나 정치적 정세의 압력은 당시 대세로서 카프는 결국 해체되고 만다. 1935년 5월 21일 김남천, 임화, 김기진은 협의를 거쳐 김남천이 대표로 경기도 경찰부에 해산계를 제출함으로써 그 종말을 고했다. 말하자면 1925년 8월 조직되었으니까 거의 10년 동안 지속되어 왔던 조직체가 사라지게 된 것이다.

(2) 창작방법 논쟁(사회주의 리얼리즘을 둘러싸고)

카프 활동의 대미를 장식한 것은 뭐니뭐니 해도 사회주의 리얼리즘을 둘러싸고 치열하게 전개된 창작방법 논쟁이라 할 수 있다. 전향론(박영희, 백철 등)의 단서가 되기도 한 이 논쟁은 카프해산 후에도 계속되어 프로문학의 명맥을 잇게 해준 최후의 보루이기도 했다.

이것이 프로문단에 처음 제기된 것은 1933년 백철에 의해서였다. 백철은 「문예시평」(『조선중앙일보』, 1933년 3월 2일)에서 최초로 '사회주의 리얼리즘'이란 용어를 사용하고 있다. 그러나 그는 이를 정식으로 제기한 것이 아니라 이 새로운 창작 슬로건을 아직 조선에 적용하기에는 이르며, 그 전단계의 슬로건인 유물변증법적 창작방법의 적용조차 충실히 시행되지 않고 있다고 지적하면서 태도를 유보하고 있었다. 그러다 추백(萩白)이라 필명을 사용한 안막의 「창작방법 문제의 재토의를 위하여」(『동아일보』, 1933년 11월 29일~12월 6일)에서 본격적으로 논의된다.

> 소비에트 문학에 있어서의 창작방법상의 재토의의 성과가 우리들에게도 심대한 중요성을 갖게 하는 것은 거기서 토론되고 있는 제문제가 우리들의 문학운동 자체에 있어서는 극히 절실한 제문제를 포함하고 있기 때문이다. 특히 세계관과 방법의 관계의 문제에 있어서 우리들의 관심과 자극을 높이는 것이다.[41]

---

41) 추백, 「창작방법 문제의 재토의를 위하여」, 『동아일보』, 1933. 11. 29.

즉 안막은 이 사회주의 리얼리즘에 의한 유물변증법적 창작방법의 오류가 명확히 드러났기 때문에 조선에서도 이 방법이 적극 수용되어야 한다고 강조했다. 여기에 대해 김남천은 사회주의 리얼리즘은 조직문제와 관련하여 제기된 것으로 "소련 현실의 조직문제와 긴밀한 연관을 가지고 나타난 사회주의 리얼리즘을, 지난날의 창작방법론상의 오류만을 비판하면서 보다 진전된 이론이므로 받아들여야 한다는 주장은 근거가 없다"[42]고 하여 즉시 수용하는 것에 반대의견을 표명했다.

이로부터 사회주의 리얼리즘의 수용 여부를 둘러싸고 논쟁이 벌어졌는데, 소련과 국내 현실이 다르다는 점으로 여러 가지 견해들이 발표되기 시작한다. 이들 논의에서 가장 중심이 된 것은 사회주의 리얼리즘에 의해 유물변증법적 오류가 명확히 지적되었다는 관점에서 이를 이론상으로는 긍정적으로 받아들이자는 견해들의 표명이었다. 권환의 「1933년도 문예평단의 회고와 신년의 전망」(『조선중앙일보』, 1934년 1월 1일~4일)·「현실과 세계관 및 창작방법과의 관계」(『조선중앙일보』, 1934년 6월 10일~13일)와 이기영의 「문예적 시사감 — 창작방법 문제에 관하여」(『동아일보』, 1934년 5월 30일~6월 4일) 등이 그것인데, 이기영의 다음과 같은 지적은 당시의 정황을 어느 정도 짐작케 해준다.

> 참으로 어떻게 써야만 목적의식적이요 변증법적 창작방법이랴? 지금 생각하면 나는 그만 이 슬로건들에게 가위를 눌리고 말았던 것 같다. 그것은 변변치 않으나마 소위 신경향파 시대의 나의 작품이 목적의식기 이후의 작품보다 형식적으로는 다소간 우월한 점이 있다는 것이 더욱 그렇게 생각된다. 나는 그때도 이런 생각이 없지는 않았으나 우익적 경향이 무서워서 감히 발표할 용기를 가지지 못하고 금일에 이르렀다.
> 나는 지금 이 생각이 오히려 정당하다는 것을 킬포친의 이론에서 발견하고 더욱 자신을 굳게 한다.

---

42) 김남천, 「창작방법에 있어서의 전환의 문제」, 『형상』 제2호, 1934. 3.

예술은 정치적이나 문학적 이론만으로 되지 못한다는 것을 그는 역설하
였다.43)

그러나 다른 한편으로 김남천, 임화는 사회주의 리얼리즘이 잘못 받아들
여질 경우 탈(脫)정치주의화할 위험성이 있다고 지적하고(박영희, 이갑기 비
판), 조직활동과 결합하여 실천적으로 취할 것을 강조했다.
반면 김우철은 완강하게 유물변증법적 창작방법을 고수하기도 한다. 이
렇듯 초기 사회주의 리얼리즘이 수용되면서 다양한 반응을 보이던 것이 한
효와 안함광, 그리고 김두용이 논전에 참여함으로써 새로운 양상을 띠기 시
작한다. 즉 한편에서는 '조선적 특수성'을 내세우며 그 슬로건 채택을 반대
하고 다른 한편에서는 세계 최고의 이론이므로 당연히 받아들여 적극 수용
하자는 논자로 대별된다. 전자가 안함광, 김두용이라면 후자는 한효라고 볼
수 있다. 한마디로 사회주의 리얼리즘 적용 여부를 둘러싼 논쟁이라 할 수
있는 이 시기의 논쟁은 그 주요 쟁점이 유물변증법적 창작방법의 공과, 새
로운 창작방법은 무엇이어야 하는가에 집중된다. 카프가 조직적 해체를 당
하는 시기에 행해지는 이 논쟁은 그러므로 조직적 대응의 모색이기보다는
개별 논자간의 대립이었다.
적극 찬성자였던 한효는 "예술적 형상 속에서 현실을 그 일체의 진실에
서, 그 모순에서, 그 발전에서, 즉 전체적 국제성의 견지에서 논해야 하며,
인류가 도달한 예술적 사유와 예술적 창조의 최고 형태이며 가장 선진국인
소련에서 주창된 사회주의 리얼리즘을 후진국인 조선이 받아들인 것은 당
연하다"44)며 엥겔스의 발자크론을 예로 들어 자본주의 국가내에 존재하는
프롤레타리아적 가능성은 당연히 사회주의적 현실이라고 주장하면서 사회
주의 리얼리즘을 적극 옹호했다.
반면에 그 반대에 앞장섰던 김두용은 "원래 유물변증법은 마르크스주의
의 철학적 방법인 이상, 유물변증법적 창작방법은 곧 마르크스주의적 창작

---
43) 이기영, 「사회적 경험과 수완」, 『조선일보』, 1934. 1. 25.
44) 한효, 「신창작방법의 재인식을 위하여」, 『조선중앙일보』, 1935. 7. 23~27.

방법이며 현실의 역사적 내용과 진실을 정확하고 구체적으로 묘사하는 원칙적인 방법으로서 전혀 하자가 없다"[45]는 입장에서 과거의 잘못은 유물변증법적 창작방법 자체에 있는 것이 아니라, 작가의 실천에 오류가 있었기 때문이라고 주장했다.

물론 이러한 슬로건 수용 여부만이 아니라 세계관과 창작방법의 관계, 낭만주의 문제 등과 결합하면서 논의가 진전되고, 안함광과 김두용의 경우 사회주의 리얼리즘의 내용은 받아들이면서 그러한 내용을 조선의 특수성과 어떻게 결합시켜 새로운 슬로건으로 정착시킬 것인가 하는 논의로 나아가지만, 이미 조직이 해체된 상태에서 건전한 비판과 상호 통일이 모색보다는 인신공격적 자세로까지 나아가는 양상을 보이기도 한다. 말하자면 동일하게 조직해체를 당한 일본에서와 같이 국내에서도 상호 대립적으로 전개되던 양상을 서로가 추수했다고 비판하고 있는 것이다.

결국 조직의 와해 이후 일제의 탄압과 발맞추어 침묵과 순문학론으로의 접근이 광범해지면서 이 역시 그 와중에 휩쓸리고 문단의 쟁점으로부터 이탈하고 만다. 대신 휴머니즘론, 모랄론, 장편 소설론 등 순수비평의 시대로 들어서게 되었다.

(『민족문학의 모색』, 범우사, 1989)

---

45) 김두용, 「창작방법의 문제」, 『동아일보』, 1935. 8. 24~25.

1930년대 전형기(轉形期)의 비평 개관

1. 카프해산과 백철의 전환

1920년대와 30년대 당시 문학계를 휩쓸었던 프로문학운동은 1935년 해산을 전후하여 급격히 퇴조하는 양상을 보여준다. 물론 이러한 운동의 퇴조는 일제가 만주침략을 전후하여 행한 극심한 탄압 과정과 직결되어 있다. 그러나 다른 한편으로 이러한 상황의 변화에 따라 카프 맹원들 사이에서 나타난 동요와 문학에 대한 새로운 인식을 무시해서는 안 될 것이다.

이런 점에서 볼 때 카프측으로서는 전향으로 간주되는 박영희, 이갑기, 그리고 백철 등의 새로운 문학에 대한 모색은 1930년대를 해명하는 중요한 단서가 된다.

이것은 특히 프로문학내에서 그 비판으로 제기된 것이기 때문에 카프해산의 내적인 동인(動因)이 된다. 그리고 이들 중 백철은 카프해산을 전후하여 가장 활발한 논의를 전개했으며, 또한 구카프측과 해외문학파 등 기존문단 조류에서 벗어난 독자적 문학론을 개진하는 데서 그 중요성을 갖는다.

따라서 백철의 변모를 통해 카프 해산의 내적인 동인과 함께 새로 구상된 백철의 문학론을 살피고 구카프 맹원들의 이에 대한 대응을 찾음으로써 1930년대 흐름의 한 단면을 살펴보고자 한다.

1) 카프해산 전의 백철의 활동

동경에 유학한 백철은 일본의 프롤레타리아 시인회와 나프(NAPF)의 맹원으로 참여하다 1931년 『조선일보』에 「농민문학문제」란 장문의 평론을 발표함으로써 국내에 처음으로 얼굴을 내민다. 더구나 이 글은 국내에 '농민문학'에 대한 논쟁을 불러일으키는 첫 비평으로서 이후 안함광과 함께 농민문학 논쟁을 담당한다. 그리고 귀국 후 카프의 중앙상임위원으로 활약하면서 카프파의 새로운 선진 논객으로서 활발히 활동한다.

일본에서 최근 행해졌던 쟁점을 국내에 끌어들임으로써 국내 카프논단의 최첨단을 오르내리던 백철의 모습은 소위 창작방법론에서도 선봉에 선다. 이를테면 동경의 무산자파가 선두에서 이끌었던 볼셰비키화 논의가 주춤한 사이 유물변증법적 창작방법을 본격화시킨 글이「창작방법 문제 — 계급적 분석과 시의 창작문제」(『조선일보』, 1932년 3월 9일~10일)이지만, 다른 한편으로 당시 일본에서 부분적으로 논해지던 사회주의적 리얼리즘을 동시적으로 소개한 것이 같은 해 3월에 발표된「문예시평」(『조선중앙일보』, 1932년 3월 2일~8일)이다.

> 요즘의 신임될 만한 뉴스에 의하면, 소비에트 러시아에서는 전소비에트 작가동맹 조직위원회 제1회 총회에서 지금까지 정당한 창작 슬로건으로서 사용되어 오던 '창작에 있어 유물변증법적 방법의 ××를 위하여'가 비정당한 창작 슬로건으로 정정되고 새로이 '사회주의적 리얼리즘으로!'라는 슬로건이 주창되게 된 모양이다.
> 적지 아니한 시일 동안 다만 소비에트 러시아뿐이 아니라 전국제적 의의에서 정당한 창작 슬로건으로 적용되던 유물변증법적 창작방법이 일단에 비정당한 것으로 정정되고 새로운 슬로건으로 급전되는 사실에 대하여 여기서 우리들은 즉석으로 태도를 결정지을 수는 없는 일이다. 그 중에서도 조선의 우리들과 같이 유물변증법적 창작방법을 이론적 활동에서나 더군다나 창작과정으로서 그것을 구현하는 행동으로서는 아직 비교적이라도 충실한 적용을 시행치 못한 경우에 처한 사람들로서는 유물변증법적 창작방법인가 사회주의 리얼리즘인가에 대하여 주저를 느끼지 않을 수 없다.[46]

말하자면 1932년대를 전후하여 유물변증법적 창작방법이 내부적으로 충분히 논의되지 않은 상태에서 새로이 사회주의 리얼리즘이 제기되는 문단의 형세를 이 인용문에서 알 수 있다. 이처럼 백철은, 박영희·김기진을 제1세대라 하고 임화·김남천을 제 2세대라 하면, 안함광·한효와 함께 제3세대의 카프 논객이라 할 수 있다. 바로 안함광, 한효 등과 함께 창작방법론 논쟁의 중심인물이 된 것도 그런 이유 때문일 것이다.

그런데 백철의 경우 1932년에 발표된 것들을 보면 부분적으로 사회주의적 리얼리즘에 대해서 소개하고 있지만, 기본적으로 세계관을 강조하는 유물변증법적 창작방법에 중심을 두었다.

> 현조선의 프롤레타리아 예술운동이 특히 기술로 보아서 그리 고등(高等)한 수준에 놓여 있지 못하다는 것은 적확히 자기를 통하여 인식해야 할 사실인 것이다. 조선의 예술운동은 실제적 의의에서 조선 현금의 계급××의 속도에 비하여 너무나 지연되어 있는 이 단계에서 가급적이면 2보를 전진해야 하겠다. 그리고 그것은 예술영역에서의 유물변증법적 창작방법을 체득하는 데에서만 기대될 수 있는 과제인 것이다. 여기에서도 우리들이 의미하는 유물변증법적 창작방법의 획득은 파제에프가 지적하고 있는 바와 같이 "한 책의 독서와 학교적 공부의 결과로써 해결되는 것이 아니다. 이 과제는 대중의 일상적 ××적 실천과의 긴밀한 관련에서만 해결될 수 있다."[47]

특히 이 글은 당시 카프가 처음으로 발간한 『카프시인집』(1931년)을 분석한 것이며, 또한 당시 카프가 제1차 검거사건을 겪고 난 후로 운동이 침체된 상황에서 제기된 것이라는 점에서 중요한 의의를 가지고 있다. 말하자면 백철은 창작방면뿐만 아니라 그밖의 조직활동에 대해서도 명확한 유물변증법적 입장에 선 전환을 요구했던 것이다.

---

46) 백철,「문예시평」,『조선중앙일보』, 1932. 3. 2.
47) 백철,「창작방법 문제 — 계급적 분석과 시의 창작문제」,『조선일보』, 1932. 3. 9.

그러나 1933년에 들어서 백철은 사회주의 리얼리즘을 수용하는 자세를 보여주기 시작한다. 소위 '인간묘사론'이라 불리는 백철의 입장은 소위 사회주의 리얼리즘에 입각한 문학론이라고 평가되고 있다.

> 사회주의적 리얼리즘은 인간을 대상으로 할 때 결코 개인적 심리 가운데 고립시키지 않으며, 또한 사회적 실천에서 격리시키지도 않는다. 사회주의적 리얼리즘은 항상 사적인 개인적 인간이 사회적 인간 가운데 병탄(倂呑)되는 것을 경계하면서 '인간들을 사회적이라는 우위 가운데, 계급적 인간과 개인적 인간의 통일 가운데 묘사한다'(킬포친).
> 사회주의적 리얼리즘은 인간을 예술적으로 실현하는 데 있어 일반적 개인과 개인적 인간을 결합시키며, 인간행위의 정치적 의의와 내면적 생활을 통일적으로 묘사하는 것이다. 그것은 인간묘사에 있어 개인주의적 원주(圓柱)를 파괴하고 있으면서도 결코 개인의 개성의 행동과 특징을 무시하지 않고 언제나 그것을 통하여 사회관계의 본질과 운동을 표현하는 것이다.
> 이러한 창작방법에 의해서 현재의 인간은 가장 완전한 타입으로 창조되어 묘사되고 있으며 또 되려고 하고 있다. 여기에 있어 참된 의미에서 인간묘사 시대가 실현되려고 하는 것이다.[48]

이 글에서 보듯 백철은 사회주의 리얼리즘과 인간묘사를 동일시하고 있다. 그런데 좀더 자세히 살펴보면 인간묘사론은 예술의 근본과제로서 제시되어 있다. 말하자면 백철은 이 인간묘사를 어떻게 접근하느냐에 따라 부르조아 문학과 프로문학이 구별된다고 보았다. 이를테면 부르조아 문학은 신심리주의 경향에 휩싸여 전체로서의 인간을 보여주지 못하고 그 내면적 심리에 편중된 인간의 단면을 제시할 뿐이라고 정리한다. 반대로 프로문학은 이와 같은 부르조아 문학에서 묘사되는 미물화(微物化)된 인간이 아니라 현

---

48) 백철,「인간묘사 시대」,『조선일보』, 1933. 8. 29~9.1.

실에서 행동하는 산 인간의 모습을 정확하게 묘사하는 것이라고 주장한다. 말하자면 백철은 '산 인간의 묘사'를 예술의 근본원칙으로 수용하고 있다 그 결과 그 자신이 앞서 강하게 피력했던 세계관 중시의 유물변증법적 창작 방법론을 폐기한다. 즉 계급문학이 이데올로기의 도구로서 인간을 기계적으로 고정시켜 온 점을 반성하여 인간의 문제를 현실과의 관계 속에서 구체적으로 파악하지 못할 경우 공식화된 인간형만을 산출할 수밖에 없음을 밝히고 있다.[49]

결과적으로 그는 시대성과 역사성을 띤 인간, 무엇보다도 경향적으로 묘사된 인간을 작품을 통해 구현해야 한다고 하여 바로 그러한 인간묘사 방법을 사회주의 리얼리즘의 방법으로 간주하고 있음을 볼 수 있다.

또한 이와 관련하여 박영희 역시 사회주의 리얼리즘에 찬동하면서 이를 심리주의적 사실주의로 받아들이는 것 역시 백철과 동일한 위상을 갖는다 할 것이다(「창작방법과 작가의 시야」, 『중앙』 제1권 1호 : 「문학과 고뇌의 향연」, 『중앙』, 제2권 9호).

따라서 카프측에서 전향자라고 비판하는 박영희, 백철이 사실은 사회주의 리얼리즘의 수용을 둘러싸고 그것을 전향논리로 했다는 것을 짐작할 수 있다. 이러한 사실로 인해 이후 안함광, 김두용 등이 사회주의 리얼리즘이라는 용어 자체에 거부감을 느끼고 유물변증법적 창작방법을 오히려 강조하는 현상을 목도하게 된다. 말하자면 이들의 비판은, 박영희와 백철의 논리는 사회주의 리얼리즘이 어떻게 형상화하느냐 하는 형상론(形象論)의 문제를 중시함으로써 세계관의 문제를 폐기하고 있다는 것이었다. 그 결과 형상론에만 집중됨으로써 우익적 일탈(逸脫)을 보였다고 반박하였다.

여하튼 이러한 사실을 통해 흔히 카프해산을 둘러싸고 일제의 탄압에 못 이겨 전향이 나왔다는 지적이 일반적인 통념이었지만, 이미 카프 내부에 사회주의 리얼리즘을 둘러싸고 그것을 받아들이는 방식에 따라 이데올로기를 거부하는 한 축이 있었음을 확인할 수 있고, 이들에 의해 카프해산의 한 동

---

49) 백철, 「심리적 리얼리즘과 사회적 리얼리즘」, 『조선일보』, 1933. 9. 16.

기가 부여되었다고 해야 할 것이다. 그렇기 때문에 백철의 경우 카프해산과 무관하게 자신의 입장을 그 이후에도 그대로 더욱 활발히 전개하고 있음을 볼 수 있다.

2) 인간묘사론에서 휴머니즘론으로

앞서 살펴보았듯이 백철의 인간묘사론은 유물변증법적 창작방법과 그 도식성에 대한 비판으로 제기되었다. 세계관의 강조와 방법문제에 대한 도식적 이해로 창작의 고정화를 초래했던 유물변증법적 창작방법 대신 산 인간의 묘사라는 형상론을 중심으로 끌어들임으로써 문학내적인 측면의 심화된 인식을 가져왔다. 말하자면 리얼리즘의 일반적인 문제를 형상론, 묘사론으로 파악하고 있다. 이것은 사회주의 리얼리즘 문제를 사회주의적 상황하에서의 리얼리즘론으로 받아들임으로써 오히려 가장 중심되는 것은 '산 인간의 묘사'였다. 그렇기 때문에 백철은 우리의 현실은 사회주의 현실이 아니므로 곧바로 리얼리즘 일반의 문제로 이를 파악하여 인간묘사론을 제기하고 있다.

그렇기 때문에 인간묘사론은 계급적 입장이 선행되었던 과거 프로문학의 원칙에 비추어 보면 이념적 지향은 배제되어 있었다. 말하자면 초기엔 방법론적 전향으로 자신을 생각하고 프로문학의 정당성을 고수하려 했지만, 문제가 구체화되지 못하고 일반화됨으로써, 또한 세계관의 문제가 그와 구분됨으로써 더욱 추상화되어 가는 모습을 보게 된다.

특히 카프 제2차 검거사건에 연루되어 구속되었다가 석방되어 발표한 「출옥소감 — 비애의 성사(城舍)」(『동아일보』, 1935년 12월 22일~27일)는 그런 점에서 과거 프로문학과 완전히 손을 끊고 있음을 볼 수 있다. 즉 "문학인이 과거와 같은 의미에서 정치주의를 버리고 마르크스주의의 태도를 포기하는 것은 비난할 것이 아니라 문학을 위하여 도리어 크게 찬하(讚賀)해야 할 현상"이라고 했다.

그런 점에서 1933년부터 이미 프로문학과 거리를 둔 백철이 1935년 전주사건으로 공백기를 가진 이후 인간묘사론에서 출발한 휴머니즘론을 들고 나온 것은 자연스런 현상이었다. 그런데 여기서 앞서 언급한 인간묘사론을 자세히 살펴보면, 부르조아 문학의 수법을 프로문학도 채용한다는 데 그 요점이 있다 하겠다.

말하자면 "한편으로는 사회주의적 리얼리즘이라는 창작방법을 갖고 다른 한편으로는 심리주의적 리버럴리즘이라는 문학적 수법"을 동시에 가져야 한다는 것이다. 그렇기 때문에 부르조아 문학과 구별되는 프로문학의 독자적인 방법적 모색이 아니라 부르조아 문학과 절충이 모색되었다. 따라서 백철에게서 프로문학, 부르조아 문학이라는 계급적 입장의 문제는 이미 별 의미가 없게 되었다. 출옥 후에 발표된「인간탐구의 문학」(『사해공론(四海公論)』제2권 6호)과「문예왕성을 기할 시대」(『중앙』제4권 3호),「문학의 성림(聖林) 인간으로 귀환하라」(『조광』제2권 3호)는 그런 점에서 그 이전의 인간묘사론이 부르조아 문학과 프로문학의 구별이 없는 보편적인 휴머니즘론으로 옮겨 가는 길목에 위치하고 있다.

그 후 1937년에 발표된「웰컴! 휴머니즘」(『조광』제3권 1호)에서 비로소 휴머니즘론이 본격적으로 논의되기 시작한다. 그는 여기서 현재와 같은 무주류(無主流)의 시대에서는 오히려 무성격적인 휴머니즘이 서로 부합한다는 견지와, 현재의 파시즘적 상황에서 휴머니즘에 입각한 모랄리티와 행동성의 정열이 요청된다고 말하고 있다. 말하자면 외부적으로는 명확한 유형을 잡을 수 없으나 그것이 개인에게 오면 자기 개인의 일부로서 절실히 요구되기 때문에 바로 보편성과 개성의 융합이 문제된다는 것이다. 또한 백철은 과거 르네상스의 의의를 충분히 인정하고 그곳에 근거점을 두고 이를 네오휴머니즘이라고 부르고 있는데, 이는 과거의 어떤 인간형을 문제시하는 것이 아니라 미래의 새로운 인간형을 탐구하는 데 그 목적이 있기 때문이다.

이러한 백철의 휴머니즘론은 김오성에 의해 부분적으로 비판을 받는데, 백철이 행동주의 혹은 행동적 휴머니즘의 입장에서 서 있다면 김오성은 문화사적 휴머니즘의 입장에 서 있다고 할 수 있다. 김오성은 백철과는 반대로 휴머니즘이 무성격의 것이 될 수 없다는 견지에서, 네오 휴머니즘의 특질이 창조적인 개성과 새로운 인간형의 발견에 있으므로 이는 조각적이며 일종의 타입과 같은 것이라고 말한다. 그러나 이 단편적인 진술로만 볼 때도 이 양자의 입장은 공허 관념적이어서 지성적 사고와 주관적 인식에 대한 상호이해의 차이로 나타날 뿐이다.

그런데 이러한 휴머니즘론은 일본과 마찬가지로 휴머니즘의 토착화 문제로 옮겨 간다. 백철의 「풍류인간의 문학」(『조광』제3권 6호)·「동양인간과 풍류성」(『조광』제3권 5호)이 바로 그 대표적인 글이다. 그는 한국에서 논의되는 휴머니즘론은 서구에 비해 훨씬 광범하고 특수한 의의를 갖는다고 하면서 이를 동양문화론, 고전론으로 연결시키고 있다.

> 여기서 문제되는 휴머니즘은 서구의 그것과 같이 금일의 암담한 현실에 봉착한 지식계급이 압박되는 인간성에 대하여 그 옹호와 재생을 요구하는 양심적 행위이기 전에 그 휴머니즘은 문예인으로서 동양의 지식계급을 대표해 온 풍류인의 봉건적 인간성을 비판, 섭취하는 위에 서지 않으면 과거에 수입된 사조와 같이 공허한 토론으로 끝나고 말 것이다.[50]

여기서 보듯 동양적 정신을 명확히 제시하지는 않았지만 그 문제를 동양의 특수성에 입각하여 새로이 해석하려는 자세는 매우 주목할 만하다(물론 이는 망요(萬葉)로 돌아가라는 일본의 국수주의 사상과 무관하지도 않다. 또한 서인식의 「전통론」(『조선일보』, 1938. 10)과도 영향관계가 있다).

이렇듯 백철은 이미 1933년부터 싹을 보인 인간론 중심의 문학론에서 출발하여 그것의 구체적인 방법화로서 인간묘사론, 휴머니즘론, 휴머니즘의 토착화 문제 등으로 일관성 있는 발전을 밟아 오고 있었다. 그리고 그러한 과정중에 과거 프로문학에 정당성을 둔 문제의식이 이후 그러한 계급적 입장을 무시하고 보편적인 인간론에 기반하여 르네상스기를 전범으로 자신의 입장을 개진하고 있음을 볼 수 있다.

---

50) 백철, 「풍류인간의 문학」, 『조광』, 제3권 6호, p.376.

3) 백철의 논의에 대한 비판

흔히 카프해산과 함께 구카프 맹원 모두가 전형기(轉形期)에 휩쓸리고 만다는 것이 지금까지의 대부분의 입장이었지만, 백철·박영희와 같이 계급적 입장을 철폐한 논자 외에도 그와 정반대로 그러한 계급적 입장을 계속해서 고수하려는 논자 역시 있음을 주목해야 한다. 특히 이들 원칙 고수론자들이 주요 공격대상으로 삼은 것이 백철, 박영희였다는 사실을 보면 최후의 몸부림을 치고 있다고도 해야 할 것이다. 그것은 이들에 대한 비판이 해가 갈수록 그 농도가 옅어지는 데서 확인할 수가 있다. 이를테면 카프해산 전후의 백철의 동요에 대한 다음과 같은 비판을 볼 수 있다.

> 그러나 백철씨 등에 의한 일부 관념론적 견해는 인식의 객관적 규정성을 몰각하고 인간적 활동의 규범을 최후 대상으로 하는 인간 자체의 탐구를 창조의 출발점으로 추상하는 것이다. [……]
> ……백철씨의 황당무계한 폭언은 역사적 역행의 핸들을 잡은 조정상의 애꿎은 비명 이외의 아무것도 아닐 것이다.[51]

그러나 그 후 백철이 본격적으로 휴머니즘론을 들고 나오자 과거 맹원들은 이제 동지적 입장보다는 이들을 자유주의자로 지칭하면서 공격하고 있다. 그에 대한 가장 적극적인 비판은 안함광의 「문학에 있어서의 자유주의적 경향」(『동아일보』, 1937년 10월 30일)이다. 여기서 안함광은 백철을 인상주의적 비평가, 관념론의 사생아로, 그리고 백철과 약간의 차이를 두고 휴머니즘을 논했던 김오성을 철학의 사생아라고 야유하고 있다.

또한 백철의 풍류인간론에 대해서는 임화, 김남천 등이 국수주의 혹은 복고주의라고 공격하고 있다. 이들은 기본적으로 조선문화의 독자성이 없다는 견지 외에 다른 한편으로 아시아적 정체성에 입각하여 그 극복이 더 문

---

51) 한효, 「조선문단의 현대적 제상」, 『조선일보』, 1936. 3. 3~4.

제가 된다고 반박하고 있다.

2. 30년대 모더니즘 문학론의 다양한 양상

1) 구인회 중심의 모더니즘론

앞서 간단히 지적했듯이 김기림, 정지용, 그리고 이태준, 박태원 등은 철저한 문학주의에 입각하여 기교주의를 강력히 표방하고 등장한다. 특히 시에 있어서 "우선 시는 언어의 기술이다라는 순수시 운동이 그 명칭부터 명확한 지상주의 본질을 띤 조류가 1930년 이후 점진적으로 신흥문학이 남긴 공간을 교묘히 그야말로 기교적으로 자기의 배설물로써 채워 간 것이다."[52]

그리고 이들은 실제비평에서도 자신들의 입장을 명백히 천명하기 시작한다. 그 중에서도 김기림이 그 대표적 논자라 할 수 있다. 그는 「오전의 시론」(『조선일보』, 1935년 4월 20일~28일, 9월 17~10월 4일), 「포에지와 모더니티」(『신동아』 제3권 7호), 「시작(詩作)에 있어서의 주지적 태도」(『신동아』 제3권 4호) 등에서 자신의 시론을 명확히 정초해 간다. 김기림의 입장을 전체적으로 간단히 정리하기란 어려운 일이지만 "실로 말해질 수 있는 모든 사상과 논의와 의견이 거의 선인들에 의하여 말해졌다. [……] 우리에게 남아 있는 가능한 최대의 일은 선인이 말한 내용을 다만 다른 방법으로 논설하는 것"이라는 데서 볼 수 있듯이 표현방법과 형식적 기교문제가 가장 중시되고 있음을 알 수 있다.

> 시인은 시를 제작하는 것을 의식하지 않으면 아니 된다. 시인은 한 개의 목적, 가치창조를 향하여 활동할 것이다 그래서 의식적으로 의도된 가치가 시로 나타나야 할 것이다. 이것은 나이브한 표현주의(인간주의)적 태도에 대척(對蹠)하는 전연 별개의 시작상의 태도다. 나는 것을 주지적 태도라

---

52) 임화, 「뇌천하의 시단 일년」, 『신동아』 제5권 12호, 1935. 12.

고 말한다. 자연발생적 시는 한 개의 Sein(존재)이요, 그와 반대로 주지적 시는 Sollen(당위)의 세계다. 자연과 문화가 대립하는 것처럼 그것들은 서로 대립한다. 시인은 문화의 전면적 발전과정에 의식한 가치창조자로서 참여해야 할 것이다. 주지주의는 자연발생적 시가 명확하게 대립하는 것처럼 자연스럽게 던져서는 안 된다. 피는 나뭇잎, 흐르는 시냇물을 지배하는 것은 자연의 법칙이다. 가치의 법칙은 아니다. 시는 우선 지어지는 것이다. 시적 가치를 의욕하고 기도하는 의식적 방법론이 있지 않으면 아니 된다. 그것은 시작상의 태도라고 불러도 좋다. 그것이 없을 때 우리는 그를 시인이라고 부르는 대신에 단순한 감수자(感受者)라고 부를 것이다. 그는 다만 가두에 세워진 호흡하는 카메라에 지나지 않는다. 카메라가 시인이 아닌 것처럼 그도 시인은 아닐 것이다. 시인은 그의 독자의 카메라 앵글을 가져야 한다. 시인은 창조자가 아니면 안 된다.[53]

말하자면 일정한 목적을 의식적으로 만들어 내는 것이 김기림의 시작태도의 요체다. 그렇기 때문에 그에게 있어서도 작가의식이 매우 중요한 사항인데 이 자리에 문명비판, 즉 지성이 자리잡게 된다.

2) 주지주의 문학론의 정착―최재서

사실상 30년대 중기 이후 가장 중심적인 창작집단은 앞서 살펴보았던 구인회 중심의 정지용, 김기림, 이태준, 박태원 등이라 할 수 있다. 비록 개별 작가간에 다소간의 차이는 있지만 이들은 전체적으로 주지주의 문학, 이를 사조적으로 말하면 모더니즘 계열의 작가라 칭할 수 있다.

이들 자신은 스스로의 문학론도 개진하고 있었지만, 이에 대한 본격적인 비평작업은 최재서에 의해 행해졌다. 말하자면 모더니즘의 이론적 입지점은 최재서에 의해 이루어졌다고 해도 과언이 아니다. 이를테면 최재서가,

---

53) 김기림, 「시작에 있어서의 주지적 태도」, 『신동아』 제3권 4호, p.130.

대외에 내세울 수 있는 한국적 작가로 정지용과 이태준을 든 것도 예외가 아니다. 다만 그러면서도 최재서는 이들에게 있어서도 역시 지성이 결핍되었다고 말하고 있다.

그렇다면 예술에 있어 지성이란 무엇인가. 이에 대해 최재서는 한마디로 예술가가 자기 내부에 가치의식을 가지고 그 가치감을 실현하기 위해 외부의 소재, 즉 언어와 이미지를 한 의도 밑에 조직하고 통제하는 데서 표시되는 것이라고 말하고 있다.[54] 최재서는 바로 이 지성을 핵심에 두고 현재에 요구되는 지성이 무엇이며, 그것이 문학론으로 어떻게 발전하는가를 문제 삼기 시작했다. 풍자문학론은 그런 점에서 현재적 지성의 표현인 풍자라는 문학정신과 그 문학적 수법인 풍자 수법을 아울러 결합한 그 나름의 종합적 문학론이라 할 수 있다.

여기서 최재서는 먼저 현재의 문단이 정치적 위기에 직면함으로써 이전의 정치적 가치 중시의 문학이 진퇴양난에 빠졌다고 진단한다. 그리고 이제 이 위기에서 탈출하기 위해서는 정치중심적 태도에서 벗어나 '외부정세에 대해 어떤 태도를 취할 것인가'하는 본질적인 자세 문제를 생각해야 할 때라고 강조한다. 그리고 이 외부에 대한 태도를 크게 수용적 태도, 거부적 태도, 비판적 태도로 구분하여 이 중 과도기에 있어서는 비판적 태도가 가장 합리적이라는 인식에 도달한다. 비로 여기서 풍자문학론이 제기되는 것이다.

> 우리가 비평적 태도를 가질 때엔 이지적 작용으로 말미암아 자연히 유머라든지 혹은 풍자가 부수한다. 이 같은 심리상태는 W. 루이스가 말한 바와 같은 정서의 왁찐주사가 되어 맹목적으로 침전하려는 열광심(熱狂心)을 소독 즉 냉각함에 신통한 작용을 발휘한다.[55]

W. 루이스와 A. 헉슬리에 기대고 있는 최재서의 풍자문학론은 다름 아닌

---

54) 최재서, 「문학, 작가, 지성 — 지성의 본질과 그 효용성」, 『동아일보』, 1938. 8. 23.
55) 최재서, 「풍자문학론」, 『조선일보』, 1935. 7. 21.

과학적 냉정성으로 인간을 보려는 지적 방법이다. 즉 당면의 사회적 위기를 극복하고 적극적으로 현실을 통일시켜 나아갈 수 없는 이상 소극적으로나마 비평적 태도를 취해서 '정서와 왁찐주사' 역할을 하는 풍자문학을 산출해야 한다는 것이다. 말하자면 현실과 삶에 대한 절망과 허무감에 빠져 있는 현대인들에게 그 허무를 폭로하고 그 실망을 해부하여 자기 존재에 대한 비판적 인식을 얻게 하는 지성의 문학적 표현을 풍자문학으로 보았다. 그 결과 문학수법에 있어서도 자신을 해부하고, 비평하고, 조소하고, 질타하는 자기풍자의 예술형식에 주목하게 된다. 자기풍자란 간단히 말해서 자의식의 작용, 즉 현대문명의 발달에 따른 자기분열에 다름 아니다. "두 자아가 대부분의 현대인 속에 동거하면서 소위 '동굴의 내란'을 일으키고 있다. W. 루이스는 그것을 자아와 비자아라고 일컫고 비자아는 늘 자아의 적이며……비자아는 다시 말하면 비판적 자아다."56)

최재서는 이러한 풍자문학의 대표적 예로 당시 창작계에서 큰 관심을 끌었던 김기림의 「기상도」와 이상의 「날개」를 들고 있다.

> 우리는 일전에 김기림의 「기상도」에서 알 수 없는 시를 보았고 이번 이상의 「날개」에 있어 알 수 없는 소설을 만난다. 이것이 무엇을 의미하든지 간에 여하튼 우리 문단에 주지적 경향이 결실을 보이기 시작했다는 증거는 될 줄로 믿는다. 그리고 이 경향은 독자의 곤혹이 있음에도 불구하고 당연히 환영하여야 할 경향이다.

말하자면 현대인의 비애를 비애 그 자체에 머무르게 하지 않고 풍자, 위트, 과장, 패러독스, 자조 등의 지적 수법을 통해, '아무 막(膜)도 없는 맑은 눈'을 통해 리얼리티를 확보하고 있다는 것이다. 이를테면 이상의 「날개」 대한 분석을 보자.

---

56) 최재서, 「리얼리즘의 확대와 심화」, 『조선일보』, 1936. 11. 6.

여기서 우리는 육체와 정신, 생활과 의식, 상식과 예지, 다리와 날개가 상극(相剋)하고 투쟁하는 현대인의 타입을 본다. 정신이 육체를 초화(焦火)하고 의식이 생활을 압도하고 예지가 상식을 극복하고 날개가 다리를 휩쓸고 나갈 때에 이상의 예술은 탄생하게 된다. 따라서 그의 소설은 보통 소설로 끝나는 곳, 즉 생활과 행동이 끝나는 데서부터 시작된다. 따라서 그의 예술의 세계는 생활과 행동 이후에 오는 순의식(純意識)의 세계다. 이 것이 과연 예술의 재료가 될까? 전통적 관념으로써 본다면 이것이 예술의 세계가 될 수 없다는 것을 짐작할 수 있다. 그러나 어떤 개인의 의식(그것이 병적일망정)을 진실하게 표현하고 있는 것을 예술행동으로부터 거부할 아무런 이유도 우리는 가지지 않았다. 더욱이 그 개성이 현대정신의 증세를 대표할 때엔 두말 할 것도 없다.[57]

여기서 최재서가 말하는 리얼리즘은 다름 아닌 객관적 태도를 가지고 대상에 접근하여 진실되게 있는 그대로를 보여주는 방법이다. 그렇기 때문에 외부세계 혹은 내부세계가 문제되는 것이 아니고 객관적 태도가 관건이 된다.

> 예술의 리얼리티는 외부세계 혹은 내부세계에만 한해 있는 것이 아니다. 어느 것이나 객관적 태도로써 관찰하는 데서 리얼리티가 생겨난다.
> 문제는 재료에 있는 것이 아니라 보는 눈에 있다. 주관의 막을 가린 눈을 가지고 보느냐, 아무 막도 없는 맑은 눈을 가지고 보느냐 하는 데서 예술의 성격은 규정된다.[58]

이러한 점으로 보아 지성에 의한 객관적 태도가 최재서 문학론의 핵심으로 나타난다. 비평 역시 그렇기 때문에 '지성의 영위라는 신념'이 중심이 될 수밖에 없고, 이것이 다루고자 하는 재료에 따라 다양한 수법으로 전개될

---

57) 앞의 글.
58) 앞의 글.

수 있다고 보고 있다. 박태원의 「천변풍경」과 이상의 「날개」를 두고 리얼리즘의 확대와 심화라고 본 것도 그 때문이다.

그런 점에서 문제는 지성이 무엇인가 하는 문제로 파악할 수 있는데 루이스, 헉슬리는 서구 중심의 문명비판을 기계적으로 적용한 결과, '현대', '현대정신' 등이라는 문명사회에서의 인간소외, 즉 인간의 자기분열에 대한 문제가 중심적인 자리를 차지함으로써 당대 구체적 현실에 대한 문제가 추상화되어 버린다.

2) 김환태 · 김문집의 인상주의 비평방법론

그런데 최재서의 주지주의 문학론이 지성이라는 객관적 태도를 중심으로 창작방법과 비평을 통일시켜 이해하려 했다면, 이와는 정반대로 김환태(金煥泰)는 이를 엄격히 분리하여 작품을 객관적 존재물로 상정해 두고 이 작품이 주는 인상을 비평기준으로 내세움으로써 문단에 개인주의적 인상주의 비평론을 내건다.

> 문예비평이란 문예작품의 예술적 의의와 심미적 효과를 획득하기 위하여 '대상을 있는 그대로 보라'는 인간정신의 노력입니다. 따라서 문예비평가는 작품의 예술적 의의와 딴 성질의 혼동에서 기인하는 모든 편견을 버리고 순수히 작품 그것에서 얻은 인상과 감동을 충실히 표출하여야 합니다.[59]

> 나는 비평에 있어서의 인상주의자다. 즉 비평은 작품에 의하여 부여된 정서와 인상을 암시된 방향에 따라 유효하게 통일하고 종합하는 재구성적 체험이요, 따라서 비평가는 그가 비평하는 작품에서 얻은 효과, 즉 지적 · 정적 전인상을 표현하고 전달하기 위하여 어느 정도까지 창조적 예술가가

---

[59] 김환태, 「문예평론가의 태도에 대하여」, 『조선일보』, 1934. 4. 21.

되지 않으면 안 된다고 믿어 움직이지 않는 자다.[60]

이런 점에서 볼 때 김환태의 문학론은 엄밀히 말해 철저히 문학자체만을 비평의 대상으로 삼아 작품이 주는 객관적 모습을 비평가가 주관적으로 가치평가하는 방식으로 나아간다. 곧 비평이란 작품을 통한 자기의 표현으로서 그 자체가 창작으로 격상된다.[61]

결국 김환태의 비평방법론은 비평무용론까지 나아간다. 왜냐하면 비평은 감상과 동일시됨으로써 순수한 주관이 객관이라는 논지가 성립되기 때문이다. 그렇기 때문에 비평론의 객관성, 그리고 그 자체의 발전은 여기서 문제가 되지 않고 비평은 작품평으로 귀착되고 만다.

이러한 김환태의 인상주의 비평은 김문집에 와서 보다 완벽한 형태의 이론으로 제시된다. 그 역시 김환태와 마찬가지로 인상주의 비평론자에 포함되지만 거기에 탐미성이 훨씬 가미된다.

> 예술은 물론 과학과는 대립하는 하나의 재주다. 개성의식이 이 재주를 그렇지 않은 과학의 척도로써 평가할 때, 그때의 그 비평은 예술 또는 문학과는 별개의 사물인 한 편의 과학적 재료에 지나지 않는다. 오직 대상(작품)의 그것보다 더 높은 미적 가치를 추구하는 다른 어떤 재주의 소산일 적에 한해서 그 비평은 대상과는 별개의 가치체로서의 제 2의 창작이 되는 것이다. 이 경우의 비평은 창작의 부산물이 아니고 창작을 원료로 하는 정제품(精製品)이다.[62]

따라서 김문집에게 최재서와 같은 비평의 과학성을 요구할 수 없다. 왜냐하면 비평은 과학과 적대되는 문학 그 자체이기 때문이다. "만약 비평체계란 말을 용납한다면 그리고 또 금후 내가 비평예술을 제작한다면, 나의 비

---

60) 김환태, 「문예시평 — 나의 비평태도」, 『조선일보』, 1934. 11. 23.
61) 김환태, 「문예시평 — 비평문학의 확립을 위하여」, 『중앙일보』, 1936. 4.
62) 김문집, 「비평예술론」, 『동아일보』, 1937. 12. 7.

평체계의 수효는 내 작품비평(수효)과 똑같을 것이다."63) 그렇기 때문에 김문집의 비평방법론은 문학의 표현수법으로 집약된다. 그리고 그것은 비유와 문체론으로 대표된다.

바로 이렇게 비평 자체를 문학 자체로 놓음으로써 그는 비평의 과학성을 중시하는 최재서와 정면 대립하는 양상을 보여주고 있다. 그리고 그 대립이 1930년대 말기 문단의 최대의 쟁점이 되기도 했으며, 오히려 대중적 인기면에서는 김문집이 앞서기도 했다. 왜냐하면 당시 정치적 폭압 속에서 대중문예지가 속출하고 신문학예면이 오락 쪽으로 쏠리는 등 대중문학이 광범위하게 산출되면서 이러한 시류에 김문집의 탐미적 인상주의가 자연스럽게 편입되었기 때문이다.

3. 구카프파의 이론적 동향

앞서 카프해산을 전후하여 그 일부 성원들이 그로부터 이탈되어 나왔음은 이미 지적한 바 있다. 그렇다면 이외의 작가들의 행적은 어떠했을까. 전체적으로 말하면 정치적 압력으로 인해 과거와 같은 실천적인 행동이 거세되고 위축됨으로써 문단 외곽으로 밀려났다고 말할 수 있다. 특히 창작부면에 있어서는 비평계보다 더욱 위축되어 그다지 주목받을 만한 작품이 나오지 않아 그들 스스로에 의해서도 다른 부류와 동일한 상태로 매몰되었다고 지적받고 있었다. 다만 비평계에서는 임화, 안함광, 김남천 등을 중심으로 다소간 활발한 활동이 보이긴 하지만, 조직력을 최대의 무기로 하는 프로문학운동의 조건으로 보면 개인화된 작업에 머물러 일정한 조류로 설정하기에는 다소 무리가 있다.

그러나 카프해산을 전후하여 1936년까지는 그 양에 있어서뿐만 아니라 질에 있어서도 과거와 현격한 차이를 보이지 않는다. 특히 이론적인 면에

---

63) 김문집, 「비평방법론」, 『비평문학』, 청색지사, p.198.

집중하여 창작방법론이 매우 활발히 개진되고 있다. 그 주요 평론(카프해산 후부터 1936년까지)을 논자별로 살펴보면 다음과 같다.

- 임 화 : 「조선 신문학사론 서설」, 「위대한 낭만정신」, 「문학의 비규정성의 문제」, 「조선문학의 현정세와 현대적 제상」, 「조선어와 위기하의 조선문학」, 「진보적 문학에 있어서의 두 가지 문제」
- 안함광 : 「창작방법 문제 재검토를 위하여」, 「인간묘사 사이에 관하여」, 「창작방법론의 발전과정과 그 전망」
- 한 효 : 「행동주의 문학론 비판」, 「이갑기, 백철 양씨의 논(論)을 박(駁)함」, 「진정한 리얼리즘에의 길」, 「예술이론의 일반적 법칙」, 「조선문단의 현대적 제상」, 「창작방법론의 신방향」
- 김두용 : 「문단동향의 타진」, 「창작방법의 문제」, 「창작방법 문제에 대하여 재론함」, 「문학의 조직상 문제」, 「조선문학의 평론 확립이 문제」

여기서 보듯이 당시 구카프 맹원들의 이론활동은 창작방법론에 가장 중심이 가 있고, 여타 경향에 대한 비판(전향자에 대한 비판 포함)과, 임화의 경우 문학사 연구에 관심을 기울이고 있음을 볼 수 있다. 또한 당시 서구에서 이루어진 문화옹호 국제회의에 대한 소개와 이에 대한 입장표명(반파쇼 인민전선)이 부분적으로 행해지고 있다.

이러한 여러 사실로 볼 때 카프가 해산되었다고 해서 프로문학 자체가 소멸되었다고 속단하는 것은 잘못이다. 오히려 이론적인 방면에서는 해산 이전보다 진일보적인 측면이 없지 않다. 그 중에서도 특히 창작방법론과 문학사 연구에서 그러한 면이 두드러진다. 또한 임화나 안함광, 김두용, 한효의 경우 여전히 프로문학의 정당성을 강조하고 있다.

그러나 전체적으로 볼 때 이러한 논의 자체가 문단의 주류를 형성하지 못하고 있으며, 1936년 이후 대부분의 논의가 앞서 살펴본 백철이나 구인회, 최재서, 김환태, 김문집의 논의에 대한 개인적 반박의 형태의 글이 대부분이어서 이들 논의에 대한 방어적 평문이 주요 양상이라고 봐도 무관할 듯하다.

여기에서 이 점을 중심으로 하여 구카프 맹원들의 활동을 간단히 정리해 보자. 먼저 백철의 인간묘사론에 대해서 임화, 한효, 안함광 등이 그를 전향자라 비판하면서 가장 냉혹한 비판을 행하고 있다. 임화는 특히 백철의 개인적 체질론까지 등장시켜 백철이 비평가로서의 정치적 무관심자이며, 멘셰비키이며, 우익적 일탈자이며, 투항주의자이며, 부르조아 철학의 아류들과 조금도 차이가 없다고 공격하고 있다.64)

그리고 인간묘사론에 대해서도 거기서 다루어지는 인간이 예술지상주의적 상업부르조아의 인간만 의미한다고 하여 주로 계급적 입장에서 비판했다. 바로 이러한 입장에서 그의 휴머니즘이 주관주의의 변형이라고 주장한다.65)

한편 최재서가 풍자문학론을 제기하고 박태원, 이상 등의 소설을 리얼리즘의 입장에서 긍정적 평가를 내린 데 대해서 구카프 맹원들은 자신들의 리얼리즘에 입각하여 그와 정반대의 입장을 견지하는 것이 주목된다.

> ……세태묘사와 심리내성(心理內省)을 현재 조선문학의 두 개의 기조라 치고 문학의 그러한 분열이 어디서 오느냐를 생각해 본다면 먼저 제출한 우리의 이야기는 증명해지지 않는가 한다.
>
> 즉 혜지(慧智)와 정열을 아울러서 전진할 방향을 두색(杜塞)당한 현대인의 자기성찰과, 또한 격변해 가는 현실의 모든 국면을 충분히 요리하지 못하고 다만 그것들을 단념(丹念)히 관망하는 데 그치는 현대인의 실로 무력한 영상을 발견하게 된다.
>
> 이것은 그러므로 방패의 양면에 불과하다. 결국은 현대라는 특유한 시대를 한 인간의 존재가 문학 위에는 두 개의 현상으로 표현한 것이다. 그러므로 우리가 즐겨 입에 담는 말로 자기분열이란 말이 생긴 것이며 문학의 두 조류에의 분열은 또한 인간존재 자체의 자기분열의 당연한 반영에

---

64) 임화, 「동지 백철군을 논함」, 『조선일보』, 1933. 6. 16.
65) 임화, 「휴머니즘 논쟁의 총결산」, 『조광』 제4권 4호, p.147.

불과하다 할 수 있다.66)

위 인용문과 앞서 언급한 최재서의 논지를 비교해 보면 동일한 대상을 상이한 방식으로 이해하고 있음을 엿볼 수 있다. 이를테면 최재서는 현대 자체가 자기분열의 시대이고, 따라서 이것이 지성이기 때문에 이 분열의 한 측면을 충실히 객관적 태도로 그려내면 그것이 바로 리얼리즘이라는 입장인 데 반해 임화는 이러한 분열은 지성이 그 파악의 능력을 상실한 데서 오는 것이라 하여 그 분열을 극복할 사상성의 통일을 문제 삼으면서 이것들을 리얼리즘의 확대와 심화가 아닌 파편화로 보고 있다.

또한 비평의 객관성을 거부한 김환태에 대해서도 격렬한 거부의 견해를 토로하고 있는데, 그 대표적인 글을 보면 임화의 「문학의 비규정성의 문제」(『동아일보』, 1936년 1월 28일~2월 4일), 김남천의 「비판정신에의 대망과 논쟁과정의 중요성」(『조선일보』, 1937년 4월 7일~11일), 안함광의 「문학에 있어서 자유주의적 경향」(『동아일보』, 1936년 10월 27일~30일) 등을 들 수 있다. 이들 글에서 공통적으로 지적되고 있는 것은 김환태의 입장이 객관적 비평에 대한 혐오와 창작방법론에 대한 거부의 소산이었다고 보고 이를 예술지상주의의 주요한 한 특성이라고 비판한다.

그외에도 카톨릭 문학에 대해서도 격렬히 반박하고 있고, 김기림 등의 기교주의 시론에 대해서도 마찬가지로 예술지상주의라고 단언하면서 대립한다.

이러한 점에서 그 자신들과 대립되는 입장에 대해서는 나름대로 방어적 자세를 취하고 있었지만 현실과의 관련 속에서 운동을 생명으로 하던 그들 자신으로서는 그것이 상실됨으로써 자신들의 입장은 체계화하지 못하는 모순된 현상을 가지게 된다. 다만 그 중에서 김남천만이 그 내부의 일반적 흐름과는 달리 자신의 문학론을 개진하고 있어 주목된다.

카프해산 후 김남천의 문학론을 간단히 요약하면 고발문학론, 모랄 풍속

---

66) 임화, 「사실의 재인식」, 『문학의 논리』, 학예사, 1940, p.124.

론, 관찰문학론으로 전환하고 있다고 할 수 있다. 카프 해체 이전에는 자신을 정치운동가로 간주할 만큼 작가의 실천을 강조했던 그였지만, 카프해산 후에는 운동성을 상실하는 대신 고발적 차원으로 후퇴함으로써 비전향측에서는 가장 먼저 그로부터 이탈되어 나온다.

그리고 그것은 더 나아가 작가 자신의 주체문제로 되돌아와 자기반성의 문제로서 모랄과 풍속을 중시한다. 이러한 모랄 풍속에 대한 강조에서 로만 개조론으로 나아가는데, 여기에는 과거 중심적인 위치를 차지했던 정치가 사라지고 대신 문학이 자리잡는다. 그리고 이것은 프로문학론이 아니라 시민문학론이라 할 수 있다. 따라서 과거 카프 시기 가장 중요한 출발점이 되었던 프롤레타리아 이데올로기 대신 작가 자신의 입장에서 바라보는 현실이 문제가 됨으로써 급기야 탈사상, 탈체험의 관찰문학론으로 나타난다. 말하자면 철저히 소시민적 지식인의 눈으로써 바깥 현실을 관찰하는데 리얼리즘의 토대를 두고 있다.

> 이제 문학은 사상이나 관념에 대하여 상당한 경계를 하지 않으면 안 되게 되었다. 관념에 비하여 생활이 언제나 우위라는 것을 진심으로 깨달아야 할 시기에 이르러 있다.
>
> [……]
>
> 사상 관념 이데올로기의 불신과 붕괴가 치열히 불리고 있는 지금 예술가가 의탁할 곳은……생활 그 자체임을 망각하여서는 아니 된다.[67]

김남천의 이러한 입장은 과거 다른 카프 논자에 비해서 오히려 명확한 자기변모 과정을 보여주고 있다는 점에서 특색이 있다. 1938, 1939년에 들어서면 물론 과거 카프의 주요 논자 역시 김남천과 동일한 입장으로 퇴색함을 엿볼 수 있기 때문이다.

(『민족문학의 모색』, 범우사, 1989)

---

[67] 김남천, 「주인공・성격・사상」, 『동아일보』, 1939. 12. 21.

광복의 시대상황과 이념논쟁

1.

8·15와 함께 우리 민족은 일제의 식민지 통치에서 해방되었다. 이를 계기로 우리는 다시 한국어를 쓸 자유를 회복할 수 있었고 민족문화와 민족문학의 새 장을 여는 기반을 조성할 수 있었다. 그러나 8·15로부터 40년이 경과한 오늘에서 보면 그 감격은 극히 한순간이었을 뿐, 우리 민족사의 또 하나의 비운을 점친 시대로 회고될 뿐이다.

이때 한국의 강토는 북이 38도선으로 양단되고 북에는 소련군, 남에는 미군이 진주했다. 동시에 이 양대 전승국의 이데올로기는 남과 북에 한꺼번에 밀려들어 자리다툼을 했다. 국토의 양단은 복잡한 비극적인 양상을 드러내기에 이르렀다. 궁극적으로 한국의 문인들은 이 이념의 혼선 속에서 어느 하나를 선택해야 했고, 선택한 이상 현실적으로 발을 디딜 땅을 선택해야 했다. 그리하여 많은 문인들이 남에서 북으로 떠났으며 이념을 잘못 선택한 이들 대부분은 그곳에서 수년 후 모두 숙청을 당했다.

해방 직후 언론과 출판과 집회, 종교 등 모든 자유가 허용된 해방감 속에서 가장 두드러지게 나타난 것은 단체활동이었다. 당시의 우리 문단활동은 좌익문인들의 선공으로 막이 오른 셈이었다. 해방 이틀 후인 8월 17일에 구 카프의 시인 임화가 '조선문학건설본부'를 조직하는데, 그는 카프에 대한 대표적 반대파인 이태준을 옹립하여 그 대표로 앉혀 놓았다. 이태준의 운명적 실책은 이때 결정되었다. 그리고 한 달 후에 '조선프롤레타리아문학동맹'이 조직되고, 한편에선 일제 시대의 해외문학파들이 '중앙문화협회'를 만들었다.

그 후 12월 13일에는 조선문학건설본부와 조선프롤레타리아문학동맹이 합세하여 '조선문학동맹'이라는 좌익 문학단체를 만들고 이듬해에는 '조선문학가동맹'이라고 명칭을 바꾸었다. 이와 같은 좌익 문학단체의 재빠른 조직활동에 비해서 민족진영의 문인들은 한발 늦어 단체조직에 착수했다. 조선문학가동맹의 독주에 맞서 문학예술의 본연의 자세를 옹호하고자 민족문인들은 우선 범문화 조직의 성격을 띤 '중앙문화협의회'를 결성했다.

'중앙문화협의회'의 주요 대표자는 정인보, 박종화, 이병도, 양주동, 이헌구, 오종식, 김광섭 등이었다. 이들이 주장한 행동강령은 '진정한 민주주의 국가 건설에 공헌한자' 등 4개항이었다. 얼마 뒤 '중앙문화협의회'는 곧 '조선문필가협회'라는 범문단적 명칭으로 바꾸고 좌익문단과 대립했다. 그러나 조선문필가협회도 적극적인 선전공세와 철저한 조직으로 등장한 좌익 '조선문학가동맹'에 대응하기에는 그 기능이 미비한 채 발족된 셈이었다.

1946년 4월 4일 출범한 '청년문학가협회'에는 김동리, 유치환, 김달진, 서정주, 박두진, 박목월, 조지훈, 조연현, 곽종원, 이한직, 최태웅 등이 망라되었다. 이들이 내세운 행동강령 중에서 주목되는 것은 '일체의 공식적·예속적 경향을 배격하고 진정한 문학정신을 옹호함'이란 대목이다. 이것은 분명히 좌익 조선문학가동맹의 계급주의 문학의 유물사관 일변도의 계급문학을 배격하고 새로운 민족문학을 지향한다는 뜻이다.

실상 조선문학가동맹이 표방한 것은 지난 1920년대에 출발했던 카프의 재현에 불과한 것이었다. 따라서 그들은 문학자체를 위하기보다는 계급투쟁의 수단으로서 문학을 선택했을 뿐이었다. 여기에 강력히 저항한 청년문학가협회의 발족으로 해방문단에는 참다운 문학과 문학정신을 독자적 옹호하려는 민족문학의 세력이 구축된 셈이었다.

2.

청년문학가협회가 본격적인 활동을 벌이고 있을 때, 전문단의 주목을 끈

충격적인 사건이 하나 생겼다. 그 당시 조선문학가동맹의 유력한 평론가로서 이름이 높았던 김동석이 「순수문학의 정체」란 글을 발표하고, 여기에 맞서 김동리가 「독과문학(毒瓜文學)의 본질」이란 반론을 편 데서 비롯되었다. 이 두 사람의 논쟁이 바로 좌익과 우익의 논쟁이요, 문학의 사회적 기능과 순수기능을 주장하는 것이었음은 두말 할 나위도 없다.

이 좌우익의 논쟁은 1947년부터 1948년에 걸쳐 김병규·김동석이 한패가 되어 프로문학의 기수가 되고 김동리는 순수문학의 방패가 되어 서로 공박을 벌인 것이다. 그 발단은 김병규가 『신천지』와 『신문예』 등 여러 잡지를 통해서 순수문학을 비판하고 김동석이 「순수의 정체」(『신천지』, 1957년 11, 12월 합병호)를 발표함으로써 비롯된다.

즉 김병규의 요지는 "현대의 휴머니즘은 유물사관이다. 이것을 거부한 제3휴머니즘이란 하나의 환상일 뿐"이라는 것이었다. 여기에 비해 김동석은 "좌도 아니요, 우도 아닌 제3노선? 희랍정신의 아킬레스가 영원히 거북의 느린 걸음을 따라가지 못하는 그 노선을 김동리는 걸어가려 하고 있다"고 했다. 여기에 응수하여 김동리는 「본격문학과 제3세계의 전망—특히 김병규씨의 항의에 관하여」란 비평을 발표했다. 그의 반박은 그 전에 내놓은 「순수문학의 진의—민족문학의 당면과제로서」를 재확인하고 구체화시키는 것에 머무르지 않고 두 도전자에 대한 논리적 모순을 비판하는 것이었다.

먼저 김병규를 반박한 요체는 다음과 같다.

> 유물사관은 주지하는 바와 같이 사회성을 몰각하고 제도와 환경을 중시함으로써 인간성을 억압하는 데에서 구성되어 있으므로 휴머니즘의 본질과는 근본적으로 배치되는 것이다.
> 씨가 유물사관을 가리켜 현대 휴머니즘이거니 한 것은 분명히 유물사관이나 휴머니즘 그 어느 것에 대한 인식착오가 아니면 안 될 것이다.

또 한편으로 김동석이 「순수문학의 정체」에서 김동리를 탐미주의자 내지 순수주의자로 규정하며 그 문학을 "오스카 와일드의 탐미파가 술과 담배를 먹으며 더없는 행복을 깨닫던" 까페에 불과한 것이라고 인신공격을 했다. 그리고 그는 "순수문학이란 생활을 떠난 현실도피적인 문학으로서 정신이라는 추상적인 관념 속에서 물질적 조건을 망각한 비생산적인 것"이라고 공박했다.

이러한 김동석의 주장에 대한 반박으로 김동리는 '생활'과 '문학'이란 용어를 놓고 다음과 같은 엄숙한 논평을 제기했다.

> 첫째, 빵을 구하기 위하여 싸우는 것은 생활이 아니다.
> 둘째, 문학은 생활을 위하여 하는 것이 아니다.
> 셋째, 김군이 문학이라고 믿는 군의 독과(毒瓜)는 문학이 아니다.
> 이상의 세 가지 중, 첫째 조항을 인정하는 것은 군이 지금까지 신주단지 같이 위해 온 유물론을 배반하는 결과가 된다. 둘째 조항을 인정한다면 그가 얽어놓은 생활과 문학에 대한 일체의 논리를 포기해야 한다. 세째 조항을 인정하려면 그의 독과가 남의 낯을 할퀴기보다 자기자신을 할퀴는 데에서만 군의 인생과 문학에 기여할 수 있다는, 군에게는 너무나 인연이 먼 새로운 진리를 배워야 한다. 그리고 이것은 군에게 있어 가장 어렵고 또 가장 중대한 일이기도 한 것이다.

김동리는 이상과 같은 논리를 앞세우면서 "군의 생활의 핵심이 '빵'에 있고, 군의 그 독 묻은 손톱이 '빵'을 구하기 위해서 ─ 극복하기 위해서가 아니고 ─ 만 있는 군은 '문학'과 '생활'이란 어휘의 참된 뜻을 체득할 수 없을 것이다"란 신랄한 반론을 폈다. 이렇게 김동리의 날카로운 반박문이 발표됨으로써 김동석의 논리가 미흡하다는 평을 듣게 되어 김동리의 판전승이 된 셈이었다.

김동리과 김동석의 이러한 논쟁은 당시의 좌우익 대립의 구체적인 한 사례에 불과하지만 좌우 문단의 이념적 방향이 어떻게 다른가를 뚜렷이 보여준 논쟁으로 평가된다.

3.

 이와 같은 좌우익 논쟁이 치열하게 전개되었다고 하더라도 그것은 문학사적인 면에서 보면 별로 크게 새로운 이론의 등장은 아니었다. 왜냐하면 이미 1925년 카프가 등장하면서부터 문학의 사회적 기능과 순수기능에 관한 논쟁이 전개되었기 때문이다.
 그리고 카프 시대의 문학이 바로 사회주의 사상에 입각한 계급투쟁으로서의 문학을 주창했던 것처럼 해방 직후의 김동석의 주장도 같은 것에 지나지 않는다. 그러므로 1925년경의 프로문학과 그에 반대한 염상섭 외 몇몇의 문학이론은 바로 해방 후의 김동석과 김동리의 문학이론과 흡사한 것으로, 후자는 당시와 똑같은 쟁점을 들고 나와서 되풀이한 것으로 풀이된다.
 더욱이 이 같은 좌우익의 논쟁은 정치적 배경을 지녔다는 불순성 탓이었는지 모르지만 진지한 논쟁으로 끝나지는 않았다. 비평의 입장에서 보자면 비록 날카로운 힘은 있었지만 너무도 유치한 인신공격이 앞서서 비평의 격을 떨어뜨린 셈이었다. 그리고 좌우익의 논쟁의 미진한 가운데 좌익세력은 정치적 배경을 잃고 지하로 숨어들거나 월북하지 않으면 안 되었다. 이렇게 됨에 따라 프로문학을 들고 나왔던 김동석이 그 이상 논쟁을 계속하지 못하고 월북해 버려 논쟁은 핵심을 찾아보지 못한 채 끝나 버리고 말았다.
 여하간 당시 김동석과 김동리로 대표되었던 좌우익 문단의 이념적 논쟁은 극단적인 흑백논리로 시종했는데, 그 상치점에 대한 조연현의 견해는 주목할 만 하다.
 첫째, 좌익측이 민족문학이라고 했을 때 그것은 두 가지 의미를 가졌다. 하나는 우리 민족의 8할이 노동자 농민이니까 우리의 민족문학은 그러한 계급을 위한 문학이라야 한다는 것이고, 다른 하나는 문학의 내용에 있어서는 보편적이지만 형식에 있어서는 민족적이어야 한다는 것이었다. 이에 대해서 우익측의 견해는 민족은 계급을 초월하는 것이며, 그보다 우위에 있으므로 8할이 노동자 농민이라고 해서 우리의 민족문학이 계급문학이 될 수는 없고, 또한 민족적인 것은, 그 형식적 조건은 물론이지만 내용적인 조건에까지 파급된다는 것이었다.

둘째, 좌익측은 늘 문학에 있어서의 생활의 중요성을 강조했고, 그 생활의 기초나 개념은 주로 물질적·경제적인 것을 의미했다. 이에 대해서 우익측은, 문학에 있어서 생활이 중요한 것은 말할 필요조차도 없는 문제이며, 다만 인간의 생활은 물질적·경제적인 조건만이 그 전부가 아니라 그보다도 근본적으로 중요한 것은 인간의 정신적 조건임을 강조했다.

셋째, 좌익측은 늘 사회성을 강조한 데 비해서 우익측은 인간성을 강조했다. 그 당시 우익측에서 내세운 순수문학을 '인간성 옹호의 문학'이라고 한 데 비해서 좌익문학을 '당의 문학'이라고 한 이유가 여기에 있었다.

넷째, 리얼리즘에 대한 견해의 차이였다. 좌익측에서는 사회주의적 리얼리즘을 많이 주장했다. 그들의 사회주의적 리얼리즘이란 인생이나 사회적 구조를 지배자는 부정적으로, 피지배자는 긍정적으로 표현하는 것을 의미했다. 이에 대해서 우익측에서는 그것이 공식주의이지 진정한 리얼리즘은 아니라는 것이었다. 인생이나 사회적 구조는 그와 같은 기계적인 구조이기보다는 훨씬 더 복잡하고 다양한 양상을 지니고 있는데, 이것을 그대로 표현하는 것이 리얼리즘이라고 했다.

다섯째, 좌익측에서는 역사가 공산주의 방향으로 발전된다는 것이고 우익측에서는 그보다는 민주주의적 방향으로 전개된다는 것이었다.

이와 같은 좌우익의 문학이념의 이질성은 개개인의 주장들과는 다소 다른 것이었지만 광복 후부터 정부수립까지 전개된 좌우익 문학론의 쟁점으로 풀이된다. 그러나 이 양파의 문학론이 다 같이 문학의 반 조각 기능만을 주장했다는 점을 간과할 수 없다. 즉 좌익문학이 사회적 기능만을 강조하고 나선 데 비해서 우익문학은 문학의 순수기능만을 크게 주장했다. 이 같은 순수문학이 그 후 한국문학의 주류를 이루어 문학이 지녀야 할 또 하나의 중요한 기능인 사회적 기능을 약화시키는 결과를 가져왔다. 이 순수문학이 한국문학의 주류를 이루게 됨으로써 언젠가는 또다시 비판받아야할 문제점을 남긴 셈이었다.

(『민족문학의 모색』, 범우사, 1989)

새세대의 충격과 60년대 소설

1.

 1960년대 들어서서의 가장 중요한 변모는 50년대 순수문학적 경향에 대한 반성과 함께 대두한 사회에 대한 새로운 인식에서 야기된 창작계의 변모라 할 수 있다.
 이러한 문학적 변모는 한마디로 문학인들 자신이 발을 딛고 있는 현실의 변화로 풀이된다. 즉 6·25의 상흔으로부터 어느 정도 시간적 거리를 갖게 되고 또한 자유당 정권의 부패에 따른 저항의식 등이 휴머니즘을 기저로 하여 싹터 나오는 등 그동안 순수문학이 견지해 온 문학의 독자성·순수성을 유지하면서 좌·우대립으로 경색되고 상실되었던 사회적 공리성이 되살아나는 형태였다. 물론 이외에도 서구문학에의 관심과 신인들의 기존 문단에 대한 비판도 거기에 한몫을 한 셈이다.
 그런데 여기서 하나 지적해 두어야 할 점은 이러한 전반적인 특징이 모든 작가에게 전체적으로 균형있게 형성되어 있다는 것을 의미하지 않는다는 점이다. 말하자면 각기 작가들에게는 이러한 제특징들의 특정 측면들의 부분적으로 강조되면서 여러 특징들이 복합적으로 나타나고 있다. 그리고 1960년 이후 10년간의 창작계는 50년대의 문학과 불가분의 관계를 갖고 계승 발전해왔다는 사실을 변화 속에서도 간과해서는 안 될 것이다. 다시 말하면 그 이전부터 우수한 작품을 써 온 작가들이 지속적으로 작품 활동을 해왔고, 또한 60년대에 등단한 신인들도 50년대 경향의 흔적(특히 손창섭·장용학의 경향)으로부터 자유로울 수는 없기 때문이다.
 그러면서도 60년대 문학은 50년대 문학과 질적으로 구별되고 그러한 비교는 특히 60년대 중반부터 두드러지게 나타난다. 이는 4·19와 5·16이라는 사회 변혁적 소용돌이가 비교적 잠잠해지면서 그에 대한 문학인의 고민과 대응이 본격적으로 행해지는 데 있다 할 것이다.

그 하나의 예로 이른바 중반 이후 등장하는 신인들의 작품 세계는 크게 다음의 두 가지로 분류해 볼 수 있다. 즉 김승옥·이청준·최인호 등 내성적·실험적 창작기법을 과감하게 도입한 모더니즘적 경향에 서있는 부류와 다른 한편으로 신상웅·이문구·방영웅·정을병 등 정통적인 사실적 수법을 지향하지만 전대와는 다른 새로운 시대의식을 보이고 있는 부류가 그것이다. 그런 점에서 60년대 문학이 리얼리즘의 문학이라 할 수 있고, 그 이전부터 창작 활동을 해온 작가들의 경향까지 포함하면 전통적 서정주의 문학(혹은 민족주의적 경향)을 또 하나의 부류로 추가할 수 있을 것이다.

2.

새로운 세대의 문학과 관련하여 문단이 낳은 가장 충격적인 작품으로 뭐니뭐니해도 최인훈의 『광장』을 들지 않을 수 없다. 그래서 어떤 평자는 '정치적인 측면에서 보자면 1960년이 학생들의 해였지만 소설사적인 측면에서 보자면 그것은 『광장』의 해였다고 할 수 있다'고까지 했다. 60년대 벽두 4·19혁명으로 탈바꿈한 사회가 몸살을 앓던 시기에 60년 11월부터 『새벽』지에 발표된 『광장』은 다른 무엇보다도 48년 이후 감히 엄두도 낼 수 없었던 소재를 정면에서 다룬 점에서 주목되는데, 분단과 전쟁과 후진국이라는 비참한 역사 앞에 선 한 지식인의 오뇌가 깊이 담겨 있는 작품이다.

남북 분단에 의한 이데올로기의 대립과 선택의 강요라는 상황, 즉 '밀실만 충만하고 광장은 죽어버린' 남한에 구토를 느끼고 또한 '끝없는 복창만 강요하는' 잿빛 지옥 북한 어느 곳에서도 안식처를 발견하지 못한 이명준이란 지식인의 삶의 궤적에서 그의 도피가 보여주는 바로 민족의 비극 그 자체였다. 이러한 문제의식은 당시 4·19 열풍 후 젊은 층에 대두한 새로운 문제의식을 표면화시킨 것으로 작품에 짙게 배어 있는 관념성마저도 탈출구를 분명하게 발견하지 못하는 개인적 관념의 세계에 갇혀 있는 주인공이지만 당시의 상황으로는 불과 10여 년 전에 조성해놓은 민족의 비극이었기에 그것은 고스란히 현실 자체의 문제로 되돌아왔다. 그런 점에서 관념적 세계, 산뜻한 감성의 세계, 세련된 언어구사 등을 중시하면 내성적 기교주의라 할 수 있지만, 문제 자체의 충격파가 갖는 시대적 의미를 중시하면 사실주의적 작품으로 규정해도 무방하다. 어쨌든 최인훈의 『광장』이 갖는 이러한 이중적 측면은 60년대 소설의 주요한 면모를 보여주는 전형적인 예라 할 수 있다.

실상 이러한 날카로운 지성의 발흥은 자유당 정권의 독재와 부정에 항거한 4·19혁명의 정신적 반영이었다. 그 뒤 곧바로 5·16이라는 군사혁명이 터지기는 했지만 60년대 작가 정신에는 의연히 4·19정신이 한 뿌리로 자리하고 있었다. 이러한 힘은 과거 시대의 작가에게는 문학적 변모의 한 변수로, 그리고 새로운 세대에게는 첫출발의 계기로 자리잡혀진다. 이를테면 김정한·이호철·전광용·하근찬 등의 전자에 해당된다면, 후자의 경우는 정을병·유현종·이문구·방영웅·신상웅·남정현 등을 들 수 있다.

그 중에서 김정한은 1930년대에 등단해서 활동하다가 절필한 후 60년대 중반부터 다시 활동을 재개한 작가이다. 「모래톱 이야기」(46), 「인간단지」(70)에서 조마이섬과 나환자촌을 배경으로 하여 부당한 권력에 침해받는 서민층의 생존에 대한 투쟁을 사실적으로 묘사하고 있다. 이후 그는 계속해서 서민층의 편에 서서 비인간적인 현실 상황에 대한 강렬한 저항을 자기 문학의 본령으로 삼았다.

60년대에 있어서 이러한 현실비판문학의 최정점은 남정현에게서 이루어진다. 1965년 3월에 『현대문학』지에 발표한 「분지」로 이른바 반공법 위반의 「분지파동」을 일으킨 남정현은 「부주전상서」(64. 6)에서 미국의 문제를 정면으로 제기하고 있을 뿐 아니라 정치권력, 사회부조리에 대한 비판을 과감하게 행하고 있다. 특히 「분지」는 최근까지고 금기시되었던 외세문제를 표면화시킨 작품으로 당시의 시대적 분위기를 감안하면 매우 예외적인 작품이라 할 수 있다. 직설적인 서술을 피하고 우의적인 수법으로 접근해 들어간 이 작품에서 남정현은 미군 주둔에 의해 파괴된 한 가족의 삶을 통해 외세문제를 민족 전체의 문제로 끌어올리려 시도했다.

한편 군대생활을 기반으로 이데올로기에 접근해 들어간 홍성원은 「영점지대」(64), 「D데이 병촌(兵村)」(64)에서 이데올로기 대립이 가져다 준 비극을 보여주고 있다. 「D데이의 병촌」은 월북한 북괴군 장교가 두고 간 아내와 마을 가까이 주둔하고 있는 국군부대의 장교와의 사랑을 통해 이데올로기 문제를 추적해 들어간 것이었다.

3.

60년대에서 특기할 것은 현실적인 문제들에 대한 접근에서 도시소시민의 삶과의 관련성은 거의 모든 작품에서 나타나는 주요한 특징으로 지적된다. 대부분 작가 자신의 삶이자 동시에 4·19와 직접 연관되는 사회집단으로서 성장한 소시민의 형성과 그 의식의 좌절, 변모는 6·25라는 비극적 사태와 자유당 정권의 권력 밑에서 많은 정신적 갈등으로 표출될 수밖에 없었다.

그 대표적 작가로 이호철은 「판문점」(61.3), 「서울은 만원이다」(67), 『소시민』(64. 7~65. 8) 등에서 전쟁으로 인한 남북이산 그리고 서구문명의 충격이 준 소외문제와 역사적 격동기에서 뚜렷한 목표 없이 생존문제에 시달리면서 소시민화 되어가는 삶을 그리고 있다. 장편 『소시민』의 경우는 가 자신의 자전적 소설이기도 한데 바로 월남민을 주인공으로 하여 전쟁이 남긴 여러 가지 문제를 파헤치고 있다. 또한 「서울은 만원이다」에서 작가는 한국사회의 한 축도로 서울을 문제삼고 있다. 부조리·허위 그리고 금전의 노예가 되어 가는 산업화로 인한 부작용을 사실적으로 비판 풍자하고 있다.

이호철이 대사회적인 관점에서 사회를 문제삼았던 반면 그것을 개인의 내면 문제로 돌려 분석해 들어간 작가로 이미 50년대부터 독특한 경지를 보인 손창섭을 들 수 있다. 60년대 『동아일보』에 연재한 「부부」는 무엇이 옳고 그른지 전혀 분간할 수도 없는 퇴폐적이고도 복잡한 현대사회의 남녀관계를 독특한 시니시즘으로 묘사해놓고 있다.

전광용은 「충매화」(60. 8)에서 현대 여성의 미묘한 심리를 전통적인 관념과 연결시켜 그려내고 있다. 나이든 연상의 남편과는 임신이 불가능한 여성 환자가 의사에게 인공수정을 요구하고 나중에는 의사를 유혹하기까지 한다. 이러한 여성상의 변화 속에서 후자에 대한 전통적 관습의 견고함으로 포착할 수 있고, 동시에 유혹의 장면에서 현대여성의 미묘한 애정심리를 반추해 볼 수 있다. 한편 그의 대표작이라 할 수 있는 「꺼삐딴 리」(62. 7)에서 근대사의 수난기에 오히려 거기에 편승하여 개인의 안일을 꾀하는 인물을 통해 민족사의 비극을 역으로 풍자하고 있다. 말하자면 일제치하로부터 해방·국토분단·군정시대 그리고 6·25의 격동기를 거치면서 의사 이인국의 시세의 변동에 따른 무주견의 처세술을 풍자함으로써 우리 역사의 수난과 지식인의 비애를 선명하게 보여주고 있다.

신상웅은 중편 「히포크라테스의 흉상」(68)에서 한 병사가 야전병원으로부터 후송병원·육군병원 등으로 후송되면서 조직 속에서 어떻게 죽어가게 되는가, 즉 현대사회 메카니즘의 폭력 속에서 어떻게 인간이 유린되고 압살되는가를 농축시키고 있다. 또한 정을병 역시 「개쎄끼들」, 「유의촌」, 「선민의 거리」 등에서 사회부조리, 즉 5·16의 부산물인 국토건설대와 의료계 등을 통해 당시 사회의 모순들을 풍자적으로 비판하고 있고, 유현종 역시 「거인」(66) 등에서 사회부조리를 건강한 시선으로 비판하고 있다.

이 시기 주요한 사회집단의 문제 중의 하나가 농민의 문제였다. 특히 경제개발계획이 시작되면서 이 농민의 문제가 사회적 문제로 대두되고, 또한 산업화로 인한 인간성의 말살에 대한 대응책의 일환으로 농민들의 세계가 작가의 관심을 끌었다. 60년대에 등장하여 70년대 이후 왕성한 활동을 전개하고 있는 이문구는 「장한몽」에서 하층민의 삶을 따스한 애정으로 감싸면서 이들의 삶은 비인간화를 촉진하는 산업화에도 찌들지 않는 싱싱한 삶이라는 것을 강조하고 있다. 바로 12명의 공사장 인부들이 아무렇게나 내뱉는 속어·비어 등은 작가가 평소 즐겨 쓰는 투박하고 소박한 시민의 애환에 다름 아니었다. 이 작품은 70~71년에 발표되었지만 그가 66년에 실제로 공동묘지 이장 공사장에서 일하며 겪은 실제 체험을 토대로 창작한 것이므로 60년대 작품이라 하여도 별 무리가 없을 것이다. 오히려 농민소설이 70년대 이후 본격화되었다는 점에서 그 징검다리 구실을 한 작품이라 할 수 있다.

그런 관점에서 보면 60년대 농민소설에서 방영웅의 「분례기」(67) 또한 제외될 수 없는 작품이다. 독자의 큰 관심을 끌었던 「분례기」는 방영웅의 데뷔작이자 대표작으로도 간주되는데, 여기서 작가는 토착어와 속담·민요 등을 활용하여 우리 민족의 끈질긴 삶을 농민들의 세계를 통하여 반추하고 있다. 말하자면 이 작품에 등장하는 인물들은 우리의 농촌 어디에서나 손쉽게 마주칠 수 있는 인물들이며 거기에 형성되어 있는 환경 역시 어디에서나 만날 수 있는 곳이다. 그 외에도 박경수의 「동토」(69) 역시 농민소설로서 주목해야 할 작품이다.

그러나 60년대 농민소설은 전반적으로 당시 변모해 가는 농촌의 파괴를 도외시하고 순박한 인간성에 대한 애정에 집착함으로서 일정한 한계를 노정한 셈이었다. 이러한 모습은 70년대에 들어서서 이문구·송기숙·김춘복 등에 의해 현실적으로 문제를 다룬 소설로 전환하게 된다.

이밖에 현실적인 문제를 다룬 소설로 박연희의 「침묵」, 박경수의 「애국자」, 선우휘의 「아버지」, 유주현의 「6인 공화국」, 유현종의 「불만의 도시」 등이 혼란한 사회와 그에 기생하는 부당한 인간들의 모상이나 피해받은 인간들의 초상화를 그린 작품이다.

4.

이상의 작품이 현실을 보다 중시하면서 그로부터 파생된 문제를 추구해 들어간 것으로서, 내성적 기교주의라 칭해지는 새로운 세대의 작품들은 보다 형식적인 면에 우위를 두면서 그 형식에 대한 실험 자체가 전후 세대의 새로운 의식과 결합되어 나타나고 있다는 점에서 주목된다. 물론 많은 작가들이 소재나 주제 설정에 있어 각기 다른 취향을 보여주고 있지만 50년대 작품과는 다른 새로운 문학 형식과 감성의 세계가 나타났다.

신세대의 선두 주자로 칭해지는 김승옥은 그의 작품에서 새로운 모습을 보여주는데, 대상을 바라보는 예민한 감성의 반응과 이국적이며 애상적인 문체가 돋보인다. 「생명연습」, 「무진기행」, 「서울, 1964년 겨울」, 「60년대식」에서 작가는 새로운 세대의 감성을 유감없이 토로하고 있다. 이들 작품의 인물들은 불안하고 답답한 분위기 속에서도 무책임하고 다른 한편으로 비굴한 행동을 제멋대로 행하고 있다.

이를테면 「생명연습」(62)의 경우는 전쟁의 악몽, 도덕·사회·현실이니 하는 모든 개념으로부터 벗어나 개인의 삶은 철저히 개인의 것이라는 강한 주관주의적 인식을 보여주고 있다. 「무진기행」(64.10)의 경우에서도 축축한 바람과 자욱한 소읍에 내려온 도시청년이 여선생과 무책임한 정사를 벌이는 데까지의 과정을 통해 새세대의 의식과 감성, 즉 무질서, 몽롱한 추억, 센티멘털리즘이 날카로운 감각으로 채색되어 있다. 고향에 돌아와서 내뱉는 "안개를, 외롭게 미쳐가는 것을, 유행가를, 술집 여자의 자살을, 배반을, 무책임을 긍정하기로 하자"는 독백은 바로 그러한 면을 단적으로 보여준다.

박태순 역시 감각을 기초로 하여 도시의 풍속을 채색하고 있다. 이를테면 「연애」에서 작가는 아주 현실적으로 포착되는 미세한 단면들, 즉 유행가 가수의 이름, 거리의 간판 등을 사용하여 소시민적 쾌락주의의 면모를 부각하고 있다.

그 반면 지성을 강조하는 이청준은 「퇴원」(65), 「병신과 머저리」 등에서 방향감각을 상실한 젊은이의 소외된 의식과 그 모랄을 서구적 지성으로 포용하고 있다. 이를테면 장문의 난해한 논설체의 문장도 과감하게 사용하면서 심리주의적 기법 혹은 정신분석학적 기법을 사용하여 한 개인의 삶을 억압하는 요인들, 가령 소년시절의 질환, 병적 공포심리, 과도한 죄의식, 증오심의 요인을 분석하여 현대인의 정신세계를 진단하고 있다. 이청준의 작품에서 곧잘 나타나는 관념적 꼭두각시의 조형과 그것의 무기력함의 제시는 바로 이 시기 모더니즘적 경향의 작가들이 그러하듯이 소시민 의식의 표현이기도 하다.

 말하자면 김승옥이 본능적으로서의 성문제를 긍정적으로 수용하고 일체의 엄숙주의를 뿌리째 흔들어 버린 점이나, 박태순이 일상적 생활인이 지닌 속물성에 대해 아무런 주저없이 수락하는 것이나, 서정인이 무지와 편견으로 충만되어 있는 사회에서 상상을 꿈꾸는 현대인이 파멸과 착종을 그리고 있는 것은 모두 같은 시대 의식의 편린을 보여주는 예라 할 수 있다.

 이처럼 이들 신세대 모더니즘적 경향의 작가들은 한 개인의 의식이 개입되지 않은 세계와 사물에 대한 고정관념을 거부하고 있다. 그런 점에서 이들의 문학적 태도는 감성을 출발점으로 하여 그것을 철저하게 구현함으로써 이성적 인식에 도달하는 것이라 할 수 있다.

 이러한 내성적 기교주의 혹은 모더니즘적 경향의 작품으로 그밖에 최인호의「견습환자」, 홍성원의「종합병동」, 서정인의「후송」등을 들 수 있다.

5.

 앞에서 언급한 작품들에서 전광용의「꺼삐딴 리」가 우리 역사의 수난사를 다룬 작품이라고 지적했다. 어느 시기에서나 그 이전의 역사는 작가의 주된 관심의 대상이기도 하다.

 이 시기 작가들의 과거에 대한 주된 영역은 일제하 그리고 6·25라 할 수 있을 것이다. 물론 대부분의 작가가 비록 유년기라 할지라도 자신이 살았던 시대이기에 더욱 주요한 창작 대상이기도 하였다.

 이와 관련된 주요 작품으로 우리는 일제시대를 다룬 안수길의「북간도」, 김정한의「수라도」, 하근찬의「족제비」, 유주현의「조선총독부」, 그리고 6·25를 다룬 황순원의「나무들 비탈에 서다」, 오상원의「황선지대」, 서기원의「이 성숙한 밤의 포옹」, 강용준의「철조망」, 오유권의「방앗골 혁명」, 박경리의『시장과 전장』등을 들 수 있다

 안수길은「북간도」(61. 1~63. 1)에서 19세기 말부터 20세기 초까지 민족

의 역사를 일제에 대한 반항의 기점인 북간도를 중심으로 적극적으로 묘파해 나갔다. 이창윤 일가 4대가 당한 수난을 통하여 그 비운의 역사와 거기에 대항하는 민족의 삶을 정확한 고증과 자신의 경험을 통해 사실적으로 그려 놓음으로써 이 시기 역사소설의 역작으로 평가되고 있다. 김정한의 「수라도」(69) 역시 일제식민지시대부터 해방 후에 이르는 시기의 수난사를 가야부인의 가족의 삶을 통해 증언하고 있다. 또한 대하장편소설 「조선총독부」(64. 9~67. 6)를 쓴 유주현 역시 일제식민지시대의 역사를 방대한 역사자료를 밑받침으로 하여 실록의 형식으로 재현하고 있다. 근 2천여 명의 실존인물을 동원하여 우리의 최근세사를 복원한 이 작품은 그 스케일에서 압권이었다.

하근찬은 침략자 일본을 상징적으로 묘사한 「족제비」에서 일제의 경제적 수탈과 정치권력의 폭력을 풍자적으로 폭로하면서 그러한 부당한 힘에 대한 비판을 예리하게 가하고 있다.

한편 6·25는 지금에도 그렇지만 60년대 작가에게도 지울 수 없는 상처로 남아 있었다. 따라서 이와 관련된 창작은 세대의 구별없이 모든 작가들이 운명을 어루만지듯 다루어 온 셈이다. 그 가운데서도 황순원을 비롯하여 오상원·서기원·강용준 등을 대표적 작가로 들 수 있다.

황순원은 「나무들 비탈에 서다」(60. 1~7)에서 전쟁이란 비인간적 폭력 속에 상처입고 굴절되어 가는 젊은이들의 감각과 의식을 치밀하게 묘파했다. 작중인물로 동호·현태·선우상사·장숙 등은 한결같이 전쟁의 희생자들이다. 그 희생은 오히려 외부적인 것이라기 보다는 내면적이고 정신적인 면에서 더 컸다. 소심한 동호는 현태와 관계있는 숙과의 정신적 연대에 얽혀 심한 열등의식과 죄책감을 느끼게 되고, 거기에서 오는 자의식 때문에 결국 애인을 총으로 쏘아 죽이고 자신도 유리병으로 자살하고 만다. 선우상사 또한 살인에 대한 죄책감 때문에 발광케 되고, 인정많은 현태 역시 절망하여 방탕한 생활을 하다가 형무소로 가게 된다.

이처럼 이 작품은 '상처받은 세대', '전후세대의 니힐리즘'으로 젊은이들을 규정하면서 그 의식의 변모를 예리하게 지적해 내고 있다. 마찬가지로 그 의식의 피해를 적나라하게 보여주는 「황선지대」(60. 4)에서 오상원은 미국 주둔지의 특수지대에서 독버섯처럼 살아가고 있는 인간군의 삶을 전쟁과 연관시켜 폭로하고 있다.

죄악감·윤리감마저 말살하는 전쟁이 남긴 비정의 인간세계를 날카롭게 분석하여 원시적 본능만이 남아 있는 전후세대의 정신적 불구성은 독자로 하여금 전쟁의 잔혹성을 선명하게 느끼게 해준다. 서기원 역시 「이 성숙한 밤의 포옹」에서 전후사회적 혼란을 젊은 주인공의 시각을 통해 그려내고 있다.

그 반면 강용준은 실제 자신의 체험을 통해서 포로수용소의 생활에서 나타나는 극한 상황, 거기서 숙명적으로 맞부딪치는 숙명적 저항감, 부조리 등을 「철조망」(60. 7), 「밤으로의 긴 여로」 등에서 보여주고 있다.

오유권의 「방앗골 혁명」(62)은 농촌소설이라고도 할 수 있지만 현재의 농촌을 문제삼은 것이 아니라 농촌을 무대로 하여 6·25의 비극적 현실을 추적해 들어간 것이 특징이다. 오유권은 이 작품에서 6·25를 뜻밖에 일어난 돌발적인 사건으로 보지 않고 한 마을의 '상촌과 하촌'의 오랜 대립이 교대로 마을에 나타나 한 마을에 행한 처참한 살육을 객관적으로 보여주고 있다. '오직 살기 위해서 인민공화국 만세를 불렀을 뿐, 오직 살길을 찾아서 대한민국에 충성을 하였을 뿐, 우리에게는 죄가 없다. 원통타, 원통타'라는 외침은 그것을 단적으로 말해준다.

여류작가 박경리는 『시장과 전장』(64)에서 전장과 시장의 대비를 통해, 즉 죽음과 부정 속에서도 삶과 긍정을 추구하여 전쟁이 지닌 문제와 그 상처를 여성 특유의 필치로 그려내고 있다. 6·25전에 결혼하여 아이들까지 있는 지영은 서울을 떠나 혼자 38선 가까운 중학교 교사로 취직한다. 남로당원이었던 남편 기훈은 거리에 쓰러진 가화라는 여인을 만난다. 전쟁이 터지자 지영의 남편은 납북되어 다시 인민군으로 내려온다. 평범한 에고이스트로 전쟁의 상처를 뼈저리게 느끼는 지영, 강인한 공산주의자이지만 회의에 빠지는 기훈, 아무런 대가나 저항이 없이 남을 사랑할 줄 아는 가화, 이들 등장인물들을 통해 작가는 전쟁의 비극을 폭로하고 있는 것이다.

6.

　실상 하나의 연속적인 시기를 10년 단위로 묶는다는 것은 세대의 개념에서는 타당한 측면을 가지고 있지만 실제 작품 경향과 그대로 대응될 수는 없는 일이다. 그런 점에서 10년 단위의 문학사에서 가장 빠뜨리기 쉬운 것이 그 이전 세대 작가들에 대한 분석이다. 60년대만 해도 그 이전에 활동해 왔던 김동리・오영수・박영준 등은 더욱 더 정열적인 활동을 했다.
　김동리는「등신불」,「늪」,「윤사월」 등에서 과거「황토기」,「무녀도」에서 보여주었던 토속 종교적 색채가 진하게 배어 있는 전통적 서정주의 세계를 지속적으로 보여주었다. 중국 고사의 불상에 얽힌 이야기를 토대로 하여 자기 몸을 스스로 불태워 성불하는 만적대사의 경지를 비장미로 형상화한「등신불」(63)이나 원시적이고도 토속적인 한국 고유의 전통적 미에 집념하는 서정주의가 물씬 배어 있는「늪」,「윤사월」 등 현재적 상황과 분리된 인간의 내면적 세계가 바로 김동리의 문학 세계였다.
　오영수의 문학세계는 김동리와는 다소간의 차이를 가지고 있으면서도 따뜻한 인정미가 짙게 깔려 있는 서정주의에 기반하고 있다.「은냇골 이야기」 (61. 4),「고개」에서 오영수는 세상과 벽을 쌓고 사는 선의의 사람들의 세계를 아름다운 정담으로 엮어 놓고 있다.
　한편 이 시기에는 여류작가들의 활동 또한 외면할 수 없는데, 대표적 여류작가로 임옥인・박경리・강신재・손장순・박순녀 등을 들 수 있다. 이들 여류작가는 여성 특유의 체험과 섬세한 정감의 세계를 유감없이 발휘하며 자기 세계를 형성하고 있다. 이들은 기본적으로 현실에 초점을 맞추고 있지만 그 세계를 바라보는 시각은 대부분 애잔한 서정적 세계이다.
　강신재는 가장 여성다운 필치와 감각으로「파도」(63~64)에서 항구의 모습을 소녀의 눈을 통해 아름답게 채색하고 있으며 장편『임진강의 민들레』 (62)에서는 전쟁에 의해 붕괴되어 가는 가족과 인간을 서정시로 그려 놓고 있다. 임옥인은「남풍」에서 일제 말기부터 6・25때까지를 다루면서 주로 여성의 수난과 고통을 전통적 윤리관으로 조명하고 있다. 그리고 손장순은 장편 『한국인』(66)에서 여류작가로서는 드물게 관념적 표현을 많이 구사하면서 현대 지식인의 정신적 파탄을 냉철한 지성의 시각으로 그려냄으로써 여성이 범하기 쉬운 감상주의를 극복하고 있으며, 박순녀는 「어떤 파리(巴里)」에서 남북분단의 폐쇄성이 낳은 인간의 비극을 애잔한 눈으로 조명했다.

7.

전통적 문학세계를 제외한 60년대 문학의 일반적 특징을 말하자면 먼저 새로운 관념의 형성을 지적하지 않을 수 없다. 비록 그것이 경향적으로 사실주의 경향의 소산이거나 혹은 모더니즘적 경향의 소산이거나 간에 이 새로운 세대의 특성을 일반적으로 지칭하는 새세대 의식이라 말할 수 있다.

앞에서 필자는 60년대 벽두를 강타한 최인훈의 『광장』이 두 경향을 동시에 가지고 있다고 했다. 이것은 어느 한 곳으로 명쾌하게 정리되지 않고 현실을 새롭게 조명해 보려는 작가들의 개인적 노력과 그에 대한 반응이 마치 불탄 자리에서 여기저기 부분적으로 다시 돋아 나오는 그러한 형상이었다. 다만 대부분의 작가는 기존 현실에 대한 부정적 관념에 뿌리를 내리고 있었다는 것이 특징적이다.

흔히 이 시기의 작품을 전체적으로 소시민의식 혹은 관념적이라고 칭하는 것도 바로 그 때문이다. 6·25전쟁, 폐허, 거기에 새로이 형성되는 권력층, 그로부터 소외되는 인간집단, 그리고 산업화로 더욱 가중되는 문제 등 제반 갈등이 누적되는 상황에서 작가들은 자기 나름의 다양한 치유책을 제기했다. 그러나 사회 전체의 혼돈은 명확한 흐름으로 통일되는 의식을 보여 줄 수 없었고 대신 파편화된 상태에서 작가 개인의 시각을 먼저 요구했던 것이다. 그러한 흐름들이 서로 착종되면서 60년대 전체는 그때까지 살아남은 문학사적 연속성, 즉 전통적 서정주의 그리고 현실의 모순을 전체적인 입장에서 객관적으로 조명해 보려는 사실주의적 지향, 그리고 파괴된 인간의 심성에 대한 감각적 반응으로서의 모더니즘적 경향으로 크게 대립되어져 갔던 것이다. 그리고 이것은 70년대 들어서면서 보다 분명한 상으로 자기 영역을 구축해 갔다.

이렇게 보면 남북분단과 50년대 한국전쟁의 와중에 휩쓸려 들어갔던 행선지없는 문학의 흐름은 다시 60년대에 와서 새로운 자태로 모습을 드러내기 시작했고, 70년대에 확고히 나타나는 제방향에 대한 출발점의 자리에 60년대 문학이 서 있다고 평가할 수 있을 것이다.

(『비평의 쟁점과 문학의 안뜎』, 국학자료원, 1996)

한국근대소설의 전개과정

1. 근대소설의 발생

 한국의 근대소설에 대한 사적 체계화나 개념의 정립, 그리고 기점에 대한 논의는 기왕에 분분하게 전개되어 왔지만 그 해석과 견해는 완전히 일치되지 못하고 있는 실정이다. 반드시 그 이론이나 귀결이 합일된 것이어야 할 필요는 없지만 한국 근대소설 내지 현대소설의 정체를 분명히 이해하기 위해서 소설사의 연구는 극히 중요한 과제가 되어 왔다.
 이와 같은 소설사의 작업은 일찍이 20년대 후반으로부터 착수되고 오늘의 70년대까지 그 성과도 괄목한 것으로 기록된다.68)
 물론 소설사 전개방법이나 기술방법이 각기 상이하고 그 특색이 다양한 것이지만 그 나름대로의 이정표를 획(劃)했다 할 것이다.
 다음에 국문학계와 비평계의 꾸준한 쟁점이 되어 온 것은 한국의 근대소설과 현대소설의 개념, 그리고 기점의 문제라 할 것이다. 즉 신소설과 현대소설의 구분없이 혼돈해서 부르던 것을 근대소설과 현대소설로 소설의 성

---

68) ① 김동인,『조선근대소설고』, 1928.
   ② 김태준,『조선소설사』, 1933.
   ③ 임 화,『소설문학20년』, 1940.
   ④ 전광용,『신소설연구』, 1955.
   ⑤ 하동호,『신소설연구초』, 1966.
   ⑥ 김우종,『한국현대소설사』, 1968.
   ⑦ 천이두,『한국현대소설론』, 1969.
   ⑧ 이재선,『한국개화기소설연구』, 1972.
   ⑨ 조동일,『신소설의 문학사적 연구』, 1973.
   ⑩ 임헌영,『한국근대소설의 탐구』, 1974.
   ⑪ 구인환,『한국근대소설연구』, 1977.

격에 따라 시대구분을 함으로써 개념정립을 선명히 해야 한다는 주장이다.69)

그러나 근자에 와서 신소설을 근대문학의 범주로 포함시켜도 타당하다는 전통적인 견해가 우세하게 지배하기 때문에 근대소설에 대한 개념정립은 크게 문제되지 않을 것이다.

문제는 한국 근대소설의 기점을 어디에서 찾느냐 하는 논의는 아직껏 미결의 장으로 남아 있다는 것이다.

이 문제의 실마리는 바로 '근대'란 무엇이며 그 이전의 사회와 어떤 면에서 근본적인 구별이 가능한가 하는 것이다.

> 근대사회가 확립된 것이 산업혁명 이후의 일이며, 산업혁명으로 말미암아 근대사회가 그 이전의 사회와 뚜렷이 구별되는 정치구조와 법제도와 사회제도와 문화예술을 갖게 되었다는 점을 부정할 수 없는 이상, 이념형으로서의 근대사회는 역시 산업혁명에 의해서 사회의 물질적 생활의 기초로 등장하게 된 자본주의적 경제구조를 주축으로 하여 설정되지 않을 수 없을 것이다. [……] 이념형으로서의 근대사회가 산업혁명을 계기로 하여 비로소 확립되었다는 점에서 보면, 그 이전에 존재하였던 모든 정치적 사회적 문화적 근대화에로의 움직임은 산업혁명을 낳기 위한 준비과정 내지는 진통과정이었다는 견해가 무리없게 성립될 수 있으며, 그러한 의미에서 근대화의 이념형을 '자본주의적 경제구조'를 주축으로 하여 설정하는 것이 가장 무리없는 방법이라고 할 수 있을 것이다.70)

이상에서 본 주종환의 이념형으로서의 '근대'에 대한 개념은 어디까지나 '자본주의적 경제구조'에 역점을 둔 것이지만 과연 한국사에 있어서 자본주의의 맹아와 성립을 어디에서 찾느냐는 해석은 입장에 따라 극히 다양하게

---

69) 신소설을 그 성격으로 봐서 근대소설이라 볼 수 있느냐의 반론도 있다.
70) 주종환, 「한국근대화의 기점논의 — 기본적 시각」, 『남계조좌호박사화갑기념논총』, p.467.

주장되고 있는 실정이다. 더욱이 일제의 식민지하에서 반봉건적 체제를 지속하면서 분식(粉飾)된 자본주의경제를 복합해 왔다는 사실을 간과할 수 없다.

따라서 한국사에 있어서 근대의 개념이 불투명한 것과 같이 한국문학사에 있어서의 참다운 개념규정이 극히 추상적인 해명으로 통용되고 있음을 부인할 수 없다. 여기에 대한 합리적인 논의가 앞으로 더욱 활발히 진행되어야 한다는 기대가 남는다.

한국 문학에 있어서 아직껏 근대문학과 현대문학의 개념이 명백하지 않다. 그것은 마치 '신문학'이란 개념이 갑오경장(1894) 이후의 문학을 통해서 근대문학과 현대문학을 포괄하는 개념과 흡사하다.

그러나 '신문학'이란 협의로는 신소설과 신시(신체시)를 지칭하기 때문에 현대를 제1차 세계대전 이후부터라 생각하는 일반적 통념을 따라 1920년대 이후의 현대문학은 제외될 수도 있다.

> 반세기에 긍(亘)한 우리의 신문학의 역사는 1920년대 이전을 중시하면 근대문학적 개념에 가까운 것이며, 1930년대를 중시하면 현대문학의 개념에 가까운 것이다. 그래서 이곳에서 말하는 '신문학'이라는 추상적인 용어의 구체적 의미는 근대문학과 현대문학을 합친 개념이 된다.[71]

이와 같이 '신문학'이란 개념이 근대문학과 현대문학을 포괄하는 광의성을 감안하고 근대문학과 현대문학의 개념에 대해서 재고할 필요가 있다.

흔히 근대와 현대를 합쳐서 근대문학, 또는 현대문학이라고 부르고 또는 신문학을 묶어서 지칭하기도 한다.

이와 같이 불투명하고 추상적인 명칭이긴 하지만 한국의 현대문학은 근대와 현대를 합친 것으로 보며, 그 시기를 대개 갑오경장에서부터 통칭하고 있다는 사실을 수긍하게 된다.

---

71) 조연현, 『한국현대문학사』, 성문각, 1969, p.20

대체로 통념되는 것은 갑오경장(1894) 이후 8·15까지의 문학을 근대문학이라고 지칭하는 사실이다. 이 사실을 뒷받침하기 위해서 근대문학의 기점문제는 분명히 거론될 가치가 있다. 지금껏 분분하게 거론된 기점은 다음의 몇 가지 해석으로 집약된다 하겠다.

① 18세기 영·정조부터 비롯되었다는 견해(김태준, 김일근, 김윤식, 김현 등)
② 갑오경장부터라는 견해(김사엽, 조윤제, 백철, 조연현, 김우종 등)
③ 8·15 이후부터라는 견해[72]

이상의 세 가지 기점론이 그 나름대로의 이론적 조리를 갖춘 것이라 하더라도 결코 완벽한 것이 못된다. 우선 8·15 이후가 근대란 것은 근대와 현대란 역사적 개념을 착각한 것으로 별로 화제가 되지 않는다. 다만 영·정조 시대로 소급된 근대의 기점론은 결코 새로운 견해도 아니며 근대의 개념을 분명히 터득한다면 그 부당성을 쉽게 이해하게 된다.

즉 영·정조 시대의 전성기 문학은 흡사 서구 르네상스처럼 근세가 낳은 유산일 뿐 근대문학은 아니란 것이다.

물론, 근대의식을 영·정조의 실학사상에까지 소급해서 고찰할 수 있으나, 적어도 민족정신을 근간으로 한 근대의식은 갑오경장 전후부터 관계(官界)에서 일반 민중의 생활에 이르기까지 광범위하게 영향하게 되었고 그것이 하나의 사회운동으로 일어났던 것을 외면할 수 없다.

갑오경장 이후의 개화란 서구문명을 수용하는 서구화를 의미하는 면이 강하지만, 그것이 한국의 역사 자체에서 성숙된 근대의식이 아니라, 한국을 무대로 한 주변열강들의 역학관계에서 민족의 자주독립을 고취하려는 의지를 근간으로 하고 있었다는 점은 주목할 만한 일이다.

한국의 근대적 민족주의 내지 민족문학은 실상 이 개화기에서 비롯되었

---

[72] 임헌영, 『한국근대소설의 탐구』, p.25 참조.

다고 봐야 할 것이다. 한국의 민족 문학이란 것이 애초부터 사상적 이론체계를 완비한 것이 아니라 민족사의 과정 속에서 민족의 생존번영과 더불어 형성된 것으로 받아들여진다.[73]

한국의 근대를 생각할 때 한국의 역사 자체가 내포하는 근대에의 지향과 서구의 근대문명과의 접촉에서부터 발달된 근대화 현상과의 두 개의 흐름을 생각할 수 있다. 전자는 자각적인 것이라면 후자는 피동적인 것의 접촉에서부터라고 공인된다.

갑오경장 이전의 한국에 근대적 요소가 전혀 무시될 수는 없겠지만 그때까지 우리 사회가 시민사회를 성취할 수 있는 단계에까지는 미흡했다는 것도 사실이다. 다만 선진국과의 접촉에서 갑오경장이 자율적으로 이룩될 수 있는 근대화의 요인이 고조되고 있었을 뿐이었다.

비록 실학파 문학에서 몇 개의 근대문학적 성격을 지적할 수 있지만 전반적인 근대문학의 개화에까지 그것이 미치지는 못했고 이조왕국의 쇄국정책의 분위기 속에서 기형적 퇴폐로 병들고 있었다 할 것이다. 요컨대, 한국 근대화의 전부가 그러하듯이 한국의 근대문학도 서구 근대문학의 이입과 모방에 의해서 비로소 성립된 사실을 부인할 수는 없다.

따라서 갑오경장 이전을 근대의 과도기로 보고 그 이후를 근대로 해석하는 것이 타당하다는 것이다. 근대문학사도 자연히 갑오경장 이후의 문학을 근대문학이라 명명하는 것이 옳다는 해석이다.

이와 관련하여 근대문학의 기점문제를 가장 무리없이 객관적으로 다루어야 한다는 견해는 전광용의 「신소설에 나타난 근대정신」(한국근대문학사의 제문제 ⑧)[74]에서도 충분히 시사된다.

 ……근대기점론이나 근대의식의 개념 문제는, 남의 나라 경우는 말할 것도 없고 우리 경우만 해도 해방 직후부터 이에 관련되는 학자나 문인들의 적지 않은 관심사가 되어 임화나 이원조 등 여러 사람들이 영·정조의

---

73) 문덕수, 『한국현대문학사(개관)』, 성문각, 1975, p.2415 참조.
74) 『대학신문』 제934호, 1975. 6. 30.

실학시대로 거슬러 올라가 근대성의 조짐이 나타났던 현상을 예시한 바 없지 않은데도 불구하고, 이 근자 몇 해 사이에 근대성이 영·정조 기점론을 내세워, 마치 비상한 것을 새로 발견이나 한 듯이 과장된 모습으로 나오는 데는 참말 여러 가지를 생각하게 하는 바 없지 않다.

  실학파의 이론이나 작품에서 발견되는 근대적인 요소나 이념을 전적으로 부인하는 사람은 아마도 거의 없을 것이다. 그러나 역사적인 사실이란 그것을 보는 각도에 따라서 각기 다른 해석도 가능한 것이요, 긍정과 부정의 상치되는 극단의 주장도 있을 수 있는 것이지만, 있는 사실 그 자체는 덧붙이지도 말고 왜곡도 하지 않는 객관적인 면에서 다루어야 하는 것이다.

이상의 주장과 같이 한국 근대문학사의 기점론은 엄정한 객관성이 존중되어야 한다는 입장에서 결코 성급한 발언이나 과장된 논리로써 쉽게 흔들리거나 전도될 수 없다는 사실이다.

  실상 거의 고정되어 버린 갑오경장 이후의 근대문학 기점론에 근거한다면 근대소설의 의미와 시발이 선명히 부각되지만 과연 신소설도 근대소설 내지 근대적인 소설인가 하는 문제는 분명히 검토되어야 할 것이다.

  이 점에 대해서는 전게한 전광용의「신소설에 나타난 근대정신」속에서 해명하고 있듯이 '한국에 있어서 근대의 기점을 영·정 시대로 보든지 고종 등극의 1864년으로 보든지 또는 병자수호조약의 1867년, 갑신정변의 1884년, 동학혁명이나 갑오경장의 1894년 그 어느 것으로 보든지, 또는 막연히 19세기 말엽이나 후반으로 보든지 간에, 그 시기로 보아 신소설은 1900년대에 들어와서야 본격적으로 발표되었으니 근대에 쓰여진 소설 속에 들어갈 수 있는 것이다'란 발언이 절실하게 받아진다.

  그러면서도 근대에 쓰여진 모든 소설이 근대소설인가 하는 반문은 결코 배제될 수 없다. 20세기 초에 쓰여진 신소설의 상당한 작품들이 고대소설의 수준에서 크게 벗어나지 못했던 점을 감안할 수 있기 때문이다.

  따라서 근대소설의 시발은 신소설에서부터 비롯되고 그 효시는 국초(菊

初) 이인직의 『혈의 누』75)로부터 기산(起算)하는 것이 지금까지의 정설로 이해된다.

신소설의 효시는 이인직의 『혈의 누』였다. 2차 한일협약이 성립된 이듬해인 1906년 『만세보』에 『혈의 누』가 연재(7월 22일부터 10월 10일까지) 됨으로써 한국근대문명의 시동을 알리는 새로운 사상, 새로운 형태의 소설인 신소설이 우리 문학사상(文學史上)에 주목을 끌며 나타났던 것이다.76)

이와 같이 신소설은 백년 천년을 이어온 고대소설과는 전혀 색다른 환경 풍토 속에서 발생된 최초의 문학으로서 의의가 있고 근대소설로서 새로운 면모를 갖춘 문학이었다고 평가된다.

신소설은 '새로운' 소설을 말한다. 과거의 고대소설과는 내용도 다르고 표현형태도 다른 '새로운 소설' 그것이 신소설이며, 이와 같은 시기의 작품들이라도 이 같은 조건없이 신소설이 될 수 없다.

이 같은 신소설의 대표적인 작가는 이인직이요, 그 최초의 작품은 『혈의 누』임을 확인한다. 이것이 1906년 『만세보』에 연재되었으며 신소설 또는 신시의 발표는 그때까지 없었기 때문에 한국 근대문학의 기점은 1906년이 된다는 귀결을 얻게 된다. 그 후 이인직의 작품으로는 『귀의 성』, 『은세계』, 『치악산』 등이 있었고, 이해조의 『발상설』, 『자유종』, 『목단병』, 『화의 혈』, 최찬식의 『추월색』, 구연학의 『설중매』, 조일재의 『장한몽』 등이 대표작으로 간주되고 있다.

그런데 일본의 명치문단에 『血の淚』, 『설중매』 등 제목과 표지화(表紙畫) 마저 꼭 같은 작품이 있고(내용은 다름), 『장한몽』이 일본작가 오자끼(尾崎 紅葉)의 『金色夜叉』의 번안인 점 등으로 보아 개화기 한국 신문학이 명치문단으로부터 받은 영향은 정도가 지나쳐 있음을 알 수 있을 것이다.

---

75) 1906년(광무 10년) 7월 22일부터 동년 10월 10일까지 50회에 걸쳐 『만세보』에 연재된 후 1907년 3월 17일 김상만서포(金相萬書舖)에서 초판본 간행.
76) 김우종, 『한국현대소설사』, 선명문화사, 1968, p.11.

그러나 이 같은 영향하에서도 신소설은 한국 민족문학을 새롭게 만든 것이 사실이며 그 주제내용은 다음과 같은 것이었다.

1. 자유결혼관
2. 남녀평등관
3. 향학과 교육열
4. 민주정치관
5. 독립사상
6. 서구문명의 유입과 그 비판
7. 중국배척
8. 새로운 과학사상

이상 몇 가지 내용이 단적으로 의미하는 것은 한국문학이 이때 비로소 새로운 인간형, 즉 '근대적 인간형'을 발견하고 등장시켰다는 점이다.

이 같은 주제는 특히 이인직의 작품에 잘 표현되어 있으므로 그는 한국 최초의 근대적 작가요, 그의 『혈의 누』는 한국 최초의 '근대적 소설'에 속할 것이다.

문체면에서 보면 신소설은 ① 운문체를 탈피하고 산문시대의 언문일치 문체를 실현한 것, ② 한문투에서 탈피한 것, ③ 고사격언 등 낡은 가치관의 인용을 탈피한 것, ④ 고대소설과 달리 '옛날 했더라'가 아니라 '오늘의 현실'로서의 작품 세계를 그려 나갔다는 것, 그리고 구성면에서는 고대소설 같은 전기형태가 아닌 새로운 형태를 지니고 나섰다.

이러한 신소설의 테마, 문체, 구성 등에 대해서 성실한 검토가 없었던 과거 문학사가의 기록은 사실과 다른 점이 있다.

2. 근대소설의 성립과 조류

1) 형성과정과 그 시대적 특징

근대소설의 첫 작가인 이인직을 비롯한 동시대의 작가들이 내놓은 작품들은 흔히 '신소설'이란 카테고리로 묶어 놓고 통칭된다. 그러나 이것은 엄밀히 봐서 꼭 합리적인 명칭이 아니라 어디까지나 편법상의 명칭에 불과하다는 소론을 외면할 수 있다. 신소설이 근대소설로의 과도기적인 소산일 뿐 아니라 개념이나 용어에도 문제가 있음을 부인할 수 없다는 것이다.[77]

이와 같은 전제로 한국 근대소설의 형성과정을 편의상 다음의 3단계로 구분해서 주요 문예사조의 특징을 요약해 볼 수 있다.

- 근대소설 형성기~번안 소설에서 1917년까지
- 근대소설 발전기~1918년에서 만주사변(1931년)까지
- 근대소설 해체기~만주사변에서 8·15까지

이와 같은 근대소설사의 시대적 구분은 임헌영의 전개한 『한국근대소설의 탐구』속의 「근대소설의 역사적 전개」에서도 유사한 형태로 시도되고 분석됨을 본다.[78]

그에 따르면 형성기의 소설양식은 ① 번안 소설, ② 신소설, ③ 관념론적 계몽사상과 귀족적인 민족개량주의 등 3가지 주류로 이루어졌다는 것, 그리고 당시의 번역·번안 작품은 오늘의 것과는 달리 다분히 큰 영향을 주었고 창조적 요소가 강했다. 때문에 중요한 것이었다고 풀이한다.

다음의 발전기는 ① 낭만주의, ② 사실주의, ③ 프로 문학이 포함된다는

---

[77] 신소설의 명칭 유래에 대한 발언은 백철, 전광용, 하동호, 이재선에 의해서 볼 수 있는데, 잡지사나 작자, 후세인에 이루어졌다고도 하고 당시의 신문이 명명했다고 지적했다.
[78] 임헌영, 앞의 책, p.29 참조.

것, 이 시기는 근대문학의 황금기에 해당하여 많은 걸작과 논쟁, 사조운동이 집중적으로 이루어졌다고 강조한다. 그러나 근대소설의 발전기에 서구에서와 같이 지나간 사조에 대한 반작용에서 나온 게 아니라 서구적 이식에서 이루어진 것이라고 해명한다. 따라서 낭만, 사실, 프로 문학은 동시대적으로 공존 발전해 왔다는 것.

이와 같은 한국적 특수성을 무시하고 서구적 예술사조처럼 시대순으로 그 발전을 체계화시키려 하면 역사서술에 과오를 저지르게 된다고 강조한다. 실상 우리의 근대문학사를 회고해 보면 낭만주의와 사실주의가 거의 동시대에 출발했고 조금 뒤에 프로 문학이 전개되었음을 확인할 수 있다.

끝으로 해방기의 소설양식으로는 ① 농민문학, ② 순수문학, ③ 역사소설의 3유형을 볼 수 있다. 이 시기는 이른바 30년대의 암흑기에 해당하므로 자연히 도피의 방편에서 이룩되었던 시기임을 강조하고 있다.

이와 같은 근대소설의 형성과정에 대한 시대구분이나 문예사조상의 분류가 결코 완벽한 것이 아니더라도 우리의 근대소설을 객관적으로 이해하고 비평하는 데 퍽 유익한 방편으로 받아진다 하겠다.

그러나 한국근대소설사의 특수성으로 제기되는 바 어느 한 작가를 쉽사리 어느 특정한 문예사상 속에 한정시킬 수 없다는 점이다. 이를테면 20년대 프로 문학에 투신했던 작가가 30년대에 와서는 순수문학으로 변신하고 있는 모습을 확인할 수 있고 혹은 자연주의 작가가 농민문학으로 변모되었다는 행적도 얼마든지 볼 수 있기 때문이다.

2) 발전기의 문단상황

신소설과 신시 시대 직후의 한국 문학은 이광수의 독무대였다. 이 시대 문학은 '민족의식계몽기의 문학'이라고 규정할 수 있다. 신소설의 대표작가 이인직은 개화문명을 일본을 통해 받아들이다가 한일합방 당시에 친일파로 중대한 과오를 범했기 때문에 그의 문단생명이 끝남으로써 신소설시대도 기울었고 그 뒤는 이광수가 도맡은 셈이다. 이때부터 한일합방으로 인한 민족적 비분이 한국 민족 속에서 폭발하기 시작하자 이광수의 '민족의식계몽의 문학'은 그 시대적 감각에 일치하여 붐을 일으키고 인기절정에 올라가기 시작했다.

단 1910년경의 단편들은 「어린 희생」을 제외한 나머지가 모두 습작 형태였으며 1917년부터 연재하기 시작한 장편 『무정』이 비로소 그의 역량을 과시한 근대적 문제작이었다. 이 작품은 다음과 같은 특징이 있다.

첫째, 결혼관에 대한 혁명, 즉 자유연애 결혼을 주장했다는 것, 둘째로 서구문명을 배우고 개화해야겠다는 것, 그리고 문장이 신소설보다는 진전했으며 사실적인 성격의 표현 등을 작가가 의식적으로 시도했다는 것, 이중에서 표현상의 장점을 제외한다면 그 테마는 이인직의 신소설과 별로 다른 바가 없다.

그리고 그가 민족의식을 선동해 나간 작품들은 그 뒤로 발표된 『개척자』, 『선도자』, 『재생』, 『이순신』, 『도산 안창호』 등이다. 이 계열의 작품으로 말미암아 그는 문학에 민족주의 문학을 낳았지만 그는 일제 말기에 변절한 대표적 작가가 됨으로서 정신적 파산을 초래했고, 해방 직후에는 '반민특위'법으로 재판을 받고 보석 중 6·25 동란을 만나 납치되었다. 이 같은 그의 문학과 생애는 한국 문인과 그 문학의 비극성의 대표적인 예라고 할 수 있다.[79]

3·1운동 직전인 1919년 2월에 한국 문단에는 최초로 문예지가 등장했다. 이것이 일본의 동경에서 김동인, 주요한, 전영택 등이 유학생의 신분으로 발간된 『창조』지이다. 그리고 곧이어 1920년에 김억, 염상섭, 남궁벽, 오상순 등이 발간한 『폐허』요, 1922년에는 박종화, 홍사용, 정백, 현진건, 나빈, 김기진 등의 손으로 『백조』가 나왔다.

이 세가지 동인지는 그 문학적 경향에 있어서 이광수의 문학에 정면으로 도전하고 나선 것이다. 이광수의 문학은 방법론에 있어서는 오늘날의 참여문학의 일종으로 받아들여진다. 참여문학의 몇 가지 형태 중에서 이광수의

---

79) 윤병로, 『현대작가론』, 선명문화사, 1974, pp.374~375 참조.

문학은 가장 적극적인 형태, 즉 문학의 예술적 형상성을 훼손시켜 가면서라도 민족계몽의 목적의식을 제시하는 문학이었다. 창조, 폐허, 백조파들은 이를 거부하고 예술제일주의로 나섰다.

> 문학은 설교가 아니다. 문학은 어디까지나 예술이다. 여기엔 윤리도 없고 도덕도 없다. 오직 아름다움을 추구해 마지않는 것이다.

이들의 경향은 이 같은 예술지상주의적 주장으로 요약될 수 있었다. 그 중 대표적 작가는 최초의 순수문예지 『창조』에서 주역을 맡았던 김동인이었다. 김동인은 「약한 자의 슬픔」을 처녀작으로 그 뒤 「감자」에서 비로소 습작성을 벗어나기 시작했으며 그의 예술지상주의적 경향은 그 뒤 「광화사」, 「광염소나타」 등 악마적 탐미주의로 발전해 버렸다.[80]

이광수의 문학을 타도했던 예술지상파들 중 몇몇은 2, 3년 뒤에 스스로의 문학에 대해서 스스로 반발을 일으켰다. 그것이 소위 프롤레타리아 문학(혹은 신경향파 문학)이다. 이것은 방법론으로 보아 스스로가 타도했던 이광수 형의 문학으로 다시 복귀한 것이다. 이광수 문학이 그랬던 것처럼 또는 그 이상으로 이것은 과격한 현실참여의 방법을 실현해 나갔기 때문이다. 따라서 이것은 이광수의 문학과 마찬가지로 '앙가쥬망 문학'에 속한다.

이 문학은 다음 3단계로 등장하고 붕괴되며 한국 문학사상 가장 큰 소용돌이를 일으켰다.

첫째로 이광수의 비판이 있었다. 그는 1921년 『창조』지에 「문사와 수양」을 기고하여 창조파를 비롯한 모든 예술지상파들은 열띤 어조로 비판했다. '데카당스 망국조의 풍미'라고까지 지적하며 그들의 '예술을 위한 예술'(Art for art's sake)을 비판하고 자기의 '인생을 위한 예술'(Art for life sake)을 주장했다.

이에 이어서 백조파의 김기진은 일본에 유학 중 프롤레타리아 문학에 감

---

[80] 윤병로, 앞의 책, pp.375~376 참조.

화를 받고 한국의 박종화, 박영희 등에게 그의 소신을 서신으로 알려 공감을 호소했다. 그리하여 종전의 자기들 문학이 얼마나 퇴폐한 것이었느냐 하는 자가반성을 하면서 1923년 9월부터 3개월간 『개벽』지에 「클라르테 운동의 세계화」를 연재했다.

무산계급 해방을 위한 적극적 투쟁수단으로서의 문학적 방법론을 역설한 이 논문은 한국에 소개된 최초의 프로 문학론이다. 한국 문학사상 가장 큰 소용돌이를 일으키고 붕괴되어간 프로 문학은 이렇게 김기진에 의해서 최초로 발전해 갔다.

그런데 논문은 나왔지만 작품은 그에 따르지 못했으며 최서해의 「탈출기」, 「그믐달」, 「기아와 살육」, 「박돌의 죽음」, 그리고 나도향의 「물레방아」 등이 명분을 지켜 주었다.

이 시기의 작품들을 문학사에서는 '자연발생기의 프로 문학' 또는 '제1기의 프로 문학'이라고 부른다. '자연발생기'라는 것은 그 작품들이 적극적인 계급투쟁 의식의 표현이라기보다는 가난한 계급에 대한 자연발생적 동정과 사회제도에 대한 비분에 기인했기 때문이다.

다음 제 2기의 프로 문학은 적극적인 계급투쟁 수단으로서의 문단시기를 의미한다. 1925년 KAPF(조선 프롤레타리아 예술가동맹)가 결성되고 대부분의 문인들이 이 자리에 모였지만 이론을 그대로 뒷받침한 작품들은 거의 나타나지 않았다.

그리고 1926년에 조포석의 『낙동강』이 발표되자 김기진은 이를 그 이론에 입각한 최초의 성공작이라는 뜻으로 높이 평가했다.[81]

그러나 이보다는 민촌의 「서화」, 『고향』 등이 이 시대 작단에서 역량을 발휘했다. 그리고 김기진, 박영희, 이익상, 주요섭, 이상화 등과 기타 해방후 공산권에 속해 버린 작가 시인들이 이 시대활동에 정열적이었다.

다음 프로 문학의 제 3단계는 자가비판과 붕괴의 시기에 속한다. 프로 문학의 대표적 이론가는 김기진과 박영희였는데, 김기진은 프로 문학에서 '예

---

81) 「창작계의 1년」, 『동아일보』, 1927. 1.

술적 형상화'의 실패를 지적했다가 박영희와 논쟁이 붙었다.

KAPF의 중앙위원들은 박영희가 옳다는 최종적 결정을 내리고 김기진은 이에 굴복, 행동통일을 시작했으나 그 뒤에 박영희는 그의 잘못을 뉘우쳤다. '얻은 것은 이데올로기요, 잃은 것은 예술'이라고 고백함으로써 예술적 형상화 과정없이 사상성만 노출시키고 문학을 사회운동의 도구로 예속화시켰던 것이 큰 과오였음을 자인했다.

그런데 이 같은 비판은 당연한 것이기도 했지만 이 같은 반성은 프로 문학의 새로운 발전동기가 되지 못했다. 이 무렵엔 일제의 탄압이 가중하기 시작했기 때문이다.

결국 프로 작가들은 1931년에 일본 관헌의 손에 의해서 주요 멤버들을 포함한 약 70명이 검거되고 다시 1934년에 80여명의 검거 선풍이 불어 1935년 5월에는 KAPF 해산계를 당국에 제출하고 말았다.

이리하여 20년대 중반에 불붙기 시작한 프로 문학이 1931년 만주사변을 계기로 숙명적인 종막을 보게 된 셈이고 근대소설의 발달기 내지 성숙기도 일단락을 긋고 또 다른 시대상황에 적응한 새 시대로 전환하게 된 것이다.[82]

3) 해체기의 문단상황

프로 문학 후의 1930년대는 순수문학 시대에 속한다. 순수문학은 정치・경제・종교 등 모든 비본질적인 목적은 문학에서 배제하고 오직 순수한 예술적 본질만을 추구해 나가자는 문학이다. 따라서 이것은 사회개혁, 민족해방, 빈곤타파 등의 목적의식을 적극적으로 표현하여 사회참여의 기치를 들었던 프로 문학에 대한 '안티테제'로서의 문학양식일 수도 있다.

그런데 한국 순수문학의 사적 발생과정을 캐보면 한국의 순수문학은 그 명칭과는 반대로 매우 비순수한 문학적 목적의식이 크게 작용했다. 다시 말

---

[82] 윤병로, 앞의 책, pp.376~378 참조.

하자면 정치적 기타 사회현실의 가장 큰 문제점에 참여하는 문학은 일제하에서 가장 심한 탄압의 목표가 되었다는 것이다.

그러므로 명철보신(明哲保身)할 수 있는 안전한 문학으로서는 그와 같은 사회의 현실적 목적의식, 그 같은 비분 강개한 감정은 일체 그곳에서 배제한 것, 그리하여 오직 예술의 본질인 미의 여신에게만 봉사한 것, 이런 의미에서 순수문학이 꽃을 피웠기 때문이다. 따라서 그 이전의 프로 문학이 동기 자체는 가장 순수한 문학적 의식을 지니면서도 표현양식이 매우 비문학적인 속성이 많았음에 반하여 순수문학은 양식의 순수성에도 불구하고 그 창작의 동기엔 비순수성이 짙게 깔려 있는 경우도 많았다. 그리고 사실 프로 문학파들의 검거 선풍으로 인한 공포 분위기 속에서는 이 같은 문학이 아니고는 허용될 수 없었다는 사실을 간과해 버려서도 안 될 것이다.

이 당시의 문단 변모 양상과 배경을 조목별로 열거하면 다음과 같다.

① 사회적 배경으로서 일제의 군벌정치가 극도로 강화되었다.
② 출판문화가 융성하여 시집, 창작집, 고전주석, 장편 단행본들이 쏟아져 나와서 공포 분위기에도 불구하고 공전의 화려한 출판 경기 시대가 되었으며 문예지 종합도 많았다.
③ 프로 문학을 떠나 순수시대로 들어섰지만 그 당시의 열병적 이데올로기로부터 뛰쳐나온 이들은 모든 사상, 모든 이념의 공백상태를 노출했다.
④ 집단을 떠나 각자 분산활동을 자가반성과 자기 탐색의 길로 떠났다.
⑤ 대중문학이 일부에서 본격적으로 성업에 들어섰다. 출판물의 대량생산화가 낳은 한국 문학 방계 부산물이라고 볼 수 있다.
⑥ 무능파들이 도태되기 시작했다. 돈과 취미만 있으면 동인지를 내고 문인이 되던 초창기의 풍습이 사라지고 유능한 작가 시기에 들어섰다.

이상 몇 가지 점을 이 시대의 특징으로 들 수 있으며 대표적인 작가들은 다음과 같다.

예술지상파시대에 박종화가 이 시대엔 『대춘부』, 『금삼의 피』 등의 역사물로 인기를 얻기 시작했고 염상섭, 전영택, 김동인, 현진건 등이 계속 작가 활동을 폈다.

그 후 소설에선 이효석이 「메밀꽃 필 무렵」을 비롯한 수작으로 순수작단에 화려한 개가를 올렸고, 그밖에 유진오, 김유정, 채만식 등의 활동이 있었으며 후기에 김동리, 황순원, 최정희, 박영준 등이 등장했다.[83]

그러나 일제의 소위 대동아전쟁의 도발로 인한 가혹한 군벌통치의 가속화로 인한 8·15 해방 전야의 문학은 전면적인 파산이었다. 그리고 그것은 문학의 파산만이 아니라 또 한국 문인으로서의 '인간적 파산'도 초래했다.

1940년에 들어서고 일본의 군벌 세력들이 저들의 운명을 걷잡을 수 없는 파국으로 몰고 들어가게 되면서부터 한국민은 창씨개명을 일본인 식으로 강제적으로 고쳐 등록함에 이르고 모국어는 활자화할 수 없게 되었다. 이때부터 문인들은 창작활동을 중단하거나 아니면 일어로 글을 쓰고 일본 군국주의 세력에 굴복하고 또는 아첨하며 독자의 신임을 배반하는 자가 속출했다.

그 구체적 문단상황은 다음과 같다.

첫째로 조선문인협회라는 치욕적인 어용단체 앞잡이 단체가 만들어졌다. 조선총독부 경무국이 한국의 모든 문인들을 자기의 취지하에 결속시키고 반정부적인 책동을 예방하고 동시에 이들을 제국주의 전쟁수행을 위한 나팔대로 이용할 다목적 정책으로 결성된 것이다. 이것이 1939년 10월 29일 일이었으며, 그로부터 40일 후에 일본은 진주만 공격으로 태평양전쟁의 본 무대를 개막했다.

이때의 발기인은 이광수, 김동환, 사또오 기요시(佐藤淸), 김억, 정인섭, 유진오 등이었으며 창립대회 장소는 경성부민관(태평로), 참석인원은 소수 일본인을 합하여 약 250명이었다. 여기서 회장엔 이광수가 되고 간사직은 박영희, 유진오, 김동환, 정인섭, 주요한 그리고 일본인 3, 4명이 맡았다.[84]

---

83) 윤병로, 앞의 책, pp.378~379 참조.
84) 윤병로, 앞의 책, pp.380~381 참조.

이들은 여기서 독자들의 신의와 민족적 양심에 어긋나는 치욕적인 성명서를 발표하고 일제 파시즘을 찬양하며 한국 청년들을 그들의 침략전선에 내보내는 시국 강연에 동원되었다. 그리고 소위 '황군위문사절단'으로서 북지전선(北支戰線)을 시찰하고 돌아온 후 『전선시집』, 『전선기행』 등의 책자를 발간하기도 했다.

그 중에서 한때 열렬한 프로 문학의 기수였던 박영희가 『전선기행』으로 말미암아 '순교도에 비할 감사의 정신'을 표현했다고 격찬을 받은 사실은 일제의 가혹한 탄압이 한국의 연약한 문학을 얼마나 짓밟고 비극적 운명 속에 몰아넣었는지를 증명한 예가 될 것이다.[85]

3. 근대소설의 특성

한국의 근대소설은 신소설이란 과도기문학을 거쳐 출산된 춘원 이후의 소설로부터 본격적인 모습을 볼 수 있는 것으로 공인된다. 즉 갑오경장을 계기로 활성화된 개화사상을 바탕으로 해서 3·1운동 전후에 속간된 문예지들이 모체가 되고 민족계몽운동의 한 적극적 수단으로서 근대소설의 배태를 보게 된 것이다. 그리고 서구의 다양한 문예사조의 굴절적인 수용으로 근대소설의 등장과 발전을 가져왔다고 봐야 할 것이다.

> 조선의 소설은 원래 이야기책에서 출발했다. 그러한 내용과 형식이 양반사회의 퇴물이었다. 갑오개화를 중심으로 양반 대신에 이 땅도 시민의 사회가 되었다. 시민은 이양(異樣)의 문학을 요구하였다. 그러므로 외래의 소설을 수입하여 '이야기책'을 개혁해서 현대적 의의의 소설을 쓰게 된 것인데 중간에 과도적으로 '신소설시대'를 지났다. 신소설은 이야기책의 전통에서 나오고 춘원 이후의 현소설(現小說)은 신소설에서 구피(舊皮)를 버

---

[85] 김우종, 『한국현대소설사』, p.295 참조.

리고 나온 것이다. 과연 춘원 때엔 언문일치의 소설을 썼다. 작품『무정』
은 신소설과 근대소설(현대소설이라 해두자)의 경계를 이뤘다.86)

김태준이 지적하듯이 '이야기 책'에서 '신소설'을 거쳐 본격적인 근대소설의 경계를 그은 것은 춘원의『무정』이었다는 것은 후세의 비평가들, 이를테면 백철, 조연현 등에 의해서 그대로 시인되고 평가되어 왔다. 그러나 그것은 서구의 근대문학과 결코 동질의 것이 못되었고 극히 미숙한 것으로 받아들여진다. 이를테면 자아각성이나 산문성과 현실성 그리고 심리묘사 내지 성격창조가 제대로 갖추어지지 못한 채 파행적인 출발을 했다는 사실이다.

따라서 우리의 근대문학은 숙명적으로 여러 가지 취약점을 간직함으로서 특수한 문학사를 기록했다 할 것이다.

근대문학의 특수성에 대한 백철과 조연현의 견해는 다음과 같이 요약된다.

- 백 철 : ① 연대가 늦은 것, ② 자기전통이 아닌 것, ③ 근대적 문학과 그 환경, ④ 문학사조의 혼류, ⑤ 신문학의 반항성과 그 비애, ⑥ 사상성 결핍87)
- 조연현 : ① 시간적 후진성, ② 시대적 미숙성, ③ 근대와 현대의 혼류성, ④ 정치적 암흑성과 국토양단88)

앞의 두 사람의 견해가 완전히 일치된 것은 아니더라도 우리의 근대문학사는 ① 극히 후진적인 것, ② 전통성의 빈곤, ③ 서구문예사조의 혼류성, ④ 사상성의 결핍, ⑤ 국토분단에 따른 비극성 등을 공인한 것으로 받아들여진다.

---

86) 김태준,『증보조선소설사』, 학예사, 1944, pp.268~269.
87) 김병기, 백철 공저,『국문학전사』, 신구문화사, 1960, pp.224~228.
88) 조연현,『한국신문학고』, 문화당, 1966, pp.15~19.

이와 같은 한국 근대문학의 특성에서부터 유발된 근대소설은 잡다한 문예사조의 혼류 속에 난맥상을 보여 주긴 했지만 대체로 리얼리즘이 그 주류를 형성해 왔음을 부인할 수 없다.

이광수의 일련의 계몽문학을 표방한 과잉한 참여의식을 담은 소박한 리얼리즘, 김동인의 자연주의적 수법에 의한 리얼리즘과 염상섭, 현진건, 나도향 등의 객관적 리얼리즘, 그리고 최서해, 채만식, 이무영 등이 시도한 사회의식을 강조한 리얼리즘 등이 30년대에 접어들어 이효석, 김유정, 이상을 거쳐 김동리 등에 의해 근대소설의 주류를 계승해 왔다고 해도 좋을 것이다.

한국의 리얼리즘 문학은 시대적 상황이나 작가에 따라서 극히 다양한 내용으로 해석되고 변천되어 왔지만 그 근원적인 본류는 신문학 창조기에서 현대에까지 줄기차게 이어짐을 재확인하게 된다. 이와 같은 근대소설의 계보는 여러 세대를 통해서 분명한 혈맥과 전통을 감지하고 그 발전과정을 이해할 수 있다.

이와 관련하여 구인환의 다음과 같은 시대 구분은 근대소설의 발달과정을 선명히 해명해준다 하겠다.

① 이광수에 의한 민족과 자아의식의 계몽의 시기를 지나, ② 김동인과 염상섭, 현진건 등에 의한 개인과 예술의 자각, ③ 박영희 등에 의한 계급의식을 고취하려는 카프의 시기를 거쳐, ④ 이효석, 김유정, 정비석 등에 의한 인간의 원시성과 생활의 미학을 추구하는 순수와 채만식, 유진오, 박태원 등에 의한 사회의식의 자각의 시기, ⑤ 일제 식민지 말기의 국어말살정책(國語抹殺政策)에 의한 암흑기와 해방후의 민족문학을 표방하는 좌우익의 민족과 이데올로기의 시기, ⑥ 현대소설에의 손창섭, 김성한, 오상원, 장용학 등에 의한 6·25사변 후의 개인과 사회와의 갈등의 전후소설, ⑦ 민족과 개인의식의 새로운 모색의 4·19 이후의 소설로 나누어 볼 수 있다.[89]

이와 같은 근대소설 내지 현대소설의 전개과정이 극히 편의한 형식상의 분류법이긴 하지만 한국 근대소설사를 쉽사리 조감하는 하나의 척도를 제공해 준다 하겠다. 동시에 이 근대소설의 계승적 구분은 소설의 기법과 주제성, 그리고 소설의 사회적 기능과 순수기능을 충분히 감안하면서 시도되고 있음을 이해하게 된다.

실상 한국 근대소설의 보다 본질적인 문제는 언제나 순수기능과 사회적 기능을 어떻게 수용하고 어떻게 조화시킬 수 있느냐 하는 것이었다 할 것이다. 그리고 한국 문학이 걸어온 신문학 70년의 발자취도 아직까지 뚜렷한 이론적 정리도 해내지 못한 채 바로 이 순수기능과 사회적 기능 사이를 오락가락해 온 것이 사실이다.[90]

이를테면 춘원소설과 카프파 소설에서 사회적 기능이 강조된 반면에 동인소설과 30년대의 예술소설에서 순수기능이 어필했던 사실을 상기할 수 있기 때문이다. 아무튼 한국의 근대소설은 순수기능과 사회적 기능의 양극 사이에서 부단한 갈등과 불협화를 노정하면서 전개되어 왔다는 것을 부인할 수 없다.

4. 현대소설로의 변모

한국의 근대소설은 이광수의 계몽주의적 문학에서 시발해서 사실주의를 주류로 현대에까지 줄기찬 전통과 역사를 구축해 왔음을 앞에서 확인했다. 그 후 김동인, 염상섭 등에 의해서 예술지상주의 내지 본격적인 예술추구의 작업이 있었고, 20년대 중반부터 근 10년간 프로 문학에 의한 정치문학의 팽창을 보았다. 그리고 30년대 접어들어 이른바 순수문학시대에 이효석, 김유정, 이상 등이 시도했던 본격적인 미의식의 추구를 보았고, 일제말의 암흑기에 해당되는 40년대 전반과 해방 후 이데올로기의 소용돌이 속에서 현

---

89) 구인환, 『한국근대소설연구』, 삼영사, 1977, p.20.
90) 윤병로, 『한국현대비평문학서설』, 청록출판사, 1974, p.98.

대소설의 변모를 보게 된다.

한편 30년대의 이단자 이상에 의해 리얼리즘의 부정과 현대의식의 자각을 통한 현대소설의 모습도 볼 수 있다. 이를테면 이상의 「날개」 같은 작품에서 엿볼 수 있는 심리주의에 의한 독백이나 자유연상법 등의 기법에 의한 현대의식의 수용 등은 완연히 근대소설과 그 성격을 달리한 것이다.

그러나 이것은 현대소설로 발전시키고 심화시킬 수 있는 내적 요인의 결핍과 한글 말살책, 그리고 해방의 혼란상 등 외적 환경의 악순환으로 제대로 빛을 보지 못했다 할 것이다. 그러다 전후(戰後)에 이르러 30년대에 시도했던 서구적인 현대소설의 수용과 전후의식의 체험으로 계승되어 명실공히 현대소설의 성격을 갖춘 전후소설을 접하게 된 셈이다.[91]

6·25 이후 약 한 세대에 걸쳐 손창섭, 김성한, 장용학, 전광용, 오상원, 서기원, 이범선, 박경리 등에 의해서 활발한 전후작단이 전개되었다.

특히 이 50년대의 작가들은 소재를 파고드는 역량에서 우수한 능력을 발휘하기 시작했다. 손창섭의 경우 학벌보다는 그가 체험해온 세계를 파고드는데 있어서 우수한 능력을 발휘한 것이며, 이 사회의 병든 응달에 대한 투시력과 그 표현의 정확성과 작가 자신의 특이한 개성 표현은 전후 50년대 작단에서 가장 우수한 업적을 남겨 놓았다.

전기한— 작가 외에 선우휘, 강신재, 이호철, 최상규, 오영수, 송병수, 하근찬, 박경수, 강용준, 최인훈 등은 전후시기의 전후방을 진지하게 파고들어 좋은 전후소설을 남겼다.

그 중에서 선우휘의 「불꽃」, 손창섭의 「포수의 의지」, 전광용의 「꺼삐딴 리」, 이범선의 「오발탄」, 강신재의 『임진강의 민들레』(장편), 오영수의 「후일담」 등이 모두 잘 알려진 수작이었다.[92]

이와 같이 한국의 현대소설은 50년대 전후문단에 이르러 본격적인 모습으로 자리를 차지했고, 이것이 밑거름이 되어 60년대 이후의 소설형식에 결

---

91) 구인환, 앞의 책, p.86 참조.
92) 윤병로, 『현대작가론』, 선명문화사, 1974, pp.387~388 참조.

정적인 활력소가 되고 추진력이 되어 오늘의 현대소설로 확대·심화될 수 있었다.

(『한국현대소설의 탐구』, 범우사, 1985 증보판)

한국 근·현대비평사의 흐름

1. 비평사의 흐름

근대문예비평사의 흐름을 어떻게 볼 것인가? 이 문제는 비평사의 시기구분을 어떻게 할 것인가의 문제로 집약된다고 할 것이다. 이 점에 대해서 특히 유념해야 할 점은 비평사의 독자적인 영역을 강조하기보다는 전반적인 우리 근대 문학사 흐름과 관련시켜 이해할 때만이 바로 창작적 동향과도 유기적 관련을 맺으면서 전체 문학사의 흐름을 이론적으로 해명해주는 실제적 구실을 할 수 있다고 본다. 그런 점을 고려하면서 다음과 같은 시기로 우리 비평사를 구분할 수 있을 것 같다.

(1) 개화기 비평 : 대략 1890년대로부터 1910년대 중반까지 시기, 이른바 신소설, 신체시가 대표적 양식으로 대두되는 시기로 근대적 양식의 맹아기라 할 수 있다. 실제로 비평사에 있어서 근대적 비평의 맹아적 형태가 매우 단편적으로 산출되고 있다.

(2) 근대문학 초창기 비평 : 일반적으로 이광수 문학시대로 통칭되어지는 1910년대 중반 이후 20년대 초반까지의 『창조』, 『백조』, 『폐허』 등 동인지 중심의 활동시기를 지칭한다. 이광수의 계몽주의 문학론과 이에 반발하여 대두된 신진문인의 다양한 문학론이 각종 동인지를 모태로 하여 등장한다.

(3) 프로문학론과 민족주의 문학론의 대립기 : 대략 20년 중반 이후 30년대 초반까지로 프로문학운동이 문단을 제패한 시기의 비평동향을 지칭한다. 프로문학은 잘 알다시피 기존의 문학관에 전면적인 비판을 통

해서 등장한 조직적 문학운동을 전개하고 있기 때문에 집단적이고 체계적인 비평을 앞세우며 비평을 문학사의 전면에 대두시켰다. 그에 따라 상대적으로 민족주의 문학론이 태동되는데 이들은 비록 이론적 일치점이 명확하지는 않았지만 프로문학에 대한 비판을 통해서 '나름대로의 과학성을 확보하려 노력함으로써 전반적으로 비평이 우리 문학사에 확고히 정착된다.

(4) 1930년대 이후 모더니즘 문학론 시기 : 카프가 해산되는 30년대 중반 이후 해방되기 까지를 말한다. 일제의 강권정치에 의한 탈정치의 분위기 속에서 급속히 대두된 모더니즘계열의 다양한 활동을 지칭한다. 해방직전까지를 지칭하기는 하지만 40년 이후는 암흑기로 공백기로 처리해야 할 것이다.

(5) 해방직후 좌우익 대립기 : 일정한 변혁적 분위기 속에서 좌우대립이 가장 극명하게 대립하던 시기를 말한다. 초기에는 상대적으로 좌익에 의한 일방적 문학운동이 전개된다.

(6) 5,60년대 비평계 : 대한민국 정부수립과 6·25전쟁이 발발된 결과 좌익이 완전 거세되고 우익문학, 특히 순수문학이 완전한 지도권을 확보하면서 이후 그 반성과 다양한 이론적 모색이 새로이 태동되는 5,60년대 비평계를 지칭한다. 그 결과 뚜렷한 이론적 사조가 정초되기 보다는 순수문학이란 큰 테두리 안에서 다양한 모색들이 시도되고 특히 4·19를 전후하여 참여문학론이 새로운 형태로 대두하여 70년대 이후 민중문학론의 등장을 예견케해 주고 있다.

2. 개화기 비평

개화기 시대의 계몽사상의 큰 흐름 아래 개화기 문학의 특질은 잘 알려진 대로 산문 형식에서 신소설, 역사 전기물 두 유형을 들 수 있다. 다같이 일정한 근대적 각성을 주목적으로 하는 두 양식은 전자가 서구적 양식의 새로운 수용이라 하면 후자는 과거 양식의 전통성에 기반한 의식적 대용물이라 규정할 수 있다. 따라서 당연히 비평은 이러한 문학적 흐름을 논리적으로 전개하는 양상으로 나타나야 하지만, 실제로 이 시기 비평은 이러한 문학과의 관련성보다는 보다 포괄적인 지식인의 새로운 대 사회적 언론활동의 일환 속에 묶여 있다고 보는 것이 보다 적합한 말일 것이다. 다시 말하면 비평은 논설류에 밀착해 있었다.

그러나 좁은 의미의 문학론만을 염두에 둔다면 이 시기에도 비록 단편적이나마 비평적 활동이 이미 시작되고 있었다. 그 대표적인 형태가 이광수에게서 가장 잘 드러난다. 이광수의 첫 문학적 논설은 「국문과 한문의 과도시대」(『태극학보』 제21호, 1908)이며 뒤이어, 「금일아한청년(今日我韓靑年)과 정육론(情育論)」(『대한흥학보』 제10호), 「문학의 가치」(『대한흥학보』 제11호), 「문학이란 하(何)오」(『매일신보』 1916. 11), 「현상소설고선여언(懸賞小說考選餘言)」(『청춘』 제12호) 등을 발표하고 있다. 이 중에서 이 시기를 대표하는 대표적 비평문으로는 문학을 서구적 개념하에 정확히 정의한 「문학의 가치」를 들 수 있다. 여기서 그는 문학을 '대개 정적분자(情的分子)를 포함한 문장'이라 정의하고 이것이 서구 Literature와 동일하다고 지적한다.

그리고 문학이란 원래 정적 만족, 즉 유희로 생겨났지만 이성이 첨가되어 사상과 이상을 지배하는 주권자, 인생문제 해결의 담임자가 되었고, 인생과 우주의 진리를 천발하며 인생의 행로를 연구하고 인생의 정적상태와 변천을 공구한다고 한다. 하지만 이광수는 일국의 흥망성쇠와 부강 빈약이 그 국민의 이상과 사상여하에 있다고 언급하면서 문학이 실제문제에 소원한 듯이 보이지만 사실은 실제와 몰교섭한 무용의 장물은 아니고, 문학이야말로 그 이상과 사상을 지배한다고 개진하는 바 문학의 정치적 효용성을 강조하고 있다. 이것은 이후 이광수의 문학관으로 일관되게 나타난다. 이 시기 이광수에 대적할만한 비평활동을 한 사람은 신채호이다. 신채호는 「근금(近 今)국문소설 저자의 주의」(『대한매일신보』 1908. 7. 8), 「소설가의 추세」(『대한매일신보』 1909. 12. 2)에서 소설을 '국민의 혼', '국민의 나침반'이라 정의하고 있다. 즉 소설의 감화력에 주안점을 두어 주로 문학의 효용성을 강조하고 있다. 그에 따라 그는 마땅히 '상원부상(桑園溥上)의 음담과 숭불걸복(崇佛乞福)의 괴화'로 가득찬 구소설을 일소하고 신소설을 저술할 것을 요청하고 있다. 또한 신소설은 적어도 한글로 쓰여져야 할 것, 그리고 민족 현실을 직시할 것 등 두 가지 요건을 갖추어야 한다고 말하고 있다. 이처럼 신채호는 소설의 의의와 중요성, 가치를 설명하면서 문학의 사회적 가치와 효용을 특히 강조하고 있을 뿐 아니라 비평의 역할과 의미를 작자지도에까지 확대시키고 있어 주목된다.

그밖에 신소설, 시, 그리고 역사 전기문학의 서발서평을 들 수 있고(「화의 혈」 서 등), 조용주, 이만종, 김용근의 「도덕과 문학의 관계」(『장학월보』 제2호, 1908. 2), 최재학의 「실지응용 작문법」(1909), 현채의 「문학의 진보 급 쇠퇴」(1909) 등 문학 일반론을 다룬 글 등을 이 시기 비평문으로 꼽을 수 있다.

이상과 같이 개화기 비평은 아직 본격적인 근대문학비평으로 취급하기에는 부족한 점이 많지만 나름대로 당대 이념을 수행하려 했고, 또한 문학비평의 초석을 놓았다는 점에서 그 비평사적 의의가 있다 할 것이다.

3. 근대문학 초창기 비평

개화기 문학시대가 끝나고 이광수를 필두로 최남선, 김억, 김동인, 염상섭 등 본격적인 근대문학시대로 진입한 3·1운동 전후기는 비평사에 있어서도 본격적인 비평시대로 들어선 시기라 할 수 있다. 일본유학을 경험한 이들 비평가들이 근대적 문학관을 수립하고 비평의 기초 이론을 수입하고 아울러 실제비평의 초보적 형태들을 보여주고 있다.

이광수는 계속해서 「문사와 수양」(『창조』 제8호, 1921. 1), 「예술과 인생」(1922) 등에서 문예는 '신문화의 선구이며 모'라는 관점에서 출발하여 생에 대해 공헌이 없는 것, 더구나 해를 끼치는 문예는 당연히 배격해야 하며 '삶을 위한 예술'만이 바른 길이라고 주장한다. 이처럼 이광수는 문학을 교화

수단의 일종으로 파악하여 계몽주의적 문학관을 강력하게 피력하고 실제로 이 시기 대표적 계몽소설인 『무정』을 써서 자신의 비평관을 직접 창작으로 이끌어 낸다.

이광수가 개화기 시대부터 일관되게 문학의 효용성을 주장했던 반면, 다른 한편으로 신진 작가들은 이에 강력히 반발하며 서구의 새로운 문예조류를 소개하면서 문예지상주의의 씨앗을 뿌리기 시작한다. 그 대표적인 것이 김억, 황석우 등의 상징주의 시론의 소개, 김동인의 소설론 등이다 1914년 경부터 시와 비평을 발표해오던 김억은 『태서문예신보』를 중심으로 프랑스의 상징주의 시와 시론을 소개하고 그 자신의 시론을 정립해간다. 베를레느, 구르몽 등의 시 번역과 「프랑스 시판」(『태서문예신보』 제11, 12호 1918. 12) 등의 시론 탐구를 거쳐 「시형의 음률과 호협」(『조선 문예』 제3호, 1919. 2)은 자유시에 대한 최초의 이론적 성찰이다.

그는 이 글에서 정신과 육체의 조화를 이룬 예술관을 피력하며, 시란 '찰나에 느끼게 하는 예술'이라고 정의한다. 황석우 역시 「시화」(『매일신보』 1916. 9. 22), 「조선시단의 발족점과 자유시」(『매일신보』 1919. 11. 10) 등을 통해 프랑스의 상징주의 시론을 소개하고 자유시 형성에 일조를 하고 있다. 그는 신체시가 조선시의 새 유형으로 합당치 않다고 주장하면서 새 유형으로 곧 자유시이며, 그 내용은 상징시임을 지적한다.

반면 김동인은 동인지 중심의 문예운동기인 이 시기에 『창조』지의 중심 인물로 서비평분야에서도 탁월한 지위를 차지하고 있다. 대표적인 평론으로는 「소설에 대한 조선인의 사상을」(『학지광』 제17, 18호, 1919. 1~8)과 「자기의 창조한 세계」(『창조』 제7호, 1920. 7)를 들 수 있다.

여기서 김동인은 근대 소설이 인생에 대하여 절대성을 갖는다고 주장하면서 예술가를 최고의 위치에다 두고 소설가나 작품이 인생을 지도한다는 예술지상주의적 자세를 견지한다. 이는 이광수의 계몽주의적 문학관과 정면으로 대립되는 자율성의 문학관으로 형식주의 비평의 단초로 풀이되고 있다.

"소설의 생명, 소설의 예술적 가치, 소설의 내용의 미, 소설의 조화된 정도, 작자의 사상, 작자의 정신, 작자의 요구, 작자의 독창, 작중 인물의 각 개성의 발휘에 대한 묘사와 심리와 동작과 언어에 대한 묘사, 작중 인물의 사회에 대한 분투와 활동 등"

이러한 김동인의 문학론에 대해 정면으로 맞선 염상섭이 등장하여 우리 비평사에 최초로 문학 논쟁이 벌어진다. 이 양자의 논쟁은 염상섭의 「자연의 자각을 보고」(『현대』 제2호, 1920. 3)에 대해 김동인이 「제월씨(霽月氏)의 평자적 가치를 논함에 답함」(『동아일보』, 1920. 5. 31.~6. 2)을 내놓고 김동인은 또 「제월씨에 대답함」(『동아일보』, 1920. 6. 12.~13)을, 다시 염상섭은 「김군께 한 말」(『동아일보』, 1920. 6. 14)이란 반론을 펴자 김동인은 「비평에 대하여」(『창조』 제9호)를 내놓는다. 이처럼 제3차에 걸친 논쟁은 『창조』파와 『폐허』파의 대결양상을 띠었지만 그 논쟁과정에서 비평의 기능과 효용에 관한 논의를 유발시켰다는 점에서 큰 의의를 갖는다.

4. 프로문학론과 민족문학론의 대립

비록 실패로 끝났지만 사회적 변혁의 대기운이 일어났던 3·1운동의 여파와 함께 세계사적으로 1917년 러시아혁명이 몰고 온 사회주의 바람은 우리 나라에서도 1920년대 중반 이후 약 10년간 프롤레타리아 문학운동이 주도적 위치에 서게된다. 특히 사회운동의 일환으로 문학이 자리잡으면서 본격적인 비평의 시대를 열어 놓았다. 문학이 운동으로 끌어올려짐으로써 비평은 프로문학운동의 지도지침의 임무를 맡게된다. 그 결과 프로문학운동의 역사는 비평의 역사라 할 만큼 비평의 역할은 컸다.

이러한 프로문학의 비평사에서 대표적 이론가로는 시발기에 김기진, 박영희, 본격적 프로문학운동시기에는 임화, 권환, 안막 등, 카프 해체기 사회주의 리얼리즘 논의 시기에는 한효, 안함광과 김두용 등을 꼽을 수 있다. 김기진은 「클라르테운동의 세계화」(『개벽』 제39, 40호, 1923. 9~10), 「바르뷔스 대 로망 롤랑 간의 논쟁」(『개벽』 제40호, 1923. 10), 「금일의 문학, 명일의 문학」(『개벽』 제44호, 1924. 2) 등의 평론을 통해 최초로 프로문학의 이론을 도입한 인물로 평가를 받고 있다. 김기진은 일본 유학시 계급사상의 깊은 영향, 특히 브나로드 운동과 클라르테 운동 등 사회변혁 운동에 깊은 영향을 받고 이를 국내의 현실과 결부시켜 국내 문단을 자극시켰다. 그 결과 20년대 초반 문단의 중추 세력을 형성했던 『백조』파를 분해시켜 문단 재편성의 추진자가 되었다. 이러한 김기진의 영향에 따라 초기 프로문학운동의 이론적 지도자의 한 사람이 된 것이 박영희였다. 박영희는 「조선을 지나는 뷔너스」(『개벽』 제54호, 1924. 12), 「문학상으로 본 이광수」(『개벽』 제55호, 1925. 1), 「신경향파문학과 그 문단적 지위」(『개벽』 제64호, 1925. 12) 등을 통해 프로문학운동의 이론적 기초를 다졌다.

이러한 프로문학운동의 초기적 형태로서 신경향파의 등장에 기존 문인들은 양주동을 중심으로 '조선문단'에 집결하여 프로문학이 그 이론적 기초로서 제시하는 사상성에 의거하여 맑스주의에 대립한 민족주의를 내걸고 반대적 입장을 다지기 시작한다. 이 두 파의 대립이 가장 잘 드러난 것으로 『개벽』에서 특집으로 마련한 「계급문학시비론」(1925. 2)을 들 수 있다. 프로파로 김기진, 김석송 등이 등장하고 그 반대파로 김동인, 나도향, 염상섭 등이 나서고 있다. 그리고 이를 기점으로 사실상 프로파가 문단의 중추세력으로 자리 잡고 문단은 완전히 이를 중심으로 개편된다.

이후 프로문학은 소위 '내용 형식 논쟁'으로 일컬어지는 김기진, 박영희 간의 논쟁(김기진의 「무산문예 작품과 무산문예비평」, 박영희의 「투쟁기에 있는 문예비평가의 태도」, 「예술의 형식과 내용의 합목적성」 등)을 거쳐 본격적인 조직운동으로서 발판을 구축하는 목적의식론을 둘러싼 방향전환논쟁(이 논쟁에서 박영희가 김기진을 제치고 주도권을 잡는다)이 전개되고 뒤이어 다시 일본 유학생 출신의 신진 비평가(임화, 권환, 안막 등)들이 볼셰비키화를 제창하며 김기진의 대중화론(「통속소설고」, 「대중소설론」, 「프로시가의 대중화」 등)을 공박하며 프로문학운동의 새단계를 열어 젖힌다. 그 대표적인 평문을 보면 임화의 「조선프로 예술운동의 당면한 구체적 과정」 등을 들 수 있다.

그리고 뒤이어 신유인(「문학창작의 고정화에 향하여」 등)을 중심으로 유물변증법적 창작방법론이 제창되고 1934년 일제의 군국주의하에 따라 탄압을 받으며 조직운동이 침체되면서 해체의 위협 속에서 '사회주의 리얼리즘' 논쟁이 시작된다. 주요한 논자와 평문을 보면 한효의 「우리의 새과제」(『조선중앙일보』, 1934. 7. 7~12), 안함광의 「창작 방법문제 신이론의 음미」(『조선중앙일보』, 1934. 6. 17~30), 「창작 방법문제 재검토를 위하여」(『조선중앙일보』, 1934. 6. 30~7. 4), 김두용의 「창작방법의 문제」(『동아일보』, 1935. 8. 24~9. 3) 등이다. 이외에 프로문학진영의 주요한 논쟁으로는 동반자 작가를 둘러싼 논쟁(이갑기, 신고송, 김우철 등)과 농민문학논쟁(백철, 안함광 등)을 들 수 있다.

반면 민족주의 문학진영은 양주동이 중심인물이 되면서 때로 강한 절충론적 입장에서 자기의 입지를 펼치기도 했지만(양주동의 「문예비평가의 태도 기타」, 「문단 3분야」 등), 그 중심되는 비평활동은 국민문학론의 제창이었다. 최남선의 「조선국민문학으로서의 시조」(『조선문단』 제16호, 1926. 5), 이병기의 「시조란 무엇인고」(『동아일보』, 1926. 11. 20) 등에서 보듯 시조부흥운동, 민요부흥운동 등 민족전통의 회복을 기치로 들고 나왔다. 그리고 자체 내의 논쟁으로는 이광수과 양주동간의 논쟁을 들 수 있다(이광수의 「중용과 철저」, 「양주동씨의 철저와 중용을 읽고」, 「여의 작가적 태도」와 양주동의 「철저와 중용」 등). 이밖에 30년대 초부터 이헌구, 정인섭 등의 해외문학파를 들 수 있다.

5. 1930년대 이후 모더니즘문학론 시기

일제의 대동아전쟁이 본격화되면서 극도의 정치적 억압시기에 카프가 해산되고 문단은 다시 순문학론 시대로 넘어간다. 이 시기 대표적 사조로는 구인회의 모더니즘 문학론을 꼽을 수 있다. 김기림, 정지용, 이태준, 박원태, 등 구인회는 철저한 문학주의에 입각하여 기교주의를 강력히 표방하고 등장한다. 그 중 김기림은 이들 문학의 대표적 이론가로서 「오전의 시론」(『조선일보』, 1935. 4. 20~28, 9. 17~10. 4), 「시작에 있어서의 주지적 태도」(『신동아』 제3권 4호) 등을 통해 이들의 입론을 정초하고 있다.

뒤이어 이들의 기교주의적 모더니즘론을 더욱 발전시킨 비평가로 우리는 최재서를 들 수 있다. 소위 주지주의 문학론으로 일컬어지는 최재서의 문학론은 구인회의 모더니즘의 이론적 입지점을 확보해준 것으로 지성론에 의거하여 일정한 과학성을 얻게 된다. 그의 대표적 평론으로는 「문학작가, 지성」(『동아일보』, 1930. 8. 23), 「풍자문학론」(『조선일보』, 1935. 7. 21), 「리얼리즘의 확대와 심화」(『조선일보』, 1936. 11. 6) 등을 들 수 있다.

그런데 나름대로 지성이라는 잣대로 객관적 태도를 유지하려 했던 최재서와는 달리 김환태, 김문집은 창작 방법과 비평을 엄격히 분리하여 작품을 객관적 존재물로 상정해두고 작품이 주는 인상을 비평기준으로 내세운 인상주의 비평론을 제창하였다. 김환태의 「문예비평가의 태도에 대하여」(『조선일보』, 1934. 4. 21), 「문예시평 — 나의 비평태도」(『조선일보』 1934. 11. 23), 「문예시평 — 비평문학의 확립을 위하여」(『중앙일보』, 1936. 4. 14) 등과 김문집의 「비평예술론」(『동아일보』, 1937. 12. 7), 「비평방법론」(『비평문학』, 청색지사) 등이 대표적 평론이다.

물론 이 시기 구카프계열의 평론가의 활동 역시 계속되고 있었으나 과거와는 달리 조직적 뒷받침이 없는 상태에서 비평의 지도적 역할은 거의 유명무실하게 되었고 대신 이들 모더니즘 계열의 비평가들의 평론에 대한 반박문의 형태로 주로 이론적 활동이 전개되었다.

그리고 전반적으로 1938년 이후 대동아전쟁이 본격화되면서 전체 문단은 일제 체제의 어용적 활동을 강요 받게 되는데 일정한 암흑기의 면모를 비평계에서도 보여준다. 다만 이 시기 주요한 논쟁으로 들자면 세대논쟁을 들 수 있다. 유진오의 「순수에의 지향 — 특히 신인작가에 관련하여」(『문장』, 1939. 6), 김오성의 「신세대의 감각」(『조선일보』, 1939. 4. 19~25), 김동리의

「순수이의」(『문장』, 1939. 8), 유진오의 「대립보다는 협력을 요망」(『매일신보』, 1940. 2), 김동리의 「신세대의 문학정신」(『매일신보』, 1940. 2), 「신세대의 정신」(『문장』, 1940. 5), 임인식의 「신세대론」(『조선일보』, 1939. 6. 29~7. 2), 「소설과 신세대의 성격」(『문학의 논리』, 1940. 6), 최재서의 「신세대론」(『조선일보』, 1939. 7. 6~9) 등이 이에 해당된다.

6. 해방직후 좌우의 대립기의 비평

해방이 되자 거의 1년간은 과거 카프계열의 작가들 중심의 문학운동이었다. 이러한 배경은 물론 문학 내적인 문제보다는 당시의 정치적 요인에 의한 당연한 결과이다. 이미 해방 다음 날인 45년 8월 16일 임화, 김남천, 이태준, 박태원을 중심으로 조선문학건설본부가 결성되고 그 한달 뒤에는 한효, 윤기정, 송영 등을 중심으로 한 조선프롤레타리아문학동맹이 결성되어 좌익내부의 치열한 공방전이 전개되었다. 이 양자의 대립은 주로 임화와 한효에 의해 주도되었는데 그 대표적 평론으로는 임화의 「현하의 정세와 문화운동의 당면임무」(『문화전선』 창간호, 1945. 12), 김남천의 「문학의 교육적 임무」(『문화전선』 창간호, 1945. 12)과 『중앙신문』의 「건국과 문화제언」이라는 특집(1945. 11), 「해방후의 문화동향」이라는 특집(1945. 12)의 김남천, 이원조 등의 평론과 예맹의 기관지 『예술운동』 창간호에 실린 한효의 「예술운동의 전망」, 권환의 「현정세와 예술운동」(1945. 12) 등이다.

이 양자의 대립은 문건이 「진보적 민족문학의 수립」을 내걸면서 문예상의 통일전선을 추구한 반면, 예맹은 '프롤레타리아문학론'을 지도문학론으로 내걸면서 과거 카프의 복원을 시도한데 있다. 이후 이 두 단체는 45년 12월에 남로당의 중재와 자기 반성을 거쳐 통합(조선문학가 동맹)하게 되는데 46년 2월에 개최된 '전국문학자대회'에서 전반적인 문학운동의 방침이 제시되기에 이른다. 임화의 「조선민족문학 건설의 기본과제에 관한 일반보고」는 그 중심되는 평론으로써 현 정세의 문학운동 당면과제로 민족문학의 완성을 제시했다.

이후 임화, 김남천, 김동석 등에 의해 비평활동은 활발히 전개되고 있는데 대부분의 평론들은 문학운동상에 요구되는 실천과제를 해결하는데 집중되고 있다. 그 주요한 내용을 보면 민족문학론, 창작방법론, 대중화론 등이다.

반면 우익측 동향은 해방직후에는 전면에 나서지 않다가 미군정이 본격화되면서 조직적 대응으로 나타나 '조선문화 단체 총연합회'를 조직하고 문학적 조직체로 '조선문필가협회'와 청년 문인을 중심으로 '청년문학가협회'가 각각 결성된다. 이들의 주요비평은 대개 실제비평으로 작품비평에 집중되다가 조선문학가동맹의 순수문학에 대한 공격에 대응하여 순수문학을 옹호하기 위한 평론들이 나타나기 시작한다. 즉 김남천이 「순수문학의 제태」(『서울신문』, 1946. 6. 30)를 발표하자 김동리는 「순수문학의 정의」(『민주일보』, 1946. 7. 11~12), 「순수문학의 진의」(『서울신문』, 1946. 9. 14)로 김남천에 반박했다. 이에 대해서 다시 문학가동맹측에서 김병규가 「순수문제와 휴머니즘」(『신천지』, 1947. 11. 12 합병호), 「순수문학과 정치」(『신조선』, 1947. 2)를 발표하자 김동리는 「순수문학과 제3세계관」(『대조』, 47. 8)을 써서 항변했다. 1948년 대한민국정부가 수립되면서 좌익적제활동은 불법화되고 특히 6·25전쟁까지 벌어진 결과 우익측의 민족문학진영만이 남게 된다.

7. 5, 60년대 비평계의 동향

첨예한 정치대립의 결과 전쟁전후인 50년대는 상당기간 동안 문학비평사의 공백기가 생기게 된다. 대신 전쟁의 참혹한 상황은 전쟁 이후 일정기간 인간존재에 대한 근본적 물음에 기반한 「실존주의와 불안」(『현대문학』 제45호, 1958. 9), 원형갑의 「실존과 문학의 형이상학」(『현대문학』 제56, 57호), 이어령의 「저항의 문학」(『정지사』, 1959) 등을 꼽을 수 있다. 그리고 비평의 방법문제를 둘러싸고 유종호의 「비평의 반성」(『현대문학』 제40, 41호, 1958. 4. 5), 김우종의 「비평의 자유」(『현대문학』 제46호, 1958. 10)가 있다. 그러나 상당기간의 공백기는 다른 한편으로 신진비평가들을 등장시켰는데 그 주요 비평가를 들자면 김양수, 최일수, 이철범, 홍사중, 정창범, 윤병로, 김상일, 신동한, 이선영 등이다.

그리고 60년대에 접어들면서 비평계의 쟁점으로 떠오른 문제는 전통론에 대한 논란이었다. 전통에 대한 정의로부터 비롯해서 전통의 계승문제에 이르기까지 서구문학론이 광범하게 밀려들어오면서 그 찬반논쟁은 뜨겁게 달아올랐다. 백철의 「고전부흥과 현대문학」, 조연현의 「전통의 민족적 특성과 인류적 보편성」, 홍효민의 「문학전통과 소설전통」, 이봉래의 「전통의 정체」, 문덕수의 「전통론을 위한 각서」, 김양수의 「격동기의 문학 행동」, 유종호의 「전통의 확립을 위하여」, 이형기의 「전통이란 무엇인가」, 원형갑의 「표상성과 민족성」, 최일수의 「문학의 세계성과 민족성」, 정태용의 「주체성과 비판 정신」, 김우종의 「항거없는 성춘향」, 윤병로의 「전통의 제문제」 등이 그것들이다. 그러나 근 한세대에 걸친 전통론의 시비는 공리론으로 시종해서 사실 신통한 결실을 맺지는 못했다.

오히려 60년대 비평계의 가장 중심적인 핵심은 4·19 영향에 뒤이은 참여문학의 대두와 그에 따른 순수문학에 대한 재논의였다. 그러나 이 재논의는 과거와 같이 좌우익의 대립에서 비롯된 것이 아니라 순수문학 자체의 반성에서 비롯된 것이었다.

그 시발은 김우종의 「파산의 시발」(『동아일보』, 1963. 8. 7)에서 비롯된다. 문학의 사회적 기능에 기반해서 그는 순수문학을 공격했다. 뒤이어 김병걸은 「순수와의 결별」(『현대문학』, 1963. 10)에 참여문학론을 폈고, 김우종은 다시 「유적지의 인간과 그 문학」(『현대문학』, 1963. 11)에서 현실 속에 뛰어들어 현실문제 해결의 방편으로 문학이 역할을 수행하는 새로운 방법론을 모색해야 한다고 주장했다. 그러나 이형기는 「문학기능에 관한 방법」(『현대문학』, 1964. 2)에서 양김씨를 반박하고 인간성 옹호에 기반한 순수문학을 옹호한다. 이에 김우종은 「저 땅위에 도표를 세우라」(『현대문학』,

1964. 4)에서 이형기의 문학론을 예술지상주의로 공박하면서 인간성 옹호자체가 바로 현실의 문제임을 말한다면서 현실참여론의 입장을 강변한다.

이러한 현실참여론적 입장에 대해 서정주는 「사회참여와 순수개념」(『세대』, 1963. 10)에서 구미사조에 대한 소화부족으로 탈선한 문학론이 참여론이며 오직 순수문학이 한국문학을 이끌어온 전통적 문학이라고 하여 순수문학을 옹호한다.

한동안 잠잠하던 이 논쟁은 65년 10월 『사상계』에서 주관했던 '문학과 현실'이란 심포지엄에서 다시 본격화되어 결국 참여문학론은 60년대 중반 『창작과 비평』(대표적 평문은 백낙청의 「시민문학론」)이 창간되면서 문단의 한 중추세력으로 태동되어 70년대 이후 민족문학론, 리얼리즘 문학론의 모태역할을 수행한다.

(『한국근현대비평의 흐름』, 성균관대출판부, 2000)

Ⅵ. 민족문학의 논리

민족문학의 쟁점

1. 민족문학의 다양한 풀이

『월간문학』 1986년 4월호는 특집으로 '민족문학이란 무엇인가'를 크게 다루어 주목했다. 올바른 민족문학관의 정립을 위한 지속적인 특집으로 마련되었음을 밝히면서 구인환 외 15명의 작가들의 설문을 통해 다양한 견해들을 소개하고 있다.

여기에 제시된 설문은 ① 내가 창작하는 이유, ② 민중이념의 문학화에 대한 의견, ③ 진정한 민족문학은 무엇인가 등 3개 문항에 대한 응답으로서, 그 중에서도 각별히 관심을 끄는 것은 '진정한 민족문학은 무엇인가'란 항목이다.

이 특집의 동기는 근자의 민중문학 논의와 관련된 것으로 추정되며, 참다운 민족문학의 모색을 위한 작가들의 생생한 발언을 집약해 보려는 의도로 풀이된다.

실상 민족문학에 대한 논의는 식민지하의 20년대를 시발로 해방 후 문단에서 활발히 거론되었고 70년대에 진지한 재검토를 거쳐 오늘까지 지속적인 쟁점으로 남아 있다.

우선 민족문학의 개념이 시대상황과 논자에 따라 각양각색의 자의적 해석이 난무했던 것은 주지의 사실이다. 따라서 민족문학의 참다운 정체를 탐색하기 위해서는 그 개념의 올바른 해석에서부터 실마리를 풀어야 할 것이다.

'진정한 민족문학은 무엇인가'란 설문에서 소설가 구인환은 이렇게 풀이하고 있다. 진정한 민족문학은 한민족의 문학이요, 한국의 역사와 현실에서 내일을 추구하면서 살았고, 살아 있으며, 또 살아갈 인간상을 그린 문학이란 것이다. 또한 거기에는 한민족이 오랜 역사 속에서 한민족의 전통을 계승하여 한민족이 성취해야 할 그날을 위하여 사는 인간상을 창조한 문학이 바로 한국문학이요 민족문학이란 해명이 담겨 있다.

이렇게 민족문학이란, 전통을 계승하면서 우리 민족이 성취해야 할 '그날을 위한 문학'으로 강조되고 있다. 이와 같은 견해로 시인 박이도는 전통과 관련해서 우리 민족이 집단으로서 지녀온 특유의 전통이 있다면, 그와 상응할 만큼 시대의 국제화, 물질문명의 팽배 현상 등 다양한 여건이 고유의 역사성을 허물어뜨리는 현상을 어떻게 수용해야 할 것인 가도 민족문학의 과제라고 제시했다.

이와 유사한 견해로 시인 이기반은 민족문학의 정의를 이렇게 풀이했다. 즉 역사의 흐름에 따라 민족의 생활양상이나 정신세계가 변천되겠지만, 그 가운데서도 한줄기로 이어 흐르는 민족적인 것에 근원을 두고 민족 속에 뿌리 박힌 것을 그대로 표현하는 문학이라 했다. 또 이와 같은 견해로 엄기원은 민족문학이란 한국적 주기성(主氣性) 또는 주체의식을 살린 우리 민족의 대표문학이라고 전제하고, 한국적 특성을 띤 민족문학이면서 세계성을 내포한 세계문학이어야 하며, 이것은 넓은 안목에서 볼 때 인간주의 문학이 되어야 한다고 했다.

한편 민족문학에 대한 보다 선명한 해답으로 받아들여지는 것은 최병탁의 발언이었다. 그에 의하면 진정한 민족문학이란 당연히 지속적 전통논리에서 해답을 찾아야 한다는 것이었다. 인간집단의 최대 단위 — 일정한 지역에서 공동생활을 해왔고 같은 언어풍습을 통하여 성장한 그 민족의 공통적 운명, 그 줄기를 찾아 자신의 현주소로 복귀하는 집단 귀속 감정으로부터 세계로 확산·심화시키는 문학에 이르러야 비로소 진정한 민족문학이 정립될 것이란 의견이었다.

이와 같은 견해들은 모두 민족문학에 대한 건전한 해석으로 공감되는데, 그것에서 핵심이 되는 것은 전통적인 경험을 통한 민족적 자각이며, 그것은 주체성과 지속성으로 이해되는 문학임을 공인하게 된다.

2. 70년대의 민족문학 논쟁

8·15 이후 우리 문단은 '민족문학론'을 흔히 구두선처럼 그 누구나 외쳐 왔다. 그럼에도 불구하고 그 정체를 분명히 터득하지 못했고 다만 관념적인 허상으로 떠받든 느낌이었다. 그것이 7·4 남북공동성명과 관련되어 우리 평단의 큰 쟁점으로 대두된 것은 자연적인 추세이기도 했다.

1972년 6월, 잠시 귀국했던 재일동포 작가 이회성은 『한국일보』가 주최한 '민족문학론' 강연에서 민족문학은 5천만의 한국문학이어야 한다고 역설했다. 그리고 자신은 '온돌' 냄새를 풍기는 글을 쓰지 않을 수 없다는 고백과 함께 민족의 입장에서 작품을 써야 세계로 통할 수 있다는 소신을 밝혔다.

통일을 위해서 기여해야 한다고 다짐, 호소하는 이회성의 '민족문학론'은 우리 문인들에게 적지 않은 감동을 준 것은 물론이다. 그만큼 그는 지금껏 공리공론에 그쳤던 '민족문학론'의 정곡을 제대로 지적하고 호소했기 때문이다.

실상 우리 문단에서는 8·15 이후 오늘까지 부단히 '민족문학론'을 그 주제로 해서 상당한 시비가 오갔지만 신통한 결실을 보지 못했다. 이른바 '민족문학론'과 관련해서 70년대에 발표된 것 중 그 대표적인 것은 다음과 같다.

「민족문학, 그 문자와 언어」(김현), 「민족문학이냐, 좋은 문학이냐」(이형기), 「민족문학에의 길」(임헌영), 「민족문학, 이 어둠 속의 행진」(염무웅), 「민족문학의 오늘과 내일」(백철) 등은 주목할 만한 비평들이었다.

이것들은 서로 다른 입장과 논리를 펴갔지만 새롭게 대두되고 있는 민족문학에 대해서 각별한 관심을 표현한 것이다. 70년대를 기점으로 새롭게 부각되었던 '민족문학론'이 그동안 종횡무진 전개되었던 '민족문학론'의 맥락을 더듬어 그 정체를 밝혀 내고 재음미한 일은 몹시 소중하게 해석된다. 또 참다운 민족문학이란 과연 어떤 것일까 하는 시론이 가능했다고 본다.

민족문학에 대한 실마리는 그 어원부터 골똘히 추구되고 있다. 문덕수의 「고전문학과 민족의식」에서는 소박한 상식에서 '민족문학이란 무엇인가' 를 풀이하였다. 즉 민족의식에 입각하여 민족의식이 반영된 문학이라고. 그러나 그의 논지는 우리의 고전문학 속에서 민족의식을 발굴하고 거기서 민족문학의 전통을 살리자는 것으로 귀결된다.

여기에 비해 이형기는 민족적 문학이란 개념과 내용이 분명하게 터득되지 못했다는 사연을 고백하고 있다.

> 사실 민족문학이란 말은 그동안 내가 너무 자주 들었고 또 자주 써왔다. 그러는 동안에 이 말은 그 개념이나 의미 내용을 반성해 볼 겨를이 없이 나의 귀에 익어 버린 것이다. 말이 귀에 익고 보면 그 개념이나 의미 내용도 어느새 다 이해한 것 같은 착각을 일으킨다. 민족문학의 형성에 관련되는 이 원고 때문에 비로소 나는 여태까지 자신이 그런 착각에 사로잡혀 있었음을 깨닫게 된 것이다.(「민족문학이냐, 좋은 문학이냐」에서)

이 같은 솔직한 고백은 비단 이형기에 국한되는 것은 아니다. 참으로 많은 논객들이 민족문학을 얘기해 왔지만 그 내용과 본질을 제대로 파악하지 못한 채 어설픈 관념만을 되풀이해 온 것이다.

그렇다면 여기서 민족문학의 개념과 내용을 좀더 명쾌하게 이해하기 위해서 우리 현대문학사에서 '민족문학론'이 언제부터 제기되었으며, 그 양상은 어떻게 진전되었는가를 상기할 필요가 있다.

이 해답에 가장 접근하는 것은 김현의 「민족문학, 그 문자와 언어」가 아닌가 여겨진다. 그는 1920년대 후반기의 이른바 프로문학과 국민문학의 대립에서 실마리를 끄집어내고 있다. 이 두 세력의 논쟁은 마침내 1928년에 들어와서 통합론을 띠기 시작했는데, 이것이 곧 염상섭과 양주동의 이른바 '중간파'로서 그 절충론의 내용이 '민족문학론'을 내세웠던 사실을 지적했다.

정신문화상으로 보면 민족주의는 자민족의 개성에 중심을 둔 문화 — 국민문학의 수립을 기도한다. 반면에 사회운동측에서는 보편적으로 프롤레타리아 문화 — 계급문학의 고조로서 전통적 관념의 파기 및 개조에 분망하게 된 것도 필연한 현세(現勢)일 것이다. [……] 그러나 이 두 경향이 [……] 피압박 민족의 실제 행동에서 양자가 합동 일치함이 각자의 운동을 일층 권위 있게 함이라 생각한다.

이렇게 주장한 염상섭의 절충론은 부당하다는 것이다. 그 이유로 국민문학이나 프로문학의 투쟁의 목표가 다르다는 점, 1930년경에 프로문학은 농촌문학으로 변모하고 국민문학은 브나로드 운동으로 변색되어 갔다는 점을 들고 있다. 따라서 프로문학은 당국의 탄압으로 해산될 운명에 처하지만 국민문학은 시조 부흥론과 밀접한 관련을 갖는 역사소설 붐으로 변질되어 갔다는 사정을 말해 준다.

그리고 김현은 이광수의 변절로 상징되는 민족문학의 극적인 파탄을 예시하면서 그 특징을 규명해 갔다.

여하튼 우파적 보수주의, 복고조 계몽주의라는 두 지주는 민족주의문학의 근간을 이룬다. 해방 후의 순수문학파들 김동리, 서정주, 조연현, 박두진, 박목월, 조지훈 등의 문학이 쉽게 민족문학으로 규정될 수 있었던 것도 그러한 민족문학의 두 지주가 그들의 행동반경을 지탱할 수 있는 유일한 지주였기 때문이다.

이와 같이 그는 민족문학을 국민문학과 등식으로 해석하고 해방후의 순수문학하의 계보와 연결시키고 있다. 그리고 민족문학을 배격하는 입장에서 "한국우위주의라는 가면을 쓴 패배주의자의 문학에 지나지 않는다"라고 주장했다. 그는 민족문학에 대해서 날카로운 공박을 계속하면서 그 대신 한국문학이라는 말을 들고 나왔다.

김현의 부정적인 민족문학론을 비롯해서 '반(反)민족문학론'에 대해서 즉

각 반론을 제기한 것은 임헌영의 「민족문학에의 길」이었다.

그는 '우리는 은혜의 역사에서 사대주의의 역사'를 살았왔다는 것, 다시 '식민지 시대'를 살았고 여기서 식민지 의식을 지금도 고이 간직하고 있다는 것, 여기서 벗어날 수 있는 길은 '민족문학'을 되찾는 것이라고 역설했다. 또 민족문학이 프로문학에 대한 반발로 생겼다는 것은 어불성설이고, 프로문학은 민족문학이라는 대전제가 있은 후에 가능하다고 했다. 그리고 일제하의 민족문학이란 침략 이데올로기에 간접적으로 동조한 것이기 때문에 그것은 민족문학이 아니라 반(反)민족문학이 된다고까지 규명한다. 그의 반론은 다음처럼 계속된다.

> 누군가는 또 '민족문학'이란 낡은 말이니 '한국문학'이라고 부르자는 제의를 했다. 민족보다 더 새로운 문제점을 주는 말이 또 어디 있을까. '한국문학'도 낡았으니 '네오 코리아 문학'이라고 부르면 좋겠다는 역설이 나옴 직하다.

이것은 의심할 것 없이 김현의 '한국문학론'에 대한 반박이며 빈정거리는 소리였다. 그는 아직껏 우리 문학이 식민지 상황에서 벗어나지 못했고 우리의 문학의식은 니힐의 의식 속에서 맴돌고 있다고 강조한다. 그래서 그의 「민족문학에의 길」은 이렇게 맺어진다. "이 깨우침은 민족문학으로써만 가능하며 민족문학은 리얼리즘의 추구로만 이룩할 수 있다."

민족문학에 대한 임헌영의 리얼리즘으로의 추구나 김현의 '한국문학'으로의 제창은 하나의 가설로서 제기되었을 뿐이다. 그것을 합리화시키고 정착시키기 위해서는 좀더 진지한 설득력과 방법론이 뒤따라야 할 것이다.

이들과는 다소 견해를 달리하는 염무웅은 그의 「민족문학, 이 어둠 속의 행진」에서 민족문학의 서구적 경험을 소개하면서 우리 문학사에 반영된 민족문학을 검토해 갔다. 이를테면 서포와 연암으로 대표되는 평민문학, 이광수의 민족문학, 그리고 식민지 문학의 순으로 분석해 본 것이다.

그는 결론에서 백철의 「민족문화의 행방」을 인용하고 거기에 동조하면서 오늘의 민족문학은 더욱 무거운 난제들이 제기된 것 같다고 했다. 그리고 오늘의 급박한 현실에서 '민족적 긍지와 용기와 지혜를 동원'하는 데에서 참된 민족문학은 성취된다고 했다.

여기에서도 앞의 논객들과 마찬가지로 민족문학의 본질을 분명히 밝히거나 그 방법을 구체적으로 제시하지는 못했다.

3. 참다운 민족문학의 광장

8·15광복 후 본격적인 민족문학론의 정리를 위한 논쟁에서 많은 비평가들이 참여했던 셈이며, 그들은 서로 다른 입장에서 자신들의 주장을 펴갔다. 그 점에 대해서 평론가 김우종은, 하나는 서구문화의 도입과 한국문화의 충돌에서 나타난 것이며, 다른 하나는 순수문학과 참여문학 양쪽에 의해서 해석을 달리하게 된다고 했다. 이들이 모두 한국의 고유한 전통을 살리고 민족적 주체성을 살리자는 입장은 같았지만 그 같은 민족적 개성이나 전통은 어디서 어떻게 발굴하고 창조하고 지켜 나가느냐에 있어서 상호 견해를 달리했다는 것이다.

이와 같이 크게 양분되는 민족문학 논쟁은 70년대에 와서 치열했던 셈이며 여기서 순수문학파와 참여문학파의 양극화 현상을 드러나게 했다 할 것이다.

그 대표적 발언으로 순수문학파를 대변한 이형기는 "질적으로 우수한 문학작품은 자연 그 언어 속에 스며 있는 그 민족 특유의 사상과 감정, 역사와 전통을 보다 효과적으로 반영할 수밖에 없다"고 했다.

이와 같은 민족문학론은 민족문학의 요건이 바로 언어에 있다는 점에서 비판의 대상이 되었다.

이와 대조적으로 역사의식의 시각으로 민족문학을 거론한 평론가 이철범은 지금까지의 민족문학론을 다음처럼 비판했다.

민족문학을 주장하는 작가, 시인들이 문학은 공산당의 선전 매개물이나 그 속물이 될 수 없다고 못박은 것은 옳다. 그러나 민족문학이 즉 순수문학이요, 순수문학의 내용이 비역사적 토속세계나 샤머니즘에 뿌리 박고 있었다는 데서 민족문학은 처음부터 참된 민족문학이 되지 못했다(「언어·민족·이데올로기」에서).

이와 같은 이철범의 발언은 순수문학파의 민족문학론이 지녔던 한계성이나 문제점을 지적하면서 민족문학은 무엇보다도 역사적 현실을 올바르게 해명하는 데서 가능하다는 것이었다.

여기서도 민족문학의 전모가 밝혀지거나 분명한 방법이 제기된 것은 아니었다. 그럼에도 불구하고 많은 논객들의 입을 통해서 민족문학론의 저변은 한층 넓어지면서 그 구심점에는 한결 접근하고 있다.

오늘날 우리의 내외현실은 걷잡을 수 없이 변모해 가고 있다. 따라서 우리 문학풍토가 쇄신되고 문학상황이 개선되어야 한다는 것은 너무도 당연하다.

지금에 와서 작가와 시인, 그리고 평론가들이 현명하게 이루어야 할 '그 날을 위한 문학'은 무엇이겠는가? 두말 할 나위 없이 참다운 민족문학에 참여하는 일일 것이다. 그것은 여태껏 구두선에 그쳤던 사이비 민족문학이 아니며, 이미 유물화된 민족문학도 아니다. 구체적으로 이 역사적 전환기에서 통일의 대문을 시원히 열 수 있는, 주체의식이 담겨진 민족문학을 뜻한다.

주체의식이 결여된 민족문학이란 허상의 민족문학이요, 사이비 민족문학이다. 그것은 종당에 반민족문학으로 변질되고 전락된다는 것을 지난날의 우리의 문학사가 잘 보여주고 있다.

흔히 '민족 주체의식'이란 말을 쉽게 쓴다. 그러나 이 거창한 주제는 쉽게 성취될 과제가 아니다. 그보다 선행되어야 할 것이 있다. 무엇보다도 상실된 작가의 주체의식의 회복이 더 소중하고 시급한 것이다.

80년대 한국문학의 과제는 어떻게 집약될 수 있을까. 더 말할 것 없이 시대정신에서 멀리 이탈되고 망각된 작가의 주체의식의 소생으로부터 비롯되어야 한다는 것이다. 이 길이 바로 자주적인 민족의식과 결부되고 민족문학의 정도가 되기 때문이다.

이제 비로소 참다운 민족문학의 광장은 개방되고 창작 여건이 성숙되고 있다. 모름지기 끈질긴 작가의 주체의식에서 구현된 작품이 민족문학을 알차게 꽃피우기를 기대한다.

(『민족문학의 모색』, 범우사, 1989)

참다운 민족문학의 정립

1. 우리 문학의 현주소

 1986년은 80년대의 후반기에 접어든 연도로서 한국문학이 90년대와 2천년대를 전망해야 할 의미 있는 시점이기도 하다. 여기서 우리 문학이 우리 사회와 문화 속에서 무엇을 할 수 있으며 독자들을 위해서 무엇을 해야 하는가 성찰하는 것은 중요한 일로 간주된다.
 이와 관련해서 오늘의 우리 문화풍토에 대해 냉엄한 반성을 촉구하게 된다. 실상 80년대에 접어들어 괄목할 경제적 발전에도 불구하고 문화예술계의 창조적 에너지가 크게 발현되지 못하고 있다는 소리가 높다.
 특히 오늘날 우리 시대는 빠른 속도로 변하고 있는 생활공간 속에서 그 양상이 복잡 다양해지게 마련인데, 여기에 우리는 어떻게 대처해야 할까란 문제가 제기된다.
 이런 상황에서 변화하는 생활공간과 자기의 요구를 적절히 조절하고 균형상태를 유지하는 것이 바람직하며, 이런 일은 특히 문학에 종사하는 작가들이 담당해야 할 것이다. 따라서 오늘의 우리문학의 기류와 현주소를 분명히 이해할 필요가 있다.
 우리가 8·15광복과 함께 나라를 되찾았고 우리말을 찾았음에도 불구하고 지난 40년 동안 우리 문학은 얼만큼 발전했는가? 이 물음에 우리 시인, 작가들은 모름지기 숙연한 자세로 답해야 할 것이다. 참으로 우리 문학을 제대로 활발하게 이끌지 못했다고 입을 모을 것이다.
 1985년 한국문인협회 세미나에서 평론가 김양수가 지적한 대로 우리는 말이 충족치 못한 허기진 정신과 메마른 마음의 문학을 해왔다는 사실과,

외래문학을 직접 실감하지 못하고 간접적으로 이해하는 데 그쳤다는 점에 공감하게 된다.

그는 문학외적 조건으로 유행작가에게만 지면을 제공하는 매스컴의 편향 때문에 유행작가 위주로 출판업자들의 베스트 셀러화 작업이 이루어져 끝내는 문학이 실종되고 베스트 셀러의 제목만이 문학행세를 하게 마련이라는 비판론을 제기했다. 그리고 문학내적 조건으로 문학이 좁은 시야로 인생을 생각하고 세계를 바라보는 탓으로 문학의 폭을 넓히지 못하고 무게를 더해 주지 못하여 깊이를 지니지 못했다는 점을 들었다.

그 실례로 오늘날 이른바 민중문학은 정치주의 내지 사이비 문학임을 강조하면서, 그들이 하는 일만이 참다운 문학을 하는 것이라 표방하는 넌센스를 지적하며, 이와 같은 논리가 마침내 문학의 '민주화'를 위하는 희극적 경지에까지 이르게 된 것이라 비판했다.

실상 오늘의 한국문단의 기류를 바라볼 때 몹시 다양한 전개 양상을 접하게 된다.

지금까지의 한국 현대문학의 1백 년은 참으로 괄목할 발전을 기록했지만 대체로 순수문학과 참여문학의 갈등을 수없이 보았고, 최근에는 순수문학과 민중문학의 양극화 현상까지 드러냈다.

특히 1980년경부터 이른바 '운동으로서의 문학'을 표방해서 구체적 행동을 드러내는 일부 작가들이 과격성을 보여주었다. 갑자기 팽배해진 '운동으로서의 문학'인 민중문학론이 최근에 스스로 반성과 비판을 제기하고 있다는 것도 주목할 일이다.

여하간 오늘의 문학의 양극화 현상은 흑백논리를 지양해서 참다운 우리 문학의 길이 무엇인가를 진지하게 타진해야 할 것이다.

오늘의 문학은 과거의 예술지상주의자들의 주장처럼 사회적 기능을 부인할 이유도 없고, 또 부인해서도 안 될 것이다. 동시에 사회주의 국가에서 볼 수 있는 문학처럼 순수기능을 무시하는 것도 배격되어야 할 것이다.

2. 순수문학과 민중문학의 갈등

　지난 수년 동안 우리 문단에 열풍을 일으키고 있던 민중문학이 최근에 와서 강한 저항에 부딪치고 있다. 즉 민중문학에 대한 비판의 소리가 문단 안팎에서 연쇄적인 선풍을 일으키고 있기 때문이다.
　1985년 말 한국문인협회는 심포지움의 주제로 '한국문학에 있어서의 마르크시즘의 전개과정과 비판'을 상정해서 열띤 토의를 벌인 바 있다.
　이 자리에서 '마르크스주의 문학의 초기 수용상'이란 주제로 김시태는 우리 나라의 마르크시즘 문학운동이 실패로 끝난 것은 그들이 밖으로부터 끌어들인 외국의 문학이론을 도식적으로 적용하려 함으로써 문학의 창조적 능력을 제거하거나 위축시켜, 스스로 그 한계를 드러냈다는 점에서 찾을 수 있다고 했다.
　한편 여기서 필자는 '광복 이후의 시대상황과 이념 논쟁'이란 발표를 통해 광복 이후 우리 문단에서 제기된 좌우익 문학논쟁의 이질성을 찾기 위해서 김동석과 김동리의 논쟁을 예시한 바 있다.
　동시에 순수문학 내지 민족문학이 한국문학의 주류를 이루면서 비판받아야 할 문제점도 지적했다. 그리고 좌익문학이 문학의 사회적 기능만을 강조한 데 비해 우리 문학이 문학의 순수기능만을 크게 주장함으로써 문학이 지녀야 할 중요한 기능의 하나인 사회적 기능을 약화시키는 결과를 가져왔다는 점도 강조했다.
　이 심포지움에서 '오늘의 민중문학론의 실상'이란 주제로 발표한 김영기는 오늘의 민중문학론을 노동자 등 소외계층을 위한, 또는 소외계층 자신의 문학(목적문학), 참여·시민·농민·리얼리즘 문학론과 연관되는 맥락으로, 그리고 노동시, 노동소설 등의 장르적 양상으로 파악해야 할 것이라고 밝혔다. 그리고 그는 오늘의 민중문학이 '인간의 삶'이나 '한국적 삶'의 양식을 다 포괄할 수 없다는 점에서 그 한계가 노출되었으며 스스로 미망에 빠져 왔다고 비판했다.

이와 같이 모든 발표자들이 한국문학에 있어서 전개된 사회주의 문학이론의 수용상과 그 문제점을 진지하게 토의한 바 있다. 여기에서 공인된 것은 민중문학과 마르크스 문학론을 등식으로 설정할 수는 없지만 이 양자는 어떤 국면에서 상호 연결되어 있다는 점이었다.

이 심포지움과 관련해서 『월간문학』은 1986년 2월호에 '민중문학 비판'이란 권두정담을 마련해 주목되었다. 평론가 원형갑, 시인 성춘복, 소설가 김성일이 참석한 이 좌담에서는 ① 민중문학의 현단계, ② 민중문학의 당위성, ③ 민중문학의 전망 세 개 항목에서 열띤 발언을 보여주었다.

또한 월간 『예술계』에서는 1986년 1월호부터 9월호까지 1, 2명의 정예 평론가를 동원, 「권두논단」을 통해 창작, 공연, 전시 등의 민중예술에 대한 철저한 분석과 진단을 해오고 있다.

여기서 강조된 것은 민중문학의 실체를 장르별로 해명하면서 오늘의 민중문학은 그 선동·선전적 파괴력으로 인한 말기현상인 자기적 소멸상태를 보여 한계에 이르고 있다는 진단이었다. 그리고 '운동으로서의 문학'은 이미 그 자체가 문학이라 지칭될 수 없는 영역에 속하는 것이라 해도 좋다는 견해였다.

또한 민중문학의 선봉자들은 민족문학이라는 옷으로 갈아입고 그들의 속셈을 은폐해 왔지만 결국은 '운동으로서의 문학', '어떠한 특정 목적을 위한 문학'으로서 그 본연의 자세는 수정되지 않고 있다는 지적이었다. 그리고 민중문학은 이제 독자와의 연계선상에서도 한계점에 이르렀다는 비판이 강력히 제기되었다.

실상 민중문학의 첫 등장은 70년대로 소급된다. 70년대의 민중문학의 지표는 '민중의, 민중을 위한' 문학이었다면 80년대의 민중문학은 '민중의, 민중을 위한, 민중에 의한' 문학으로 변질된 셈이다. 이와 같이 민중문학은 '민중을 위한' 문학에 그치지 않고 '민중에 의한' 문학으로 그 모습을 바꾼 것이 특징이다. 즉 '민중을 위한 문학'이 민중지향적인 작가에 의해 씌어지는 데 비해 '민중에 의한 문학'은 민중 자체가 쓴 문학을 뜻하게 된다.

이와 같은 논리에서 보면 민중문학의 주체는 바로 민중이 되어야 한다는 전제에서 출발한다. 따라서 '민중이 주체가 되어야 한다'는 주장은 모든 운동논리의 실천에 있어서 핵이 되는 것으로 각 분야가 총체적으로 연계되어 운동을 전개해야 한다는 뜻으로 풀이된다.

요컨대 오늘의 민중문학은 실천양식으로서 운동의 실체가 되어야 한다는 주장을 크게 내세운다. 따라서 80년대의 민중문학은 하나의 운동양식으로, 투쟁의 방편으로 치닫게 되어 이미 기성의 문단권에서 멀리 벗어나 노동운동을 위한 운동논리의 한 방편으로 그 기능을 찾고 있다 하겠다.

(『민족문학의 모색』, 범우사, 1989)

분단시대의 민족문학론
— 최일수 평론집 『민족문학신론』 —

　최일수의 평론집 『민족문학신론』이 근자에 출간되었다. 이것은 저자의 평론집 『현실의 문학』에 뒤이어 두 번째 평론집에 해당하는 셈이고 내년에 회갑을 맞게 될 저자에겐 기념적인 저작이 된다. 최일수는 1955년 조선일보 신춘문예에 「현대문학과 민족의식」이 당선된 후 오늘에 이르기까지 근 30년 동안 비평활동을 해오면서 줄곧 민족문학의 탐구에 일념해 온 비평가다. 그는 50년대 전후의 혼란 속에 범람했던 시류적인 아류와 감각적인 것에 몰입하는 창작풍토에 반발해서 민족문학의 주체성을 누구보다도 강하게 외쳐왔다. 그 후 그의 비평정신의 기조가 되어 온 민족문학론은 꾸준히 여러 지면에 발표되었는데, 그것을 하나의 체계화된 목차로 엮은 것이 바로 『민족문학신론』이다.
　전 4장의 구성으로 꾸며진 이 평론집은 「민족문학론」을 필두로 「식민시대의 민족문학」, 「역사소설과 식민사관」, 「민족문학의 현대적 방향」, 「민족문학과 세계문학」, 「분단의 문학」, 「현대문학과 민족의식」, 「민족문학과 전통」 등 우리 평단에서 크게 주목되었던 비평들을 포함하고 있다. 이밖에도 「비평문학론」과 「작가론」이 첨가되어 저자의 비평업적을 한눈에 알아보게 했다. 이 평론집에 일관되어 있는 저자의 민족문학관은 그의 '머리말'에서 선명히 피력되고 있다.

　　내가 살아온 시대가 바로 식민시대였고 반은 분단시대였다. 두 시대가 모두 민족의 운명이 달린 시대였으니 앞으로도 민족의 어려운 시대를 살아야 할 것 같다. 그것은 이제까지 미력이나마 민족문학에 기여했던 작은 진실을 앞으로도 계속 그 방향으로 쏟으려고 한다.

이렇게 저자는 식민시대와 분단시대란 어려운 두 시대를 살아오면서 각고의 정력을 민족문학론에 쏟았음을 실토한다. 그는 근대적 의미의 우리 민족의 시대는 분단이 끝날 때까지 지속될 것으로 전망하면서 분단이 끝나는 새로운 시대로 가기가 험난할지라도 "우리 민족과 그리고 함께 문학을 하고 비평을 하는 문우들의 틈에 끼여서 이 길을 가야겠다"고 의연한 태도를 표명했다.

1. 민족문학론

저자인 최일수의 평필생활에서 가장 정열적 논조로 대처한 것은 민족문학론으로 이해된다. 서장에 해당되는 이 글에서 그 나름대로의 민족문학론은 객관적 설득력으로 중요한 문제의식을 제기하고 있다. 우선 여기서 돋보이는 것은 민족문학론의 단계적 구분이다. 즉 식민지 이전의 근대화 운동기와 식민지하의 독립투쟁기, 그리고 8·15 이후의 민족분단기 등으로 구분한 점이다. 그 중에서 그는 제1기인 근대화 운동기의 민족문학을 집중적으로 조명하고 있다.

그의 견해로는 민권 등 평등한 민주 산업사회를 지향했던 근대화 운동은 봉건적인 제약으로부터 자유화하기 위해서는 일제의 침략에 저항해야 했기 때문에 필연적으로 민족운동과 합일될 수밖에 없었다는 것이다. 이와 같은 역사적 시대를 배경으로 발생한 민족문학은 일제 등으로부터 나라를 지킬 수 있는 힘이 바로 평등한 민주 산업사회를 지향하는 평민들에게 있고 또 그 평민들이 지향하는 세계가 바로 역사적인 필연성에 의해서 실현된다는 전제 아래 평민들의 생활·감정·사상 등을 표현하는 데서부터 시작될 수밖에 없었다고 풀이했다.

따라서 그의 민족문학론은 철저하게 평민문학이며, 동시에 일제의 침략에 대하여 평민 등이 저항을 하고 자주성을 지키는 생활의 문학이라고 역설한다. 때문에 민족문학의 발원을 임진왜란과 병자호란 등의 전쟁을 겪고 난 다음 평민들 사이에 새로운 국가사회적인 자각과 인식이 발생한 시기에서부터 찾아야 한다는 견해다. 그의 견해로는 서구의 근대문학이 도입되던 개화기의 신소설과 신체시는 어디까지나 비주체적인 것이며 우리 민족문학의 근대는 이보다 훨씬 앞선 평민문학의 발생에서 비롯된다는 것이다. 그리고 민족문학은 곧 평민문학이요, 평민문학은 곧 우리의 근대문학이라 말한다. 이런 인식에서 실학소설을 비롯 판소리, 희곡문학, 사설시조, 의병항쟁시, 동학가사, 우국시, 항일민요, 담시와 사조 등의 개화기 문학으로 명맥이 이어지는 평민문학의 발전과정을 근대화 운동기의 민족문학으로서 해명하고 있다.

그의 민족문학론에서 각별히 주목되는 대목은 '실학소설의 근대성'의 항목이다. 그 속에서 박지원 등의 실학소설을 근대문학의 발원으로 규명하고 리얼리즘의 문학으로 풀이했다.

    우리 문학의 근대를 갑오경장 때부터 비롯되었다고 보는 일부 문학사가나 비평가들은 그것을 굳이 서구적 근대관이나 또는 일본의 신문학 여명기를 근거로 해서 기산하고 해석하기 때문에 우리 문학의 내부에서 근대적 싹이 터 있었던 박지원을 봉건시대의 문학으로 돌려 버렸다.
    박지원의 실학소설이 근대문학의 발원이라고 보는 근본 이유는 서구문학에서도 그러했듯이 김만중의 『구운몽』 등의 낭만주의를 비판하고 사실을 근대지향적으로 정밀하게 묘사한 리얼리즘의 문학이라는 데 있다.

2. 식민시대의 민족문학

이 평론집의 두 번째 논문 「식민시대의 민족문학」은 앞의 「민족문학론」

의 속편에 해당된다. 여기선 ① 3·1운동의 문학사적 의의, ② 독립투쟁가와 독립군가, ③ 근대사조의 도입과 독립운동, ④ 식민시대의 저항작가, ⑤ 반식민주의 작가, ⑥ 암흑기의 저항문학, ⑦ 결론으로 논술되고 있다.

첫째, '3·1운동의 문학사적 의의'에서 3·1운동 직후의 국내 문학이 일제의 유화정책으로 합법적인 창작활동이 허용되었음에도 불구하고 대부분은 민족사적 현실에서 동떨어진 방향이 아니면 일제의 통치정책과 영합하는 방향으로 흘러가 홍일식 교수가 지적한 대로 "이 시기에 활발했던 문화활동은 어느 의미로는 일제의 정책에 부합된 것으로 평가할 수도 있다"는 견해에 동조하고 있다.

둘째, '근대사조의 도입과 독립운동'에서는 이광수의 민족적 투쟁목표나 동인운동도 일제의 식민통치라는 침략적인 권력 앞에 정면 저항을 하지 못했다고 비판한다. 구체적으로『창조』동인들은 본격적인 자유시와 외국의 문예사조를 도입한다는 명목 아래, 특히 주요한은 목가적·전원적인 낭만주의로써 3·1만세투쟁 직후의 민족적 상황을 외면해 버렸다는 것이다. 그리고 민족의식 대신에 퇴폐주의와 이상주의를 지향하였던『폐허』와 저항적인 항일투쟁 대신에 감상주의에 빠져 관념의 열광으로 고뇌와 고독으로 끌고 갔던『백조』등은 민족문학의 흐름에서 멀리 떨어져 있었다고 평한다. 그리고 이 시대의 동인운동이 그 내면 깊숙한 곳에는 지극한 민족애가 있었다 하더라도 그들의 작품에 나타난 자포자기와 영탄과 감상 등은 일제 식민통치의 어두운 일면과 절망적인 생활을 반영하는 것보다는 독립을 위한 민족의지나 저항의식을 저하시켜 간접적으로나마 일제의 통치수단을 보다 손쉽게 하는 데 도움을 주었다고 비판했다.

셋째, '반식민주의 작가'에서는 3·1운동을 전후해서 일제의 문화에 대한 유화책으로 비교적 작품 발표의 자유가 약간이나마 허용되었던 시기에 대부분의 문인들이 민족적 상황과는 아랑곳없이 일제에 대한 "민족적인 항거의식을 퇴폐적인 절망적 심정으로 전환시킴으로써 소극적인 자포자기 상태에 빠져 버린"(조연현,『한국현대문학사』) 것이라고 말한다. 따라서『창조』,『폐허』,『장미촌』,『백조』등은 3·1운동의 정신과는 거리가 먼 예술지상주의나 탐미주의로 흘러 버렸다는 것이다. 그러나 현진건, 염상섭, 채만식 등이 비록 민족 저항의 극한에까지는 이르지 못했으나 내면적으로는 강한 민족의식을 바탕으로 일제의 식민주의를 비판하는 입장에서 문학활동을 했던 반식민주의 작가들이었다고 평했다.

넷째, '결론'에서 8·15해방이 되기까지 일제가 우리 민족을 소멸시키려고 수단과 방법을 가리지 않고 탄압 또는 회유책 등을 강행해서 비록 문단은 붕괴되고 일제에 대해 협력하는 반민족적인 문인이 있었음에도 불구하고 대다수의 문인들은 민족적 양심과 작가정신을 잃지 않았으며 끝까지 민족적 지조를 굽히지 않고 침묵의 저항을 계속했기 때문에 민족문학은 끊기지 않고 지속된 것이라 강조했다.

3. 민족과 문학

이 평론집의 주제가 민족문학론의 큰 흐름에서 결코 벗어나지 않는다는 것은 「민족과 문학」에서도 여실히 파악된다. 여기에선 민족의 개념, 민족문학의 개념, 민족문학의 발생 등을 상세히 밝히고 있지만 그보다도 '반민족문학'의 대목에서 저자의 민족문학론의 분명한 실상을 접하게 된다.

그의 설명을 들으면 박지원 이후 민족문학은 첫째로 재인(才人)과 광대 등에 의해서 우리의 고유한 형식을 확립한 서사적 희곡문학인 신재효의 판소리, 둘째로 봉건적인 조형성을 그대로 반영한 양반적 율조인 평시조의 협소한 세계에서 뛰쳐나와 근대적 인간성을 자유롭게 표현한 사설시조, 셋째로 근대화 과정에서 외침으로 인한 피압박 민족의 비분을 노래한 항일민요, 넷째로 농민들을 중심으로 근대적 민족운동을 일으킨 동학의 『용담유사(龍潭遺詞)』등, 다섯째로 충성을 봉건적인 군담으로부터 근대적인 민족과 국가로 승화시키면서 항일 구국정신으로 일관한 의병항쟁시, 여섯째로 일제의 침략으로 망국 직전에 놓인 나라의 운명을 통탄한 애국지사들의 우국시와 애국가사, 일곱째로 일제의 식민지화에 끝까지 타협하지 않고 독립투쟁을 지속한 신채호, 한용운의 저항문학 등 근대화 과정에서의 저항으로서 험난한 가시밭길을 헤치면서 꿋꿋하게 발전해 왔다고 해명한다.

그러나 민족문학의 진로는 외세의 침략뿐 아니라 식민지로 오도하는 친일문학인들의 왜곡된 사이비 문학의 대두로 인해 더욱 험난해졌다고 비판했다. 그는 왕조 말기의 개화기 문학과 계몽문학, 그리고 일제 말기의 친일문학이 민족문학의 발전을 억제하는 내부적인 모순이었다고 말한다.

저자는 이 「민족과 문학」의 결론에서 우리와 같이 민족사회에 들어서면서, 아니 민족사회의 출발부터가 외세의 침략에서 자민족을 수호해야 할 상황에 놓여진 경우에 있어서는 민족이 문화에 끼치는 영향은 지대하다고 강조했다. 더욱이 우리 근대 민족사회가 타민족의 지배하에 들어가 민족문화의 독자성이 짓밟힌 데 대한 민족적 주체성의 제창과 민족적 저항성의 주장은 너무도 필연적인 것이라 했다. 우리 민족이 걸어온 자취만 보더라도 외침에 대한 민족적 자각과 더불어 타민족에 대한 저항과 자민족의 내적 모순(봉건사회)에 대한 저항이라는 내외적 저항의 통일 위에서 성장하고 발전해 왔다는 것이다. 즉 박지원의 실학소설, 신재효의 판소리 문학, 평민들의 사설시조와 항일민요, 동학가사와 의병항쟁가, 신채호, 한용운, 이은상 등의 우국시들을 보면 이러한 민족적 현실이 곧 문학적 현실이라는 것을 똑바로 입증한 것은 민족문학의 작가들이라고 강조한다.

이처럼 문학과 민족의 관계는 서구문학에서는 물론 특히 우리문학에서도 긴밀하게 상호 관련되어 있으며, 아무리 순수문학이라 하더라도, 그리고 일부러 민족을 문학에서 완전히 사장해 버린 작품이라 하더라도 언어 속에 스며 있는 민족성이 사장되지 않는다는 엄연한 사실을 부인할 수 없다는 것이다. 그러므로 민족의 언어와 그 내용인 민족의 생활이 존재하는 한, 문학은 민족을 외면할 수 없는 필연적인 상호존립적 관계를 가지게 된다는 논리로 귀결된다는 것이다.

4. 분단의 문학

이 논리에서 저자는 60년대의 젊은 작가들은 무엇을 생각하고 있는가란 물음으로 서두를 시작하고 있다. 이른바 60년대 작가들에 대한 올바른 문학사적 평가를 오늘의 우리 문학의 실상을 이해하는 데 퍽 유익한 것으로 생각한 것이다. 그는 60년대 문학을 다음처럼 흥미있게 비유했다. "50년대가 고슴도치의 문학이라고 한다면 60년대는 까치의 문학이 될 것이다." 그리고 적어도 60년대의 문학은 방향도 없이 울부짖었던 50년대의 끝없는 방황에서 벗어날 것이라고 전망했다.

그리고 60년대를 보내는 시점에서 문단에는 몇 갈래로 갈라진 대립된 경향들이 상대적으로 극을 이루면서 나타나고 있다고 분석했다. 첫째로 전통적인 순수문학과 사회적인 참여문학의 대립, 둘째로 한국적인 전통주의와 국제적인 세계주의의 상극, 셋째로 역사의식을 강조하는 전후세대와 일상적 자아를 찾는 60년대 신인들간의 세대논쟁 등이 지배적인 양상을 띠면서 70년대 문학으로 넘어갔다는 풀이다.

이와 같은 문단현실에서 참다운 문학은 어떤 것인가라는 지극히 어렵고 무거운 과제를 풀어 가는 데 저자의 민족문학론은 단호한 입장을 밝히고 있다. 일제 식민지 시대에는 이에 항거했던 문학이 민족문학의 주류가 되었듯이 오늘의 민족분단 시대에서는 이 역사적 시련을 창조적으로 승화시키려는 문학이 이 시대의 주류를 형성하게 마련이란 것이다. 휴머니즘도 여기에서 출발되어야 하고 전통성도 세계성도 여기에 귀납되어야 한다는 설명이다. 그리고 그는 우리의 현실이 우리 문학의 주류적인 배경이 되고 있다는 사실을 똑바로 인식해야 하고 나아가서는 이 역사적 시련을 승화시키려는 창조적 자세가 곧 문학의 기조정신이 되어야 한다고 강조한다.

한편, 우리 문학의 전통주의자나 세계주의자들은 오늘 우리의 현실로부터 너무도 멀리 떨어져 있다고 비판하면서 식민지 시대의 우리의 상황이 독립에 있었듯 오늘날 우리 민족의 상황은 분단을 극복하는 데 있다고 했다.

동시에 작가는 이 상황을 창조적으로 승화시켜야 한다는 것이며, 그것이 바로 우리 문학의 현실임을 일깨워 준다.

그러나 전통주의자나 세계주의자들에게는 이 현실이 결여되어 있다기보다도 멀리 이탈해 있다고 공박한다. 옛 꿈에 도사린 신라의 전통이나 이기와 허구에서 아직도 미몽하는 서구정신만으로는 오늘 우리의 현실을 작품화할 길이 없고, 아무리 삼국을 통일한 신라정신 운운하지만 그 근본은 당세와 야합한 속국주의적인 부족의 강합에 지나지 않으며, 신라문학의 상징인 향가만 하더라도 역사의식이 전혀 깃들이지 않은 원시적인 제문이나 주문에 불과하다는 것이다.

따라서 이런 문학에서 오늘날 분단에 시달리는 우리들이 무슨 정신적 바탕을 찾을 수 있으며, 세계주의자처럼 무유산·무전통 상태를 비관한 나머지 세계문학이라는 미명 아래 머나먼 서구로 도피해 버린 이민문학 아니면 서구 것을 가져다 쓰는 차관문학에 대해서는 아무런 매력도 느끼지 않는다고 밝힌다.

이 두 개의 상극적인 경향이 우리 문학의 오늘과 내일을 위해서 어떤 도움은 커녕 해를 끼친다는 것을 역설한 것이다.

5. 민족문학과 통일

앞의 「분단의 문학」과 같은 주제로 「민족문학과 통일」이란 비평이 주목된다.

통일이 작가의 시야로부터 멀어져 간다는 것은 그만큼 작가의 눈이 현실로 향하는 초점이 상실되어 버렸거나 아니면 일부러 외면해 버린 것이라고 본다. 그만큼 작가는 통일이라는 역사적 필연성에 대하여 자기의 신념을 둔화시켜 버리고 있는 것이다. 길다면 길는지 모르나 이러한 관점에서 20여 년 동안에 작가들이 현실로부터 너무도 동떨어져 버린 것이 오늘 우리 문학의 실상이라고 보지 않을 수 없다.

통일이란 과제가 작가의 시야로부터 멀리 떨어져 있음을 통탄한 저자는 통일이란 문제처럼 문학과 밀접한 관계를 지닌 것도 없으며, 또한 우리의 생활에 이처럼 절실하고 이처럼 창조적인 모티프가 되는 대상도 없을 것이라고 절규한다.

저자는 이러한 민족 최대의 과제를 외면하는 작가가 어디 있는가 반문하면서 통일에 대한 체념에서건, 통일이 문학과 무관한 것이라고 단정해 버리건, 또는 통일이란 한낱 정치적·시류적인 것이라고 보아 버리건 간에 이러한 작가들이 적지 않다는 데 문제가 있다고 지적한다. 어떤 사람들, 특히 순수문학자들은 통일과 문학이 무슨 문학적 관련이 있느냐고 주장하지만 통일을 정치적으로 해석하는 그 문학적 자세보다 더 큰 것을 잃고 있다는 것이다.

그에 따르면 한때 문학은 없어지고 이데올로기만 남았다고 개탄하던 그러한 지난 시대의 사고방식으로써 오늘의 통일문제를 대해서는 안 된다는 것이다. 왜냐하면 통일은 정치적인 문제가 아니라 민족적·역사적인 과제이기 때문이라고 그는 강조한다. 일제 식민지 시대에서 독립이 정치적인 문제에만 국한된 것이었던가를 미루어 보면 분단시대의 오늘, 우리에게 주어진 가장 큰 문제는 다름 아닌 일제하에서의 독립처럼 분단으로부터의 통일을 이룩하는 일이라는 것이다.

정치적인 문제는 통일을 실현하기 위한 하나의 방법상의 문제일 따름이며, 이러한 인식에서 작가들은 좀더 대담하고 좀더 적극적으로 통일을 형상화해야 할 것이란 여망을 피력했다. 만약 작가들이 통일로부터 동떨어져 통일을 외면한다면 그것은 오늘의 이 역사적 현실에 등을 돌리는 격이 될 것이며, 작가가 역사적 현실에서 소외될 때 그는 역사의 증언자가 될 자격이 없다고 강조한다. 작가는 그 시대의 핵심을 찌르고 상황을 창조적으로 조성하면서 현실을 거짓 없이 표현할 수 있는 유일한 증언자이며, 이 증언을 할 수 없는 작가는 현대판 로빈슨 크루소와 다를 바 없다는 것이다. 따라서 작가들은 모름지기 통일에 대한 역사적 증언자로서, 정신적 에너지의 창조자로서 통일을 갈망하는 온 겨레의 앞길을 밝혀 주는 등불이 되어야 한다고 강조했다.

이상으로 최일수의 평론집 『민족문학신론』에 수록된 주요 비평 「민족문학론」을 필두로 「민족문학과 통일」 등 몇 편의 노작들에 대해서 집중적으로 검토해 본 셈이다. 이를 통해서 그의 30년간의 비평업적은 식민지 시대와 분단시대의 민족문학에 대한 진지한 탐구로 집약되고 있음을 확인하게 된다.

첫째, 개화기 문학으로부터 명맥이 이어지는 평민문학의 발전과정을 근대화 운동기의 민족문학으로 밝히면서 박지원 등의 실학소설을 근대문학의 발원으로 규명하고 리얼리즘 문학으로 풀이한 점이다.

둘째, 식민지 통치하에서 일제에 협력하는 반민족적인 문인이 있었음에도 불구하고 대다수의 문인들이 민족적 양심과 작가정신을 잃지 않고 끝까지 민족적 지조를 굽히지 않고 침묵의 저항을 계속했기 때문에 민족문학이 지속되었다는 점이다.

셋째, 민족의 언어와 그 내용인 민족의 생활이 존재하는 한, 문학은 민족을 외면할 수 없는 필연적인 상호 존립적 관계를 가지게 된다는 논리를 보여준 점이다.

넷째, 식민지 시대의 우리의 상황이 독립에 있었듯 오늘날 우리 민족의 상황은 분단을 극복하는 데 있다는 것이다. 동시에 이 상황을 창조적으로 승화시켜야 한다는 것이며, 그것이 바로 우리 문학의 현실임을 일깨워 준 점이다.

끝으로 그는 모름지기 작가란 역사적 현실의 증언자가 되어야 한다고 주장하면서, 작가들은 통일을 실현하는 데 있어서 정신적 에너지의 창조자로서 통일을 갈망하는 온 겨레의 앞길을 밝혀 주는 등불이 되어야 한다고 강조한 점이다.

이와 같이 최일수의 『민족문학신론』은 우리 민족문학의 정체와 그 진로를 분명히 밝혀 주는 길잡이가 되며, 8·15 이후 오늘에까지 우리 문단과 시단에서 줄기차게 논의되어 온 민족문학론에 대한 귀중한 문헌이 될 것이다.

(『민족문학의 모색』, 범우사, 1989)

민족적 상흔의 소설화
― 전후세대의 시각 ―

6·25는 한국 민족사상 엄청난 비극이었다. 벌써 그때로부터 30여 년의 세월이 흘렀다고 하지만 우리에겐 악몽처럼 생생히 되살아나는 뼈아픈 역사다. 동족상잔의 피비린내 나는 참화를 겪게 했던 6·25는 공산집단의 비인간적 잔악상을 뼈저리게 체험케 한 시련기로 기록된다. 일찍이 유례없는 전사상자, 국토의 폐허화, 북한동포의 대거 월남, 이산가족의 속출로 집약되는 새로운 남북분단을 보게 하였다.

이와 같은 전대미문의 전란을 겪었던 작가들에겐 절박한 생활현실이 아닐 수 없었다. 즉 극한상황은 바로 그들의 행동과 창작의 동기가 될 수밖에 없었다는 것이다. 이른바 도강파나 잔류파, 그리고 6·25로 월남한 작가들도 모두가 인간적·민족적 고뇌에서 붓을 든 셈이었다.

6·25 동란을 계기로 그 전쟁을 소재로 한 소설들이 많이 생산된 것은 당연하다. 그 문학은 자연히 공산주의에 대한 혐오와 분노로 일관될 수밖에 없었고, 인간성의 옹호를 강조한 것이 특징이었다. 따라서 '반공문학'에 대한 재평가는 오늘의 문단에서도 계속 끈질기게 논란되고 있다. 그 본질적 내용규명과 개념 규정이 선명하게 정립되어야 한다는 주장이 분분하기 때문이다.

한국 현대소설사에서 전쟁을 수용한 작품들의 성격은 다각도로 추구될 수 있지만 흔히 다음의 두 가지로 구분된다. 즉 작품의 후방성과, 상대방에 대한 관용과 동포애로 집약된다. 따라서 이 시기의 전쟁소설에서 본격적인 전쟁물을 접할 수 없다는 이유도 스스로 터득하게 된다.

첫째로 지적되는 후방성의 작품들은 작가가 총탄이 퍼붓는 최전선에서 취재한 것이 아니라 먼 후방에서 전쟁의 모습을 관념적으로 그려간 것들이다. 둘째로 상대에 대한 관용과 동포애 작품도 대조를 이룬다.

이와 같이 전쟁소설들의 제재가 후방성을 띠고 있는 것이나 상대방에 대한 애정과 관용으로 표현된 것은 여태껏 동족상잔의 비극을 극복하려는 작가 정신의 구현이기도 했다.

그러나 이 시기의 작품들은 거의가 종군작가들에 의해서 쓰여진 것임을 잊을 수 없다. 따라서 그들은 하나의 종군작가란 직업의식으로 해서 선전적이고 도식적이고 공식적인 획일성을 크게 벗어나지 못한 흠을 가지고 있다. 역시 시사성을 탈피하지 못했지만 50년대의 젊은 작가들이 등장해서 자기들의 생사의 기로를 넘어선 체험, 어떤 한계를 벗어난 작가들이 자기의 실감있는 체험을 보고한 문학들을 출산했다고 보여진다.

그럼에도 불구하고 분단된 조국이란 조건 때문에 결국 자유발랄한 양상을 완전히 드러내지 못하고 어떤 일방성이라든가 제한성을 면치 못했다. 즉 폭넓은 대작, 말하자면 세계시장에 내놓아도 손색이 없는 그런 역작들이 생산되지 못했다는 것은 숨길 수 없다. 따라서 80년대의 문학적 과제는 여러 면에서 거론될 수 있지만, 가장 중요한 것은 70년대 소설이 잃어버렸던 주제를 시급히 극복하는 문제라 생각된다. 이와 같은 현실적 과제를 극복하기 위해서 많은 작가들이 다양한 주제를 발굴하기에 골몰하는 흔적이 역력했다. 특히 비극으로 야기된 민족적 상흔을 문학화해야 한다는 과제가 흥미를 끌었다.

근자의 소설계에서 주목되는 것은 70년대 작가들이 비교적 침묵을 지킨 반면 전상국, 유재용, 김원일, 현기영, 이동하, 한승원, 홍성원, 문순태 등이 6·25를 주제로 가작을 출산했다. 이들 세대는 반드시 일치하지는 않지만 거의가 10대의 소년 시절에 6·25를 체험한 동세대 작가군이 된다. 따라서 그들이 보여준 전쟁소설은 각별한 의미를 시사해 준다. 즉 6·25문학을 어린 소년의 시각으로 어떻게 받아들였으며 그것을 어떻게 형상화했는가 하는 점이다. 실상 앞의 작가들을 중심으로 한 작가들이 다룬 소설은 민족적 상흔으로서의 6·25를 집중적으로 다루면서 지금껏 금기시되었던 소재와 주제를 새로운 시각에서 발굴하려는 노력이 돋보인다.

이와 같은 전쟁물은 50년대가 보여준 최악의 상황을 겪은 독자들에게 그렇게 생소한 것이 아니다. 그러나 30여 년이라는 세월이 민족의 엄청난 상흔이었던 6·25를 쉽게 잊어버리게 하지 않는다. 다시는 이 땅에 전쟁과 가난과 굶주림이 재현되어서는 안되겠다는 염원이 충만된 것으로 받아들여진다. 이제 오늘의 작가가 쓴, 6·25를 배경을 한 소년의 시각에서 다룬 몇 편의 문제작을 추적해서 전쟁소설이 본보기를 알아보자.

1. 홍성원의 『남과 북』

소설 『육이오』를 개작해서 대하소설로 엮은 것이 『남과 북』이다. 작가가 『남과 북』에서 가장 크게 다룬 것은 6·25에 대한 새로운 인식이었다. 강대국의 '전쟁놀이'를 증오하며 그들의 놀이터가 된 한반도를 로마시대의 원형 투기장으로 비유했다. 동족상잔의 어처구니없는 실상과 종군기자들의 토론에 이르기까지 상세히 실사함으로써 우리 민족의 억울한 희생을 상기시켜 준다.

"사람이 무언가에 목숨을 던질 때는 목숨을 내던져도 좋을 논리적인 이유나 목표가 있는 법이오. 헌데 이 꼴이 되고도 왜 이 꼴이 되었는지 이유를 모르겠소"—이처럼 실토하는 주인공의 말을 통해서 '청부맡은 전쟁'을 용인할 수 없다는 입장을 강조한다.

평론가 김병익은, 작가는 『남과 북』에서 6·25가 한국사회를 대규모적으로 변화시켰고 그 변화는 결코 바람직하지 않은 형태로 전개되었다는 것을 확인한다며 다음처럼 풀이했다.

> 홍성원은 특히 대지주 일가의 몰락과 전쟁상인으로 거부가 되는 소작인 일가의 부상을 대비시킴으로써 이 전쟁이 몰고 온, 봉건체제로부터 자본

주의 체제로의 급전환을 확인하고 그것이 역사적·사회문화적 맥락 없이 이루어 낸 허구를 지적한다. 그리고 이러한 변화의 와중에서, 가령 충성으로부터 이기로의 가치관의 변모, 성(性)의 개방과 파탄을 실감나게 재현시켰다. 작가는 오늘의 윤리적·정서적 혼란과 파탄의 근원을 아마 여기에서 찾는 것 같다. 그리고 그것은 '조직적인 불의와의 싸움에서 개인이 얼마나 무력한가 하는 절망감'을 체험한 주인공을 통해 이 같은 사회적 파탄이 개개인의 경고와 참여의 한계를 떠나고 있음을 말해준다(「절망으로부터의 비결 제시」, 『숙대신문』, 1977. 6. 23에서).

이같이 설명한 김병익은 홍성원의 한국동란에 대한 비관적 관점을 '6·25 콤플렉스'라 불러도 좋을 것이란 견해를 피력했다. 그리고 그것은 36년 동안에 이루어진 식민지 콤플렉스와 함께 현대의 한국인과 한국사회를 지배하고 있는 부정적 심층심상이 되고 있다고 덧붙였다.

그러나 작가는 이 작품에서 '남의 전쟁'을 '우리의 전쟁'으로 환치시켜야 한다는 긍정적인 견해를 시사한다. 이를테면 이 전쟁을 전혀 자기와 무관한 희생으로만 보아 오던 한 여주인공은 드디어 "아무리 비참해두 우린 이 전쟁을 우리의 것으로 소화해야 해요"라고 절규함으로써 6·25를 긍정적으로 이해한다. 즉 '이 전쟁의 주인은 우리니까'라는 생각으로 바뀌게 되었다는 것이며, 이것은 비극의 체험을 통해서 이 비극을 주체적으로 극복하겠다는 굳은 의지의 표현이기도 하다.

이와 같은 발언은 6·25를 단순히 패배주의자로 보았던 기성관념을 새로운 차원으로 전환시킨 것이다. 따라서 '6·25 콤플렉스'로부터의 해방에 하나의 돌파구를 마련한 셈이다.

『남과 북』이 드러내고 있는 6·25와 당대의 현실, 인간의 피해는 절망적이고 극적인 것의 근원이었다. 이 암울한 색조로부터의 극복을 이 작품은 가능케 하였고 새 시대에 대한 전망을 기대하게 했다.

2. 이동하의 「굶주린 혼」

　이른바 민족적 상흔의 형식으로 받아들여지는 이동하의 중편「굶주린 혼」(『한국문학』, 1980년 4월호)은 가히 그 생생한 표상이 되고 있다. 한 소년의 가난과 굶주림의 성장을 통해서 6·25의 비극적 상황을 극적으로 제시한다.
　「굶주린 혼」은 한국인 누구나가 지겹게 겪은 악몽의 6·25가 배경이지만, 그 극한 상황은 그야말로 목불인견의 참상이었다. '궤짝 같은 방'에서 아버지는 감방으로, 누나는 민며느리로 흩어지고 병고에 시달리던 어머니마저 잃게 된 소년의 비애는 마지막 장에서 벙어리의 울음으로 상징된다.

　　　벽에다 등을 기대고 나는 조그맣게 웅크리고 앉았다. 끓어오르는 울음을 더 이상 참을 길이 없었다. 끌어안은 두 무릎 위에다 나는 얼굴을 묻었다. 그러나 눈물은 흘리지 않았다. 이제야말로 벙어리가 어떻게 우는가를 알 것만 같았다.

　'잠자리'란 서장(序章)을 필두로 18장으로 구성된「굶주린 혼」이 간직한 비극의 농도는 전편에 시종해서 감지된다.
　판자촌 아이들은 거의가 유년 주일학교와 성당에 열심히 나가는데, 그 이유는 전지분유와 옥수수 가루를 얻어 올 수 있기 때문이었다. 그러나 그것도 멀지 않아 바닥이 날 수밖에 없다는 것이다. '하느님도 당하지 못해……'란 아이들의 익살이 그대로 적중한 셈이고 보면 소년의 세 가족이 살아갈 길은 더욱 암담하게 치닫는다.
　거기에다 설상가상으로 소년의 어머니는 임신의 병고가 더욱 악화되고 누나는 남의 집 민며느리로 끌려가야 할 지경에 이른다. '두부살' 어머니가 내뿜은 언설에서 그 상황은 분명히 터득된다.

아무리 부모와 자식이라고 해도 먹을 것 입힐 것 제대로 가림해 주고 나서야 그래 부모와 자식이지……잘 한 번 생각해 보세요. 이처럼 배를 곯리느니 차라리 민며느리를 준다 생각하고 우리한테 보내는 것도 그다지 밑지는 일은 아닐 테니까.

　이와 같은 '두부살' 어머니의 제의를 단호히 거절했던 소년의 어머니는 아픈 몸을 무릅쓰고 아들과 함께 친정 오빠를 찾아 구원을 호소하지만 냉담한 꾸중을 들을 뿐이다. "이런 꼴로 시장바닥을 헤매고 다닐 때도 누구 하나 거들떠보는 새끼 없읍니다. 그런 나도 이러고 사는데 하물며 사지 멀쩡한 사내가 한다는 것이 고작 장물운반이나 하다 쇠고랑을 찬답니까, 그래?"
　다음날 아침 참 오랜만에 하얀 이밥을 대한 소년은 입 안이 온통 군시러져서 이만한 보상만 따른다면, 소년의 아버지가 멀쩡한 몸으로 옥살이를 하니 도저히 구제할 수 없다던 인상 나쁜 외삼촌이지만 또 한 번 만나도 좋겠다는 소망이 깊은 여운으로 남는다. 더욱이 "오늘이 추석 명절이래……"하는 누나의 쓸쓸한 목소리에서 소년은 형용 못할 비감에 젖어 허탈한 꼴이 된다.
　그러나 소년과 그 누나는 가난과 굶주림을 감내하기 위해서 안간힘을 다해 본다. 이른 아침 도매시장이 파장될 때 두 남매는 이를테면 도시에서의 이삭줍기에 나선다. 그 같은 이삭줍기도 시장관리인의 단속에 걸려 금방 끝장이 나고 허기를 참지 못해 군용반합을 찾아 들고 거지 신세가 되기까지 두 남매의 치욕감은 극치에 달한다. "우리는 수인(囚人)이었다. 양심을 팔아먹은 아버지와 자존심을 거덜낸 그 아들은 똑같은 수인이었다"—수인의 가책감을 씹으면서도 용양 2리터들이 군용반합을 채우기 위해 때로는 2킬로미터 밖의 마을까지 순례하면서 동냥질을 해야 했던 소년에게 역설적인 행운이 있었다면 사나운 개에 물려 보상받은 '석 장의 지전'이었는지 모른다. 그런데도 그는 한쪽 발목엔 끝없는 절망감을 되씹으면서, 누나와 어머니의 얼굴을 그리면서 귀가하는 장면에서 철저한 자학을 하게 된다.

최후에 나를 기다리고 있었던 것은 역시 변함없는 재난이었다. 속이 빈 반합과 다시 빈털터리가 되어 버린 주머니와, 그리고 여전히 게걸스럽게 껄떡거리고 있는 굶주린 혼 외에 다른 아무것도 나는 가진 것이 없었다.

이 대목에서 '굶주린 혼'은 비극의 절정을 보여주는 셈이지만 소년 일가의 생화현장은 여지없이 몰락되어 있음을 보여준다. 흩어진 가족이 다시 모여 함께 살기를 소망하던 어머니마저도 '국물 없는 국수(자장면)'를 이승의 마지막 음식으로 들고 비정의 임종을 맞이하게 된다.

이 밖에 작가 이동하는 1982년에도 6·25의 아픔을 다룬 두 단편 「개사냥」(『소설문학』, 6월호)과 「파편」(『한국문학』, 6월호)을 발표해서 주목을 끌었다.

「개사냥」의 주인공은 '만도'란 칼잡이다. 전쟁은 그에게 한꺼번에 너무 많은 일거리를 안겨 준 셈이 되었다. 한 마을의 거의 모든 도살작업은 그에게 맡겨졌기 때문이다. 그보다도 중요한 것은, 그 '만도'가 세상이 바뀌면서 새 이장 감투를 쓰지만 다시 수복되었을 때 마을 사람들에 의해 개처럼 무참히 도살당한다는 사실이다. 흔히 들어온 동족상잔의 참극 한 도막에 불과하지만, 도살당한 주검을 목도한 주민들의 비탄에서 비극의 심각성을 한층 더 아프게 메아리친다.

한편 「파편」도 6·25와 관련된 한 혈족의 수난기가 펼쳐진다. 갑작스런 숙부의 부음을 받고 상가를 찾아가는 '나'는 야간열차 속에서, 그리고 말썽 붙은 장례를 치르는 동안 지극히 불운했던 삼촌이나 6·25 전에 행방불명된 아버지, 그로 인해 말 못 할 곤욕을 치른 어머니의 참혹했던 모습을 회상한다.

그 중에서 불가사의한 것은 자기 어머니를 구출해 준 삼촌의 기이한 행적이다. 그는 갖가지 불미스러운 전과자였지만 상당한 재산도 있고 해서 범법할 수 없었을 것으로 믿는다. '나'의 보다 큰 충격은 화장 때 찾아낸 고인의 유골 오른쪽 가슴에 박혀 있던 파편 조각이었다는 것으로 일단 마무리되지만 비감의 독후감만이 남는다.

3. 김원일의 「어둠의 혼」

6·25문학을 끈질기게 추구하는 김원일은 단연 우수한 작가로 지목되고 있다. 그는 문제작 「어둠의 혼」(『월간문학』, 1973년 1월호)으로 많은 평자로부터 호평을 받았다. 이 작품은 광복 직후 좌익계의 행동대원을 아버지로 둔 소년의 회상이 극적으로 펼쳐진다. 소년의 아버지가 검거되어 경찰서 뒤뜰 느릅나무 밑에서 총살당하던 저녁이 비감하게 소개된다.

여기서 중요한 사건은 아버지 때문에 어머니가 겪는 수모와 매질, 온 식구의 참혹한 굶주림, 동리 사람들의 질시와 밤만 되면 아버지를 잡기 위해서 가택수색을 하려고 밀어닥치는 경찰관에 대한 공포 등이다. 이런 모든 비극이 해방 후 혼란한 역사의 제물이 된 아버지에 대한 회상을 통해서 소년의 눈에 너무나 참혹한 슬픔을 상기시켜 준다.

이 「어둠의 혼」은 실로 민족비극의 생생한 현실을 리얼하게 추구해서 우리 민족수난사를 생동감 있게 전해 주고 있다(문덕수 편,『세계문예대사전』, 1975, p.1351 참조).

김원일은 1983년에도 「미망(未忘)」이란 전쟁물을 발표해서 소설계의 주목을 끌었다. 「미망」은 6·25를 배경으로 전쟁의 상처가 아직도 아물지 않고 있음을 고부간의 갈등을 통해 그린 것이다. 이 작품이 비록 단편이긴 하지만 6·25에 대한 새로운 시각으로 씌어졌다는 점에서 많은 비평가들의 입에 오르내렸다. 동시에 이것은 문학적 형상화에 있어서도 종래의 전쟁물의 경지를 훨씬 넘어선 수작으로 평가되었다.

4. 문순태의 「미명의 하늘」

근자에 역사의식의 날카로운 시각으로 우리 현실의 아픔을 추적하고 있는 문순태는 6·25의 생생한 후유증을 통감하게 하는 「미명의 하늘」(『현대문학』, 1983년 1월호)을 내놓아 평단의 화제가 되었다. 이 작품의 첫머리에서 두 여인의 싸움판이 벌어지는데, 그 여인네들의 욕지거리 속에서 이미 이 소설의 분위기나 주제는 충분히 실감된다.

> "개만도 못한 년! 양갈보질 20년에 누렁이 깜둥이 흰둥이 가지각색 골고루 새끼들을 퍼질러 나놓고도 부끄러운 줄도 모르고 지랄이여 지랄이! 점례 네년은 얼굴에 개가죽을 둘러쓴 게여, 그러니께 늙어 곯아 빠져 갖고도 이 마을을 떠나지 않는 게여!"
> "힝 똥 묻은 개가 겨 묻은 개 나무라고 자빠졌네! 네년은 영자 춘자 두 딸년 양공주 안 맨들았냐? 서방 가진 년이 무엇이 부족해서……."

이와 같은 저질의 욕설을 이 작품의 여러 대목에서 듣게 되지만 그것은 단순한 기지촌의 부끄러운 치부가 아니라 우리 민족의 가슴 깊이 박힌 상처가 아물지 않은 비장한 아픔으로 통감된다.

「미명의 하늘」을 '이달의 소설'(『동아일보』, 1983년 1월 27일자)로 높이 평가한 김우종은 이 작품에서 두 여인 이외에도 남주인공 '김덕주'와 여러 인물들이 모두 역사 속의 희생자로 등장하여 30년의 세월이 흐른 오늘에 이르고 있다고 지적하고, 전쟁은 끝났지만 이들은 지금도 아파하고 있고 또 앞으로도 아플 수밖에 없는데, 작가는 역사의식을 통한 인간존재의 탐구를 시도하고 있는 것이라고 해명했다.

그리고 이 소설의 또 다른 특징으로서 인간 구원의 문제를 지적했다. 작가는 우리 역사의 아픔 자체를 고발하고 증언하는 차원을 넘어서서 그같은 아픔의 '극복'을 시도하고 인간의 숙명적 과제를 그 같은 소재를 통해서 풀어 보려고 했다는 것이다.

이 작품에서 '덕주'는 '점례'를 20년 동안이나 양공주로 전락케 한 장본인이다. 그가 수복 후에 점례의 남편(부역자)을 밧줄로 묶어 놓고 그 옆에서 그녀를 강간한 것 때문에 남편은 자살했고 그녀는 양공주가 되어 가족을 부양하며 타락하게 된 것이었다. 때문에 「미명의 하늘」은 그와 같은 기구한 인간 비정을 생동감 있게 살리기 위해서 점례의 비극성만큼 덕주의 양심적 갈등을 처참한 몸부림으로 형상화한 것으로 풀이된다.
　여하튼 이 작품은 다소의 무리한 장면도 배제할 수 없지만, 문학의 궁극적 기능이라고도 생각되는 크게 상처받은 인간을 그 아픔으로부터 구원하려는 노력을 치열히 시도했다는 점에서 각별한 의미를 갖는다.

5. 결론

　앞에서 소개된 소년의 시점에서 다룬 전쟁소설은 이외에도 더 많이 거론될 수 있다. 이를테면 윤홍길의「장마」, 전상국의「아베의 가족」, 오찬식의「마뜰」, 한승원의「미망하는 새」등 꽤 많다.
　그러나 6·25동란이 종식된 지 어언 30년이 흐른 이 시점에서 이렇다 할 전쟁 대작을 갖지 못한 것은 한국문단의 취약점의 하나로 지적된다. 그 많은 작가들이 전쟁소설에 손을 댔다고 하지만 크게 충격을 던져주는 역작을 갖지 못한 아쉬움이 따른다.
　작가들은 이구동성으로 말한다. 실상 6·25를 제대로 다루는 것은 참으로 어렵다고. 물론 작가들의 능력이나 용기가 따르지 못한 것도 있지만, 작가들이 오늘의 분단된 상황 속에서 얼마큼 객관적인 입장에 설 수 있을까 하는 것이 전제된다. 즉 우리는 아직껏 6·25를 정당하게 다룰 수 있는 상황에 있지 못하다는 아쉬움이 따른다.
　그러나 전쟁문학은 단순히 체험이나 사상만으로 되는 것도 아니고 모든 문학조건들이 적절히 종합해서 형상화되는 것이다. 그렇다면 전쟁이라는 이 큰 문제가 역사적으로 객관화되어 평가되기에는 아직 시기가 이르다는 견해가 있다.
　그럼에도 불구하고 단지 사학자가 정리한 테두리 안에서 역사를 바라보던가 그 범주를 탈피하지 못 한다는 것은 있을 수 없다고 본다. 전쟁에 대해 대담하며 차원 높고 스케일이 큰 문학의 미출현에 대한 아쉬움을 개탄하지 않을 수 없다.

　솔직히 말해서 전쟁문학에 준하는 그러한 사이비 작품들은 많이 접하지만 큰 작품이 없는 것은 작가와 독자가 다같이 반성할 과제라 본다. 우리 문학의 세계 진출을 위해 우리만이 겪었던 민족적 비극을 대담하고 실감 있게 형상화한다면 세계 독자들의 관심을 끌 수 있는 길잡이가 되고 귀중한 자원도 될 것이다. 이것을 전제로 해서 장차 전쟁문학을 어떤 측면에서 더욱 개발할 수 있느냐 하는 가능성과 방법론이 대두된다.

　앞에서 언급한 것처럼, 국토분단이란 숙명적 상황 속에서 우리는 어쩔 수 없이 감내해야 될 갖가지 제약을 시인하고 그것을 현명하게 극복해야 할 것이다. 따라서 우리의 문단이나 작가들, 그리고 독자들도 무게 있는 전쟁물이 나와서 한국문학을 빛내주었으면 하는 여망에 부응하는 것이 중요하다.

　우선 뛰어난 작가가 등장해서 전쟁문학에 참여하는 것이 시급하다. 물론 우리 국토의 통일은 여태껏 절실한 염원이나 지금의 우리 상황에서 성취할 수 있는 것은 훌륭한 전쟁소설들을 열망하는 것이다. 그를 위해선 무엇보다도 재기발랄한 신인을 발굴하여 전쟁문학을 새로운 차원으로 개발해야 한다. 따라서 작가들은 전쟁문학 개발의 어려운 벽을 조국분단에만 미룰 것이 아니라, 보다 더 적극적인 자세에서 주어진 상환을 대담하고 참을성 있게 극복할 줄 알아야 한다.

(『민족문학의 모색』, 범우사, 1989)

민족문학, 무엇을 할 것인가

1. 민족문학, 어떻게 볼 것인가

　우리의 문학적 유산을 탐구하거나 오늘의 현실에 입각하여 올바른 문학의 좌표를 세우고자 하는 문학관계 연구자로서 민족문학에 대해 깊은 관심을 갖지 않는 경우는 거의 없을 것이다. 문학이 뿌리를 내리고 있는 토양은 다름 아닌 현실이며, 그 현실은 그저 주어진 것이 아니라 역사적 전통의 배경 위에서 형성되는 것이기 때문이다. 그러한 까닭에 역사적 전통을 같이하는 민족의 각 시기에 있어서의 현실문제는 보편적 성격을 띤 것으로 인식되고, 문학이 이 현실문제를 여하히 형상화해 내고 있는지에 관한 관심사는 과거 문학적 유산을 탐구하는 경우에 있어서나 새로운 문학적 질서와 좌표를 설정하고자 하는 경우에 있어서든 심각한 난제가 아닐 수 없다. 그만큼 민족문학이라는 말 자체가 지니고 있는 무게와 문제의 중요성은 우리의 문학을 논하는 데 있어서 당위적이며 현실적인 문제로 부각된다.

　그동안 민족문화에 대한 깊이 있는 이해와 탐구가 매우 다양한 논자들을 통해 복합적 양상을 띠고 이루어졌다. 이러한 논의와 모색의 과정 속에서 우리의 민족 문학에 대한 이해의 시각과 바람직한 논의의 방향이 어느 정도 틀을 잡은 것 같기도 하다. 그러나 아직도 민족문학에 대한 개념 정립의 문제라든가 그 특징적 성격 규명은 확실한 위치를 확보하고 있지 못하고 있는 실정임을 공감하게 된다. 그것은 민족문학에 대한 논의가 때로는 그 당위적 성격으로 인하여 너무 쉽사리 이해하려는 태도에서 문제의 핵심을 놓치기도 하고, 또 때로는 가치 개념을 앞세워 문학적 가치평가의 기준으로 삼으려는 그릇된 인식에서 방향이 흐려지기 때문이라 생각된다.

그런 면에서 볼 때 민족문학을 논의하는데 있어서 무엇보다도 일차적으로 언급되어야 할 것은 민족적 자기동질성과 각 역사적 시기에 있어서의 문학현실, 그리고 이러한 바탕 위에서 이루어진 정서적 대응물로서의 작품과 작가정신일 것이다. 실상 이러한 요소들이 주목되어 오지않는 바는 아니지만, 그 구체적 실상을 어떻게 이해하고 접근해 갈 것인가에 대한 포괄적 논의 체계를 마련치 못하고 있는 것이 사실이고 보면, 이 문제를 적절히 수행하고 온당한 이해의 폭을 넓히는 것이 민족문학에 대한 바람직한 시각을 확립하는 하나의 준거가 될 수 있으리라 생각된다.

기왕의 논의들은 대체로 이들 가운데 어느 한쪽에 비중을 두고 여타의 측면들을 복속시키려는 경향을 보여왔던 감이 없지 않다. 물론 모두가 그런 것은 아니지만 오늘의 현실이 중요한 것인 만큼 그 오늘을 가능케 한 역사적 과정 또한 중시되어야 마땅할 것이며, 민족의 주체적 삶의 모습이 문학이라는 하나의 실천적 행위 속에서 어떻게 형상화되고 있는가에 대한 구체적 접근 속에서 복합적으로 추구될 때, 과거와 오늘에 대한 문학적 실상의 조감과 민족문학의 보다 건전한 시각이 확립될 수 있을 것이다. 말하자면 민족문학에 대한 단편적 접근이나 단순논리에 의한 실상규명은 항상 그 자체적 한계로 인하여 편협한 사실 지적에 그치고 말 위험이 내포되어 있는 것이다.

기존의 논의를 굳이 빌리지 않더라도 민족문학에 대한 개념과 이해는 이른바 '비역사적 현재중심주의'와 '회고적 관념론'에서 벗어나 가치 중립적 입장에서 탐구되어야 할 것이 마땅하거니와, 무엇보다도 특정 시대나 특징적인 가치 기준에 의해 스스로가 폐쇄적인 범주설정에 떨어지고 마는 우를 범하지 않아야 할 것이다.

그런 면에서 본고에서는 민족문학에 대한 개념과 이해의 시각을 일단 오랜 역사를 통해 형성된 민족적 자기동질성을 근간으로 하여, 거기에 민족적 특질과 개성을 지닌 문학적 요소들을 함유한 문학이라는 거시적 관점을 전제하고, 이같은 문학이 특히 역사의 각 단계에 있어서 절실하게 대두되는 현실문제에 진지한 작가 정신과 정서적 대응물로 형상화시킨 문학행위의 총체라는 미시적 관점을 병행하는 것으로 설정코자 한다.

  이러한 기본적 시각을 바탕으로 하면서 본고는 그동안 논의되었던 민족문학의 쟁점들을 몇 가지로 정리하면서 그 특징적 면모들을 살펴보고, 그 결과를 비판적으로 수용하여 민족문학론의 진취적 방향을 개략적으로 모색해 본 다음, 이들을 수렴하여 참다운 민족문학의 정립에 따르는 문제점과 해결의 실마리를 간략히 정리해 보고자 한다.

2. 민족문학에 대한 다툼

  민족문학에 대한 이해와 접근의 출발선상에서 먼저 부딪치게 되는 문제는 그 개념과 내용의 공분모를 적절히 마련하는 일이다. 민족문학과 관련된 논의에 참여한 거의 모든 논자들에게 있어서 이 문제는 마치 선결과제처럼 제기되었고, 사실 그만큼 중요한 비중을 차지하는 것이기도 하다.

  문덕수는 「고전문학과 민족의식」이라는 글 속에서 매우 소박하게 이를 풀이한 바가 있다. 즉 민족의식에 입각하여 민족의식이 반영된 문학이 바로 민족문학이라는 것이다. 그리하여 그의 논지는 우리의 고전문학 속에서 민족의식을 발굴하고 거기서 민족문학의 전통을 살리자는 것으로 귀결되었다. 그러나 이러한 그의 논의는 추상적인 것으로서 구체적 실상을 밝혀내는 실제 작업이 병행되지 않는 한 하나의 방법적 제시를 위한 개념설정에 머무르게 될 공산이 크다.

  여기에 비해 이형기는 「민족문학이냐 좋은 문학이냐」는 글에서 그 개념과 내용을 분명하게 터득하지 못했다는 것을 고백하고 있다. 말하자면 민족문학이라는 말을 그동안 너무 자주 들었고 또 자주 써 오는 동안에 그 개념이나 의미 내용을 반성해 볼 겨를이 없이 귀에 익어버린 결과, 그 개념이나 의미 내용도 어느새 다 이해한 것 같은 착각을 일으킨다는 것이다. 이같은 솔직한 고백은 비단 한 사람의 논의자에 국한되는 것은 아닐 것이다. 참으로 많은 논객들이 민족문학을 얘기해 왔지만 그 내용과 본질을 제대로 파악하지 못한 채 어설픈 관념만을 되풀이해 온 것이 사실인 셈이다.

이와 같은 사실을 염두에 두고 볼 때 비교적 근래에 이루어진 논의로서 1985년 1월호부터 9월호까지의 『예술계』 권두논단과 『월간문학』 1986년 4월호는 특집으로 '민족문학이란 무엇인가'를 다루어 크게 주목되었다. 이러한 특집의 동기는 여러 가지가 있겠으나 가장 중요한 것은 참다운 민족문학의 모색을 위한 작가들의 생생한 발언을 집약해 보려는 의도로 풀이된다.

'진정한 민족문학은 무엇인가'라는 설문에서 구인환은 다음과 같이 말하고 있다. "한민족이 오랜 역사 속에서 한민족의 전통을 계승하여 한민족이 성취해야 할 그날을 위하여 사는 인간상을 창조한 문학이 바로 한국문학이요, 민족문학이다." 이렇듯 민족문학이란, 전통을 계승하면서 우리 민족이 성취해야 할 '그날을 위한 문학'으로 강조되고 있다. 이와 비슷한 견해로 시인 박이도는 전통과 관련해서 우리 민족이 집단으로서 지녀온 특유의 전통이 있다면, 그와 상응할 만큼 시대의 국제화, 물질문명의 팽배현상 등 다양한 여건이 고유의 역사성을 허물어뜨리는 현상을 어떻게 수용해야 할 것인가도 민족문화의 과제라고 제시했다.

뿐만 아니라 시인 이기반은 민족문학의 정의로서 다음과 같이 언급하였다. 즉 역사의 흐름에 따라 민족의 생활양상이나 정신세계가 변천되겠지만, 그 가운데서도 한줄기로 이어 흐르는 민족적인 것에 근원을 두고 민족 속에 뿌리박힌 것을 그대로 표현하는 문학이라 한 것이다. 이러한 견해는 또 엄기원에 이르러, 민족문학이란 한국적 주체성 또는 주체의식을 살린 우리 민족의 대표문학임이 전제되어야 하고, 한국적 특성을 띤 민족문학이면서 세계성을 내포한 문학일 것과, 이것은 넓은 안목에서 볼 때 인간주의 문학이 되어야 한다고 한 사실로 드러나기도 했다.

한편 민족문학에 대한 보다 선명한 견해로 받아들여지는 것은 최병탁의 발언으로 생각된다. 그에 의하면 진정한 민족문학이란 당연히 지속적 전통 논리에서 해답을 찾아야 한다는 것이었다. 그리하여 인간집단의 최대단위 — 일정한 지역에서 공동생활을 해왔고 같은 언어풍습을 통하여 성장한 그 민족의 공통적 운명, 그 줄기를 찾아 자신의 현주소로 복귀하는 집단귀속감정으로부터 세계로 확산·심화시키는 문학에 이르러야 비로소 진정한 민족문학이 정립될 것이라는 의견이었다.

이와 같은 견해들은 모두 민족문학에 대한 건전한 이해의 기틀을 마련할 수 있는 것으로 공감되는데, 그것에서 핵심이 되는 것은 전통적인 경험을 통한 민족적 자각이며, 그것은 바로 주체성과 지속성으로 이해되는 문학임을 공인하게 된다.

그렇다면 이러한 민족문학의 개념과 내용에 대해 좀더 명쾌하게 이해하기 위해 우리는 과연 우리의 현대문학사에서 이 민족문학론이 언제부터 제기되었으며, 그 양상은 어떻게 진전되어 왔는가를 상기할 필요가 있을 것이다.

개략적으로 살펴본다면, 민족문학론의 출발은 춘원 이광수의 계몽적 민족주의 문학에서부터 비롯된 것이라고 할 수 있다. 그리고 그것은 20년대 후반 프로문학에 대항했던 국민문학파의 이른바 '조선주의', 그리고 해방 후 이데올로기의 혼란 속에서 구두선처럼 불리웠던 민족문학 등 장구한 문학사적 소산으로 넓은 공감대를 형성해 왔다. 그러던 것이 특히 70년대에 접어들면서 비평문학의 큰 쟁점으로 부각되어 진지하고 활발한 논의가 전개되었고, 다시 80년대에 이르러 보다 심화되고 확대된 시각을 통해 추구되어 온 것으로 보인다.

우선 이러한 민족문학론의 발생시기와 전개양상에 관한 논의의 시발을 본격적으로 제기한 것은 김현의 「민족문학, 그 문자와 언어」가 아닌가 생각되나 그는 20년대 후반기의 이른바 프로문학과 국민문학의 대립에서 논의의 실마리를 끌어내고 있다. 이 두 세력의 논쟁은 마침내 1928년에 들어와서 통합론을 띠기 시작했는데, 이것인 곧 염상섭과 양주동의 이른바 '중간파'로서 그 절충론의 내용이 민족문학론을 내세웠던 사실을 상기시켜 준다.

그리고 김현은 이광수의 변절로 상징되는 민족문학의 극적인 파탄을 예시하면서 그 특성을 규명해 갔다. 그는 민족문학을 국민문학과 등식으로 해석하고 해방후의 순수문학파의 계보로 연결시키고 있다. 그리하고 민족문학을 배격하는 입장에서 "한국우위주의라는 가면을 쓴 패배주의자의 문학에 지나지 않는다"고 주장했다. 그는 민족문학에 대해서 날카로운 공박을 계속하면서 그 대신 한국문학이라는 말을 들고 나왔다.

이와 같은 김현의 부정적인 민족문학을 포함해서 이른바 반민족 문학론에 대한 반론이 임헌영에 의해 제기되었다. 그것은 「민족문학에의 길」이란 비평이었다.

그는 우리가 '은혜의 역사에서 사대주의의 역사'를 살아왔다는 것, 다시 '식민지시대'를 살았고 식민지 의식을 지금도 고이 간직하고 있다는 것, 그리고 여기서 벗어날 수 있는 길은 '민족문학'을 되찾는 것이라고 역설했다. 또 민족문학이 프로문학에 대한 반발로 생겨났다는 것은 어불성설이고, 프로문학은 민족문학이라는 대전제가 있은 후에 가능하다고 했다. 그리고 일제하의 민족문학이란 침략 이데올로기에 간접적으로 동조한 것이기 때문에 그것은 민족문학이 아니라 반민족문학이 된다고까지 규명했다.

그는 여지껏 우리 문학이 식민지적 상황에서 벗어나지 못했고, 우리의 문학의식은 니힐의 역사 속에서 맴돌고 있다고 강조했다. 그리하여 그가 말하고자 하는 「민족문학의 길」은 결국 다음과 같은 발언, 곧 "민족문학은 리얼리즘의 추구로만 이룩할 수 있다"고 강조한 사실로 귀결되었다.

이렇듯 민족문학에 대한 '한국문학'으로의 제창이나 '리얼리즘'으로의 추구 등은 하나의 가설로서 제기되었을 뿐이다. 그것을 충분히 합리화시키고 정착시키기 위해서는 좀더 진지한 설득력과 방법적 지침이 뒤따랐어야 할 것이다.

이들과는 다소 견해를 달리한 염무웅은 그의 '민족문학이 어둠속의 행진'에서 민족문학의 서구적 경험을 소개하면서 우리 문학사에 반영된 민족문학을 검토해 갔다. 이를테면 서포와 연암으로 대표되는 평민문학, 이광수의 민족문학, 그리고 식민지문학의 순으로 분석해 본 것이다.

그는 결론에서 백철의 「민족문학의 행방」을 인용하고 거기에 동조하면서 오늘의 민족문학은 더욱 무거운 난제들이 제기된 것 같다고 했다. 그리고 오늘의 급박한 현실에서 '민족적 긍지나 용기와 지혜를 동원'하는 데에서 참된 민족 문학은 성취될 것이라고 했다.

여기서도 민족문학의 전모가 밝혀지거나 분명한 방법이 제기된 것은 아니다. 그럼에도 불구하고 많은 논객들의 입을 통해서 민족문학론의 저변은 한층 넓어지게 되었고, 그 구심점에 보다 접근한 면모들을 보여주었던 것으로 생각된다. 이제 와서 불투명한 전근대적인 민족문학론들이 거세되었다는 것만도 퍽이나 다행한 일이다.

민족문학에 관한 논의가 현실적 관심사들을 매개로 하여 보다 구체화된 모습으로 전개된 것은 80년대에 접어들어서이다. 이 시기에 있어서 특히 쟁점이 된 것은 민중문학과의 관련에서 제기된 문제들과 분단상황을 문학적 측면에서 극복하고자 하는데 따르는 문제점들을 민족문학론의 차원에서 논의한 것들로 수렴될 수 있으리라 본다.

이러한 관점의 논의들 또한 매우 다양한 자리를 통해 여러 갈래로 확산되었지만, 몇몇 대표적 경우를 통해 살펴볼 때 그 기본 골격은 조감될 수 있으리라 생각된다.

먼저 민중문학과의 관련선상에서 이해될 수 있는 민족문학 논의 가운데 하나로 한국문인협회가 1987년 12월 5일~6일에 개최한 '민족문학 심포지움'을 들 수 있다. 이 심포지움에서 나타난 민족문학은 기본적으로 (민족의 자유와 민주와 사랑을 목적으로 한 것)이라고 할 수 있다(오양호, 정영자 주제발표). 또 이 자리에서 홍석영도 「전환기의 민족문학」이란 주제발표를 통해 이러한 목적을 담고 있는 민족의식, 즉 민족공동체의식이 분열됨으로써 현재의 대립과 갈등이 표출되었다고 보고, 이것은 기본적으로 60년대 이후 가속화된 산업화 과정에서 비롯된 이기주의의 팽배가 대두됨으로써 무너지기 시작했다고 했다. 따라서 오늘의 민중문학은 민족의 자유와 행복과 번영을 지향하기보다는 민중정신, 즉 대립을 전제로 한 투쟁으로 민중중심주의를 내세웠기 때문에 민족의 보편적 지향으로부터 벗어났다고 비판했다. 그렇기 때문에 전통을 바라보는 시각에서도 양자는 차이를 드러낼 수밖에 없었고, 이 문제의 해결 역시 중요한 관건이라는 지적이 나오기도 했다.

이러한 견해들을 볼 때 이른바 순수문학권의 민족문학은 기본적으로 한국적인 것, 즉 타국가와 비교되는 민족적 차원의 미래지향적 자세를 견지하는 문학으로서, 세계문학에서 볼 때 독자적인 문학이어야 한다는 주장이다. 따라서 예술의 순수한 창작적 영역을 고수하면서 민족이 처해 있는 역사성과 현실성에 대해 관심과 함께 객관적 비판의식을 가질 때 우리의 민족문학의 미래지향적 폭은 넓어질 수 있다(정영자)는 발언으로 대표될 수 있는 것이었다.

여기에 비해 현재 이른바 민중문학권의 민족문학 논의는 꽤 혼미한 상황을 보여주고 있다. 기존의 대표적 평론가로 알려진 백낙청의 견해를 중심으로 한 중견 평론가들은 1980년 이후에 등단한 소장 평론가들과 날카로운 대립을 본격화하기 시작한 감이 없지 않다. (최근의 주요한 경향의 잡지로는 『창작과 비평』, 『전환기의 민족문학』, 그리고 이에 전반적으로 비판적인 『문학과 사회』를 들 수 있다. 아울러 이들 소장 평론가들 역시 엄밀한 체계로 분류할 수 없을 만큼 상호대립된 면모를 보여주기도 하는데, 여기서는 개략적인 수준에서 언급할 수밖에 없으리라 생각된다.)

전체적으로 이들 중견 평론가들과 소장 평론가들의 차이는 현재문학의 추진세력으로서 지식인 문학이냐 민중문학이냐를 둘러싸고 거센 갈등을 보여준다는 데 있다. 즉 소장쪽에 속하는 이들(김명인·김진경 등)은 『전환기의 민족문학』(풀빛, 1987)을 통해서 백낙청의 민족문학론이 소시민적 민족문학이라 공박하고 있고, 백낙청은 「오늘의 민족문학과 민족운동」(『창작과 비평』 1988년 봄호)에서 소장쪽에 대해 편협한 계급문학이라고 비판했다. 최근 소장쪽의 일부에서도 본격적으로 노동자문학을 중심으로 모든 문제, 즉 민족문학론을 풀려는 경향이 있는가 하면, 또 다른 한편으로는 현재 소위 운동권에서 주장하는 민중민주주의와 자유화 문제를 문학에서도 당면과제로 제시하면서 이를 위한 문학론을 내세우고 있는 실정이다.

그러나 이들 논의들의 분화는 현대사회의 모순이 무엇이고, 그것에 기인하는 사회적 과제, 그리고 그것을 해결하기 위한 문학이념의 수립이라는 틀 속에서 각자의 논리적 차이에 근거한 것이다. 이런 현상은 본질적으로 과거 순수문학과 대립해 온 현실참여의 선상에서 이들의 논의가 진행되고 있음을 단적으로 증명한다. 즉 백낙청은 민족문학과 민중문학의 긴밀한 연관관계를 중시하면서 분단문제의 해결에 중점을 두고 민족문학론을 제기한 반면, 소장쪽에서는 현재의 모순을 혁파하기 위한 주요세력으로 민중(이들 중 노동자 계급을 주력군으로 파악하여 노동자문학론을 주장하는 이도 있다)을 내세우고 이들이 주체가 되는 민중문학론을 제시하면서 민족문제에 있어서도 이들이 주체가 되는 민중적 민족문학론을 주장하고 있는 것이다.

이와 같은 현재의 다양한 논의들이 보여주는 혼란상과 상호갈등은 그 자체로 봐서는 민족문학의 발전에 장애가 되는 것처럼 보인다. 그러나 한편으로 한국문학 발전의 가장 중요한 요소인 문학의 자율성이 보장되는 토대가 마련되고 있다는 측면 역시 간과해서는 안될 것이다. 문제는 그러한 혼재된 질서를 관류하는 통일적 대원칙을 추출해내고 그것을 기반으로 하여 다양화하는 방식으로 나아가는 각도에서 오늘의 문학상황과 민족문학에 관한 논의를 보다 적극적으로 분석해 보는 데 있다. 따라서 우리는 이제 문제를 집중시키는 민족공동체의 발판을 현재의 논의에서도 찾아내야 할 때가 왔다고 본다.

이를테면 최일수가 「민족문학과 상황의식」(한국문학평론가협회 편), 「분단현실과 비평문학」(1986)에서 민족문학과 민중문학의 상관관계를 적극적으로 받아들이는 것도 이러한 맥락에서 이해해야 할 것이다. 그는 민족문학이 자유와 평등을 갈망하는 민중의 근대적인 소망을 실현하기 위해 형성된 문학인 데 비하여, 민중문학은 공동운명체의 결속을 촉구하는 민족의식을 기반으로 삼고 다져진 문학이라고 했다. 그렇기 때문에 그는 우리 문단의 민족문학과 민중문학이 조화 상승적 일체성 위에서 창작하지 않는다면 언제까지나 반신불수적인 현상에서 벗어나지 못할 것이며, 그것을 극복해서 역사의식이 있는 민중의 소리와 현장 의식이 있는 민족의 의지가 합일된 문학으로 지향하기 바란다고 했다.

따라서 우리는 민족공동체를 위해서 현재 무엇이 시급한 것인가를 스스로 반문할 수밖에 없는데, 여기서 우리는 분단문제와 마주치게 된다. 1972년 6월, 재일동포 작가 이회성은 『한국일보』가 주최한 민족문학론 강연에서 주최한 민족문학론 강연에서 민족문학은 5천만의 한국문학이어야 한다고 역설했다. 그리고 자신은 '온돌' 냄새를 풍기는 글을 쓰지 않을 수 없다는 고백과 함께 민족의 입장에서 작품을 써야 세계로 통할 수 있다는 소신을 밝혔다. 통일을 위해서 기여해야 한다고 다짐·호소하는 이회성의 민족문학론은 우리 문인들에게 적지 않은 감동을 준 것은 물론이다. 그만큼 그는 지금껏 공리공론에 그쳤던 민족문학론의 정곡을 제대로 지적하고 호소했기 때문이다.

이러한 분단상황의 문학적 극복문제가 이제 새삼스러울 것은 없지만, 그것을 방만하게 늘어만 놓을 것이 아니라 문제를 집중시키고 그것을 중심으로 다시 확산시키는 민주적 원칙을 선행시켜야 할 것이라고 생각된다. 다시 말하면 오늘의 한국문학, 더 나아가 우리의 민족문학이 민족의 발전과 함께 하는 대원칙을 수립하는 것을 의미한다. 따라서 우리는 이제 오늘의 분단현실이 민족문학을 논의하는데 있어서 중요한 관건의 하나로 부각된 것이라면, 이를 어떻게 극복해 내느냐에 따르는 문제점을 들추어 민족공동체의식의 발판 위에서 심각하게 모색해야 할 것으로 보인다. 여기에는 다양한 이견이 있어왔고 또 앞으로도 계속 제기될 성격의 것이지만, 이러한 편차는 일률적으로 비판 청산할 문제도 아니고 앞으로도 계속될 것으로 생각된다. 이 점을 좀더 분명히 의식하고 구체화시키는 데서 민족문학론은 심화될 수 있으리라 믿기 때문이다.

지금까지 민족문학의 쟁점과 그 특징들에 대해 극히 개략적으로 살펴보았지만 항상 현재진행의 상태에 놓여있음을 절감하게 된다. 사실 어느 시대에 있어서건 문학에 관한 논의 자체가 현재진행의 성격을 띨 수밖에 없는 것이기도 하다. 그러나 그러한 과정 속에서도 특징적인 것으로 집약될 수 있는 것은, 민족문학에 대한 개념규정의 문제와 전통과의 연계성 문제, 그리고 그것이 오늘의 현실과 관계를 맺고 있다는 측면에서 제기되는 리얼리즘적 요소나 민중문학적 성격과의 관련 및 분단현실의 극복문제 등으로 그 쟁점을 수렴시킬 수 있는 것으로 생각된다.

이와 함께 우리가 좀더 분명히 인식해야 할 것은 민족문학을 논의하는데 있어서 특히 중요한 우리 민족의 고유성에 대한 관심, 우리 자신은 미처 생각이 못 미칠지라도 외국문학을 섭렵하면서 느껴지는 우리의 주체적인 목소리가 무엇인가 하는 점도 중요하다고 본다. 또한 이와 관련해서 이들 문제의 해결이 당대 우리의 삶과 관계되지 않으면 얼마나 공허한 것인가를 인식하지 않으면 안 될 것이다.

기본적으로 문학작품은 인간의 상상력의 소산이고 그것은 곧 개개인의 개성적 산물임을 중시해야 하는 것이지만, 그 개인의 상상력이나 작품에 투영된 문학적 진실 역시 그것을 가능케 한 역사와 민족적 현실의 테두리에서 이해될 때 비로소 온당한 길에 접어든 것으로 생각된다. 우리가 민족문학을 논의하고 검토하는 일 자체도, 궁극적으로는 이러한 이해의 자장을 형성하는 데 있다고 보는 것이다.

3. 민족문학론 바로 세우기와 민족문학이 할 일

그렇다면 오늘의 시점에서 다시 민족문학론을 거론할 때 새롭게 조명하고 발전적으로 전개시켜 나가야 할 점들은 무엇인가?

이러한 물음에 대한 나름대로의 대답은, 과연 참다운 민족문학이란 무엇이며 그것을 어떻게 정립시켜 나갈 것인가에 따르는 과제와 필연적인 관련을 맺는 것이기도 하다.

앞에서 살펴본 민족문학론의 쟁점과 그 특징들로 미루어 볼 때 이 문제는 결국 민족문학의 개념을 좀더 분명하게 설정하는 데서 시작하여 전통성의 문제와 현실성의 문제를 적절히 조화시키는 차원에서 궁극적 의미를 규명·규현할 수 있으리라는 결론에 도달하게 된다. 그러나 여기서에서도 중요한 것은 그 구체적 접근 방법의 모색이 관건이라는 사실이다.

본고는 이러한 문제를 구체적으로 모색하기 위한 실마리를 본고의 서두부 '민족문학에 대한 시각'에서 제시한 몇 가지 필수적 요소, 곧 오늘의 문학현실 속에서 추구되어야 할 문제점들에 대한 진지한 탐색과, 이를 위한 투철한 작가정신 및 연구태도, 그리고 이러한 바탕 위에서 정서적 대응물로서의 작품에 대한 과거 문학적 유산의 탐구와 새로운 창작활동의 진작 또, 여기에 이러한 모든 결과들을 전통적 질서와의 연계선상에서 민족적 자기 동질성의 확립으로 귀결시키는 방법적 태도에서 나름대로 추구해 보고자 한다.

먼저 오늘의 문학현실을 놓고 볼 때 우리에게 직접적으로 부딪치는 문제는 바로 오늘의 현실을 가능케 한 역사적 궤적과 문학적 여건이라 생각된다. 다시 말해 이 문제는 이른바 우리 문학의 '뿌리'를 찾는 일에 직결되는데, 그 공통분모를 무엇으로 잡느냐에 따라 논의의 방향이 상당히 달라질 수 있을 것이다.

본고는 그 실마리를 우선 언어의 문제에서 찾을 수 있으리라 본다. 모든 문학적 행위가 이 언어의 문제에서 비롯된다는 지극히 상식적인 사실과 함께 이 언어의 성격을 보다 분명하게 인식하고 현실의 위상을 정립하는 데서 우리 민족문학의 일차적 지표가 성립되기 때문이다.

우선 문학 외적인 측면에서 볼 때 오늘날 우리가 말하는 제3세계권 혹은 소수언어권이라는 말도 제1·2세계권 혹은 다수언어권과 구별되는 의미를 전제로 하고 있다. 이러한 구별들은 단순히 구별로써 끝나는 것이 아니라 보이지 않는 국경으로써, 심지어 갈등과 투쟁을 내포하는 의미만으로써 파악되어지기도 한다.

더욱이 한국은 지금 다른 나라에 비해서 그 자신의 내면 속에 다른 무엇보다도 견고한 철조망의 국경을 갖고 있다. 세계사적인 견지에서 볼 때 서방진영과 공산진영으로 대별되는 두 세계의 바깥에 존재하는 소수민족으로서 제3세계권에 살면서도, 두 동강난 국토 위에서 각기 단절된 삶을 누린 지 벌써 40년을 넘어서고 있다.

그러한 까닭에 우리 문학의 현실적 과제는 거시적으로 보아 이러한 분단 상황을 극복하는 일이다. 같은 언어를 사용하고 있으면서도 그 이념적 지향의 차이에서 참다운 민족문학이 정립이 난항을 거듭하고 있기 때문이다. 언어와 민족의 동질성은 그 민족의 견고성을 지탱해 주는 하나의 지주가 된다는 중요한 사실에서 오늘의 분단상황이 우리에게 주는 심리적 여파는 자못 큰 것일 수 있다. 따라서 제 3세계 소수언어권에 속하는 우리로서는 무엇보다도 이러한 분단상황에서 야기되는 이념적 편차를 극복하고, 그러한 토대 위에서 정립된 민족문학의 실상을 세계문학적 차원으로 끌어올려야 할 것으로 생각된다. 그러자면 우선적으로 우리 민족이 공유한 언어적 상관물에 대한 객관적 이해가 전제되어야 할 것이며, 이를 통해 민족적 정통성과 분단현실의 문학적 극복논리를 정초시켜야 할 것으로 보인다.

다음으로 문학 내적인 측면에 있어 언어의 문제는 궁극적으로 그 언어가 환기하는 정서의 세계와 긴밀한 연관성을 맺는다는 사실에 주목하지 않을 수 없다. 한 민족의 고유한 특성과 정서를 가장 본질적으로 드러내주는 것이 바로 언어라 믿기 때문이다. 언어의 차이는 곧 사고와 정서의 차이를 가져옴에 틀림없는 것이라며, 여타의 민족문학과 구별되는 우리 고유의 문학적 특질을 찾아내는 일이 매우 중요한 것임을 절감하는 것이다.

그런 면에서 이 문제는 또한 민족문학의 뿌리를 탐색하는 데 있어서 제기되는 전통성의 문제, 다시 말해 민족적 정서와 감수성의 세계를 추구하는 것과 불가분의 관계를 맺는다고 할 수 있다. 우리가 우리 문학의 연속성의 문제를 논하고 전통의 현대적 계승을 운위할 때 흔히 거론하게 되는 '전통과 현실성의 조화' 문제도, 실은 이러한 문학적 정서와 감수성의 특질들을 어떻게 추출해 내느냐의 방법적 적용 문제와 다름 아님을 확인케 되는 것이다. 따라서 필연적으로 참다운 민족 문학의 모색과 정립을 위해서는 앞서 말한 과거 문학적 유산들에 대한 진지한 탐구와 그것들로부터 도출될 수 있는 정서적 대응물로서의 작품세계를 구현하는 일이다. 말하자면 전통의 과감한 현대적 변용과 그 안에서 새롭게 추구될 수 있는 민족적 감수성의 세계를 작품으로 구현하는 일인 것이다.

언어에는 뿌리깊은 내면의 세계가 전통적 정서 혹은 민족적 특질로써 잠재해 있다. 그것을 여하히 발굴해 내고 오늘의 문학현실에서 추구해 내느냐에 우리의 민족문학적 당면과제의 하나가 가로놓여 있다. 그리하여 결국 그러한 언어를 통해 형상화된 세계가 당대의 삶의 현실, 또는 오늘의 관점에서 시대적 삶의 여건을 어떻게 집약적으로 표출해 내고 있느냐의 실상규명에 우리의 관심을 집중시켜야 할 것으로 보인다.

그러자면 자연 문학연구에게 있어서든 창작자에게 있어서든 과거와 현재에 관한 우리의 문학현실을 직시해 낼 수 있는 깊이 있는 안목이 확보되어야 할 것이며, 특히 작가에게 있어서는 민족문학과 관련된 투철한 작가정신이 확립되어 있어야 할 것으로 생각된다. 이른바 시대정신에서 멀리 이탈되고 망각된 주체의식을 새롭게 다지는 데서 자주적 민족의식과 관련된 민족문학의 정도가 확립될 것으로 기대되는 것이다. 문학이 인간의 삶에 대한 상상적 비젼을 올바르게 직시하는 데 그 기본적 임무가 있는 것이라면, 역사의 어느 시기에 있어서든 이러한 문제의 핵심에서 벗어나지 않는 자만이 우리의 민족적 자존과 자기동질성의 정서적 공감대를 일깨울 수 있기 때문이다.

이와 같은 관점에서 오늘날 우리의 문학현실에서 제기되고 활발한 논의의 과정을 거치고 있는 '리얼리즘'의 문제나 '민중문학'의 문제도, 실상 시대현실 속에서 과연 문학이 할 수 있고 또 해야 할 일은 무엇인가에 관한 진지한 모색으로 받아들여진다. 이 문제는 결국 민족문학의 위상을 정립하고자 하는 하나의 기본책략인 점에서 우리의 관심을 집중시키는 것이지만, 그것이 단순히 문학이 구현하는 현실적 삶의 양태를 객관화시켜 바라보는 차원에 그치거나, 역사적 현실의 중심 세력을 누구에게 두느냐에 따른 갈등적 상황논리의 제시에만 그치는 것이라면, 다시금 새롭게 가다듬고 민족문학의 선상에서 합목적적으로 추구되어야 할 것으로 생각된다. 오늘의 문학은 과거 예술지상주의자들의 주장처럼 사회적 기능을 부인할 이유도 없고, 또 부인해서도 안 될 것이다. 동시에 사회주의 국가에서 볼 수 있는 문학처럼 순수기능을 무시하는 것도 배격되어야 하는 복합성의 논리가 절실히 요청되는 까닭에서이다.

이렇게 언어의 문제에서 그 실마리를 끌어내어 우리의 문학 현실과 전통과의 연계에 따른 문제들을 간략히 점검해 보고, 또 이러한 거시적 관점과는 다소 궤를 달리하여 민족적 정서와 감수성의 세계를 구현하기 위한 방법적 모색 및 여기에 요청되는 연구자적 태도와 작가 정신의 문제를 오늘의 관점에서 살펴본 결과, 우리는 이러한 모든 문학적 행위들이 결국 민족문학론의 새로운 모색과 참다운 민족문학 정립을 위한 기본적 원칙수립을 새삼 절감하게 되며, 그것은 종래 민족적 자기동질성의 확립이라는 보다 차원 높은 문제로 귀결될 성질의 것임을 인식하는데 이르게 되는 것으로 보인다. 말하자면 민족문학에 관련된 어떠한 논의도 우리 문학의 '뿌리'를 찾는 작업에서 출발하지 않을 수 없으며, 그것이 현재적 관점에서 새롭게 조명되고 발전적으로 전개되기 위해서는 우리 문학의 역사적 궤적과 시대적 삶의 여건에 관한 주체적 인식과 문학적 자아확립이 선행되어야 하리라는 것이다.

요컨대 어느 나라 어느 시대에 있어서도 전통은 소중한 것이다. 문학도 예외는 아니어서, 새로운 문학현실을 가능케 하는 것은 바로 이 '전통'에의 올바른 합일과 부단한 모색에 의한 새로운 가능성의 탐구이다. 그저 답습만 하는 것은 현실을 더 이상 개선할 의지가 없는 것과도 같다. 때로 맹목적 추구가 빚어내는 '인습'에의 귀결이 현실을 더욱 가라앉게 함을 우리는 종종 보아왔던 것이다. 또 '전통'을 한갓 당면한 시대현실의 합리화에만 결부시켜 이용할 때, 그 사회는 종내 침체와 파멸의 늪으로 전락할 수도 있다.

급변하는 현실 속에서 과거의 역사와 경험을 창조적으로 수용하고 새로운 시각에서 자각하는 것만이 오늘의 문학현실을 보다 나은 상태로 고양시킬 수 있다. 민족문학에 관한 논의도 이같은 선상에서 부단히 추구되어야 할 것이며, 새로운 역사전환기에 대처하는 현명한 길임을 명심해야 할 것이다. 그러자면 자연 창조와 자작에 수반되는 주체적 의지를 강조하지 않을 수 없고, 이 주체의지가 하나의 뚜렷한 의식으로 개화될 때 허상 혹은 사이비 민족문학은 우리 주변에서 사라지게 될 것이다. 참다운 민족문학의 정립은 우리에게서 멀리 있는 것이 아니라, 오늘날 개방되고 가속화된 현실 속에서 성숙된 주체의식을 구현하는 치열한 문학인의 정신과 건전한 문학적 풍토의 확립에 있음을 새삼 천명하는 것이다.

(『비평의 쟁점과 문학의 안팎』, 국학자료원, 1996)

시대정신과 비평 윤병로 선집 ①

인쇄일 초판 1쇄 2001년 08월 20일
     2쇄 2015년 08월 15일
발행일 초판 1쇄 2001년 08월 25일
     2쇄 2015년 08월 25일

지은이 윤 병 로
발행인 정 진 이
발행처 새미
등록일 1994.03.10, 제17-271호

서울시 강동구 성내동 447-11 현영빌딩 2층
Tel : 442-4623~4 Fax : 442-4625
www.kookhak.co.kr
E- mail : kookhak2001@hanmail.net
ISBN 978-89-89352-58-7 [03810]
가 격 25,000원

* 새미는 국학자료원 의 자매회사입니다.
*저자와의 협의 하에 인지는 생략합니다.